住宅税制論

持ち家に対する税の研究

篠原 正博 著

中央大学出版部

装幀　道吉　剛

はしがき

　本書は，わが国における住宅税制の実態およびそのあり方を，体系的かつ実証的に論ずることを試みた研究である。著者は，国際比較の視点を重視してわが国の不動産税制のあり方を考察した『不動産税制の国際比較分析』（清文社）を，1999年に出版する機会に恵まれた。今回の『住宅税制論――持ち家に対する税の研究――』は，分析対象を持ち家に対する税制に限定し，『不動産税制の国際比較分析』の内容を大幅に加筆修正したものである。前著の出版から約10年の歳月が流れたが，未だ残された課題は多い。しかし，一つの区切りとして出版することとした。

　前著と同様，本書も，多くの方々のご指導の賜物である。中でもまず，著者に執筆のインセンティブを与えて下さった3人の先生方，片桐正俊教授（中央大学），馬場義久教授（早稲田大学），鶴田廣巳教授（関西大学）に深謝申し上げたい。片桐先生は，常日頃著者を励まし，また，今回の出版を熱心に勧めて下さった。先生からは，「住宅政策の中における持ち家に対する税制の位置づけを明確にし，国際比較を行うべき」とのご指摘を頂戴した。問題意識として全くなかったわけではないが，税制の議論を追うことで手一杯であった。今後の課題とさせていただきたい。馬場先生は，ご自身の主宰される研究会のメンバーとして著者をお誘い下さり，資本所得税を研究する機会を与えて下さった。鶴田先生には，ご多忙中にもかかわらず，2004年の財政学会で本書の13章の内容を著者が報告した際に，討論者をお引き受けいただき，大変貴重なコメントを頂戴した。

　まずもって，以上の3人の先生方との出会いがなければ，今回の出版は実現し得なかったであろう。さらに，研究会で絶えず刺激を与えて下さっている，中央大学財政研究会，多摩財政研究会のメンバーの先生方に感謝申し上げたい。また，快適な研究環境を提供して頂いている，著者の所属する中央大学経

済学部,および同僚の先生方にも,御礼申し上げる。
　本書は,中央大学出版部のご厚意により出版が実現した。出版事情が厳しい中,快く出版をお引き受けいただいた,平山勝基部長をはじめとする中央大学出版部の皆様方に心より御礼申し上げたい。

目　次

序章　本書の問題意識，意義および課題

はじめに …………………………………………………………… 1
I．本書の問題意識 ………………………………………………… 1
II．先行研究と本書の位置づけ …………………………………… 2
　1．先行研究の分類 ……………………………………………… 2
　2．本書の意義 …………………………………………………… 13
III．本書の構成および各章の課題 ………………………………… 14
　1．住宅税制の構造（第1章） ………………………………… 14
　2．取得課税（第2章〜第4章） ……………………………… 14
　3．保有課税（第5章〜第9章） ……………………………… 15
　4．譲渡課税（第10章） ………………………………………… 17
　5．資本所得税の分析（第11章〜第13章） …………………… 17

第1章　住宅税制の国際比較

はじめに …………………………………………………………… 19
I．資産課税の国際的動向 ………………………………………… 19
　1．住宅税制の体系 ……………………………………………… 19
　2．資産課税の対GDP比 ……………………………………… 22
　3．資産課税の構造 ……………………………………………… 24
II．わが国の住宅税制 ……………………………………………… 31
　1．現行税制の概要 ……………………………………………… 31
　2．特別措置 ……………………………………………………… 34
III．主要先進諸国の住宅税制 ……………………………………… 35
　1．現行税制の概要 ……………………………………………… 35

2．取得に係る税 ··37
　　3．保有に係る税 ··42
　　4．譲渡に係る税 ··53
おわりに ··57

第2章　不動産流通課税

はじめに ··61
Ⅰ．不動産流通課税の概要 ··64
　　1．税収の推移 ··64
　　2．地域別負担構造 ··66
　　3．税収の伸張性 ··67
Ⅱ．不動産流通課税の課税根拠 ···68
　　1．流通課税の課税根拠に関するこれまでの学説 ················68
　　2．政府の見解 ··70
　　3．課税根拠から見た現行税制の問題点 ····························70
Ⅲ．不動産流通課税の経済効果 ···74
　　1．国内における不動産取引への影響 ································74
　　2．国際的視点からの中立性 ··80
Ⅳ．不動産流通課税のあり方 ··85
　　1．不動産流通課税見直しの選択肢 ····································85
　　2．不動産流通課税の軽減 ···86
　　3．不動産流通課税の抜本的見直し ····································87
　　4．改革私案 ··90
おわりに ··92

第3章　EU型付加価値税と居住用不動産

はじめに ··95
Ⅰ．EU主要国における付加価値税 ··97
　　1．基本的特徴と課税の仕組み ··97

2．税率構造 …………………………………………………… 99
Ⅱ．EU 主要国における付加価値税と居住用不動産 ……………… 101
　　1．EC 第 6 次指令および EU 2006年指令 …………………… 101
　　2．課税の現状 ………………………………………………… 102
　　3．課税の問題点 ……………………………………………… 104
Ⅲ．居住用不動産に対する付加価値税の論点 ……………………… 108
　　1．付加価値税の性格 ………………………………………… 108
　　2．居住用不動産の譲渡・工事と消費 ……………………… 109
　　3．持ち家と賃貸の水平的公平 ……………………………… 110
　　4．土地の扱い ………………………………………………… 111
　　5．中古住宅の課税 …………………………………………… 112
　　6．政策的視点 ………………………………………………… 117
　　7．付加価値税と不動産流通課税 …………………………… 118
お わ り に ……………………………………………………………… 119

第 4 章　相続税の存在意義
——オーストラリアおよびカナダの経験に学ぶ——

は じ め に ……………………………………………………………… 125
Ⅰ．相続・贈与税廃止の経緯 ………………………………………… 126
　　1．オーストラリア …………………………………………… 126
　　2．カナダ ……………………………………………………… 132
Ⅱ．相続・贈与税の意義 ……………………………………………… 152
　　1．オーストラリア …………………………………………… 152
　　2．カナダ ……………………………………………………… 155
Ⅲ．わが国への教訓 …………………………………………………… 164
　　1．資産移転課税の経済的条件 ……………………………… 166
　　2．資産移転課税の政治的条件 ……………………………… 171
お わ り に ……………………………………………………………… 175

第5章　地方不動産税の課税標準

はじめに …………………………………………………………… 179
I．地方不動産税における課税標準の概念 ……………………… 182
　1．課税標準の種類 ……………………………………………… 182
　2．外形標準 ……………………………………………………… 184
　3．賃貸価値 ……………………………………………………… 184
　4．資本価値 ……………………………………………………… 185
　5．敷地価値 ……………………………………………………… 185
　6．取得価値 ……………………………………………………… 186
II．イギリスおよびフランスの議論 ……………………………… 186
　1．イギリス ……………………………………………………… 186
　2．フランス ……………………………………………………… 190
III．アメリカおよびカナダの議論 ………………………………… 198
　1．アメリカ ……………………………………………………… 198
　2．カナダ ………………………………………………………… 203
IV．オーストラリアの議論 ………………………………………… 212
　1．土地税の概要 ………………………………………………… 212
　2．土地税の沿革 ………………………………………………… 213
　3．土地税改革論議が登場した背景 …………………………… 215
　4．土地税の改革をめぐる諸議論 ……………………………… 216
V．わが国の議論 …………………………………………………… 222
　1．戦前の議論 …………………………………………………… 222
　2．戦後の議論 …………………………………………………… 236
VI．地方不動産税の課税標準のあり方 …………………………… 238
　1．課税標準の選択基準に関するこれまでの議論 …………… 238
　2．課税標準を選択する基準として何が重要か？ …………… 240
　3．望ましい課税標準 …………………………………………… 246
おわりに …………………………………………………………… 252

第6章　地　価　税

はじめに ……………………………………………………………257
Ⅰ．地価税の概要 …………………………………………………260
　1．制度および課税状況……………………………………………260
　2．性格 ………………………………………………………………261
　3．資産課税体系における位置づけ ……………………………265
Ⅱ．地価税の問題点 ………………………………………………266
　1．都市開発協会の指摘……………………………………………266
　2．都市開発協会の疑問に対するコメント ……………………268
Ⅲ．地価税のあり方 ………………………………………………282
　1．地価税は廃止すべきか？………………………………………282
　2．オーストラリアの土地税改革 ………………………………284
　3．地価税の望ましい課税形態……………………………………285
おわりに ……………………………………………………………287

第7章　帰属家賃課税

はじめに ……………………………………………………………289
Ⅰ．帰属所得の概念 ………………………………………………290
Ⅱ．帰属家賃課税の実態 …………………………………………293
　1．主要先進諸国の現状……………………………………………293
　2．帰属家賃課税が廃止された理由 ……………………………295
Ⅲ．包括的所得税と帰属家賃 ……………………………………298
　1．帰属家賃課税の根拠……………………………………………298
　2．帰属家賃課税の意義……………………………………………300
　3．帰属家賃課税の実施をめぐる諸問題 ………………………302
Ⅳ．支出税と帰属家賃課税 ………………………………………306
　1．帰属家賃課税の考え方…………………………………………306
　2．所得概念とわが国の現行住宅税制 …………………………309

おわりに ·· 310

第8章　帰属家賃と資産保有課税
——アイルランドの経験——

はじめに ·· 313
Ⅰ．アイルランドにおける帰属家賃課税 ································ 314
　1．所得税 ··· 314
　2．資産保有課税 ··· 318
Ⅱ．国税としての居住用財産税 ·· 322
　1．居住用財産税の導入 ··· 322
　2．居住用財産税の問題点 ··· 327
Ⅲ．帰属家賃と資産保有課税 ·· 329
　1．地方固定資産税が注目される背景 ······························· 329
　2．帰属家賃と地方固定資産税 ····································· 330
おわりに ·· 333

第9章　住宅ローン利子控除をめぐる一考察

はじめに ·· 337
Ⅰ．主要先進諸国の現状 ·· 338
Ⅱ．住宅ローン利子控除制度が廃止された背景 ·························· 338
　1．住宅ローン利子控除制度の存続意義 ····························· 339
　2．住宅ローン利子控除制度の形態 ································· 341
　3．所得控除方式から税額控除方式への変更 ························· 344
　4．金利0％融資制度の導入 ······································· 345
　5．住宅ローン利子控除制度の廃止 ································· 346
Ⅲ．住宅ローン利子控除の経済効果と問題点 ···························· 349
　1．住宅ローン利子控除の経済効果 ································· 349
　2．住宅ローン利子控除の問題点 ··································· 351
おわりに ·· 352

第10章　フランスのキャピタル・ゲイン課税
――1976年税制改正の理論的背景――

はじめに ……………………………………………………………………… 355
Ⅰ．キャピタル・ゲイン課税制度の沿革 ………………………………… 356
　　1．1976年以前 ………………………………………………………… 356
　　2．1976年税制改正 …………………………………………………… 357
　　3．1978年税制改正 …………………………………………………… 358
　　4．2004年税制改正 …………………………………………………… 358
Ⅱ．1976年税制改正に至った背景 ………………………………………… 362
　　1．ジスカールデスタン政権期間のフランス経済 ………………… 362
　　2．社会的不平等委員会報告 ………………………………………… 363
Ⅲ．キャピタル・ゲイン課税をめぐる議論 ……………………………… 368
　　1．望ましいキャピタル・ゲイン課税の条件と形態 ……………… 368
　　2．所得税におけるキャピタル・ゲインの課税方式 ……………… 371
　　3．シャウプ勧告との比較 …………………………………………… 377
　　4．1976年税制改正の問題点 ………………………………………… 381
おわりに ……………………………………………………………………… 384

第11章　中古住宅市場の活性化と税制

はじめに ……………………………………………………………………… 387
Ⅰ．新築住宅と中古住宅に対する税制の概要 …………………………… 389
Ⅱ．新築住宅と中古住宅の実質資本コスト ……………………………… 394
　　1．モデルの設定 ……………………………………………………… 394
　　2．推計方法 …………………………………………………………… 401
　　3．推計結果 …………………………………………………………… 409
Ⅲ．新築住宅と中古住宅に対する課税の効果 …………………………… 411
　　1．税制全般の効果 …………………………………………………… 411
　　2．個別の税制の効果 ………………………………………………… 415

Ⅳ．中古住宅に対する税制のあり方 ………………………………… 417
　　1．課税の問題点 ……………………………………………………… 417
　　2．今後の課題 ………………………………………………………… 418
おわりに ……………………………………………………………………… 424

第12章　金融所得課税一元化と租税原則
──課税の中立性および公平性の観点からの実証分析──

はじめに ……………………………………………………………………… 427
　Ⅰ．金融所得課税一元化と課税の中立性 ………………………………… 429
　　1．モデルの設定 ……………………………………………………… 429
　　2．推計結果 …………………………………………………………… 437
　Ⅱ．金融所得課税一元化と課税の公平性 ………………………………… 446
　　1．推計方法 …………………………………………………………… 446
　　2．推計結果 …………………………………………………………… 453
おわりに ……………………………………………………………………… 456

第13章　資本所得と資産保有課税
──租税思想史からのアプローチ──

はじめに ……………………………………………………………………… 459
　Ⅰ．所得税と資産保有課税 ………………………………………………… 461
　　1．所得税と資産保有課税の関係をとらえる基本的視点 ………… 461
　　2．所得税の補完税としての資産保有課税 ………………………… 462
　　3．所得種類別差別課税と資産保有課税 …………………………… 463
　Ⅱ．オランダの2001年所得税制改革 …………………………………… 484
　　1．オランダの税制の構造 …………………………………………… 484
　　2．2001年所得税制改革 …………………………………………… 487
　　3．資本所得税制改革の理論的根拠 ………………………………… 500
　Ⅲ．わが国の資本所得税制改革と資産保有課税 ………………………… 503
　　1．オランダ，北欧諸国の所得税制改革の特徴 …………………… 503

2．わが国の資本所得税制改革の一考察 …………………………………505
お わ り に ……………………………………………………………………520

終章　本書の分析結果と残された課題

は じ め に …………………………………………………………………523
Ⅰ．本書の分析結果 …………………………………………………………523
　1．住宅税制の現状 ………………………………………………………523
　2．住宅税制のあり方 ……………………………………………………525
Ⅱ．残された課題 ……………………………………………………………533

参 考 文 献

　外国語文献 …………………………………………………………………535
　日本語文献 …………………………………………………………………552
　ホームページ ………………………………………………………………575

索　引

　事項索引 ……………………………………………………………………579
　人名索引 ……………………………………………………………………585

初出一覧

序章　本書の問題意識，意義および課題

は　じ　め　に

　序章では，まず，本書の問題意識を明らかにする（Ⅰ節）。さらに，本書の意義を明確にするために，本書の研究分野とかかわる先行研究を分類整理し，本書の位置づけを行う（Ⅱ節）。最後に，本書の構成および各章の課題を示すこととする（Ⅲ節）。

Ⅰ．本書の問題意識

　国土交通省が毎年実施している『土地問題に関する国民の意識調査（2007年度）』によると，土地の資産としての有利性に関して，預貯金や株式などに比べて有利であると答えた者の割合は，2007年度において36.9%であり，最高値を示した1994年度（61.9%）と比較すると半減している。しかしながら，住宅の所有に関しては，「土地・建物について両方とも所有したい」と答えた者の割合が84.5%となっているのに対し，「借家でも構わない」と答えた者は12.4%である。土地・建物を両方とも所有したいと答えた者の割合は，バブルが崩壊した1990年代以降において毎年8割強であり，大きな変化は見られない。

　「土地・建物について両方とも所有したい」と答えた者についてその理由を見ると（2つまでの複数回答可），「子供や家族に土地・建物の形で財産を残したい」が50.4%，次いで，「土地・建物は他の資産と比べて有利な資産である」（39.1%），「借地・借家では生活や権利が不安定であり満足できない」（37.6%），「土地・建物が所有できるなら，家賃等を支払うよりローンを支払

う方が良い」(26.3%)の順となっている。土地・建物の資産としての有利性を理由に挙げた者の割合は，1993年度から1997年度まで50％台半ばであったが，それ以降は30％台へと大きく低下している。

　以上のように，地価下落により不動産の資産としての有利性が低下しても，わが国の国民は強い持家願望を安定的に有していると考えられる。

　ところで，「この世で確実なものは，死と税金である」という言葉は，18世紀アメリカの著名な政治家ベンジャミン・フランクリン（1706～1790）が亡くなる1年ほど前に残した言葉であるが，こと税金については持ち家も例外ではなく，世界各国で課税の標的となっている。

　一般に，持ち家に対しては，その取得，保有，譲渡の各段階で課税が行われるが，本書では，このような持ち家に対するわが国における「住宅税制」の実態を明らかにし，そのあり方を体系的かつ実証的に論ずることを試みる。ここで，「住宅税制」の中身には，持ち家の家屋部分に係る分だけではなく，土地に係る分も含むものとする。また，「体系的に論ずる」の意味は，取得，保有，譲渡の各段階での税を，包括的に取り上げ論ずることである。

II．先行研究と本書の位置づけ

1．先行研究の分類

(1) 分類基準

　本書の位置づけを明確にするために，不動産税制をめぐるわが国における先行研究を整理してみたい。ただし，以下で取り上げるのは，もっぱら1980年代以降の著書（単著，共著）である。

　経済学者による不動産税制を分析した研究としては，小宮・村上［1972］，岩田［1977］が先駆的であるが，多くの成果が出てきたのは1980年代以降であると考えられる。したがって，以下では，もっぱら1980年代以降の研究（単著，共著）を取り上げる。対象とするのは，経済学者による研究が中心であるが，

表0-1　不動産税制に関するわが国の先行研究（著書：1980年代以降）

		土地税制	住宅税制 （土地に係る分を含む）	資産課税
取得課税	理論	－	－	・高山［1980 a］ ・橋本［2001］ ・宮島・連合総合生活開発研究所［2002］ ・貝塚・財務省財務総合政策研究所［2006］
	制度	・森田［1992］＊ ・森田［1997 a］＊	・知念［1995］＊ ・水野［1989］＊ ・篠原［2000 a］ ・石島［2008］＊	・渡辺［1987］ ・北野他［1995］ ・日本租税理論学会［2003］ ・首藤［2004 a］
保有課税	理論	・高山［1992］	・林［1995］＊ ・瀬古［1998］＊	－
	制度	・日本土地法学会［1984］ ・和田［1984］＊ ・橋本・山本［1987］ ・橋本［1988］＊ ・石田［1990］＊ ・日本土地法学会［1991］ ・(社)都市開発協会［1992］ ・(社)都市開発協会［1995］ ・(社)都市開発協会［1997］ ・橋本［1995］ ・橋本［2001］ ・米原［1995 a］＊ ・森田［1994］＊ ・森田［1997 b］＊ ・重富［2003］＊	－	・木下・地方税財政制度研究会［1987］ ・石島他［1988］ ・金子他［1996］ ・占部・全国婦人税理士連盟［1999］ ・(財)資産評価システム研究センター［1999］ ・池上［2004］ ・石島［2008］＊
譲渡課税	理論	・八田［1994］＊	－	－
	制度	・大泉［1991］＊	・海外住宅・不動産税制研究会［2008］	－
全般	理論	・青野［1984］＊ ・滑川［1988］	・本間［1991］＊ ・住宅問題研究会・	

		・八田［1988］＊ ・野口［1989 b］＊ ・宮尾［1989］＊ ・都留［1990］＊ ・西村・三輪［1990］ ・宮島［1990］ ・青野［1991］＊ ・下野［1991］＊ ・原田・井上［1991］ ・宮尾［1991］＊ ・伊藤・野口［1992］ ・岩田［1992］＊ ・岩田他［1992］ ・野口［1992］＊ ・岩田他［1993］ ・西村［1995］＊ ・前川［1996］＊ ・山崎［1999］＊ ・西村［2002］ ・青野［2008］＊	・(財)日本不動産研究所［1993］ ・野口［1989 a］＊ ・野口［1994 a］＊ ・野口［1994 b］＊ ・岩田・八田［1997］ ・青野［2002］＊ ・野口［2003］＊ ・前川［2003］＊ ・倉橋［2005］＊	—
	制度	・日本土地法学会［1986］ ・大谷［1988］ ・菅［1988］ ・地方税研究会［1988］ ・本間［1988］ ・塩見［1989］ ・土地問題研究会・(財)日本不動産研究所［1989］ ・山下［1989］＊ ・長谷川［1990］＊ ・宮本・植田［1990］ ・五十嵐［1991］＊ ・石［1991］＊ ・田代［1991］ ・山見他［1991］ ・目良他［1992］ ・砂川・権［1993］ ・本間［1991］＊ ・川瀬［1992］＊	・土地税制研究会［1981］ ・外国住宅事情研究会［1986］ ・住まいをめぐる金融・税制国際会議［1987］ ・丸山・田中・石原［1987］ ・高橋［1990］＊ ・外国住宅事情研究会［1992］ ・篠原［1999 b］＊ ・ドイツ住宅税制研究会［1992］ ・フランス住宅税制研究会［1995］ ・イギリス住宅税制研究会［1996］ ・伊豆［1999］ ・アメリカ住宅税制研究会［1999］ ・海外住宅金融研究会	・一河他［1998］ ・石島［2003］＊ ・(財)日本都市センター［2005］

		・宮本・植田 [1994] ・川瀬 [1996] * ・米山 [1997] * ・桜井 [1998] * ・佐藤 [2005] * ・石 [2008] *	[2000] ・住まいの産業ルネッサンス塾 [2001] ・(財) 日本住宅総合センター研究部 [2005] ・(財) 日本住宅総合センター研究部 [2006] ・イギリス住宅税制研究会編著 [2007]	
理論および制度		・岸 [1994] *		・貝塚 [1989 a] ・本間・跡田 [1989] ・水野 [1995] ・水野 [2005]

(注)　・理論は，経済理論に基づくモデル分析，実証分析を示す。
　　　・制度論は，歴史，学説史，国際比較，法律学・工学的アプローチを含む。
　　　・＊は単著を示す。
(出所)　著者作成。

経済学以外の法律学や工学からのアプローチによる研究にも目を向ける。ただし，外国の不動産税制に関しては，複数の国を対象とする研究のみを対象とする。

　分類に際しては，3つの軸を設定する。
　第一に，不動産税制の研究対象を，①土地税制，②住宅税制（土地部分に係る税制も含む），③資産課税の研究の中で不動産税制に言及するもの，に分類する。
　第二に，不動産税制の内容を，①取得課税，②保有課税，③譲渡課税，④取得課税，保有課税，譲渡課税のうち複数の領域を対象とするもの，に分類する。
　第三に，分析手法として，①理論（経済理論モデルに基づく理論・実証分析），②制度論（歴史，学説史，国際比較）に分類する。なお，経済理論モデルに基づく理論・実証分析が展開されているわけではないが，理論経済学者による研究および近代経済学の経済理論がベースとなっていると考えられる研究は，理論に分類する。また，法律学および工学のアプローチからの研究は，制度論に

分類する。

分類の結果は，表0-1に示されている。

（2）土地税制
① 取得課税

森田［1992］，森田［1997a］は，相続税評価額である路線価方式の問題点を詳細に検討している。

② 保有課税

土地税制に関しては，保有課税に焦点を当てたものとして，米原［1995a］がある。これは，地価抑制の観点からの土地保有課税重課に反論する研究である。

また，和田［1984］（35-38頁，106-117頁），橋本［1988］（第6章），橋本・山本［1987］（第11章），橋本［1995］および橋本［2001］（いずれも第7章）は，土地に係る固定資産税等のあり方を検討している。さらに，高山［1992］（180-182頁）では，住民税減税と組み合わされた土地に係る固定資産税強化が所得分配に与える効果を推計している。

（社）都市開発協会［1992］，同［1995］，同［1997］は，地価税に関する疑問点を詳細に論じたものである。

森田［1994］および森田［1997b］は，1994年より実施された土地の固定資産税評価額の引き上げ（公示地価の7割評価）による固定資産税の増税を批判的に検討し，7割評価の廃止を提言している。

石田［1990］（256-272頁）は都市計画の視点から，重富［2003］は農学の視点から，それぞれ農地の宅地並み課税の問題を論じている。

日本土地法学会［1984］では，1970年代の地価高騰による固定資産税評価額の急激な評価額の増加を不服とする納税者が起こした訴訟および判決に対して，法学，財政学，環境工学の立場から検討されている。日本土地法学会［1991］には，地価税や路線価，韓国・台湾の土地税制に関する論文が収録されている。

③ 譲渡課税

八田［1994］（第8章）は，地価上昇の全国への波及を防ぎながら，土地取引を活発にする方法として，土地譲渡益課税の延納を死亡時まで無条件に認める提言を行っている。

大泉［1991］（第6章）は，土地供給促進の観点から土地税制を論じている。

④ 全般

土地税制を理論的にアプローチした研究として，青野［1984］，滑川［1988］（第3章），八田［1988］（第5章および第8章），野口［1989b］（第4章および第5章），宮尾［1989］（第6章および第10章），都留［1990］，西村・三輪［1990］（第6章），宮島［1990］（第8章），青野［1991］，下野［1991］（補論），原田・井上［1991］（第8章），宮尾［1991］，伊藤・野口［1992］（第3章および第7章），岩田（規）［1992］（第9章），岩田他［1992］（第8章～第10章），岩田他［1992］（第8章～第10章），岩田他［1993］，野口［1992］（第6章），西村［1995］（第5章および第8章）前川［1996］，（第4章），山崎［1999］（第5章～第10章），青野［2008］などが挙げられよう。

これらはいずれも，土地税制の経済効果を分析し，改革の基本的方向について提言している。分析対象は，もっぱら土地保有税，土地譲渡所得税，相続税である。ただし，青野［1991］および青野［2008］，山崎［1999］では，家屋に係る固定資産税，不動産流通課税にも言及されている。

また，わが国の土地税制をもっぱら制度論的立場から論じた研究として，日本土地法学会［1986］（第I部），大谷［1988］（第4章），地方税研究会［1988］，本間［1988］（108-139頁），塩見［1989］，土地問題研究会・(財)日本不動産研究所［1989］（第1部第9章），長谷川［1990］，五十嵐［1991］（第4章），田代［1991］（第7章補論），山見他［1991］（第4章），石［1991］，宮尾［1991］，宮本・植田［1994］，米山［1997］（180-183頁），桜井［1998］，佐藤［2005］，石［2008］（第13章および第17章）がある。

日本土地法学会［1986］は，わが国における土地所有者に係る負担を，租税（普通税，目的税），負担金に分類し，法学および財政学の視点から論じている。また，本間［1988］，土地問題研究会・(財)日本不動産研究所［1989］，山見他［1991］，米山［1997］は，1980年代後半のわが国における土地税制の論点を概

説したものである。

　塩見［1989］は，わが国における土地政策の変遷を概観し，土地税制のあり方を考察している。また，地方税研究会［1988］（第7章）は，1980年代後半における土地税制改革を検討している。

　五十嵐［1991］および佐藤［2005］は，法律学者による研究である。五十嵐［1991］は，1980年代の地価高騰に際して展開された土地税制の議論を概観し，都市計画とリンクした土地税制の見直しを主張している。大谷［1988］および長谷川［1990］も，同様の立場を採る。佐藤［2005］は，不動産業界の重鎮が，わが国の土地税制の歴史を考察するとともに，主要先進国（アメリカ，イギリス，ドイツ，フランス）の土地税制を調査し，それらに基づく議論を展開したものである。

　石［1991］，桜井［1998］，石［2008］は，いずれも財政学者による単著である。石［1991］は政府税制調査会土地税制小委員会委員長の経験に基づき，地価税導入の意義や，土地譲渡所得税および相続税の問題点を論じている。また，石［2008］では，財政史の観点から1980年代の地価高騰期および190年代以降の地価下落期における土地税制を論じている。桜井［1998］は，取得，保有，譲渡の各段階での土地税制を包括的に論じている。

　岸［1994］も，同様に財政学者による研究である。ただし，経済理論および租税思想史の両観点から，土地問題および土地税制を論じている。

　宮本・植田［1990］についても，財政学者による研究が中心である。検討対象は，保有課税が中心となっている。

　田代［1991］は，東京都における農地の宅地並み課税および相続税猶予制度の実態を論じている。

　海外の土地税制に注目した研究として，宮本・植田［1990］，目良他［1992］，砂川・権［1993］，本間［1991］，川瀬［1992］，川瀬［1996］（第4章〜第6章）がある。このうち，目良他［1992］では，アメリカ，イギリス，ドイツ，フランス，韓国の土地税制に注目し，国際比較の視点からわが国の土地保有課税のあり方が論じられている。それ以外は，もっぱら韓国や台湾の土地政策および土地税制を論じている。さらに，菅［1988］および山下［1989］では，

台湾の制度を参考にして，地価の自己申告制とそれに基づく累進課税の導入を提言している。

(3) 住宅税制
① 取得課税

知念［1995］（41-42頁）および水野［1989］（147-153頁）は，住宅に係る消費税の問題を取り上げている。篠原［2000a］は，住宅取得促進税制（特に住宅ローン利子控除制度）に焦点を当て，それをめぐる主要先進国（アメリカ，イギリス，ドイツ，フランス，日本）における議論の紹介および考察を行っている。

石島［2008］（第一編）は，不動産取得税を法律学の観点から詳細に研究している。

② 保有課税

林［1995］（第8章）は，居住用財産に対する固定資産税に関して，大阪市の居住用財産を対象として所得階級別負担分布を推計するとともに，土地評価の適正化および農地の宅地並み課税について検討している。瀬古［1998］（第5章）は，新築住宅に対する固定資産税の減額措置が家計の床面積需要に与える影響を実証分析している。

③ 譲渡課税

主要先進諸国（アメリカ，イギリス，ドイツ，フランス）における不動産譲渡益の制度を紹介した研究として，海外住宅・不動産税制研究会編著［2008］がある。

④ 全般

不動産税制全般を理論的アプローチから研究したものとして，野口［1994b］（第5章），青野［2002］，前川［2003］（第8章～第12章）がある。野口［1994b］は土地課税の分析が中心であるが，持ち家に対する優遇措置の記述もある。青野［2002］では，土地譲渡所得税の経済分析に加えて，税制が住宅賃貸借市場へ与える影響に関しても分析されている。前川［2003］は，保有課税，譲渡所得課税，相続税に関して，公平性および中立性の観点から分析している。また，イギリスの不動産税制との比較も行われている。

本間［1991］（第3章）および岩田・八田［1997］（第7章），倉橋［2005］は，いずれも住宅税制の経済分析を行ったものである。本間［1191］は，公的住宅政策が住宅需要に与える影響を，資本コストおよび持家需要関数の推計を行うことにより分析している。岩田・八田［1997］は，資本コストを推計することにより，税制が持ち家と借家の選択に与える影響を分析している。倉橋［2005］は，首都圏における民間賃貸住宅の供給および経営に対する税制の効果を，資本コスト（土地および住宅）の概念を用いて理論的に研究したものである。

野口［1989a］（112-114頁，第6章），野口［1994a］（27-33頁，83-87頁，112-114頁），野口［2003］（第4章）は，土地税制のあり方を検討するとともに，帰属家賃課税の必要性を主張している。さらに，持ち家に対する消費税の問題点（中古住宅の流通阻害）も指摘している。住宅問題研究会・（財）日本不動産研究所［1993］（第9章）は，1990年代初期におけるわが国の住宅税制の体系を示すとともに，固定資産税および譲渡所得税の経済効果を概説している。

制度論の立場から，伊豆［1999］（第10章）は，わが国の住宅税制に関して，制度の概要を解説するとともに，国際比較の視点も交えて問題点を考察している。

丸山・田中・石原［1987］（第3部第3章）は，欧米先進国（アメリカ，イギリス，ドイツ，フランス）の制度も視野に入れ，わが国の土地税制および住宅税制（住宅投資減税）のあり方を論じている。

主要先進諸国の不動産税制全般の概要を紹介したものとして，土地税制研究会［1981］，ドイツ住宅税制研究会［1992］，フランス住宅税制研究会［1995］，イギリス住宅税制研究会［1996］，アメリカ住宅税制研究会［1999］がある。執筆者は土地税制研究会［1981］は経済・財政学者であるが，それ以外は税法学者と財政学者の混合である。

（財）日本住宅総合センター研究部［2005］，（財）日本住宅総合センター研究部［2006］，イギリス住宅税制研究会編著［2007］は，日本住宅総合センターより1990年代に出版された以上の研究の改訂版として位置づけられよう。執筆者は，全員，税法学者となっている。以上の他，諸外国の不動産税制を紹介し

た研究としては，ニッセイ基礎研究所による受託調査（未公刊資料）がある。そのタイトルは，ホームページ（http://www.nli-research.co.jp/consulting/landplan/index.html）で紹介されている。

外国住宅事情研究会［1986］，同［1992］，海外住宅金融研究会［2000］は，主要先進諸国（アメリカ，イギリス，ドイツ，フランス）における住宅政策と住宅金融を解説したものであるが，住宅税制に関する記述も一部見られる。

住まいをめぐる金融税制国際会議［1987］は，1987年10月に東京で開催された国際会議のレポートである。7か国（アメリカ，イギリス，ドイツ，フランス，スウェーデン，韓国，日本）の住宅税制の現状と問題点が論じられている。住まいの産業ルネッサンス塾［2001］では，アメリカの住宅税制が紹介され，わが国の住宅税制に関する政策提言が行われている。

主要先進諸国における不動産税制の制度およびそれをめぐる議論を扱った研究として，高橋［1990］（第5章および第6章），篠原［1999 b］，がある。高橋［1990］は，OECDの報告書（OECD［1983］，OECD［1988 b］）をベースに，資産課税および地方固定資産税の国際比較を行っている。さらに，第二次大戦以降1980年代までのイギリスの不動産課税について論じている。篠原［1999 b］は，国際比較の視点からわが国の不動産税制のあり方を論じたものである。

（4）資産課税
① 取得課税

高山［1980 a］（第8章）は，相続税および贈与税の不平等是正効果を検討している。また，土地譲渡益課税に関しても言及している。貝塚・財務省財務総合政策研究所［2006］（第8章）は，相続税による資産の世代間継承に対する是正効果をめぐる理論・実証分析をサーベイしている。橋本（恭）［2001］（第5章）および宮島・連合総合生活開発研究所［2002］（第6章）は，資産形成における相続の実態，遺産動機を実証分析により明らかにし，相続税のあり方を検討している。

必ずしも対象が不動産税制に限定されないが，首藤［2004 a］は，日本および海外（アメリカ，カナダ，オーストラリア，イギリス，ドイツ，フランス，イタ

ァ）における相続・贈与税の現状を研究したものである。また，北野他［1995］および日本租税理論学会［2003］には，わが国の相続・贈与税の問題を論じた研究が収録されている。

渡辺［1987］は，1980年代の地価高騰が相続税にもたらした影響を分析し，相続税制のあり方を論じている。

② 保有課税

固定資産税全般に関する研究として，木下・地方税財政制度研究会［1987］，石島他［1988］，金子他［1996］，占部・全国婦人税理士連盟［1999］，（財）資産評価システム研究センター［1999］，池上［2004］（第4章），石島［2008］（第二編および第三編）などがある。このうち，木下・地方税財政制度研究会［1987］および石島［2008］には，海外の不動産税に関する研究が含まれている。

その他，（財）資産評価システム研究センターからは，当センターに設置されている固定資産税に関する各種委員会の報告書が公表されており，ホームページ（http://www.recpas.or.jp//jigyo/f_jigyo_lib.html）で閲覧できる。

③ 全般

主要先進諸国における資産課税の制度およびそれをめぐる議論を扱った研究として，一河他［1998］，（財）日本都市センター［2005］がある。一河他［1998］は，諸外国（アメリカ，イギリス，ドイツ，フランス，オーストラリア，スウェーデン，中国，韓国）の資産課税を取り上げているが，その中で不動産税制についても論じている。また，（財）日本都市センター［2005］は，アメリカ，ドイツ，フランス，スイス，韓国の地方資産課税を論じているが，中心は不動産税制である。

石島［2003］は，もっぱら資産税（土地・住宅税制）の課税標準を法律学的観点から研究したものである。

不動産税制を含む資産課税全般に関して，理論と制度の両面から論じた研究として，貝塚［1989a］，本間・跡田［1989］（第5章および第6章），水野［1995］およびその改訂版である水野［2005］がある。

2．本書の意義

先行研究と比較した本書の特徴および意義は，以下の3点である。

第一に，わが国における個人の持ち家に対する税制のあり方を，単独で体系的に論ずる。

上記の先行研究の説明から明らかなように，個人の持ち家に係る税制を，単著で体系的に論じた著書は見当たらない。

住宅税制に関する研究のうち，青野［2002］および倉橋［2006］では，もっぱら税制が住宅賃貸借市場へ与える影響の分析に焦点が当てられている。また，前川［2003］では，不動産税制のうち保有課税，譲渡所得課税，相続税を取り上げているが，不動産流通課税や付加価値税については分析されていない。さらに，篠原［1999 b］では，所得課税の分析が抜けている。

なお，土地税制に関する先行研究では，岸［1994］，野口［1994 b］（第5章），桜井［1998］，佐藤［2005］，青野［2008］が体系的に論じているが，持ち家に対する課税を意識していないため，付加価値税の分析が抜けている。

なお，表0-1では，もっぱら公刊された図書を対象としたが，対象を論文に拡大しても状況は変化しないと考えられる[1]。

第二に，分析の視点として国際比較の視点を重視する。国際比較の視点を含めて論じたものとして，佐藤［2005］があるが，制度の紹介が主であり，制度の背景にある議論にまで踏み込んでいない。また，対象が土地税制となっている。

第三に，住宅税制を不動産税制の体系の中だけではなく，租税体系全体の中でとらえて分析する。第11章〜第13章では，金融資産と持ち家の間における課税の中立性を分析視点として導入している。このような視点から，住宅税制を論じた研究は，管見の限り見当たらない。

1）大学の紀要および雑誌記事に関しては，国会図書館雑誌記事索引（NDL-OPAC）およびGiNii　NII論文情報ナビゲータ（国立情報学研究所），国内の国公私立大学の博士論文については，博士論文書誌データベース（学術研究データベース・リポジトリ，国立情報学研究所）を参照。

Ⅲ．本書の構成および各章の課題

　本書は，大別すると5つのパート（⑴住宅税制の構造，⑵取得課税，⑶保有課税，⑷譲渡課税，⑸資本所得税の分析），全体で13の章から構成される。以下，各パートの課題を述べる。

　なお，「住宅ローン利子控除の一考察（第9章）」は，本来ならば取得課税の個所に含めるべきであるが，帰属家賃課税との関係を重視して，保有課税に含める。さらに，第2章，第4章，第5章，第6章は，篠原［1999ｂ］にすでに収録されているが，全体の構成を考え，加筆修正して再び含めることとした。

1．住宅税制の構造（第1章）

　第1章（「住宅税制の国際比較」）では，第2章以降の住宅税制に関する各論に取り組む前段階として，住宅税制および資産課税の体系，OECD諸国における資産課税の動向，主要先進諸国の住宅税制の概要，わが国における現行住宅税制の概要および国際的特徴，などを明らかにする。

2．取得課税（第2章～第4章）

（1）第2章：「不動産流通課税」

　第2章～第4章は，住宅の取得時に係る取得課税を取り上げる。

　第2章は，わが国の不動産流通課税（印紙税，登録免許税，不動産取得税）である。まず，その課税実態を客観的にデータで分析し，課税根拠を詳細に検討する。さらに，不動産流通課税が国内の不動産取引へ与える効果を，経済モデルに基づき実証分析するとともに，国際的視点からも考察する。以上の分析に基づき，わが国の不動産流通課税のあり方を提言する。

（2）第3章：「EU型付加価値税と居住用不動産」

　第3章は，不動産取引に係る付加価値税に焦点を当てる。まず，わが国の消費税のモデルとなったEU型付加価値税の基本的特徴および課税の仕組みを把握する。次いで，EU型付加価値税における居住用不動産に対する課税の基

本的方針（EC第6次指令およびEU 2006年指令），課税の現状および問題点を概観する。さらに，EU型付加価値税における議論を参考にして，居住用不動産に対する付加価値税の論点を整理する。最後に，以上の内容に基づき，わが国における住宅に対する消費税（地方消費税を含む）のあり方に関して提言を行う。

（3）第4章：「相続税の存在意義―オーストラリアおよびカナダの経験に学ぶ―」

第4章では，無償譲渡課税である相続税の存在意義を検討する。そのために，相続・贈与税が廃止されたオーストラリアおよびカナダの議論に注目する。まず，両国において相続・贈与税が廃止に至った経緯，およびそこで展開された議論を詳細に眺める。さらに，廃止後における人的資産課税（富裕税，相続・贈与税）の議論にも注目する。そして，両国での議論から相続・贈与税が存続するための条件（経済的条件および政治的条件）を導き，わが国における相続税の意義を考察する。

3．保有課税（第5章～第9章）

（1）第5章：「地方不動産税の課税標準」

第5章～第9章では，保有課税を検討対象とする。第5章においては，国際比較および歴史的視点から，住宅の保有に係る地方不動産税の課税標準のあり方を検討する。議論の進め方としては，まず，地方不動産税の課税標準の概念を明確に規定する。さらに，アメリカ，カナダ，イギリス，フランス，オーストラリアにおける地方不動産税の課税標準に関する議論，および明治期以降のわが国における地方不動産税の課税標準の変遷，およびそれをめぐる議論を概観する。以上を踏まえて，地方不動産税における望ましい課税標準を選択するための基準を導く。そして，その基準に基づき，わが国における固定資産税（土地および家屋に係る分）の課税標準のあり方を考察する。

（2）第6章：「地価税」

第6章のテーマは，地価抑制と土地資産格差を目的として，1992～1997年まで実施され，現在凍結されている地価税である。地価税の制度的概要および租

税体系における位置づけを明らかにし，6年間の課税実態を国税庁の統計で捕捉する。さらに，地価税に対して提起されたさまざまな疑問点を検討し，地価税のあり方を提言する。

（3）第7章：「帰属家賃課税」

第7章および第8章では，帰属家賃課税の問題を取り上げる。まず，第7章では，帰属家賃課税に関する議論の論点整理を行う。帰属所得の概念，主要先進国（アメリカ，イギリス，ドイツ，フランス）における帰属家賃課税の実態，所得概念（発生型所得，処分型所得）からみた帰属家賃課税の根拠および意義，帰属家賃課税の実施をめぐる諸問題（帰属家賃の評価，家賃控除，固定資産税との関係）について考察する。

（4）第8章：「帰属家賃課税と資産保有課税―アイルランドの経験―」

第8章は，帰属家賃を資産保有課税で間接的に課税する方法について，アイルランドの議論に注目する。

帰属家賃を資産保有課税で捕捉する事例としては，スウェーデンの1991年税制改正による不動産税（国税）の増税が，わが国においても紹介されている。しかし，アイルランドにおいては，1983年度から1996年度まで，住宅の所有者を対象とした居住用財産税（国税）が実施されたことは知られていない。そこで，まず，この税の仕組み，課税の実態，導入に至る経緯，廃止の理由を詳細に眺める。さらに，1980年代から1990年代にかけて見られた，地方固定資産税で帰属家賃課税を実現する議論に注目する。最後に，以上のアイルランドの議論から，わが国で資産保有課税により帰属家賃を課税する場合の制度設計に関して得られるインプリケーションを明らかにする。

（5）第9章：「住宅ローン利子控除をめぐる一考察」

第9章は，持家取得促進政策の一つである住宅ローン利子控除制度が検討対象である。まず，わが国を含め主要先進諸国の現状を把握する。次に，住宅ローン利子控除制度が廃止されている国のうち，特にフランスを取り上げ，廃止に至る経緯を詳細に眺める。さらに，住宅ローン利子控除の効果および問題点を整理する。

4．譲渡課税（第10章）

　第10章（「フランスのキャピタル・ゲイン課税―1976年税制改正の理論的背景―」）は，キャピタル・ゲイン課税の考察である。フランスにおける1976年のキャピタル・ゲイン税制の誕生に大きな影響を与えた3種類の報告書（『社会的不平等委員会報告』(Commission des Inégalités Socials [1975])，『キャピタル・ゲインの包括的課税に関する検討委員会報告』(Mongulan & Delmas [1975 a] および Mongulan & Delmas [1975 b])，『経済社会評議会報告』(Uri [1976])）に注目する。そして，特に『キャピタル・ゲインの包括的課税に関する検討委員会報告』および『経済社会評議会報告』の内容を，シャウプ勧告の内容と比較検討する。以上のような作業を通して，住宅の譲渡段階での課税も含めて，キャピタル・ゲイン課税全般に関する論点整理を行う。

5．資本所得税の分析（第11章～第13章）

（1）第11章：「中古住宅市場の活性化と税制」

　第11章～第13章では，資本所得税に関する実証分析を行い，それに基づき，わが国の資本所得税のあり方を考察する。

　まず第11章では，経済理論モデルを設定し，住宅の実質資本コストおよび実効限界税率を推計する。そして，新築住宅と中古住宅に対する課税の実態を，定量的に分析する。さらに，その分析を踏まえて，わが国における中古住宅に対する税制のあり方を考察する。

（2）第12章：「金融所得課税一元化と租税原則―課税の中立性および公平性の観点からの実証分析―」

　第12章は，金融所得課税一元化が課税の中立性および公平性に与える影響を，理論モデルを設定して定量的に分析する。中立性の議論では，金融資産（社債，株式）と実物資産（持ち家）の間における投資の中立性を論ずる。また，公平性の議論では，所得を勤労所得と資産所得（金融所得，不動産所得）に分類し，税制の所得源泉別再分配効果を分析する。

（3）第13章：「資本所得と資産保有課税―租税思想史からのアプローチ―」

第13章は，資本所得を資産保有税で課税する議論を，租税思想史の観点から検討する。これには，資産保有税を資本所得税の代替税として扱うもの，資産保有税を資本所得税の補完税として扱うもの，の２種類がある。

　具体的には，イギリス所得税制史における資本還元案，およびフランスのノーベル経済学者モーリス・アレの資本課税論，オランダの2001年所得税制改革に注目する。そして，その作業を踏まえて，わが国における資本所得税のあり方に関して提言を行う。

第1章　住宅税制の国際比較

はじめに

　本章の課題は，もっぱら主要先進諸国との比較を通して，わが国における不動産税制の特徴を明らかにすることである。ただし，比較の対象はもっぱら個人の居住用不動産（住宅）とする。

　本書の第2章以降で，住宅に係る個別の税制に関して詳細な議論を展開するが，その予備作業として，本章において国際比較の視点からわが国の住宅税制の特徴を明らかにしたい。

　以下では，まずⅠ節で，住宅税制および資産課税の概念を体系的に示し，OECD諸国における資産課税全般の国際的動向を，統計データにより把握する。次にⅡ節で，わが国の現行住宅税制の概要を述べ，Ⅲ節では，主要先進諸国における住宅税制の体系を概観しよう。最後に，わが国の住宅税制の特徴をまとめる。

Ⅰ．資産課税の国際的動向

1．住宅税制の体系

　個人の住宅に対する税としては，その取得，保有，譲渡の各段階において，表1-1で示されるようなものが考えられる。

　取得段階では，消費課税として付加価値税が課される。また，資産課税として，取得方法により，無償譲渡課税もしくは有償譲渡課税が実施される。有償

譲渡課税は不動産流通課税とも呼ばれる。所得課税は非課税であるが，住宅取得を促進する制度として住宅ローン利子控除（住宅ローン利子所得控除，住宅ローン利子税額控除）がある。

表1-1　住宅税制の体系

	所得課税	消費課税	資産課税
取得	－ （住宅ローン利子控除制度）	付加価値税	無償譲渡課税 有償譲渡課税（不動産流通課税）
保有	帰属家賃課税	－	富裕税 不動産保有課税
譲渡	キャピタル・ゲイン税	－	－

（出所）　著者作成。

図1-1　資産課税の体系

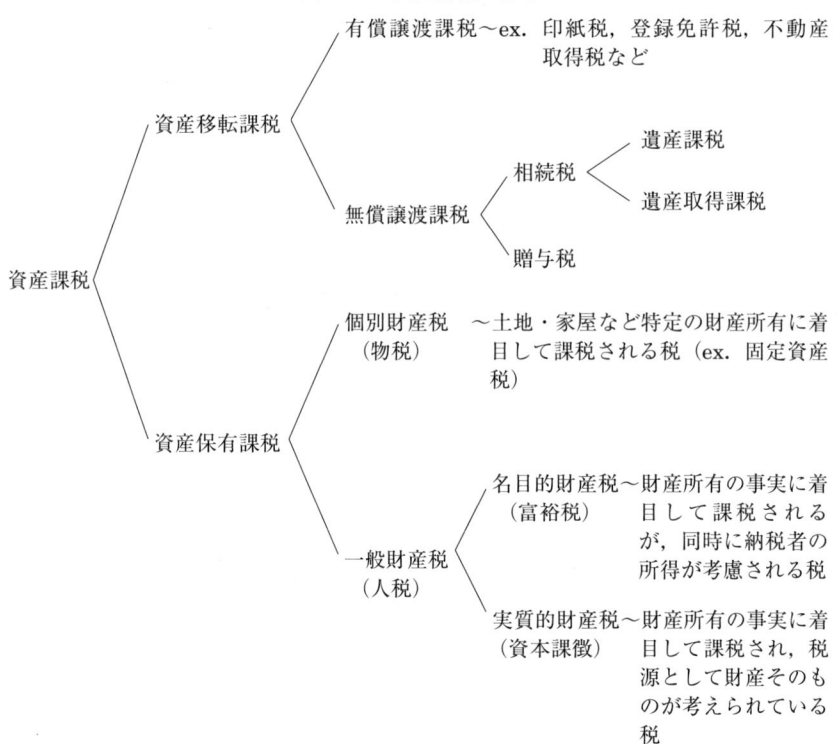

```
                    ┌ 有償譲渡課税～ex. 印紙税，登録免許税，不動産
                    │              取得税など
         ┌資産移転課税┤
         │          │                   ┌ 遺産課税
         │          │           ┌相続税 ┤
         │          └ 無償譲渡課税┤       └ 遺産取得課税
         │                      │
資産課税 ┤                      └ 贈与税
         │
         │          ┌ 個別財産税　～土地・家屋など特定の財産所有に着
         │          │ （物税）    目して課税される税（ex. 固定資産
         │          │            税）
         └資産保有課税┤
                    │          ┌ 名目的財産税～財産所有の事実に着
                    │          │ （富裕税）  目して課税される
                    │          │            が，同時に納税者の
                    └ 一般財産税┤            所得が考慮される税
                      （人税） │
                               │ 実質的財産税～財産所有の事実に着
                               └ （資本課徴）  目して課税され，税
                                              源として財産そのも
                                              のが考えられている
                                              税
```

（出所）　OECD［1988b］，渡辺［1955］などを参照に著者作成。

保有段階では，所得課税として帰属家賃課税が行われる。さらに，資産課税として富裕税や不動産保有課税がある。

譲渡段階では，譲渡益に対してキャピタル・ゲイン税が課税される。

以上のうち，資産課税についてより詳細に見ると，図1-1のようになる。

資産課税はまず，資産が移転されるときに係る資産移転課税と，資産の保有に対して課される資産保有課税とに大別される。

資産移転課税は，資産の無償譲渡に課される無償譲渡課税と，有償譲渡に課される有償譲渡課税とから構成される。無償譲渡課税の納税者は個人のみであるが，有償譲渡課税の場合には，個人および法人となる。

無償譲渡課税には，相続税および贈与税が該当する。相続税には，その課税方式として，遺産課税方式（被相続人の残す遺産額を課税標準として，相続人の相続分とは無関係に課税する方式）と遺産取得課税方式（相続人の相続額を課税標準として課税する方式）とがある。有償譲渡課税として，わが国には，印紙税，登録免許税，不動産取得税などがある

資産保有課税は，物税であるか人税であるかにより，個別財産税と一般財産税とに分類される。資産保有課税の納税者は，個人および法人である。

個別財産税は，土地・家屋など特定の財産所有に着目して課される税であり，納税者の担税力は考慮されない。一般に，地方段階で実施される地方不動産税が，これに相当する。他方，一般財産税は，財産所有の事実に着目して課税され，納税者の担税力が考慮される。課税根拠として，個別財産税は利益説，一般財産税は能力説に，それぞれ基づいている。

さらに，一般財産税は，納税者の流動性制約の問題（資産を保有していても，所得が不十分で支払に窮する現象）が考慮されるか否かで，名目的財産税と実質的財産税とにわかれる。

名目的財産税は，その負担が毎年の所得により十分支払い可能な程度のもので，例として富裕税が挙げられる。これは，資産総額から負債総額を控除した純資産額に対して，比例税率もしくはゆるい累進税率で毎年課税される税である。

実質的財産税は，資本課徴（capital levy）とも呼ばれている。これは臨時的

に課されるもので，負担が毎年の所得を超え，支払いのために財産の一部を売却することも想定されている。フランスの国民連帯税（1945年），わが国の個人財産税（1946年）などがその例である[1]。なお，富裕税においても，納税額に上限が設定されないケースにおいては，流動性制約の問題が発生する。このような場合には，資産の売却を迫られる可能性も発生するため，富裕税が実質的財産税の性格を有することになる。

2．資産課税の対 GDP 比

　税制の国際比較の際に最もよく利用されるのは，OECD が毎年公表している歳入統計（Revenue Statistics）である。それによれば，資産課税は，① 経常不動産課税（recurrent taxes on immovable property），② 経常純資産税（recurrent taxes on net wealth），③ 相続・贈与税（taxes on estate and inheritance and gifts），④ 金融・資本取引税（taxes on financial and capital transactions），⑤ その他（other non-recurrent taxes on property）の5種類に分類されている。この中で，「経常不動産保有課税」と「経常純資産税（富裕税）」が資産保有課税であり，「相続・贈与税」と「金融・資本取引税」が資産移転課税に，それぞれ相当する。「その他」の中には，緊急の支出や再分配目的で課される資本課徴，開発利益を吸収するための土地増価税，資産再評価により発生する再評価益に対する資産再評価税などが含まれる。

　表1-2で示されるように，1965年以降における GDP に占める資産課税の割合は，OECD 諸国の平均で見ると2％弱でほとんど変化がない。ただし，地域別に見ると，OECD America では，1960年代後半以降は低下傾向にあるのに対し，OECD Pacific および OECD Europe では，特に1980年代後半以降，上昇傾向にある。

　総税収に占める資産課税の割合は，OECD 全体で見ると，1965年に7.9％であったが，2005年には5.6％に低下している。しかし，この低下傾向は1980年代前半までの現象で，80年代後半以降は上昇傾向が見られる。地域別に見る

1）詳細は，渡辺［1955］，247-253頁参照。

と，同様の傾向が，OECD America および OECD Europe で見られる。OECD Pacific は，ゆるやかな低下傾向にある。

　主要国を対象に国別に見ると，資産課税の対 GDP 比は，フランスおよび日本では，1960年代後半以降，上昇傾向にある。また，韓国，オランダおよびスウェーデンにおいても，1980年代後半以降，継続的に上昇している。

　フランスの場合，後述するように，職業税の課税ベースの一部が事業用不動産の賃貸価値となっているが，OECD の歳入統計では，職業税は資産課税ではなくその他の税の中に含まれている。したがって，事業用不動産に対する職業税分を含めると，資産課税の対 GDP 比は表1-2の値より上昇することになる。フランスでは，資産課税の対 GDP 比が80年代以降に著しく上昇している。これは，1982年に，新たに経常純資産税（富裕税）が導入されたことによる。また，表1-3で示されるように，経常不動産課税および相続・贈与税の負担が上昇したことも要因である。

　日本の場合は，経常不動産課税に加えて相続・贈与税の負担が上昇したことによる。さらに，韓国およびオランダの場合は，金融・資本取引税の負担上昇が主たる原因である。スウェーデンの場合は，表1-3から明らかなように，経常不動産課税の負担上昇による。

　以上に対して，逆にドイツおよびニュージーランドでは継続して減少している。ドイツでは，経常純資産税の負担が継続的に減少していることが主たる原因である。ニュージーランドは，相続・贈与税の負担が減少したことによる。

　アメリカおよびカナダ，アイルランドでは減少傾向にあったが，80年代後半以降は再び上昇傾向にある。カナダでは，80年代後半以降その比率がかなり上昇し，95年には OECD 諸国中トップに躍り出ている。これは，表1-3で示されるように，経常不動産課税および法人に対する経常純資産税の負担が上昇したことにもっぱら起因する。

　イギリスにおいては，1980年代後半以降落ち込み，95年には3.5％となっていたが，2005年には再び4％台に戻った。90年代におけるこれらの変化は，人頭税導入（1990年）およびカウンシル・タックスの実施（1993年）などの，いずれも家計に対する地方不動産税の税制改正の影響によるものであると考えら

表1-2 主要先進諸国における資産課税の対GDP比の推移

(単位:%)

	1965年	1975	1985	1995	2005
アメリカ	3.9 (2)	3.6 (2)	2.7 (3)	3.1 (4)	3.1 (5)
カナダ	3.7 (4)	3.0 (3)	3.0 (2)	3.8 (1)	3.4 (3)
オーストラリア	2.4 (6)	2.3 (6)	2.2 (8)	2.5 (9)	2.7 (8)
韓国	-	-	1.5 (12)	2.9 (5)	3.0 (6)
日本	1.5 (13)	1.9 (9)	2.7 (3)	3.3 (3)	2.6 (9)
ニュージーランド	2.8 (5)	2.6 (5)	2.3 (7)	2.0 (12)	1.9 (17)
アイルランド	3.8 (3)	2.8 (4)	1.4 (14)	1.5 (16)	2.4 (11)
イギリス	4.4 (1)	4.5 (1)	4.5 (1)	3.5 (2)	4.4 (1)
オランダ	1.4 (15)	1.0 (20)	1.5 (13)	1.7 (14)	2.1 (14)
ドイツ	1.8 (8)	1.3 (15)	1.1 (15)	1.0 (20)	0.9 (25)
フランス	1.5 (13)	1.8 (10)	2.5 (3)	2.9 (5)	3.5 (2)
スウェーデン	0.6 (24)	0.5 (25)	1.1 (15)	1.8 (13)	1.5 (18)
OECD Total	1.9 (7.9)	1.7 (6.3)	1.6 (5.2)	1.8 (5.5)	1.9 (5.6)
OECD America	3.8 (15.1)	3.3 (11.7)	1.9 (6.8)	2.4 (7.9)	2.3 (7.7)
OECD Pacific	2.2 (10.4)	2.1 (9.2)	2.2 (8.5)	2.7 (10.3)	2.6 (8.8)
OECD Europe	1.6 (6.7)	1.5 (5.2)	1.5 (4.3)	1.6 (4.3)	1.8 (4.7)

(注) ・カッコ内の数値はOECD諸国中の順位を示す。ただし、OECD平均の場合は、総税収に占める資産課税の割合である。
・OECD America～カナダ、メキシコ、アメリカ。
・OECD Pacific～オーストラリア、日本、韓国、ニュージーランド。
・OECD Europe～OECD America, OECD Pacific 以外の23か国(2005年)。
(出所) OECD [2007] より著者作成。

れる。

　最後に、オーストラリアにおいては、1960年代後半から1980年代後半にかけて低下、1980年代以降は上昇する傾向にあるが、その変化の程度はゆるやかであり、大きな変化は見られない。

3. 資産課税の構造

　次に、資産課税を、物税としての性格が強い経常不動産課税、経常純資産税および相続・贈与税などのように人税としての性格を有する人的資産課税、金

融・資本取引税およびその他の3種類に分け，主要先進国における資産課税の構造を見てみよう。ここで問題となるのは，法人に対する経常純資産税である。法人に対する経常純資産税に関しては，「ヒトである法人」に対する人税とみなすことも可能であるし，あるいは，「ヒトに所有されるモノ」に対する物税とみなすことも可能であるが[2]，以下では人税とみなすこととする。

　表1-3はその結果を示したものであるが，そこからいくつかの特徴を読みとれる。

　第一に，OECD全体で見ると，2005年における資産課税全体に占める経常不動産課税の構成比は7割強である。長期的な動向を眺めると，1960年代後半以降，80年代後半までは上昇傾向にあったが，それ以降は低下傾向にある。さらに，人的資産課税の割合には低下傾向が，金融・資本取引税およびその他の構成比には上昇傾向が見られる。

　第二に，地域別に眺めると，OECD Americaでは，2005年において経常不動産課税の割合が約9割を占めている。その割合は，長期的に見て一貫して上昇傾向にある。これに対して，人的資産課税の割合は低下傾向にある。もっとも，これは相続・贈与税の低下によるもので，経常純資産税はむしろ上昇傾向にある。金融・資本取引税およびその他の割合は，1980年代後半まで上昇していたが，それ以降は低下傾向にある。

　OECD Pacificでは，2005年において経常不動産課税が約6割，人的資産課税が約1割，金融・資本取引税およびその他が約3割となっている。長期的な傾向に関しては，経常不動産課税の割合には上昇傾向が，金融・資本取引税およびその他の割合には継続的に低下傾向が見られる。人的資産課税の割合は，1990年代前半まで上昇傾向にあったが，それ以降は低下している。

　OECD Europeでは，同じく2005年において経常不動産課税が約5割，人的資産課税が約2割，金融・資本取引税およびその他が約3割となっている。長期的傾向としては，経常不動産課税の割合は，1980年代後半までは上昇傾向にあったが，それ以降は低下傾向にある。人的資産課税の割合は低下している。

---

2) 神野［2007］，171-172頁。

表1-3 主要先進諸国における資産課税の構造

(単位：%)

		1965年	1975	1985	1995	2005
アメリカ	経常不動産課税	86.0(3.4)	88.9(3.2)	90.9(2.5)	90.1(2.8)	92.2(2.9)
	人的資産課税	13.4(0.5)	10.4(0.4)	7.7(0.2)	8.8(0.3)	7.8(0.2)
	経常純資産税	−	−	−	−	−
	相続・贈与税	13.4(0.5)	10.4(0.4)	7.7(0.2)	8.8(0.3)	7.8(0.2)
	金融・資本取引税	0.6(0.0)	0.7(0.0)	1.4(0.0)	1.1(0.0)	−
	その他	−	−	−	−	−
カナダ	経常不動産課税	83.7(3.1)	88.9(2.7)	86.8(2.6)	84.5(3.2)	80.7(2.7)
	人的資産課税	11.4(0.4)	6.5(0.2)	7.9(0.2)	9.4(0.3)	7.9(0.3)
	経常純資産税（法人）	1.2(0.0)	3.7(0.1)	7.6(0.2)	9.4(0.3)	7.9(0.3)
	相続・贈与税	10.2(0.4)	2.8(0.1)	0.3(0.0)	0.0(0.0)	−
	金融・資本取引税	4.9(0.2)	4.6(0.1)	5.3(0.2)	6.1(0.2)	5.1(0.2)
	その他					6.3(0.2)
オーストラリア	経常不動産課税	59.2(1.4)	59.5(1.4)	59.5(1.3)	53.1(1.3)	52.2(1.4)
	土地税	−	11.6	12.5	14.2	17.7
	人的資産課税	23.8(0.6)	16.8(0.4)	0.1(0.0)	−	−
	経常純資産税	−	−	−	−	−
	相続・贈与税	23.8(0.6)	16.8(0.4)	0.1(0.0)	−	−
	金融・資本取引税	17.0(0.4)	23.7(0.5)	40.4(0.9)	46.9(1.2)	47.8(1.3)
	その他	−	−	−	−	−
韓　国	経常不動産課税	−	−	31.1(0.5)	24.0(0.7)	20.4(0.6)
	人的資産課税	−	−	4.5(0.1)	9.0(0.3)	7.6(0.2)
	経常純資産税	−	−	−	−	−
	相続・贈与税	−	−	4.5(0.1)	9.0(0.3)	7.6(0.2)
	金融・資本取引税	−	−	63.0(0.9)	66.3(1.9)	72.1(2.2)
	その他	−	−	1.4(0.0)	0.7(0.0)	0.0(0.0)
日　本	経常不動産課税	64.1(1.0)	63.7(1.2)	58.7(1.6)	60.8(2.0)	75.9(2.0)
	人的資産課税	8.8(0.1)	10.7(0.2)	12.2(0.3)	19.1(0.6)	11.8(0.3)
	経常純資産税	−	−	−	−	−
	相続・贈与税	8.8(0.1)	10.7(0.2)	12.2(0.3)	16.6(0.5)	11.8(0.3)
	地価税	−	−	−	2.5(0.1)	−
	金融・資本取引税	27.1(0.4)	25.6(0.5)	29.1(0.8)	20.1(0.7)	12.3(0.3)
	その他	−	−	−	−	−

ニュージーランド	経常不動産課税	72.4(2.0)	75.2(2.0)	86.2(2.0)	88.3(1.8)	97.0(1.8)
	人的資産課税	19.8(0.6)	16.9(0.4)	2.5(0.0)	0.1(0.0)	0.1(0.0)
	経常純資産税	−	−	−	−	−
	相続・贈与税	19.8(0.6)	16.9(0.4)	2.5(0.0)	0.1(0.0)	0.1(0.0)
	金融・資本取引税	8.8(0.2)	7.9(0.2)	11.3(0.3)	11.6(0.2)	2.9(0.1)
	その他	−	−	−	−	−
アイルランド	経常不動産課税	81.3(3.1)	74.8(2.1)	66.1(0.9)	54.3(0.8)	27.1(0.7)
	人的資産課税	12.5(0.5)	15.0(0.4)	7.6(0.1)	9.8(0.1)	6.4(0.1)
	経常純資産税	−	3.4(0.1)	0.0(0.0)	−	−
	相続・贈与税	12.5(0.5)	11.6(0.3)	7.6(0.1)	9.8(0.1)	6.4(0.1)
	金融・資本取引税	6.2(0.2)	10.2(0.3)	26.3(0.4)	35.9(0.6)	66.5(1.6)
	その他	−	−	−	−	−
イギリス	経常不動産課税	77.2(3.4)	87.9(3.9)	86.9(3.9)	86.6(3.0)	75.7(3.3)
	人的資産課税	18.0(0.8)	6.5(0.3)	5.4(0.2)	5.8(0.2)	5.9(0.3)
	経常純資産税	−	−	−	−	−
	相続・贈与税	18.0(0.8)	6.5(0.3)	5.4(0.2)	5.8(0.2)	5.9(0.3)
	金融・資本取引税	4.8(0.2)	5.6(0.2)	7.7(0.3)	7.6(0.3)	18.4(0.9)
	その他	−	3.2(0.1)	−	−	−
オランダ	経常不動産課税	23.3(0.3)	31.0(0.3)	51.7(0.8)	44.8(0.8)	41.0(0.9)
	人的資産課税	42.7(0.6)	37.9(0.3)	27.0(0.4)	27.7(0.4)	16.7(0.3)
	経常純資産税	18.1(0.3)	22.2(0.2)	14.4(0.2)	13.0(0.2)	0.3(0.0)
	相続・贈与税	24.6(0.3)	15.7(0.1)	12.6(0.2)	14.7(0.2)	16.4(0.3)
	金融・資本取引税	34.0(0.5)	31.1(0.3)	21.3(0.3)	27.5(0.5)	42.3(0.9)
	その他	−	−	−	−	−
ドイツ	経常不動産課税	25.0(0.5)	29.1(0.4)	35.1(0.4)	36.9(0.4)	53.3(0.5)
	人的資産課税	62.4(1.1)	56.1(0.7)	43.7(0.5)	45.9(0.4)	21.8(0.2)
	経常純資産税	58.7(1.1)	52.4(0.7)	36.5(0.4)	36.4(0.4)	0.5(0.0)
	相続・贈与税	3.7(0.0)	3.7(0.0)	7.2(0.1)	9.5(0.0)	21.3(0.2)
	金融・資本取引税	12.6(0.2)	14.8(0.2)	21.2(0.2)	17.2(0.2)	24.9(0.2)
	その他	−	−	−	−	−
フランス	経常不動産課税	46.0(0.7)	62.4(1.1)	60.6(1.5)	67.5(1.9)	62.2(2.2)
	人的資産課税	13.1(0.2)	14.5(0.2)	21.5(0.6)	16.0(0.5)	20.3(0.7)
	経常純資産税	−	−	11.0(0.3)	3.8(0.1)	5.1(0.2)
	相続・贈与税	13.1(0.2)	14.5(0.2)	10.5(0.3)	12.2(0.4)	15.2(0.5)
	金融・資本取引税	41.9(0.6)	23.1(0.5)	17.9(0.4)	16.5(0.5)	17.5(0.6)
	その他	−	−	−	−	−

スウェーデン	経常不動産課税	1.4(0.0)	0.8(0.0)	38.0(0.4)	65.6(1.2)	62.6(1.0)
	人的資産課税	73.2(0.4)	66.8(0.3)	29.4(0.3)	21.4(0.4)	15.2(0.2)
	経常純資産税	51.4(0.3)	44.0(0.2)	18.4(0.2)	15.4(0.3)	12.5(0.2)
	相続・贈与税	21.8(0.1)	22.8(0.1)	11.0(0.1)	6.0(0.1)	2.7(0.0)
	金融・資本取引税	25.4(0.2)	32.4(0.2)	32.6(0.3)	13.0(0.2)	22.2(0.3)
	その他	−	−	−	−	−
OECD Total	経常不動産課税	72.4	74.7	75.1	70.4	73.3
	人的資産課税	16.9	14.5	11.5	14.8	10.4
	経常純資産税	4.1	4.6	3.4	4.3	1.9
	相続・贈与税	12.8	9.9	8.1	10.5	8.5
	金融・資本取引税	10.4	10.5	13.1	14.5	15.7
	その他	0.3	0.3	0.3	0.3	0.6
OECD America	経常不動産課税	85.7	87.9	89.5	89.9	91.0
	人的資産課税	12.8	10.0	7.5	8.9	7.8
	経常純資産税	0.1	0.3	0.6	0.9	0.7
	相続・贈与税	12.7	9.7	6.9	8.0	7.1
	金融・資本取引税	1.1	1.7	2.5	0.7	0.7
	その他	0.4	0.4	0.5	0.5	0.5
OECD Pacific	経常不動産課税	40.3	61.4	57.8	59.9	64.9
	人的資課課税	10.7	12.0	10.8	15.2	9.7
	経常純資産税	−	−	−	−	−
	相続・贈与税	10.7	12.0	10.8	15.2	9.7
	金融・資本取引税	49.0	26.5	31.4	24.9	25.4
	その他	0.0	0.1	0.0	0.0	0.0
OECD Europe	経常不動産課税	46.0	53.2	55.8	54.8	54.4
	人的資産課税	29.8	24.5	20.4	22.8	14.3
	経常純資産税	16.0	15.0	11.8	13.7	4.3
	相続・贈与税	13.8	9.5	8.6	9.1	10.0
	金融・資本取引税	24.1	22.3	23.6	22.2	30.4
	その他	0.1	0.0	0.2	0.2	0.9

(注) ・カッコ内の値は対 GDP 比を示す。
　　・各国とも総計は，経常不動産課税および人的資産課税，その他の合計で求められる。
(出所) 表 1−2 と同じ。

金融・資本取引税およびその他の割合は，1990年代前半まではほぼ変化がなかったが，それ以降は上昇している。

　第三に，経常不動産課税の負担割合は，特にOECD Pacificにおいてその上昇が顕著である。これは，もっぱら日本およびニュージーランドが原因である。表1-3から明らかなように，オーストラリアおよび韓国では，経常不動産課税の構成比はむしろ低下傾向にあるからである。

　地域別に見ると，資産課税に占める経常不動産課税の構成比が相対的に高いのはOECD Americaであるが，国別では，2005年において，ニュージーランドは97.0%を占めている。さらに，イギリス（75.7%）および日本（75.9%）も7割を上回っている。

　第四に，資産課税に占める人的資産課税の割合は，多くの国において低下傾向にある。人的資産課税の中身に注目すると，2007年の段階で，OECD諸国のうち，イタリア，カナダ，オーストラリア，スウェーデン，メキシコにおいて相続税および贈与税が存在しない。また，ニュージーランドでは相続税が存在しない。さらに，2007年段階において，オーストリア（1994年），オランダ（2001年），デンマーク（1997年），ドイツ（1997年），スウェーデン（2007年），フィンランド（2006年）において富裕税が廃止されている（カッコ内は廃止年）[3]。ただし，オランダにおいては2001年に廃止されたが，所得税制の中で実質的に存続していると考えられる（詳細は，本書第11章参照）。

　しかしながら，国別に見ると，フランス，日本および韓国では，逆に人的資産課税の割合が上昇している。その理由は，フランスについては，前述のように1980年代前半に経常純資産税の導入が行われたこと，および相続・贈与税の増加による。日本と韓国の場合は，相続・贈与税の増加が原因である。

　オーストラリアにおいては，経常純資産税および相続・贈与税として定義される人的資産課税は全く存在しない。しかし，同国においては州レベルで土地税が実施されており，これは富の集中排除や不労所得の吸収等の課税目的を有しているから（本書第5章参照），性格的には日本の地価税に近い。すなわち，

---

[3] このうち，ドイツの議論は，谷口［1996］，中島・三木［1996］，野田［1999］を参照。また，スウェーデンについては，柴［2007a］参照。

どちらかというと人的資産課税に分類した方が適切である。そのように考えると，2005年において土地税の構成比は17.7%であるから，人的資産課税の構成比もそれと等しくなる。

第五に，金融・資本取引税およびその他の割合が1970年代後半以降OECD全体で上昇している。1970年代後半から1980年代前半までは，OECD America, OECD Pacific および OECD Europe の全地域で上昇しているが，特に1990年代後半以降は，OECD Europe における動向が影響していると考えられる。

国別に見ると，アイルランドにおいて顕著である。表1-3から明らかなように，2005年には対GDP比1.6%，資産課税収入の66.5%を占めている。これは，1997年以降，経常不動産課税のうち居住用財産税（国税）が廃止され（本書第9章参照），それに伴い発生する税収損失を補填するために，不動産取引に係る印紙税が増税されたことによる。何故，印紙税なのかというと，アイルランドでは，1990年代後半以降，好景気，低金利，都心への人口移動，住宅購入に対する寛大な税制優遇措置などの要因により，特に首都ダブリンの住宅価格が急上昇した。そのため，印紙税の増税により住宅需要を抑制し，住宅市場の安定化を図る狙いもあった[4]。

イギリスにおいても，2005年には金融・資本取引税の対GDP比が0.9%へ，資産課税の税収に占める割合が18.4%へと，それぞれ上昇している。これは，不動産価格の上昇が主たる原因である[5]。

その他，ドイツおよびオランダにおいても，金融・資本取引税およびその他の割合が上昇している。ただし，ドイツにおいては金融・資本取引税の対GDP比は0.2%で変化がない。人的資産課税の低下の影響が大きいと考えられる。オランダの場合，特に1990年代後半以降，金融・資本取引税の割合が上昇している。OECDの歳入統計（OECD［2007］，pp.170-171）によると，2005年において金融・資本取引税の9割強が不動産取引に係る税である。2000年から2005

---

4) 以上，アイルランドにおける印紙税の動向の詳細は，Bradley［1999］参照。
5) この点に関する詳細は，イギリス住宅税制研究会［2007］，215-218頁参照。
6) 2000年～2006年にかけてのオランダの実質住宅価格の上昇率は，約5%である。内閣府［2007］，第1-3-1図参照。

年にかけて，同税は約49%増加しており，この背景には，アイルランドやイギリスの場合と同様，住宅価格の上昇がある[6]。

Ⅱ．わが国の住宅税制

1．現行税制の概要

わが国の現行税制において個人の住宅に係る税は，表1-4で示されるように，(1)取得，(2)保有，(3)譲渡の3段階に分類することが可能である。

第一に，住宅の取得に係る税としては，相続や生前贈与によって取得されたものに対して，相続税および贈与税が課されている。また，売買を通して取得されたものには，消費税および地方消費税のほか，流通課税として印紙税および登録免許税，不動産取得税等が課されている。住宅用地を含む土地の取得に関しては，特別土地保有税があるが，2003年度以降，当分の間新たな課税は行われないこととされている。

第二に，住宅の保有に関しては，地方税である固定資産税および都市計画税が課されている。帰属家賃は課税されていない。なお，住宅用地に関しては，地価税と特別土地保有税があるが，前者は，1998年より執行停止とされている。また，後者に関しては，取得に係る分と同様，2003年度以降，当分の間新たな課税は行われないこととされている。

第三に，住宅を譲渡して得た所得に対しては，所得税および住民税が課される。

第四に，現行税制の特徴として，住宅のうち土地の部分と家屋の部分とでは扱いが異なる点に注意が必要である。消費税および地方消費税は，建物部分の譲渡にのみ課税される。また，後述のように，政策的観点から設けられている特例措置の対象に関しても，土地部分のみあるいは家屋部分のみとされているケースが目立つ。

表1-4 わが国の住宅税制の概要（個人の場合：2007年度）

取得に係る税制	
消費税 （国税） 地方消費税 （都道府県税）	税率5％（ただし1％は地方消費税），個人間における中古住宅の取引は非課税。
印紙税 （国税）	住宅の売買契約や工事請負契約ローン契約の際に，契約金額に応じて課税される。 税率⇒契約金額により，200円〜60万円
登録免許税 （国税）	税率（新築住宅の場合） ・所有権保存登記〜1,000分の1.5（本則1,000分の4） ・所有権移転登記〜1,000分の3（本則1,000分の20） ・住宅資金貸付に係る抵当権設定登記〜1,000分の1（本則1,000分の4） 課税標準額〜固定資産税評価額
不動産取得税 （都道府県税）	税率⇒住宅取得に関しては4％（本則）から3％へ軽減 課税標準額⇒固定資産税評価額 ① 新築住宅に係る課税標準の特例 　床面積50 m^2〜240 m^2の住宅を購入した場合，課税標準額を一戸につき1,200万円控除。 ② 中古住宅に係る課税標準の特例 　一定の条件を満たす中古住宅を購入した場合，課税標準が控除される。控除額は，購入する住宅の新築年月日により異なる（350〜1,200万円）。 ③ 住宅用地・商業地等の課税標準の特例 　課税標準を2分の1に圧縮する。 ④ 住宅用地に係る税額軽減の特例 　床面積50 m^2以上240 m^2以下の住宅用地の取得の場合，下記算式の高い方の額を控除。 　(a) 45,000円（150万円×税率） 　(b) 土地の評価額÷土地の面積×住宅の床面積×2×3％
特別土地保有税 （市町村税）	2003年度以降，新たに課税されていない。 　課税標準⇒土地の取得価額　　税率⇒3％
所得税 （国税） 住民税 （地方税）	住宅借入金等特別税額控除 ① 所得税 　マイホーム新築・購入した場合，または増改築した場合，借入金の年末残高の一定割合を税額控除できる。 　ex. 2008年に居住する場合 　　当初10年間：借入金の残高2,000万円以下の部分×0.6％ 　　残り5年間：借入金の残高2,000万円以下の部分×0.4％ ② 住民税 　所得税から控除できない金額を，翌年度分から控除可能（2008年度分から2028年度分まで適用）。
相続税 （国税）	税率⇒10％〜50％の累進税率，課税評価額⇒相続税評価額 ① 200 m^2以下の小規模宅地に対する税の特例 　事業用宅地や居住用宅地は，課税価格を20％減額。

贈与税 （国税）	税率および課税評価額⇒相続税の場合と同様。 ① 住宅取得資金に係る税の特例 親または祖父母から住宅資金の贈与を受け，一定の家屋または一定の増改築に充てた場合，1,000万円の住宅資金特別控除が適用される。
保有に係る税制	
固定資産税 （市町村税）	税率⇒標準税率1.4％（制限税率2.1％），課税標準額⇒固定資産税評価額 ① 新築住宅に対する税の特例 ・一般住宅～当初3年間，120 m²相当部分について1/2に減額。 ・中高層耐火住宅～当初5年間，120 m²相当部分について1/2に減額。 ② 住宅用地に対する課税標準の特例 ・住宅用地～課税標準額を1/3に減額。 ・200 m²以下の小規模住宅用地～課税標準額を1/6に減額。
都市計画税 （市町村税）	軽減税率0.3％，課税標準額～固定資産税評価額 ① 住宅用地に対する課税標準額の特例 ・住宅用地～課税標準額を2/3に減額。 ・200 m²以下の小規模住宅用地～課税標準額を1/3に減額。
特別土地保有税 （市町村税）	2003年度以降，新たに課税されていない。 課税標準⇒土地の取得価額　　税率⇒1.4％
地価税 （国税）	1998年より執行停止。
譲渡に係る税制	
所得税 （国税） 住民税 （地方税）	税率⇒短期（所有期間5年以内：所得税30％，住民税9％），長期（所有期間5年超：所得税15％，住民税5％） ① 居住用財産の譲渡所得に係る特別控除 ・譲渡所得から3,000万円を控除。 ② 居住用財産の長期譲渡所得の課税特例 ・特別控除後の譲渡所得について低率分離課税（所有期間10年超） 6,000万円以下　所得税10％（都道府県民税1.6％，市町村民税2.4％） 6,000万円超　所得税15％（都道府県民税2％，市町村民税3％） ③ 居住用財産の買換特例 一定の要件を満たす居住用財産の買換えの場合，課税を将来に繰り延べることができる。 ④ 居住用財産の譲渡損失に係る繰越控除制度 居住用財産の買換えに伴い発生した譲渡損失について，その年の損益通算に加え3年間の繰越控除が認められる。 ・所得要件　3,000万円以下 ・所有期間　5年超

（出所）　松崎・高橋［2007］より作成。

2．特別措置

　以上のような税体系の下で，住宅が生存権的財産であるという理由や，住宅取得を促進するためにさまざまな特別措置が設けられている（表1-4）。

　第一に，持ち家促進のための住宅取得促進税制度（住宅借入金等特別税額控除制度）がある。これは，個人が居住目的で住宅（土地部分を含む）を購入もしくは増改築した場合，当初15年間（2008年中に居住の用に供した場合），年末の住宅ローン残高に応じて一定の額を所得税額から税額控除することを認める制度である。さらに，2006年度税制改正により実施された所得税から住民税への税源移譲に伴い，2008年度分からは，所得税から控除できない金額を住民税から控除することが認められている。

　第二に，住宅取得資金に係る贈与税の特例がある。これは，父母もしくは祖父母から住宅取得資金の贈与を受けた場合，一定の条件の下で贈与税額を軽減するというものである。また，相続税においては，小規模宅地に対する税の特例が存在する。

　第三に，所有期間10年超の譲渡所得の場合は，軽減税率の特例がある。さらに，住宅の買い換えを促進するために，特定の住宅を売却して新たな住宅に買い換えた場合に発生する譲渡益に対しては，一定の要件のもとで課税を繰り延べられる買換特例制度が設けられている。さらに，1998年度には，譲渡損失繰越控除制度が新たに設けられている。すなわち，買い換えにより譲渡損失が発生した場合，一定の要件を満たすものについては，売却した年を含めて4年間，その損失額を所得から控除することが認められている。

　第四に，流通課税や固定資産税においても優遇措置が存在する。流通課税について見ると（詳細は，本書第2章参照），印紙税では，表1-4には示されていないが，2008年度税制改正により不動産譲渡に関する契約書に係る税率が軽減されている。また，登録免許税では，住宅用家屋および土地に対する税率の軽減が認められている。また，さらに不動産取得税に関しても，税率が4％から3％へ軽減されるとともに，住宅に対する課税標準の特例や住宅用地に対する税額の特例が存在する。固定資産税に関しては，新築住宅に対する税の特例

や，住宅用地に対する課税標準の特例がある。

Ⅲ．主要先進諸国の住宅税制

1．現行税制の概要

　さて，個人の居住用不動産に対する課税に関して，主要先進諸国（日本，アメリカ，イギリス，ドイツ，フランス）における現行制度を見ると，表1-5のようになる。イギリス以外の諸国では，相続税と贈与税が別個に存在するが，イギリスでは相続税（inheritance tax）の中に，贈与に対する課税も含まれている。

　わが国の特徴として，税目の数が多く，主要先進国の中では，フランスと並んで制度が複雑であることが指摘できよう。

　ここで，フランスに関して，有償譲渡および保有段階での税制の概略を述べると以下のようになる。

　まず，フランスでは住宅を購入するとき，国税として印紙税と付加価値税が，地方税として，県不動産公示税および登録税（droit départemental d'enregistrement et taxe départementale de publicité foncière），市町村譲渡税付加税（taxe communale additionnelle aux droits de mutation）が課税される。

　県不動産公示税および登録税は，フランスの地方公共団体の一つである県（département）段階での税であるが，この税は，国税である不動産公示税および登録税（droit d'enregistrement et taxe de publicité foncière）と密接な関係を有している。不動産公示税および登録税は，「登録手続」および「不動産公示手続」の際に徴収される税である[7]。広義にとらえるならば，財産の有償譲渡および無償譲渡に係る税であり，相続税や贈与税もその中に含まれる。不動産公示税および登録税はもともと国税であったが，1980年代以降の地方分権改革に

7）（財）日本住宅総合センター研究部［2006］，96頁。

表1-5　主要先進諸国における住宅税制

		日本	アメリカ	イギリス	ドイツ[1]	フランス
取得	国税	・相続税 ・贈与税 ・消費税 ・登録免許税 ・印紙税	・相続税 ・贈与税	・相続税 ・付加価値税 ・印紙不動産取引税	・相続税 ・贈与税 ・付加価値税	・相続税 ・贈与税 ・付加価値税 ・印紙税
	地方税	・地方消費税（都道府県） ・不動産取得税(都道府県) ・特別土地保有税[2]（取得分：市町村）	・相続税(州) ・贈与税(州) ・不動産譲渡税（州および地方）	—	・付加価値税 ・不動産取得税（州）	・県不動産公示税・登録税（県） ・譲渡税付加税（県，市町村および市町村の広域行政組織）
保有	国税	地価税[3]	—	—	—	・財産連帯税（富裕税）
	地方税	・固定資産税（市町村） ・都市計画税（市町村） ・特別土地保有税[2]（保有分，市町村）	財産税（州および地方）	カウンシル・タックス	不動産税（地方）	・既建築不動産税（州・県・市町村および市町村の広域行政組織） ・住宅税(州・県・市町村および市町村の広域行政組織) ・家庭ゴミ回収税（既建築不動産税の付加税：市町村および市町村の広域行政組織）
譲渡	国税	所得税	所得税	所得税	所得税	所得税
	地方税	住民税（都道府県および市町村）	—	—	—	—

(注)　1) ドイツの付加価値税および所得税は，連邦と州の共有税である。
　　　2) 2003年度より新たな課税は実施されていない。
　　　3) 1998年より執行停止。
(出所)　篠原[1999a]の表10-2を修正。

伴う税源移譲により，現在では有償譲渡課税のほとんどが地方税となっている。

譲渡税付加税は，国の不動産公示税および登録税の付加税である。現在，県，市町村および市町村の広域行政組織の段階で課税されている。県譲渡税付加税は，県不動産公示税・登録税が課税される場合は非課税とされる。また，市町村譲渡税付加税は，国税として譲渡税が課税される場合，非課税とされる。不動産売買に関しては国の譲渡税は課されないので，市町村譲渡税付加税が課税されている。

保有課税としては，国のレベルで富裕税である財産連帯税（ISF: Impôt de Solidarité sur la Fortune）が課されている。さらに，地方税として，既建築不動産税（taxe foncière sur les propriétés bâties），住宅税（taxe d'habitation），家庭ゴミ回収税（taxe d'enlèvement des ordures ménagères）などがある。既建築不動産税は，既に建物が建っている土地，およびその土地の上の建築物に対して課税される税金である。さらに，住宅税，もしくは住居税という訳もあるようだが，これは家具つき住宅およびその付属物に対して課税される税金である。家庭ゴミ回収税は既建築不動産税の付加税である。

2．取得に係る税

(1) 有償譲渡課税

住宅取得に係る税のうち，まず有償譲渡課税について見ると，以下のような事柄が指摘できる。

第一に，表1-6から明らかなように，わが国とフランスは，不動産流通に係る税の種類が多く制度が複雑なものとなっている。これに対して，アメリカ（不動産譲渡税：real estate transfer tax）やイギリス（印紙不動産取引税：stamp duty land tax），ドイツ（不動産取得税：grunderwerbbesteuerung）では税目が一つしかない。他のEU諸国を見ても，不動産取引に対して複数の流通税を課している国はほとんど見当たらない（表1-7）。なお，アメリカの不動産譲渡税は地方税であるが，すべての州で課税されるわけではない。また，地方政府のレベルで課税されるところもある[8]。

表1-6 主要先進諸国における不動産流通課税の概要

	日本	アメリカ	イギリス	ドイツ	フランス
国税	登録免許税 印紙税	－	印紙不動産取引税	－	登録税および不動産公示税
地方税	不動産取得税 特別土地保有税（取得分）	不動産譲渡税（州・地方）	－	不動産取得税（州）	県不動産公示税・登録税,譲渡税付加税（州・県・市町村）
課税ベース	表1-1参照	譲渡価格	譲渡価格	譲渡価格	登録証書に記載された価格もしくは時価（記載価格が時価を下回る場合）
税率	表1-1参照	地域により異なる。ex. ニューヨーク州⇒0.4%, 売買価額が100万ドルを超える場合は1.4%	1〜4%	3.5%	4.89%
対GDP比	0.2%[1]（2005年）	－	0.6%（2005年）	0.2%（2005年）	0.37%（1989年）
付加価値税との調整	なし	あり（売上税は非課税）	あり（土地譲渡は非課税。建物譲渡に関しては，中古は非課税，新築にはゼロ税率が適用されている）。	あり（土地・建物とも，その譲渡に対して付加価値税は課されない）。	あり（付加価値税が課される場合には，原則として不動産流通課税は非課税）。

(注) 1) 著者推計。
(出所) アメリカ住宅税制研究会 [1999], イギリス住宅税制研究会 [2007], (財)日本住宅総合センター研究部 [2005], 同 [2006], Fena-Lagueny, Mercier & Plagnet [2005], New York State Department of Taxation and Finance [2008], OECD [2007] より作成。

---

8) アメリカ住宅税制研究会 [1999], 65頁。不動産譲渡税の詳細は，全米州議会議員連盟ホームページ（http://www.ncsl.org/programs/fiscal/realxfertax.htm）参照。

第二に，不動産流通課税の税収額の対GDP比を見ると，2005年においてイギリスが0.6％，ドイツが0.2％となっている。フランスは，1989年に0.37％であったが，1999年および2000年の改革により，税率が引き下げられた（本書第2章参照）。したがって，現在は0.37％を下回っていると予想される。わが国の値は0.2％（印紙税分を除く）であり，ドイツおよびフランスとほぼ同じ水準であると考えられる。

（2）付加価値税

　不動産取引に関する税としては，流通課税のほかに付加価値税がある。アメリカ以外の国では，国税として付加価値税が導入されている。もっともアメリカでは，州および地方の段階で売上税（小売売上税）が導入されているが，建設業者の購入する建設資材に対してのみ課税され，不動産取引は非課税である。

　居住用不動産に対する付加価値税に関しては，ドイツは原則非課税である。イギリスでは新築住宅の譲渡にのみ課税されているが，ゼロ税率での課税となっているため，実質非課税である。フランスでは，流通課税と付加価値税との二重課税を避けるため，通常，流通課税は非課税もしくは軽減されることになっている。さらに，アメリカでは売上税が非課税なので，不動産譲渡税との二重課税は発生しない。

　すなわち主要先進国では，一般に，不動産取引に対する流通税と付加価値税の間には代替関係が存在し，二重課税が調整されている。このことは，表1－7で示されるように，EU諸国においても一般的に実施されている。しかしながら，わが国では消費税・地方消費税と不動産流通課税との間の調整は基本的に実施されていない。

　主要先進諸国における住宅取得に係る付加価値税の状況は，以上のとおりである。住宅取得に係る付加価値税の問題に関しては，本書第3章で詳しく論ずる。

表1-7　EU主要国における居住用不動産に係る付加価値税と不動産流通課税

	不動産流通課税	付加価値税との調整
ベルギー	登録税（地方税）	付加価値税が課される場合は非課税。
ドイツ	不動産移転税（地方税）	付加価値税は原則非課税。
スペイン	印紙税（国税） 移転税（地方税）	付加価値税が課される場合は非課税。
フランス	国税→登録税・不動産公示税（譲渡税），印紙税 地方税→県不動産公示税・登記税，譲渡税付加税（以上，県税），譲渡税付加税（市町村税）	付加価値税が課される場合は，非課税（建築用地のケース）もしくは軽減税率（新築住宅のケース）が適用される。
アイルランド	印紙税（国税）	付加価値税が課される場合は非課税（新築住宅のみ）。
イタリア	移転税（国税） 不動産抵当・登記税（mortgage and cadastral tax：国税）	付加価値税が課される場合は非課税。
オランダ	移転税（国税）	付加価値税が課される場合は非課税。
オーストリア	不動産移転税，印紙税（いずれも国税）	・移転税は，付加価値税が課される場合は非課税。 ・印紙税は，賃貸（付加価値税は非課税）の場合にのみ課税。
フィンランド	移転税（国税）	付加価値税が課される場合は非課税。
スウェーデン	印紙税（国税）	付加価値税との調整は行われない。
イギリス	印紙不動産取引税（国税）	付加価値税は実質非課税。
*日本	印紙税・登録免許税（いずれも国税） 不動産取得税（地方税）	付加価値税（消費税・地方消費税）との調整は行われない。

（出所）　European Commission［1996］，OECD［2007］，税理士法人トーマツ［2008］より著者作成。

（3）無償譲渡課税

　無償譲渡課税に目を向けると，主要先進諸国の制度は，表1-8で示されるようになる。

　相続税の課税方式には，遺産課税方式と遺産取得課税方式とがある。アメリ

表1-8 相続・贈与税の国際比較

	日本	アメリカ	イギリス	フランス	ドイツ
課税方式	遺産取得課税方式（法定相続分課税）	遺産課税方式	遺産課税方式	遺産取得課税方式	遺産取得課税法式
課税団体	国	連邦 州・地方	国	国	州
課税最低限（配偶者および子供3人のケース）	9,000万円	4億6,800万円	1億2,540万円	5,960万円	1億8,237万円
最高税率	50%	45%	40%	40%（配偶者および直系血属の場合）	30%（配偶者及び子女等の場合）
相続と贈与の累積課税方式	相続開始前3年の贈与を累積，もしくは相続時精算課税制度との選択	生涯	相続開始前7年の贈与を累積課税	相続開始前10年の贈与を累積課税	相続開始前10年の贈与を累積課税
財産評価方式	時価（相続税評価額）	公正市場価値（fair market value）	公開市場価値（open market value）	時価（valeur venale）	不動産所有価格（grundbesitzwert）
居住用不動産の特例	・小規模宅地に対する特例あり（相続税）。 ・住宅取得資金に係る贈与税の特例あり。	―	―	・主たる住居の相続に関しては，時価が20%減額される。	―

(注) アメリカの制度は，連邦のケースである。
(出所) 星野［2007］，303頁に加筆して作成。

カおよびイギリスは前者の方式を，日本，フランス，ドイツは後者の方式を採用している。ただし，厳密に言うとわが国では，法定相続分に課税による遺産

取得課税方式が採用されている。この方式によれば、相続税総額は相続人の遺産取得額に関係なく、遺産総額と法定相続人の数、法定相続分により客観的に決定されるが、各相続人の相続税額は、実際の相続割合に基づき決定される。したがって、厳密には遺産取得税方式に遺産税方式を加味した折衷的な方式であると言える。

　贈与税は、相続税の補完税としての性格を有する。しかし、通常、贈与税には基礎控除が認められているため、その制度を利用した少額贈与により、結果として相続・贈与税を免れることが可能となる。このような抜け道を防ぐために、死亡時に遺産額（遺産取得額）と、過去に贈与した（受贈した）贈与額とを何らかの形で合算し、すでに納税済みの贈与税額を差し引く累積課税制度が採用されている。ただし、その調整期間は国により異なる。アメリカでは生涯となっており、相続税と贈与税とが完全に統合されている。わが国では、生前譲与への課税が相続開始前3年、もしくは相続時精算課税制度（20歳以上の子が65歳以上の親から受ける贈与に関して、贈与時に軽減された贈与税をいったん納付し、相続時に相続税で精算する制度）との選択となっている。

　課税団体は、日本、イギリス、フランスにおいては国である。これに対して、ドイツは州である。アメリカでは、連邦のみならず州、地方政府の段階でも課税されている。

　税率は、わが国の場合、最高税率が50%となっており、主要先進諸国の中では最も高い。また、課税最低限も、フランスに次いで低い。

　財産の評価方式は、国により表現は異なるが、原則として時価による。

　居住用不動産に関する扱いに注目すると、わが国では、小規模宅地に対する相続税の特例や住宅取得資金に係る贈与税の特例が認められている。また、フランスでは主たる住居の相続に関して、相続人が継続して居住する場合には、評価額が20%減額される特例措置が存在する。

3. 保有に係る税

(1) 帰属家賃課税

　OECD諸国における帰属家賃課税の状況を住宅ローン利子の扱いと合わせ

て詳細に眺めてみよう[9]。そうすると，表1-9で明らかなように3つのグループに分類することが可能である。

まずAグループでは，帰属家賃に対して所得税が課税され，住宅ローン利子は経費として控除される。このうちベルギーに関しては，2005年以前にローンを組んで住宅を取得してローン利子控除を受けている者に対してのみ，帰属家賃が課税されている[10]。帰属家賃の算定手法には，賃貸価値に基づく方法（ベルギー，スイス），住宅資産価値の一定割合で計算する方法（オランダ，デンマーク，ノルウェー，ルクセンブルク）がある[11]。

これに対してCグループでは，帰属家賃は非課税で，ローン利子も控除されない。また，Bグループでは，帰属家賃は非課税であるが，持家の建設および取得を促進する観点から，ローン利子の控除が認められている。

主要先進諸国の状況を見ると，イギリス，ドイツ，フランスはCグループに属している。ただし，本書の第7章で詳しく論ずるように，これらの諸国においては過去に帰属家賃課税が実施されており，またローン利子控除も認められていた。したがって，当時はAグループに属していた。

これに対して，アメリカと日本はこれまでに帰属家賃課税の経験を全く有しない。しかし，アメリカでは1864年以来住宅ローン利子所得控除制度が採用され，現在に至っている。したがって，アメリカはBグループに属する。他方，日本においては，経費控除であるローン利子所得控除制度は導入されていない。しかし，ローン残高に応じた税額控除が認められているため，実質的に住宅ローン利子税額控除の機能を有するとみなすことが可能である。したがって，アメリカと同様のBグループに含まれると考えてよかろう。

---

9) 以下は，Amos, et al [2007]，Ault & Arnold [2004], pp.181-183, OECD [2001 a], pp.41-43参照。この他に，主要先進諸国における帰属家賃課税の状況を比較した研究として，Merz [1977], OECD [1988 d], pp.39-41, OECD [1994 b], OECD [1994 c] がある。
10) Federal Public Service [2008], p.9.
11) この点に関しては，Amos, et al [2007], OECD [1994 c] 参照。

表1-9　所得税における持家の扱い（OECD諸国の状況）

	A	B	C
帰属家賃	課税	非課税	非課税
住宅ローン利子	控除	控除	控除不可
OECD諸国の状況	ベルギー デンマーク ルクセンブルク オランダ ノルウェー スイス	イタリア オーストリア フィンランド スウェーデン スペイン アメリカ 日本	カナダ オーストラリア ニュージーランド アイルランド イギリス ドイツ フランス

（出所）　篠原［2000b］，17頁を修正。

（2）富裕税

OECD諸国で，2007年現在，富裕税を導入している国としては，表1-10で示されるように，カナダ，フランス，ルクセンブルク，ノルウェー，スペイン，スイスがある[12]。なお，スペインでは，2008年末で廃止が予定されている。

フランスの富裕税は，まず「大規模資産税」（IGF: Impôt sur les Grandes Fortunes）として1982年から1986年まで実施された。そして一旦廃止された後，再び1989年に「財産連帯税」（ISF）として復活し，現在に至っている[13]。

富裕税の課税団体は，フランスとルクセンブルクは国であるが，カナダ，スペインおよびスイスは地方，ノルウェーは国および地方である。

納税者は，フランス，ノルウェー，スペインで個人であるが，カナダおよびルクセンブルグでは法人である。スイスは，個人と法人の両方となっている。

税率は，いずれの国においても比例税率もしくはゆるやかな累進税率であり，その水準はかなり低い。

個人に対する富裕税では，事業用資産，家財道具，芸術品などは非課税とされている。また，流動性制約の問題に対処するために，フランス，ノルウェー

---

[12] OECD諸国における富裕税の動向に関しては，Kesti［2006］，Lehner［2000］，Messere, Kam & Heady［2003］, chap. 10, OECD［2001a］, p. 34参照。
[13] フランスの富裕税に関しては，篠原［1999b］，第6章参照。

表1-10 OECD諸国における富裕税の課税状況（2007年）

	カナダ	フランス	ルクセンブルク	ノルウェー	スペイン	スイス
課税団体	地方（州）	国	国	国および地方（市町村）	地方（自治州）	地方（州，市町村）
納税者	法人	個人	法人（海外の企業も含む）	個人	個人	個人および法人
税率	地域により異なる（ex. ブリティッシュコロンビア州：中小企業2/3％，大企業2％，オンタリオ州：0.3％）	0.5～1.80％の累進税率	0.5％	国（0.2％および0.4％の累進税率）地方（0.7％）	地域により異なる（累進税率：標準税率は0.2％～2.5％の8段階の累進税率）	地域により異なる（標準税率は，0.053～0.339％の累進税率）
免税	一部の金融機関（ブリティッシュコロンビア州）	事業用資産，生命保険，芸術品など。	－	営業権，保険受給権など。	事業用資産，家財道具，芸術品，私的年金受給権など。	家財道具，芸術品など。
納税額の上限	－	所得税と富裕税の合計額が，課税所得の85％を上回らない。	－	所得税と富裕税の合計額が，課税所得の80％を上回らない。	所得税と富裕税の合計額が，課税所得の60％を上回らない。	－

（出所）Amos［2007］，Kesti［2006］，Lehner［2000］より著者作成。

およびスペインでは納税額に上限が設定されている。すなわち，所得税と富裕税の納税額の合計額が，課税所得の一定割合を上回らないようにされている。

　法人に対する富裕税は，ルクセンブルクにおいては，同国に支社を有する海外企業も課税対象となる。カナダでは，連邦および州の段階で，法人の資本価値を課税ベースとする法人資本税（corporate capital tax）が課されている。連邦の法人資本税には，①大企業，②金融機関，③生命保険会社の3種類の課税対象が存在する[14]。OECDの歳入統計では，このうち州段階で実施されるも

表1-11　主要先進国における不動産保有課税の概要

	アメリカ	イギリス	ドイツ	フランス	日本	スウェーデン
税目	財産税	カウンシル・タックス	不動産税	既建築不動産税,未建築不動産税,住宅税,職業税	固定資産税都市計画税	不動産税
課税団体	州,地方	地方（一層制もしくは二層制）	市町村	州,県,市町村,市町村の広域行政組織	市町村	国 市町村
課税対象	不動産（土地,家屋),動産,無形動産,償却資産,公共サービス用資産	住宅（土地および家屋）	不動産（土地,家屋),償却資産（農林業経営資産の場合）	不動産（土地,家屋),償却資産	不動産（土地,家屋),償却資産	不動産（土地,家屋）
納税義務者	上記課税対象の所有者（個人または法人）	住宅の居住者または所有者(個人)	不動産の所有者（個人または法人）	・既建築不動産税（既建築不動産の所有者：個人または法人）・未建築不動産税（未建築不動産の所有者：個人または法人）・住宅税（住宅およびその付属施設の所有者または占有者：個人または法人	土地,家屋,償却資産の所有者（個人または法人）	不動産の所有者（個人または法人）

				・職業税(事業活動を経常的に行う個人または法人)		
税率	地域により異なる(0.37%～49%：2002年)	地域により異なる	地域により異なる	地域により異なる⇒住宅税(4.8%～11.41%：2006年),既建築不動産税(4.6%～21.5%：2006年)	固定資産税⇒1.4%～2.1%都市計画税⇒0.3%	居住用不動産⇒一戸建住宅と集合住宅とで異なる。
地方税収に占める割合	30.7%(2005年)	100%(2005年)	16.9%(2005年)	74.9%(2005年)	26.7%(2005年)	3.3%[1](2005年)

(注) 1) スウェーデンの場合は，国税収入に占める割合である。
(出所) Direction Générale des Collectivites Locale［2007］, pp.80-81, Direction Générale des Collectivites Locale［2008］, p.58, National Conference of State Legislatures［2004］, pp.11-12, OECD［2007］, p.243, p.263, p.264, 総務省自治税務局［2008 a］, 33頁, イギリス住宅税制研究会［2007］, (財)日本住宅総合センター研究部［2005］, 同［2006］, 前田［2005］, 松崎・高橋［2007］より作成。

のが，法人に対する富裕税として分類されている。州によっては，この法人資本税の廃止を予定している所がある。例えば，オンタリオ州では，2010年7月以降，ブリティッシュコロンビア州では2010年4月以降，それぞれ廃止されることが決定している[15]。

(3) 地方不動産保有課税

日本，アメリカ，イギリス，ドイツ，フランスの諸国では，居住用不動産の保有に対して地方税が課されている(表1-11)。固定資産税および都市計画税

---

14) Kesti［2006］, p.103.
15) オンタリオ州およびブリティッシュコロンビア州のホームページ参照。

（日本），財産税（property tax：アメリカ），カウンシル・タックス（council tax：イギリス），不動産税（grundsteuer：ドイツ）が，それぞれ該当する。

　フランスの地方不動産保有課税には，前述の既建築不動産税および住宅税，家庭ゴミ回収税のほかに，未建築不動産税（taxe foncière sur les propriétés non bâties），職業税（taxe professionnelle）も含まれる。未建築不動産税は，建物の建っていない土地に対して課税される。職業税は事業活動を継続的に行う個人または法人に対する課税で，事業用有形固定資産（不動産，機械設備，事務用備品等）の賃貸価値，収入（recette）を課税ベースとする。収入金額が課税ベースとされるのは，法人税を課されない従業員5人以下の事業者の場合である。2005年度における課税ベースの構成は，事業用不動産の賃貸価値（17.5%），事業用有形固定資産の賃貸価値（79.9%），収入（2.6%）となっている[16]。したがって，職業税の現状は法人固定資産税であると言ってよい。

　地方不動産保有課税の課税団体は，ドイツと日本においては市町村である。アメリカでは州も課税しているが，税収ベースで見ると，2005年において約97%が地方レベルでの課税となっている[17]。フランスでは，同じく2005年において，4税の税収の構成は，州（30.5%），県（25.0%），市町村および市町村広域行政組織（44.5%）となっている[18]。イギリスでは，地域により地方制度が異なる。スコットランドやウェールズではユニタリー（unitary authorities）の一層制，北アイルランドはディストリクトの一層制となっているが，イングランドでは一層制と二層制（カウンティとディストリクト）が混在している[19]。しかし，いずれの地方団体においても，地方税は，居住用不動産に係るカウンシル・タックスしかない。

　なお，イギリスには事業用不動産に対する課税としてビジネス・レイトがあるが，これは国税であり，人口比で地方公共団体に配分される。また，スウェーデンには，不動産保有課税として不動産税（real estate tax）が存在するが，同

---

16) Direction Générale des Collectivités Locale［2007］, p. 86参照。
17) OECD［2007］, p. 264.
18) Direction Générale des Collectivités Locale［2008］, pp. 61-66.
19) （財）自治体国際化協会ロンドン事務所［2003］, 第2章参照。

税は2007年度まで国税であった。しかし，2008年度以降，居住用不動産に関しては市町村不動産税が，それ以外の種類の不動産に関しては国税不動産税が，それぞれ課されている。

　課税対象として，不動産（土地および家屋）は各国に共通している。不動産の種類には，居住用不動産，事業用（商工業用）不動産，農林業用不動産があるが，アメリカ，ドイツ，フランス，スウェーデン，日本では原則としてこれらのすべての種類の不動産が課税対象とされるのに対し，イギリスでは居住用不動産のみが対象である。

　ドイツ，フランスおよび日本では，不動産に加えて償却資産も課税対象に含まれる。ドイツの不動産税では，課税対象が農林業用経営資産，およびそれ以外の不動産の2種類に分類され，前者の中には農業用動産も含まれる[20]。アメリカでも，ほとんどの州および地方においてそうである[21]。なお，アメリカにおいては，不動産や償却資産のほかに，有形動産（tangible personal property：自動車，ボートなど），無形動産（intangible property：株式，債券など），公共サービス用資産なども課税対象とされることがある[22]。

　税率に関しては，アメリカ，イギリス，ドイツ，フランスにおいては，原則として地方公共団体は自由に税率を決定することが出来る。そのため，地域間で税率格差が存在する。例えば，アメリカにおける居住用財産に対する財産税の税率を，各州の最大の都市に注目して見ると，2002年において，最低0.37％（ホノルル市），最高49％（ファーゴ市）となっている。また，フランスでは，県レベルで見ると，2006年において，住宅税の場合，最低4.8％（イヴリーヌ），最高11.41％（オルヌ）となっている。既建築不動産税の場合，最低4.6％（イヴリーヌ），最高21.5％（ジェール）となっている。

　日本とスウェーデンは，上記4カ国とは事情が異なる。わが国で固定資産税の超過税率を採用している割合は，2007年度において8.8％でしかない[23]。さ

---

20) (財)日本住宅総合センター研究部［2005］，77-78頁。
21) 前田［2005］，136頁。
22) National Conference of State Legislatures［2002 a］, p. 3，pp. 17-19参照。
23) 総務省自治税務局［2008 b］，16頁。

らに，スウェーデンにおいては，一家族用住宅（single-family house）と集合住宅（flat in a multiple-dwelling building）とで税率が異なる。戸建ての場合は6,000スウェーデンクローネもしくは評価額の0.75%のうちどちらか低い方，集合住宅の場合は，1,200スウェーデンクローネもしくは評価額の0.4%のうちどちらか低い方が，それぞれ税負担となる[24]。

地方不動産保有課税が地方税収に占める割合（2005年）を見ると，カウンシル・タックスが地方単一税であるイギリスの場合100%であるのは当然であるが，フランスでも74.9%と高い。アメリカと日本は，それぞれ30.7%，26.7%であり，地方税収の約3割を占めている。以上に対して，ドイツは，16.9%でしかない。なお，制度変更後のデータではないが，スウェーデンにおいて国税収入に占める不動産税の割合は，2005年において3.3%であった。

（4）保有課税における住宅の扱い

保有課税における住宅の扱いに注目しよう（表1-12）。

まず富裕税について見ると，フランスの財産連帯税においては，主たる住居に関して，売買価格の20%を課税標準から控除する，課税標準の特例が認められている。

次に，地方不動産保有課税においては，各国とも，一般に住宅に対する特例措置を設けている[25]。

第一に，課税標準の特例がある。わが国では，住宅用地に関して，一般住宅用地については課税標準の3分の2減額（都市計画税の場合は3分の1），小規模住宅用地（敷地面積200 m²以下の土地）については6分の5の減額（都市計画税の場合は3分の2）が規定されている。

---

[24] スウェーデン財務省ホームページ（http://www.sweden.gov.se/sb/d/9509/a/87534）。また，柴［2008］，3-4頁も参照。
[25] 以下は，もっぱらイギリス住宅税制研究会［2007］，（財）日本住宅総合センター研究部［2005］，同［2006］，松崎・高橋［2007］，Kesti［2006］，National Conference of State Legislatures［2002 a］，National Conference of State Legislatures［2002 b］，National Conference of State Legislatures［2004］，フランス予算・公会計・公共サービス省ホームページ参照。

表1-12　主要先進国の保有課税における居住用不動産の扱い

	日　本	アメリカ	イギリス	ドイツ	フランス	スウェーデン
国税 (富裕税)	‐	‐	‐	‐	・主たる住居に関しては，売買価格の20％を課税標準額の控除が認められる。	‐
地方税	・住宅用地に対する課税標準の特例，および新築住宅に関する税額軽減措置。	・用途別分類課税により，評価率が相対的に低い。 ・高齢者世帯や低所得世帯に対する軽減措置（課税標準の減額，税額の減額，サーキットブレイカー） ・延納制度	・障害者控除・カウンシル・タックス給付金制度 ・一定の条件を満たす者に対する軽減措置	不動産の種類により評価率が異なる（農林業用不動産＞事業用不動産および居住用不動産）。	・既建築不動産税の免除（一定の条件を満たす障害者手当の受給者，追加手当の受給者，75歳以上の高齢者） ・既建築不動産税の一部免除（65歳〜75歳の老齢者を対象） ・住宅税の免除（60歳以上の高齢者および身体障害者） ・ある一定の要件を充たす主たる住居に対する既建築不動産税の免除（2年）	・新築住宅は5年間免税。さらに，その後の5年間は納税額を50％軽減。

（出所）　National Conference of State Legislatures［2002 b］，イギリス住宅税制研究会［2007］，(財)日本住宅総合センター研究部［2005］，同［2006］，松崎・高橋［2007］，スウェーデン財務省ホームページ。

アメリカでは，多くの州・地方において，財産の種類により評価率（課税評価額／市場価格）が異なる。居住用不動産は，他の種類の不動産よりも評価率が低い傾向が見られる[26]。さらに，評価率の決定とは無関係に，課税標準の減額（homestead exemption）が実施されることがある。この場合，評価率が100%であっても，またそれを下回っていても，評価率の決定とは別に課税標準が減額される。

ドイツでは，事業用不動産および居住用不動産の評価率が，農林業用不動産のそれよりも低い。事業用不動および集合住宅は0.35%，居住用不動産は，家族用住宅が0.26～0.31%，農林業用不動産は0.6%である。

第二に，税額の減額（credit）がある。アメリカでは，課税評価額の一定割合もしくは財産税額の一定額が税額控除されることがある。

第三に，新築住宅に対する優遇措置がある。わが国では，一定の要件を満たす新築住宅は，固定資産税および都市計画税が，一定期間（3年間もしくは5年間），2分の1減額されることになっている。

類似の規定は，フランスおよびスウェーデンにも見られる。フランスでは住宅を含む新築の建物はすべて，2年間，既建築不動産税が非課税とされる。ただし，市町村および市町村広域行政組織では，住宅のみが対象となる。さらに，国が融資する住宅ローン（持家取得援助融資：prêt aidé d'accession à la propriété）を受けて住宅を取得した者に対して，10年間もしくは15年間の非課税措置がある。スウェーデンでは，新築住宅は市町村不動産税が5年間免税となる。さらに，その後の5年間は，納税額が半額となる。なお，以前はドイツにおいても，新築住宅の建物部分に係る不動産税を一部非課税とする制度が採用されていたが，現存しない。

第四に，社会的弱者に対する軽減措置が設けられている。これは，アメリカ，イギリス，フランスで見られる。

アメリカでは，前述のように課税標準の減額や税額の減額等の措置がある。

---

26) もっとも，財産の種類による評価率格差の存在しない所もある（アラスカ州，カリフォルニア州など19州）。以上の詳細は，National Conference of State Legislatures [2002 a], pp. 20–25参照。

これらは，州・地方により，①すべての世帯を対象とするケース，②特定の高齢者を対象とするケース，③すべての世帯を対象とするが，中でも特定の高齢者を優遇するケース，の3種類に分類される。加えて，②および③のケースでは，高齢者に対して所得制限が課されることもある。したがって，②および③のケースでは，社会的弱者に対する配慮が行われていると言ってよかろう。

以上の他に，アメリカではサーキットブレイカー（circuit breaker）制度がある。これは，もっぱら高齢者もしくは低所得者に対する財産税額を軽減する措置である。ほとんどのケースで65歳以上を対象とし，所得制限が設けられているが，年齢制限がなく所得制限のみのケースもある。サーキットブレイカー制度が課税標準の減額や税額の減額と異なる点は，財産税が借家人へ転嫁される可能性を考慮して，同制度を設けているほとんどの州・地方で，借家人も対象としている点である。

イギリスのカウンシル・タックスでは，障害者に対する軽減措置がある。また，納税義務者の状況（居住実態，世帯人員の属性）に応じた軽減措置も設けられている。さらに，低所得者の負担を軽減するためにカウンシル・タックスを還付する制度（カウンシル・タックス給付金制度）が存在する。

フランスでは，障害者手当の受給者，年金生活者の最低限の所得を保障するために支給される追加手当（allocation supplémentaire）の受給者，75歳以上の高齢者等で一定の条件を満たす者に関して，既建築不動産税が免除となる。さらに，65歳以上75歳未満の老齢者の居住する主たる住居は，100ユーロ減税される。また，障害者，60歳以上の者，寡婦もしくは寡夫等に関しては，一定の条件を満たせば住宅税が免税となる。

第五に，延納制度（deferral program）がある。アメリカでは，地域により，低所得の高齢者が所有する主たる住宅に係る財産税の納付を，全額もしくは一部，売却もしくは贈与する時まで延期することが認められている。

4．譲渡に係る税

表1-13から明らかなように，不動産譲渡益に関しては，アメリカやイギリ

表1-13 主要先進国における不動産譲渡益課税の概要(個人)

	日本	アメリカ	イギリス	フランス	ドイツ
課税の原則	分離課税 ・短期(保有期間5年以内) ・長期(保有期間5年超)	総合課税	総合課税	分離課税 ・所有期間が5年を超える場合、取得価格の15%割り増し、譲渡所得金額の年10%控除。	総合課税 (事業用資産の譲渡および所有期間10年以内の投機的取引のみが対象)
税率　国税	・短期〜30% ・長期〜15%	・短期(所有期間1年以下)〜最高税率35% ・長期(所有期間1年超)〜最高税率15%	3段階 (10%, 22%, 40%)	16% ＊これに社会保障負担11%が加わる。	方程式 (15%〜45%)
地方税	・短期〜9% ・長期〜5%	・地方公共団体(州および地方)により異なる。	―	―	―
特例措置	居住用財産の譲渡には、特別控除(3,000万円)および軽減税率(6,000万円以下の部分については10%(住民税4%),6,000万円超の部分については15%(住民税5%)が適用。 一定の要件を満たす居住用財産の買換えに関する特例措置あり。	・主たる住居の譲渡益に対する特別控除あり。	・主たる住居の譲渡益は非課税。	・主たる住宅の譲渡益は非課税。	・主たる住居の譲渡益は非課税。

損益通算（不動産譲渡損失の扱い）	・一定の要件を満たす居住用財産に関しては、キャピタル・ゲイン以外の他の種類の所得からの損益通算が認められる。 ・一定の要件を満たす居住用財産については、繰越控除（3年間）も存在。	・キャピタル・ゲイン全般からの控除が可能。キャピタル・ゲインから控除しきれない場合は、一定限度額以内であればその他の種類の所得からの控除も可。 ・無期限の繰り越しが可能。	キャピタル・ゲイン全般からの控除が可能。加えて無期限に繰越しも可能。	ロス控除は認められない	・私的資産の場合は、不動産譲渡益からのみ控除可能。 ・事業用資産の場合は、同じ種類の所得の範囲内（営業所得，農林業所得，独立労働所得）において控除可能。
インフレ調整	なし	なし	あり（取得価格について物価調整が実施される）	なし	なし

（出所）Amos, et al［2007］, Féna-Lagueny, et al［2005］, pp.149-150, Kesti［2006］, イギリス住宅税制研究会［2007］,（財）日本住宅総合センター研究部［2005］, 同［2006］, 松崎・高橋［2007］, 海外住宅・不動産税制研究会［2008］, アメリカ内国歳入庁ホームページ, フランス予算・公会計・公共サービス省ホームページ。

ス，ドイツでは総合課税の対象とされるのに対し，フランスおよび日本では分離比例課税である。フランスにおいては最近まで総合課税が行われていたが，2004年度以降，比例課税へ変更された[27]。

さらに，アメリカ，日本，フランス，ドイツのように，所有期間により差別を設けている国がある。

アメリカでは，所有期間が1年以下の短期譲渡に適用される最高税率が，所有期間1年超の長期譲渡に適用される最高税率よりも高くなっている。

日本とフランスでは，所有期間5年超の長期譲渡所得を相対的に軽課している。日本では，長期譲渡所得に適用される税率が，短期譲渡所得に適用される

27）平川［2006］，浅妻［2008］参照。

税率よりも低い。フランスでは，所有期間が5年超の不動産の売却により発生する譲渡所得に関して，取得価格が15％割り増しされる。さらに，譲渡所得が毎年10％控除されることになっている。したがって，所有期間が15年を超えると譲渡所得がゼロとなる。

ドイツにおいては，資産が私的資産と事業用資産の2種類に分類され，事業用資産と認定される不動産の譲渡，および資産の種類にかかわらず投機的取引とみなされる保有期間10年未満の不動産の譲渡のみが課税対象とされる。したがって，ドイツでは，短期課税，長期非課税であると言える。

譲渡により発生した損失（キャピタル・ロス）に関しては，フランス以外でロス控除が認められている。もっともその方式は国により異なる。不動産譲渡益（もしくは同一種類の所得）からのみの控除を認める方式（ドイツ），不動産譲渡益以外のキャピタル・ゲイン全般からの控除を認める方式（イギリス），キャピタル・ゲイン以外の種類の所得からも控除を認める方式（アメリカおよび日本），の三つに分類される。ただし，日本の場合は，一定の要件を満たす住宅に対してのみ，他の種類の所得からの控除が認められる。

さらに，アメリカ，イギリスおよび日本においては，キャピタル・ロスの翌年度以降への繰越控除が認められている。アメリカおよびイギリスでは，キャピタル・ロスを無期限に繰り越すことが認められている。日本では，所有期間が5年を超える居住用財産を譲渡して発生した損失に関して，一定の要件を満たす場合（住宅ローンを抱えている場合，マイホームの買換えの場合）に限り損益通算が可能であり，控除しきれない分については，翌年度以降3年間に渡り繰越控除することが認められている。

イギリスでは，取得価格を調整することによるインフレ調整が実施されている。具体的には，1998年4月5日以前に取得された資産に関しては，小売物価指数による調整が行われる。

居住用財産の扱いに注目すると，主たる住居の譲渡益に関しては，非課税（イギリス，フランス，ドイツ）か，もしくは軽減措置（アメリカおよび日本）が適用されている。

前者において，非課税の要件としては，購入された住宅が一定の要件を満た

すことが要求される。イギリスの場合，居住目的以外に利用していないこと，敷地面積（庭を含む）が0.5ヘクタールを超えないことである。また，ドイツの場合，居住目的のみに利用していること，保有期間が10年を超えることである。フランスにおいては，譲渡時に主たる住居として居住していることが条件となる。

　後者の場合，アメリカでは特別控除が認められる。また，日本では，特別控除（3000万円）および軽減税率（6,000万円以下の部分14%，6,000万円超の部分20%）の適用が認められている。

　他のOECD諸国の状況を眺めると，オーストラリア，オランダ，ニュージーランド，ルクセンブルグ，ノルウェー，チェコ共和国，デンマーク，アイスランドなどにおいても，居住目的に利用されていること，一定期間（2年間）以上居住していること，などの一定の要件を満たす場合には，主たる住居の売却により発生する譲渡所得は非課税とされている[28]。

おわりに

　本章では，1960年代後半以降のOECD諸国における資産課税の動向，およびわが国における個人に対する住宅税制の現状を，国際比較の視点から概観してきた。その結果，以下の事柄が明らかにされた。

（1）1960年代後半以降における資産課税の対GDP比は，OECD全体では2％弱であり大きな変化は見られない。ただし，地域別に見ると，OECD Americaでは，1960年代後半以降低下傾向にあるのに対し，OECD PacificおよびOECD Europeでは，1980年代後半以降，上昇傾向にある。

（2）資産課税の構造に関しては，OECD全体で見ると，経常不動産課税の割合は，1980年代後半まで上昇し，それ以降は低下傾向が見られる。また，人的資産課税の割合は低下傾向，金融・資本取引税の割合については上昇傾

---

28) OECD［2006 b］，p.111参照。

向，がそれぞれ観察できる。地域別に眺めると，人的資産課税および金融・資本取引税の動向に違いが見られる。人的資産課税については，OECD America および OECD Europe において低下傾向が見られるが，OECD Pacific においては，1990年代後半まで上昇傾向にあり，それ以降，低下している。金融・資本取引税に関しては，OECD Pacific においてその割合は長期的に低下しているのに対し，OECD Europe では上昇している。OECD America においては，1980年代後半まで上昇していたが，それ以降は低下傾向にある。

（3）わが国の資産課税の構造は，2005年において，経常不動産課税が約8割，人的資産課税が約1割，金融・資本取引税が約1割となっている。資産課税の対GDP比は，1960年代後半以降，上昇傾向にある。その原因は，経常不動産課税および相続・贈与税の負担が上昇したことにある。金融・資本取引税の負担は，1980年代前半まで上昇していた。しかし1980年代後半以降は低下傾向にあり，その傾向は，特に1990年代後半以降において著しい。

（4）わが国の住宅税制は，取得，保有，譲渡の各段階で数多くの課税が行われており，主要先進国の中ではフランスと並んで税目が多く，その制度が複雑となっている。また，住宅のうち土地の部分と家屋の部分に対する扱いが異なり，よりいっそう制度を複雑にしている。

（5）住宅の取得時には，住宅取引に対して消費税・地方消費税および流通課税（印紙税，登録免許税，不動産取得税）の重複課税が行われている。

（6）住宅の保有に関しては，帰属家賃は課税されていないが，ローン残高に応じて税額控除が認められている。

（7）保有課税の中心は固定資産税であるが，わが国の場合，償却資産も課税対象に含まれる。地方税収に占める割合は約3割（2005年）である。税率は，市町村の9割強が標準税率を採用している。住宅に対する特例措置としては，住宅用地に対する課税標準の特例，新築住宅に対する優遇措置が設けられているが，社会的弱者に対する軽減措置や延納措置は存在しない。

（8）住宅の譲渡に関しては，分離比例課税が行われている。また，所有期間別課税が実施されており，短期譲渡所得（所有期間5年以内）よりも長期譲

渡所得（所有期間5年超）を相対的に軽課している。さらに，一定の要件を満たす住宅に限定して，課税を延期する買換特例，キャピタル・ゲイン以外の他の種類の所得からのキャピタル・ロスの損益通算および繰越控除を認めている。

第2章　不動産流通課税

はじめに

　財政学の教科書によれば，税の分類方法の一つに，収得税，財産税，流通税，消費税がある[1]。このうち流通税は，もっぱら財の流通・移転に着目して課税されるものであるが，主要先進国の状況を見ると，流通課税が最も早く導入されたのはフランスで1673年，次いでイギリスの1694年であり，それらはいずれも印紙税であった[2]。

　ところで，本書第1章で示したように，わが国の現行税制において，不動産の流通・移転に着目して課税されているものとしては，印紙税，登録免許税，不動産取得税，特別土地保有税（取得分）を挙げることができよう。もっとも，印紙税と登録免許税は不動産の流通・移転のみを課税対象としているわけではないが，特に後者の場合は，表2-1から明らかなように，2006年度において，不動産登記に係る税額が全体の約9割を占めている。また，不動産登記のう

表2-1　登録免許税の内訳（2006年度）　（単位：%）

不動産登記	86.8 (37.5)
土　地	71.8 (44.6)
建　物	15.0 (36.8)
その他	13.2
総　計	100.0

（注）カッコ内は，売買による所有権移転のケースを示す。
（出所）法務省『民事・訟務・人権統計年報』。

1) 例えば，井藤・木村［1980］，87頁を参照。また，金子［2007］，12-15頁も参照。
2) 世界で最初に印紙税が導入されたのは，1624年8月13日オランダの一州においてであり，それが世界各国に普及したとの研究がある。詳細は，田中（秀）［1927］参照。

ち，売買による所有権移転に係る分が約4割となっている。さらに，土地登記の4割強，建物登記の4割弱が，売買による所有権移転に係る分となっている。

わが国における不動産流通課税のうち，最も古い歴史を有するのは1873年に導入された印紙税である。また，紆余曲折を最も経験しているのは不動産取得税である。不動産取得税が最初に登場したのは，1926年（大正15年）であり，当時は，道府県の雑種税[3]の一つにすぎなかった。その後，1940年に道府県の独立税とされたが，後述するように，シャウプ勧告に基づく1950年度の税制改正で一旦廃止された。それが，1954年度の税制改正により復活して，現在に至っている。不動産取得税においては，有償・無償を問わず不動産所有権の取得を意味するすべてのもの（売買，交換，贈与，建築・埋め立て等）が課税対象とされ，また，登記が行われているかどうかも問われない。

以上のような不動産流通課税が，税制改革論議の表舞台に登場したことはほとんどなかったと言ってよい。しかし，1994年度の固定資産税評価替えで「公示地価の7割」を目途として土地評価が行われたことにより，登録免許税および不動産取得税も大きく影響を受けた。というのは，現行制度の下では，固定資産税の課税標準は両税の課税標準ともなっているからである。その結果，両税の不動産取引に与える悪影響が懸念されるようになり，それを契機に，不動産流通課税の存在がクローズアップされることとなった。

ところで，わが国における流通税に関する既存研究として，首藤［1988］，神野［1995b］，和田［1997］などがあるが，これらは，必ずしも不動産流通課税に焦点を当てたものではない。

不動産流通課税を取り上げた研究としては，牛嶋［1989］，金本［1994］（150頁），岸［1994］（163-165頁），砂川［1995］（119頁），山崎［1999］（220頁），(社)住宅生産団体連合会［1999］（7-8頁），篠原［1999b］（第3章），石島［2008］（第一編），青野［2008］（第7章）などがある。

このうち，牛嶋［1989］および石島［2008］では，不動産取得税に関して，

---

3) 明治11年の地方税規則により，「地租付加税」，「営業税」，「戸数割」とともに創設された府県税の税目の一つである。

それぞれ詳細な検討が行われている。牛嶋［1989］は，不動産取得税の課税根拠および不動産取得税の市町村税への移譲問題を検討している。石島［2008］は，法律学の観点から，不動産取得税の性格，判例の検討を行っている。不動産取得税の性格に関しては，戦後，固定資産税の負担を軽減するために復活したから，固定資産税の「前取り的性格」を有すること，また，課税要件等の規定が相互に結びつき，課税標準は一体的に把握されるから，「観念的に一体的租税」であることを主張する。

岸［1994］は，不動産取得税，登録免許税，特別土地保有税（取得分）に関して，課税根拠を検討している。不動産取得税は，能力説からも利益説からもその課税根拠を説明することは困難であり，廃止すべきであるとする。砂川［1995］は，①不動産取得税と登録免許税は重複課税の性格を有するから，地方税として一本化すること，もしくは，登録免許税を手数料化（税外収入項目に転換）すること，が提言されている。

金本［1994］は，土地取引に係る登録免許税および不動産取得税について，税収確保以外の理由による正当化は困難であるとする。山崎［1999］では，不動産流通を阻害するという理由から，流通課税（印紙税，登録免許税，不動産取得税）の撤廃が提言されている。青野［2008］は，不動産取得税および登録免許税の土地取引への効果を理論的に分析し，不動産取得税の廃止もしくは凍結，登録免許税については低い水準での定額課税を提言している。また，印紙税の廃止も提言している。（社）住宅生産団体連合会［1999］は，印紙税および不動産取得税の廃止，登録免許税の一律手数料化を提言している。

本章は，篠原［1999ｂ］の内容を加筆修正したものである。本章と既存研究との違いは，印紙税，登録免許税，不動産取得税に関して，①その課税実態をデータで客観的に分析すること（Ⅰ節），②課税根拠をより詳細に検討すること（Ⅱ節），③不動産取引への効果に関して国際的視点も含めて実証的に検討すること（Ⅲ節），の３点にある。そして，それら分析に基づき，わが国における不動産流通課税のあり方を提言する（Ⅳ節）。なお，不動産流通課税が不動産取引へ与える効果の分析では，1994年度の固定資産税評価替えとの関係を探るために，分析期間を1960年代から1994年度までとする。

I. 不動産流通課税の概要

1. 税収の推移

それでは，わが国における不動産流通課税の推移を，図2-1により眺めてみよう。ただし，データの制約により印紙税は含まれていない[4]。また，登録免許税は不動産登記全般に係る分を分析対象としている。

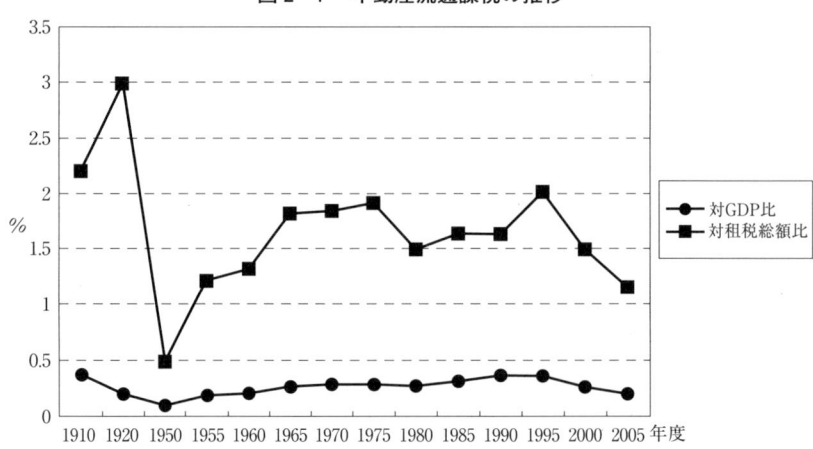

図2-1　不動産流通課税の推移

(注)　1910年度および1920年度は対GNP比。
(出所)　法務省『登記統計年報』，法務省『登記・訟務・人権統計年報：各年版』，法務省『民事・訴務・人権統計年報』，総務省自治税務局［2008 a］，総務省自治税務局［2008 b］，大蔵省［1937 b］，大蔵省［1954］より作成。

---

4) 不動産取引に係る印紙税分の統計を時系列的に入手することは困難であるが，大蔵省の推計によれば，印紙税のうち不動産譲渡契約書に係る分は，1980年9月および1985年9月において，それぞれ6.1%および2.8%であり，両年ともその金額は約200億円程度となっている（薄井［1987］，121頁）。
　そこで，この額が不動産流通課税総額に占める割合を計算すると，当該年度において，それぞれ3.2%および2.1%となり，ほぼ特別土地保有税（取得分）と同額である。したがって，不動産取引に係る印紙税を除外したとしても，それほど大きな影響はないものと思われる。

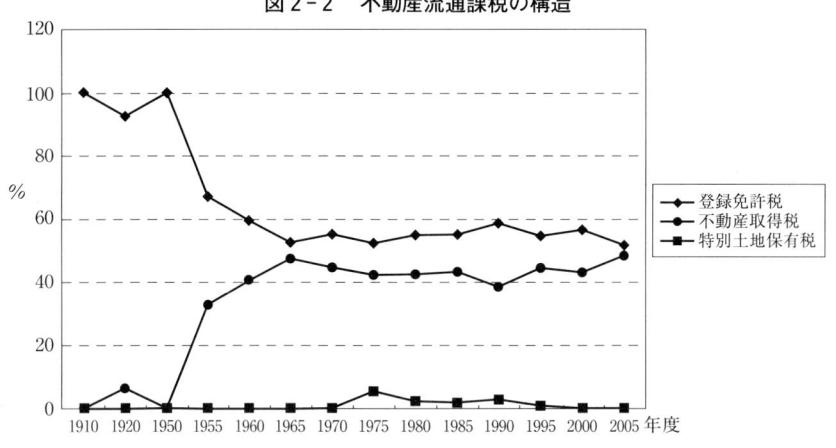

図2-2　不動産流通課税の構造

（出所）　図2-1と同じ。

　まず，租税収入に占める割合を見ると，戦前においては2〜3％であったが，終戦後の1950年度には，不動産取得税が廃止された影響で一旦0.5％程度に急落した。しかし，その後次第に上昇し始め，1995年度には約2％にまで回復している。しかしながら，景気対策の観点から登録免許税の減税が行われた1990年代後半以降は低下傾向にあり，2005年度には1.1％にまで低下している。この値は，1955年度とほぼ同じ水準である。対GDP比を見ても同様な傾向が読みとれる。すなわち，戦前に約0.4％であったものが終戦後には一旦急落したが，戦後は次第に上昇し，1995年度には0.36％にまで上昇した。しかし1990年代後半以降は低下し，2005年には1.1％と再び1955年度とほぼ同じ水準に戻っている。

　さらに，不動産流通課税の構造を図2-2により見てみよう。戦前は登録免許税が不動産流通課税のほとんどを占めていたが，1954年に現行の不動産取得税が成立してからは，状況が大きく変化する。2005年度において，登録免許税の割合は5割強にまで低下する一方，不動産取得税の割合は5割弱にまで上昇している。他方，特別土地保有税（取得分）の割合は，その導入直後は6％近くを占めていたが，その後次第に低下し，2005年度には0.1％程度でしかない。

2. 地域別負担構造

次に，地域別負担構造について見てみよう。表2-2は，登録免許税（不動産登記に係る分）および不動産取得税に関して，1970年度以降の推移を眺めたものである。明らかなように，2005年度において全体の約5割が東京法務局管内に集中している。また，全体の約8割がもっぱら三大都市圏（東京圏，大阪圏，名古屋圏）の負担となっていることがわかる。

表2-2　不動産流通課税の地域別[1]負担構造

	1970年度	1975	1980	1985	1990	1995	2000	2005
東　京	42.1	44.6	43.0	46.0	44.6	49.3	47.7	50.2
大　阪	22.9	18.9	18.8	19.3	20.5	19.3	19.3	17.6
名古屋	10.4	9.9	9.7	9.4	9.4	8.8	9.4	9.4
仙　台	4.9	5.5	6.7	5.7	5.2	5.0	5.1	4.8
福　岡	7.8	8.1	8.9	8.2	8.6	7.8	8.1	8.2
広　島	5.2	5.9	5.3	4.9	4.7	4.1	4.4	4.3
高　松	2.5	2.8	2.9	2.5	2.3	2.2	2.3	2.2
札　幌	4.2	4.3	4.7	4.0	4.7	3.5	3.7	3.3
総計（％）	100	100	100	100	100	100	100	100
人口1人当たり税収の変動係数	0.418[2] 0.427[3] 0.375[4]	0.303 0.353 0.299	0.229 0.334 0.177	0.308 0.449 0.246	0.323 0.473 0.231	0.388 0.492 0.319	0.346 0.450 0.263	0.353 0.437 0.298

（注）1）以下の地域は，いずれも法務局管内による分類である。
　　　　東京管内～東京，神奈川，埼玉，千葉，茨城，栃木，群馬，山梨，静岡，長野，新潟。
　　　　大阪管内～大阪，兵庫，京都，滋賀，奈良，和歌山。
　　　　名古屋管内～愛知，岐阜，三重，福井，金沢，富山。
　　　　仙台管内～宮城，岩手，福島，山形，秋田，青森。
　　　　福岡管内～福岡，佐賀，長崎，熊本，大分，宮崎，鹿児島，沖縄。
　　　　広島管内～広島，山口，岡山，鳥取，島根。
　　　　高松管内～愛媛，徳島，高知，香川。札幌管内－北海道。
　　　2）不動産流通課税（登録免許税および不動産取得税）のケース。
　　　3）登録免許税（不動産登記に係る分）。
　　　4）不動産取得税。
（出所）法務省『登記・訟務・人権統計年報：各年版』，法務省『民事・訟務・人権統計年報：各年版』，総務省『地方財政統計年報：各年度版』より作成。

さらに，負担のばらつき度を定量的に把握するために，人口1人当たりの税収の変動係数を計算してみよう。その結果，次のことが示される。

(1) 不動産流通課税の変動係数は，1970年代においては減少傾向にあったが，80年代以降再び上昇傾向に転じた。しかし，1990年代後半以降は，再び減少傾向にある。

(2) 登録免許税と不動産取得税を比較すると，不動産取得税の方が変動係数の値は常に小さい。したがって，登録免許税よりも不動産取得税の方が税収の遍在性は小さく，税源の「普遍性」の面で優れていると言ってよかろう。

3．税収の伸張性

第三に，不動産流通課税の税収は，増加する財政需要を賄うのに十分な財源を提供するかどうか，言い換えれば，所得に対する弾性値が1より大きいか否かどうかについて見てみよう。そこで，ここでは，①式に基づいて税収のGDP弾性値b_1を計算してみる。ただし，計測期間は1970～2005年度である。

$$\log(T_t) = b_0 + b_1 \log(GDP_t) + u_t \cdots ①$$

T_t：t期の税額

GDP_t：t期のGDP

表2-3はその結果を示したものであるが，そこから次のような事柄が明らかにされる。

表2-3 税収のGDP弾性値（1970～2005年度）

	弾性値(b_1)	b_0のt値	b_1のt値	自由度修正済R^2
不動産流通課税[1]	0.912	6.453	12.776	0.831
登録免許税 （不動産登記全般）	0.787	3.585	5.147	0.445
不動産取得税	1.011	6.574	21.378	0.932
固定資産税	1.479	−36.302	68.637	0.993

(注) 1) 登録免許税（不動産登記全般）および不動産取得税。
(資料) 法務省『登記・訟務・人権統計年報：各年版』，法務省『民事・訟務・人権統計年報：各年版』，自治省『地方財政統計年報：各年度版』，財務省『平成19年度経済財政白書』（長期経済統計　GDP統計）より著者推計。

(1) 不動産流通課税の弾性値は0.912であり，1を下回っている。これを，固定資産税（土地・家屋に係る分）の値1.479と比較すると，大きな格差が存在する。

(2) 不動産取得税の弾性値は1.011で1を若干上回るが，登録免許税のその値は0.787である。したがって，登録免許税は伸張性の面で不動産取得税よりも劣ることがわかる。

II．不動産流通課税の課税根拠

これまで見てきたような不動産流通課税の課税根拠はどこに求められるのかを探ることが次の課題である。そのために，以下ではまず流通課税全般の課税根拠に関する既存の議論を概観する[5]。次に，不動産流通課税の課税根拠に関する政府の立場を確認し，それを批判的に検討することとしよう。

1．流通課税の課税根拠に関するこれまでの学説

(1) 利益説の観点からの説明

利益説によれば，流通取引は国家の法律制度の保護を受けているから，その反対給付として税を納める必要があると主張される。

しかし，このような議論については，(1)個人が国家からどの程度の保護を受けているのか把握が困難であること，(2)登録免許税については，登記制度により第三者に対する対抗力が与えられるから，それに対する対価として根拠づけることが可能である。しかし，印紙税の場合は，国家の法律制度の保護によって納税者がどのような個別的利益を得ているのか必ずしも明らかではないこと，などの問題点が指摘されている。

---

5) 以下は，もっぱら神戸 [1936 b]，小川 [1923]，首藤 [1988] に基づく。

(2) 能力説の観点からの説明

　この立場は，流通取引の背後に何らかの支払能力を見出して，それに課税しようとするものである。

　小川［1923］によれば，まず能力説の立場からの議論は，(1)流通取引によって発生する個々の特殊な利益に税源を見出す特殊利得説，(2)流通取引によって得られる利益の持つ臨時性に着目して課税する臨時収入課税説，(3)流通税を収益税の補完税ととらえ，収益税では捕捉困難な，流通取引により生ずる平均的仮定的収入[6]に課税すべきだとする平均的仮定的収入説，の三つに分類可能であるとされている。

　そして，これらの従来の議論を批判的に検討した後，次のように述べている。「税源は……原則としては総ての税を通じて所得である。……是が故に所得は正面より測定して之を税すると同時に側面より測定して之を税せねばならぬ。……経済流通は生産営利と消費の中間に在る現象であって，流通税は収益税と消費税との中間に在る税であると云うべきである。もし収益税と消費税とを存し，流通税を欠かば，所得を側面的に推定する制度の一角が欠ぐることになるのである。故に現今の租税制度の上に於て流通税は収得税消費税と鼎立せねばならぬ」[7]と。

　すなわち，収得税および消費税の補完税として流通税の存在意義が認められるというわけである。しかし，このような能力説の議論に対しては，以下のような問題点が指摘されている[8]。

　① 課税の前提となる支払い能力の存在もしくはその大きさが，必ずしも明確ではない。前者の例としては，家庭事件（PTAや町内会の会合）に関する委任状のケースが，また後者については，医師・弁護士の資格登録の場合などがそれぞれ挙げられる。

　② 転嫁が発生し，一般に，立場の弱い者の負担となりやすい。

6）個々の流通取引による特別の利益ではなく，流通取引一般によってもたらされる平均的収入のことである。
7）小川［1923］，619-621頁。
8）神戸［1936 b］，135-138頁参照。

③好況期には，特に投機的行為により利益を得た売り手に対しては，流通課税のみでは負担が軽くなる一方，逆に不況期には，一般に負担が重くなる傾向がある。

④所得課税および消費課税との間で二重課税が発生するのみならず，同じ不動産流通課税の間においても二重課税が発生する。

2．政府の見解

以上で明らかなように，流通課税の課税根拠として利益説の立場に立とうが，あるいは能力説の立場を支持するにしても，それぞれ問題点がある。しかしながら，今日わが国においては，もっぱら能力説の立場に立って次のような説明が行われている。

「わが国の流通税は，財貨の移転等という事実に着目してその背後に担税力を認めて課税するものであり，財貨の移転自体に着目して課税を行うものと，財貨の移転に伴って作成される文書や登記，登録等に着目して課税を行うものとに分類できる」[9]。

このような政府の分類に従い現行の不動産流通課税を見ると，前者には不動産取得税および特別土地保有税（取得分）が含まれ，また，後者の例としては，印紙税および登録免許税がそれぞれ挙げられよう。

もっとも，特別土地保有税（取得分）については，流通税としての側面よりも，土地政策（投機的土地取得の抑制および土地供給の促進）のための税制という性格が強い。したがって，以下の議論では，不動産移転自体に着目して課税されるものとしては，もっぱら不動産取得税に注目することにしよう。

3．課税根拠から見た現行税制の問題点

（1）不動産流通と担税力

不動産流通課税を能力説の観点から根拠づける政府の見解の妥当性を検討するためには，まず，不動産取引の背後に実際に担税力が発生しているかどうか

9）薄井・大蔵省大臣官房文書課［1987］，115頁。

を見る必要がある。さらに，もし担税力が発生しているとしたら，それをどのような形で捕捉すべきかが問題となる。

最初の事柄に関しては，例えば次のような説明により，不動産取引の背景に担税力を見出すことが可能であるとされる。

「例之，売買を見ても，売手は代価という購買力を受取りて能力を示し，買手は支払ふべき購買力を有ちたることによりて能力を示す。其の何れを見ても相当の能力を示す。此際の税負担の帰着が売手買手の何れにあるにせよ，能力を掴むことにはなる。……兎に角，不動産移転には能力を認むることが出来，そして此が課税といふものが，基本税たる直接税台帳税にて漏れたる能力を捕捉することにもなり，一の補完税といふを得ることにもなるのである」[10]。

しかし，売手側に発生した支払能力の増加はキャピタル・ゲイン課税によって捕捉すべきものである。また，買い手が不動産を購入できる購買力（所得）を有していたとしても，それは貯蓄性資金であるから，本来，資産保有課税（経常純資産税）の対象となるべきものであると考えられる。不動産を取得する行為自体は，この貯蓄性資金の保有形態が変化しただけであるから，そこに新たな支払い能力が発生しているわけではない。

ところが，現在わが国においては，貯蓄性資金の保有に課される経常純資産税に相当するものがない。そのように考えると，不動産流通課税を経常純資産税の代替税としてとらえることが可能かもしれない。ただしこの場合の流通課税としては，不動産取引そのものに着目して課税される不動産取得税が望ましいだろう。不動産取引そのものに課税可能ならば，その背後にある文書および登記をとらえて間接的に課税する必要はないと考えられるからである。

このように，不動産流通課税を能力説の立場からとらえる時，印紙税や登録免許税の存在意義を見出すことはできない。それでは，両税の根拠づけはどのように行われるべきであろうか。前述のように，登録免許税の場合は，利益説の立場から根拠づけることが可能である。しかし，印紙税の場合は，利益説の前提となる利益の存在を見出すことも困難である。すなわち，印紙税は，利益

---

10) 神戸 [1936 b]，164-165頁。

説からも能力説からもその課税根拠を正当化することは困難であると思われる。

(2) 二重課税の発生

さらに重要なことは、仮に政府が主張するように、不動産流通課税の根拠を能力説に求めることができたとしても、現行税制においては二重課税が発生していることである。

そこで、この問題を考えるために、表2-4により、わが国における不動産取引に対する課税状況をまとめてみよう。そうすると、まず不動産売却によって発生する利益には、譲渡所得税が課されている。また、土地譲渡は非課税であるが、建物の取得については消費税も課されている[11]。すなわち、現在、国税4％、地方消費税（都道府県税）1％の税率でそれぞれ課されている。この場合、納税義務者は売り手であるが、通常転嫁され買い手が負担する。さらに、登録免許税や不動産取得税も買い手が負担する。また、印紙税の納税義務者は課税文書の作成者であるが、通常は買い手が負担する。もっとも、課税文書が共同作成される場合には売り手と買い手が連帯して納税義務を負うこととされているが、やはり状況により買い手が全額負担することが十分考えられる。

表2-4　わが国における不動産取引に係る税

	譲渡所得税	消費税 地方消費税	印紙税	登録免許税	不動産取得税
買い手		◎	○◎	△	△
売り手	△	○	○		

(注)　○は納税者を、◎は担税者を示す。△は納税者と担税者が等しい場合である。また、消費税には地方消費税も含む。

結局、譲渡所得税以外はすべて買い手の負担となる可能性が大きい。しかし、だからといってこのような現状が直ちに問題となるわけではない。理論的に考えれば、課税根拠が異なる場合は当然のこと、ある税で捕捉困難な担税力

---

11) わが国における不動産に係る消費税の問題については、本書第3章を参照。

を別の税で捕捉可能であれば，その場合にも二重課税は問題とならないからである。

そこで，このような視点から現行税制を検討してみよう。そうすると，不動産取引に係る税全般で考えると，買い手の購買力を捕捉する手段としては，不動産取得税および消費税が適切な手段であると考えられる。ここで，もし不動産流通課税を消費課税の補完税とみなす考えに従えば，消費税によって捕捉できない担税力があって，しかもそれが不動産取得税で捕捉可能であると言うのであれば，二重課税とはならない。しかし，実際，買い手の担税力は消費税で捕捉可能であると考えられる。

したがって，第一に，消費税と不動産取得税との間で二重課税が発生していることになる。

さらに，前述のように，流通課税の内部で見ても，買い手の購買力を捕捉する手段としては印紙税や登録免許税よりも不動産取得税の方が望ましいと考えられる。印紙税や登録免許税によって，不動産取得税で漏れた担税力を捕捉するということ，言い換えれば，印紙税および登録免許税を不動産取得税の補完税としてとらえることは非現実的であろう。

したがって，第二に，不動産取得税と印紙税および登録免許税の間でも二重課税が発生している。

第三に，印紙税と登録免許税の間においても同様に重複課税が行われていると考えられる。印紙税および登録免許税は徴税コストが小さいという長所を有するため[12]，課税当局にとっては都合のよい収入源となっている反面，納税者は過大な負担を強いられているのが現状であろう。

以上のように，政府の主張に従い不動産流通課税の根拠を能力説でとらえる

---

12) 神戸［1936 b］，186-187頁参照。不動産流通課税の徴税コストを統計的に実証することは困難であるが，例えばアイルランドの印紙税では，1983年度において税収入の0.5％程度であり，流通税の徴税コストは小さく効率的であることが示されている（Commission on Taxation［1984］, p. 165）。ちなみに，わが国における徴税コスト全般の統計を見ると，2005年度において，国税1.45％，地方税2.32％となっている（『財政金融統計月報：租税特集』，第672号（http://www.mof.go.jp/kankou/hyou/g672/672.htm）参照）。

と，現行税制においては，不動産の譲渡に関して二重課税が発生していると言ってよい[13]。したがって，過大なものになっていると考えられる買い手の負担を軽減する必要があろう。

III．不動産流通課税の経済効果

1．国内における不動産取引への影響

ところで，不動産流通課税は不動産取引を阻害するということが古くから指摘されてきた。このことに関して，神戸は次のように述べている。「不動産の移転に税のかかるだけ此移転が妨げられることになり，結果としては此により土地等を最有効に利用し得る人の手に移るのを喰止めることになり，其れだけ国民経済が全体として不利益を受くることになる」と[14]。

また，1984年にアイルランドで公表されたオブライエン報告の中においては，「不動産流通課税の存在は，国内での人口移動を妨げるのみならず，住み替えも阻害する」，と指摘されている[15]。

アイルランドでは，住宅価格の安定化を図り，居住用財産税廃止に伴う損失を穴埋めする目的で，1997年以降，印紙税の増税が実施された（本書第1章参照）。具体的には，最高税率がそれまでの6％から9％へ引き上げられた。その結果，納税者による印紙税の負担が増大し，新規購入者による中古住宅への需要が抑制されて，不動産取引が阻害されることが問題とされた[16]。

そこで，まず不動産流通課税と不動産取引との関係を，図2-3に基づき理論的に考えてみよう。

---

13) 不動産取得税と特別土地保有税（取得分）の間では，負担調整が行われることになっている。すなわち，取得に係る特別土地保有税の税額から不動産取得税に相当する額を控除することが認められている。
14) 神戸［1936 b］，171頁。
15) Commission on Taxation ［1984］，p. 166.
16) Bradley ［1999］，pp. 182-183.

課税前（増税前）は，需要曲線Dと供給曲線Sとの交点Eで均衡価格P_0および均衡数量Q_0が決定される。この時，登録免許税および不動産取得税が買い手に対して課されるかもしくは増税されたとすると，需要曲線はDからD′へシフトし，課税後（増税後）の均衡価格および均衡数量は，それぞれP_1およびQ_1へ変化する。この時，税込価格はP_2であるから，結局，需要者の負担は(P_2-P_0)，供給者の負担(P_0-P_1)となる。すなわち，理論的に考えれば，不動産流通課税が課税（増税）されると，取引量に対してマイナスの効果を及ぼすと考えられるのである。

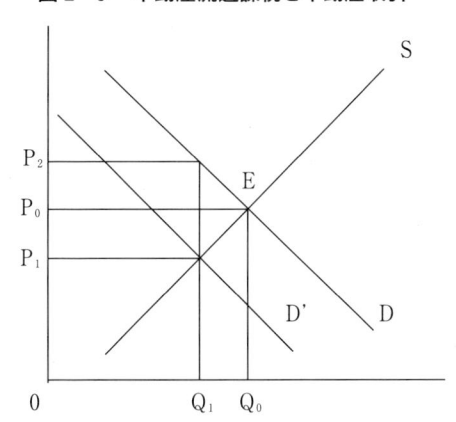

図2-3 不動産流通課税と不動産取引

以下では，簡単なモデルに基づきこのことを検証してみよう。ただし，計測期間は，1965年度（もしくは1969年度）から，固定資産税の評価替えが実施された1994年度までである。

（1）適応期待モデル

まず，不動産取引と不動産流通課税の推移を図2-4で眺めてみよう。明らかなように，1973年までは両者の間には正の相関関係が見られる。このことは，②式により逐次チョウテストを行うことにより確認できる。すなわち，1973年度を境に係数パラメーターに変化があったことが示される。

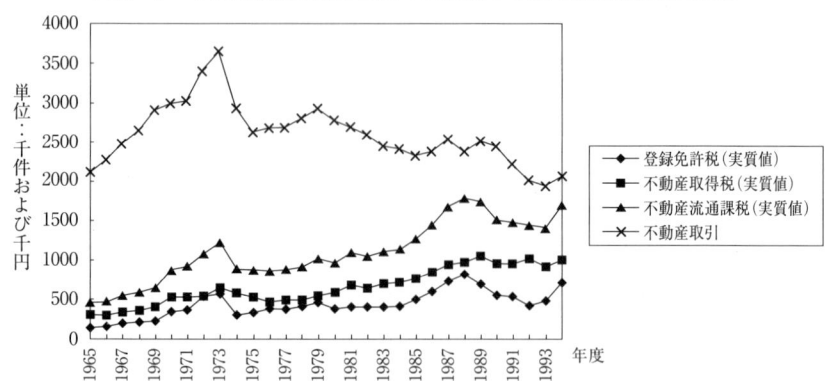

図2-4 不動産取引および人口1人当たり不動産流通課税額の推移

単位：千件および千円

- 登録免許税（実質値）
- 不動産取得税（実質値）
- 不動産流通課税（実質値）
- 不動産取引

（出所）　法務省『登記・訟務・人権統計年報』，法務省『民事・訟務・人権統計年報』，総務省『国勢調査』，日本銀行『経済統計年報』。

$$FT_t = a_0 + a_1 T_t + u_t \cdots ②$$

FT_t：t期の人口1人当たり不動産取引件数

T_t：t期の人口1人当たり不動産流通課税額（売買による所有権移転に係る登録免許税および不動産取得税の合計額：実質値）

そこで，不動産流通課税が不動産取引に与える影響を見るために，③式で示されるような適応期待モデルを考える。すなわち，t期の不動産取引が（t＋1）期の予想税額に依存して決定されるものとする。さらに，バブル期にお

---

17)　③式より，$FT_{t-1} = b_0 + b_1 DUM T_t^* + u_{t-1} \cdots ③-1$
　　両辺にλをかけると，
　　　$\lambda FT_{t-1} = \lambda b_0 + \lambda b_1 DUM T_t^* + \lambda u_{t-1} \cdots ③-2$
　③式から③-2式を引くと，
　　　$FT_t - \lambda FT_{t-1} = (1-\lambda)b_0 + b_1 DUM(T_{t+1}^* - \lambda T_t^*) + u_t - \lambda u_{t-1}$
　ここで，$T_{t+1}^* - \lambda T_t^* = (1-\lambda)T_t$だから，
　　　$FT_t - \lambda FT_{t-1} = (1-\lambda)b_0 + b_1 DUM(1-\lambda)T_t + u_t - \lambda u_{t-1}$
　∴ $FT_t = (1-\lambda)b_0 + b_1 DUM(1-\lambda)T_t + \lambda FT_{t-1} + u_t - \lambda u_{t-1}$
　　　$(1-\lambda)b_0 = c_0$，$b_1(1-\lambda) = c_1$，$\lambda = c_2$，$u_t - \lambda u_{t-1} = v_t$とおくと，結局，$FT_t = c_0 + c_1 DUM T_t + c_2 FT_{t-1} + v_t \cdots ③-3$となる。この③-3式は④式と等しい。以上，適応期待モデルに関する詳細は，Maddala [1988] を参照。

ける異常値を除去するためにダミー変数を導入すると，適応期待モデルでは，結局③式は④式のように表せる[17]。

$$FT_t = b_0 + b_1 DUMT^*_{t+1} + u_t \cdots ③$$
$$FT_t = c_0 + c_1 DUMT_t + c_2 FT_{t-1} + v_t \cdots ④$$

FT_t：人口1人当たりt期の不動産取引件数
T^*_{t+1}：（t+1）期における不動産流通課税の予想税額
T_t：t期の人口1人当たり不動産流通課税額（売買による所有権移転に係る登録免許税および不動産取得税の合計額：実質値）
FT_{t-1}：（t-1）期の人口1人当たり不動産取引件数
DUM：ダミー変数（1965～1973年度を0、それ以外は1）

④式を最小二乗法（OLS）に基づいて推定すると，結果は表2-5のようになる。5％水準において，係数のt値は有意である。また，ダービン・ワトソン比は1.514であるが，この場合，ラグ付き変数が含まれているから，ダービ

表2-5　パラメーター推計値（OLS，推計期間：1965～1994年度）

不動産流通課税（不動産取得税および登録免許税）							
c_0	c_1	c_2	DW	h	s	自由度修正済 R^2	
0.802 (3.407)	−0.00024 (−4.087)	0.740 (8.536)	1.514	1.510	0.163	0.882	

不動産取得税							
c_0	c_1	c_2	DW	h	s	自由度修正済 R^2	
0.872 (3.932)	−0.00042 (−4.749)	0.718 (8.780)	1.557	1.356	0.144	0.896	

登録免許税							
c_0	c_1	c_2	DW	h	s	自由度修正済 R^2	
0.640 (2.558)	−0.00047 (−3.054)	0.791 (8.518)	1.486	1.627	0.168	0.859	

（注）　カッコ内の数値はt値。sは標準誤差，DWはダービン・ワトソン比，hはダービンのh統計量。
（資料）　法務省『登記・訟務・人権統計年報』，法務省『民事・訟務・人権統計年報』，総務省『地方税に関する参考計数資料』，総務省『国勢調査』。

ンのh統計量を計算すると，その値は1.510となる。有意水準5％の時，標準正規分布の値は1.645であり，h＝1.510はこの値よりも小さいから，誤差項に1次の系列相関はないと判断される。

以上の推定結果から，不動産流通課税と不動産取引との間には負の相関関係があることが認められる。さらに，不動産取得税と登録免許税のそれぞれについて同様な推計を行うと，両ケースにおいて係数のt値は有意である。また，誤差項に1次の系列相関は存在しない。したがって，やはり不動産取引との間には負の相関関係が認められる。

（2）連立方程式モデル

ところで，表2-5は，不動産流通課税額のみが不動産取引に影響を与えるとの前提の下での推定結果を示したものであったが，現実には，地価や住宅ローン金利の動向が不動産取引に影響することも予想できる。1996年度に，東京圏のマンション入居者を対象として実施されたアンケート調査によれば，購入までに考慮した経済事情として割合の高いのは，「現在の金利水準（74.0％）」，「現在の住宅・土地価格および今後の住宅・土地価格の変化（59.4％）」，「住宅金融公庫などの公的制度の拡充（47.4％）」といった結果が得られている[18]。

そこで，以下では⑤式および⑥式のような簡単な連立方程式モデルに基づき推定を行ってみよう。推定方法は2段階最小二乗法（2 SLS）である。

ここで注意すべきなのは，⑥式において不動産流通課税額が固定資産税額に依存すると想定していることである。登録免許税および不動産取得税の課税標準は固定資産課税台帳の価格であるから，T_{2t}は固定資産税額ではなく固定資産税の課税標準額とすべきである[19]。しかし，課税標準額の時系列データを完

---

18) (財)アーバンハウジング［1997］，59頁。
19) 「土地，家屋については基準年度ごとに賦課期日現在の価格を評価し，課税台帳に登録される。これが原則として3年間据え置かれ，課税標準とされる」（松崎・高橋［2007］，978頁）ことになっている。土地の場合，固定資産税評価額（公示地価の7割を目途とされる）に課税標準の特例および負担調整措置が適用され，課税標準額が算定される。

全に得られなかったので，T_{2t} は固定資産税評価額ではなく代理変数として固定資産税額（土地および家屋に係る分）を利用した。

$$FT_t = d_0 + d_1 T_{1t} + d_2 LV_t + d_3 r + u_t \cdots ⑤$$
$$T_{1t} = e_0 + e_1 T_{2t} + e_2 P_t + e_3 DUM + v_t \cdots ⑥$$

FT_t：t期の不動産取引件数

T_{1t}：t期における不動産流通課税額（売買による所有権移転に係る登録免許税および不動産取得税の合計額：名目値）

LV_t：t期の地価上昇率

r：住宅ローン金利（都市銀行）

T_{2t}：t期の土地および家屋に係る固定資産税額（名目値）

P_t：t期の人口

DUM：ダミー変数（バブル期である1970～1973年度および1986～1989年度を1，それ以外は0）

推定結果は，表2-6で示されている。⑤式は5％水準でt値は有意である。また，ダービン・ワトソン比も d_u と $4-d_u$ の間（$1.65 \leq DW \leq 2.86$）に落ちるから，一次の系列相関は存在しない。他方⑥式については，やはり5％水準で係数のt値は有意である。ただし，ダービン・ワトソン比は d_l と d_u の間（$1.14 \leq DW \leq 1.65$）に落ちるから，系列相関についての判定は不能である。

したがって，この場合においても不動産流通課税と不動産取引との間には負の相関関係が認められると言ってよかろう。また，住宅ローン金利と不動産取引との間にも同様な関係が存在する。しかし，地価上昇率と不動産取引との間には正の相関関係が認められる。これは，買換え層の需要が新規取得層の需要を上回ったためであると考えられる。通常，前者は地価上昇率が大きいほど需要が刺激されるが，後者はその逆であると考えられるからである。最後に，不動産取引の変動に対する寄与の大きさは，住宅ローン金利が一番で，次いで地価上昇率，1人当たり不動産流通課税額の順となっている。

以上と同様な作業を，不動産取得税および登録免許税について行ってみよう。ただし，⑤式および⑥式における T_{1t} は，名目値で見たt期における不

表2-6　パラメーター推計値（2 SLS，推計期間：1969～1994年度）

不動産流通課税（不動産取得税および登録免許税）						
d_0	d_1	d_2	d_3	DW	s	自由度修正済 R^2
4.909 (5.840)	−0.00014 (−4.747)	0.03 (4.917)	−0.211 (−2.401)	1.848	0.173	0.812
e_0	e_1	e_2	e_3	DW	s	自由度修正済 R^2
−7671.137 (−2.126)	0.0014 (10.638)	7822.365 (2.307)	1229.000 (4.731)	1.163	602.8	0.965
不動産取得税						
d_0	d_1	d_2	d_3	DW	s	自由度修正済 R^2
4.433 (6.762)	−0.0002 (−5.453)	0.027 (5.027)	−0.162 (−2.333)	1.844	0.161	0.838
e_0	e_1	e_2	e_3	DW	s	自由度修正済 R^2
−2576.982 (−1.360)*	0.001 (13.800)	2754.492 (1.547)*	461.634 (3.385)	1.188	316.5	0.975
登録免許税						
d_0	d_1	d_2	d_3	DW	s	自由度修正済 R^2
4.840 (3.604)	−0.00035 (−2.847)	0.032 (3.797)	−0.206 (−1.484)*	1.630	0.211	0.722
e_0	e_1	e_2	e_3	DW	s	自由度修正済 R^2
−5093.980 (−1.880)	0.00047 (4.520)	5067.640 (1.991)	767.388 (3.936)	1.255	452.48	0.875

（注）　カッコ内の数値はt値。sは標準誤差，DWはダービン・ワトソン比。＊は1％水準で有意を示す。

（資料）　法務省『登記・訟務・人権統計年報』，法務省『民事・訟務・人権統計年報』，総務省『地方税に関する参考計数資料』，総務省『国勢調査』日本銀行『経済統計年報』，日本不動産研究所『市街地価格指数』。

動産取得税額および登録免許税額を表す。推定結果は，表2-6で示されるとおりである。この場合においても，不動産流通課税全般の場合とほぼ同様な結果が得られている。

2．国際的視点からの中立性

　国外の投資家が，日本の不動産を購入するか否かの意思決定を行う際に，不動産流通課税の負担の相対的な大きさが影響を与えることは，十分考えられる

ことである。したがって，制度的に複雑でかつ国際的に見て相対的に重い負担は，国内取引のみならず，国際的な観点からも不動産取引の中立性を阻害する恐れがある。今日，都市の不動産市場における国際的代替性が急速に上昇していると考えられるからである。

　この点に関して，1992年に公表されたOECDの報告書では次のように述べている。「国際経済および世界市場の発展は，資本の流動性を増加させるのみならず，都市における土地市場の国際的代替性も急速に上昇させている。このことは大陸レベルで発生しているだけではなく，日本の首都東京の不動産市場に投資される余剰資本に象徴されるように，世界的規模で見られる現象である」[20]と。

　ところで，国際的視点から流通課税の議論が最も活発に行われているのはやはりヨーロッパであろう。EU統合の実現により，加盟国間での税制調和が重要な課題となっているからである。すなわち，異なる税制は，国境を越えた資本取引を複雑にし，資本移動を妨げる。また，他国よりも税負担が重ければ，資本流出を助長することになるから，資本の流出した国にとっては国内経済への影響が大きい。

　1990年代後半以降わが国では，不動産流通を促進する観点から不動産流通課税の減税が実施されているが，わが国と同様に不動産流通課税の税目が多いフランスにおいても，見直しの議論が行われている[21]。

　フランスの不動産流通課税は，本書第1章で明らかにしたように制度が複雑なことに加え，他のEU諸国と比較して相対的に税率も高くなっていた（表2-7）。特に商工業用不動産に関しては18.585%であり，イギリスにおける最も低い税率（1%）の18倍強となっていた。

　改正前における不動産流通課税の税率をより詳細に示すと，表2-8のようになる。ここで注意しなければならないのは，フランスの場合，地方税は国が

---

20) OECD [1992], p.11参照。同様の指摘は，欧州でも見られる。1993年にドイツ建設省により公表された報告書では，域内市場の完全統合により，都市の不動産市場で競争が激化すると予測されている（野田・篠原 [1996]，125頁）。
21) 以下は，篠原 [1999 b]，第1章，篠原 [2000 c]，124-126頁，Conseil des Impots [1998]，pp.109-125参照。

表2-7 EU諸国における不動産流通課税の税率（1990年代）　（単位：%）

	フランス	イギリス	ドイツ	イタリア	ベルギー	オランダ	スペイン
居住用不動産	7.105 (7.925)	1～4	3.5	4	6	6	6
商工業用不動産	18.585	1～4	3.5	11	12.5	6	6

（注）　カッコ内は最高税率のケース。
（出所）　篠原［2000 b］,126頁を修正。

表2-8 フランスにおける不動産流通課税の税率（改正前）　（単位：%）

	州 （譲渡税付加税） A	県 （県不動産公示税・登録税＋譲渡税付加税） B	市町村 （譲渡税付加税） C	徴税費用 D＝B×0.025	総計 A＋B＋C＋D
商工業用不動産 標準税率	1.6	15.4 (13.8＋1.6)	1.2	0.385	18.585
居住用不動産 標準税率	1.6	4.2(2.6＋1.6) 5.0(3.4＋1.6)	1.2	0.105	7.105
最高のケース	1.6		1.2	0.105	7.925
農業用不動産 標準税率	1.6	13.4 (11.8＋1.6)	1.2	0.335	16.535

（出所）　篠原［1999 b］,18頁。

徴収し，地方予算で決定された額の12分の1が毎月国から地方公共団体へ支払われることになっているため，地方公共団体は国に対して徴税手数料を支払わなければならない，ことである。有償譲渡課税に関するそのような手数料は，現在，県の税率の2.5%に設定されているが，結局その分も納税者の負担となる。したがって，徴税手数料も含めて総税率を計算すると，商工業用財産が18.585%，居住用財産が7.105%，農業用財産が16.535%となる。

　なお，これらの税率は標準税率である。県は1985年度以降，有償譲渡課税の税率を，一定範囲内であれば自由に変更できることが認められている。居住用不動産に関しては，移動可能性が低いという性格を有するため，税率を引き上

げる県が多く，実質7.105%が最低税率となっていた。1995年度以降は，県の設定できる最高税率が5%に設定されたため，居住用不動産の総税率は7.925%であった。

これに対して，商工業用不動産と農業用不動産に関しては，ある一定の条件を満たす場合には，特別に軽減税率を適用することが認められていた。商工業用不動産に関しては，県の標準税率は15.4%であるが，1984年以降，これを1%～10%の範囲内で軽減することが認められた。農業用不動産については，3段階（0.6%，2%，4.8%）の軽減税率が認められていた。

以上の結果，国内での不動産流通を阻害するのみならず，相対的に税負担の軽い国への資本逃避を促進する可能性の高いことが問題視された。そこで，1999年および2000年の予算法において，不動産流通課税に関する大胆な改革が実施された。すなわち，制度の簡素化が図られると同時に，税率に関しても，改正前は不動産の種類により水準が異なっていたものが，改正後は4.89%に統一された。

まず1999年予算法では，第一に，居住用不動産に関して州における譲渡税付加税の1.6%が廃止された。第二に，事業用不動産（商工業用不動産および農業用不動産）に関して，州の譲渡税付加税が廃止されるとともに，県の税率が3.6%に引き下げられた。以上の結果，徴税コストを無視すると，税率は，居住用不動産が5.5%～6.2%に，事業用不動産が4.8%に，それぞれ低下することになった。

さらに，2000年予算法では，より大胆な改革が行われた。県レベルにおいて居住用不動産に対する最高税率の制度が廃止され，税率が3.6%に一本化された。その結果，徴税コストの0.09%（3.6%の2.5%）を含んだ税率は，表2－9で示されるように，商工業用不動産および農業用不動産の場合と同様の4.89%にまで低下した。すなわち，不動産の種類にかかわらず有償譲渡課税の税率が4.8%（徴税コストを含むと4.89%）に統一されることになった。以上のような1999年および2000年の改正により，居住用不動産全体で見ると約46億フランの減税になると予測された。地方公共団体にとっては損失が発生するが，その分に関しては国から補償されることとされた。

表2-9　フランスにおける不動産流通課税の税率（改正後）　（単位：％）

	県 (県不動産公示税・登録税＋譲渡税付加税) B	市町村 (譲渡税付加税) C	徴税費用 D＝B×0.025	総　計 B＋C＋D
商工業用不動産				
居住用不動産	3.6	1.2	0.09	4.89
農業用不動産				

（出所）　篠原［2000ｃ］，126頁。

　イギリスは，本書第1章の表1-3から明らかなように，不動産流通課税を含めた金融・資本取引税の対GDP比は，2005年を除けば，いずれもフランスの値を下回っている。しかし，有価証券に対する有償譲渡課税に関しては，他国の動向に影響を受け国内でも動きがあった[22]。そして，それに関連して不動産流通課税の議論も若干見られた。

　具体的には，1990年にドイツおよびオランダで有価証券取引に係る課税が廃止されたことに影響され，実現には至らなかったものの，同年度の予算法で株式取引に係る印紙税の廃止が，また，1991年度の予算法では，原則として不動産取引以外に係るすべての印紙税の廃止がそれぞれ検討された[23]。

　そのような動向に関しては，以下のような意見が出された[24]。

　第一に，有価証券は多くの人々にとって投資対象であるのに対して，不動産（特に住宅）は必需品的性格が強い。したがって，必需品に対する課税を残して，投資に対する課税を廃止するのはおかしい。

　第二に，しかし，もし不動産取引に係る分も廃止するとなると，買い手の負担は以前よりも減少するが，逆に売り手はその分を回収しようとして，地価を吊り上げる恐れがある。

　現実には，印紙税は廃止されることなく，2003年税制改正により，2004年以降は，不動産取引に係る印紙税は印紙不動産取引税へと名称を変え，存続して

---

22) 特に1980年代における印紙税廃止論議の背景に関しては，代田［1992］を参照。
23) Jamieson［1991］参照。
24) Nock［1991］, pp. 327-328.

いる。旧制度においては，不動産取引に係る印紙税は「文書（documents）に対する課税」であった。そのため，課税漏れが生じていた。印紙不動産取引税は，「文書（documents）に対する課税」から「取引（transactions）に対する課税」へと制度を変更することにより適正な徴収を図ることを目的としている[25]。名称は印紙税であるが，性格的にはわが国の不動産取得税に近いと言えよう。

Ⅳ．不動産流通課税のあり方

1．不動産流通課税見直しの選択肢

さて最後に，これまでの分析を踏まえて，わが国における不動産流通課税のあり方を考えてみよう。不動産流通課税のあり方を考えるに際しては，結局，① 課税根拠の有無，② 不動産取引への影響，③ 国際的観点からの中立性，④ 国と地方間での税源配分（国家財政および地方財政への影響）などの視点が必要になると考えられる。

前述のように，わが国における不動産取引に係る課税では二重課税が発生している。したがって，この二重課税を調整し，過重になっている買い手の負担を軽減することが必要である。ただし，そのためには消費税の存在が大きな意味を持つ。不動産流通課税と消費税・地方消費税との間の調整方法としては，おおよそ以下のようなものが考えられよう。

(1) 建物譲渡に対する消費税および地方消費税の課税を存続させて，建物の取得に係る流通課税の軽減を行う。
(2) 建物譲渡に対する消費税および地方消費税は存続させるが，流通課税の抜本的見直しを行う。
(3) 建物譲渡に係る消費税および地方消費税は原則非課税とするが，流通課

---

[25] イギリス住宅税制研究会［2007］，pp. 215-218参照。

税は現行制度のままとする。

(4) 建物譲渡に係る消費税・地方消費税および流通課税の抜本的見直しを行う。

このうち(1)と(2)は，消費税および地方消費税についてはそのままにし，減免税の形で不動産流通課税の負担軽減を行うというものである。これに対して，(3)は，建物部分の譲渡に係る消費税および地方消費税を非課税にする案である。(3)では，原則として不動産流通課税の軽減は行われない。イギリスおよびドイツで，すでに採用されている方式である（本書第1章参照）。

2．不動産流通課税の軽減

以上のうち，(1)においては，売買による建物取得に係る流通税を軽減することが求められるが，4つの中では最も穏便な政策であると言える。これは，住宅が生存権的財産であることや，不動産取引の活性化の観点からこれまでにすでに採用されている手段である[26]。厳密に言うと，その内容は，①土地および建物の両方の取得を対象とするもの，②建物の取得のみを対象とするもの，③土地の取得のみを対象とするもの，の3種類に分類できる。

第一に，土地および建物の両方を対象とするものとして，まず，不動産取得税に関しては，1981年度より税率は3％（本則4％）[27]に軽減されている。さらに，印紙税についても，2008年度税制改正により，不動産譲渡に関する契約書に係る税率が軽減されている。

第二に，建物取得のみを対象とする措置として，まず不動産取得税においては，一定面積の住宅に関して，課税標準から一定額を控除する課税標準の特例が認められている（本書表1-4参照）。登録免許税においては，従来，個人の取得する家屋分の税率に関して特別措置がとられてきたが，1990年代後半（1997年）からこの税率がさらに引き下げられている。

---

26) 以下は，総務省自治税務局［2008 b］，76-77頁，『税法便覧：各年版』（税務研究会出版局）を参照。ただし印紙税については，国税庁タックスアンサー（http://www.nta.go.jp/taxanswer/inshi/7108.htm）も参照。
27) 2003年度税制改正により，2003年4月1日から2006年3月31日までに不動産を取得した場合，住宅，非住宅を問わず，税率は3％に引き下げられた。

第三に，現行税制では，土地の取得に関しても負担を軽減する措置がとられている。

　まず，不動産取得税と登録免許税の課税標準となる固定資産税課税標準額に関して，1994年度に小規模住宅用地および一般住宅用地に関する課税標準の特例が拡充された[28]。また，地価下落に対応して，宅地等に係る固定資産税課税標準額の算定の際の負担調整措置の見直しが行われた。

　不動産取得税では，本書の表1-4で示されるように，住宅用地に対する課税標準の特例措置および税額軽減の特例が設けられている。

　登録免許税については，土地の課税標準を減額する措置も採られてきた。2000年度税制改正においては，登録免許税における土地の課税標準額に関して，1996年度税制改正以降，固定資産税評価額の40%だったものが，3分の1に引き下げられた。ただし，この措置は，2003年度税制改正により登録免許税の税率が大幅に引き下げられたことにより廃止された。さらに，2006年度税制改正により，土地の売買による所有権の移転登記に関しては，税率が軽減されている。

　以上のような措置がとられた結果，不動産流通課税の税額の対GDP比（印紙税を除く）は，1995年度の0.35%から，2005年度には0.2%へと低下している（図2-1）。

3．不動産流通課税の抜本的見直し

　(1)に対して(2)および(4)では，いずれも不動産流通課税の抜本的見直しが求められるが，印紙税と登録免許税に関しては，まず課税根拠の不明瞭な印紙税を廃止すべきであろう。

　他方，登録免許税に関しては，能力説の立場により課税根拠を正当化することは困難であるが，利益説により説明することは可能である。しかし，登録免許税の扱いに関しては，不動産取得税の存在を併せて考える必要があり，その際，不動産取得税の性格を検討しなければならない。そこで，まず不動産取得

---

[28] 一般住宅用地については，課税標準額の2分の1から3分の1へ，小規模住宅用地に関しては4分の1から6分の1へ，それぞれ引き下げられた。

税を能力説の観点から根拠づけるとすると，すでに述べたように，経常純資産税の代替税的な役割を果たすと考えられる。したがって，この場合登録免許税とはその性格を異にするから，両税の調整は不要であろう。

ところで，不動産取得税に関しては，その課税根拠を利益説に求める考え方もある。例えば牛嶋［1989］は，不動産取得とともに地域社会へ仲間入りするという意味で，不動産取得税を地域社会への「入会金」とし，「会費」的な性格を有する固定資産税と区別している。この場合，不動産取得税と登録免許税の課税根拠はどちらも利益説であるが，その意味合いが異なるから，やはり調整不要である。

以上のように，登録免許税の課税根拠を利益説に求める限り，不動産取得税の課税根拠にかかわらず，理論的には両税の調整は不要である。しかし，このことは税制の国際性の観点からは問題があると考えられる。本書第1章で見たように，OECD諸国において複数の流通税を課している国はほとんど存在しない。登録免許税と不動産取得税の併存が，相対的に重い負担をもたらす可能性がある。

したがって，買い手の負担を軽減するためには，不動産取得税と登録免許税との間の調整が必要であるが，問題はその方法である。この点を検討するために，不動産取得税に関するシャウプ勧告の議論を詳細に見てみよう。

シャウプ勧告では，地租・家屋税の大幅な引き上げ（固定資産税の導入）を行う代わりに，不動産取得税の廃止が提言された[29]。その理由として挙げられているのは，(1)不動産取得税の税負担が重いため，不動産の有効利用が妨げられること，(2)不動産取引を減少させることによって，地方公共団体の歳入を減少させるとともに，地域社会（community）の経済的適応性を低下させること，(3)建築が抑制されること，(4)地方公共団体にとって，固定資産税の方が不動産取得税よりも安定的な財源（stable revenue）を提供すること，の4点

---

29) シャウプ勧告では，印紙税および登録免許税に関しても廃止が勧告されている。すなわち，前者に関しては長期的に見て不要な税制であるとし，後者に関しては，特別の理由がないならば廃止すべきとしている。しかし，以上に関しては，「十分に検討する時間がなかったから，完全な勧告（outgoing recommendation）として受け取って欲しくない」としている。Shoup Mission［1949］, Vol. 2, pp. 177-178参照。

である[30]。

(1)～(3)の指摘は不動産取得税の経済効果に着目したものであるが，本章との関わりでは，まず不動産取引を妨げるという(2)の指摘が重要である。(1)および(3)は，(2)に関連する問題である。そこで，廃止される直前の1949年度と2006年度における不動産取得税の課税状況を比較してみよう。表2-10はその結果を示したものである。税率（本則）を見ると，1949年度は20%と現在の5倍となっている。また，地方税収に占める割合も，1949年度は5.3%であり現在の約2倍である。対国民所得比も0.4%で，現在の3倍強である。しかしながら，戦後の状況を見ると，表2-5および表2-6の分析から明らかなように，シャウプ勧告の指摘のとおり，不動産取得税と不動産取引の間には確かにマイナスの相関関係があるが，その阻害効果はそれほど大きくないと推定される。

(4)に関しては，税収が安定的とはどのようなことを意味するのかを考える必要がある。通常「税収の安定性」とは，税収が景気変動に左右されないことを意味するが，シャウプ勧告でも，同様な意味で安定的という表現が用いられていると考えられる[31]。そうすると，表2-3の分析から明らかなように，1970年代以降においては，不動産取得税の方が固定資産税よりも税収の所得弾性値が小さいから，「税収の伸張性」の面では劣るが，「安定性」での面では優れていると言えよう。

表2-10 不動産取得税の課税状況（1949年度および2006年度）（単位：%）

	税率（本則）	地方税収に占める割合	対国民所得比
1949年度	20	5.3	0.40
2006年度	4	3.0	0.13

（出所）　地方財政委員会事務局［1952］，総務省自治税務局［2008a］より作成。

---

30) Shoup Mission［1949］, Vol. 2, pp. 207-208.
31) シャウプ勧告では，景気変動に応じて地方公共団体の歳入を調達する手段としては，地方税よりも地方財政平衡交付金の方が望ましいとしている。Shoup Mission［1949］, vol. 3, APPENDIX A, pp.A 11-A 12参照。

以上から明らかなように，シャウプ勧告の指摘を検討すると，まず不動産取引に対する影響に関して言えば，確かに阻害効果の存在は推定されるが，その大きさは今日ではそれほどでもなく，また，不動産取得税は固定資産税よりも税収の安定性の面で劣るという四番目の指摘に関してもあてはまらない，と考えられる。さらに，実際問題として，これまでコンスタントに道府県税収の3〜5％の財源を提供してきた不動産取得税を廃止するとなると，その代替財源をどこに求めるかが問題となろう。過去の経緯を見ても[32]，シャウプ勧告に従い一旦廃止された不動産取得税が昭和29年度に再び導入された背景には，当時税率が1.6％あり，住民の負担感の強かった固定資産税を軽減することに伴う減収分の補填財源としての性格を有していたが，同時に，地方独立財源の強化という側面も持ち合わせていたことを忘れてはならない。

結局，これまでの分析から言えることは，今日，不動産取得税を再び廃止することにはあまり意義がなく，また困難であるということである。したがって，不動産取引に係る有償譲渡課税のあり方としては，印紙税を廃止して，登録免許税および不動産取得税を存続させることが望ましいと考えられる。ただし，登録免許税と不動産取得税に関しては，税制の国際性の観点から，負担の重さに配慮する必要があるだろう。

4．改革私案

さて，最後に最も厄介な課題が残されている。それは，前述の(1)から(4)の政策のうち，結局どれが望ましいのかという問題である。著者は，(4)の方法が望ましいと考える。具体的には，登録免許税および不動産取得税を存続させて，不動産売買に係る印紙税および建物譲渡に係る地方消費税を免税することが望ましいと考える。その理由を整理すると，以下のようになる。

第一に，不動産取引に関する印紙税を廃止すべきだとする理由は，前述のように，課税根拠が不明瞭だからである。2005年度に全印紙税収入が国税収入に占める割合は2.2％であるから，不動産譲渡に係る分を免税としても国家財政

---

32) 以下は，丸山 [1985]，第3部 第15章を参照。

に大きな影響を与えない。

　第二に，登録免許税と不動産取得税に関しては，両者とも課税根拠を見出せるから存続させる[33]。ただし，納税者の負担水準に配慮して，現在の特例措置を継続することが望ましいだろう。

　ところで，本章の最初に述べたように，不動産登記に係る登録免許税については手数料へ変更すべきとの提言がある。政府の提供する登記制度により「第三者に対する対抗力」という便益が特定の個人に発生する点に注目すれば，その便益に対する反対給付としての登録免許税は，手数料的な性格を有すると言える。しかし，登記制度により発生する受益の程度は，もしそれを登記制度がない場合に不動産購入者が被る損失で計算できると考えると，すべての登記者にとって一律ではないと考えられる。したがって，「物件価値の多寡によらず，一律の手数料を徴することが適当である」[34]とは必ずしも言えないだろう。

　第三に，印紙税とともに不動産譲渡に係る消費税の免税も同時に行うと，国家財政への影響を無視できない。さらに，地方交付税額へ影響が及び，地方財政への財源補塡問題が新たに発生する。現在，地方交付税の総額は，国税3税（所得税，法人税，酒税）の32％およびたばこ税の25％に加えて，消費税収入額の29.5％によって決定されているからである。もっとも，消費税および地方消費税と不動産取得税を同時に課税すると，不動産取得税の課税根拠を能力説の観点からとらえるならば，前述のように，理論的には二重課税が発生する。このことは，国税としての消費税と地方税としての不動産取得税との間で，また，地方消費税と不動産取得税との間においても生ずる現象である。

　しかしながら，まず不動産譲渡に係る消費税と不動産取得税に関しては，ど

33）著者は，篠原［1999 b］（第3章）において，登録免許税の廃止も提言した。これは，1994年度の段階で，わが国の不動産流通課税の負担が，当時，不動産流通課税の負担の高さが問題とされていたフランスに近い水準となっていたことから（フランスにおける不動産流通課税の議論は，篠原［1999 b］，第1章参照），負担水準を引き下げるために考えたものであった。しかし，課税根拠が説明可能なものを免税にするというのは，無理があったと思う。

34）（社）住宅生産団体連合会［1999］，8頁。

ちらの税を廃止しても財政（国家財政および地方財政）への影響が小さくないと考えられる。もっとも，今後，消費税の税率が著しく引き上げられ，不動産譲渡に係る税率の軽減が行われない場合には，不動産取得税との間で何らかの調整を行うことが求められよう。

地方消費税と不動産取得税の調整に関しては，不動産取得税を存続させるならば，建物譲渡に係る地方消費税を非課税とすることが望ましいだろう。

おわりに

本章で得られた結論を要約すると，以下のようになる。

（1）わが国における不動産流通課税の中には，印紙税，登録免許税，不動産取得税，特別土地保有税（取得分）が含まれるが，中心となっているのは登録免許税と不動産取得税である。不動産流通課税の租税収入総額に占める割合は，戦後ゆるやかな上昇傾向にあり，2005年度には約1％となっている。

（2）登録免許税および不動産取得税についてその地域別負担構造を見ると，2005年度において，全体の約8割が三大都市圏の負担となっている。負担のばらつき度は，1980年代以降上昇傾向が見られたが，1990年代後半以降は，減少傾向にある。登録免許税と不動産取得税を比較すると，前者よりも後者の方が地域的偏在度は小さい。

（3）不動産流通課税（登録免許税および不動産取得税）の対GDP弾性値は固定資産税の値を下回り，税収の伸張性の面では劣るが，安定性の面では優れていると考えられる。

（4）不動産流通課税の課税根拠に関しては，わが国ではもっぱら能力説の立場から説明が行われている。しかし，これには次のような問題点がある。

①不動産取得の行為それ自体は貯蓄性資金の保有形態を変えるだけで，そこに新たな担税力を見出すことは困難である。しかし，そもそもわが国においては，現在，貯蓄性資金に対する経常純資産税が存在しない。したがって，不動産取引そのものに課税する不動産取得税を経常純資産税の代替税と

して位置づけることは可能である。また，「地域社会の入会金」という意味で，利益説の立場からも説明可能である。

　②登録免許税は，能力説よりも利益説の観点から説明されうる。

　③印紙税は，能力説の観点からも利益説の観点からも説明が困難であり，課税根拠が不明瞭である。

（5）現行の不動産取引に係る税制では，消費税・地方消費税と不動産流通課税との間で二重課税が発生している。また，政府が主張するように不動産流通課税の課税根拠を能力説に求めると，不動産流通課税の内部でも二重課税が生じていることになる。このような二重課税の存在は，買い手に対して過重な負担を課すことになる。したがって，その負担を軽減するための措置が必要である。

（6）不動産流通課税と不動産取引との間には負の相関関係が認められる。すなわち，不動産流通課税は不動産取引を阻害すると考えられる。ただし，不動産取引へ影響を与える要因としては，不動産流通課税の存在よりも，住宅ローン金利や地価の動向の方が重要である。

（7）主要先進諸国との比較で見ると，わが国の不動産取引に係る税制は，その制度が複雑で負担も重くなっている。したがって，国内取引を阻害するのみならず，長期的には，国際的視点からも不動産取引を阻害する可能性が高い。

（8）以上の分析から，わが国における不動産流通課税を見直す必要があるのは明らかであるが，その際，消費税の存在が大きな意味を持つと考えられる。不動産流通課税と消費税との調整方法としては，結局，不動産譲渡に係る印紙税および地方消費税を免税にして，登録免許税および不動産取得税は特例措置により負担を軽減することが望ましい。

第3章　EU型付加価値税と居住用不動産

はじめに

　わが国の消費税は，欧州の付加価値税をモデルとして1989年に導入された。消費税の税率は，1997年4月以降5％（国消費税4％，地方消費税1％）であるが，地方交付税分を調整して税収の使途の構成を見ると，国56.4％，地方43.6％となっている。国の消費税は，1999年度以降「福祉目的化」が実現されており，2008年度予算においては，基礎年金，老人医療，介護の財源に充てられている[1]。

　このように，消費税の税収は，現在，国の福祉財源や地方財源に充てられているが，財政赤字削減，年金改革，地方財源の拡充などの視点から，消費税率の引き上げが議論されつつある。

　消費税は転嫁が予定されているため，納税義務者は事業者であるが，担税者は消費者である。消費者は，財・サービスを購入したとき，購入代金とあわせて消費税を支払うことになっている。消費税の課税ベースは価格となっているため，購入代金が大きくなると必然的に消費税額も増える。この点で注目されるのが居住用不動産の購入である。現在，わが国では土地は非課税で建物にのみ課税されているとはいえ，消費税率が引き上げられると，住宅購入者にとっては大きな負担増となることは確実である。

　ところで，住宅に対する消費税のあり方を検討したわが国における既存研究としては，水野［1989］（147-153頁），知念［1995］（41-42頁），岩田［1996］，多田［1996］，篠原［1999b］（第4章），大柿［2006］，篠原（二）［2006］，篠原

1）以上，財務省ホームページ（http://www.mof.go.jp/jouhou/syuzei/siryou/121.htm）参照。

［2007］などがある。

　岩田［1996］，知念［1995］，多田［1996］，大柿［2006］では，住宅に対する消費税の論点が簡潔に紹介されている。岩田［1996］は，①一定水準以下の住宅サービスに対しては消費税を免税とすること，②中古住宅にも課税し，取得時の消費税の一部を売却時の消費税から控除すること，を提言している。多田［1996］は，住宅に対する消費税を非課税にすべきとする議論を検討し，住宅を保有しない人とのバランスを考えれば課税が，持家取得を促進する観点からは非課税が，それぞれ望ましいと主張している。大柿［2006］は，今後消費税率が引き上げられる場合に予測される議論の選択肢について検討している。対応策として，①住宅の建築・譲渡を非課税，もしくは現行制度のまま税率を据え置くこと，②住宅ローン減税拡充により消費税増税分を相殺すること，③不動産取得税を軽減すること，の3点を挙げている。

　以上に対して，水野［1989］，篠原［1999 b］，篠原（二）［2006］，篠原［2007］では，海外における付加価値税の議論が重点的に取り上げられている。中でも水野［1989］は，主要先進国における付加価値税の議論をベースに，わが国における住宅に対する消費税のあり方を理論的に検討した先駆的研究である。篠原［1999 b］（第4章）および篠原［2007］は，同様のアプローチから，居住用不動産に対する消費税のあり方を検討したものである。水野［1989］との違いは，水野［1989］がもっぱら住宅の譲渡と賃貸を検討対象としているのに対し，篠原［1999 b］（第4章）および篠原［2007］では，土地の譲渡および工事（新築工事，改修・修繕工事）も検討対象に加え，より包括的に論じた点にある。

　本章では，EU型付加価値税における最近の動向および議論を踏まえて，篠原［2007］を加筆修正した。その構成は，次のとおりである。第一に，EU諸国における付加価値税の基本的特徴と課税の仕組みについて概要を説明する（Ⅰ節）。第二に，EC第6次指令およびEU 2006年指令において，不動産に対する課税に関してどのように規定されているかを見る（Ⅱ節）。第三に，EU主要国における，居住用不動産に対する付加価値税の現状および問題点を概観する（Ⅱ節）。第四に，EU型付加価値税を巡る諸議論に基づき，居住用不動

産に対する付加価値税の論点を整理するとともに（Ⅲ節），わが国における居住用不動産に対する消費税のあり方を考察する（おわりに）。

Ⅰ．EU 主要国における付加価値税

1．基本的特徴と課税の仕組み

EU 型付加価値税は，下記のような性格を有する。
・間接税タイプの消費課税
　転嫁（税の負担が納税義務者から他の者へ移転される現象）の予定されている，間接税タイプの消費課税である。
・一般消費税
　原則として，あらゆる財・サービスの消費に対して課税される。
・多段階税
　製造・卸売・小売のあらゆる取引段階で課税される。
・消費型付加価値税
　仕入時に資本財の即時全額控除が認められるため，課税ベースには消費のみが含まれる。
・前段階税額控除方式
　売上げに係る税額から仕入れに係る税額を控除することにより，納税額が計算される。税額控除は，仕入れ先から送付された書類（インボイス）に基づき行われる。前段階税額控除方式の採用により，税の累積が避けられる。
　EU 型付加価値税の仕組みを具体的な数値例により示すと，表3-1のようになる。ただし，税率は5％と仮定する。以下のポイントは，①免税とゼロ税率とでは，両者の効果は異なること，②免税とゼロ税率のそれぞれに関しても，どの段階で適用されるかにより効果が異なること，の2点である。
　ケース1は，基本パターンである。仕入れに係る税額が控除されるため，消費者の負担する税額は50となる。この税額50は，各段階での付加価値の合計額

表3-1　EU型付加価値税の仕組み（税率5％と仮定）

\multicolumn{4}{c}{ケース1：付加価値税（前段階税額控除方式）}
流通段階	仕入	売上	納税額
A	−	525	500×5％− 0 =25
B	525	735	700×5％−500×5％=10（=200×5％）
C	735	1,050	1,000×5％−700×5％=15（=300×5％）
消費者	−	−	50（=（500+200+300）×5％）

\multicolumn{4}{c}{ケース2：付加価値税（Bが免税の場合）}
流通段階	仕入	売上	納税額
A	−	525	500×5％− 0 =25
B	525	725	0
C	725	1,075	1,000×5％− 0 =50
消費者	−	−	75（=25+0+50）

\multicolumn{4}{c}{ケース3：付加価値税（Cが免税の場合）}
流通段階	仕入	売上	納税額
A	−	525	500×5％− 0 =25
B	525	735	700×5％−500×5％=10（=200×5％）
C	735	1,035	0
消費者	−	−	35（=25+10）

\multicolumn{4}{c}{ケース4：付加価値税（Bにゼロ税率が適用される場合）}
流通段階	仕入	売上	納税額
A	−	525	500×5％− 0 =25
B	525	700	700×0％−25 =−25
C	700	1,050	1,000×5％−700×0％=50
消費者	−	−	50（=25−25+50）

\multicolumn{4}{c}{ケース5：付加価値税（Cにゼロ税率が適用される場合）}
流通段階	仕入	売上	納税額
A	−	525	500×5％− 0 =25
B	525	735	700×5％−500×5％=10（=200×5％）
C	735	1,000	1,000×0％−700×5％=−35
消費者	−	−	0（=25+10−35）

（出所）著者作成。

1,000（＝500＋200＋300）に税率 5 ％をかけた額に等しい。

　ケース 2 では，中間業者（B）が免税となる。この場合，B は売上に対して課税されないが，仕入れに係る税額控除が認められない。結果，税収の取り戻し効果が働き，消費者の負担は，免税措置が適用されない場合と比較して大きくなる（75＞50）。すなわち，免税業者 B は仕入れに係る税額を控除できないため，課税事業者 C の納税額（50）は，B が課税業者である場合（15）と比較して増加することになる。したがって，C は B との取引を排除しようとするだろう。

　ケース 3 では，小売段階（C）が免税となる。このケースでは，免税措置が適用されない場合（ケース 1 ）と比較して税額は小さくなる（35＜50）。

　ケース 4 は，中間業者（B）にゼロ税率が適用される。ゼロ税率は，売上に係る税額はゼロ（売上高×0％）であるが，免税の場合と異なり，仕入れに係る税額を控除できるシステムである。この場合，小売段階で税収の取り戻し効果が生じ，消費者の負担する税額は，ゼロ税率が適用されない場合（ケース 1 ）と同額の50になる。

　ケース 5 においては，小売段階（C）でゼロ税率が適用される。そうすると，仕入れ税額控除により，それ以前の段階の税額が相殺され，税額はゼロとなる。

2．税率構造

　EU 諸国の付加価値税に関しては，1977年の EC 第 6 次指令（European Commission［1977］）において最初にガイドラインが示された。EC 第 6 次指令はその後幾度となく改訂され，それを反映した新たな指令が2006年（EU 2006年指令：European Union［2006］）に公表された。

　EU 諸国の付加価値税の税率は，標準税率（standard rate）と軽減税率（reduced rate）とに大別できるが，軽減税率には一般的な軽減税率のほかに，超軽減税率（super reduced rate）と特別軽減税率（parking rate），ゼロ税率（zero rate）とがある（表 3-2 ）。EC 第 6 次指令では，標準税率（第12条 3 項），軽減税率（第12条 4 項），ゼロ税率（第28条 2 項）に加えて割増税率（increased rate）

表3-2　EU主要国における付加価値税率　　　　　　　　（％）

	導入年度	標準税率	超軽減税率	軽減税率	特別軽減税率	ゼロ税率
ベルギー	1971	21	−	6	12	○
デンマーク	1967	25	−	−	−	○
ドイツ	1968	19	−	7	−	−
スペイン	1986	16	4	7	−	−
フランス	1968	19.6	2.1	5.5	−	−
アイルランド	1972	21	4.4	13.5	13.5	○
イタリア	1973	20	4	10	−	○
オランダ	1969	19	−	6	−	−
オーストリア	1973	20	−	10	12	−
フィンランド	1994	22	−	8/17	−	○
スウェーデン	1969	25	−	6/12	−	○
イギリス	1973	17.5	−	5	−	○

（出所）　European Commission［2007］.

の適用も認められていたが（第12条4項），EU 2006年指令には存在しない。

　標準税率は，付加価値税のベースとなる税率で，EU指令により15％以上とされている（2006年指令第97条1項）。これに対して，軽減税率は主に生活必需品（食料品，医薬品，書籍，新聞，電気・ガス，旅客輸送など）に適用されるもので，EU指令に対象リストが示されている（2006年指令AnnexⅢ）。また，軽減税率の水準は5％を下回らないこととされているが（2006年指令第99条），特別規定として，超軽減税率およびゼロ税率（2006年指令第110条），特別軽減税率（2006年指令第118条）が存在する。

　超軽減税率は，現在，スペイン，フランス，アイルランド，イタリアなどで採用されている。例えばフランスでは，医薬品と新聞・書籍に適用されている。

　ゼロ税率が積極的に活用されているイギリスでは[2]，主に生活必需品がゼロ税率の対象となっている。

　特別軽減税率は，上記のEU指令における軽減税率の対象リストに掲載さ

れていない財・サービスに対して軽減税率が適用されるもので，12%が最低水準とされている。現在，ベルギー，アイルランド，オーストリアなどで採用されている。その対象には，ワイン（オーストリア），特定のエネルギー製品・特殊なタイヤおよびチューブ（以上ベルギー），住宅の建築および供給・芸術作品・写真・自動車学校・特定の旅行サービス（以上アイルランド）などである。

II．EU 主要国における付加価値税と居住用不動産

1．EC 第 6 次指令および EU 2006年指令

EC 第 6 次指令および EU 2006年指令においても，不動産の扱いに関する基本的内容はほとんど変化していない。具体的には，下記に示すとおりである。ただし，カッコ内の左側は EC 第 6 次指令，右側は EU 2006年指令をそれぞれ示している。

- 新築建物およびそれの建っている土地の譲渡および建設工事は課税，中古建物の譲渡は非課税（第 4 条 3 項：第12条 1 項）。
- 社会政策の観点から，住宅の供給，建設，改築・修繕工事（renovation and alteration）に関しては，軽減税率を適用できる（2006年指令第98条および Annex III）。
- 民間住宅の改築・修繕工事（renovation and repairing）に関しては，軽減税率を適用できる。ただし，改築・修繕工事に必要な資材の購入は，軽減税率の適用対象とならない（以上，2006年指令第106条および Annex IV (2)）。
- 建築用地の供給は課税（第 4 条 3 項：第12条 1 項）。

---

2) 2000年における付加価値税の課税ベースに占めるゼロ税率の割合を見ると，イギリス（約19%），アイルランド（約12%），スウェーデン（約 2 %），フィンランド（約1.5%）ベルギー（約0.6%）となっている。以上，European Commission [2004], pp. 12-13参照。

- 賃貸は原則非課税（第13条B：第135条1項）。ただし，宿泊施設（ホテル，キャンプ場），駐車場の土地・建物，常設の機械設備，貸金庫等の賃貸は課税（第13条B：第135条2項）。
- 新築建物およびそれの建っている土地の供給，建築用地の供給を行う者に関しては，その活動が一時的なものであっても，納税者とすることができる（第4条3項：第12条1項）。
- 非課税の場合，加盟国は，納税義務者に課税事業者となる選択権を与えることができる（第13条C：第137条1項）。

2．課税の現状

EU主要国における居住用不動産に対する付加価値税の現状は，表3-3に示されるとおりである。国によりばらつきがあるが，傾向として以下の事柄が指摘できよう。

(1) 住宅の新築工事，改築・修繕工事

住宅の新築工事および改築・修繕工事はいずれも課税対象とされているが，一部で軽減税率が適用さている。課税のパターンとして，①新築工事，改築・修繕工事の両方に標準税率を適用（デンマーク，ドイツ，オーストリア，フィンランド，スウェーデン），②新築工事，改築・修繕工事の両方に軽減税率を適用（スペイン，アイルランド），③改築・修繕工事のみに軽減税率を適用（ベルギー，フランス，オランダ），④新築工事に対して相対的に低い軽減税率を適用（イギリス）の四つに分類できる。

以上のうち，住宅の改築・修繕工事に対して軽減税率が適用されているのは，1999年のEU指令（Directive 1999/85/EC）により，雇用促進および経済活性化を目的として，労働集約的サービスに対する軽減税率の適用が認められ，その中に住宅の改築・修繕工事も含まれるからである。当初，その適用期間は3年間とされていたが，現在では2010年まで延長されている。

表3-3　EU主要国における居住用不動産に対する付加価値税の概要 （単位：％）

	民間住宅						社会住宅 (social housing)
	住宅の新築工事	新築住宅の譲渡	中古住宅の譲渡	改築・修繕工事	建築用地の譲渡	賃貸	
ベルギー	21	21	非課税	6[1] (軽減)	非課税	非課税	6 (軽減)
デンマーク	25	非課税	非課税	25	非課税	非課税	25
ドイツ	19	非課税	非課税	19	非課税	非課税	19
スペイン	7 (軽減)	7 (軽減)	非課税	7[2] (軽減)	16	非課税	4 (超軽減)
フランス	19.6	19.6	非課税	5.5[3] (軽減)	非課税[4]	非課税	5.5 (軽減)
アイルランド	13.5 (特別軽減)	13.5 (特別軽減)	13.5 (特別軽減)	13.5 (特別軽減)	非課税	非課税 (10年以上は課税)	13.5 (軽減)
オランダ	19	19	非課税	6[5] (軽減)	19	非課税	19
オーストリア	20	非課税	非課税	20	非課税	非課税	20
フィンランド	22	非課税	非課税	22	非課税	非課税	22
スウェーデン	25	非課税	非課税	25	非課税	非課税	25
イギリス	0 (ゼロ税率)	0 (ゼロ税率)	非課税	17.5	非課税	非課税	17.5
EC第6次指令 EU 2006年指令	課税	課税	非課税	課税	課税	非課税	課税 (軽減税率の適用可)
日本	5	5	5 (個人間売買は非課税)	5	非課税	非課税	5

(注)　1) 完成後5年以上が経過したものに限る。
　　　2) 煉瓦積み作業に適用。
　　　3) 完成後2年以上が経過したものに限る。
　　　4) 個人が、居住用不動産の建設のために土地を購入する場合に限る。
　　　5) 完成後15年以上経過したものの塗装・左官工事に適用。
(出所)　European Commission [1996] および European Commission [2007]。

(2) 住宅の譲渡

課税パターンを分類すると，①新築および中古のいずれも非課税（デンマーク，ドイツ，オーストリア，フィンランド，スウェーデン），②中古のみ非課税（ベルギー，スペイン，フランス，オランダ，イギリス），③新築・中古ともに課税（アイルランド）となっている。

(3) 建築用地の譲渡

建築用地の譲渡は，一部の諸国（スペイン，オランダ）を除き非課税である。ただしフランスの場合は，個人が住宅建設のために土地を購入する場合には非課税とされる。

(4) 賃貸

賃貸に関しては，非課税が一般的である。アイルランドでは，賃貸期間が10年以上の場合には課税されるが，これは賃貸期間が10年以上になると所有権が発生したとみなされ，譲渡の場合と同様に扱われるからである[3]。

(5) 社会住宅

低所得者向けの社会住宅は課税対象とされるが，2006年指令では，EU加盟国は社会住宅の供給，建設，改築・修繕に関して，社会政策的観点から軽減税率を適用することを認めている（第98条およびANNEX Ⅲ(10)）。これにより，実際，ベルギー，スペイン，フランス，アイルランドなどでは，軽減税率が採用されている。

3．課税の問題点

(1) 賃貸

EC第6次指令およびEU 2006年指令では，商工業用不動産の賃貸は課税対

---

3) European Commission [1996]．p.85.

象とされるが，居住用不動産に関しては非課税としている。現実のEU主要国の制度においても，居住用不動産の賃貸はほとんどのケースにおいて非課税とされている（表3-3）。賃貸が非課税の理由として，次のような事柄が挙げられる。

　第一に，賃借人の経済的事情（賃借人は所有者よりも担税力が小さいこと）を配慮すると同時に，付加価値税の逆進性を緩和する必要がある。

　第二に，賃貸料への課税は賃貸人による申告をベースとするが，特に個人の賃貸人の事務負担が大きく，申告漏れが頻繁に発生する可能性がある。

　第三に，仮に賃貸料を課税対象にしたとしても，個人の賃貸人に関しては，課税売上高が免税点以下となる可能性が高い。

　ただし，賃貸を非課税にすると，賃貸人と取引する事業者は，賃貸人が価格に含めた賃貸サービスを提供するために必要な生産要素の購入に係る税額を控除できない。したがって，免税業者である賃貸人は取引から排除される可能性がある。このことは，表3-1のケース2において説明可能である。このような事態を避けるため，EC第6次指令およびEU 2006年指令では，前述のように，賃貸人が課税事業者になる選択を認めている。

(2) 新築工事および改築・修繕工事

　EC第6次指令およびEU 2006年指令では，住宅の新築工事および改築・修繕工事は課税対象とされている。ただし，EU 2006年指令では，労働集約的な改築・修繕工事に対して，軽減税率適用による差別課税が認められている。現実のEU主要国の制度においても，表3-3で示されるように，住宅の新築工事および改築・修繕工事は課税されているが，改築・修繕工事に関しては軽減税率が適用されている国もある。

　このように，新築工事および改築・修繕工事に課税することの問題点としては，建設業者（元請業者）の下には，数次に及び多数の下請業者が存在すると考えられ，税務行政コストの増加をもたらす可能性が高いことが挙げられる。また，下請け業者数が多いと，それだけ住宅価格が上昇することになる。加えて，税負担を回避するために，消費者には，自分自身で住宅を建設する自己建

築（do-it yourself construction）の誘因が働くと考えられる[4]。

　さらに，新築工事と改築・修繕工事に対する差別課税は，課税に際して新築工事と改築・修繕工事の線引きを必要とする。また，改築・修繕工事においては，標準税率の適用される建築資材と軽減税率の適用される労働とを区別する必要が生ずる。これらは，課税事業者および税務当局の事務負担を増やすと考えられる[5]。

（3）土地の譲渡

　前述のように，土地の譲渡に関しては，ECの第6次指令およびEU 2006年指令において，以下の2点の記述がある。第一に，新築建物の建っている土地の譲渡は課税される。第二に，建築用地（building land）の譲渡は課税対象となる。ここで，建築用地とは，各加盟国により定義される未造成地（unimproved land）もしくは造成地（improved land）を意味する。

　前者の規定は，居住用不動産の場合を考えると，住宅サービスは土地と住宅が一体となって提供される，と考えられているのであろう。後者に関しては，建築用地を非課税にすると，土地を購入して住宅を新たに建設する者を，土地付き住宅を購入する者と比較して相対的に優遇することになる。したがって，建築用地の譲渡は課税対象にされていると考えられる。

　現実には，多くのEU諸国で建築用地の譲渡は非課税とされている。表3－3で示されるように，スペインおよびオランダにおいては標準税率による課税が実施されており，また，フランスでは一部のケースを除き課税となっている。しかし，それ以外の諸国では非課税である。

　この理由としては，まず，EU主要国では土地と建物が一体のものとして評価が行われることが一般的なため，土地のみの評価は税務行政コストを増やすことがあると考えられる[6]。また，賃貸が非課税なため，建築用地の購入と賃

4）もっとも，この場合においても，自己建築のために必要な資材の仕入れに係る税額は自己負担となる。
5）以上は，Tait［1988］，p.83およびCnossen［1996］，p.239参照。
6）この点に関しては，例えばCommission on Taxation［1984］，pp.79-80参照。

借との間における消費者選択の中立性を阻害しないこと，すなわち，「土地所有権付き住宅（土地を購入して住宅を建てるケース，もしくは土地付き住宅を購入するケース）」と「借地権付き住宅」との間の選択に干渉しないことも考えられる。ただし，ベルギーやアイルランドのように，建築用地の譲渡が非課税される一方で新築住宅の譲渡が課税されると，土地を購入して住宅を建設する者が，土地付き住宅を購入する者よりも相対的に優遇されることになる。

（4）住宅の譲渡

　EC 第 6 次指令および EU 2006 年指令では，新築住宅の譲渡は課税対象とされるが，中古住宅は非課税である。その理由は，両指令に，「『最初の占有（first occupation）』が行われる以前の建物もしくはその一部，建物の建っている土地の供給を行う者を納税義務者にする」（第 4 条 3 項：第 12 条 2 項）という規定があるからである。

　これは，新築の概念を「最初の占有」が実施されるまでのものとする規定である。ただし，加盟国はこれに対して独自の規定を設けることが認められている。すなわち，建物の工事完成後から最初の供給までの期間が 5 年以内，および最初の供給から 2 回目の供給までの期間が 2 年以内であれば，それぞれ新築とみなすことが認められている（第 4 条 3 項：第 12 条 2 項）。前者の規定はフランスで，後者はベルギーで実際に採用されている[7]。

　上記の納税義務者に関する指令の規定は，住宅サービスの消費に対して 1 回限りの課税を行うということを意味している。1 回限りの課税を行う根拠は，新築での購入者は将来サービスの割引現在価値としてとらえられる購入価格に対して課税されており，中古住宅に対する課税は，すでに課税されている部分に対する二重課税になると考えられるからである。このような理由から，EU 主要国においても，一部を除き中古住宅の譲渡は非課税とされている（表 3－3）。ただし，中古住宅に改良が加えられて販売される場合には，新築とみなされ課税されることもある（ex. フランス，オランダ）[8]。

---

7) Féna-Lagueny, et al ［2005］, p. 391, Amand, et al ［2005］, p. 326参照。
8) Amand, et al ［2005］, p. 326.

しかし，このように中古住宅を非課税にすると，以下のような問題が生ずる。

第一に，中古住宅の購入者も新築住宅の購入者と同様に住宅サービスを消費するが，非課税にすると，中古住宅の購入者と新築住宅の購入者との間で水平的不公平が生ずる。

第二に，新築住宅に付加価値税が課税されると，新築住宅の価格が税額分上昇し，非課税の中古住宅に対する需要が増大する。その結果，中古住宅の価格も上昇し，付加価値税導入前に中古住宅を所有しており導入後にそれを売却する者は，偶発的利益を受ける可能性がある。

(5) 不動産流通課税との関係

不動産取引に対する税としては，EU主要国のほとんどで，付加価値税に加えて不動産流通課税が存在する。本書第1章で明らかにしたように，付加価値税が賦課される場合，多くのケースにおいて不動産流通課税は非課税とされている。これは，付加価値税も不動産流通課税も，不動産取引の背後にある担税力に着目して課税される応能税としてとらえられており，二重課税を避けるための措置であると考えられる。

III. 居住用不動産に対する付加価値税の論点

1. 付加価値税の性格

居住用不動産に対する付加価値税のあり方を検討する際には，まず付加価値税の性格を確認する必要がある。

第一に，付加価値税では，消費サービスを提供するあらゆる経済活動が課税対象となる。したがって，居住用不動産の新築工事および改築・修繕工事，譲渡，賃貸が消費サービスを提供すれば，すべて課税対象とされるべきである。問題となるのは，市場を通さない消費活動（自己建築）の扱いである。自己建

築への課税は困難なので，課税の中立性が阻害されることになる。

第二に，付加価値税は，サービスの消費に対する「フロー課税」であるが，住宅に関しては，フローとしてのサービスを捕捉することが困難である。したがって，セカンドベストとして，住宅のもたらす将来サービス（帰属消費）の割引現在価値が，理論的に購入価格に等しくなる点に注目し，購入価格に対するストック課税で代替せざるを得ない。これは，アンドリュース（Andrews [1974]）が提唱した前納勘定方式に他ならない（本書第7章参照）。

住宅消費サービスが帰属家賃により捕捉されると仮定するならば，前納勘定方式の下では，帰属家賃が間接的に課税されることになる。ただし，住宅サービスに対するフロー課税と前納勘定方式が等価になるためには，税率および住宅の資産価値が生涯にわたり不変であるという条件が必要である[9]。また，前納勘定方式には，消費サービスと負担とのアンバランス（耐久期間の途中で住宅を売却した場合における「税の過剰納付」）が生ずる。さらに，免税事業者の供給する住宅を購入する場合は，帰属家賃は非課税となる。日本の消費税では，個人から中古住宅を購入する場合は非課税であり，同様の現象が発生する。

以上より，付加価値税で帰属家賃を適切に課税することは困難であると考えられる。加えて，前納方式では，付加価値税導入以前に住宅を購入した者に，付加価値税分の価格上昇を通して過渡的に偶発的利益が発生する。さらに，住宅取得コストの上昇により，住宅建設が抑制される可能性も考えられる。

2．居住用不動産の譲渡・工事と消費

居住用不動産の賃貸は，賃借人に対して住宅サービスの消費を提供するが，譲渡，新築工事および改築・修繕工事に関しては，必ずしもそうとは言い切れない。

居住用不動産の購入においては，一部を事務所として利用するような場合は，居住用（消費）と事業用（投資）との区分が可能である。しかし，居住が主たる目的であったとしても，すべての購入者において売却の可能性がゼロであ

---

9) 宮島 [1986]，38-39頁。

るとは断言できないから,投資的要素の存在を否定することは困難である。新築工事および改築・修繕工事に関しても,譲渡の場合と同様に考えられる。

したがって,居住用不動産の譲渡,新築工事および改築・修繕工事のケースにおいて,譲渡価格および工事価格の全体を課税ベースとして付加価値税を課税すると,過剰課税となる可能性が高い。

3. 持ち家と賃貸の水平的公平

持ち家(持ち家所有者)と賃貸(賃借人)との間の水平的公平の確保も重要な視点である。持ち家と賃貸の提供する住宅サービスに対する課税は,賃貸の場合,家賃に付加価値税を賦課し,同時に,賃貸人に対して賃貸サービスを提供するのに必要な生産要素の購入に係る付加価値税額の控除を認めることで実現される。これに対して,持ち家の場合は,住宅消費サービスに対するフロー課税は困難であるから,その代替として,購入時に住宅価格に対するストック課税を行えばよい。耐久期間の途中で住宅を売却した場合に発生する「税の過剰納付」に対しては,住宅の耐久期間に応じて,新築住宅の購入者が購入時に支払った税額の一部を売却時に還付することで対処できる。

以上から,理論的には,付加価値税の課税において,持ち家と賃貸の間の水平的公平を確保することは可能である。ただし,現実には,家賃への課税に関して,賃借人の担税力および徴税コストに対する配慮が働いている。わが国の消費税法では,前者の視点から家賃は非課税とされている[10]。そこで,賃借人の担税力の担税力は持ち家所有者の場合よりも低い,という指摘が事実であるかを確かめよう。総務省の『家計調査』によると,2006年において勤労者世帯における持ち家所有者の平均年収は768万円,うち住宅ローン返済世帯は792万円となっているのに対し,借家の場合は,民営借家が553万円,公営借家が468万円となっている[11]。このデータを見る限り,確かに持ち家所有者よりも賃借

---

10) 岩下[2006],126頁。
11) 総務省統計局統計データ・ポータルサイト(http://portal.stat.go.jp/Guid/kakei/sav/familyqq0060806.html)参照。同様の傾向は,国土交通省の『住宅市場動向調査(2005年度)』(http://www.mlit.go.gp/kisha06/070619_html)においても明らかにされている。

人の方が担税力は弱いと推測される。

　持ち家所有者と賃借人の間の水平的公平を達成するには，持ち家と賃貸を一律に課税するか，もしくは両者を非課税とするしかない。前者に関しては，賃借人の担税力を考慮して，住宅の譲渡および賃貸のいずれの取引に対してもゼロ税率を適用することも考えられる。しかし，ゼロ税率での課税もしく非課税は，住宅投資を他の種類の投資よりも相対的に優遇することにより，投資の中立性を歪めるとともに，大きな税収の損失をもたらすと予想される[12]。したがって，現実的な妥協案として，住宅譲渡への課税，賃貸非課税の方法は適切であると考えられる。

4．土地の扱い

　EC第6次指令およびEU 2006年指令に見られるように，土地と建物は一体となり住宅サービスを提供していると考えられる。したがって，その意味では居住用土地の譲渡を非課税とすることには問題があると言えよう。

　他方，土地譲渡はストックである土地の移転に過ぎず，フロー課税である付加価値税の対象とはならない，との指摘もある[13]。わが国の消費税法においても，土地の譲渡は非課税である。

　この理由としては，土地譲渡は消費サービスの供給とはみなされないことがあるが，実際には，購入者の負担軽減や，消費税における課税の中立性[14]を重視した措置であるとも言える。すなわち，わが国では居住用不動産の価格に占める土地の割合が高いと考えられるから，土地譲渡への課税による購入者の負担増大を回避する意図があるだろう。さらに，土地の賃貸が非課税なため，「土地所有権付き住宅」と「借地権付き住宅」の間の中立性を確保する意図がある。また，土地譲渡を非課税とすることにより，「土地を購入して住宅を建設する場合」と「土地付き住宅を購入する場合」の間の中立性も確保される。

---

12) McLure [1987], pp.130-131.
13) Tait [1988], p.80.
14) 山本 [1997], 124頁。

5．中古住宅の課税

　中古住宅への課税に対しては，すでに新築時に課税されている部分に対する二重課税になること，およびEU諸国では，一部を除き中古住宅の譲渡は非課税とされていることに注目し，わが国においても中古住宅に対しては非課税にすべきとの意見がある。

　中古住宅を非課税にすることの問題点として，前述のように，新築住宅購入者と中古住宅購入者間での水平的不公平，中古住宅を所有し売却する者の得る偶発的利益が挙げられる。これらに加えて，そもそも二重課税論にも問題がある。中古住宅に課税すると，同じ物件に対して複数回課税されることになる。しかしながら，売却時に売り手に対して過剰納付分が還付されるか[15]，もしくは，買い手に対して仕入価格に含まれる税額の控除が常に認められるならば，非課税にしなくとも二重課税は回避できる。

　そこで，この事柄を検討するために，中古住宅が取引されるケースとして，① 個人間で売買される，② 不動産仲介業者が取引の仲介をする（売り主は個人もしくは免税事業者），③ 不動産仲介業者が取引の仲介をする（売り主は課税事業者），④ 不動産仲介業者が個人もしくは免税事業者から購入して，それを売却する（個人もしくは免税事業者からの買い取り仲介），⑤ 不動産仲介業者が，課税事業者から購入し，それを売却する（課税事業者からの買い取り仲介），の5種類を考えてみよう。現行消費税法では，不動産仲介は役務の提供に分類され，課税対象とされる「資産の譲渡等」に含まれている。したがって，中古住宅の譲渡が課税・非課税のいずれの場合においても，仲介手数料は課税対象とされることになっている[16]。

　①の場合は，中古住宅を売却する個人は課税事業者ではない。したがって，二重課税は発生しない。また，③および⑤の場合も，中古住宅の売り手，仲

---

15) コンラッドは，非課税の売り手に対して，購入者が支払った税額分を還付することを提案している（Conrad [1990], p.98）。これは，売り手に対して過剰納付分を還付することである。
16) 岩下 [2006], 51頁。

表3-4　EU付加価値税と中古不動産（税率5％と仮定）

ケース1：個人間売買			
流通段階	仕入	売上	納税額
A（事業者）	−	525	25
B（個人）	525	325	0
最終消費者	325	−	25

ケース2：不動産仲介（売り主：個人もしくは免税事業者）			
流通段階	仕入	売上	納税額
A（事業者）	−	525	25
B（個人 or 免税事業者）	525	325	0
C（仲介業者）	325	445（＝425＋20）	単純仲介：(300×5％＋100×5％)＝20　買い取り仲介：400×5％−0＝20
最終消費者	445	−	45（＝25＋20）

ケース3：不動産仲介（売り主：課税事業者）			
流通段階	仕入	売上	納税額
A（事業者）	−	525	25
B（課税事業者）	525	315（＝325−10）	−10（＝300×5％−25）
C（仲介業者）	315	435（＝415＋20）	単純仲介：300×5％＋100×5％−(0)＝20　買い取り仲介：400×5％−(0)＝20
最終消費者	435	−	35（＝25−10＋20）

ケース4：買い取り仲介（中古住宅非課税）			
流通段階	仕入	売上	納税額
A（事業者）	−	525	25
B（個人 or 事業者）	525	325	0
C（仲介業者）	325	425	0
最終消費者	425	−	25

ケース5：単純仲介（売り主は個人もしくは免税事業者：中古住宅非課税）			
流通段階	仕入	売上	納税額
A（事業者）	−	525	25
B（個人 or 免税業者）	525	325	0
C（仲介業者）	325	430	5（＝0＋100×5％）
最終消費者	430	−	30（＝25＋5）

ケース6：不動産仲介（売り主は個人もしくは免税事業者：みなし税額控除）

流通段階	仕入	売上	納税額
A（事業者）	−	525	25
B（個人 or 免税事業者）	525	325	0
C（仲介業者）	325	430	単純仲介：(300×5％+100×5％)−(300×5％)=5 買い取り仲介：400×5％−(300×5％)=5
最終消費者	430	−	30（=25+0+5）

ケース7：単純仲介（売り主は課税事業者：中古住宅非課税）

流通段階	仕入	売上	納税額
A（事業者）	−	525	25
B（課税事業者）	525	325	0
C（仲介業者）	325	430	5（=0+100×5％）
最終消費者	430	−	30（=25+5）

ケース8：単純仲介および買い取り仲介（売り主は課税事業者：中古住宅非課税，Bが課税を選択する場合）

流通段階	仕入	売上	納税額
A（事業者）	−	525	25
B（課税事業者）	525	315	−10（=300×5％−25）
C（仲介業者）	315	420 415	単純仲介：5（=100×5％） 買い取り仲介：0
最終消費者	420 415	−	単純仲介：20（=25−10+5） 買い取り仲介：15（25−10+0）

（出所）著者作成。

介業者ともに納税義務者であるから，仕入れ税額控除が適用され，二重課税は生じない。以上に対して②および④の場合は，中古住宅を売却する個人もしくは免税事業者には課税されないが，免税業者は仕入れに係る税額を控除できない。したがって，二重課税が発生することになる。

　表3-4は，以上の事柄を具体的な数値例で見たものである。

　個人間売買（ケース1）においては，個人Bが事業者Aから新築住宅を購入し，それを最終消費者に売却するケースが想定されている。この場合，個人Bの譲渡は課税されないため，二重課税は発生しない。

ケース2は，個人もしくは免税事業者の保有する住宅を不動産仲介業者が仲介する場合である。

ここで，仲介方法には2種類ある。まず，単純な仲介の場合，仲介手数料を100と仮定する。さらに，買い取り仲介の場合，仲介手数料は発生しないものとする。したがって，表3-4では，仲介の形態にかかわらず付加価値が100発生すると仮定している。ケース2の場合は，納税額の総額は45であり，事業者から依頼を受けて仲介を行う場合（ケース3）の35よりも大きい。これは，個人もしくは免税業者が売り主である物件を仲介する場合，免税業者は仕入れに係る税額を控除できないため，税収の取り戻し効果が働いたことが原因である。

そこで，売り主が個人もしくは免税業者の物件を不動産仲介業者が仲介する場合に生ずるこのような二重課税を回避するために，中古住宅の譲渡を非課税にすることとしよう。

まず，買い取り仲介の場合を考えると，ケース4で示されるように，中古住宅の譲渡を非課税とすることにより，二重課税は生じない。

次に，単純仲介の場合を考えよう。表3-4のケース2とケース5の比較から明らかなように，売り主が個人もしくは免税業者の場合であっても，中古住宅を非課税にすることにより二重課税は発生しない。しかしながら，売り主が課税事業者である場合，事業者Bは仕入れに係る税額を控除できないため，中古住宅を非課税とすることにより，-10（ケース3）から0（ケース7）へと納税額が増える。このような現象は，ケース3とケース4の比較から明らかなように，買い取り仲介でも発生している。

さて，以上のように，二重課税が発生するのは，売り主が課税事業者として登録されていない個人もしくは免税事業者のケースである。そのような場合に中古住宅に対する二重課税を調整するには，前述のように，必ずしも中古住宅の譲渡を非課税にする必要はない。特別措置として買い主に仕入価格に含まれる税額のみなし控除（imputed credit）を認めることにより，二重課税は調整可能である[17]。

例えば，表3-4のケース6で示されるように，仲介業者Cに対して，仕入

価格に含まれる税額15（＝仕入価格300×税率5％）の税額控除を認めると，二重課税は調整される。この場合，仲介業者Cの納税額は5となり，最終的に消費者の負担する税額は30（＝25＋5）となる。わが国では，税額の計算が帳簿方式をベースとして行われるため，取引相手先が課税事業者であるかどうかの確認が困難である。したがって，相手先を問わず仕入れ税額控除の対象となり[18]，二重課税の問題は解決されていることになる。

みなし税額控除と非課税を比較すると，第一に，非課税の場合はみなし税額控除の場合と比較して，政府の獲得する税収が減少する可能性が高い。中古住宅の譲渡を非課税にすることにより，売り主が個人もしくは免税業者の場合，単純仲介のケースの税収は30で変化はないが（ケース5，ケース6），買い取り仲介のケースでは30（ケース6）から25（ケース4）へ減少する。

第二に，中古住宅の売り手が事業者の場合は，非課税にすることにより，課税の場合（－10：ケース3）と比較して売り手である事業者の税負担が増え（0：ケース4およびケース7），中古住宅の流通が阻害される可能性がある。もっとも，この場合においても，EC第6次指令およびEU 2006年指令取引において認められているように，取引に参加する事業者に対して課税事業者となる選択権を認めれば，税負担は増加しない。表3－4のケース8で示されるように，もし事業者Bが課税を選択すれば，Bの納税額は－10となる。

このように，中古住宅における二重課税の問題はみなし税額控除で調整可能であるにもかかわらず，EU主要国で中古住宅が非課税とされている背景には，EU主要国の住宅市場が中古住宅取引を中心とする市場であり，購入者の税負担を軽減することにより，中古住宅の流通を促進する政策的意図があると

---

17) OECDの報告書では，課税業者が転売目的で個人から中古品を仕入れる場合に生ずる二重課税を調整する方式としては，①仕入価格に含まれる税額の控除を認める方法（みなし税額控除方式），②利潤（購入価格に対する販売価格の超過分）に対する課税（仕入高控除方式），③売上高に対する軽減税率の適用の3種類を挙げているが，みなし税額控除方式がベストであるとしている（OECD［1988c］，p. 187）。みなし税額控除方式に関しては，Department of the Treasury［1984］，p. 79およびMcLure［1987］，p. 133も参照。

18) 岩下［2006］，273頁。

推測される。住宅取引に占める中古住宅の割合は，例えばイギリスでは約9割，フランスでは約7割となっている[19]。

わが国においても，今後，既存住宅ストックの有効活用，適切な維持管理，円滑な流通が重要となる成熟社会が到来し，住宅政策における中古住宅の流通促進の重要性が増すことを考慮すると，中古住宅の譲渡を非課税とすることは検討に値するかもしれない[20]。ただし，非課税とする場合には，取引に参加する事業者に対して，課税事業者となる選択権を認めることが必要であろう。

6．政策的視点

政策的視点として，賃借人に対する社会政策的配慮，成熟社会における住み替えの促進の他に，経済活性化，居住用不動産の生活必需財的性格も検討対象とされよう。

経済活性化に関しては，前述のように，現在EUでは，住宅の改築・修繕工事が労働集約的サービスに含まれ，軽減税率の適用が認められている。

このような措置は，中古住宅の改築・修繕にかかる経済的負担を軽減するため，良質な住宅ストックを形成する観点からは望ましいものであろう。しかしながら，そもそもインボイス方式の導入されていない現在のわが国においては，複数税率の採用は困難である。また，仮にインボイス方式が採用されたとしても，新築住宅の建設工事と改築・修繕工事との扱いが異なると，前述のように，税務当局および納税者の事務負担が増え，課税の簡素性の面で問題が生ずる。税制の活用により，改築・修繕工事を促進し経済活性化を図るというのであれば，所得税において，借り入れの有無にかかわらず，改築・修繕に要した費用の一定割合を税額控除する方式を検討すべきであろう。

居住用不動産に関しては，住生活基本法において，「住生活の安定の確保及び向上の促進に関する施策の推進は，住宅が国民の健康で文化的な生活にとって不可欠な基盤である」[21]と記されていることからも明らかなように，生活必

---

19) 国土交通省住宅局住宅政策課［2006］，52頁。
20) 中古住宅と税制の問題に関しては，本書第12章参照。
21) 国土交通省住宅局住宅政策課［2006］，157頁。

需財的性格を有していると考えられる。したがって,その観点からは,居住用不動産の課税に際しては,何らかの負担軽減措置が必要とされよう。

7. 付加価値税と不動産流通課税

わが国においても,居住用不動産の譲渡に対しては付加価値税（消費税および地方消費税）と不動産流通課税（印紙税,登録免許税,不動産取得税）が賦課されている。ただし,EU主要国のように両者の間での調整は全く行われていない。

居住用不動産の譲渡における付加価値税と不動産流通課税のあり方を検討する際には,両税の課税の根拠を考える必要がある。付加価値税の課税根拠に関しては,2種類の解釈が可能である。

第一に,付加価値税は租税客体に注目して課税される物税であり,「生産物に私的所有権を設定し,生産物市場での取引を保護するという政府の提供する公共サービスの利益に対して支払われる,利益原則にもとづく租税」[22]であると解釈できる。

第二に,付加価値税は消費課税の一種で,消費の背景にある所得や資産の存在に注目して課税される。すなわち,「財貨・サービスの消費は,所得の稼得や資産の取り崩しなどによって得られる経済力の行使であることから,消費に租税を負担する能力を見出せる」[23]と,能力説の観点から説明することも可能である。

今日,一般に付加価値税は,能力説に基づく応能税としてとらえられている。本書第2章で述べたように,わが国の不動産流通課税は,徴税当局により,財貨の移転等という事実に着目してその背後に担税力を認めて課税するものであると説明される。したがって,日本型付加価値税である消費税および地方消費税と不動産流通課税との間で重複課税の調整が必要である。もっとも,不動産流通課税の課税根拠に関しては,すべて能力説で説明することには無理があるが,そのような場合においても消費税・地方消費税と不動産取得税との

---

22) 神野[2007],199頁。
23) 政府税制調査会[2000],118頁。

間で二重課税が発生していると考えられる。

不動産流通課税は，仕入れに係る税額が控除されないため，税が累積する。その点で，EU諸国において付加価値税導入前に存在した取引高税と類似している。EU諸国では，付加価値税が取引高税的性格を有する不動産流通課税に取って代わるように設計されているため[24]，原則として，付加価値税が課税されている場合は不動産流通課税を非課税とすることになっているのである。

このように考えると，わが国においても消費税・地方消費税と不動産流通課税の重複課税を調整する必要がある（詳細は，本書第2章参照）。

おわりに

以上のEU型付加価値税の居住用不動産に対する課税の議論を踏まえて，最後に，わが国の消費税における居住用不動産に対する課税のあり方に関する私見をまとめ，結びに代えたい。

居住用不動産を含む不動産全般に対する付加価値税のあり方に関しては，これまでいくつかの提言が行われている。そこで，これらについて，居住用不動産の部分に限定してその内容を要約すると表3-5のようになる。

課税事業者による居住用不動産の譲渡，工事，賃貸のすべてに対して例外なく課税すべきことを提案するのがConrad［1990］である[25]。同様の提案はSchenk［1989］にも見られる。ただし，Schenk［1989］の特徴は，購入した居住用財産の譲渡の際に譲渡益が発生し，しかもそれが一定水準を超える場合，課税事業者として登録されていない者が売却する場合でも課税取引とみなすことである[26]。

クノッセン（Cnossen［1996］およびCnossen［1998］）は，付加価値税制の整合性および中立性の観点から，居住用不動産を所有もしくは購入するすべての

---

24) Conrad［1990］, p. 97.
25) Conrad［1990］, p. 98.
26) Schenk［1989］. pp. 76-77.

者（個人および企業）を納税義務者とし，かつ居住用不動産の譲渡，工事，賃貸のすべてに対して標準税率で課税することがベストの方法だと主張する。しかしながら，現実には，持ち家所有者の享受する住宅サービスに対するフロー課税の実施は困難であるから，持ち家所有者と賃借人との間のバランスを確保するために，賃貸を非課税とせざるを得ない。また，中古住宅の譲渡に対する課税に関しても，中古住宅の価格評価や，中古住宅の改築や修繕を行った際のインボイスの保管などが求められるという理由から，否定的である。したがって，「賃貸および中古住宅の譲渡を非課税にする方法が，水平的公平，中立性，実行可能性の観点からセカンドベストである」[27]とする。

クノッセンの指摘は，今後，消費税率が引き上げられた場合の，わが国における居住用不動産に対する消費税のあり方を検討するうえで参考になる。水平的公平（持ち家と賃貸），中立性，実行可能性の観点から検討すると，いくつかの課税パターンが考えられる。

　＜ケース１＞　譲渡，工事，賃貸のすべてに対して一律課税

水平的公平および中立性の観点から考えて最も理想的なのは，住宅サービスを提供する居住用不動産の譲渡，工事，賃貸のすべてに対して一律に課税することである。この場合，軽減税率での一律課税もあり得る。

　賃貸に対して軽減税率を適用する理由は，賃借人の担税力を考慮し，逆進性を緩和するためである。

　譲渡および工事に関して軽減税率を適用する根拠として指摘できる事柄は，第一に，居住用不動産の譲渡および工事には，投資的要素の存在を否定できず，その場合，価格全体への課税は過剰課税となる可能性が高いことである。第二に，居住用不動産が生活必需財的性格を有していることである。第三に，建設工事は下請け比率が高いため，結局，住宅価格を押し上げていることである。

　したがって，住宅購入者の負担を軽減する観点から，軽減税率を正当化できる。完成工事高に占める下請完成工事高の割合は，1980年度には31.6%であっ

---

27) Cnossen [1996], p.244.

表3-5 居住用不動産に対する付加価値税のあり方に関する諸提案の概要

	譲渡			工事		賃貸
	新築住宅	中古住宅	建築用地	新築	改築・修繕	
Cnossen [1996] Cnossen [1998]	課税	課税 (非課税)[1]	課税	課税	課税	課税 (非課税)[1]
Conrad [1990]	課税	課税	課税	課税	課税	課税
Schenk [1989]	課税	課税 (譲渡益が一定水準を上回る場合は,個人も課税対象とされる)	課税	課税	課税	課税
EC第6次指令 EU 2006年指令	課税	非課税	課税	課税	課税	非課税
本章	課税 (軽減税率)	課税 (軽減税率) もしくは非課税	非課税	課税 (軽減税率)	課税 (軽減税率)	非課税

(注) 1) カッコ内はセカンドベストの提案である。
(出所) 著者作成。

たが,2006年度には40.8%に上昇している。また,下請完成工事比率(下請完成工事高/元請完成工事高)は,1980年度に46.1%であったが,2006年度には69.0%にまで上昇している[28]。

＜ケース2＞ 譲渡非課税,工事課税(軽減税率),賃貸非課税

賃貸に対して軽減税率を適用すれば,確かに賃借人の担税力への配慮が可能である。しかしながら,個人の賃貸人のうち,課税売上高が免税点以下になる者が免税とされるならば,持ち家と賃貸の水平的公平は確保されない。また,免税点の水準次第では,納税者および税務当局の事務負担が増すことも予想さ

[28) 以上,国土交通省『建設工事着工調査報告2005年度実績』(http://www.mlit.go.jp/toukeijouhou/chojou/h 17 sekou_s.htm)参照。

れる。したがって，賃貸は非課税とする方が現実的であろう。その場合，持ち家と賃貸との間の水平的公平を確保する観点からは，譲渡も非課税とすべきことになる。

新築住宅および中古住宅の工事に関しては，一律に課税することが望ましい。税率に関しては，前述の理由により軽減税率もあり得る。工事に対する課税は，住宅建築用の資材や下請け業者の提供する労務に対する課税を意味しており[29]，持ち家と賃貸に対する課税の水平的不公平を発生させない。

以上において，賃貸人および譲渡人が取引から排除されるのを避けるため，賃貸人および譲渡人には課税業者になる選択を認めるべきである。

＜ケース３＞　譲渡課税（軽減税率），工事課税（軽減税率），賃貸非課税

しかしながら，譲渡を完全に非課税にすると，税収の損失が大きいと予想される。そこで，税収確保および賃貸と譲渡との間の中立性にも配慮して，譲渡に対しては軽減税率を適用することが考えられる。

ただし，軽減税率を適用するとしても，徴税コストの観点から，譲渡および工事に対しては同一の税率を適用すべきであろう。

中古住宅の譲渡に関しては，課税業者として登録されていない個人もしくは免税業者からの仕入れに関してもみなし税額控除を特例措置として認めれば，非課税にしなくても二重課税の問題は解決できる。しかし，成熟社会が到来し中古住宅の流通促進のニーズが高まるならば，政策的配慮として中古住宅に対する非課税措置（免税）を検討することも考えられよう。ただし，その際には，取引に参加する事業者に対して，課税業者となる選択権を認めることが必要であろう。

＜ケース４＞　譲渡課税（軽減税率，土地は非課税），工事課税（軽減税率），
　　　　　　　賃貸非課税

ケース３では，土地譲渡が課税対象となっている。居住用土地は，建物と併せて住宅サービスを提供すると考えると，これは当然の措置である。しかし，わが国では，居住用不動産の価格に占める土地の割合が高いと考えられるか

---

29) 水野 [1989]，150頁。

ら，購入者の負担増大に対する配慮が必要である。さらに，賃貸が非課税とされることによる中立性の確保も求められる。したがって，現実には土地譲渡への課税は困難であろう。

中古住宅の扱いに関しては，ケース3の場合と同様，免税とすることも考えられる。

以上から明らかなように，課税の水平的公平性および中立性の観点からは，居住用不動産の譲渡，工事，賃貸のすべてに対して一律に課税することが望ましい。しかしながら，実行可能性の観点からさまざまな制約に直面する。ポイントとなるのは，賃貸の扱い，徴税コスト，税収の確保，消費者の税負担の重さである。

また，政策的配慮として，居住用不動産の生活必需財的性格および賃借人の担税力への配慮以外にも，将来の住宅政策（成熟社会における住み替えの促進）の観点からも検討が求められる。これらを総合して考察すると，上記のケース4で示される課税パターンが望ましいのではなかろうか。その際，軽減税率を適用する前提としてインボイス方式の導入が条件であることは言うまでもない。

第4章　相続税の存在意義
――オーストラリアおよびカナダの経験に学ぶ――

はじめに

　1980年代以降，バブル発生後の日本経済において，特に不動産に関する課税の問題は，今日に至るまで常に国民の大きな関心事となってきた。相続・贈与税ももちろんその中に含まれている。

　しかし，現在，世界の中には相続・贈与税の存在しない国がある。OECD諸国に限っても，カナダおよびオーストラリア，ニュージーランド，イタリア，スウェーデンにおいてすでに廃止されている[1]。また，発展途上国であるメキシコやアルゼンチン，パキスタン，インドネシア，インドなどにおいても同様に廃止されているという[2]。

　何故，以上の国々では相続・贈与税が存在しないのだろうか。廃止に至った経緯および廃止の影響はどのようなものだったのであろうか。また，廃止後いかなる議論が行われているのだろうか。

　本章では，これらの問題について，特にオーストラリアおよびカナダの議論を取り上げる。そして，両国の経験を参考にして，わが国における相続税の存在意義を検討するとともに，今後のあり方についても若干の考察を行うこととする。これまでわが国においても，「まず相続税を廃止するという基本的立場に立って，同税の意義を再検討し，どうしても必要であれば改めて認めるべきだ」とする意見が一部に見られるが[3]，両国の経験はこの問題を検討するのに

---

1) ニュージーランドでは，1992年12月に廃止が決定された。スウェーデンの議論に関しては柴［2006］を，イタリアについては首藤［2004c］をそれぞれ参照。
2) Bird［1991］，p.324.
3) 武田［1993］。また，渡部［2002］も参照。

有益であると思われるのである。

オーストラリアおよびカナダにおける相続・贈与税の廃止を取り上げた既存研究として，貝塚［1989］（20-21頁），篠原［1997ｂ］，篠原［1999ｂ］（第7章），一高［2004］がある。このうち，貝塚［1989］は簡単な紹介にとどまっており，一高［2004］は廃止の経緯も取り上げているが，重点は法制度論に置かれている。したがって，両国における廃止の経緯，議論を財政学視点から取り組んだ研究は，篠原［1997ｂ］が最初であると言って良かろう。

両国における廃止の議論を検討する際に重要なのは，両国においては，廃止前，連邦段階のみならず州レベルでも相続・贈与税が課税されていた点である。したがって，廃止された背景を探るには，連邦と州で行われた両方の議論に配慮する必要がある。ちなみに，相続・贈与税が完全に廃止された年は，オーストラリアの場合，連邦が1979年，州が1984年である。また，カナダにおいては，連邦が1972年，州が1985年である。

本章は，篠原［1999ｂ］を加筆修正したものである。本章では，まず，両国において相続・贈与税が廃止に至った経緯，およびそれを巡る議論を詳細に見る（Ⅰ節）。次いで，廃止後における人的資産課税に関する議論を取り上げる（Ⅱ節）。以上を踏まえて，資産移転課税が存続するための条件を導き，わが国における相続税の意義を考察する（Ⅲ節）。なお，以下で「資産移転課税」という表現を用いる時は，もっぱら資産の無償譲渡に係る相続・贈与税のことであり，有償譲渡に係るそれは含まないことを断っておく[4]。

Ⅰ．相続・贈与税廃止の経緯

1．オーストラリア[5]

（1）相続・贈与税の沿革

オーストラリアにおいて，相続税は1914年に，また贈与税は1941年に，いずれも連邦レベルで先に導入された。相続税の形態は，いくつかの州（クイーン

ズランド，サウス・オーストラリア，ノーザン・テリトリー）を除き，連邦およびほとんどの州で遺産税方式が採用されていた。これは，資産再分配の観点からは遺産課税方式よりも遺産取得課税方式の方が望ましいが，遺産取得課税方式は，遺産課税方式よりも管理が大変なわりには税収が少ないことにもっぱらその原因があった。

ところで，資産移転課税の廃止をめぐる動きが最初に発生したのは1970年3月のことであった。それは，当時の相続税の重さに驚き，自分が死んだ後の妻の生活を心配した一介の大工（Sydney Negus）の怒りから始まった。彼は，配偶者に対する相続税を廃止する運動を精力的に行い，やがて連邦上院議員に選出された。在職期間は3年と短かかったが，その期間中も運動は継続され，彼の思想は次第に世間に浸透していった。

まず連邦レベルでは，1972年および1975年に民主労働党などから相続税廃止の運動が起こされたが，いずれも成功に至らなかった。その後，1977年の連邦選挙の際に自由党党首マルコム・フレイザー（Malcom Fraser）が次のような公約を行った。「相続税は，オーストラリアにおける多くの家族や中小企業，農家に多大な被害を与えている。……私は，まず夫婦間および親子間の移転を免税とし，次期国会中に相続・贈与税を完全に廃止することを約束する」。

結果的には，この公約がそのまま実現され，1977年の年末には，配偶者および子供，孫，両親，祖父母等への相続・贈与が免税とされ，さらに1979年には，その他の関係も含めて，相続・贈与税は完全に廃止された。

一方，州レベルにおいて最初に動きが見られたのはクイーンズランド州であった。まず1975年には夫婦間の移転が免税とされ，1977年からは完全に廃止された。以後，他州への資本逃避（capital flight）を恐れて廃止に踏み切る州が続出し[6]，結局，1984年にはすべての州で廃止され現在に至っている[7]。な

4）不動産に係る有償譲渡課税の問題に関しては，本書第2章を参照。
5）以下は，もっぱら Pedric［1981］に基づく。
6）1977年には，タスマニア州からクイーンズランド州へ1,100万ドル余りの資本移動が生じたと指摘されている（Pedric［1981］, p.115 参照）。
7）次のように，州ごとに廃止された日時は異なる（Fiedler［1983］, p.1参照）。すな

お，オーストラリアにおいては，1985年までキャピタル・ゲイン税も存在しなかった。したがって，相続・贈与税廃止後1985年までは，人的資産課税である経常純資産税および相続・贈与税が存在しないのみならず，資産性所得に対するキャピタル・ゲイン課税も行われていない，という他の先進諸国に例を見ない状況が実現していたことになる。

（2）廃止の理由

　当時のオーストラリアにおける相続・贈与税の状況は，前述のマルコム・フレイザーの発言に集約されているが，資産移転課税が廃止やむなきに追い込まれた背景はどのようなものだったのであろうか。

　第一に，連邦と州で二重の課税が行われていたことがあった。その実態は，表4-1から明らかなように，1978年度には州課税の比率が全体の約8割を占めていた。連邦では相続財産の約12%しか課税対象とならないのに対し，控除水準がインフレに対して適正に調整されていないために，州の中には，その倍の相続財産が課税対象になっている所もあった。すなわち，州レベルの課税では小規模の相続まで課税対象とされる可能性が大きく，そのことが国民の不安を駆り立てると同時に，結果として納税者の負担増加をもたらしていた。1975年度におけるオーストラリアの相続・贈与税の対GDP比は0.4%であり（表1-3），この値は，OECD全体の平均値0.17%を大きく上回っている（表1-2および表1-3）。

　第二に，裁量信託（discretionary trust）の活用や生前贈与などを通じた租税回避のチャンスが非常に大きく，オーストラリアにおいても資産移転課税の実態は任意税（voluntary tax）[8]となっていた。

　まず，前者の裁量信託は家族財産を維持するために利用されるもので，受託者に受益者を選択できる権利が認められている。そのため，この信託を設定す

　　わち，ニュー・サウス・ウェールズ（1982年1月1日），ヴィクトリア（1984年1月1日），クイーンズランド（1977年1月1日），サウス・オーストラリア（1980年1月1日），ウェスタン・オーストラリア（1980年1月1日以），タスマニア（1982年10月1日），ノーザン・テリトリー（1978年7月1日）となっている。
8）Cooper [1979].

表4-1　相続・贈与税の推移　　　　　　　　（単位：％）

| | 総税収に占める割合 ||||||| 州と連邦間の配分比率 ||
	ニュー・サウス・ウェールズ	ヴィクトリア	クイーンズランド	サウス・オーストラリア	ウェスタン・オーストラリア	タスマニア	連邦	州	連邦
1948年度	33.8	27.2	23.2	25.4	17.1	12.3	1.1	65.4	34.6
1958	22.3	18.3	18.2	20.3	14.3	15.9	1.4	64.0	36.0
1968	16.1	17.5	16.3	16.0	10.5	16.0	1.3	66.2	33.8
1973	5.3	9.0	8.2	8.0	6.5	6.7	0.7	71.0	29.0
1978	5.3	4.6	1.3	4.5	4.0	4.9	0.2	80.8	19.2

（出所）　Saunders［1983］，p.399を参考に著者作成。

れば，世代跳び移転（generation-skipping transfer）により相続税を免れることが可能である。また，後者に関して言うと，生前贈与による相続税の負担回避を防ぐには，生前に行われた贈与を累積して相続財産に加算し，これに対して相続税を課税することが望ましい。すなわち，相続税と贈与税を完全に統合し，生涯累積課税を行うことが望ましい。ところが，オーストラリアの贈与税では，生前贈与に関して短期累積課税（連邦税の場合は，死亡前3年間）しか行われておらず，生前贈与による租税回避が大きな問題となっていた。

　以上の結果，資産移転課税の累進度は大きく低下していた。例えば，1975年度におけるニュー・サウス・ウェールズ州の状況を見ると，表4-2から明らかなように，純遺産額が30万ドルを超過すると，純遺産額に対する税額の割合で見た実効税率には大きな変化がなかった。

　第三に，表4-1から明らかなように，第二次世界大戦以降，州税収に占める相続・贈与税の割合は低下している。中でも特に1973年度の低下が著しい。例えば，ニュー・サウス・ウェールズ州では，1968年度に16.1％であったものが，1973年度には5.3％にまで低下している。これは，1971年にそれまで連邦税であった社会保障税（pay-roll tax）のほとんどが州へ移譲されたことが，その主たる原因である。他方，連邦の場合は1960年代まで安定的であった

表4-2 ニュー・サウス・ウェールズ州における相続・贈与税（連邦および州）の実効税率（1975年度）

純遺産額 (a) 10（万ドル）	税額 (b)	実効税率 (c=b/a)	限界税率
10（万ドル）	19,705（ドル）	19.7（％）	19.7（％）
20	73,949	37.0	54.2
30	133,340	44.5	59.4
40	184,298	46.1	51.0
50	231,032	46.2	46.7
60	278,048	46.3	47.0
70	325,309	46.5	47.3
80	372,862	46.4	47.6
100	468,742	46.9	48.1
200	947,340	47.4	47.4

（出所） Johns & Sheehan [1977], p.334.

が，1970年代以降，所得税の増加や相続・贈与に係る前述の1977年の税制改正の影響により，州の場合と同様に相続・贈与税の総税収に占める割合は低下傾向にあった。以上のような税収の低下は，税務行政上の負担を考慮すると，相続・贈与税の財源としての魅力を低下させた。

第四に，農業の継続が困難になるとの理由から，特に農家から強い批判を受けた。相続・贈与税の専門家を対象としたアンケート調査によると，この批判が廃止の最も大きな原動力になったとの回答が寄せられている。

（3）廃止への反対論
① 労働党の見解

以上のように，相続・贈与税は大きな問題点を抱えていたとはいえ，その廃止は決してすんなりと決まったわけではなかった。1978年4月に，相続・贈与税廃止法案が国会に提出された際に，労働党サイドからは反対意見が出された。彼らの見解は，相続財産の不当な集中排除および機会均等の促進等の観点からは相続・贈与税の存在が必要であり，相続・贈与税に代替する適当な資産課税の導入の目途が立つまで，廃止を延期すべきだというものであった。

② アスプリー委員会報告書

また，オーストラリアの税制を再検討した1975年のアスプリー委員会の最終報告書においても，相続・贈与税は租税体系における累進性を向上させるという重要な役割を有しており，その廃止は望ましくないとの答申が出された。そのうえで，相続・贈与税を完全に統合し生涯累積課税を実施すべきこと，連邦レベルで課税を行い，歳入分与の形で州に税収を配分すべきこと，農家への優遇措置は資源配分の観点から望ましくないから廃止すべきこと[9]，などが提言されている。

③ ジョーンズおよびシーハン[10]

ジョーンズ（Johns, B. L）およびシーハン（Sheehan, W. J）は，表4-1で示されたように，資産移転課税の財源としての重要性は連邦よりも州の場合の方が大きいことに注目し，特に州レベルにおける相続・贈与税の廃止に反対した。彼らが反対の理由として具体的に挙げているのは次の2点である。

第一に，州財政の財政的自立性を確保する観点からは，自主財源としての相続・贈与税の存在が重要なことである。

第二に，相続・贈与税に代わる他の適当な代替財源を見出すことが困難なことである。すなわち，相続・贈与税を廃止して他の税（自動車税，酒税，印紙税，社会保障税）を増税するならば，物価上昇や資産移転の阻害などのマイナスの経済効果が予想される。また，減収分が補助金で賄われるならば，それだけ地方自治が阻害されることになる。

以上のような考察に基づき，資産移転課税の望ましい形態として，(a) 相続・贈与税はすべて州が管理すること，ただし，徴税は連邦が一括して行い，税収を州に配分すること，(b) 本来ならば，相続税と贈与税を完全に統合し生涯累積課税を実施することが理想であるが，それに伴う税務行政コストを考え，累積期間を廃止以前の3年から5年間に延長すること，(c) 廃止以前においては，大規模な遺産（遺産規模30万オーストラリア・ドル以上）に関して限界税率が低

---

9) 以上は，Johns & Sheehan [1977], pp. 347-349およびBale [1989], p. 42を参照。
10) Johns & Sheehan [1977].

下しており（表4-2），結果として垂直的公平が損なわれていたのでそれを改めること，などが提言されている。

2．カナダ

(1) 相続・贈与税の沿革
① 相続・贈与税の導入

カナダにおける相続・贈与税の沿革は表4-3で示されている。ただし，州に関してはもっぱら相続税のみを考察の対象としている。

さて，カナダで最初に相続税が導入されたのは，1892年オンタリオ州においてであった。当時，富の集中が出現し始めており，それを是正する手段として相続税の導入が望まれた[11]。以後，他の州もそれに追随し，結局，1905年にはすべての州で実施されることとなった。

当初，オンタリオ州で実施された相続税は，アメリカのニューヨーク州やペンシルヴァニア州で実施されていたものを参考にした，ゆるやかな累進税率構造（2.5～10％）を有する遺産取得税であった。遺産取得課税方式が採用された最大の理由は，1867年に制定された憲法（British North American Act）において州の課税権に制約が課されていたからであった[12]。すなわち，同法91条において，連邦は領土を統治するためにはいかなる種類の税でもそれを賦課することが認められていたのに対し，州に関しては，92条により直接税のみの賦課しか認められていなかったからである。この場合，遺産税は被相続人から相続人への財産移転に対する一種の消費税（excise tax）とみなされたため，結局，採用されなかった。

しかし，1905年には課税方式が変更され，遺産取得課税方式に遺産税の要素が加味されることになった。ただし，この方式は現在日本で実施されている法定相続分に基づく遺産取得課税方式ではなく，遺産総額に適用される税率（基本税率）と，相続額と被相続人との関係に応じて各相続人へ適用される税率体系（追加税率）とが区別される複雑な方式であった。

---

11) Smith [1993], p.155参照。
12) Hartle [1988], p.59およびSmith [1993], p.131参照。

他方，連邦レベルで資産移転課税の導入が実現したのは，オンタリオ州で相続税が導入されてから40年あまりが経過してからのことであった。まず1935年には，所得を生み出す財産を高額所得者から低所得者に対して移転すること，および生前贈与を通して州の相続税を逃れること等を抑制するために連邦贈与税が導入された。さらに1941年には，もっぱら戦費調達の目的で，オンタリオ州の場合と同様の形式で連邦相続税が導入された。しかし，その課税は一時的なものに終わらず，その後遺産課税方式への変更（1959年）や贈与税との統合（1968年）などの改正を経て，1972年に廃止されるまで，結局30年間継続した。

② **相続税をめぐる政府間関係**[13]

(a) **戦時協定（1941～1946年）**

戦争を契機として相続税に連邦が参入したことにより，連邦と州の2段階で相続税が課税されることとなり，両政府間での調整の必要性が高まった。戦時期において，連邦は所得税および法人税，相続税の3税を独占的に課税することを希望した。しかし，連邦と州の間での戦時協定により実現したのは，財源補償と引き替えに州の所有する所得税および法人税の課税権を連邦に貸与することのみであった。

(b) **租税賃貸協定（1947～1962年）**

相続税の独占課税に対する連邦の強い願望は，結局，戦後の租税賃貸協定（tax rental agreements）により叶えられた。すなわち，オンタリオ州とケベック州を除くその他の州は，使途の特定されない補助金を受け取るという条件の下で，所得税および法人税に加えて，ついに相続税の課税権をも放棄した。ここで，それぞれの州へ支払われる補助金の総額は，各州における連邦所得税および連邦法人税額のそれぞれ10％および9％，州内で徴収される連邦相続税額の50％に定められた。すなわち，この場合の補助金は租税分与（tax sharing）の形式を採っていた。

同時に，オンタリオとケベックの両州に関しては，住民が極端に不利にならないように，連邦相続税額の50％を州相続税から控除することが認められた。

---

13) 以下は，もっぱら Carter [1973] に基づく。

もっとも，この制度は租税賃貸協定に参加している州についても同様に認められていた。しかし，相続税の課税を継続すると，徴税コストがかかることに加えて補助金の総額が税額控除分減額されることになっていたため，協定を結んだ州はいずれも完全に課税権を連邦に賃貸することを選択したのであった。

ところで，租税賃貸協定は1947年以降5年おきに見直されたが，3回目の協定（1957~1962年）においては，引き続き租税賃貸を拒否したオンタリオ州およびケベック州に対する措置が，それまでの税額控除方式（tax credits）から減税方式（abatements）へ変更された。すなわち，相続税を課税しない州に関しては，以前と同様に，連邦相続税額の50%が租税分与されると同時に，オンタリオ州とケベック州の州民は，同じ割合を州相続税の減税の形で受け取ることになった。これは，相続税に関して他の州との間での財源平衡化（fiscal equalization）を図ることを目的としていたが，実質的な効果は税額控除方式の場合と全く同様であった。

(c) 1960年代

租税賃貸協定は1962年に廃止され，同年には，再び州レベルで所得税と法人税の課税が再開されることになった。ただし，相続税に関しては依然として協定が継続された。

しかし，1964年には租税賃貸協定を結んでいる州に対する分与の割合が，州内で徴収される連邦相続税収額の75%に引き上げられると同時に，オンタリオ州およびケベック州に対する減税の割合も75%に引き上げられた。また，1964年にはブリティッシュ・コロンビア州が協定を廃止して，再び相続税の課税を開始した。これは，租税分与の形ではなく，独自に課税を行いたいという同州の意向によるものであった。

さらに，1967年および1969年には，アルバータ州およびサスカチュワン州が，連邦によって分与された相続税を全額住民に還付することに踏み切った。なぜそのような還付が実施されたかというと[14]，アルバータ州においては，当時，農家や牧場主が大きな影響力を有する右翼政権が誕生しており資産再分配

---

14) Hartle [1985], p.75.

に対して好意的でなかったこと，州経済の発展のためには資本を呼び込む必要があったこと，などが指摘されている。また，サスカチュワン州では，農家の政治的圧力が大きかったことが挙げられている。

(d) **1970年代以降**

1971年には連邦が相続・贈与税の廃止を言明し，翌年から実際に廃止に踏み切った。連邦の廃止決定に対する州の反応はさまざまであったが，結論を先に言えば，ケベック州以外はすべて連邦の決定に反対した。

まず，すでに相続税の住民還付を実施しているアルバータ州はこの決定に対して全く無関心であった。これに対して，サスカチュワン州，マニトバ州および太平洋沿岸の4州（ニューブランズウィック州，ニューファウンドランド州，ノヴァ・スコティア州，プリンス・エドワード・アイランド州）は，財源を確保するために，1972年に課税を再開した。ただしその方法は，総税収の3％を徴税コストとして受け取るという条件付きで，連邦が6州に代わり，州によって若干控除水準は異なるが，ほぼ統一的な税法の下で徴税を行うというものであった。

また，相続税を課税しているケベック，オンタリオ，ブリティッシュ・コロンビアの3州については，相続税の地方移譲を長年主張してきたケベック州が連邦の決定に賛成の意思を表明したが，オンタリオ州とブリティッシュ・コロンビア州は，連邦政府が相続税に関するリーダーシップを放棄することは，州間における租税競争を招くから望ましくないと主張した。

結局，連邦の税制改革が行われた直後の1972年には，州全体が，(イ)相続税を実施していない州，(ロ)連邦が統一的に相続税を徴収している州，(ハ)独自に相続税を賦課している州，の3種類に分割されることになった。

しかし，1973年にプリンス・エドワード・アイランド州において廃止が決定されて以降，次々と廃止に踏み切る州が出現し，1985年にケベック州が廃止を宣言したことにより，ついに州レベルにおいても資産移転課税は完全に姿を消すことになった。

表4-3 カナダにおける相続・贈与税の変遷

連邦政府	州政府
	1892年 オンタリオ州で最初に相続税（遺産取得税タイプ）が導入される。ケベック，ニュー・ブルンスウィック，ノヴァ・スコティアの各州もそれに続く。
	1893年 マニトバ州で導入される。
	1894年 プリンス・エドワード・アイランド，ブリティッシュ・コロンビアで導入される。
	1905年・サスカチュワン，アルバータで導入される。 ・オンタリオ州で課税方法が改正される（遺産取得課税方式に遺産税の要旨が加味されることになった）。
1935年 連邦贈与税が導入される。	
1941年 連邦相続税が導入される。課税方法はオンタリオ州（改正後）のものと同じ。	
	1947年・オンタリオ州およびケベック州は相続税を継続（遺産取得課税方式と遺産課税方式を併用。もっとも，ケベック州は1978年に遺産取得課税方式へ移行）。連邦相続税額の50％まで州相続税からの控除が認められる。 ・それ以外の州は一般補助金（連邦相続税額の50％を含む）と引き替えに相続税を廃止。
	1957年・オンタリオ州およびケベック州に対する措置が税額控除方式から減税方式へ変更される。
1959年 相続税の課税方式の簡素化が行われる（遺産取得課税の要素が廃止され遺産課税方式のみが残る）。	
	1962年 租税賃貸協定廃止。

		1963年	ブリティッシュ・コロンビア州連邦との協定を廃止。1964年より相続税（遺産取得課税方式）を再び導入。
		1964年	・連邦による相続税の分与割合が，75%へ引き上げられる。 ・オンタリオおよびケベック，ブリ各州においては，連邦相続税額の75%が減税されることが認められる。
1966年	カーター報告の公表。		
		1967年	アルバータ州が連邦によって分与された税収を住民に還付することを決定（1969年には，サスカチュワン州もこれに追随）。
1968年	相続税と贈与税の統合，夫婦間移転の免税が実施される。		
1971年	相続・贈与税の廃止およびキャピタル・ゲイン課税の相続・贈与時におけるみなし実現課税の実施を言明（1972年より実施）。		
		1972年	6つの州が相続税の課税（遺産取得課税方式）を再開することで連邦政府と合意。
		1973～1985年	各州で続々と廃止が決定される。 1973年～プリンス・エドワード・アイランド 1974年～ノヴァ・スコティア，ニューファウンドランド，ニューブルンスウィック 1977年～サスカチュワン，ブリティッシュ・コロンビア，マニトバ 1979年～オンタリオ 1985年～ケベック

(出所) Bird [1978], Carter [1973], Perry [1961], Smith [1993], chap. 6 などを参考に著者作成。

(2) 廃止の理由

 これまでの説明から明らかなように，カナダにおける相続・贈与税の変遷はきわめて複雑である。オーストラリアの場合と同様，連邦と州で二重の課税が実施されていたからである。以下では，相続・贈与税が何故廃止されたのか，その主たる理由を ① 連邦と州に共通の理由，② 連邦独自の理由，③ 州独自の理由，の3つに分類して詳細に見ることとする。

① 連邦と州に共通の理由

(a) 農家や中小企業による批判

 まず，廃止以前において，住民の負担が相当なものとなっていたことを見逃せない。連邦と州を合わせた相続・贈与税負担率（相続・贈与税額の純遺産額に占める割合）を見ると，図4-1から明らかなように，1960年代においては平均して2割程度である。しかし，1968年度の税制改正において，連邦レベルで相続税と贈与税が統合されるとともに税率構造がより累進的に改正された以降負担率は上昇傾向にあり，1971年には25.9％にまで達していた[15]。当時は，特定の資産に対する優遇措置は存在しなかったため，農家や中小企業などから事業

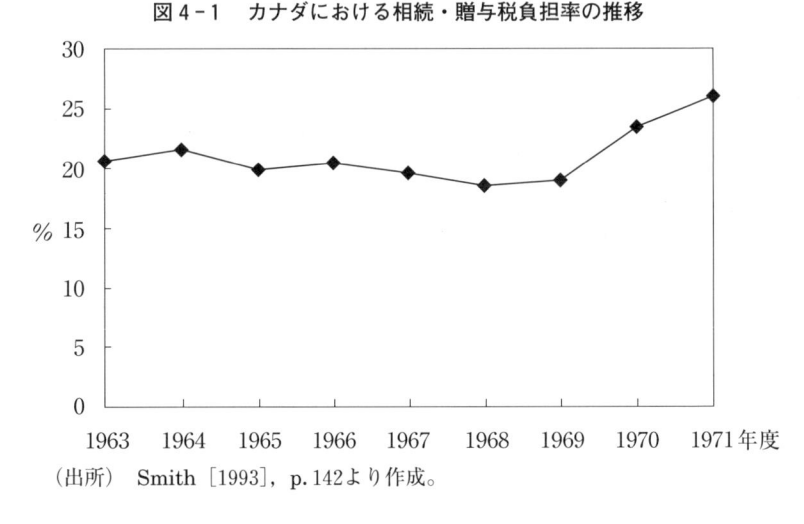

図4-1　カナダにおける相続・贈与税負担率の推移

（出所）　Smith [1993], p.142より作成。

---

15) Smith [1993], pp.141-142.

の継続が困難になるとの批判が集中していた。

(b) **財源としての重要性の低下**

第二に，連邦においても州においても，財源としての相続・贈与税の重要性が低下していたことが挙げられる。このことをまず連邦の場合について見ると，前述のように1964年には州政府への分与割合が連邦相続税額の75％にまで引き上げられたため，図4-2で示されるように，結局71年には，全相続税収額に占める連邦相続税額の割合は約25％でしかなくなっていた[16]。また，表4-4から明らかなように，総税収に占める連邦相続・贈与税額の割合は1960年以降低下している。その結果，連邦政府にとっては，徴税に伴うさまざまなコストに見合うだけの税収が得られないことになり，相続・贈与税の財源としての魅力が薄れてしまった。このような変化に関してベール（Bale, G）は，「州政府が多額の財源を手に入れる一方で，連邦政府は相続・贈与税に関する納税者の憤りの矢面に立たされる，という不安定な政治的状況が生み出された」[17]と指摘している。

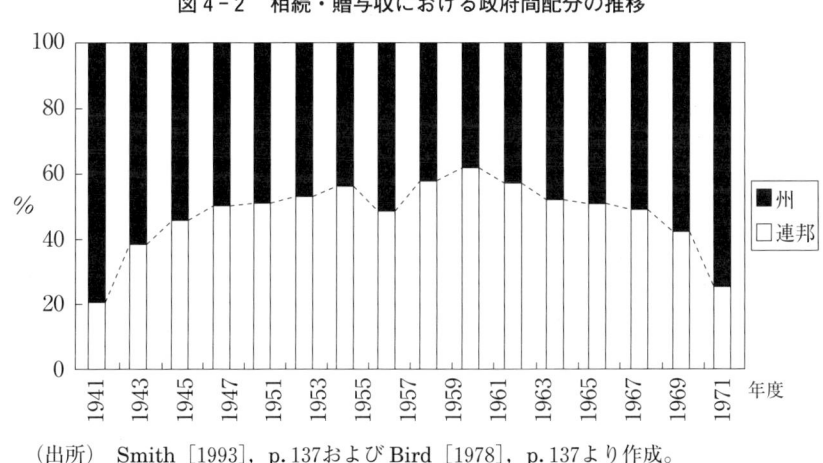

図4-2 相続・贈与収における政府間配分の推移

(出所) Smith [1993], p.137および Bird [1978], p.137より作成。

---

16) Bird [1978], p.137.
17) Bale [1989], p.43.

表4-4 カナダにおける租税構造の推移　　　　　　（単位：％）

	1926年度	1939	1950	1960	1965	1970	1975	1980	1984
\multicolumn{10}{c}{連　邦}
所得税	5.1	9.9	22.0	32.8	32.3	44.3	41.8	41.4	39.9
法人税	9.1	21.1	30.4	22.1	20.3	15.9	18.2	17.9	16.7
社会保障税	-	-	4.2	4.8	4.0	8.9	11.5	12.4	16.6
相続・贈与税	-	-	1.3	1.7	1.2	0.8	-	-	-
間接税	85.8	66.8	40.0	37.3	40.1	28.3	26.9	26.2	25.3
非居住者税	-	2.2	2.1	1.4	2.1	1.9	1.6	2.2	1.6
総　計	100.0	100.0	100.0	100.0	100.0	100.0	100.0	100.0	100.0
\multicolumn{10}{c}{州}
所得税	1.1	5.9	-	3.8	19.4	28.7	33.8	39.8	41.9
法人税	15.9	17.1	24.6	18.6	15.3	10.2	13.6	12.6	8.3
社会保障税	11.4	10.2	10.4	14.0	9.5	15.1	11.3	11.7	11.6
相続・贈与税	18.2	13.9	4.5	3.8	2.9	1.8	0.9	0.2	0.1
売上税	53.4	53.2	60.6	59.9	52.9	44.2	40.4	35.8	38.1
総　計	100.0	100.0	100.0	100.0	100.0	100.0	100.0	100.0	100.0
\multicolumn{10}{c}{地　方}
財産税	91.5	88.6	84.3	86.9	91.9	88.8	88.1	83.7	84.9
その他	8.5	11.4	15.7	13.1	8.1	11.2	11.9	16.3	15.1
総　計	100.0	100.0	100.0	100.0	100.0	100.0	100.0	100.0	100.0
\multicolumn{10}{c}{全政府}
所得税	2.8	6.1	15.4	21.9	23.7	33.0	34.4	35.7	36.0
法人税	6.7	14.0	25.6	17.6	15.8	11.8	14.6	13.8	11.6
社会保障税	1.5	2.2	4.8	5.6	4.9	9.7	10.1	10.6	12.8
相続・贈与税	2.3	3.0	1.7	1.7	1.5	1.0	0.3	0.1	-
間接税	53.3	47.6	40.6	37.2	38.5	31.1	29.6	28.5	28.9
非居住者税	-	1.1	1.5	0.9	1.2	1.0	0.9	1.1	0.8
財産税	33.0	26.1	10.4	15.1	14.4	12.5	10.1	10.2	9.9
総　計	100.0	100.0	100.0	100.0	100.0	100.0	100.0	100.0	100.0

（出所）　Musgrave, et al ［1987］, pp. 298-299.

次に州のケースについて見ると，同じく表4-4から明らかなように，連邦の場合と同様，州においても総税収に占める相続・贈与税額の割合は次第に低下している。すなわち，1926年度には18.2％だったものが，1984年度には0.1％にまで低下している。これは，もっぱら所得税の増加によるものであったが，徴税コストを考えると課税が非効率なものとなっていた。

(c) **租税ジャングルの再現**

第三に，1964年にブリティッシュ・コロンビア州が課税を再開したことに加えて，1967年および1969年に，アルバータ州およびサスカチュワン州が連邦から分与された額の住民への還付を決定したことで，州ごとに完全に制度がばらばらな，租税協定以前のいわゆる「租税ジャングル（tax jungle）」の状態に逆戻りしたことが指摘されている。

このことは，納税者のレベルで見れば，連邦と州とでシステムが異なるのみならず，独自の課税を行っている3州（ケベック，オンタリオ，ブリティッシュ・コロンビア）においても課税方法が異なるため，財産計画（estate planning）の策定を困難にしていた[18]。また，連邦のサイドから見ると，租税賃貸協定以降安定的であった資産移転課税のシステムをついに維持できなくなったことを意味した。ただし，カーター（Carter, G. E）によれば，この理由は連邦にとってそれほど強力なものではなかったと指摘されている[19]。

② **連邦独自の理由**

連邦が相続・贈与税の分野から撤退した最大の理由は，1971年度の税制改正において，キャピタル・ゲイン税が新たに導入され，しかも発生ゲインが永久に課税から免れることを防ぐため，夫婦間移転の場合を除き，贈与および遺贈時におけるみなし実現課税の実施が検討されたことと関係している。

すなわち，もしみなし実現課税が実施されれば，相続・贈与時に2種類の税が課されることになるため，負担の増加をもたらすから好ましくないとの批判が巻き起こった。カナダにおいては，連邦相続税およびみなし実現課税の納税義務者は両方とも被相続人であるが，被相続人が死亡後は，相続税と併せて相

---

18) 詳細は，Hartle [1988], pp. 61-62参照。
19) Carter [1973], p. 239.

表4-5　連邦相続・贈与税に関する諸議論の概要

	相続・贈与税	キャピタル・ゲイン課税
カーター報告	廃止して包括的所得税を実施（課税単位は家族とする）。	贈与・遺贈時におけるみなし実現課税の導入を勧告。
1968年度税制改正	存続。 ・夫婦間移転を免税。 ・累進税率構造の強化。 ・相続・贈与税の累積課税を実施。	―
税制改革白書 （1969年）	存続。	贈与時のみなし実現は認めるが，死亡時には認めない。
1971年度税制改正	廃止。	贈与・遺贈時におけるみなし実現課税を導入。

（出所）　Helliwell [1970], Royal Commission on Taxation [1966], Smith [1993] を参考に作成。

続人が実際に納税を行うことになるからである。

　これにより，1972年度からは実際に，贈与・遺贈時におけるキャピタル・ゲインのみなし実現課税と引き換えに相続・贈与税が廃止されたわけであるが，そもそも1971年度税制改正の出発点となったのは，1966年に公表されたケネス・カーター（Kenneth LeM. Carter）を委員長とする『王立税制委員会報告書（カーター報告）』である。カーター報告は公表後さまざまな波紋を呼んだが，その後の議論として重要なのは，1968年度の税制改正および1969年の『税制改革白書（White Paper on Tax Reform）』である。表4-5はそれぞれの概要を示したものであるが，以下では，1971年度の税制改革に至る経緯を簡単に振り返ってみたい。

(a)　**カーター報告**

(イ)　**現状評価**[20]

　報告書では，まず当時の相続・贈与税の現状に関して次のような評価を下している。

---

20) Royal Commission on Taxation [1966], pp. 472-476.

第一に，相続・贈与税および所得税は，すべて個人の富の増加および経済力の発生と関係している。したがって，統合された税制の下で整合的に課税が行われるべきである。

　第二に，贈与税においては，贈与者の前年度の課税所得に応じた控除が毎年認められており，この年次控除の額が相当なものとなっている。したがって，贈与を複数年に亘って行うことで，ほとんどのケースにおいて税がかからないようになっている。

　第三に，カナダの相続税はアメリカと比較して，特に相続規模が小さい場合や夫婦間移転の場合に負担が重くなっている。

　第四に，相続・贈与税が連邦の総税収に占める割合は確かに低いが，相続・贈与税の廃止による代替財源のあり方には注意を要する。具体的には，すべての納税者を対象に所得税額を一定割合増加させるのではなく，5,000ドル以上の所得を有する納税者にのみ負担を求めることが，公平性の観点からは望ましい。

　㈹　**提言の概要**

　カーター報告の基本的立場は，相続・贈与税を廃止し，相続・贈与を他の種類の所得と同様に受贈者の課税ベースに含め，包括的所得税を実施すべきだというものである。その上で，相続・贈与に対する具体的な課税方法としては，おおよそ次のような方式を提言した。

- 所得税の課税単位は家族とするが，この家族単位の構成員の間（夫婦間，親と経済能力のない子供との間）での相続・贈与は，原則として免税とする。財産は夫婦で協力して形成されたものであるし，また，経済能力のない子供は担税力を有しないからである。
- 課税ベースは，遺産管理費用などの合法的経費を除いた純相続・贈与額とする。
- 税率は，他の種類の所得に適用されるものと同一とする。
- 相続・贈与による税負担の変動を避けるために，最長5年間に亘る平均化（averaging）を認める。
- 控除については，税務行政上の理由から少額の贈与を除外するために

認められる若干の控除に加えて，子供の自立を手助けする目的で，一生を通じた生涯累積控除（5,000ドル）を新たに設ける。

・　財産の評価は公正市場価値（Fair Market Value）[21]で行う。

以上のような方式のもとでは，贈与・遺贈時にキャピタル・ゲインのみなし実現課税が行われることになるが，これには，カーター報告では実現キャピタル・ゲインのみが課税対象とされたため，凍結効果の発生を防ぐ目的があったことにも注目しなければならない。この点に関して，同報告書では次のように述べられている。

「納税者の公平の観点から，また，『凍結効果』による経済的損失を減少させるために，ある個人が贈与を行ったり，あるいはカナダ在住を放棄した場合には，彼の所属する家族単位間での贈与もしくは遺贈の場合を除き，財産の処分が行われたとみなすべきことを勧告する。同様に，ある個人が死亡した場合にも，彼の属する家族単位間での財産移転の場合を除き，（財産の処分が）実現されたとみなされるべきである。さらに，成人した子供が，以前彼が属していた家族単位から財産を受け取る場合にも，その家族単位によって財産の処分が行われたとみなされるべきである。みなし実現もしくは実現により発生した純利得もしくは純損失は，そのような処分を行ったとみなされる個人の課税ベースに含められるべきである。彼は，我々が提言する平均化の措置を利用することができるだろう……」と[22]。

(ハ)　**サイモンズとの比較**

ところで，以上のようなカーター報告の基本的理念はサイモンズ（Simons, H. C）の思想に基づいている。

サイモンズ[23]は，所得税においては，異なる所得間での公平よりも個人間での公平を確保することが重要であり，もし，ある種類の所得のみが別個に課税されたとすると，同じ額の所得を有するがその種類の異なる人々の間で不公平

---

21)　公正市場価値は，自らの意思で進んで購入しようとする者が，自らの意思で進んで売却しようとする者に対して支払う金額を意味する。Royal Commission on Taxation [1966], p.500参照。

22)　Royal Commission on Taxation [1966], p.51.

23)　Simons [1938], chap. 6 および chap. 10。

が発生する。したがって，相続・贈与を所得に含めることによって個人間での公平が促進されると考えた。さらに，相続税の再分配効果はあまり大きくなく，また，当時のアメリカの相続・贈与税は租税回避が発生しやすいシステムとなっていたから，相続・贈与税を廃止したとしてもさほど失われるものはないとした。

しかし，現実には，大規模な資産移転が徐々に行われる場合には，包括的所得税の下ではトータルの税負担がかなり軽減されることになる。したがって，「我々の提案は，既存の相続・贈与税に大きな変化を要求するが，決してその廃止を求めるものではない。我々は，所得として無償収入（gratuitous income）への課税の必要性を認めるし，また，相続に対する基本的課税形態として所得税に賛成する。しかし，追加的課税の必要性もまた大きいのである。相続や贈与による財産の蓄積に対する課税は，企業経済に悪い影響を与えないし，また，相続・贈与によって発生する所得に対して重い税を課することは，一般に大衆の支持を受けるであろう。したがって，相続がある特定年度に集中する納税者に対して何らかの軽減措置が必要なように，安定的かつ漸進的で長期的に行われる移転の優位性を減少もしくは排除するような追加的課税が求められるのである。……」[24]と述べ，資産移転に対しては所得税の追加的課税として，
(i) 相続税と贈与税とを統合して，受贈者に対する累積課税を実施すべきこと，
(ii) 所得税との間で発生する二重課税の問題については，所得税として支払った分を相続・贈与税の分から税額控除することにより対処すべきこと，を提言している。

以上から明らかなように，カーター報告は，包括的所得税を支持したという点で確かにサイモンズに忠実であったが，所得税とは独立に資産課税としての相続・贈与税の重要性を全く認めていない点においてサイモンズとは異なるのである。バード（Bird, R. M）はこの点に関して，「委員会は，相続税の社会的目的に全く注意を払わず，所得として贈与や相続を課税することが，資産移転に対して独立税を課することよりも果たして『望ましい』方法かどうかの検討

---

24) Simons [1938], p. 144.

を行わなかった」[25]と批判している。

(ニ) **カーター報告への反応**

カーター報告の内容はかなりショッキングなものであり、世間の大きな反響を呼んだ。前述のようにカーター報告では、カナダ在住を放棄した場合や、子供が経済力を有し独立した課税単位を形成するようになった場合などには、キャピタル・ゲインのみなし実現課税が行われることになっている。しかし、それに対しては、そのような課税により平均的なカナダ人の多くが損害を被るとの批判が沸騰した[26]。さらに、以下のような事柄が問題とされた。

第一に、相続・贈与時におけるキャピタル・ゲインにみなし実現課税が適用されることにより、制度が複雑になり国民にとって財産計画の必要性が増すと考えられるが、結局、少額の相続・贈与を受ける人々が損をし、入念な財産計画を練れる大資産家ほど得をすると考えられる。

第二に、勧告内容に従うと民間の資本蓄積が阻害され、経済成長に悪影響を及ぼすだろう。

(b) **カーター報告後の税制改正の動向**

さて、カーター報告を受けて現実の税制改正がどのような方向に動いたかを次に見よう。まず注目すべきは、1968年度の税制改正である。そこでは、夫婦間移転の免税およびそれに伴う税収減を補償するための累進税率構造の強化、相続税と贈与税の短期累積課税（3年間）から生涯累積課税への移行などが実施され、カーター報告の内容は全く無視される結果となった。

同様な傾向は、1969年11月に公表された『税制改革白書（White Paper on Tax Reform）』においても継続した。すなわち白書では、(イ)課税単位を家族とすること、および相続・贈与を所得に含めることが両方とも拒否されると同時に、

---

25) Bird [1971], p.23参照。カーター報告は、人的資本の課税が困難であるという理由で、そもそも課税ベースとして資産を選択することに反対している。また、資産そのものに対する課税として経常純資産税について若干ふれているが、そのような税は貯蓄を阻害するから望ましくなく、租税体系における累進性を確保するという観点から見ても、包括的所得税の実施で十分であると述べている（Royal Commission on Taxation [1966], pp.27-28参照）。

26) Hartle [1988], pp.65-66.

㈻ キャピタル・ゲインのみなし実現課税は，贈与時もしくはカナダ在住の条件が満たされなくなった場合には実施されるが，死亡時には認められない，こととされた[27]。

このような「税制改革白書」に対する国民の反応はどのようなものだったのであろうか[28]。

第一に，建設業やトラック運送業に代表される家族企業の経営者や農家などから，二重課税であり事業の継続を危うくするとの批判が巻き起こった。

第二に，投資ディーラー協会からは，貯蓄を抑制するから相続税を廃止すべきだとの意見が出された。他方，生命保険協会および保険産業に関連の諸団体は，相続税の継続を希望した。相続税の存在は，生涯生命保険プランの存在を魅力的なものとしていたからである。

第三に，死亡時におけるキャピタル・ゲインのみなし実現課税が見送られたことにより，負担回避のため資産贈与を凍結するインセンティヴを納税者に与える可能性が高い，と指摘された。

結局，大方の意見は，白書の提案は国民に過重な負担を強いることになるから，相続・贈与税とキャピタル・ゲイン税の調整が必要だというものであった。そして，具体的な調整方法としては，相続・贈与税を廃止する意見が大勢を占めた。すなわち，「資本増価に対するキャピタル・ゲインは，資産移転に対する課税である相続・贈与税とは種類が異なるが，2つのシステムがあまりにも厳しく働き，どちらかを放棄せずにはうまく機能しない」[29]状況を形成していたところに白書の最大の問題点があったと言えよう。

③ 州独自の理由

州独自の理由としては，国内における租税競争の問題がある。すなわち，他の州への資本逃避を恐れた各州は，1973年にプリンス・エドワード・アイランド州で廃止が決定されて以降，相続税を減税もしくは廃止する行動を加速した。

---

27) Bucovetsky & Bird [1972] および Helliwell [1970] を参照。
28) 以下は，Hartle [1988], pp. 67-72参照。
29) Hartle [1988], p.71.

ブリティッシュ・コロンビア州は1977年に相続税を廃止したが，それに関して当時の大蔵大臣は次のように述べている。「ブリティッシュ・コロンビア州に投資されていたはずの資本がこれまで他州へ投資されてきた。したがって，相続税の廃止は，わが州に対する投資を促進するために企てられたものである」[30]と。

（3）廃止に対する評価

さて，カーター報告以降1971年度の税制改正に至るまで，前例のないほど多くの人々が議論に参加し，結果として，相続・贈与税の廃止は国民の多数から好意的に迎えられたといってよい。しかし，廃止に関しては全く問題がなかったわけではない。そこで，以下では，相続・贈与税の廃止がどのように評価されたかを見よう。

① バードの分析

相続・贈与税の廃止を最も痛烈に批判したのはバード（Bird, R. M）である。ここでは特に，廃止の理由と指摘されている前述のいくつかの事柄に対する彼のコメントに注目しよう。

第一に，相続・贈与税と贈与・遺贈時におけるキャピタル・ゲインのみなし実現課税は二重課税ではない，と反論している[31]。そのことを説明するために，彼は次のような例を挙げている。

「配当を受け取りそれを死ぬまで貯蓄する人は，所得税と相続税の両方を支払うが，価値の増加する財産（growth stocks）を所有している人は，それによって経済力を増加させることが可能であるにもかかわらず，相続税しか支払わない」。

つまり，同じ金額を異なる形（フローとしての所得orストックとしての資産）で保有する2人の納税者の間での水平的公平を確保するためには，みなし実現課税の存在が重要であると主張している。そして，実際の納税の際に発生する流動性の問題に関しては，延納制度の活用を促進することや，キャピタル・ゲ

---

30) Bird [1978], p.140.
31) Bird [1989], pp.19-22.

インのみなし税を支払った後の財産（遺産）に対して相続税を課税すること，などにより対処可能であるとしている。

第二に，資産移転課税の存在が農家や家族企業の継続を危うくするという指摘に対して，家族経営企業は非効率な場合が多いから，税の支払いのために売却が強いられることによりむしろ経営の効率化につながること，事業承継を困難にする理由としては相続・贈与税のほかにもさまざまな要因があること，などを指摘している。以上の彼の指摘は，後述するマロニーの指摘と全く同様である。

第三に，州間での租税競争の問題に関しては，州間で制度が異なることにより多くのトラブルが発生する可能性については認めているが，相続・贈与税が原因となりカナダ国内で資本逃避が発生したという事例はあまりない，と主張している。

② ボソンズの分析

1971年度の連邦税制改正の経済効果を詳細に検討したボソンズ（Bossons, J）の分析によれば，次のような事柄が明らかにされている[32]。

第一に，連邦レベルにおける相続・贈与税の廃止と贈与・遺贈時におけるキャピタル・ゲインのみなし実現課税の実施は，これから新たに資産を蓄積しようとする者から，評価日以前に蓄積された資産の相続人への再分配を意味する。したがって，資産再分配の観点からは望ましくない。

その理由は，みなし実現課税は，1971年の12月に設定されるであろう評価日以降に発生するキャピタル・ゲインにしか適用されないから，相続・贈与税廃止によって，それ以前に蓄積された財産の所有者には，偶発的利益が与えられることになるからである。

すなわち，すでに資産を蓄積した者を優遇するのに対して，これから新たに資産を蓄えようとする者に対してはペナルティーを課すことになるのである。評価日以前に蓄積された資産に対する相続・贈与税廃止による減税効果は，約20万人の資産家にほぼ41億ドルの所得移転を行うのに等しいとされている。ボ

---

32) Bossons [1971] および Bossons [1973] 参照。

ソンズは，その偶発的利益を吸収するためには，資本課徴（capital levy）を実施することが望ましいと主張している。

第二に，相続・贈与税廃止の民間投資に与える（促進）効果は小さいが，みなし実現課税の実施は，大規模なキャピタル・ゲインをもたらすようなリスクのある投資を抑制する可能性が高い。

第三に，相続・贈与税の廃止および贈与・遺贈時におけるキャピタル・ゲイン課税の実施は，連邦政府にとっては税収増加をもたらすが，州政府にとっては，逆に税収低下効果が大きいと予想される。このことは表4-6から明らかであろう。相続税からキャピタル・ゲインの贈与・遺贈時におけるみなし実現課税への変更は，州にとってみれば，以前は相続税収総額の75％が分与されていたのに対して，改正後は，みなし実現課税による総税収の23.4％しか獲得できないことを意味したのである[33]。

表4-6 相続税廃止およびみなし実現課税の税収効果

(単位：100万ドル)

年度	みなし実現課税からの税収 (1)	相続税が存続した場合の税収 (2)	ネットの税収 (1)-(2)
1972	31 (10)	57 (170)	-26 (-160)
1982	289 (88)	93 (277)	196 (-189)
1992	555 (169)	151 (452)	404 (-283)
2002	931 (285)	246 (736)	685 (-451)

(注) 数字は，上段が連邦政府の，下段が州政府の場合をそれぞれ示している。
(出所) Bossons [1971], p.56.

③ カーターの分析

カーター（Carter, G. E）は，政府間財政関係の観点から，資産移転課税の廃止は，多くの州にとって，それによって発生する減収分よりも，連邦から州へ

---

33) Carter [1973], p.244.

給付される平衡交付金（equalization payments）の減少効果の方が大きいことを指摘している[34]。平衡交付金の算定要素の中に，州相続税額（独自に課税を行っている州の場合）もしくは連邦からの分与額が含まれており，連邦および州における資産移転課税の廃止は，結果としてこの平衡交付金の給付額に影響を与える仕組みとなっていたからである。

④ ベールの分析

ベールは，贈与・遺贈時におけるキャピタル・ゲインに対するみなし実現課税の導入後の推移を分析している[35]。

それによれば，贈与・遺贈時におけるみなし実現課税は，その後の税制改正により次第にその効果が減殺されてきた。すなわち，まず1973年には，子供に移転される農地および農家の償却資産について免税とされた。また，1978年には，家族経営企業の発行する株式およびそれ以外の中小企業の発行株式に関しても，そのキャピタル・ゲインについて延納が認められることになった。

さらに，その後には，農家と中小企業に対して，生涯キャピタル・ゲイン控除（lifetime capital gains exemption）が50万ドル認められることになった。もっとも，その見返りとして中小企業等に対する1978年の措置は廃止された。

以上の流れに関して，ベールは次のように述べている。「農家と中小企業の人々は，所得税法における優遇措置をこれからも求め，そして実際に獲得していくであろうが，それはまさに資産移転課税において過去に見られたものと全く同じ圧力である」[36]と。

---

34) Carter [1973], p. 242.
35) Bale [1989], pp. 45-46参照。なお，カナダにおけるキャピタル・ゲイン課税の歴史的分析については，Richardson & Moore [1995], pp. 77-99も参照。
36) Bale [1989], p. 46.

II. 相続・贈与税の意義

1. オーストラリア

オーストラリアにおいては，1980年代以降，所得税制における節税や脱税行為が相当程度行われており[37]，資産移転課税の廃止と合わさって租税体系における累進性を大きく低下させていた。そのため，節税や脱税で税を逃れた所得を捕捉する手段として，経常純資産税や相続・贈与税に対する関心が高まった。そこで，以下ではもっぱら80年代に行われた，人的資産課税をめぐる議論に焦点を当てることとしよう。

(1) ペドリックの提言[38]

オーストラリアにおける資産移転課税の意義はどのような観点から評価されるべきであろうか。これに関して，ペドリック (Pedric, W. H) は次の3点を指摘している。

第一に，アメリカやイギリスほどではないが，オーストラリアにも富豪が存在しており，かなり富が集中している。上位1％の人々が家計資産全体の25％を，上位5％が約50％をそれぞれ保有しているとの研究もある[39]。しかも，その財産に占める相続・贈与の割合はかなり高いものと推察される。このような富の集中は本当に是正されたのであろうか。もしそうでないとしたら，相続・贈与税および経常純資産税の意義は大きいと言わざるをえない。

第二に，所得課税の補完的役割を果たすものとして，相続・贈与税や経常純

---

37) 詳細は，米原・矢野［1989］，176頁参照。
38) Pedric［1981］参照。
39) オーストラリアの資産分配に関する詳細は，Piggott［1984］およびPiggott［1988］を参照。ピゴットは，先行研究のサーベイを行い，①上位1％の成人が全体の25％を，また5％および10％が，50％および60％をそれぞれ保有していること，②上位1％の成人に保有されている資産の割合は，第一次世界大戦以降減少傾向にあること，などを指摘している。

資産税の存在は重要である。

　第三に，財源という側面から見れば，相続・贈与税は確かにあまり魅力的ではない。しかし，資産移転課税の主目的は，富の集中排除および機会均等を促進することであって，財源確保はあくまで副目的にすぎないと考えるべきである。

　以上のような点を考慮すると，人的資産課税の存在意義は大きいというのがペドリックの結論である。ただし，経常純資産税の実施は，税務行政上管理が困難なこと，世代間移転に関して有効でないこと，相続・贈与税よりも勤労意欲や貯蓄意欲などに対する影響が大きいことなどの理由から望ましくないとして，資産移転課税の復活を支持している。

　もっとも，廃止以前のシステムには問題が多いため，課税方法の改善が必要であるとし，次のようなシステムを具体的に提言している。

- 生前贈与による租税回避に対処するため，相続税と贈与税を完全に統合し，生涯累積贈与者課税（cumulative lifetime donor's tax）を実施すべきである。
- 課税主体は連邦とし，州および地方政府に対する歳入分与システムを設ける。
- 上位5％の大規模な相続に課税が限定されるよう基礎控除を高く設定すべきである。さらに，基礎控除についてはインフレ調整を行い，また，公的慈善活動への移転や夫婦間移転は免税とする。
- 税率構造は，所得税と同様のゆるやかな累進課税とする。
- 税収は，社会の恵まれない人々のために利用するものとする。すなわち，福祉目的税的性格を持たせる。
- 租税回避を抑制するために，課税ベースはできるだけ広くし，また，罰則規定をできるだけ細かく設ける。

（2）オーストラリア税制改革草案白書[40]

　これに対して，1985年に公表された税制改革草案白書においては，もっぱら連邦税としての相続・贈与税のあり方が検討され，以下の2つの結論が導かれ

ている。

　第一に，もし資産移転課税を再び実施するとしたならば，次のような方式が望ましいとされている。

- 特定の種類の資産に対する免税措置は控え，すべての資産に対して一律の控除で対処する。
- 課税単位は，原則として個人とする。ただし，夫婦間での移転に関しては，何らかの軽減措置を設ける。
- 生前贈与を頻繁に行うことによる租税回避を避けるためには，相続税と贈与税を統合し，累進税率構造を有する生涯累積課税を実施することが望ましい。

　第二に，以上のような方式で課税を行ったとしても，それによって得られる税収は，たかだか1975年度当時と同水準である。したがって，財源確保という側面から見てあまり期待できないから，相続・贈与税の復活は連邦政府にとって魅力がないだろう，と指摘されている。

　さて，以上で示されたペドリックおよび税制改革草案白書の立場は，前者が相続・贈与税の復活に対して肯定的であるのに対して，後者はどちらかというと否定的である。しかしながら，もし復活させるとしたならば，いずれも相続税と贈与税を完全に統合した生涯累積贈与者課税を，連邦レベルで実施することをそのベースとしている点で共通している。ただし，両者の相違点は，農家や中小企業などの特定の集団に対する優遇措置を認めるかどうかにある。

　まず，ペドリックは，ある資産の収益率が他の資産のそれと比較して著しく低い場合においても，それを理由に直ちに資産移転課税を廃止すべきではない。経営の非効率を発生させる可能性があるが，原則として，評価の際に軽減措置を採ることにより対処すべきだとしている。これに対して，そのような軽減措置の実施は，資本還元を通して資産価格の上昇につながり税負担の増加をもたらすから，結局，軽減措置のメリットは喪失する。したがって，特定集団の軽減措置は効果がない。流動性の問題については利子付きの延納制度を活用

---

40) Australia [1985], pp. 180−181.

すべきだ，というのが税制改革草案白書での立場である。

(3) サンダース[41]

サンダース (Saunders, P) は，租税体系における公平性を確保するためには，資産移転課税と経常純資産税の両方が必要であるとしている。

すなわち，第一に，資産格差を是正するためには資産移転課税が必要だとしている。ただし，その形態としては，相続税と贈与税を完全統合した生涯累積贈与者課税が望ましいとしている。

第二に，資産移転課税と経常純資産税は代替税ではなく，水平的公平を確保する手段として経常純資産税の存在は重要であると主張している。

第三に，人的資産課税を行う前提として，資産分配の状況や資産格差における相続の役割に関する統計的分析の重要性を強調している。

しかしながら，以上の事柄の実施に際しては税務行政コストや政治的圧力などの障害があるから，それを乗り越えるための強い政治的意思が必要であるとしている。

2．カナダ

相続・贈与税の廃止以降，カナダにおいては資産課税が税制改革論議の表舞台に登場することはなかった。しかし，1990年代に入りオンタリオ州で新保守主義政権 (New Democratic Party) が誕生して以降，資産移転課税の復活が議論されるようになり，それを契機として再び人的資産課税をめぐる議論が沸き起こった。

以下では，相続・贈与税廃止以降，もっぱら1990年代までのカナダにおける資産移転課税をめぐる主たる議論を，その必要性を支持する立場と，実施に対してどちらかというと慎重あるいは懐疑的な立場をとるものとにわけて整理してみよう。

---

41) Saunders [1983].

(1) 支持論

資産移転課税の必要性を強調する議論を見ると，その根拠としては，①機会均等の実現および資産格差是正，②租税体系における累進性の向上，③その他，の3つに大きく分類することが可能である。

① 機会均等の実現および資産格差是正

まず，機会均等の実現を強調する議論としてHartle [1988] がある。ハートルは，次のように述べている。「相続税は，機会均等の観点からのみ認められるべきである。カナダも階級化社会であるが，西欧ほどひどくはない。カナダ人の若者の多くは労働者階級に生まれているが，そこから抜け出せるチャンスがないとは考えていないし，また，余生を遊んで暮らせるほど充分な資産を保有しているとも思っていない。……相続財産の有無，生まれ育った家庭環境による文化的・社会的優位性および劣位性の違いこそが問題なのである……私の願いは，世代間移転に関する税制の問題が真正面から論じられることである」(Hartle [1988], pp. 420-421) と。

さらに，ボソンズは，相続・贈与税廃止の影響を前述のように分析し，「相続税は，貯蓄や投資に対する悪影響をもたらすことなしに資産再分配を実施可能な唯一の税である」(Bossons [1973], p. 154) と述べている。

② 租税体系における累進性の向上

租税体系における累進性を向上させる観点から相続・贈与税の復活を主張する代表的な議論はVermaeten, et al [1995] に見られる。彼らは，カナダにおける過去約40年間 (1951～1988年) の租税帰着分析を行い，以下のような事柄を指摘している。

(a) 家計の平均租税負担率は27%から34%に上昇したが，それほど劇的に変化したわけではない。したがって，財政赤字削減のためには，歳出削減も必要であるが，増税の余地も残されている。

(b) 最も貧しい10%の家計と最も裕福な2%の家計の負担は減少している一方，41～90%の間 (中および中の上の階層) にある家計の負担が増加している。

(c) 1988年において，最も裕福な階層で累進的となっている以外は，負担構

造はほぼフラットとなっている。
(d) 租税システムにおける，水平的公平および垂直的公平を促進させる努力が必要である。すなわち，現在全く課税されていないか，もしくは十分に課税されていないもの（相続・贈与，主たる住居のキャピタル・ゲイン，帰属地代等）が公平を低下させている。したがって，主たる住居に発生するキャピタル・ゲインや登録年金プラン，登録退職貯蓄プランへの課税，相続・贈与税の再導入などによって税体系の累進性が増すだろう。また，消費課税（売上税や個別消費税，物品税）や財産税の税額控除を拡大することによって，逆進性が緩和されるだろう。

③ その他

以上の二つの根拠が混在した議論，あるいはそれ以外の目的が含まれたものとして，Bird［1971］およびBird［1978］，Ontario Fair Tax Commission［1993 a］，Maloney［1991］，Mintz［1991］などがある。

まずBird［1971］は，機会均等を犠牲にして資産格差を拡大させること，および租税体系における累進性を低下させるという理由で，相続税の廃止は望ましくないとしている。また，たとえ所得税を補完するために低税率の経常純資産税が導入されたとしても，それだけでは富の集中排除は十分実現されないから，特に大規模な遺産を対象とした相続税の強化が必要であると述べている。

また，公平な税制のあり方を求めて1991年にオンタリオ州で設立された委員会（Ontario Fair Tax Commission［1993 a］）は，人的資産課税の長短所を理論的に考察し，個人に対する経常純資産税と資産移転課税の導入の可能性について検討を行っている。そして，次のような結論を導いている。

(a) 経常純資産税よりも資産移転課税の方が望ましい。後者の方が前者よりも，(イ)負担配分構造が累進的であること，(ロ)徴税コストが低いこと，(ハ)貯蓄阻害効果が小さいこと，などがその理由である。

(b) 連邦レベルもしくはすべての州において統一的に資産移転課税を実施すべきである。その理由としては，財源として期待できること，資産格差是正に役立つこと，単独の州での実施は他州への資本移動をもたらす可能性

が高いこと，などが指摘されている。

さらに Maloney［1991］は，租税体系における累進性を高めるためや，富の集中排除および機会均等を実現するために，人的資産課税の実施が必要であると主張している。その理由として彼女が指摘しているのは，以下の3点である。

第一に，後述のデービーズの指摘から明らかなように，カナダにおいては資産格差が大きい。

第二に，資産家の多くがその財産を相続によって獲得していると考えられる。

第三に，相続・贈与税に関しては，税収として期待できないことが問題となるが，税収確保よりも公平の達成の方がより重要である。

最後に Mintz［1991］は，租税体系における資産課税の役割を理論的に検討し，結局，課税ベースとして所得を重視しようがあるいは消費を重視しようが，現行のカナダ税制において資産移転に対する課税が存在しないのは，効率および公平の両側面からおかしいとの結論を導き出している。ミンツのこの議論は，課税ベース論を出発点としている点でこれまでの議論とは性格を異にする。

（2）慎重論

資産移転課税の復活に否定的もしくは慎重な立場をとる議論として，Banting［1991］を取り上げよう。彼がなぜそのような立場をとるのか，その理由は以下のとおりである。

第一に，資産移転課税は，政府の財源としてあまり期待できないと考えられることである。

第二に，19世紀後半に相続・贈与税が導入された頃とは，資産移転課税をとりまく外部環境が大幅に変化していることである。すなわち，第二次世界大戦以降，農地価格が大幅に上昇し農家の租税政策への関心が高まったこと，税制問題に関する中小企業の堅い政治的結束が築かれたこと，中流階級の増加によって相続・贈与への期待が拡大したこと，などの現象が発生し，現在では資

産課税に対する反対勢力が構築されている。また，国際競争の激化により，資本の海外流出の可能性も高まってきている[42]。

第三に，1980年代以降，国民の信頼が政府から市場へと移ってきており，カナダ社会においては現在のところ，機会均等や資産再分配が，社会の重要な目標として国民にさほど認識されていないことである。

もっとも，以上のようなバンティングの指摘に反論することは可能である。特に，2番目の指摘のうち，農家や家族経営企業の政治的圧力の問題に関してはさまざまな議論がある。彼らがなぜ資産移転課税に反対するかというと，課税により資産の売却を余儀なくされ，事業の承継が危うくなることに大いなる不安を感じているからである。

しかし，この点に関しては，以下のように Maloney [1991] が明晰な分析を行っている。

第一に，資産移転課税がそのような効果をもたらしたという確かな証拠はない[43]。事業の継続が危うくなる要因としては，むしろ，経営者の経営能力の欠如，放蕩息子の存在，事業への無関心などが重要である。

第二に，もし課税により資産売却が余儀なくされ事業承継が危うくなるとしても，それを理由に，農家や家族経営企業に過度の優遇措置を与えることは，投資の中立性を歪めるだろう。さらに，税制上優遇されていることにより，農業経営や企業経営に無知な人々によって資産が保有し続けられるならば，資産の最適利用の観点から望ましくない。もっとも，逆に当初効率的な経営が行われていない場合には，むしろ他人への資産売却が促されることによって資源配分の効率化につながることも考えられる。

第三に，優遇措置によって農家や中小企業の資産に対する需要が増大し，資

---

42) 連邦と州レベルで二重に課税が行われていた1940年代から1960年代までの間，課税から逃れるため，多くの資産家が海外に居住を移転したと指摘されている。Smith [1993]，p.160参照。
43) もっとも，1970年および1971年にオンタリオ州で行われた相続に関する調査によると，相続税を支払うために資産を売却すると答えた人の割合は，農家で4.6%，家族企業で6.1%となっている。詳細は，Ontario Fair Tax Commission [1993a]，p.386参照。

表 4-7 オンタリオ州における相続税の自主財源に占める割合

(単位:%)

年度	1967	1968	1969	1970	1971	1972	1973	1974	1975	1976	1977	1978	1979	1980	1981	1982	1983
割合	2.9	2.5	2.4	2.0	1.9	1.6	1.5	1.4	1.1	0.8	0.7	0.7	0.5	0.4	0.2	0.1	0.1

(注) 廃止されたのは1979年4月である。
(出所) Smith [1993], p.150.

産価格の上昇が起こるならば,事業経営に能力と意欲を有するが資金のない者が事業参入の可能性を奪われてしまうことになるだろう。

また,第一の指摘である,財源としてあまり期待できないという点に関しても,前述のように,オンタリオ州における資産移転課税の復活を検討した委員会の報告書では,デービーズとダフの分析 (Davies & Duff [1994]) に基づきかなりの税収が見込めると予測されている。

すなわち,免税を夫婦間で行われる移転のみに限定し,しかも租税回避行動が全く生じないとするならば,基礎控除水準の設定により異なるが,1989年度においておおよそ500(百万)ドル〜1,000(百万)ドルが見込めたはずだとしている。この金額が,1989年度のオンタリオ州の税収に占める割合は,1.24〜2.48%となる。なお,廃止以前の状況は表4-7で示されているとおりである。

バンティングによる第三の指摘は意外である。世界の億万長者に関するフォーブス誌の調査[44]によると,1992年において,カナダには10人の億万長者がいることになっている。この数は,アメリカ (101人),ドイツ (44人),日本 (34人) に次いで大きな数字となっている。したがって,単純にこのデータを見る限りでは,確かにカナダにはアメリカほど資産家はいないということになる。

しかし,カナダの資産分布について実証分析を行ったデービーズは,「1984年において,上位1%もしくは5%の人々の保有する資産の割合は,それぞれ22〜27%,もしくは41〜46%である。……カナダにおける資産分布は不平等度

---

44) Forbes (日本語版), September, 1992, 21頁。

表 4-8　家計資産分配の国際比較

	ジニ係数	上位1％の人々が保有する資産の割合
日　本	0.603（1989年） 0.711（1989年）[1] 0.519（1999年） 0.674（1999年）[1]	20.5％（1986年） 13.9％（1992年）
アメリカ	0.799（1983年） 0.832（1989年） 0.823（1992年） 0.828（1995年） 0.822（1998年）	33.8％（1983年） 37.4％（1989年） 37.2％（1992年） 38.5％（1995年） 38.1％（1998年）
イギリス	0.64（1982年） 0.66（1993年） 0.7（1999年）	18％（1982年） 17％（1993年） 23％（1999年）
フランス	0.65（1982年） 0.64（1992年） 0.64（2004年）	13％（2004年）
カナダ	0.678（1984年） 0.723（1999年）	23％（1984年）

(注)　1) 日本の下段の数値は，純資産のケースを示す。
(出所)　日本〜浜田［2003］,51頁，松浦・滋野［1996］,206頁。
　　　アメリカ〜Wolff［2000］, p.14.
　　　イギリス〜HM Revenue & Customs,"Distrubution of Personal Wealth"（pdf：http：//www.hmrc.gov.uk/cgt/stats/personal_wealth/menu.htm）.
　　　フランス〜Conseil des Impots［1986］, p.18, Cordier, et al［2006］, p.49, p.53, p.54.
　　　カ ナ ダ〜Davies［1991］, p.264および Morissette, et al［2002］, p.30.

が非常に大きく，アメリカの場合よりもほんのわずかましな程度である」と述べている[45]。

　資産分布の集中度を示すジニ係数の値を諸外国と比較すると，表4-8のとおりである。もっとも，表4-8のジニ計数値は，必ずしも統一的な方法で計算されたものではない。例えば，アメリカおよびカナダは純資産を対象として

---

45) Davies［1993］, p.176.

いるのに対して，イギリス，フランスは粗資産を対象としている。したがって，あくまでラフな比較しかできないが，1980年代前半における資産分配のジニ係数は，アメリカが0.799（1983年），カナダが0.678（1984年）となっている。これは，デービーズの発言を裏付けている。

　それにもかかわらず，何故カナダ国民の資産再分配に対する関心がそれほど高くないのかまったく不可解であるが，バードはこれに関して，彼自身前述のように資産移転課税の必要性を強調しながらも，「資産格差の拡大に対する大きな政治的不満のみが，資産課税への関心を再び呼び起こすことができるだろう。しかし，政策の劇的な方向転換でもない限り，カナダにおいては人的資産課税のない状態が当分続くであろう」(Bird [1991], p.330) と述べ，カナダにおいて人的資産課税が日の目を見るためには，政治的状況の変化が極めて重要であるとしている。

（3）相続・贈与税の望ましい形態

　それでは，もし資産移転課税を再び導入するとしたら，その課税形態としてはどのようなものが望ましいのであろうか。資産移転課税を支持する主張においても，この問題に関してそれほど本格的な議論は行われていないように思われるが，それでもいくつかの提言は見られる。

　第一に，課税主体をどこにすべきか，という問題である。この点に関しては，連邦レベルもしくは全国レベルでの統一的な課税が望ましいという意見が多数を占める (Carter [1973], Maloney [1991], Ontario Fair Tax Commission [1993a], Smith [1993], p.171)。例えばカーターは，連邦がキャピタル・ゲイン税と統合する形で，再び相続・贈与税を創設し，それを州に配分する租税分与 (tax-sharing) システムをつくることを主張している。その方が，州レベルで課税される場合よりも州間競争を引き起こさず，また，連邦政府と州政府との間での財政協調 (fiscal harmony) が保たれるとしている。

　第二に，具体的な課税方式に関しては，次のような意見が出されている。

　① **Maloney [1991]**
　彼女は，まず，相続税の課税方式として遺産課税方式と遺産取得課税方式を

比較検討し，遺産税は，遺産取得税よりも課税が容易で多くの税収をもたらすが，逆に，遺産取得税は遺産税よりも再分配効果の面で優れていると分析する。

そして，「再分配効果を重視して遺産取得税を採用することのメリットよりも，遺産税を採用せずに失う税収によって生ずるデメリットの方が大きい。遺産税方式によって得られる追加的税収を，再分配に利用することが可能である」として，基本的に遺産取得税よりも遺産税の方が望ましいと主張している。

さらに，相続税と贈与税を統合し，生涯におけるすべての資本移転に対して統一的な累進課税を実施する方式が最も優れていると述べている。

② Ontario Fair Tax Commission ［1993 a］（chap. 19）

遺産税方式と遺産取得税方式のどちらが望ましいかに関しては明言されていない。ただし，過去の経緯から推察して，もし連邦が課税し租税分与方式が採用されるとしたら遺産税方式が，すべての州で統一的な課税が行われるとしたら遺産取得税方式を，それぞれ念頭に置いていると考えられる。

その他，相続税と贈与税を統合すること，課税対象に主たる住居や年金受給権，生命保険なども含めること，夫婦間での移転は免税とすること，基礎控除の水準を高く設定すること，相続・贈与時におけるキャピタル・ゲインのみなし実現課税の控除は認めないこと，などが提言されている。

③ Mintz ［1991］

すでに述べたように，ミンツの基本的立場は，課税ベースとして所得を重視しようがあるいは消費を重視しようが，いずれの場合においても，所得税あるいは消費税（付加価値税もしくは支出税）の一部として，相続・贈与に対する課税の意義を認めるというものである。ただし，その課税方法については，どのような課税ベースを重視するかによって異なるとしている。

まず所得を重視するならば，相続・贈与も課税ベースに含めた包括的所得税の考え方を基本とすべきである。ただし，相続・贈与に関しては，受贈者（donee）に対する課税を行うべきで，その方が支払い能力に応じた課税が実現されるから望ましい。

次に，消費をベースとした租税体系を想定しよう。まず，間接税タイプの消費税をベースとする場合，遺贈は消費とみなされる。したがって，資産移転に関しては，贈与者（donor）に対する課税が望ましいことになる。直接税タイプの消費税をベースに考える場合も同様で，やはり遺贈が消費であるとみなされるならば，贈与者に対する課税が好ましい。

III. わが国への教訓

以上から明らかなように，オーストラリアおよびカナダにおける資産移転課税をめぐる議論には共通点が多い。

第一に，廃止以前は両国とも連邦と州の2段階で資産移転課税が実施されており，国民の負担がかなりの水準となっていた。

第二に，両国とも廃止の動きは連邦レベルで先に発生し，州がそれに追随する形となったが，州レベルでの廃止は，州間での租税競争により促進された。

第三に，資産移転課税の総税収に占める割合は次第に低下しており，税務行政コストを考慮すると，課税が非効率なものとなっていた。

第四に，農家や家族企業の政治的圧力が，廃止の大きな原動力となった。

第五に，もし資産移転課税を復活させるとしたら，その望ましい形態として，州間での租税競争を回避するために全国レベルで統一的に課税すること，生前贈与による租税逃れを防ぐために相続税と贈与税を統合することなどの他に，遺産税方式での課税を支持する意見が多い。

最後の点に関してベールは，「英米法を基本とした諸国においては，遺言および信託設立の自由が幅広く認められているため，遺産取得税方式よりも遺産

---

46) Bale [1989]，p.49参照。ベールは，遺産税方式が望ましい理由としてこの他にも，①富裕な家計間における世代間資産再分配を促進する目的からは，遺産取得税方式による税収損失は認めがたいこと，②将来的に，課税ベースとして消費を重視するならば，遺産税方式の方が望ましいこと，などを指摘している。

税方式の方が,管理が容易である」[46]と述べている。これに対してわが国の場合,現在のところ遺言の慣習がそれほど普及しておらず,また,遺留分制度[47]により,オーストラリアやカナダよりも遺言の自由は制限されていると言ってよい。さらに,相続税対策としての信託の活用も欧米ほど一般的ではない[48]。

したがって,そもそも相続をめぐる事情がオーストラリアやカナダとわが国とでは基本的に異なるのである。しかし,これまでの議論は,わが国における資産移転課税の意義を考察するうえでのいくつかの視点を提供しているように思える。

第一に,資産移転課税が支持され存続するための経済的条件がいくつか明らかにされている。それは,次のような事柄であると考えられる。

(1) 資産格差が大きいこと。
(2) 資産格差の原因のうち相続・贈与が大きな要因となっていること。
(3) 資産移転課税の再分配効果が大きいこと。
(4) 租税回避の可能性が小さいこと。
(5) 国内における租税競争が発生しないこと。
(6) 海外への資本逃避の可能性が小さいこと。
(7) 資産移転課税の税収が低く,徴税が非効率なこと。

第二に,政治的条件として,(1)資産格差に対して国民が敏感で,機会均等や資産再分配が社会の重要な目標の一つとなっていること,(2)政治的圧力の強い中小事業者や農家の反対を受けないこと,などが示されている。

そこで,以上の諸条件に照らし合わせてわが国の資産移転課税,特に相続税の存在意義について若干の考察を行うこととする。

---

47) 遺留分制度とは,「被相続人の恣意から推定法定相続人を保護するため,被相続人の財産処分の自由に一定割合額の制限を設けて,その割合額だけは相続人に保証しようとする制度」のことである。詳細は,高橋・朝谷・棚村 [2007],第14章を参照。
48) わが国においては,現在相続に関連した信託として,公益信託,生命保険信託,遺言信託,土地信託などがある。このうち,遺言により特定公益信託を設定した場合には,公益事業への寄付とみなされ相続税が免除される。また,土地信託の制度を活用すると相続税が軽減されることになっている。以上の詳細は,佐々木 [2004],124頁および128-129頁を参照。

1．資産移転課税の経済的条件

(1) 資産格差は大きいか？

　まず，経済的条件の一番目については，バブル発生により拡大した資産格差は，表4-8からも明らかなように，粗資産（純資産）で見たジニ係数は1989年に0.603（0.711）であったが1999年には0.519（0.674）まで低下し，バブル崩壊後，資産格差の状況は是正されている。1990年代における資産格差を主要先進国と比較をすると，日本は小さい方であるとの指摘もある[49]。

　もっとも，単純な国際比較には注意を要する。日本の場合も粗資産と純資産とでは値が異なる。しかし，粗資産で見てもジニ係数の値は0.5を超えている。さらに，資産を実物資産と金融資産とにわけて考えると，土地資産格差に関しては，2000年以降，拡大傾向が見られる（表6-6参照）。以上の事柄から察するに，わが国の資産格差は決して大きくないとは言えないだろう。

(2) 相続は資産格差の大きな要因となっているか？

　二番目については，これまでに公表されたいくつかの分析によれば，家計資産に占める相続財産の割合は，論者により30〜60％となっており，確定的な結果は出ていない[50]。

　しかし，この数値は，富の源泉として相続が重要な要因であることを十分示していると考えてよかろう。したがって，最初の条件と合わせて考えるならば，資産格差を是正する手段として資産移転課税の役割は重要であるということになる。

(3) 資産移転課税の再分配効果は大きいか？

　三番目の再分配効果に関しては，シャウプ勧告で提唱された累積的遺産取得税方式と比較すれば，確かに現在の方式（法定相続分に基づく遺産取得課税方式）では，富の集中排除効果がかなり減退しているといえよう。「遺産分割促進効

---

49) 太田［2003］，29頁。
50) 高山・有田［1996］，第3章，高山他［1996］などを参照。

果は封印された」との指摘すらある[51]。

　相続税の再分配効果を推計した研究によると，1958年以降における相続税による資産分配の平準化係数（equalization coefficient）は10〜17％であり，富の集中排除に貢献しているとの分析が出されている[52]。しかしながら，1975年以降においては，その効果には低下傾向が観察できる。

　さらに，遺産取得課税方式においては，そもそも「同一階層内の再分配（すなわち，基本的に富裕者から富裕者への再分配）は実現されるが，富裕者から貧者への再分配という目的を達成しえない制度である」[53]ことを考えると，前述のオーストラリの議論でペドリックが主張するように，資産移転に係る税を福祉目的税とすることも検討に値しよう。このことにより，「再分配と機会均等の拡大との間に直接的な関係を持たせることが可能になる」[54]と考えられるからである。

　また，今後の社会情勢の変化と関連して考慮しなければならない事柄として，人口の高齢化に伴い，相続人の年齢もより高くなると予想されることがある。そうなると，相続税の資産再分配効果は一層弱められることになる[55]。相続人が高齢なほどそれまでに資産を蓄積している可能性が高く，また，相続税においては相続開始以前の相続人の財産まで捕捉されないからである。

　このように考えるならば，資産再分配の観点からは，バードが指摘しているように，低率の経常純資産税と資産移転課税を組み合わせることが望ましいかもしれない。わが国においては，資産再分配機能を有する税として，相続・贈与税のほかに，地価抑制と土地資産格差是正を目的として，1992年より導入された地価税がある。現在は課税停止とされているが，本書第6章で述べるように，この地価税を見直すことにより相続税の資産再分配機能を補完することは

---

51) 神野［1995 a］，15頁。
52) Ishi［2001］，pp. 215-216参照。さらに，早見［1969］，朝日・並木［2006］も参照。
53) 佐藤［1993］，12頁。相続経験に関するアンケート調査の結果によると，50歳代以上の人々においてその割合が高くなっているが（高山・有田［1996］，54頁），一般に，その年齢になると資産形成がかなり進んでいるものと予想される。したがって，遺産取得税は富裕者間での再分配という側面を有すると考えられる。
54) Bale［1989］，p. 49.

検討に値すると考えられる。

(4) 租税回避の可能性は大きいか？

　四番目の条件について考えよう。現在のところわが国においては，相続・贈与税対策としての信託の活用はそれほど活発ではなく，オーストラリアのように，それによって資産移転課税の運用が骨抜きにされているわけではない。

　しかし，わが国においても資産移転課税における租税回避は大きな問題であり，これまでにもそれを防止するための改正が度々行われてきた。例えば1988年度税制改正において，養子縁組による租税回避を防止する規定が設けられ，また，1990年の株式評価規制通達において，相続・贈与の直前に，株式から当時時価と評価額とが大きく乖離していた土地に買い換えることを防ぐ規定が設けられた。三木 [1996] は，「相続・贈与税の歴史は，ある意味では租税回避を否認する個別規定拡大の歴史であった」と述べている[56]。

(5) 国内における租税競争は問題となるか？

　五番目および六番目の条件は，いずれも資本逃避の可能性に関するものである。まず五番目の条件から考えると，わが国においては，現在相続税は国税であり，地方公共団体の財源とはなっていない。したがって，今後もこのような状況が継続する限り，国内での租税競争は問題とならない。また，地方分権の観点から仮に相続税の地方税化が実現したとしても[57]，連邦制国家の場合のように地方公共団体間での大きな負担格差が発生しない限り，資本逃避が現実的なものとなる可能性は低いと思われる。

(6) 海外への資本逃避の可能性は大きいか？

　ところで，現在わが国の相続税法においては，表4-9で示されるように，

---

55) このような事柄はフランスにおいても問題となっている。詳細は，篠原 [1998 g] 参照。
56) 三木 [1996]，186頁。
57) 相続税の地方委譲の議論は，佐藤 [1994 a]，11頁および佐藤 [1995]，15-16頁を参照のこと。

表4-9 わが国の相続税における納税義務者の概念

	相続人の居住の所在	取得財産の所在	課税の有無
ケース1 （無制限納税義務者）	国　内	国　内	財産の所在の如何にかかわらず課税
ケース2 （無制限納税義務者）	国　内	海　外	
ケース3 （制限納税義務者）	海　外	国　内	課税
ケース4 （制限納税義務者）	海　外	海　外	一定の条件を満たす場合は非課税

（出所）　菅納［1996］，金子［2007］，433頁を参考に著者作成。

　相続人および取得財産の所在によって4つのケースが考えられる。このうち，相続税が全く非課税となるのは，相続人の居住および取得財産の両方が海外にあり，かつ特定の条件を満たす場合（ケース4）のみである。それ以外に関しては，無制限納税義務者（財産取得の際に日本国内に住所を有している者）および制限納税義務者（財産取得の際に日本国内に住所を有していない者）として課税対象とされている[58]。

　ここで問題なのは，相続・贈与税対策として居住を海外に移す相続人が将来的にどの程度増加するかである。その際関係するのは，ケース4である。すなわち，現在の相続税法では，制限納税義務者であっても，相続人が日本国籍を有し，かつ相続の開始前5年以内に日本国内に居住したことがある場合には，課税される。すなわち，「被相続人が海外に財産を移転し，相続人を海外に移住させて日本に住所のない状態にしたとしても，相続人が日本国籍であれば，日本で課税される」[59]ことになる。したがって，海外へ資本逃避して，相続税を免れるのは，現行制度のもとでは限定的なケースとなる。

（7）資産移転課税の徴税は非効率か？

　国税収入に占める相続税収の割合の推移を見ると（図4-3），1965年度にお

---
58) 以下は，菅納［1996］，金子［2007］，433頁，矢内［2008］を参照。
59) 矢内［2008］，29頁。

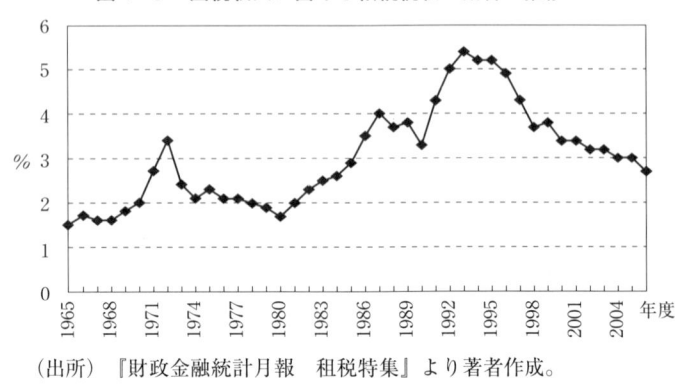

図4-3 国税収入に占める相続税収の割合の推移

(出所) 『財政金融統計月報 租税特集』より著者作成。

表4-10 相続・贈与税の総税収に占める割合の国際比較 (単位:%)

	1965年	1975	1985	1995	2005
オーストラリア	2.7	1.6	0.0	-	-
カナダ	1.5	0.3	0.0	0.0	-
フランス	0.6	0.7	0.6	0.8	1.2
ドイツ	0.2	0.1	0.2	0.3	0.5
日本	0.7	1.0	1.2	1.9	1.1
イギリス	2.6	0.8	0.6	0.6	0.7
アメリカ	2.1	1.5	0.8	1.0	0.9

(出所) OECD [2007].

いて1.5%であったが,その後上昇し,1995年度には5.2%に達した。しかし,1990年代後半以降は低下傾向にあり,2005年度には2.7%にまで低下している。

この水準は,1980年代前半とほぼ同水準である。さらに,相続・贈与税収が総税収に占める割合を主要先進諸国との比較で見ると(表4-10),2005年において日本は1.1%であり,フランスとほぼ同水準,アメリカ,ドイツ,イギリスを上回っている。

このように,相続税収が国税収入に占める地位は1990年代後半以降低下しているとはいえ,主要先進諸国との比較で見る限り,総税収に占める相続・贈与

税の割合は相対的に高い。したがって，資産移転課税の財源としての重要性が極端に低下していったオーストラリアやカナダとは事情が異なる。

徴税効率を検討するためには，税収だけではなく徴税コストを見る必要がある。オーストラリアとカナダでは基本的に遺産課税方式が採用されているのに対して，わが国の場合は，遺産課税方式を加味した遺産取得課税方式に基づいて課税が行われている。一般に，遺産課税方式よりも遺産取得課税方式の方が納税者の数が多く税務行政コストの面で高価であると言われている。わが国において相続・贈与税の徴税コストがどの程度であるか統計的に捕捉することは困難であるが，2006年度において国税全体で見た平均徴税コストが総税収の1.43%[60]であることから察するに，税収が徴税コストを下回るような非効率な状態には陥っていないと考えられる。

2．資産移転課税の政治的条件

さて，仮に資産移転課税の存在意義が経済的に認められたとしても，存続のためには，そもそも国民の支持が得られなければならない。その意味で，政治的条件は重要である。

（1）資産再分配は社会の重要な目標となっているか？

最初の条件に関しては，わが国において国民が資産格差に対してどのような意識を持っているかが問題となる。労働省が，三大都市圏における勤労者を対象として1990年11月に実施した「大都市圏における資産形成と勤労者生活に関する実態調査」によると，次のようなアンケート結果が得られている[61]。

① 資産格差に対する意識では，個人の能力や努力の結果生ずる資産格差に関しては，それを容認する人が82.9%を占めている。しかし，相続も含めて資産格差の存在を認める人は45.8%に減少している。このような傾向は，特に「非持家層」や「将来家を持ちたいが持てそうにない」人々ほど大きくなっている。

---

60) 国税庁『平成18年度版国税庁統計年報書』，43頁。
61) 労働大臣官房政策調査部［1991］，第3章。

② 資産の値上がりによる資産格差の拡大に関しては，個人の力で築いた資産であれば認めるという回答が64.1%を占める。しかし，相続によって得たものの値上がり益を含めて資産格差の拡大を認めるという人は31.8%であるのに対し，認めないという人が36.8%となっている。この場合も①のケースと同様，「非持家層」や「将来家を持ちたいが持てそうにない」人々ほど容認する人の割合が減少している。

③ 株式と居住用土地の場合を比較すると，値上がりによる資産格差の拡大に対して肯定的な人の割合は，前者が72.1%なのに対して，後者は34.2%となっている。しかも後者については，否定派が40%と容認派を上回っている。

以上から言えることは，資産格差の存在そのものが問題なのではなくてその原因が重要であり，相続に関しては「偶発的利益」的性格が強いと国民が感じていること，「持てる者」と「持たざる者」との間の意識は異なり，後者の方が資産格差および資産格差の拡大に対して敏感なこと，資産格差の存在そのものよりも値上がり益による資産格差拡大に対する評価が厳しいこと，株式よりも土地の値上がりによる資産格差拡大に対して国民が敏感なこと，などであろう。

もっとも，この調査はバブル期に実施されたものであり，その頃は国民が資産格差に対してもっとも敏感であった。バブルが崩壊した現在は事情が異なるという見方も可能である。しかし，地価下落に伴い低下したとはいえ，相続財産の約5割が土地であること[62]，土地の値上がり益は偶発的利益の性格が強いこと，等を考えれば，特に土地資産格差と相続に対する国民の関心は，一時的なものではないととらえるべきであろう。

ただし，このように資産再分配に対する国民の意識が高くても，今後ただちにそのことが資産移転課税の強化につながるわけではない。

第一に，将来的に持家率の上昇が予測される。全国ベースで見ると，2003の持家率は60.9%（総務省『住宅・土地統計調査』）であるが，2020年には64%に

---

[62] 相続財産に占める土地の割合は，1990年度は71.2%であったが，2006年度において47.8%に低下している。詳細は，国税庁ホームページ（http://www.nta.go.jp/kohyo/tokei/kokuzeicho/jikeiretsu/01.htm）参照。

なると予測される[63]。このことは,「持てる者」の占める割合が上昇することを意味するから,それだけ国民の資産格差に対する態度がゆるやかになると考えられる。

第二に,今後,経済成長がさほど望めないとしたら,所得も伸びず,子供が自らの手で資産を獲得できる可能性はそれだけ減少することになる。しかも,出生率の低下は,子供にとってそれだけ相続の可能性が増すことを意味する。したがって,資産形成における相続への期待感は必然的に高まり,その分資産移転課税への風当たりが強まることが予想される。

(2) 中小企業や農家の政治的圧力は大きいか？

わが国における現在の相続税は,1958年度の税制改正に基づいている。すなわち,58年度税制改正により,それまでの遺産取得課税方式から現在の方式に変更されたのである。58年度改正においては同時に,課税最低限の引上げと中小の財産階層を対象とした税率引下げも実施された。

このような改正のうち特に課税最低限の引上げの背景には,農業用財産や中小企業用財産の場合は,財産分割が困難であり負担が相対的に重い,という指摘があった点に注目すべきである。この点に関して,1957年の税制特別調査会の答申は,次のように述べている。「相続税の課税最低限については,個人生活の経済基盤を強化するため,通常の農家及びこれに準ずる程度の中小企業,その他の一般世帯の相続についてはなるべく相続税の課税対象外とすることが望ましい」[64]。

以来,農家と中小企業は,税制上の優遇措置を繰り返し受けてきた。農地に対する納税猶予の特例（1974年度税制改正）,小規模な会社の株式評価制度の改正（1983年度税制改正）,小規模宅地に対する評価の特例（1983年度税制改正）,取引相場のない株式評価の改正（2000年通達改正）,特定事業用資産に対する評価の特例（2002年度税制改正）などがその例として挙げられよう[65]。もっとも,

---

63) 詳細は,伊豆［1997］,第2章参照。
64) 税制特別調査会［1957］,4頁参照。
65) 詳細は,渋谷［2008］参照。

このうち農地に対する納税猶予の特例に関しては，1991年度の税制改正により，その適用範囲が生産緑地地区内の営農農地に限定されることとなったが，特例そのものが廃止されたわけではない。

さらに，最近においても，アンケート調査に基づき明らかにされた事業用資産に対する相続税負担の実態や，主要先進諸国において，近年，事業承継税制が拡充されていることなどから，中小企業の事業の継続・発展のために事業承継に係る相続税の負担を軽減すべきとの意見が出されている[66]。

他方，中小企業の事業承継に対する相続税に関しては，税制調査会より，①自ら起業する者と事業を承継する者との機会の均等，②次世代の経営能力の如何を問わず事業資産が移転され，資源配分の効率性を損なうこと，③事業用資産を持たない給与所得者との相続税負担とのバランス，の問題があると指摘されている[67]。このうち②は，前述のように，カナダにおいてバードやマロニーによっても指摘されている。

わが国においては，中小企業が日本経済において重要な役割を果たしている。また，農家や中小企業の政治的団結の存在も背景にあり，これまで事業承継は税制上優遇措置を受けてきたと言える。しかし，税制上の優遇措置を設ける前提として，①そもそも農家や中小企業の事業承継へ影響を与える要因としていかなるものがあり，その中で相続税負担はどの程度の影響力を有するのか，②事業承継後の中小企業経営は効率的か否か，③事業承継に対する優遇措置の存在が，相続税の資産格差是正効果へ与える影響，などの基本的問題に関する検討が必要であろう。

①については，2006年の中小企業白書（中小企業庁 [2006]）によると，経営者が55歳以上の中小企業のうち，事業承継を希望する者が96.4%，自分の代で廃業を希望する者が3.4%である。自分の代で廃業を検討している理由としては，「市場の先行きが不透明である」(40.7%)，「会社の経営状況が厳しい」(27.9%)，「適切な後継者が見当たらない」(24.4%)，「その他」(7.0%) となっており，相続税負担は大きな理由となっていない。

---

66) 事業承継税制検討委員会 [2007]。
67) 政府税制調査会 [2001], 12-13頁。

相続税負担の影響に関しては，事業承継税制検討委員会の中間報告（事業承継税制検討委員会［2007］）で，アンケート調査の結果が紹介されている。中小企業経営者（回答数：2369）に対して，現行の相続税率に基づき予想額の算出・記入を求めた結果，相続税負担の原資として事業用資産の売却もしくは物納を考えると答えた経営者が全体の約2割いることから，相続税負担が株式会社の経営者へもたらす影響が相対的に大きいとしている。しかし，以上は相続を将来に控えた企業に対する事前調査の結果である。実際に，事業承継が出来なかった企業に対して，その理由を明らかにしたものではない。

②に関しては，同族経営のファミリービジネスの経営業績は，一般企業よりも上位を占めるとの研究がある[68]。

最後に③に関しては，事業承継税制により，相続税負担が比較的軽いものとなっているとは考えられるが，事業承継税制が相続税の資産再分配効果に与える影響に関しては，明らかにされていないように思われる。

おわりに

最後に，これまでの考察から明らかにされたことを簡単にまとめて締めくくりとしたい。
（1）オーストラリアおよびカナダは，相続・贈与税がない国の代表例として注目されてきたが，従来の研究においては，もっぱら連邦レベルでの議論のみが取り上げられてきた。しかし，両国とも相続・贈与税は州レベルでも課税されており，税収の政府間配分の状況を見ると，廃止直前はむしろ州税としての比率が高くなっていた。したがって，両国においてなぜ相続・贈与税が廃止されたかを見るには，連邦および州の両方の議論に目配りをするとともに，その政府間関係を考察する必要があるのである。本章は，まずこの点

---

[68]「金融機関を除く東証上場企業を対象に分析すると，総資産利益率，自己資本利益率，投下資本利益率で一般企業よりも上位を占めるケースが目立つ」（後藤［2008］）と指摘されている。

表4-11 オーストラリアおよびカナダで資産移転課税が廃止された理由

	オーストラリア		カナダ	
	経済的理由	政治的理由	経済的理由	政治的理由
連邦と州に共通の理由	・州レベルの課税では小規模な相続まで課税対象とされており、国民の不安を駆り立てると同時に、実際、納税者の負担増加をもたらしていた。 ・租税回避により制度が骨抜きにされていた。 ・財源としての重要性が低下していた。	特に農家から、農業の継続が困難になるとの批判を受けた。	・財源としての重要性が低下していた。 ・連邦と州の間において、および州間でも制度が異なり、システムが不安定であった。	廃止以前は負担が重く、特に農家や中小企業から批判が集中した。
連邦独自の理由	－	－	1971年度の税制改正により、相続・贈与時におけるキャピタル・ゲインのみなし実現課税が実施されることになり、相続・贈与時に2種類の税が課されることは負担増加をもたらすから望ましくないと批判された。	－
州独自の理由	州間での租税競争により、他州への資本逃避が問題とされた。	－	州間での租税競争により、他州への資本逃避が問題とされた。	－

(出所) 著者作成。

において，既存の研究とは異なる。

さらに，廃止の理由に関しても，経済的理由と政治的理由とを明確に区別して議論する必要がある。従来の研究では，このどちらかに議論が偏る傾向があったが，本章では両方の側面からアプローチを行った。

以上の点を考慮して，両国で相続・贈与税が廃止された理由を再びまとめると，結局，表4-11のようになる。

（2）次に，廃止後両国でどのような議論が行われているかについても考察を行った。その内容を要約すると以下のようになるが，結局，両国において相続・贈与税に対する経済的意義を見出すことは可能であるが，同税が復活を果たすにはバードが指摘するように政治状況の劇的変化が必要であると思われる。

① オーストラリア

1980年代以降，所得税制において節税や脱税行為が相当程度行われており，資産移転課税の廃止と併せて租税体系における累進性を大きく低下させていた。そのため，節税や脱税で税を逃れた所得を捕捉する手段として，経常純資産税や相続・贈与税などの人的資産課税への関心が高まった。そこでの議論を見ると，富の集中排除，所得課税の補完などの観点から人的資産課税の存在意義は大きいとされた。ただし，税務行政コストや世代間移転への効果，勤労意欲や貯蓄意欲への影響などから，経常純資産税よりも資産移転課税の方が望ましいとする意見が多い。

② カナダ

相続・贈与税の廃止以降，カナダにおいては資産課税が税制改革論議の表舞台に登場することはなかった。しかし，90年代に入りオンタリオ州で新保守主義政権が誕生して以降，資産移転課税の復活が議論されるようになり，それを契機として再び人的資産課税をめぐる議論が沸き起こった。

資産移転課税の復活に賛成する論者は，その根拠として，機会均等の実現および資産格差是正，租税体系における累進性の向上などを挙げている。これに対して慎重派は，19世紀後半に資産移転課税が導入された頃とは資産移転課税をとりまく外部環境が大きく変化していることや，カナダ社会におい

表4-12 資産移転課税が支持され存続するための諸条件

経済的条件	政治的条件
①資産格差が大きいこと。 ②資産格差の原因のうち相続・贈与が大きな要因となっていること。 ③資産移転課税の再分配効果が大きいこと。 ④租税回避の可能性が小さいこと。 ⑤国内における租税競争が発生しないこと。 ⑥海外への資本逃避の可能性が小さいこと。 ⑦資産移転課税の徴税が非効率でないこと。	①資産格差に対して国民が敏感で，機会均等や資産再分配が社会の重要な目標の一つとなっていること。 ②政治的圧力の強い中小事業者や農家の反対を受けないこと。

（出所）著者作成。

ては機会均等や資産再分配が社会の重要な目標として国民に認識されていないこと，などを指摘している。

（3）さらに，両国の経験がわが国における相続税の議論に与える政策的インプリケーションに関しても若干の考察を行った。まず，両国の議論から，表4-12で示されるように，資産移転課税が国民に支持され存続するための諸条件が明らかにされた。そこで，それらの諸条件に照らし合わせてわが国の資産移転課税を検討すると，以下のような結論が得られた。

特に，経済的条件の①，②，⑤，⑥，⑦，政治的条件の①などに関する検討から，わが国における相続税の存在意義は大きいと考えられる。ただし，農家や中小企業などによる事業承継のための減税の政治的圧力に加えて，低成長および出生率の低下による相続への期待増加，持ち家率の上昇による国民の資産格差に対する態度の緩和などの現象により，相続税の存続は，制約を受けざるを得ないだろう。

第5章 地方不動産税の課税標準

はじめに

　土地の評価額が公示地価の7割程度に引き上げられた1994年度における固定資産税の評価替えは，結果として地価下落時に増税をもたらし，固定資産税に対する国民の大きな不満を呼んだが，同時にそれは，固定資産税のあり方を再考する良い機会を提供したともいえる。評価や税率の問題，はたまた負担水準や課税情報の開示など，さまざまな問題が提起されたからである。本章では，固定資産税をめぐるこれらの諸問題のうち，特に課税標準のあり方に焦点を当て考察を行う。

　ここで，著者の分析のスタンスを最初に明らかにしておきたい。それは，固定資産税における「課税標準の選択」と「課税標準の評価」の問題とは，基本的に切り離して論ずべきだというものである。

　現在わが国では，地方税法により，固定資産税の課税標準は，土地または家屋に関しては，「当該土地または家屋の基準年度に係る賦課期日における価格」（地方税法第349条1項），償却資産に関しては，「賦課期日における当該償却資産の価格で償却資産課税台帳に登録されたもの」（地方税法第349条2項）とされている。すなわち，いずれにおいても，固定資産税の課税標準は資本価値とされている。

　ところで，固定資産税の土地評価において，収益還元法を見直すべきとする議論がある[1]。また，事業用家屋の評価に関して，「再建築価格方式」ではな

---

1) 例えば，(財)資産評価システム評価研究センター［1998］および田中（啓）［1998］参照。なお，1994年度の評価替えにおいて，土地評価額を「公示地価の7割」の水準とした理由として，①固定資産税は資産の継続的保有を前提とした税であり，課税標

く「取得価格」に変更する議論がある[2]。前者は，「課税標準を資本価値として，その評価方法としてはどのようなものが望ましいか」という議論であって，「課税標準として，そもそも何が望ましいか」という議論とは性格を異にする。これに対して，後者の議論は，「課税標準の評価」というよりも，むしろ課税標準を資本価値から取得価値へ変更する「課税標準の選択」に関する議論である（図5-1参照）。

事業用家屋以外に，固定資産税の課税標準を議論する近年の先行研究が全く見られないわけではない。

固定資産税の課税標準として，現行の資産価値が望ましいとする研究として，石島［1996］，中野［1999］がある。

石島［1996］は，固定資産税の課税標準としては，市場取引価格であり客観性を有すること，納税者にとって納得しやすいこと，等の理由により，資本価値が望ましいと主張する。また，取引事例価格や収益還元価格は，適正な資本価値を評価するための手段に過ぎないとする。中野［1999］は，この石島説に賛同する。

これに対して，特に土地に係る固定資産税の課税標準として，資本価値ではなく収益価値の優位性を主張するものとして，田中（一）［1994］，田中（一）［1996］，田中（一）［1998］，米原［1995a］（147-153頁），米原［1995b］がある。

田中（一）［1994］，田中（一）［1996］，田中（一）［1998］では，異時的公平性および土地利用に対する中立性の観点から，土地保有課税の課税標準としては，資産価値課税ではなく収益課税が望ましいとしている。

また，米原［1995a］および米原［1995b］は，固定資産税は応益税であるから，土地の課税標準としては，地価よりも年々の収益の方が優れていると主

準の評価方法としては，売買実例価格よりも収益還元価格の方が望ましいこと，②1991年において，都道府県庁所在地および政令指定都市（都道府県庁所在市を除く）の合計49市の中から141地点の標準宅地を対象に調査した結果，売買実例価格に対する収益還元価格の割合は概ね7割程度であったこと，等が挙げられている（（財）資産評価システム研究センター［1991］参照）。
2）（財）資産評価システム評価研究センター［2000］，同［2005］および同［2006］参照。

張する。その理由として挙げられているのは，①固定資産税は，土地・建物の生み出す収益から支払われるべき税であると考えられること，②地価は，現在の行政サービス水準のみならず将来の行政サービス水準によっても影響を受けるが，収益はその年の行政サービス水準の影響しか受けないこと，③年々の賃料等収益は投機行為の影響に左右されないこと，の3点である。

本章は，土地に加えて家屋の課税標準も検討対象とする点，課税標準として資本価値が望ましいという結論を導く点で，田中（一）［1994］，田中（一）［1996］，田中（一）［1998］，米原［1995 a］，米原［1995 b］とは異なる。他方，石島［1996］は，課税標準の決定とその評価方法を分離して考察する点で，著者と立場を同じにする。結論としても，固定資産税の課税標準としては，賃貸価値よりも資本価値の方が望ましい，という同様の事柄が導かれる。

本章のアプローチは，石島［1996］と同様に，国際比較および歴史的視点に基づく。石島［1996］との違いは，国際比較の対象をアメリカに限定せず，カナダ，イギリス，フランス，オーストラリアに拡大したこと，海外での既存研究を踏まえて地方不動産税の課税標準を選択する基準を明確にし，それに基づき望ましい課税標準のあり方を考察する点である。

本章の構成は，以下のとおりである。

第一に，地方不動産税における課税標準の概念を整理する（I節）。

第二に，主要先進国における地方不動産税の課税標準をめぐるこれまでの議論を整理する。海外における地方不動産税の課税標準の問題に関して，著者はすでにフランス，カナダ，オーストラリアの議論を断片的に取り上げてきたが[3]，本章では，新たにアメリカおよびイギリスを加える。イギリスおよびフランスは賃貸価値の事例（II節），アメリカおよびカナダは資産価値の事例（III節），オーストラリアは敷地価値の事例（IV節）である。

第三に，明治期以降のわが国における議論のサーベイを著者なりに行う（V節）。諸外国における議論の意義を理解するためには，わが国の事情が把握されていなければ困難だからである。

3）篠原［1989 a］，同［1989 b］，同［1990］，同［1991 b］，同［1995］，同［1997 c］，同［1998 d］。

第四に，以上の議論を踏まえたうえで，望ましい地方不動産税の課税標準を選択する際の視点および基準を明らかにする。そして，それに基づきわが国における固定資産税（土地，家屋に係る分）の課税標準のあり方を検討する（Ⅵ節）。

Ⅰ．地方不動産税における課税標準の概念

1．課税標準の種類

地方不動産税の課税標準にはさまざまなものがあるが，大別すると，図5-1で示されるように，外形標準，収益，価格の3種類に分類されると考えてよかろう。

まず外形標準には，土地や家屋の面積，家屋の構造や用途などが含まれる。さらに，収益および価格の概念は，実際の収益もしくは価格と，一定のルールに基づき客観的に評価された理論的価値である評定価値の2種類に分けられる。後者に関しては，収益における評定価値として賃貸価値（annual rental value）が，また，価格におけるそれとしては資本価値（capital value），敷地価値（site value），取得価値（acquisition value）がそれぞれ含まれる[4]。

4）以下ではvalueを「価値」と訳し，「価格（price）」と区別する。例えば，不動産に関する（市場取引）価格と市場（取引）価値の違いについて，レディング大学の講師であるフレンチ（French, N）およびバイルン（Byrne, P）は次のように述べている。
　「価格は市場における実際の交換価値であるのに対して，市場価値は，対象不動産が市場で売却されることを仮定した上での，価格の見積もりの一つである。・・・すべての投資家が同一の情報を有し，その情報の分析能力も同じである場合には，『価格』と『価値』は同じとなる」（Adair［1996］，chap. 2）。
　この定義に従えば，「価格」は客観的な性格を有するのに対し，「価値」は主観的な性格を強く有する点で異なっている。すなわち，対象不動産を誰が評価するかによって「価値」の大きさは異なるのに対して，価格は需要と供給の関係で客観的に決まってくるものである。以上のように考えると，地方不動産税における評価は，各国の評価の専門家による，市場に参加する人々の思考プロセスを客観的にモデル化し「価値」を決定する作業であるといえる。

図5-1 地方不動産税の課税標準

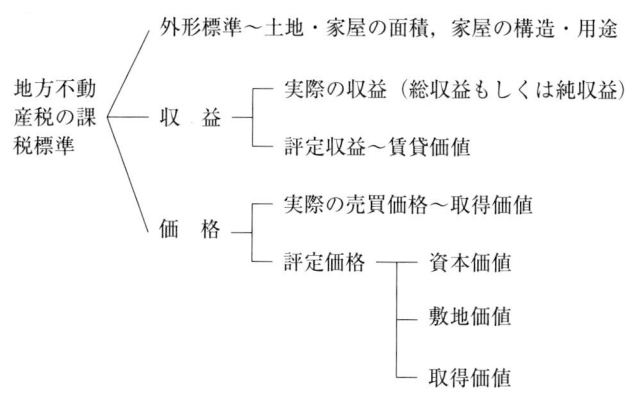

```
              ┌ 外形標準～土地・家屋の面積，家屋の構造・用途
              │
地方不動      │         ┌ 実際の収益（総収益もしくは純収益）
産税の課 ─────┼ 収 益 ──┤
税標準        │         └ 評定収益～賃貸価値
              │
              │         ┌ 実際の売買価格～取得価値
              └ 価 格 ──┤
                        └ 評定価格 ─┬ 資本価値
                                    │
                                    ├ 敷地価値
                                    │
                                    └ 取得価値
```

(出所) 著者作成。

表5-1 世界における地方不動産税の課税標準

課税標準	採 用 国
外形標準	ロシア，ウクライナ，ポーランド，中国
賃貸価値	イギリス（非居住用レイト），フランス，香港，シンガポール，アイルランド，ノルウェー
資本価値	アメリカ，イギリス（カウンシル・タックス），ドイツ，カナダ，日本　スウェーデン，オランダ，スイス，オーストリア，フィンランド
敷地価値	オーストラリア（土地税およびレイト），デンマーク
取得価値	アメリカ（カリフォルニア州）

(資料) McClusky, et al [1988], p.50およびYoungman & Malme [1994], pp.48-50, Bird & Slack. [2004b], Kesti [2006] を参考に作成。

ところで，現在世界の国々において，地方不動産税の課税標準としてどのようなものが採用されているかを見よう。表5-1から明らかなように国によりまちまちであるが，実際の収益や価格ではなくて評定価格に基づくのが一般的である。また，同じ国であっても，地域や地方不動産税の種類により異なる場合がある。アメリカやイギリスなどがその例である。

なお表5-1には示されていないが，オーストラリアにおいては，地方税であるレイトの課税標準は州によってさまざまである。例えばヴィクトリア州では，61の地方政府が資本価値を，11が賃貸価値を，また6が敷地価値を採用し

ている[5]。

2. 外形標準

建物や敷地の面積を基準にし，その面積に 1 m²当たりの評価額を乗じて課税評価額が求められている所がある。この方法は，物的測定法（physical measurement）とか単位評価法（unit assessment）などと呼ばれている。ロシア，ウクライナ，ポーランドなどの中欧東欧諸国，中国などで利用されている。

3. 賃貸価値

賃貸価値は，伝統的にイギリスにおいて採用されてきており，財産の現在利用価値を反映する。例えば，戦後のイギリスについて見ると，1990年3月まで，レイトは賃貸価値に基づいて課税されていた。また，非居住用レイト（non-domestic rate もしくは business rate）に関しては，現在もその課税標準は賃貸価値である。

レイトの評価に際しては，粗価値（gross value），純価値（net annual value），レイト課税価値（rateable value）の3種類の賃貸価値概念があった。粗価値とは，修復に必要な費用や保険費用を家主が，レイトおよびその他の税を賃借人が支払うという条件の下で賃貸された場合に合理的に予想される賃貸料に従い計算される。これに対して純価値は，賃借人がすべての費用を負担するという条件の下で賃貸された場合に予想される合理的な賃貸料に基づく。課税評価額であるレイト課税価値は，特殊なケースを除いてこの純価値と同じである。ここで問題なのは合理的賃貸料の概念であるが，それは現実の賃貸料ではなく，レンタル方式（比較法式），構造方式（契約者方式），利潤方式などの各種の方法によって求められる理論的賃貸料である[6]。

ところで，主要先進国の中では，イギリスのほかフランスにおいて，現在も

---

5) 以上，オーストラリアのレイトの課税標準に関しては，Hornby [1991], p.14およびSlack [2004], p.93参照。
6) 以上，イギリスのレイトに関する評価方法の詳細は，Hepworth [1984], pp.77-80およびPlimmer [1998], chap.6参照。

賃貸価値に基づく課税が行われている。フランスの場合，わが国の固定資産税に相当する不動産税（既建築不動産税および未建築不動産税），住宅税および職業税の一部（事業用有形固定資産に係る分）の課税ベースは，当該不動産が正常な条件の下で賃貸された場合に得られるであろう土地台帳に記載された賃貸価値，すなわち土地台帳賃貸価値（valeurs locatives cadastrales）である。これは，イギリスの場合と同様に理論的賃貸料である。

4．資本価値

これは，アメリカやカナダ，ドイツなどで採用されている概念である。また，イギリスにおいても，1993年4月以降実施されているカウンシル・タックスの課税標準は資本価値とされている。

資本価値には，財産の現在利用価値のみならず将来利用価値も反映される。一般に資本価値の算定は，財産の種類や評価の目的などに応じて，費用方式（再取得費用方式），比較方式（売買事例比較方式），収益方式（収益還元方式）のいずれかにより行われる。

5．敷地価値

敷地価値ベースの課税は，建物に全く課税されないか，あるいは相対的に建物が土地よりも軽く課税されるから，資本価値に基づく課税の特殊なケースであると考えてよい。この敷地価値（site value）は，財産の現在利用価値よりもその将来利用価値である，いわゆる最高・最善利用価値（highest and best use value）を強く反映する。

オーストラリアの土地税（land tax）やレイト（rates）の課税標準は，州によって土地価値（land value）とか未改良資本価値（unimproved capital value）とされているが，これらは基本的に敷地価値と同じ概念である[7]。敷地価値の評価方法は，資本価値の場合と同様である。

7）3つの概念の違いについては，大浦［1987］，143-144頁参照。

6．取得価値

　このシステムでは，基本的に売却されるまで評価替えが行われない。アメリカのカリフォルニア州（1978年以降）やフロリダ州（1992年以降）などで採用されている。例えばカリフォルニア州の場合は，まず1975年3月1日以前に取得されたものについて，その時価は1975年3月1日現在で評価されたものとみなされるが，それ以降に取得されたものに関しては，その実際の取得価格が課税標準とされている。さらに，いずれの場合においても，物価調整のための評価額の上昇率は2％を超えてはならないとされている。

　すなわち，カリフォルニア州の場合には，1975年3月1日以前に取得されたものの評価は資本価値で，またそれ以降に取得されたものに関しては実際の取得価格で行われる。したがって，取得価値システムとは，資本価値と実際の売買価格が併用されたものであると言える。

II．イギリスおよびフランスの議論

1．イギリス

　通常，イギリスのレイトの起源は1601年の救貧法に求められるが，前述のように，1980年代までその課税標準は，居住用財産および事業用財産の両方に関して賃貸価値であった。なぜ賃貸価値が選ばれたかについてヒックス（Hicks, J. R）等は，「財産所得以外の大きな所得が存在しない社会においては，支払い能力（ability）と財産（substance）は実質的に同義であり，それらはいずれも財産価値に基づいていた。したがって，レイトの負担能力は賃貸料によって最も良く評価された」[8]と述べているが，その背景には，レイトの導入当時は，課税標準である賃貸価値の算定のもととなるデータを課税当局が容易に入手可

8）Hicks, et al［1944］, p.13.

能であったことを見逃すべきではない。第二次大戦以前は，個人住宅保有の約9割が民間賃貸住宅であり，いわゆる「国民総店子」の状態にあったからである[9]。

しかし，レイトの課税標準として賃貸価値を選択することに関しては問題が全くなかったわけではなく，資本価値もしくは敷地価値に変更すべきだとする議論がこれまでにも度々行われてきた。以下，その概要を見よう。

(1) 資本価値

課税標準を資本価値へ変更すべきだとする議論は，特に居住用レイト（domestic rate）に関して見られるが，その代表例は，1976年に公表されたレイフィールド委員会報告書である。課税標準に関する同報告書の骨子は以下のとおりである[10]。

① 賃貸価値の評価のベースとなる，自由市場における賃貸料のデータが十分に存在しない。その理由としては，第一に，1951年から1973年までの間における住宅占有形態を見ると，持家率が28％から52％へと大きく上昇したのに対して，民間賃貸住宅の比率は46％から13％へと大幅に減少している。第二に，民間賃貸住宅の家賃についても，家賃統制を受けない自由家賃の割合は1973年度において1.7％しかない。したがって，居住用レイトに関して，その課税標準を賃貸価値とすることの基盤がそもそも崩れている。

② 居住用レイトの課税標準としては資本価値が最も望ましい。この結論を導くために，報告書ではまず賃貸価値以外の3種類（外形標準，敷地価値，資本価値）の課税標準について，その比較検討を行っている。第一に，住宅の規模や設備，建築年数，立地環境等を課税ベースとする外形標準方式は，面積や容積などの有形な要素以外はその評価が困難である。また，有

---

9) 高橋［1990］，70頁。
10) Committee of Inquiry［1976］，pp. 168–174, pp. 177–178, pp. 435–436参照。なお，同様な議論は，Secretary of State for Scotland［1971］，pp. 33–35にすでに見られる。

形な方式においても，納税者が公共サービスから享受する便益は，住宅の面積や容積に必ずしも比例せず，現行システムよりも逆進的な負担構造を導く可能性がある。

　第二に，敷地価値に基づく課税においては，所有者課税が行われるため受益と負担のつながりが遮断され，地方財政責任（local accountability）の観点から望ましくない。また，地価を評価可能なほど適切かつ十分な土地売買事例が確保できない，などの実行上の問題点を抱えている。

　これに対して資本価値の場合は，売買市場の拡大により課税評価のデータが得られやすいという点が最大のメリットである。ただし，資本価値は賃貸価値よりも変動的である。したがって，できれば3年おきに悪くても5年おきには定期的な評価替えを実施すること，評価額の決定に際しては，ある一時点における価格ではなく一定期間における価格を参考とすること，評価額をいくつかの段階に区分し，同じ評価区分に分類された住宅の税負担額は同一とする価格帯方式（banding）を導入すること，などが望ましい。

③　非居住用レイトに関しては，居住用財産の場合と異なり賃貸市場が十分に発達しており，自由市場における賃貸料統計が入手可能である。したがって，これまでどおり賃貸価値を課税標準とすることが望ましい。ただし，課税評価額の算定に際しては，事業用財産のほとんどにおいて賃借人が修復費用等も払っていることを考慮して，粗価値を計算せず純価値の計算を直接行うべきである。

④　課税標準を変更することにより，居住用財産と事業用財産との間での相対的税負担額に顕著な影響が生じ，結果として補助金の配分額が左右されることを避けるためには，居住用財産の資本価値と事業用財産の賃貸価値との関係を全国的に一定に保ち，補助金の決定に際して両財産の課税評価額の相対的関係を考慮すべきではない。

　さて，以上のようなレイフィールド委員会報告に代表される，「非居住用レイトの課税標準に関しては賃貸価値が望ましいが，居住用レイトの課税標準は資本価値へ変更すべきだ」とする議論は，前述のように，まず1990年代以降カ

ウンスル・タックスの導入によって現実のものとなっている。また，非居住用レイトに関しては，1990年以降も廃止されることなく譲与税的性格を有するナショナル・ノン・ドメスティック・レイト（NNDR）として存続し，その課税標準は以前と同様賃貸価値とされている。

しかし，非居住用レイトの課税標準を賃貸価値とすることに関しては，第一に，事業用資産価値のみを課税標準とする現行税制では，企業の生産要素にかかわる意思決定が歪められていると指摘されている。すなわち，資本のみが課税対象とされるため，企業は他の生産要素と比較して相対的に資本の利用を減らそうとするであろう。第二に，経済情勢の変化に対して鈍感で税収の伸張性に欠けることが挙げられる。以上のような問題点を是正するために，非居住用レイトの課税標準として，資産価値のほかに企業によって支払われる給与総額を含めることが提案されている[11]。

（2）敷地価値

ところで，イギリス国内では資本価値に関する議論よりも長い歴史を有するが未だに日の目を見ていないもう一つの重要な議論，すなわち敷地価値税に関する議論がある。学説史的に見れば，敷地価値税の問題はすでに18世紀にアダム・スミスやリカード等によって扱われているが，地方税としての敷地価値税の議論は，1885年に王立委員会によって公刊された「労働者階級の住宅（Royal Commission on the Housing of the Working Classes）」と題された報告書の中に最初に見られる。そこでは，レイトから敷地価値税へ変更することのメリットとして，第一に，占有者の負担が軽減されること，第二に，土地の供給が促進されて地価が下落することにより，労働者階級にとって郊外に住宅を獲得することが容易になること，の2点が主張されている[12]。

---

11) Denny, et al［1995］, chap. 5参照。なお同書では，課税標準を複数にすることのメリットとして，①地域間の税率格差が是正され，企業の立地選択に対してより中立的となること，②税収の地域間格差が是正され普遍性が高まること，の2点がさらにあげられている。また，給与総額の情報は内国歳入庁によってすでに捕捉されているので，税務行政コストが小さくて済むことも指摘されている。

12) Committee of Inquiry［1952］参照。

以来，特に第一次世界大戦以前の期間を中心に，地方敷地価値税への支持は盛り上がりを見せたが[13]，第二次世界大戦以降においては，1952年のアースキン・サイムス委員会報告や前述のレイフィールド委員会報告を除けば，地方敷地価値税の問題が公式レベルで正面から取り上げられることはほとんどない[14]。

2．フランス[15]

（1）現行制度の概要

前述のように，フランスの現行税制においてわが国の固定資産税に相当する税の課税標準は，土地台帳に記載され理論的賃貸料の性格を有する土地台帳賃貸価値となっている。なお，土地台帳はナポレオン時代の1807年に初めて設けられたもので，地籍調査の結果得られる土地（既建築地および未建築地）および既建築地の上に建っている建物に関する基本的情報の記載された帳簿のことである。

ただし厳密に言うと，住宅税の場合は土地台帳賃貸価値がそのまま課税ベースとされるが，既建築不動産税の場合は土地台帳賃貸価値の5割，未建築不動産税の場合は8割にそれぞれ定められている。ここで，課税ベースに含まれない残りの部分は，既建築不動産税の場合はもっぱら不動産の維持管理に必要なコストとみなされているが，未建築不動産税の場合は，不測の事態によって小作料が入ってこない場合や，賃貸契約の行われない場合などに発生する小作料の損失に対する補償の意味合いを有している。なお，職業税における事業用不動産の場合も，既建築不動産税および未建築不動産税の場合と同様である。

---

13) 第一次世界大戦以前における議論は，アースキン・サイムス委員会報告書（Commi-ttee of Inquiry［1952］, pp.6-24）参照。ドイツにおける不動産税の改革案の一つとして，地価税（Bodenwertsteuer）があるとされるが（半谷［2000］参照），これは課税標準を敷地地価とするものである。
14) イギリスにおける敷地価値税をめぐる諸議論の詳細については，Prest［1995］参照。
15) 以下は，もっぱら篠原［1989a］，同［1989b］，同［1990］，同［1991b］，同［1995］，同［2005b］に基づく。

(2) 沿革

フランスにおける現行の地方不動産税制の出発点となったのは，1959年1月7日の地方直接税改革法案である。1959年法の概要は以下のとおりである。

第一に，主要な4つの直接税の名称が変更されるとともに（表5-2），4税に対する付加税（taxe annexe）や類似税（taxe assimilee）の大部分が廃止され，税制の簡素化が図られた。

第二に，不動産税（既建築不動産税および未建築不動産税）と住宅税に関しては，それまで統一性を欠いていた課税標準が土地台帳上の賃貸価値に統一された[16]。また，職業税の課税標準には，土地台帳賃貸価値とともに企業年間総収入（produit bruit annuel du fonds exploité）を含めることとされた。さらに，評価替えに関しては，5年ごとの全面的改訂（révision generale）とともに，全面的改訂の間における経済情勢の変化を考慮するために，コンセイユ・デタ（国務院）の議を経たデクレ（大統領と首相の発する命令）によって定められた係数を乗ずる現実化（actualisation）により調整が行われるべきことが定められた。

表5-2 地方直接税（主要4税）の名称変更

旧　税	新　税
contribution foncière des propriètès bâties（既建築不動産税）	taxe foncière sur les propriètès bâties（既建築不動産税）
contribution foncière des propriètès non baties（未建築不動産税）	taxe foncière sur les propriètès non bâties（未建築不動産税）
contribution mobilière（動産税）	taxe d'habitation（住宅税）
contribution des patents（営業税）	taxe professionnelle（職業税）

（出所）　篠原［1989 a］,13頁。

---

[16] 以前の課税標準は，動産税以外は土地台帳上の賃貸価値であったが，動産税については，毎年，市長を委員長として議員などから構成される市町村の直接税委員会によって決定される徴収基準家賃（loyer matriciel，家具のない部屋の実際の賃貸料に，各市町村で定められた一定係数を乗ずることによって求められる）であった。

第三に，それまでの配賦制（地方公共団体が税率決定権を持たず，国税に対する付加税として納税額が決定される制度）から定率制への移行が勧告された。すなわち，市町村議会および県議会は，既建築不動産税および未建築不動産税，住宅税，職業税の税率を自由に決定できることとされた。しかし，その税率決定権は限られたものでしかなかった。主要な4つの直接税の税率は原則として同じでなければならなかったからである。ただし，弾力条項として，特定の税に関して，標準税率の20%の範囲内であればその税率を引き上げることが認められていた。

　ところが，以上のような1959年法は，その実現までにかなり時間を要した。実際，営業税を除く3税の名称が変更され，その課税標準が土地台帳上の賃貸価値に統一されたのは1974年以降のことであった。さらに，営業税が廃止され職業税が創設されたのは1976年のことであり，その課税標準として，土地台帳賃貸価値（事業用有形固定資産の場合），企業によって支払われる賃金，企業年間総収入（特定の中小事業者の場合）の3種類が定められた。また，配賦制が完全に廃止され，主要な4税の税率決定権が原則として地方公共団体に自由に認められる今日のようなシステムが出来上がったのは，1981年以降のことである。

　このように，地方不動産課税が土地台帳に記載された賃貸価値を実際にその課税標準とするようになったのは1970年代以降のことであるが，厳密に言えば，そもそも地方税の課税標準として収益が最初に利用されるようになったのは，1790年の革命議会によって4つの主要な税（地租，動産税，営業税，戸窓税）が国税として創設され，地方税はこのような国税4税に対する100分の1税すなわちサンチーム付加税として定められたのがその始まりである。当時は，課税標準として納税者の所得を利用するのはプライバシーの侵害につながるという考え方が支配的であり，納税者の所得を最もよく反映する別の指標を見つける必要があった。そこで，既建築不動産については居住用不動産に対して支払われる賃貸料が，未建築不動産については18世紀においてもっぱら小作農が支配的な耕作形態だったことから小作料が，それぞれ課税標準として望ましいと考えられたのである。

(3) 課税標準の見直しをめぐる議論
① 現行制度の問題点

さて，現行地方不動産課税の最大の問題点は，その課税標準である土地台帳賃貸価値をめぐるものである。

第一に，土地台帳賃貸価値は理論的賃貸料であり，実際の賃貸料との間にはかなりの乖離が存在する。このことは，特に未建築不動産の場合において顕著であると言われている（表5-3）。

表5-3　実際の賃貸料と土地台帳賃貸価値との関係（未建築不動産のケース：1978年度）

土地台帳賃貸価値/実際の賃貸料	県の数	全体に占める割合（％）
100％以上	5	5.8
90〜100％	17	19.5
80〜90％	23	26.4
70〜80％	18	20.7
60〜70％	13	14.9
50〜60％	7	8.1
50％未満	4	4.6
総計	87	100.0

（出所）　Conseil des Impots [1986], p.153.

第二に，土地台帳賃貸価値の評価方法は不動産の種類によっても統一がとれておらず，実際の賃貸料が等しい場合でも，その評価方法により評価額が異なるケースが頻繁に発生している。しかも，評価方法自体にもさまざまな問題がある。例えば，売買価格に収益率を乗ずる方法では，どうしても収益率の決定が恣意的にならざるをえない。また，実際の賃貸料を参考にする方法でも，賃貸料が統制されている場合には，土地台帳賃貸価値が過小評価されることになる。

第三に，同一不動産であっても，地方団体間で評価格差が発生している。例えば，未建築不動産の場合において，私道は一般に建築地に分類され課税対象とされるが，地域によっては，建物の付属物としてとらえられ非課税になる場合がある。

第四に，評価替えの方法としては，現在，全面的改訂，現実化，概算再評価

（revalorisation forfaitaire）の3種類があるが，制度的には，わが国の固定資産税の評価替えに相当する全面的改訂が6年おきに，全面的改訂の中間的調整方法として現実化が3年おきに，さらに，現実化の中間的調整手段として概算再評価が毎年実施されることになっている[17]。

しかし，表5-4で示されるように，全面的改訂および現実化はこれまでほとんど実施されておらず，1981年以降制度化された概算再評価のみによって対処されているのが現実である。したがって，以上のような理由により，地方不動産課税の課税ベースは老朽化しているのが現状である。

---

17) 1974年7月18日法により，全面的改訂が5年おきから6年おきに，また現実化が2年おきに実施されることが決定された。さらに，1980年1月10日法により現実化が3年おきに，また1981年以降，概算再評価が毎年実施されることが規定された。

いずれのケースにおいても，既建築不動産および未建築不動産に関して評価が実施される。既建築不動産は，居住用不動産，職業用不動産（農林業や商工業以外の目的で利用される不動産），商業用不動産，工業用不動産の4種類に分類される。なお，農林業用不動産に関しては，既建築不動産税が免除され，農林業用地は未建築不動産税の課税対象となる。

① 全面的改訂（ex. 居住用不動産のケース）

快適度により居住用不動産が8段階（非常に豪華～非常にみすぼらしい）に区分される。そして，段階ごとに各市町村における標準的な居住用不動産が選択され，それを基準に個々の住宅が分類される

個々の不動産の実際の面積が各種の係数（住宅規模，手入れの状態，立地条件，エレベーターの有無，エレベーター以外の各種住宅設備の有無が考慮される）により調整され，加重総面積が決定される。さらに，各段階の標準的不動産が正常な条件の下で自由に賃貸される場合の賃貸料を参考にして1 m^2 当たりの賃貸価値が決定され，最後に，加重総面積にこの値を掛けることにより各不動産の賃貸価値が計算される。

② 現実化（ex. 建築不動産のケース）

1980年の場合を例にとると，既建築不動産に関しては，全面的改訂の実施された1970年以降1977年までの県レベルにおける賃貸料の変化が検討され，1978年1月1日時点の賃貸価値に各県で定められた係数（1.41～1.85）が乗じられることにより調整が実施された。

③ 概算再評価

基本的に，2年前の土地台帳賃貸価値に，予算法で定められた調整係数を乗ずることにより当該年度の賃貸価値が求められる。調整係数の値は，2006年において，既建築不動産は1.018，未建築不動産は1.018である（Direction Générale des Collectivités Locale [2007], p.112）。

表5-4 フランスにおける地方不動産課税の評価替えの歴史（20世紀以降）

	建築不動産	未建築不動産	法的根拠
全面的改訂	1909年 1924年 1943年 1970年	1910年 1948年 1961年	・1959年1月7日法 　5年ごとの実施を決定 ・1974年7月18日法 　6年おきに変更
現実化	1980年	1970年 1980年	・1959年1月7日法 　全面的改訂の間に，コンセイユ・デタの議を経たデクレにより定められた係数を乗ずることによる調整を決定 ・1974年7月18日法 　2年ごとの実施を決定 ・1980年1月10日法 　3年おきに変更
概算再評価	毎年（1981年以降）		・1980年1月10日法 　1981年以降，毎年の実施が決定

（注）　数値は，いずれも作業の開始年を示している。
（出所）　篠原［2005b］，116頁。

② **改革案**

地方不動産課税の課税標準のあり方をめぐるこれまでの議論は，大きく2種類に分類可能である。一つは不動産税に係わるものであり，もう一つは住宅税に関するものである。

(a) **不動産税の場合**

不動産税に関しては，賃貸価値を課税標準として維持しながら現行制度を改善しようとする議論と，課税標準を賃貸価値から資本価値へ変更し，申告方式による新たな課税（経常申告不動産税：impôt foncier declaratif annuel）を提案する議論とがある。

第一の立場に立つものとしては，1989年の財政委員会案[18]がその典型である。財政委員会案では，税収の安定性が失われるという理由で，課税標準を資本価値に変更することには消極的である。その代わりに，全面的改訂の制度を見直すことによって，現実化の制度を廃止することが提言されている。

---

18) Commission des Finances ［1989］.

これに対して，より大胆な改革を求める第二の立場では，経常申告不動産税の導入が提言される。そもそも経常申告不動産税の議論がフランスに登場したのは，1961年の建築専門誌に掲載されたオランダ人の論文が最初であったと伝えられているが，それ以降，政治家，役人，研究者など実にさまざまな分野の人々がこの税に言及してきた。経常申告不動産税の骨子を述べると，大体次のようになると考えられる[19]。

- 課税対象は，市町村に存在する土地もしくは建物を含む不動産である。
- 課税標準は，納税者によって申告される売買価格 (valeur venale) である。虚偽申告の可能性に対しては，(イ)申告価格を，地方公共団体による先買や収用の際に利用するとともに，譲渡所得税や相続税の課税価格としても採用する，(ロ)納税者の申告価格が適正なものであるかどうかを監視する機関を設ける，ことなどで対処する。
- 納税者は，原則として課税対象となる不動産の所有者である。ただし，ある一定の条件を満たす老齢者や身体障害者などの社会的弱者に関しては免税とする。
- 税率は低めに設定され，原則として比例税率とする。ただし，農業用地に関しては軽減税率の適用も考える。
- 経常申告不動産課税の導入に伴い，既存の不動産関連税（既建築不動産税，未建築不動産税，地方公共施設税など）の廃止もしくは減税を実施する。

以上のような経常申告不動産税は，後述のように1870年（明治3年）に神田孝平が「田租改革建議」の中で行った提案や孫文の「平均地権構想」[20]と基本的に同様なものであるが，結局，納税者を評価決定に参加させることによって，納得づくで地価を決定することを意図した制度であると言える。そのような提案が行われた背景には，もっぱら，賃貸市場よりも売買市場の方が規模が大きいこと，現在では農地のほとんどが自作農によって耕作されていること，などの現実的理由があった。

---

19) 経常申告不動産税に関する詳細は，篠原［1991 b］参照。
20) 土地税制に関する孫文の構想に関しては，川瀬［1990］，120-121頁，同［1992］を参照。

ところで，1984年に公表された都市計画・住宅省の報告書においては，課税標準を資本価値へ変更した場合のシミュレーション分析が行われているが，それによると，課税標準を変更することのメリットは主に，(イ)現行制度の下で見られる納税者間および地域間での不公平の是正，(ロ)都市開発によって発生した開発利益の吸収還元，(ハ)土地の有効利用促進の3点に求められると指摘されている[21]。しかし，何と言っても，経常申告不動産税の導入はこれまでの税制を大きく変化させるものであり納税者の大きな抵抗が予想されることや，ミッテラン政権の下で，1982年に経常申告課税の性格を有する大規模資産税（富裕税）がすでに導入されたことなどの理由により，これまでのところ実現には至っていない。

(b) **住宅税の場合**

フランスの住宅税は住宅占有者に課税されるもので，住民の生活に最も密着しており，資産課税よりはむしろ所得課税（住民税）としての性格を強く有するとの評価もある。

住宅税の最大の問題点は，納税者の担税力が十分に反映されないことである。そのため，住宅税は不公平な税であると批判されてきた。もっとも，このような不公平を是正する手段としては，免除および控除の見直しがある。しかし，それらはあくまで人税化のための次善策にすぎないとの認識から，課税標準を賃貸価値から所得に変更させ比例所得税を実施すべきであるとの抜本的改革提案が行われてきた。

例えば，1979年の国民議会特別委員会案[22]では，(イ)住宅税を廃止し，国税である所得税の一部を代替財源に充てる，(ロ)課税標準を理論的賃貸料から実際の賃貸料に変更する，(ハ)納税者の担税力をより反映するように，課税標準である賃貸価値を改善する，といった3種類の案の検討が行われたが，結局，委員会で採択されたのは3番目の案であった。第一案については，所得税は普遍性に欠けるため地域格差を拡大させること，国に財源を依存することになり地方公共団体の自主性を阻害すること，以前よりも納税者数が減少するため大

---

21) 詳細は，篠原［1990］参照。
22) Voisin［1979］。

きな負担配分の変更を伴うこと，などの理由で望ましくないとされた。また第二案に関しては，家賃統制の存在や，持家率の上昇による賃貸料データの不十分性，実際の賃貸料が必ずしも納税者の担税力を正確に反映しない，等の理由で却下された。

　すなわち委員会では，問題点があるとはいえ，住宅税の課税標準としては賃貸価値が最も望ましいと勧告している。ただし，住宅税の人税化を図るために，県レベルで住宅税を廃止し，住民所得税に代替することが提言されている。住民所得税の実施が県レベルに限定されたのは，フランスの市町村はその規模が小さく[23]，もし市町村レベルでも住民所得税を導入するとなると，著しい地域間格差が予想されたためである。実際，このような県レベルでの住民所得税の提案は1992年度から実施される予定であったが，いまだに実現していない。その理由としては，制度の変更により納税者間および地域間で著しい負担配分の変更が発生すると予想されたことが大きい。

III．アメリカおよびカナダの議論

1．アメリカ

　前述のように，アメリカの財産税では資本価値に基づく課税が行われているが，財産税の課税標準をめぐるこれまでの議論を見ると，おおよそ以下の3種類に分類可能である。

(1) 賃貸価値

　ネッツアー（Netzer, D）によれば，財産税の課税標準として賃貸価値が最もクローズアップされたのは1930年代のことであった[24]。当時，大恐慌の影響に

---

23) フランスでは，人口10,000人未満の市町村が全体の97%，人口700人未満が67%を占めている（Direction Générale des Collectivités Locales [2008], p.15)。
24) 以下は，もっぱらNetzer [1997] に基づく。

よりオフィスビルの空室率は高く，したがって，ビル所有者にとっては賃貸料収入が十分得られず財産税の負担は重いものであった。そのため，特に不動産業関係者から，粗賃貸料に基づく課税方式に変更すべきであるとの強い要望が出された。しかし，このような議論は一時的なものであり，空室率が低下するにしたがい自然に消滅した。

賃貸価値を望むもう一つの議論は，大都市のスラム街とその他の地域との間で投資の中立性が阻害されていたことに端を発する。すなわち，スラム街への不動産投資は「ハイリスク，ハイリターン」であるにもかかわらず，一般にその地域の財産価値は相対的に低く，結果として財産税額も低かった。したがって，課税標準を賃貸価値へ変更することにより，スラム街からの収益へ課税可能となり，投資の中立性が保たれると考えられたのである。

以上の二つの議論においては，いずれも事業用不動産に対する財産税の課税標準を資本価値から賃貸価値へ変更すべきだとされるが，厳密には，前者がイギリスの旧レイトやフランスの住宅税のように占有者課税を実施すべきだとするものであるのに対し，後者は保有者課税が前提とされている点で異なる。このような後者の議論に対してネッツァーは，資本価値方式の下では，費用が控除された後の純収益の現在割引価値に対して課税されるから，建物の維持に対して中立的である。しかし，粗賃貸料をベースとして課税される賃貸価値方式は建物の維持に影響を与える。したがって，賃貸価値へ課税標準を変更することにより，逆に住宅の質が低下しスラム問題が悪化すると反論している。

さらに，賃貸価値の一般的な問題点として，賃貸価値の場合は資本価値の場合よりも有効利用が抑制されること，アメリカではイギリスよりも賃貸ではなく所有されている不動産の割合が高いこと，不動産の種類（ex. 製鋼所，発電所）によっては必ずしも賃貸事例が確保できないこと，評価に際して賃貸料データへのアクセスは必ずしも容易でないこと，などの問題点も指摘されている。

（2） 敷地価値

アメリカ合衆国が誕生したのは連邦憲法が制定された1787年であるが，1796

年までにはほとんどの州において，人頭税（poll tax）に代えて土地に対する課税が実現されるようになっていた[25]。

しかし，敷地価値税の問題が具体化したのはもっぱら20世紀以降である。中でも特に，ペンシルバニア州のピッツバーグ市において実施された段階的課税（graded tax）の経験は有名である[26]。

ピッツバーグ市においては，1914年から1925年にかけて土地投機の抑制や市街地開発の促進等を主たる目的として，土地の税率に対する建物の税率の割合が段階的に引き下げられた。すなわち，1914年には10分の9（土地税率0.0094%，建物税率0.00846%）であったものが，1925年には10分の5（土地税率0.0195%，建物税率0.00975%）にまで引き下げられた。さらに，1979年と1980年には，もっぱら財政赤字の補塡を目的として土地に対する税率が引き上げられたため，より一層この割合が引き下げられ，1979年には4分の1（土地税率9.75%，建物税率2.475%），1980年には5分の1（土地税率12.55%，建物税率2.475%）にまで低下した。

このような土地と建物に対する差別的課税により，建物の建設がどの程度促進されたのであろうか。例えば戦後のケースを見ると，表5-5から明らかなように，1979年と1980年には以前と比較して建築許可の数が大幅に増加している。

表5-5 ピッツバーグ市における建築許可の推移

年	件　数
1975	3,179
1976	3,805
1977	3,819
1978	3,622
1979	4,420
1980	4,804

（出所）山嵜［1972］,52頁。

---

25) Lindholm & Sturtevant ［1982］, p.84.
26) 詳細は，片桐［1993］, 106-125頁および山嵜［1972］,第3章参照。

しかしながら，差別的課税の効果に関しては意見が分かれる。不景気にもかかわらず建築許可の数が増加したのは差別的課税の強化の影響が大であるとする見方がある一方[27]，オーツ（Oates, W. E）とシュワブ（Schwab, R. M）は，建築許可が増えたのは金融・サービス部門の成長によるオフィスビルへの超過需要の発生が主たる原因であり，開発に対する差別的課税強化の積極的意義は見出しえないと主張している。しかし，1970年代後半の財政危機を克服するために，もし財産税における差別的課税の強化が図られないとしたならば採られたであろう他の増税手段（建物への重課や賃金税の増税）と比較すると，土地課税の強化は経済に対してほぼ（roughry）中立的であるから，少なくとも都市経済へのマイナス効果が避けられた点では評価しうるとしている[28]。

（3）取得価値

前述のように，財産税の課税標準としての取得価値をめぐる議論は，もっぱらカリフォルニア州において見られる。そもそもカリフォルニア州で取得価値が採用されたのは1978年の提案13号（プロポジション13）がそのきっかけである。提案13号の背景には，好景気による不動産価格の上昇に伴い財産税負担額が著しく上昇したにもかかわらず，その負担増加に見合う公共サービスが還元されないことに対する住民の怒りがあったとされるが，取得価値の採用によりどのような影響がもたらされたのであろうか。サリヴァン等の実証研究にしたがいこのことを見てみよう[29]。

第一に，財産税の実効税率は，全国平均を大きく下回ることとなった。独身者用住宅の場合を例にとると，提案13号以前の財産税の実効税率はほぼ2％（1966年：2.03％，1977年：2.21％）であり全国平均（1966年：1.70％，1977年：1.67％）を上回っていたが，1987年には0.55％と全国平均1.15％よりも著しく低下した。

---

27) 山嵜［1972］，52-53頁。
28) 以上の詳細は，Oates & Schwab［1997］およびOates & Schwab［1998］参照。
29) O'Sullivan, et al［1995］，pp. 137〜140参照。なお，プロポジション13の法的側面に関する検討については，石村［1991］，（財）自治体国際化協会［1993］参照。

第二に，同じ種類の財産であっても，1975年3月1日以前に購入されたものであるか否かにより大きな負担格差が生じた。ロスアンゼルスおよびサンフランシスコにおいて，1975年3月1日以前に不動産を購入していた住民にとって財産税の実効税率は0.2％であったが，それ以降に取得した者については1％であった。
　第三に，移動の回数が少なく長期間同じ場所に居住している低所得者や高齢者が恩恵を受け，その結果，財産税の逆進性が緩和された。
　第四に，取得価値システムの下では住宅の新規取得に対して時価課税が行われるため，買い換えを抑制するという意味で凍結効果を発生させる。ただし，この効果によってもたらされる厚生損失はそれほど大きくない。
　第五に，財産税の税率の上限が時価の1％に定められたため，その分地域間での税率格差は是正されたが，代わりに地方政府の税率決定権がなくなり，州政府の統制が強まった。
　以上のような分析結果に基づきサリヴァン等は，提案13号の最大の問題点は，1975年3月1日以前に財産を取得した「旧住民」と，それ以降に取得した「新住民」との間での水平的不公平であると指摘する。したがって，居住用財産に関しては，インフレ調整率の上限を現在の2％から4％へ引き上げること，および相続時に資産再評価を実施すべきことなどが提言されている。
　また，事業用財産に関しても，既存事業と比較して新規事業が相対的に高い負担を負うことになり，結果として地域の経済成長が阻害されることになる。このような現象を緩和するためにサリヴァン等は，新築の建物に対する財産税以外の負担を抑制すること，新規事業用の財産に関しては建物部分についてある一定期間財産税を免除すること，などの調整措置が必要であるとしている。
　また，事業用財産は独身者および家族に対する賃貸が多いという事実に着目し，転嫁の発生を考慮して低所得層の賃借人には所得税額控除を認めるべきことも提言している。

2．カナダ[30]

(1) 財産税の性格

1993年に公表されたオンタリオ州公平課税委員会報告書[31]では，財産税の性格に関する議論が詳細に行われている。すなわち，応能原則と応益原則の両原則に照らし合わせて，現行財産税の分析評価が試みられている。その結果，一般に財産税は，応能税ではなく応益税（benefit tax）としてとらえるべきだとの結論が導かれている。ただし，応益税であるといっても，地方公共サービスが各個人にもたらす個別的利益に対応しているのではなく，住民全体を対象とする一般的利益に対応した地方一般応益税（general local benefit tax）であるとしている。

このような結論を導くために，報告書では，もっぱら居住用財産と支払能力との関係が理論的に検討されている。そのためにまず，居住用財産に対する財産税が応能税であると考えられる根拠として従来指摘されてきた議論を，次の4つに分類している。

① 所得が高くなるにつれて居住用財産の価値も高まる傾向があるから，居住用財産の価値が，支払い能力である所得の代理変数となる。

② 所得税の下では帰属家賃に課税することが困難であるから，居住用財産に対する財産税がそれを補完する。

③ 所得税を免れたキャピタル・ゲインに対する課税が，財産税によって可能となる。

④ 居住用財産の価値（粗市場価値）が，家計の純資産の有力な指標となる。

以上のうち，①～③は基本的に支払能力を所得としてとらえているのに対して，④では資産を支払能力としてとらえているわけであるが，委員会は①以外の考え方は理論的に問題があるとしている。

---

30) 以下はもっぱら，Boadway & Kitchen [1999]，pp. 345-389，Kitchen [1992]，Ontario Fair Tax Commission [1993 a]，chap. 27-chap. 29，Slack [2004 a] に基づく。

31) Ontario Fair Tax Commission [1993 a] および Ontario Fair Tax Commission [1993 b]。

まず2番目については，もし居住用財産に対する財産税を帰属家賃に対する所得税の補完税としてとらえると，帰属家賃の発生しない賃借人には課税すべきではないが，現実には転嫁が発生することにより賃借人も税を負担していること，および，住宅ローン利子（mortgage debt）は帰属家賃には含まれないから，帰属家賃と住宅ローン利子の控除されない財産の粗市場価値との間には明確な関係が認められないこと，などの理由で却下している。

また，3番目に関しては，2番目の場合と同様，賃借人の問題が生ずること（賃借人にはキャピタル・ゲインが発生しないから課税すべきではないが，現実には転嫁が発生して負担を負っていること），キャピタル・ゲインに課税するのであれば，粗財産価値ではなくて財産価値の増加額をむしろ課税ベースとすべきこと，などの理由をあげて批判している。

さらに，4番目に関しては，賃借人にとって住宅は資産ではないこと，経常純資産税では純資産価値が課税ベースとされるのに対して，財産税では総資産価値が課税ベースとされること，などの理由によりやはり問題があるとしている。

このような検討を行った後，報告書では，もっぱら最初の考え方に基づいて実証分析が行われている。その結果，①支払能力を所得としてとらえ，家計所得に対する財産税の負担配分状況を見ると，不公平（垂直的不公平および水平的不公平）が発生していること，②居住用財産の価値に最も影響を与えるのは総床面積であって，家計所得と居住用財産価値との間の相関関係はきわめて低いこと，などを明らかにしている。そして，居住用財産価値を所得の代理変数とみなして担税力に応じた課税が実現される，という最初の考え方も否定している。

さらに報告書では，財産税を人的資産課税としてとらえる4番目の考え方に関しても実証分析が行われている。前述のように理論的問題があるにもかかわらず，報告書で資産課税としての財産税の可能性について検討が行われた背景には，カナダには個人に対する経常純資産税も相続・贈与税も存在しないため[32]，租税体系における累進性を確保するために，財産税にそのギャップを埋めるという期待がかけられていたからである。

しかしながら，統計的に見て，家計の保有する純資産額と家計の保有する純資産額に占める主たる住居の財産価値との間にはマイナスの相関関係が存在する。すなわち，純資産額が上昇するほど，純資産に占める主たる住居の財産価値の割合は逆に低下する傾向が見られる。したがって，比例課税が行われる財産税の負担配分状況は，純資産に対してきわめて逆進的になると考えられる。また，純資産が同規模であっても純資産額に占める主たる住居の財産価値の割合は家計により異なるから，水平的不公平も発生する。以上のような理由から，居住用財産を家計の純資産の代理変数であるとみなし，財産税に応能税の役割を期待する見方は，実証的にも否定されている。

さて，以上のような議論の結果，報告書では財産税を基本的に応益税と性格づけたうえで，さらに応益税としての財産税のあり方に関する検討が行われている。そのために，まず地方政府によって提供されるサービスが，一般政府サービス，教育，警察・消防，運輸，環境，保健衛生，社会福祉，レクリエーション・文化，都市計画および地域開発の9種類に分類され，財産税によってその財源の一部を調達されるべきサービスとそうでないものとが理論的に区分されている。

具体的には，教育や社会福祉のように，所得再分配や機会均等の目的を有するサービス，外部性が高くその便益が社会全体に波及すると考えられるサービスは，そもそも応益税である財産税によりその財源をまかなうことが不適切であるかもしくは困難であるとされている。それ以外のサービスに関しては，財産税を財源とすることが理論的に可能であるが，特に環境関連サービス（上下水道，ゴミ処理）については，利用者が特定できその利用度も測定可能であるから，財産税よりも利用者負担でまかなう方が望ましいとしている。

(2) 財産税評価の状況および問題点

カナダの財産税は，わが国の場合と同様，土地，家屋，償却資産をその課税対象としている。ただし償却資産については，州により課税対象から除外され

---

32) カナダの人的資産課税に関する議論は，本書第4章を参照。

る所もある。また，固定資産の評価はすべて，その市場価値（market value）に基づいて実施されなければならないことになっている。ただし，この場合も州によっては，完全市場価値（full market value）ではなく，市場価値の一定割合での評価を定めている所がある（表5-6）。

評価主体について見ると，もっぱら州政府が責任を負っている所（プリンス・エドワード・アイランド，ノヴァ・スコティア，ニュー・ブルンスウィック，オンタリオ，ユーコン，ノースウェスト）もあれば，地方政府の責任により実施されているケース（ケベック，アルバータ）もある。さらに，地域により州政府と地方政府の両方が関与している州もある（ニュー・ファンドランド，マニトバ，サスカチュ

表5-6　財産税の課税ベース

	土　地	家　屋	償却資産
ニューファンドランド州	市場価値	市場価値	市場価値
ノヴァ・スコティア州	市場価値	市場価値	市場価値。ただし，製造加工品（manufacturing and processing）は購入価格の50%。
プリンス・エドワード・アイランド州	市場価値	市場価値	市場価値
ニュー・ブルンスウィック州	市場価値	市場価値	市場価値
ケベック州	市場価値	市場価値	市場価値
オンタリオ州	市場価値	市場価値	市場価値
マニトバ州	市場価値	市場価値の3分の2	市場価値
サスカチュワン州	市場価値	市場価値の60%以下	市場価値
アルバータ州	市場価値	再取得費用（replacement cost）の一定割合。	地方政府が事業税を課税している場合，非課税。それ以外は取替原価（converted cost）。
ブリティッシュ・コロンビア州	市場価値	市場価値	（非課税）
ノースウェスト準州	市場価値	市場価値の3分の2	市場価値
ユーコン準州	市場価値	再取得費用	再取得費用

（出所）　Kitchen [1992], p.21.

ワン)。ただし,ブリティッシュ・コロンビア州は以上のいずれのケースにも属さず,州政府や地方政府から独立した評価機関が設けられている。

さて,以上のように,財産税の評価は原則として市場価値に基づくこととされているが,現実においては市場価値と実際の評価額との乖離が発生しており,① 同じ州内における同じ種類の財産間,② 同じ州内における異なる種類の財産間,③ 同じ州の異なる地域間,④ 異なる州に存在する同じ種類の財産間,のそれぞれで不公平をもたらしている。

① 同じ州内における同じ種類の財産間での不公平

同じ種類の財産であっても,立地条件や建築年数などによって評価率が異なる傾向が見られる。すなわち,郊外にある住宅や古い住宅は,都心にある住宅や新しい住宅と比較すると,仮に価格が同じであったとしても,評価率が低い傾向がある。

② 同じ州内における異なる種類の財産間での不公平

同じ州内に存在する異なる種類の財産間における評価率格差の状況は表5-7にまとめられている。平均値で見ると,最も評価率の低いのが独身者用低層住宅で約9%なのに対して,同じ居住用不動産でも高層住宅は13.94%である。また,商業用不動産が13.32%,工業用不動産が16.58%となっている。

③ 同じ州内の異なる地域間での不公平

同様に表5-7で観察可能である。不動産の種類により評価率の変動係数は異なっているが,最もばらつきの小さいのが高層住宅で0.95,逆にもっともば

表5-7 オンタリオ州内の地方政府における評価率格差の状況（1991年度）

	独身者用低層住宅 （1～2階建）	高層住宅 （7階建以上）	商業用不動産	工業用不動産
最低(%)	1 (27)	5 (49)	2 (－)	4 (84)
最高(%)	50 (131)	61 (224)	88 (－)	76 (253)
平均(%)	8.98 (60.35)	13.94 (123.72)	13.32 (－)	16.58 (135.34)
変動係数	1.39 (0.32)	0.95 (0.31)	1.46 (－)	1.27 (0.28)

(注) カッコ内は実効税率。
(出所) Ontario Fair Tax Commission [1993a], pp.614-615およびp.619により著者作成。

らつきの大きいのが商業用不動産で1.46となっている。さらに，同じ事柄を実効税率で見ると，変動係数は評価率の場合ほど大きくなく，最もばらつきのある独身者用低層住宅でも0.32である。

④ 異なる州に存在する同じ種類の財産間

異なる州に存在する同じ種類の財産間においても評価率格差は見られる。資料は古いが，その状況は表5-8により明らかであろう。居住用不動産を例にとって見ると，プリンス・エドワード・アイランド州の特定の市においては100％であるのに対し，オンタリオ州では9％でしかない。

表5-8 州間における評価率格差（1978年度）

	居住用不動産	工業用不動産
プリンス・エドワード・アイランド州	100％	100％
ノヴァ・スコティア州	91	75
ニュー・ブルンスウィック州	99	86
ケベック州	54	59
オンタリオ州	9	14
マニトバ州	14	15
サスカチュワン州	10	6
アルバータ州	14	15
ブリティッシュ・コロンビア州	15	30

（注）　各州の特定の市における値である。
（出所）　Kitchen［1992］，p.27.

（3）課税標準の見直し

① 望ましい課税標準に求められる条件

さて，同じ州内における評価率格差を示した上記の①～③の事柄は，州内における統一的評価が十分に実施されていないという理由から，特にオンタリオ州において顕著なものとなっていた。したがってオンタリオ州では，このような不公平を是正するために完全市場価値での評価を徹底するようこれまでにも度々勧告が行われてきたが，それにより，納税者間での負担配分が著しく変化する可能性が大きいため，結局失敗に終わっていた。

そこで，前掲の報告書では，応益税としての財産税の性格を踏まえ，地方行政サービスによりもたらされる便益の配分が反映されるよう財産の評価が行われることが望ましいが，現実には地方公共サービスのもたらす便益を直接測定することは困難であるから，便益の配分状況を最もよく反映するような課税標準を選択すべきだとしている。さらに，このような公平性以外の選択基準として，納税者の視点および課税当局の視点から，それぞれ次のような条件を示している。

(a) **納税者の視点**
- 客観的な説明が可能であり，かつ計算が容易なこと。
- 理解しやすいこと。
- 管理が一貫した方法で行われること。
- 毎年の変動が著しくないこと。
- 不服申し立てが容易に実施可能であり，しかも，それに対して客観的かつ公正な判断が下されること。

(b) **課税当局の視点**
- 長期的に安定的な財源を保障すること。
- 税務行政コストがなるべく小さいこと。
- 地域の経済発展を阻害しないこと。

すなわち，実施可能性（administrative feasibility），明瞭性（clarity），簡素性（simplicity），安定性（stability），税務行政面での公平性（administrative fairness）といった評価原則を満たすことが重要であると指摘し，表5-9のようにさまざまな課税標準の比較検討を行っている。

② **課税標準のあり方**

さて，以上のような分析に基づき，報告書では望ましい課税標準に関して，次のような提言が行われている。

(a) **居住用財産**

居住用財産については，もっぱら評価の簡素性および明瞭性の観点から，建物の規模や種類，敷地面積などの外形標準に応じて評価が行われるべきである。ただし，公平性の観点からは，現在利用価値をよりよく反映させるための

表5-9　財産税の課税標準の比較検討

課税標準	評価方法	長　所	短　所
市場価値評価法 (Market Value Assessment)	・財産の種類や評価の目的などに応じて，比較方式，収益方式，原価方式のいずれかで評価される。商工業用財産については収益方式（大規模施設）および比較方式（小規模施設）が，居住用財産については，収益方式（大規模賃貸住宅）および比較方式（独身者用住宅および小規模賃貸住宅）がもっぱら利用されている。 ・現在利用価値 (current use value) および将来利用価値 (potential future value) を反映する。	・売買市場が発達しており，評価が比較的容易である。 ・建物の新築や改良の市場価値がとらえられるため，税収の弾力性が高い。	・潜在的利用価値を考慮すると評価額が変化しやすく，税負担の激変をもたらす。 ・どの評価方式を選択するかは評価を実施する人の判断にまかされているため，恣意性が入り込みやすい。 ・建物の新築や改良を抑制する。 ・将来の行政サービスからもたらされる便益が反映されるため，応益税にはなじまない。
2段階評価法 (Two-Tier Assessment) もしくは敷地価値評価法 (Site Value Assessment)	建物と土地を別々に評価し，一般に，建物よりも土地に重く課税する。通常，最高・最善利用価値 (highest and best use value) に基づく。	土地の有効利用を促進する。	・必ずしも現実の都市計画にそぐわない (ex. 開発抑制地域における課税)。 ・現実の利用に基づかない将来利用価値やキャピタル・ゲインが反映される。
賃貸価値評価法 (Rental Value Assessment)	・現実の賃貸料に基づく。 ・現在利用価値を反映する。	現在における公共サービスの便益を反映するため，応益税になじむ。	賃貸されていないものの評価が困難。

| 物的測定法（Physical Measurement）もしくは単位評価法（Unit Assessment），価値ウェイト付け単位評価法（Value Weighted Unit Assesment） | 基本的に，建物・敷地面積に1 m²あたりの評価額を乗じて求められる。 | ・簡素性の面で優れている（明瞭で税務行政コストが小さい）。
・安定的である。
・取引事例がなくても評価が可能。 | 公共サービスと密接に関係のある生活空間の質や立地とは無関係に評価が行われる。 |

（出所）Ontario Fair Tax Commission [1993 a], pp. 693-702およびKitchen [1992], chap. 9。

措置が必要である。

　第一に，建物の種類に応じて，その規模および敷地面積に関するウェイト付け（加重評価）が必要である。

　第二に，立地条件の良い物件ほど公共サービスから多くの便益を享受していると考えられるから，立地条件に関するウェイト付けも必要とされる。ただし，そのためには評価の対象となる区域（assessment areas）を都市計画のゾーニングと一致させることが前提条件となる。

　第三に，貧困地域の負担が重くならないよう調整が行われるべきである。

(b) 非居住用財産

　商工業用財産や農業用財産などの非居住用財産に関しては，賃貸市場が発達しているから，その賃貸価値に基づいて評価が行われるべきである。ただし，賃貸価値の評価が困難なもの（ex. 鉄道，公共用地，共同墓地，教会）については，法律で定められた一定割合での評価を行う法定評価法に基づいて評価されるべきである。

(c) その他

　空き地については，現在利用価値はゼロであっても公共サービスからの便益を享受しているから，課税を免除すべきではない。問題なのはその評価方法であるが，最も望ましいのは，その周辺の区域に存在し，最近用途変更のあった同様な空き地の事例を参考にすることである。

Ⅳ．オーストラリアの議論

1．土地税の概要

土地税の州税収総額に占める割合は，2005年度において5.5%に過ぎない。このことは，レイトが地方税収の100%を占めるのと対照的である[33]。土地税の制度は州によって異なるが，現在おおよそ次のようになっている[34]。

（1）課税団体
すべての州，およびオーストラリア首都特別地域で課税されている。

（2）納税者
原則として，土地の所有者（個人および法人）である。ただし，オーストラリア首都特別地域においては，賃借人も納税者とされている。

（3）課税ベース
課税ベースは，未改良土地の市場価値である敷地価値である。

（4）税率
税率は，基本的に累進税率が採用されている。個人用不動産と企業用不動産とで，税率構造が異なる所（クイーンズランド州，オーストラリア首都特別地域）もある。

（5）免除および控除
慈善・宗教・教育施設は免税とされるほか，政策的配慮から，ほとんどの州で主たる住居の土地および農地についても免税とされている。したがって，土地税の実態は，事業用用地に対する企業課税となっている。

（6）基礎控除（課税最低限）
2008年において25,000ドル（タスマニア州）から599,999ドル（クイーンズラ

---

33) OECD [2007], p.235.
34) 以下は，もっぱらHornby [1991]，Slack [2004b]，CCH [2008]，pp.1733-1739に基づく。その他，オーストラリアの土地税の概要を紹介したものとして，石 [1993b]，辻 [1996]，山田 [1993]，米原 [1998] などがある。

ンド州）の間で基礎控除が設けられている。
（7）評価

原則として，評価は州の機関（Valuer General's Office）によって行われている。ただし，これは州政府とは独立した組織である。

（8）評価替え

ニュー・サウス・ウェールズ州以外の州では，毎年，評価替えが実施されない。ただし，ヴィクトリア州，タスマニア州などでは，評価額と時価との乖離を修正するために平準化システム（equalisation system）が採用されている。このシステムの下では，前年度の評価額に一定の平準化係数が乗ぜられることによって当該年度の評価額が求められることになっている。

2．土地税の沿革

オーストラリアにおいては，19世紀末以降，土地のみを課税客体にする税として，もっぱら州段階で課税される土地税と，地方税としてのレイトの2種類が存在する。

このうち土地税の沿革は，第1期（1884年〜1915年），第2期（1910年〜1952年），第3期（1952年〜現在）の3つの期間に区切って考察することが可能である。すなわち，そもそも土地税が最初に導入されたのは，1884年サウス・オーストラリア（当時は植民地）においてであり，その後，他の5つの植民地もそれに追随した。1901年に連邦制が採用されることにより，植民地はそのまま州になったため，第1期は現在と同様州レベルで課税されていたと考えてよかろう。しかし，第2期においては，州に加えて連邦も課税に参入していた。

土地税が導入された背景としては，以下の3点が挙げられている[35]。

(1) 当時，不況の影響により財政赤字に陥っていた州にとって，財源確保の手段として歓迎された。

(2) 産業経済の発展により，特に都市部の地価が上昇し，地主にかなりの不労所得をもたらした。地価は，例えばシドニーにおいて，1905年から1916

---

35) Heaton［1925］参照。

年の間に54%, またシドニー以外のニュー・サウス・ウェールズ州の都市においても, 1901年から1916年の間に平均74%, それぞれ上昇したと報告されている。そこで, このような不労所得を吸収する役割が土地税に求められた。

(3) 大規模な土地所有を分割し, 土地の有効利用を促進する役割が期待された。その背景には, 広大な面積の土地が少数の地主により所有されており, それが投機的目的に利用されたり, あるいは農地として利用される場合でも羊や牛の放牧が中心であり, それ以外の農業の発展を妨げていたことがあった。

第2期に連邦レベルでの課税が実現された理由としては, 老齢・障害者年金制度や出産控除 (maternity allowwance), 海軍の創設などに必要な財源を確保する必要があったことに加えて, この3番目の事柄が重要であった。しかし, 経済の発展に伴い, 連邦税収総額に占める土地税の割合は次第に低下したにもかかわらず, 租税回避を防止するためのコストが非常に高くついたため, 結局, 課税の継続が著しく非効率なものとなった。土地税の徴税コストが当時いかに高かったかは, 表5-10により明らかであろう。廃止直前の1952年度において, 土地税の徴税コストは税収の14.24%にも達しており, 他の税と比較してはるかに徴税効率の悪い税となっていた。その結果, 1952年7月に連邦は土地税から撤退を余儀なくされたのである[36]。

表5-10 連邦税の徴税コスト (単位:%)

財政年度	土地税	所得税	売上税	社会保障税	全体
1951/52	3.92	0.91	0.36	0.45	0.87
1952/53	14.24	1.00	0.42	0.47	0.93

(出所) Reece [1992], p.68.

---

36) 以上の詳細は, Bird [1960] を参照。

3. 土地税改革論議が登場した背景

わが国と同様，オーストラリアでも1980年代後半に地価高騰に見舞われた。その背景には，金融緩和による金余りや低金利，株価暴落に伴う不動産への投資シフトの発生，商業用財産への外国資本投資の増加，不動産投資に対する税制優遇措置の存在，予期せざる移民の増加に伴う居住用財産に対する需要の拡大，女性の労働参加比率の上昇やパート・タイム雇用の増加等による家計所得の上昇，などがあったとされる[37]。

資産インフレの結果，土地税の税収は急激に伸び，納税者の大幅な負担増加をもたらした。このことを，図5-2で見てみよう。税収総額は1985年度を100とすると，ピーク時の1991年度には307にまで増加している。ちなみに，わが国の固定資産税（土地に係る分）の場合を見ると，同じく1985年度を100とすると，1991年度は218となっている。また，対前年度増加率は，レイトのそれが最大でも10％程度であるのに対し，土地税の場合は，1989年度と1990年度には30％を上回っている。これは，レイトでは比例税率が採用されているのに対し，土地税では累進課税が実施されていることの影響が大きかったものと予想される。

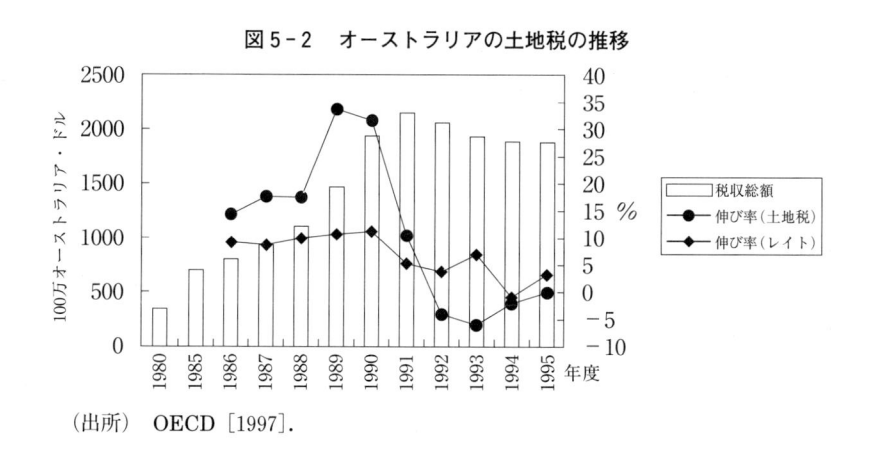

図5-2 オーストラリアの土地税の推移

(出所) OECD［1997］．

---

37) NSW Government［1992］, p.16.

住民の不満は，このような税負担の急激な上昇という表面的事実に加えて，その背景にある評価システムそのものにも向けられた。例えば，ニュー・サウス・ウェールズ州では次のような事柄が問題とされた。

第一に，現行の評価システムでは，評価日と課税時点の間に1年半のラグが存在する。実際の評価状況を見ると，評価替えの年に当たっていた1990年度の評価は1988年6月の価格を参考にして行われ，また1991年度の評価額は，1990年度の価格に1.17の平準化係数を乗ずることによって求められた。ところが地価の動向を見ると，住宅用地については1988年3月を，また商業用地に関しては1989年3月をそれぞれピークに下落傾向に転じている[38]。したがって，結果として1991年度には，地価下落期に地価の高い時点の価格を参考にして評価が行われたため，納税者の反発を買うことになった。

第二に，平準化システムの下では，あくまで平均的変化率に基づいて調整が行われるため，必ずしも個々の土地の状況が反映されないことが挙げられる。

4．土地税の改革をめぐる諸議論

さて，地価高騰による納税者の負担増加を緩和するために，ニュー・サウス・ウェールズ州では1990年度予算において課税最低限の引き上げと税率の引き下げが実施されたが，同時に，土地税を抜本的に改革するための委員会が設けられた。

このような土地税改革の気運は他の州でも高まり，同様な委員会が各地で発足した。表5-11は，その主たるものの概要をまとめたものである[39]。

(1) 課税標準

地価変動に伴う急激な負担増加を緩和するためには，2つの方法が考えられる。一つは，現在の課税標準を前提として負担調整を行う方法であり，もうひとつは，課税標準そのものを見直す方法である。

① 負担調整措置

---

38) NSW Government [1992], p.17.
39) 以下は，もっぱら NSW Government [1992] および Reece [1992] に基づく。

表5-11　土地税の改革をめぐる諸議論

	ニュー・サウス・ウェールズ州（1988年）	ニュー・サウス・ウェールズ州（1992年）	サウスオーストラリア州（1990年）	ヴィクトリア州（1991年）
課税標準	敷地価値を維持	敷地価値を維持	資本価値へ変更	敷地価値を維持
税率	累進税率を維持	累進税率を維持	比例税率	累進税率構造の緩和（刻み数を減らす）
免除および控除	・主たる住居の土地に対する免税を廃止して50万ドルの控除を導入 ・農地の免税を廃止，代わりに100万ドルの控除を導入	−	課税最低限および居住用財産に対する免除を廃止	・課税最低限の物価調整を実施 ・免除は，基本的に現行制度を維持
評価システム	−	・毎年の評価および評価の民間委託を勧告	−	評価ラグの短縮化

（出所）　NSW Government［1992］pp. 30-35および Reece［1992］, pp. 21-27.

　負担調整措置としては，(a)インデクセーション，(b)納税額の上限設定 (capping)，(c)平均化（averaging scheme）がある。それぞれの内容および問題点は以下のとおりである。

(a)　インデクセーション

　現在の平準化システムは，地価動向（地価指数）に応じて課税ベースを調整するからインデクセーションの一種であるが，インデクセーションの指標を，地価指数よりも変動のゆるやかな消費者物価指数および土地の賃貸料指数などに変更すべきだとの議論がある。

　しかし，まず前者は，税収の実質値が一定となるため，安定性は有するが伸張性を欠き，財政需要に応じた十分な財源が提供されないという欠点を有する。1990年にニュー・サウス・ウェールズ州の土地税検討委員会に寄せられた意見の中でも，消費者物価指数に応じて課税ベースを変化させるべしとする意

見が最も多かったが，(イ)税負担と地価とのつながりが遮断されてしまうこと，(ロ)土地税検討委員会案では土地の売却時まで評価替えが行われないとされたため，凍結効果をもたらす可能性が大きいこと，等の理由で結局採用されなかった。

後者は，粗賃貸料もしくは純賃貸料の変化に応じて課税ベースを変化させる方法である。

これの問題点は，第一に，納税者の担税力をよりよく反映するのは粗賃貸料ではなく純賃貸料の方であるが，純賃貸料の決定には恣意性が入り込みやすいことである。

第二に，納税協力費用および税務行政費用が大きいことである。賃貸料データの確保には，基本的に納税者の協力が必要であるし，所得税のデータを利用するにしても，連邦政府と州政府の連携が前提となるからである。

第三に，地代は土地改良や建物の修繕・改装等によっても影響を受けるため，土地税が土地（未改良地）のみに対する課税ではなくなってしまうことである。

(b) **納税額の上限設定**

キャッピングは，納税者の負担の上限を定める方法である。これには，上限の設定が政治的景気循環の影響を受け恣意的に行われやすいこと（選挙が近づけば上限が低く設定されやすいこと）や，州にとって歳入損失が大きいことなどの問題点がある。

(c) **平均化**

納税者の負担を特定期間に亘ってならす考え方で，所得税において利用されている方法を土地税にも導入しようというものである。

これの問題点は，第一に，地価高騰期には相対的に負担が軽くなり，逆に地価下落期においては負担が重くなることにある。第二に，地価循環と比較して平均化の期間が短い場合には，平均化の効用が一部相殺されてしまうことである。

以上のような単純な平均化に加えて，評価額を賃貸所得指数で平均化するより複雑な方法も考えられる。この方法は，納税者の担税力が反映される点や投

機的要素が排除される点などで優れているが,もし両者が異なる水準で変化する場合には問題が生ずる。すなわち,評価額の変動が賃貸所得指数の変動よりも小さい場合は,前者を後者の動きで平均化することにより,その効果が過剰になるし,また逆の場合には過小となる。

② 課税標準の見直し

(a) サウス・オーストラリア州

1990年にサウス・オーストラリア州で公表された報告書では,課税標準を敷地価値から資本価値へ変更すべきことが勧告されている。その理由としては,サウス・オーストラリア州では大都市圏のように土地を有効利用する必然性に迫られていないため,資本価値へ変更することにより,税率の引き下げが可能となり開発が抑制されること,などが挙げられている。

(b) ヴィクトリア州

1991年の報告書では,敷地価値と資本価値の比較分析が行われ,結局,次のような理由で敷地価値が望ましいとされた。

・ 資本価値は,敷地価値の場合と比較して開発を抑制する。
・ 資本価値へ変更されると,敷地に対する建物の比率が高い納税者の負担が相対的に重くなる。すなわち,敷地価値の下では,納税者の6割強が都市の法人であったが,資本価値へ変更されると商工業用不動産の負担がさらに増えることが予想される。
・ 他の州においても敷地価値が採用されている。

(c) ニュー・サウス・ウェールズ州

前述の土地税検討委員会に寄せられた意見の中で,消費者物価指数でのインデクセーションに次いで人気の高かったのが,課税標準を賃貸価値へ変更することであった。これを受けて,1992年に公表された『土地税白書』(NSW Government [1992])においては,租税原則の観点から課税標準の比較検討が行われている。

表5-12はその結果をまとめたものであるが,結局白書では,土地税の課税標準として現行の敷地価値が望ましいとしている。その理由としては,第一に,課税標準を変更しても,課税ベースの安定性は増さないこと,第二に,他

表5-12 土地税の課税標準の比較検討

	長　所	短　所
敷地価値 (現行制度)	・土地の有効利用を促進する。 ・州による集権的評価システムに最も合致するため、徴税コストが比較的低い。	・地価高騰期には、地価上昇率が所得の伸びを上回り、納税者が税の支払いに困る。 ・財産価値に占める敷地価値の割合が比較的高い居住用財産の保有者の負担が、商工業用不動産の場合と比較して、相対的に重くなる。 ・税率が高すぎると、賃借人に税が転嫁される可能性がある。
資本価値	建物の評価が必要な分、敷地価値よりも徴税コストが高い。	・開発を抑制する。 ・土地投機を促進する。 ・現在利用価値に加えて将来期待価値も含まれるため、地価高騰期には敷地価値の場合と同様、納税者が税の支払いに困ることになる。
取得価値	・評価替えの必要がないため徴税コストが低い。 ・税負担の計算が容易である。 ・取得時の支払い能力を反映する。	・収入の弾力性に欠ける。 ・評価が中立的な第三者によって行われるわけではないので、租税回避および脱税の可能性が高い。 ・水平的不公平が発生する。
賃貸価値	敷地価値や資本価値の場合と比較して、投機的要素の入り込む余地が小さい。	税負担が納税者の支払い能力と密接に結びついているため、租税回避や脱税が起こりやすい。

（出所）　NSW Government [1992], pp. 37-44.

表5-13 課税標準の変動性

	敷地価値	資本価値	賃貸価値
居住用不動産	17.068	16.347	14.582
商業用不動産	13.060	13.681	11.078
工業用不動産	15.034	10.085	8.544

（注）　数値は標準偏差の値を示す。
（出所）　NSW Government [1992], p. 40.

の州でも敷地価値が課税標準とされており，税制調和の観点から望ましいこと，などが挙げられている。

　最初の理由に関してもう少し詳しく説明すると，白書では，課税ベースの安定性について，1971年から1990年の期間を対象に統計分析を行っている。表5－13はその結果を示したものであるが，課税標準の標準偏差は，工業用不動産に関しては確かに敷地価値の値が大きいが，居住用不動産および商業用不動産に関しては，3種類の課税標準の間でそれほど大差はない。したがって，課税標準を変更してもさほど安定性が増すわけではないから，敷地価値を維持して，その変動は税率の操作によって対処すべきだというのが白書の結論である。

（2）税率

　オーストラリアの土地税では，基本的に累進税率が採用されている。しかし，累進税率が果たして望ましいのかどうかという問題がある。累進税率が採用された背景には，前述のように，富の集中を排除し土地の有効利用を促進することがあった。しかし，富の指標として土地はあくまでその一つにすぎないから，土地のみに重課することは，他の資産との間で水平的不公平を発生させることになる。さらに，所有名義の変更を伴わず土地を架空に分割することを通した税負担逃れを助長する結果ともなっている。また，地価高騰によって税負担が急激に増加した背景には，評価システムの問題に加えて，累進税率構造の存在が大きく影響していることを忘れてはならない。

　以上のような理由から，サウス・オーストラリア州のように，累進税率を廃止して，課税ベースを拡大すると同時に比例税率へ変更すべきだとの勧告も出されている。比例税率にすれば，確かに資源配分の観点からは望ましい。加えて，税負担の変動性や租税回避の問題も緩和される。しかし，課税ベースの拡大は，納税者数の増加により徴税コストを上昇させることになる。さらに，政策税制としての効果も相殺されるであろう。例えば，現在多くの州において主たる住居の土地が免除されているのは，政府の持ち家促進政策のためであり，また課税最低限の存在は，ニュー・サウス・ウェールズ州のように賃貸住宅の

建設を促進する意味合いも有しているからである。

(3) 評価システム

評価システムの改革に関しては，前述のように，現行制度では評価日と課税時点との間のラグが存在することから，そのラグを短縮することが提言されている。例えばニュー・サウス・ウェールズ州では，民間評価機関へ評価を委託し，評価替えを毎年実施することが提言されている。ただし，その前提として，競争入札の実施や民間評価機関の評価に対する監察制度の創設が新たに必要であるとしている。

V．わが国の議論

わが国の固定資産税は，1950年度のシャウプ税制において誕生したものであるが，それ以前は償却資産が課税対象とされておらず，土地と家屋に対して，それぞれ地租および家屋税が別個に課税されていた。また，1940年度の税制改正まで，地租は国税であったのに対し，家屋税は地方税であった。

表5-14は，明治期以降のわが国における地方不動産税の課税標準に注目し，その変遷を課税客体ごとにまとめたものである。以下では，このような課税標準の移り変わりをめぐるこれまでの議論を概観する[40]。

1．戦前の議論

(1) 土地

地租に関する戦前の議論で重要なのは，1873年（明治6年）の地租改正および1931年（昭和6年）の地租改正に至る議論である。

① 1873年（明治6年）地租改正

近代国家の財政基盤を強化するために公布された1873年（明治6年）7月の

---

[40] わが国における地租および家屋税の沿革全般に関しては，渡辺［1955］および丸山［1987］を参照。

表 5-14 わが国における不動産税の課税標準の変遷

	土　地	家　屋	償却資産
明　治	明治 6 年（1873年）地租改正条例～課税標準は地価（資本還元方式によって求められる敷地価値）とされる。	明治 3 年（1870年）太政官布告～家屋税（東京府下），課税標準は坪数。	－
大　正	大正14年（1925年）税制調査会要綱～地租の課税標準を賃貸価値へ変更することが提言される。	大正15年（1926年）地方税に関する法律～府県税として家屋税が創設。課税標準は賃貸価値とされる（ただし，実施は昭和 5 年以降）。	－
昭和以降	・昭和 6 年（1931年）地租改正～課税標準は賃貸価値へ変更される。 ・昭和25年度（1950年度）税制改正～固定資産税創設，課税標準は資本価値とされる。	昭和25年度（1950年度）税制改正～固定資産税創設，課税標準は資本価値とされる。	昭和25年度（1950年度）税制改正～固定資産税創設，課税標準は資本価値とされる。

(出所)　丸山［1987］を参考に著者作成。

地租改正条例においては，それまでの物納年貢制度に代えて[41]，(イ)地券交付によって確定された土地所有者に対して，(ロ)全国一律の基準により決定された収益還元方式に基づく法定地価（土地純収益を利子率で資本還元したもの）を課税標準とし，(ハ) 3 ％の税率で，地租が課税されることとなった。さらに，1874年（明治 7 年）には，(ニ) 5 年ごとに法定地価を見直すこと，とされた。

なぜ，地租の課税標準は法定地価すなわち資本価値とされたのであろうか。このことを解明するためには，明治維新期における地租改正の議論に大きな影

---

41) 以前の租税制度は，年貢（もっぱら農民に対する税で，米または野菜，木綿，煙草などで納められる），小物成（山林，原野，河川等の土地または商工業等に対する税），課役（労役もしくはそれに代えて米もしくは金を納めるもの）の 3 種類から構成されていたが，中心は年貢であった。詳細は，吉牟田［1995 a］，47-50頁参照。

響を与えた2人の人物, すなわち神田孝平および陸奥宗光の議論に耳を傾ける必要がある[42]。結論を先に述べれば, 土地売買の解禁および地券制度の導入は神田の案が採り入れられたものである。また, 法定地価主義が採用されたことや税率が全国一律とされたことは陸奥の貢献であると考えて良かろう。

(a) 神田孝平

当時中央官僚であった神田孝平 (かんだ たかひら) は, 1869年 (明治2年) 4月に「田地売買許可の儀」を公議所 (各藩から選出された議員が議論を行う場所) に提出したが, 田地の売買を許可し, 沽券 (地券) 価格に応じて地租を金納させるというその内容は, あまりにも衝撃的なものであり受け入れられなかった。しかし, 翌年の1870年 (明治3年) 6月に, 神田は再び「田租改革建議」を公議所に提出した。

神田は, その前書きで, 従来の物納年貢制度を痛烈に批判した。すなわち, 納税者にとっては運送の手間暇がかかるのみならず飯米の確保すら難しく, また, 納税請負人による中間搾取や運搬・貯蔵の際に発生する事故あるいは虫食などにより, 農民の納めた年貢米のすべてが政府の収入とならないこと, さらに, 米価の変動により政府にとって予算編成が困難であったこと, などを指摘した[43]。そして, 次のような提案を行った。

- 田畑の売買を許可するとともに, 沽券を発行して, 土地の売買価格に応じて税を金納させるべきである。
- 地価は地主による自己申告に基づくものとする。ただし, 地価を低く申告して納税額を抑えようとする地主に対しては, 自らが申告した値段よりも高い値段で購入を希望する第三者が現れた場合には入札させることとし, 売却を希望しない場合には, 第三者が付けた価格まで地価を引き上げ, その価格の1割を購入希望者に与えることとする。
- 税率は, 各地域における過去20年間の平均米価と地価との比率によって求める。

---

42) 以下は, もっぱら福島 [1970], 大島・加藤・大内 [1972], 佐々木 [1989] に基づく。
43) 中村・石井・春日 [1988], 137頁。

すなわち神田の提案は，田畑の売買解禁によって土地私有権を確立し，沽券を発行してこれに土地の所有者名や地価を記入させる。そして，この記入（申告）された地価を課税標準として課税を行うというものであった。

　さらに，地租改正法が決定された後1873年（明治6年）の10月には，東京日日新聞および日真新事誌に公表された「税法私言」において，将来的には小作地が増加し地主小作関係が普遍化することが予想されるから，課税標準を地価から地代へ変更すべきことを提言している[44]。

(b)　陸奥宗光

　神田が以上のような建議を提出した後，1871年（明治4年）には廃藩置県が実施され，土地税制改革がますます現実的な課題となってきた。1871年（明治4年）9月に，当時の大蔵大臣および大久保利通および井上馨の連名による「地所売買放金分一収税法施設之儀」により，土地売買の解禁と沽券発行に基づく地価課税の導入が提言されたのを契機に，東京府下での市街地地券の発行およびそれに基づく課税（1871年（明治4年）11月），農地における群村地券の発行（1872年（明治5年）11月），永代売買の許可（1872年（明治5年）12月）などが相次いで実現された。

　このように，地租改正への準備が着々と進んでいた1872年（明治5年）4月に，時の神奈川県令，陸奥宗光により「田租改正建議」が太政官に提出された。その中で陸奥は，従来の物納年貢制度を批判した後，次のような提言を行った[45]。

- ・　従来の制度を一切廃止し，地価に応じた課税を実施する。
- ・　地価の決定は，土地の生産力（肥沃度）に応じて行う。
- ・　税率は，全国一律の5％とする。

　陸奥は，「田租改正建議」の以前にも，摂津県知事時代に建白書を提出し，その中で物納制度から金納制による地租の実施を説いているが[46]，陸奥の主張

---

44) 同様に収益課税を説いた者として，当時，神田と同じく大蔵官僚であった若山儀一がいる。詳細は，大島・加藤・大内［1972］，第5章参照。
45) 中村・石井・春日［1988］，147-149頁。
46) 福島［1970］，41-42頁および大島・加藤・大内［1972］，188-189頁参照。

を神田と比較すると，まず，神田と同様地価に対する金納制度の実施を提言しているが，地価の決定に際して，自己申告制に基づく現実の売買価格ではなく収益を重視したこと，税率を全国一律としたこと，の2点において神田とは異なる。

このうち最初の点に関して，建議の中で陸奥は，「唯其地ノ良否肥瘠ニ就テ真価ヲ出サシムベシ。其価ニ就テ其税ヲ定ム」[47]とだけしか述べていない。すなわち，地価の決定に際しては土地生産性を重視するということは述べられているが，その具体的な決定方法までは明らかにされていない。したがって，大島等が述べるように[48]，建議の内容は，収益を重視して土地所有者に地価を申告させると読むことも可能であり，建議の出された時点で，陸奥がすでに法定地価主義の立場をとっていたと判断するのは困難であろう。法定地価主義が誕生するのは，陸奥が1872年（明治5年）6月に地租改正の責任者に就任した以降のことである。すなわち，1872年（明治5年）7月に，壬申地券の発行に際して出された大蔵省通達においては，「代価之儀ハ田畑之位付ニ不狗方今適当之代価為申出地券面ヘ書載可到」と記された。

しかし，ここでの「方今適当之代価」，すなわち適当な代価は何を基準として求めるか，に関しては明確な基準が示されておらず混乱を生んだ。その際多くの意見が政府に寄せられたが，そこで共通しているのは，次のような内容のものであった。「適当な代価を売買価格とする方法は不公平である。なぜならば，売買価格は年貢米を納めた後の作徳米（農家の純所得）の大小によって決定されるため，売買価格に基づく課税では，土地の生産性が高くても作徳米が少ない場合は税負担が軽く，逆に，生産性が低くても作徳米が多い場合は負担が重くなるからである。したがって，売買価格ではなく土地の収益を基準として，それを資本還元して地価を求めるべきである」。

このような意見が検討された結果，1872（明治5）年9月に「地価取調規則案」が府県に内示され，土地収純益を資本還元して地価を算定するという法定地価主義が実際に生まれた。そして，それが翌年の地租改正にも採り入れられ

---

47) 中村・石井・春日［1988］，148頁。
48) 大島・加藤・大内［1972］，194-196頁。

たのである。

また2番目の税率に関しては，廃藩置県の実施が大きく影響していると考えられる。すなわち，陸奥の提案は廃藩置県以後に行われたものであるから，中央集権確立の観点からは当然の変更であったと考えられるのである[49]。

② 1931年（昭和6年）地租改正
(a) 経緯[50]

さて，以上のように，地租の課税標準は，1873年（明治6年）の地租改正条例に基づき定められた法定地価であった。当初，地価の評価替えは5年ごとに行われることになっていたが，実際は一度も実施されず，地目および地域が限定された部分的修正が幾度かに分けて行われたのみであった。そして結局，1884年（明治17年）の太政官布告により，定期的に評価替えを行う規定は廃止され，評価替えを行うときはその都度事前に布告することとされた。

ところが，社会経済情勢の著しい変化により，土地の法定地価は現実の売買価格と著しく乖離し[51]，また，地域間および地目間での負担の不均衡が顕著になっていることが各地で指摘された。そこで，このような問題に対処するために，まず実態を正確に捕捉し，もし地価の評価替えを行う必要があるとしたらそれをどのような方法で行い，またそれに伴う費用はいかほどか，等の諸点を検討する作業（田畑地価準備調査）が1917年（大正7年）以降3年間に亘り実施された。

その後，1925年（大正14年）の税制調査会の要綱で地租の課税標準を賃貸価値に改めることが提言され，結局，1926年（大正15年）の税制整理により同税の課税標準を賃貸価値とすることが正式に決定された。

しかし，実際は賃貸価格調査が1926年（大正15年）から1927年（昭和2年）ま

---

49) 大島・加藤・大内［1972］，195頁。
50) 以下は，もっぱら大蔵省主税局［1930］，大蔵省［1937 a］，大蔵省昭和財政史編集室［1957］に基づく。
51) 売買価格の推移を眺めると，1873年（明治6年）を100とすると，1916年（大正5年）には田で591，畑で988にまで上昇しており，1873年（明治6年）の法定地価のままで課税される地租が実態からかけ離れていたことは明白であった。大蔵省昭和財政史編集室［1957］170頁参照。

で約2年の日時を要したこと，1929年（昭和4年）に政友会内閣により地方への地租委譲案が提出されたこと，1930年（昭和5年）にロンドンで開催された海軍軍備縮小会議の結果余裕財源が発生し，その一部が地租の減税財源に充てられることになったこと，などの影響により，結局，地租の課税標準が正式に賃貸価値に改められたのは，1931年（昭和6年）の地租改正においてであった。この賃貸価値は，「貸主が公課，修繕費その他土地の維持に必要な経費を負担する条件をもって，これを賃貸する場合において，貸主の収得すべき一年分の金額」[52]として，すなわち貸主が土地を賃貸する場合に得る純収益として定められた。さらに，課税に際しては，実際の地代ではなくて，土地賃貸価格調査委員会の議を経た評定価格に基づき，また，そのようにして決定された価格は10年ごとに見直すこととされた。

(b) 課税標準をめぐる議論

(イ) 土地賃貸価格調査事業報告書

次に，1931年（昭和6年）の地租改正において，地租の課税標準をめぐってどのような議論が行われたのかを見よう。まず，大蔵省主税局が1930年（昭和5年）に公表した『土地賃貸価格調査事業報告書』[53]においては，次のように述べられている。

地租の課税標準として検討対象となったのは，収穫主義，売買価格主義，賃貸価格主義の3つである。まず，収穫主義によれば，収穫価格から公課耕作費等を控除した土地の純収益を適当な金利で資本還元した価格が課税標準とされる。さらに，売買価格主義によれば，まさに土地の売買価格そのものが，また賃貸価格主義によれば，賃貸料を参考にした評定価格がそれぞれ課税標準とされる。本章で最初に述べた分類に従えば，このうち収穫主義が収益還元方式に基づく資本価値，賃貸価格主義が賃貸価値に該当する。

---

52) 大蔵省昭和財政史編集室 [1957], 224頁。
53) 大蔵省主税局 [1930]。

表5-15 地租の課税標準の比較検討

	短　所	長　所
収穫主義	・調査および計算が困難である。 ・企業収益の要素が含まれる。	土地の純収益を基礎とするから，土地の負担力に適応する。
売買価格主義	・収益税としての地租の課税標準としては不適切。	・調査が比較的容易である。
賃貸価格主義		・企業収益の要素が含まれない。 ・賃貸事例が豊富であり，調査が容易である。 ・過去の調査経験が豊富である。

(出所)　大蔵省主税局［1930］，8-9頁。

　以上の3種類の課税標準が比較検討された結果（表5-15），結局，賃貸価格が選択されたが，その理由として示されたのは次の3つの事柄である。

(i) 地租は収益税であり，資産性所得を重課することによって所得税を補完する側面を有している。したがって，土地それ自体から発生する資産収益に課税する手段としては，企業収益（農業収益）の要素を含む収穫よりも賃貸価格の方が望ましい。また，売買価格は，必ずしも土地の賃貸料や純収益に応じて変化するものではないから，収益税である地租の課税標準としては適さない。

(ii) 土地の賃貸借は広く行われており，賃貸事例が豊富である。

(iii) 宅地および田畑に関しては，すでにそれぞれ1910年（明治43年）の宅地地価修正および1917年（大正7年）の田畑地価準備調査の際に全国的規模で賃貸価格が調査されており，その経験を生かすことが可能である。

(ロ)　**濱口雄幸**

　要するに，報告書では地租の性格および税務行政上の理由から，課税標準としては賃貸価値がもっとも望ましいと述べられているのであるが，その他にどのような議論があったのであろうか。まず，以上の報告書の見解と同様に，地租の課税標準として賃貸価値を支持するものとして，後の内閣総理大臣，濱口雄幸（はまぐち　おさち）の議論がある[54]。その内容を要約すると，次のように

---

54) 濱口［1914］。

なる。

(i) 地租の課税標準としては土地の純収益が望ましい。ただし，その場合の土地の純収益とは，土地そのものから発生する純収益ではなくて，土地所有者がその土地より受ける純収益が望ましい。またこの場合の純収益は，現実の地代ではなくて，「通常（普通）の土地の賃借契約において，その土地より所有者に供給される平均的地代額に相当すべきものより推定される土地の評定純価格のこと」[55]である。

(ii) 土地の純収益の調査に際しては，税務署の諮詢機関として特別の機関を組織すべきである。

(iii) 決定された土地の純収益に関しては，10年ないし15年の間は評価替えを要しない。

このような濱口の議論の根底には，膨張する財政需要を充たすためには，若干の例外を認めるにしても，究極的には納税主体である人に接近するものを課税標準とすべきであるとの考えがある。そのため，土地の純収益を土地所有者が受け取るものとして，すなわち，地租を収益税ではなくて，むしろ所得税としてとらえようとする。

言い換えれば，「人が収入を得ているという事実を，収入が生ずる源泉ごとに個別的にとらえて課する税」[56]ではなくて，「収入が結局は各人の所得になることを考えて，その所得となったところでとらえて課する税」[57]であると解釈しようとしている。このことは，「租税ノ主體ハ如何ナル場合ニ於テモ必ス人ナラサルヘカラス土地家屋ノ如キモノハ單ニ課税ノ物件タルニ過キサルナリ。……要スルニ収益税説ノ如キハ地租ノ歴史的觀念ノ遺物ニシテ今日ノ學理ニ適合セサルモノト謂フベキノミ」[58]と述べていることから明らかである。しかしながら，その一方では，地租は現実の地代収入ではなく平均的地代額より推定された理論的所得を課税標準として課されるから客躰税（物税）であり，主躰

---

55) 濱口 [1914], 44-45頁および50-51頁。
56) 渡辺 [1955], 212頁。
57) 渡辺 [1955], p.212。
58) 濱口 [1914], 41-42頁。

税（人税）である所得税とは異なると主張しており[59]，概念的に矛盾をはらんだものとなっている。

また，評価替えを10年ないし15年の長期にわたって必要しないとした3番目の主張も，「其價格ノ評定一タビ成ルヤ年々歳々之ヲ變更スルヲ要セス随テ其價格ガ納税主躰ノ現實ニ取得スル年々ノ収入ニ對シテ過不足アルヤ否ヤハ客躰税ノ性質トシテ必スシモ問フコトヲ要セズ要ハ唯其價格算出ノ基礎タルモノガ普通ノ場合ニ於テ理當ニ納税主躰ノ平均収入タルベキモノト推定サルルコトニアリ」[60]と述べられていることから，基本的には地租を客躰税（物税）であるととらえることに基づいていることは明らかである。したがって，ここでも同様な矛盾が生じていると考えられる。もっとも，評価替えの周期をこのように長期にとらえた点は，前述の1931年（昭和6年）の報告書と同様であるが，これに関しては，以下のように神戸が批判を行っている。

(ハ) 神戸正雄

収益税としての地租を国税として存続させるならば，その課税標準としては賃貸価値よりもむしろ資本価値の方が望ましいと主張するのが神戸正雄である[61]。神戸の主張をまとめると次のようになる。

まず地租の課税標準として収益と価格との概念が明らかにされ，前者には，実際の収益，客観的平均的収益である収益能力，収益能力を資本還元した収益価値の3種類があるとする。本章の分類によれば，このうち2番目は賃貸価値に，3番目は収益還元法に基づく資本価値にそれぞれ相当する。これに対して後者は，「各個の具體的なる實際價値ではなく，實際に於て一地片が特定の個人間にて取引さるる價格でなく，市場に於て何人が見ても客觀的に此れだけのものとせられる價格であり，随って主觀的個人的の元素は除かれる」[62]もので

---

59) すなわち，「夫レ地租ハ客躰税ニシテ所得税ハ主躰税ナリ客躰税ト主躰税ト異ナル所ハ前者ハ後者ノ如ク納税主躰ノ身上ノ状態ヲ斟酌スルコトナク外部ニ現レタル一定ノ標準ニ依リ課税物件ガ納税主躰ニ供給スベキ筈ナル平均ヲ推定シ此所得ヲ基礎トシテ納税主躰ニ對スル課税物件ノ價格ヲ評定シ此価格ヲ標準トシテ租税ヲ賦スルニ在リ」（濱口［1914］，54頁）と述べている。
60) 濱口［1914］，45頁。
61) 以下は，もっぱら神戸［1930a］，神戸［1931］に基づく。
62) 神戸［1930a］，277頁。

あるとしている。これは，まさに現在の固定資産税における「正常な状態の下で決定される適正な時価」，すなわち資本価値の概念に相当すると考えられる。

そして，収益と価格とを，公平，税務行政，財政収入，社会政策および経済政策の4つの観点から比較検討し，以下のような理由により，価格すなわち資本価値の方が望ましいと結論づけている。さらに，評価替えの周期を10年から5年に改めることや，もしこれが難しいとしたら，少なくとも物価調整を実施すべきことも提言している[63]。

(i) 土地から発生する収益には，有形な実際の収益以外にも，例えば，土地を保有することによる名誉や権利，あるいは都市近郊の農地に発生するような無形の期待収益などが含まれる。したがって，有形収益のみならずこのような無形収益をも捕捉するには，収益よりも価格の方が望ましい。また，地租を国税の中心である所得税の補完税として考えると，やはり，収益よりも価格の方が望ましい。

(ii) 現時点では，土地市場において賃貸事例の方が売買事例よりも豊富であり，その点では収益が望ましいが，将来的には売買市場の発展が期待できる。また，売買事例を参考にすることが困難な場合においても，収益還元法によって価格を推定できる。

(iii) 価格に基づく方が多くの税収をもたらし，また，伸張性に富んでいる。

(iv) 投機抑制および地価高騰によるたなぼた利益を吸収するのに役立つ。

ところで，神戸自身は，地租はむしろ地方へ委譲すべきだとする立場をとっている。

その理由としては，第一に，地租の課税標準は地方において調査した方が，精密かつ変化に対して迅速な対応が可能であるとしている[64]。

第二に，国税である地租に対しては，地方税として地租附加税が課されており，地租は，国税としてよりもむしろ地方税としての重要性の方が増していることを挙げている。実際，地租および地租附加税の合計額に占める地租附加税

---

63) 神戸 [1931]，213頁。
64) 神戸 [1926]，36頁。

の割合は，府県制制定直後の1891年（明治24年）には26.1％であったが，1918年（大正8年）には52.5％にまで上昇している[65]。

このような基本的立場に立ちながら，神戸は地方税としての地租の課税標準のあり方に関しても検討を行っている[66]。具体的には，まず課税標準として，面積，収益，価格の3種類をあげ，面積に基づく課税はすでに時代遅れであり，収益か価格のどちらかの選択に依るべきだとしている。そして，結局，価格の方が望ましいとの結論を導いている。神戸はその積極的理由として，前述の国税としての課税標準が検討された場合に指摘された4つを共通の事柄として挙げている。

ただし，以上に加えて，地方税とする場合に価格を推奨する理由として新たに，(v)地方税とする場合，地租の応益税的側面を考えると，収益よりも価格の方が適切であること，を挙げている。すなわち，行政サービスの便益は，収益よりも価格の方により一層反映されるとしている。神戸はその理由を明らかにしていないが，行政サービスのタイムスパンを長期で考えるならばこの指摘は正しいと言える。しかし，短期（1年）でとらえると，価格には将来の行政サービスに対する期待が入り込んでくるから，地租の課税標準としてはむしろ収益の方が望ましいことになろう。さらに，もし地租の応益税的側面を重視するならば，地租を応能税として考える上述の(i)および(iv)の理由はあくまで副次的なものであると考えるべきであろう。

(2) 家屋

① 課税標準の概念

家屋税の課税標準には，(a)外形標準，(b)収益，(c)価格の3種類がある[67]。

第一に，外形標準は，家屋の構造や用途，面積などを基準として課税を行うものである。具体的には，(イ)家屋の建坪に応じて課税される家屋建坪税もしくは面積税，(ロ)窓や門，戸などの大きさや数に応じて課税される戸窓税もし

---

65) 国土庁土地局土地情報課 [1996]，180頁。
66) 神戸 [1922 c]。
67) 以下は，田中（廣）[1926]，渡辺 [1955]，221-223頁参照。

くは門窓税，㈠さまざまな外形標準を組み合わせて階級を作り，その階級ごとに課税される階級税などがある。

第二に，収益を基準とするいわゆる家賃税の場合には，実際の家賃から維持費等を控除した純家賃や，一定の方式に基づいて評定される賃貸価値に対して課税される。

第三に，価格に基づく家屋価格税においては，家屋の現実の建築価格や売買価格に依ることが可能である。もしくは，収益の場合と同様に，一定の方式に従い資本価値を評定する方法もある。

以上のうち，外形標準に基づく課税としては，1799年に創設され，その後長きにわたって存続したフランスの戸窓税（contribution des portes et fenêtres）が有名である。わが国の場合を見ても，1926年（大正15年）の税制改正において賃貸価値が課税標準とされるまで，ほとんどの地域において外形標準が採用されており，収益や価格は例外的な存在でしかなかった。

② 1926年（大正15年）税制改正

第一次世界大戦の影響により地方経費は著しく膨張し，それに対処するため国税附加税の増徴が実施されたが，その結果，住民の負担が増加するとともに，住民間での負担の不均衡も拡大した。したがって，地方税制を見直して（整理して）地方財政を救済することが緊急の課題とされた。これが，1926年（大正15年）の税制改正である。

そこでは，それまで戸数割およびその代替税として府県レベルで課されていた家屋税が廃止され，その代わりに，新たに賃貸価値を課税標準とする家屋税が道府県税として設けられた。同時に，市町村に対して戸数割が委譲されるとともに，道府県税として創設された新たな家屋税の附加税として，家屋税附加税を課することが認められた。

ところで地方税法によれば，課税標準とされる賃貸価値は，「貸主ガ公課，修繕費其ノ他家屋ノ維持ニ必要ナル経費ヲ負擔スル條件ヲ以テ家屋ヲ賃貸スル場合ニ於テ賦課期日ノ現狀ニ依リ貸主ノ收得スベキ金額ノ年額」（地方税に關スル法律施行勅令第二條）とされた。すなわち，地租の場合と同様に，貸主が家屋を他人に貸すとした場合の純収益と定義され，課税に際しても，実際の家賃で

はなく，特別な組織である家屋税調査委員会の調査による評定家賃すなわち賃貸価値が基準とされた。また，通常，家賃には当該家屋の建つ敷地の地代に相当するものが含まれていると考えられるから，家屋の賃貸価値を算定するに際しては，敷地の賃貸価値を控除することとされた。

③ **課税標準をめぐる議論**

以上のような変更をどのように評価すべきか，その問題をめぐる議論を見てみよう。

(a) **小川郷太郎**

小川の主張は次の3点である[68]。

・ 先進国における家屋税の状況を租税史の観点から見ると，まず家屋建坪税に始まり，次いで家屋階級税に進み，最近に至って家賃税や家屋価格税に発達してきている。わが国の家屋税は家屋階級税の段階にあるが，これを発展させて家賃税もしくは家屋価格税とすべきである。

・ 賃貸価値に基づく課税は，賃貸事例の少ない農村においては実施することが困難である。したがって，全国的に統一的な課税を行おうとすれば，むしろ資本価値による方が望ましい。建物付き土地市場においては，賃貸事例よりも売買事例の方が豊富であると考えられるからである。さらに，1920年（大正9年）の臨時財政経済調査会の答申に従い，個人に対する経常純資産税である財産税が新設されるならば[69]，その際家屋の価格も当然調査されるはずだから，資本価値に基づく課税はそれほど困難ではない。

・ ただし，地租や営業税が収益税のままならば，家屋税の場合も賃貸価値の方が望ましい。

(b) **神戸正雄**

以上のように，小川は基本的に家屋税の課税標準として資本価値が最も望ましいと考えている。ただし，地租や営業税とのバランスを考えれば賃貸価値が

---

68) 小川 [1923]，478-481頁。
69) 大正9年の臨時財政経済調査会の答申においては，所得税を基幹税として，財産税をその補完税とすることが提言された。これは結局実現しなかったが，大正15年の税制改正において，所得税を基幹税として，地租，営業収益税，資本利子税が財産所得重課のための補完税として採用された。

良いとしているのである。

これに対して，神戸正雄は家屋の課税標準を賃貸価値とすることは決して理想的なものではないとしながらも，1926（大正15）年の税制改正に対しては，どちらかというと賛成の意を表している[70]。

すなわち神戸は，課税標準を賃貸価値にすると，小川も指摘するように全国的に統一的な課税が困難であるという欠点を有するが，現実の動向を見ると，前述のように，1925年（大正14年）に大蔵省内に設置された税制調査会の要綱において，地租の課税標準として賃貸価値が推奨されたため，家屋の課税標準も賃貸価値へ改めることが土地所有者との間の負担の公平に資するとしている。

2．戦後の議論

戦後の議論として重要なのは，やはりシャウプ勧告である。勧告では，土地や家屋に加えて，機械設備等の事業用償却資産をも課税対象に含んだ「土地および減価償却資産税（land and depreciable assets）」もしくは「不動産税（realestate tax）」の創設を行い，その課税標準を年間賃貸価値（annual rental value）から資本価値（capital value）へ変更すべきことが提言されている[71]。

このような勧告が行われた理由として，以下のような事柄が挙げられている。

(1) 地方自治を存続（survive）させるためには，特に市町村の自主財源を増加させることが必要であるが，不動産税は，規模の小さい市町村でもかなり効率よく運用可能であると考えられる。

(2) 地方公共団体の提供する行政サービスの恩恵は，住民だけでなく企業にも与えられる。したがって課税対象を，評価が困難な棚卸資産を除く，減

---

70) 神戸は次のように述べている。
「我國の家屋税の新課税標準たる評定賃貸價格には，以上の如き利害ありとして，其は理想的に良きものではなく，見方に依りては價格（普通價値）にも劣るとするが，併し絶對に悪いものではなく，相當に良いものとしては可い」（神戸［1930 b］，16頁）。
71) Shoup Mission［1949］, Vol. 2, chap. 12.

価償却可能なあらゆる事業用償却資産にまで拡大することによって，企業に地方行政サービスの費用を負担させることができる。すなわち，利益説の観点から望ましい。

(3) 評価に伴うコストを考えると，それまで慣れ親しんだ課税標準を変更することは望ましくないが，あえて変更することにより，そのコストを上回るメリットが得られる。第一に，機械設備等の事業用償却資産の課税標準は，賃貸価値よりも資本価値の方が望ましく，土地および建物の課税標準と事業用償却資産のそれが同じになると，構造建築物(structures)に関して，建物(不動産)とそうでないもの(動産)とを区別する作業が不用になる。第二に，所得税および法人税における事業用資産(土地および減価償却可能な資産)の再評価が適正に行われるかどうかをチェックすることが可能となる。

以上要するに，課税標準が資本価値へ変更されたのは，一つは，地方自治を存続させるためには財源が必要であり，そのためには，課税対象として新たに事業用償却資産を加えるとともに，賃貸価値よりも安定性には欠けるが伸張性の高い資本価値の方が望まれたということである。また，賃貸価値は課税標準としての安定性を有するが，当時は家賃統制[72]が行われていたため，その適正な評価が困難であるとともに，インフレ経済下にあっては税収損失の効果が大きいと考えられたからである。

もう一つの側面は，事業用資産の再評価の実効性を高めるためには，課税対象を拡大し，課税標準を事業用資産の再評価の際と同じ資本価値へ変更する必要があったということである。勧告では，「固定資産税の評価額は，所得税における再評価額から，再評価後の減価償却額を差し引いた額を下回らないようにする」[73]ことで，キャピタル・ゲインを減少させるために，納税者が減価償却額を過大評価しないようにチェック可能であると述べている。

---

72) わが国では，都市部への人口集中に伴う住宅需要の増加，および住宅建築資材や労働力の不足などによる地代家賃高騰を抑制するため1938年(昭和13年)に地代家賃統制が開始されたが，結局それは1986年まで継続した。詳細は，廣田［1991］，第5章参照。
73) Shoup Mission［1949］, Vol. 2, chap. 12, p. 191.

VI. 地方不動産税の課税標準のあり方

1. 課税標準の選択基準に関するこれまでの議論

それでは,これまでの議論に基づき,わが国における固定資産税の課税標準のあり方を考察することとするが,まず明らかにされなければならないのは,どのような基準に基づき課税標準の選択を行うかである。これに関しては,前述のカナダの議論に加えてマックルースキー(Mckluskey, W. J)を代表とする税法学者の議論,およびIAAO (International Association of Assessing Offices:国際評価員協会),ハイルブルン(Heilbrun, H)の議論などが参考になる[74]。

(1) マックルースキー等の議論

まず,アイルランドの税法学者であるマックルースキー等は,サッチャー政権下でのコミュニティー・チャージの導入とその失敗の経験を踏まえて,「財産税の課税標準を選択するに際しては,抽象的な経済的議論よりも,政治的信用(political credibility)や税務行政上の実施可能性(administrative feasibility),国民に容認されること(public acceptability)などの方が優先されるべきである。……国民に受け入れられることの重要性を見落としたために,政府は収入と政治的信用の両方を失った。」[75]と述べ,具体的に次のような基準を示している。

① 課税標準を評価するための市場データが豊富に存在し,しかもその質が高くなければならない。

② 公平性(equity)が確保されなければならない。すなわち,水平的公平(価値の同じ財産を所有する者の支払う税額が同じ水準であること)および垂直的公平(価値の異なる財産を所有する者の支払う税額が異なること,すなわち,

---

74) International Association of Assessing Offices [1997], McCluskey [1991 a], McCluskey, et al [1988], Heilbrun [1966] 参照。
75) McCluskey, et al [1988], p.51参照。

より高い価値の財産を所有する者は,そうでない人よりもより多くの税を負担すること)が確保されなければならない。
③ 納税者にとってわかりやすいものでなければならない。
④ 税務行政コストが小さくなければならない。

(2) IAAOの議論

また,資産評価に関する国際的組織でアメリカのシカゴに本部をおくIAAOは,1997年に公表した「財産税政策の基準(Standard on Property Tax Policy)」と題された論文(International Association of Assessing Offices [1997])の中で,評価員が評価を行う際に注意すべき諸原則を明らかにしている。厳密に言えば,それは所与の課税標準(具体的に言えば資本価値)を評価する際の原則であって,課税標準を選択するためのものではない。

しかし,課税標準の選択に関しても若干言及されている。すなわち,「財産税制度における公平性および納税者の理解を高めるためには,財産の評価は現在市場価値(current market value)に基づいて行われなければならない……現在市場価値での財産評価は,財産評価と財産税との間の規則正しい関係を維持することを可能にする。また,現在市場価値においては市場をベースとした評価が求められるため,第三者がかなり主観的であると受け取る事柄に対して客観的な制約が課されることになる。現在市場価値の下では,国民にとって,自らが公平に扱われているかどうかを理解するのが容易である」[76]と述べ,課税標準を選ぶ基準として公平性(水平的公平および垂直的公平)と明瞭性が重要であると指摘している。

(3) ハイルブルンの議論

さらにハイルブルン(Heilburun, J)は,経済学者の立場から,望ましい地方不動産税のあり方を検討している。

彼が検討の対象としたのは,① 敷地価値に対する従価税,② 敷地および建

---

76) International Association of Assessing Offices [1997], p. 30, p. 32.

物の価値に対する従価税,③敷地および建物の現実の粗賃貸料に対する比例税,④敷地および建物からの現実の純所得に対する課税,⑤英国流のレイト,⑥維持および修復を促進するための減税を伴う①〜⑤のケース,⑦維持および修復を促進するための税制上のペナルティーを伴う①〜⑤のケース,の7種類である。

そして,その検討基準として,公平性(水平的公平および垂直的公平),住宅建築や土地利用,持ち家と賃貸住宅の選択などに対して中立的なこと,税務行政コストが小さいこと,安定的かつ十分な財源を保障すること,などを提示した。

2. 課税標準を選択する基準として何が重要か?

以上の議論を前述のカナダの議論と併せて租税原則の観点から整理すると表5-16のようになるが,結局,ハイルブルン以外はいずれも公平性および簡素性を重視したものであることがわかる。

ところで,課税標準を選択する基準がいろいろ示されたとしても,このうちどれを重視するかによって望ましい課税標準のあり方は違ってくる。したがって,基準間での優先順位をつける必要がある。もっとも,租税原則の場合と同様,どのような基準が望ましいかは,時代によってあるいは国によっても異なるだろう。一体,何を基準として様々な基準間での優先順位づけを行ったらよいのであろうか。

結論を先に述べると,本章では望ましい課税標準を選択する基準を考える視点として,納税者の視点を最も重視することとする。マックルースキー等が前述の論文で引用しているように,「財産税をより国民に受け入れられるようにするためには,納税者を顧客とみなすべきである。どのような困難な状況においても,納税者は大切なお得意先とみなされなければならない」[77]という指摘が重要であると考えるからである。

このような指摘の背景には,イギリスにおけるコミュニティー・チャージお

---

77) McCluskey,et.al [1988], p.55.

表5-16 課税標準の選択基準をめぐる諸議論

		オンタリオ州公平課税委員会	マックルースキー et al.	IAAO	ハイルブルン
公平性 ※財産税の負担配分の原則		応益原則	応能原則	応能原則	−
中立性		地域の経済発展を阻害しないこと。	−		・住宅建築（新築および改築）に対して中立的なこと。 ・土地利用および既存の住宅ストックの利用に対して中立的なこと。 ・持ち家と賃貸住宅の選択に対して中立的なこと。
簡素性	納税者の視点	・客観的な説明が可能であり，かつ計算が容易なこと。 ・理解しやすいこと。 ・管理が一貫した方法で行われること。 ・不服申し立てが容易に実施可能であり，しかも，それに対して客観的かつ公正な判断が下されること。	納税者にとって理解が容易なこと。	納税者にとってわかりやすいこと。	

	課税当局の視点	税務行政コストがなるべく小さいこと。	・税務行政コストがなるべく小さいこと。 ・課税標準を評価するための市場データが豊富に存在し，しかもその質が高いこと。	−	税務行政コストがなるべく小さいこと。
	税務当局の視点	長期的に安定的な財源を保障すること。	−	−	地方公共団体にとって安定的かつ十分な財源を保障すること。

(出所) Ontario Fair Tax Commission [1993a], International Association of Assessing Offices [1997], McCluskey [1991a], McCluskey, et al [1988], Heilbrun [1966].

よびアメリカにおけるプロポジション13の経験があるが，これらはいずれも，「税を市民の義務の形で自覚して納めるが，同時にその行方を厳しく監視する」，といった住民の強い納税意識の結果として生まれたものであると考えられる。わが国の固定資産税において，納税者がこのようなアングロ・サクソン系に見られるものと同様な自覚を有するかは疑問であるが[78]，1994年度の固定資産税評価替えは，納税者にそのような自覚を多少なりとも芽生えさせる良い機会を提供したし，また，税務当局にとっては，納税者に受け入れられることの重要性を改めて認識することになったと考えられる。

このように，納税者の視点から固定資産税を考えることはきわめて重要であるが，同時に，実施上の可能性や，固定資産税は市町村の重要な財源となって

---

78) 日本人の納税意識を研究した佐藤進教授は，「日本人は税に関してきわめて受動的であり，多くの日本人は，税金を『お上の費用』としてこれを受けとめ，高い税負担に対してはさまざまの形で租税回避をはかるといった消極的形態の抵抗が支配的であるように思われる」と述べている。佐藤・伊東 [1994]，221頁。

いることについても考慮しなければならない。そこで，以上のような視点から，改めて課税標準を選択する基準を考えると次のようになる。

① 公平性

まず，納税者に公平性を保証するものでなければならない。

ただし，ここで問題となるのは，第一に，固定資産税の負担配分の原則についてどのように考えるのか，すなわち，水平的公平と垂直的公平という2種類の公平の概念を，応益原則に基づいて考えるのかあるいは応能原則に基づくのかである。

第二に，公平の概念として何を重視するかということである。

(a) 固定資産税の負担配分の原則

表5-16から明らかなように，財産税の負担配分原則に関しては，まずオンタリオ州公平課税委員会の報告書において，財産税は応益原則に従うことが示されている。すでに見たように，委員会は，応益税としての財産税の性格を重視するならば，その課税標準として資本価値は望ましくないこと，財産の用途によってその課税標準は異なるべきこと，の2点を主張している。

他方，IAAOやマックルースキー等の議論では，財産税の負担配分原則に関してはいずれも応能原則に基づいて考えるべきだとされている。例えば，IAAOの論文では次のように述べられている[79]。

- 「財産税は，他の州税および地方税により見逃された支払い能力の一つに課税することによって，租税体系に均衡 (balance) と公平性 (equity) をもたらす。財産税は，財産によって測定される支払い能力に応じて政府サービスの費用を納税者間に配分する」。
- 「現代社会においては，支払い能力の指標としては所得が最も適切であり，不動産と富との間の関係は所得と富の関係ほど明瞭ではなくなってきた。しかしながら，不動産を担保としてローンが可能なことから，不動産と富とのつながり，および究極的には所得とのつながりも依然として存在することが理解できよう。……したがって，不動産は今でも富の一形態で

---

79) International Association of Assessing Offices [1997], p. 26, p. 27.

あり，財産税のみが，この富としての要素を政府サービスの費用をまかなうことに利用可能とする，と考えるのは非現実的ではない」。

さて，固定資産税の負担配分の原則に関しては，応益原則と応能原則といった異なる2つの考え方があることになるが，結局どちらが望ましいのであろうか。

結論を先に述べると，著者は，納税者の視点を重視するならば，負担配分の原則としては応能原則に基づかざるをえないと考える。固定資産税の課税根拠が利益説で説明されるとしても，「総体としての公共サービスの利益を財産あるいは所得を指標として課税する」[80]といういわゆる一般的利益に基づく応益原則では，個々の納税者に対する負担配分を説明できない。前述のように，オンタリオ州公平課税委員会の報告書でも，課税標準の選択に際しては，「地方公共サービスが，個々の納税者にもたらす便益の配分状況を最もよく反映するもの」が望ましいと述べている。すなわち，個々の納税者への負担配分は，結局，個別的利益に応じて行うしかないことを認めているのである。

しかし，納税者の立場から見た場合，公共サービスによりもたらされる便益が測定困難である以上，結局，行政サービスからの受益の程度を基本とせざるをえない応益原則というのはわかりやすいものであるとは思えない。納税者への便益の配分状況を最もよく反映する課税標準を選択するといっても，そのようにして選ばれた課税標準が，果たして適切なものであるかを個々の納税者がチェックすることは困難である。したがって，固定資産税の課税根拠を一般的利益説に求めるとしても，負担配分の公平に関しては，応能原則に従い財産価値全体を基準として課税せざるをえない。すなわち，財産価値の同じ（高い）ものは公共サービスから享受する便益も等しい（より大きい）と仮定して課税せざるをえない。その方が納税者にとって明瞭であると考えられる。

(b) 公平の概念として何が重要か？

さらに，その場合の公平の概念としては水平的公平が重要である。納税者は，自分と類似の不動産を有する，特に近隣に居住する人々の支払う納税額に

---

80) 地方税における資産課税のあり方に関する調査研究委員会［1996］，3頁。

最も敏感であると考えられるからである。垂直的公平も理論的には重要であるが，そもそも固定資産税が比例税である以上，逆進税の性格を免れない。

もっとも，比例税であっても免税点や課税標準の特例，社会的弱者に対する減免税措置等により人税化を図ることは可能であるが，それらはいずれも課税標準の選択とは無関係である。

② 簡素性

納税者にとって明瞭であり，納得できるものでなければならない。また，納税協力費用がなるべく小さいことが望ましい。他方，課税当局にとっては，税務行政コストがなるべく小さいことが望ましい。

③ 歳入の十分性および安定性

課税団体が行政サービスを提供するために，安定的かつ十分な財源を保証しなければならない。他方，納税者の視点から考えると，毎年の税収の変動が著しくないことが望ましい。

ところで，長期的視点から考えると，そもそも地方行政サービスの内容が社会資本整備から，社会福祉のような対人社会サービスへと重点が移るにつれて，利益説的根拠に基づく固定資産税の存在意義は次第に失われるという指摘がある[81]。対人社会サービスの財源を固定資産税に求めるのが適切でないことは，前述のように，カナダの議論においても同様に示されている。

しかし，このことは地方財源としての固定資産税の意義を決して否定するものではない。対人社会サービスの比重が増えるといっても，そのサービスの中身には社会福祉施設の整備も当然含まれており，地方公共団体の仕事として，社会福祉施設を含む生活関連資本の整備を行うことは将来的にも重要であると考えられるからである。その際の財源として，普遍性および安定性を有する固定資産税はむしろ充実させていかなければならず，そのような視点に立って課税標準のあり方も考える必要があろう。

---

81) 金子［1998］，157頁。

3. 望ましい課税標準

　以上で明らかにされた基準に基づき，固定資産税の望ましい課税標準について考えよう。ただし，ここで検討対象とするのは，図5-1で示されたもののうち，外形標準，賃貸価値，資本価値，取得価値の4種類とする。すなわち，実際の収益および価格，敷地価値は検討対象から除外する。

　その理由は，第一に，実際の収益および売買価格は，もしこれを正確に捕捉可能であれば負担の公平に資すると考えられる。しかし，データを確保するには納税者の協力が必要であるし，また，収益を発生しない場合や取引されない場合には，結局，評定収益もしくは評定価格に依存しなければならない。したがって，納税協力費用をなるべく小さくし評価の統一性を確保するという観点から見れば，実際の収益や売買価格よりも理論的な収益や価格に基づく方が望ましい，と考えられるからである。

　第二に，理論的価値のうち敷地価値はその課税客体の扱いに特徴を有するが，基本的には資本価値の中に含まれるからである。もっとも，取得価値の要素にも資本価値が含まれているが，実際の取得価格との混合システムであるからとりあえず検討の対象に含める。

(1) 公平性

　水平的公平の観点から考えれば，まず外形標準の下では，財産の市場価値が同じであったとしても，例えば面積により課税額が異なる。また，仮に面積が等しく課税額が同じであっても，そもそも都会の土地と農村の土地とでは財産価値が異なる。したがって，外形標準課税の場合には水平的公平は達成されない。また，取得価値では，アメリカのカリフォルニア州の事例から明らかなように，「旧住民」と「新住民」との間で水平的不公平が発生する。

　資本価値と賃貸価値に関しては，実効税率（評価率×名目税率）が一定の場合にのみ地域間および異なる種類の財産間での水平的公平が達成される。したがって，名目税率を一定とすると，地域間および異なる種類の財産間（ex. 居住用財産と事業用財産）で評価率（売買価格もしくは賃貸料に対する課税評価額の割

合）が異なるならば水平的公平は実現されない。評価率が異なっていても理論的に水平的公平が確保されるのは，地域別および財産の用途別に異なる税率を設定可能で，評価率の格差を税率で調整可能な場合のみである。

以上は時間を考慮しない短期での分析である。これに対して，公平の概念を長期的視野からとらえ「異時点間の公平」を考えた場合，理論的には資本価値よりも賃貸価値の方が望ましいとの分析がある[82]。ただし，この場合においても評価率が時間とともに変化するならば，賃貸価値のケースにおいても実効税率（賃貸料に対する税額の割合）が一定でなくなるから，異時点間での水平的公平は達成されないと考えられる[83]。

(2) 簡素性
① 納税者の視点

まず納税協力費用という点から見れば，外形標準や取得価値（実際の売買価格による場合）のケースは，用途変更や増改築，売買価格等に関する納税者の

---

[82] 田中（一）[1994]。
[83] 田中［1994］のモデルでこのことを説明すると次のようになる。いま，課税前の資産価値を P，当期末の不動産の純収益を R，その増加率を g とすると，$P = R/(i-g)$ ・・・①となる。

ここで税率 t_1 の資本価値税および税率 t_2 の賃貸価値税が課されたとすると，課税後の資産価値は，それぞれ $P_1 = (i-g+t_1)$ ・・・②および $P_2 = R(1-t_2)/(i-g)$ ・・・③となる。このモデルでは，課税が行われることにより瞬時に資本還元が行われると仮定されている。資本価値税の場合の税額 T_1 は，初項 t_1P_1，公比 $(1+g)$ の等比級数で成長するから $T_1 = t_1P_1/(i-g)$ ・・・④となる。同様に，賃貸価値税の税額 T_2 は，初項 t_2R_2，公比 $(1+g)$ の等比級数となるから，$T_2 = t_2R/(i-g)$ ・・・⑤となる。したがって，実効税率は，資本価値税の場合 $T_1/P = t_1(i-g+t_1)$ ・・・⑥，賃貸価値税の場合は $T_1/P = t_2$ ・・・⑦となる。税率が所与ならば，賃貸価値税の場合は，異時的な税負担率は一定となる。

しかし，以上のモデルでは，市場における売買価格や賃貸料を課税標準とするいわゆる時価課税の前提に基づいており現実にそぐわない。そこで，資本価値税（賃貸価値税）の場合の評価額を $P_{11}(R')$，評価率を $a(\beta)$ とすると，$P_{11} = aP_1$ および $R' = \beta R$ となる。この評価額に基づき課税が行われると考えると，⑥式および⑦式は，それぞれ $T_1/P = at_1/(i-g+t_1)$，$T_2/P = \beta t_2$ となる。したがって，税率を所与としても評価率 β が時間とともに変化するならば，賃貸価値税の場合においても異時間での水平的公平は達成されないことになる。

申告が基本的に必要とされるから納税者の負担は大きいが，評定価格である賃貸価値や資本価値の場合は，納税者の負担は相対的に小さいと考えられる。

しかし，外形標準や取得価値（実際の売買価格による場合）は納税者にとっては比較的わかりやすく，明瞭性の点で優れている。これに対して，賃貸価値や資本価値，取得価値（実際の売買価格によらない場合）の場合はいずれも理論的価格であるから，もともと納税者にとってはわかりづらいという性格を有している。納税者にとって納得できるものであるかどうかは，結局それらが実際の賃貸料や売買価格をどの程度反映しているかに依存する。評価額が実際の賃貸料や売買価格とあまりにも乖離している場合には，納税者の理解が得られないと考えられるからである。したがって，評価替えがどのくらいの頻度で行われるかが重要となるだろう。

このことは，わが国における1931年（昭和6年）の地租改正やフランスの事例などにおいて明らかである。また，イギリスにおいても同様な事柄が指摘できる。居住用レイトに関しては1973年を最後に評価替えが実施されておらず，実際の賃貸料と評価額との間には大きな乖離が存在していたからである。

もっとも，マックルースキー等は，カウンシル・タックスになってレイトの時代よりも納税者にとってわかりやすくなったと指摘している[84]。これは，カウンシル・タックスにおいては，基本的に課税評価額が8つの価格帯のどれに該当するかによって税額が決定される価格帯方式が採られているためである。しかし，価格帯に分類されるだけで正確な評価が行われることなく，「納税者にとっては，自分の価格がその価格帯に分類された根拠となる評価額が知らされないため，果たしてそれが妥当な価格であるかどうかについて疑念を抱くことにつながりやすい」[85]との指摘があることに注意すべきである。

② **課税当局の視点**

税務行政コストを最小にするという観点からは，評価の基礎となる市場データを容易に入手可能かどうかということ，評価額の計算が容易であるかどうかという点，さらに，評価替えの必要があるかどうか，などが問題となる。

---

84) McCluskey, et al [1988], p. 52.
85) 竹下・佐々木 [1995], 201頁。

このような観点から考えるならば，特に定期的な評価替えが必要とされない分，取得価値がもっとも徴税コストが小さいだろう。外形標準に関しては，レイフィールド委員会が指摘するように，確かに建築年数とか立地環境などのような有形でない要素の評価は困難である。また，用途変更や増改築などの変更を捕捉し，評価替えに反映させる必要がある。しかし，データは比較的容易に入手可能であり，その意味では安価であると考えられる。

これに対して，資本価値と賃貸価値の場合は，取得価値や外形標準の場合よりも相対的にコストが高いと考えられるが，両者を比較するに際して特に問題となるのは次の2点であろう。

第一に，質の高い市場データがどの程度確保できるかということである。この点に関しては，少なくとも現時点においては資本価値の方に軍配が上がるだろう。もっとも，資本価値の場合には地価下落時において売買事例の確保が困難であるという問題点はあるが，一般に，賃貸料データの場合と比較すると情報入手が容易であると考えられるからである。このことは，特に居住用不動産の場合にあてはまる。戦後における持ち家率の推移を国際比較で見ると，表5-17で示されるように，わが国の場合は，イギリスの場合ほど大きく変化して

表5-17 主要先進国における持ち家率の推移

日　本	アメリカ	イギリス	ドイツ	フランス
71.2%(1958年)	55.0%(1950年)	28.0%(1951年)	35.6%(1972年)	43.3%(1968年)
64.3%(1963年)	61.9%(1960年)	52.0%(1973年)	37.8%(1997年)	50.7%(1984年)
59.1%(1968年)	62.9%(1970年)	66.8%(1993年)		53.1%(1996年)
58.4%(1973年)	64.04%(1980年)			
59.9%(1978年)	64.2%(1990年)			
62.0%(1983年)	67.4%(2000年)			
61.1%(1988年)				
59.6%(1993年)				
60.0%(1998年)				
60.9%(2003年)				

(出所)　総務庁『住宅統計調査』，総務省『世界の統計2003』．332頁，『現代アメリカデータ総覧1996』，原書房，719頁，『現代アメリカデータ総覧2006』，柊風書房，631頁，Annuaire Statistique de la France (1974, p.126および1997, p.248)。

いるわけではないし，今後もそれほど劇的な変化はないと予想される。戦後，一貫して高い持ち家率を維持してきた点にわが国の特徴があるといえる。しかし，このことは裏返せば，レイフィールド委員会報告書でも指摘されたように，居住用財産に関しては課税標準を賃貸価値とする基盤が弱いことを意味している。

　第二に，資本価値は賃貸価値よりも変化しやすいので，評価額を絶えずアップ・デートする必要性が高く，その分相対的にコストが高くつくと考えられる。

（3）歳入の十分性および安定性
① 納税者の視点
　納税者の立場から見れば，外形標準もしくは取得価値が最も望ましい。前者の場合は，不動産の面積や構造・用途等が変更されない限り税額が変わらず，また，後者の場合においても売却時にしか評価替えが行われないため，税の変動は同様に小さいと考えられるからである。賃貸価値は，外形標準や取得価値よりも変動は大きくなるだろうが，資本価値よりは小さいであろう。
② 課税当局の視点
　課税当局の立場から見れば，安定的な税収をもたらすという面では外形標準および取得価値が望ましいだろう。しかし，これらは伸張性を欠く。増大する財政需要を充たすためには，資本価値が最も望ましいと考えられる。

（4）固定資産税の課税標準として何が適切か？
　以上の分析結果をまとめると，表5-18のようになる。結局，どの課税標準も一長一短である。しかし，あえて選択するとしたら資本価値がもっとも望ましいと考えられる。その理由は，以下のとおりである。
　第一に，納税者の視点から考えれば最も重要なのは公平性（水平的公平）の概念であるということである。したがって，外形標準と取得価値はこの条件を満たさないから除外される。
　第二に，賃貸価値と資本価値との選択になると甲乙つけがたいが，次のよう

表5-18　地方不動産税における課税標準の選択

		外形標準	賃貸価値	資本価値	取得価値
公平性（水平的公平）		×	△	△	×
簡素性	納税者の視点	△	△	△	△
	課税当局の視点	△	△	△	○
歳入の十分性	納税者の視点	○	○	×	○
および安定性	課税当局の視点	×	×	○	×

（注）　○-望ましい，△-どちらとも言えない，×-望ましくない。

な理由で資本価値の方が望ましいだろう。
・　地方分権の観点からは地方財源を充実させる必要があり，そのためには伸張性の高い課税標準が望まれること。
・　税収の変動性の問題は，インデクセーションで調整可能なこと。
・　現時点では，特に居住用不動産に関して，売買実例データの方が賃貸料データよりも相対的に情報の入手が容易であると考えられること。もっとも将来的には，定期借地権や定期借家権制度の拡大により，賃貸料データが充実する可能性は考えられる。
・　資本価値はシャウプ税制以来約50年間の実績があり，納税者も課税当局もそれに慣れ親しんでおり，現行制度の変更は混乱が予想されること。

ところで，前述のように諸外国の動向を見ても，主要先進国においては資本価値を採用している所が多く，さらに，賃貸価値の採用されている国においても，フランスのように資本価値への変更が議論されたり，また，イギリスのように，実際に資本価値へ変更されたケースが見られる。地方不動産税の課税標準に関しては，資本価値課税が先進国における一般的な潮流であると考えられる。

もっとも，この流れに逆行してカナダのように資本価値を否定する議論も見られる。財産税の性格を理論的に明らかにしたうえで課税標準のあり方を考察する前述のオンタリオ州公平課税委員会の議論は，一見，理路整然としておりスマートである。

しかし，すでに指摘したように，実際に個々の納税者に負担を配分する段階

においては明瞭性を欠くのである。さらに，居住用財産の課税標準を外形標準にすることによって，水平的公平が損なわれる可能性が高い。

また，現実にわが国において，用途別に異なる課税標準を採用することには問題があると思われる。水平的公平の確保という側面から考えれば，用途別に課税標準が異なることが認められるのは，そのようにしても異なる用途の財産間で実効税率が等しい場合のみである。わが国の場合のように不動産の用途別に税率が異ならず単一税率の場合は，不動産の用途別にその課税標準が異なると，用途の異なる不動産の所有者間での負担の水平的公平が損なわれると考えられる。評価率の違いを税率で調整できないからである。

おわりに

本章の内容を要約すると，以下のようになる。
(1) 地方不動産税の課税標準の概念としては，大別すると，外形標準，収益，価格の3種類がある。このうち，収益と価格には，市場で実際に決定される賃貸料もしくは売買価格に基づく場合と，一定のルールの下で評定された理論的賃貸料もしくは理論的価格に基づく場合とがあり，後者にはさらに賃貸価値，資本価値，敷地価値，取得価値がそれぞれ含まれる。もっとも敷地価値をベースとする課税は，土地に対して建物の負担を相対的に軽減するという考えに基づいているから，資本価値の特殊なケースとしてとらえられる。また，取得価値の場合，厳密に言えば，実際の売買価格と資本価値との両方の要素が含まれている。
(2) 主要先進国における地方不動産税の状況を見ると，現在，その課税標準として資本価値が採用されている国が多くなっている。すなわち，アメリカおよびイギリス（居住用不動産の場合），ドイツ，日本などにおいて資本価値が採用されている。これに対して，賃貸価値が採用されているのはフランスおよびイギリス（非居住用レイトの場合）などである。さらに，敷地価値はオーストラリア（土地税の場合）およびニュージーランド（レイト）で採用されて

いる。最後に，取得価値はアメリカの一部の州でのみ見られる。
（3）主要先進国における地方不動税の課税標準をめぐる議論を概観すると次のようになる。

① まず賃貸価値の採用されているイギリスおよびフランスについて見ると，近年もっとも大きな変化を経験したのがイギリスである。1990年代に入ってから，居住用財産の課税標準についてレイトのもとでは賃貸価値だったものが，カウンスル・タックスの導入により1993年度以降資本価値へと変更されたからである。

　課税標準を賃貸価値から資本価値へ変更すべきだとする代表的議論は，1976年のレイフィールド委員会報告に見られる。さらに，イギリスにおいては，アダム・スミス以降敷地価値税に関する議論が活発に行われてきており，特に第一次世界大戦以前の期間にもっとも国民の関心が高まったが，第二次大戦以降はほとんど取り上げられていない。

　これに対して，フランスの場合，1790年に地方税が国税のサンチーム付加税として定められて以来，地方不動産税の課税標準は賃貸価値である。その問題点としては，納税者間および地域間での不公平，評価替えが滅多に実施されないことによる課税ベースの老朽化などが指摘されている。課税標準の改革をめぐる議論には，1960年代以降，賃貸価値から資本価値へ変更し，申告方式による新たな課税（経常申告不動産税）を実施すべきであるとの意見も見られるが，結局，実現に至っていない。

② 第二に，資本価値の採用されているアメリカおよびカナダについて見ると，アメリカにおいては現行の課税標準である資本地価値に対する信頼が強く，課税標準を見直す議論は活発でない。具体的に述べると，賃貸価値の議論はこれまでにほとんど見られず，もっぱら敷地価値と取得価値に議論が集中している。しかし，これらはいずれも資本価値の特殊なケースであるから，結局，現行制度に大きな変化を迫るような議論はこれまでのところ見あたらないと言ってよかろう。

　他方，アメリカと異なりカナダにおいては興味深い議論が見られる。オンタリオ州で1993年に公表された公平課税委員会の報告書では，まず

財産税の性格を理論的に検討したうえで，財産税は，住民全体を対象とする総体的利益に対応した応益税であるとしている。そして，そのような応益税としての性格を前提として，納税者および課税当局の視点から課税標準を選択するための具体的な諸原則を提示している。さらに，その原則に基づいてさまざまな課税標準を比較検討し，結局，財産税の課税標準として資本価値は望ましくないこと，財産の性格によって課税標準は異なるべきこと（居住用財産については外形標準，非居住用財産については賃貸価値がが望ましいこと），の2点を主張している。

③ 第三に，敷地価値税の実施例としてオーストラリアの土地税を見よう。オーストラリアの土地税をわが国の税に照らし合わせて考えると，(a)課税対象が土地に限定されること，(b)富の集中排除や土地の有効利用促進，不労所得の吸収等の課税目的を有していること，(c)居住用土地や農地等が免税とされ，もっぱら商工業用土地に対する課税となっていることなどからして，性格的には，固定資産税よりもむしろ地価税に近い税であると言える。

しかしながら，バブル崩壊後において，「地価が下落したにもかかわらず税負担が増える現象」が発生し，しかもその背景に評価システムの問題が存在する点では，まさにわが国の固定資産税のケースと共通している。この問題に対しては，現行の地価動向（地価指数）に応じて課税ベースを調整する平準化システムに加えて，消費者物価指数や賃貸料指数などに応じたインデクセーションの実施や，納税額の上限設定，あるいは平均化などのような負担調整措置によって対処する方法のほかに，課税標準そのものを変更することなどの検討が行われた。しかし，ニュー・サウス・ウェールズ州を例にとると，結局1992年に公表された『土地税白書』で勧告されたのは，課税標準として敷地価値を維持し，税収の変動は税率によって調整するという方法であった。

(4) 現在，わが国の固定資産税の課税標準は資本価値であるが，その始まりは1925年のシャウプ税制である。それによって，償却資産が課税客体に加えられるとともに，土地と家屋の課税標準も賃貸価値から資本価値へと変更さ

れされたのである。このような決定が行われた背景には，第一に，地方自治を存続させるための財源を確保するには，伸張性の高い資本価値の方が望ましいと判断されたことがあった。第二に，利益説の観点および事業用資産の再評価の実効性を高めるという観点からは，土地や建物に加えて償却資産も課税対象に含め，課税標準を事業用資産の再評価の際と同じ資本価値へ変更する必要があったのである。

固定資産税が導入されるまでは，土地と家屋に対して，それぞれ地租と家屋税がいずれも賃貸価値を課税標準として課されていたのであるが，課税標準の議論で重要なのは，特に地租の場合である。すなわち，1873年（明治6年）および1931年（昭和6年）の地租改正に至る議論に注目しなければならない。

まず，1873年（明治6年）の地租改正においては課税標準が敷地価値とされたが，敷地価値が採用された背景には，時の大蔵官僚，神田孝平や陸奥宗光の大きな貢献がある。ところが1931年（昭和6年）の地租改正において，課税標準は賃貸価値に改められた。その理由としては，収益税としての地租の性格や税務行政上の理由があげられているが，背景に土地賃貸市場の発達があることを見逃してはならない。

(5) 固定資産税における課税標準として何が望ましいかを考えるためには，まずそれを選択する基準を明らかにする必要がある。本章では，納税者の視点を最も重視しつつ，固定資産税の地方財源としての重要性および税務行政コストについても同時に考え，公平性（水平的公平），簡素性，歳入の十分性および安定性の諸原則を提示した。そして，そのような諸原則に基づいて比較検討した結果，土地および家屋に係る固定資産税の課税標準としては，現行制度の資本価値が望ましいとの結論を得た。将来的には定期借地権や定期借家権の充実により賃貸料データの確保が容易になる可能性も考えられるが，地方財源の充実および制度変更に伴う混乱等の要因を考えると，賃貸価値を復活させることは容易ではなかろう。

第6章 地 価 税

はじめに

　わが国で政策税制としての「土地税制」がスタートしたのは，昭和30年代後半の地価高騰を契機に土地政策としての税制のあり方が議論されるようになり，1969年度の税制改正において，土地供給の促進および投機的土地取引の抑制を図る目的で，個人が長期に保有する土地の譲渡所得に対する税負担の軽減，および個人が短期に保有する土地の譲渡所得に対する重課が実施されて以降のことである。

　その後，1973年度税制改正により特別土地保有税が創設されたが，1980年代後半に再び地価高騰が発生するまで，土地税制の役割はあくまで「補完的，誘導的」なものとしてとらえられてきた。

　ところが，1990年10月に出された政府税制調査会の基本答申においては，土地政策における主役の一人として税制の役割が大きくクローズ・アップされ[1]，そのような中で大いなる期待を背負って導入されたのが地価税であった。しかし，バブルが崩壊し地価が下落していく局面で，地価税の存在にいっそうの疑問が提示されるようになった。結局，1998年度税制改正により，臨時的な措置として，1998年以降当分の間課税が停止されることとされ現在に至っ

---

1) 基本答申では，次のように述べられている。
　「すなわち，土地問題は現在及び将来において我が国が解決しなければならない最重要課題の一つであり，一時的・対症療法的な地価対策および土地需給対策にとどまらず，中長期的視点に立って，地価の異常な高騰の発生を抑止しうるような政策体系を確立する必要がある。このため，各般の施策が総合的に講じられなくてはならないが，その中にあって土地に対して適正な課税が行われることの意義は極めて大きいものと考えられる」（土地税制研究会［1991］，60頁）。

ている[2]。

ところで，学説史的に見ると，土地に対する課税の効果および実現可能性について最初に論理的分析を行ったのは重農主義者であるとされるが[3]，それ以降現代に至るまで，土地課税の問題は絶えず経済学者の関心を惹き付けてきた。

しかし，現実に目を向けると，課税対象を土地に限定した土地保有税の実施は，先進国においてはあまり例が見られない。1990年代の状況を眺めると，地方税としてオーストラリア（土地税）や台湾（地価税），韓国（総合土地税）などで課税が行われていたが，国税レベルでの実施はまさにわが国の地価税しかない。もっとも，過去を顧みると，ニュージーランドでは，1991年3月まで国レベルで土地税が課されていた。またわが国においても，1940年度の税制改正まで国税として地租が実施されていた。しかし，それは政策税制ではなく財政収入の確保が主たる目的であった。

地価税に関する既存研究として，石［1991］（第4章），五十嵐［1991］（第4章），佐藤［1991］，篠原［1991a］，橋本［1991］，岩田他［1993］（第10章），三木［1994］，桜井［1994］，米原［1995a］（第11章），桜井［1998］（237-254頁），篠原［1999b］（第5章），石［2008］（654-663頁）などがある。

石［1991］は，政府税制調査会に設置された土地税制小委員会の委員長の経験に基づき，地価税導入の意義および経済効果等を解説している。

五十嵐［1991］は，地価税法成立までの経緯を詳しく解説している。さらに，① 土地税制は都市計画を補完し充実させるためのものであり，地方税となるべきこと，② 資産格差是正のためには，地価税の増収分は，地価高騰の被害部分である住宅供給や都市基盤整備に充てられるべきこと，③ 土地税制の強化とともに，都市計画の強化が必要であること，を主張している。

篠原［1991a］は，1991年4月に成立した地価税法案に基づき，地価税の性格や目的，経済効果等に関して考察している。佐藤［1991］および橋本［1991］

2）わが国における土地税制の沿革については，石［2008］，第13章および第17章，佐藤［2005］，第1章〜第4章を参照。
3）土地課税に関する学説史に関しては，Prest［1981］，chap.2を参照。

は，同様に地価税法案をベースとし，地価税のあり方について検討している。前者は，① 地価税を富裕税的財産税としてこれを定着させ育てていくこと，② その際，事業所得算定の際における損金参入を排除すること，を提案する。後者は，① 地価税は純資産税ではないから，富の再分配機能を期待できないこと，② 居住用土地に対する非課税措置（1,000 m²以下は非課税），および基礎控除15億円の措置を見直すこと，を主張する。

　岩田他［1993］は，地価税の地価抑制効果を経済モデルに基づき計量分析している。

　三木［1994］は，税法学の観点から地価税の性格を検討し，地価税の見直しの方向を提言する。地価税は「含み益課税の緩やかな代替措置」であり，土地の含み益を市場で活用でき，相続税等により含み益の清算される機会のない大規模法人に課税対象を限定すべきだとしている。

　以上の研究は，地価税の実施前あるいは実施直後のものであり，地価税の課税実態を踏まえたものではない。これに対して，桜井［1994］および桜井［1998］は，地価税の課税実態を踏まえた議論を行う。ただし，取り上げられるデータは，前者が1992年，後者は1996年と，いずれも単年度である。土地に対する超過需要を抑制する観点から，基礎控除の引き下げおよび単価控除の見直し，非課税となる居住用土地の面積の引き下げなどを行い，新たな開発や投資の対象となる可能性の強い低未利用地を含めた課税に改革すること，が提言されている。また，石［2008］においても，地価税の課税実態がデータにより示され，凍結に至る経緯が説明されている。

　本章は，篠原［1999 b］を加筆修正したものである。既存研究との違いは，地価税の課税された1992～1997年の6年間の課税実態を国税庁のデータで捕捉すると同時に，海外での議論にも目配りし，地価税のあり方を考察している点にある。課税の公平性（土地資産格差是正，水平的公平）の実現，および帰属家賃への間接的課税による税制の整合性確保の観点から，凍結されている地価税を見直すべきだ，というのが本章の主張である。

　本章の構成は，次のとおりである。まず，地価税の制度および課税状況を統計データにより捕捉し，地価税の性格および租税体系における位置づけを考察

する（Ⅰ節）。次に，地価税の問題点に関して，社団法人都市開発協会により公表された地価税に関するレポート（(社)都市開発協会［1992］，同［1995］，同［1995］）を材料として検討する（Ⅱ節）。これらを題材とする理由は，地価税に関する論点が手際よく整理されているからである。最後に，今後のあり方について国際的視点も踏まえて考察する（Ⅲ節）。

Ⅰ．地価税の概要

1．制度および課税状況

まず地価税の制度についてその概要を見ると，表6-1のようになっている。

納税義務者は，土地および借地権等を有する個人および法人である。課税ベースの評価は，相続税評価額に基づく。税率は，1992年は0.2％，1993〜1995年は0.3％，1996年および1997年は0.15％である。さらに，非課税範囲が広く，1,000 m²以下の居住用土地は非課税である。また，1 m²当たりの評価額が3万円の土地に対する単価控除も認められている。さらに，基礎控除の水準が高く設定されている。

地価税の実際の課税状況は，表6-2〜表6-5で示されている。申告税額の9割強は，法人によるものである（表6-2）。また，法人資本階級別納税者の状況を眺めると，資本金1億円以上の法人が，申告税額の約7割〜8割を占めている（表6-3）。さらに，国税局別課税状況は，東京が申告税額の約6割，これに大阪，名古屋，福岡を加えると，全体の9割強を占める（表6-4）。業種別では，製造業，不動産業，金融保険業で申告税額の6割強を占めている（表6-5）。

税収の対GDP比（国税収入に占める割合）は，1992年には0.11％（0.9％）であったが，1997年には0.03％（0.2％）にまで低下している（表6-1）。

表6-1 地価税の概要

納税義務者	国内にある土地および借地権等を有する個人および法人
課税対象	個人および法人が課税時期(その年の1月1日午前零時)において所有する土地
非課税	・国,地方公共団体,その他の公共法人等の有する土地 ・公益法人等の有する土地 ・人格なき社団法人等の有する土地 ・一般の土地で公益的用途に利用されている土地 ・居住用土地 (1,000 m^{2}以下の部分) ・賃貸用建物の土地 (1,000 m^{2}以下の部分) ・1 m^{2}当たりの評価額が3万円以下の土地 ・外国公館等の土地 ・三大都市圏の特定市に存在する市街化区域内農地等で生産緑地内の農地等 (1992年から1996年の5年間に限り非課税)
課税ベース	課税時期における時価 (相続税評価額)
基礎控除	(1) 1992年~1995年 次の①②のうちいずれか大きい金額を選択可能 ① 15億円(個人および資本金1億円以下の法人),8億円(資本金1億円超~10億円の法人),5億円(資本金10億円超の法人)。 ② 1 m^{2}当たりの評価額が3万円を超える土地の面積×3万円 (2) 1996年以降 ① 10億円(個人および資本金1億円以下の中小企業は15億円),もしくは ② 1 m^{2}当たりの評価額が3万円を超える土地の面積×3万円,のうちいずれか大きい方の金額を選択可能。
税率	1992年→0.2%,1993年~1995年→0.3%,1996年以降→0.15%
税収の対GDP比	1992年→0.11%,1993年→0.13%,1994年→0.1%,1995年→0.08%,1996年→0.03%,1997年→0.03%
国税収入に占める割合	1992年→0.9%,1993年→1.1%,1994年→0.9%,1995年→0.7%,1996年→0.3%,1997年→0.2%

(出所) 「地価税法案」,『図説日本の税制』,『日本の長期統計系列』(http://www.stat.go.jp/data/chouki/) より作成。

2. 性格

以上の課税実態から,地価税の納税者は,大都市圏に大規模土地を保有する大地主および大企業であることがわかる。さらに,申告税額の9割強は法人によるものであるから,地価税は,法人土地財産税としての性格を有すると考え

表6-2　地価税の申告実績　　　　　　　　　（単位：％）

	個　人						法　人					
	1992年度	1993	1994	1995	1996	1997	1992	1993	1994	1995	1996	1997
申告件数	29.8	25.5	21.4	19.0	16.5	19.0	70.2	74.5	78.6	81.0	83.5	81.0
申告税額	6.6	5.3	4.2	3.7	3.2	3.6	93.4	94.7	95.8	96.3	96.8	96.4
課税対象土地等の面積	8.3	5.6	4.1	3.6	3.1	3.9	91.7	94.4	95.9	96.3	96.9	96.1

（出所）　国税庁『国税庁統計年報書』より作成。

表6-3　地価税の法人資本金階級別納税者　　　　（単位：％）

	1992年度		1993		1994		1995		1996		1997	
	申告件数	申告税額	申告件数	申告税額	申告件数	申告税額	申告件数	申告税額	申告件数	申告税額	申告件数	申告税額
2,000万円未満	23.7	6.1	20.6	5.2	17.9	4.6	15.6	3.9	13.4	3.5	11.2	3.0
2,000万円〜	20.2	6.4	19.2	5.8	17.9	5.2	16.6	4.8	15.5	4.4	13.9	4.1
5,000万円〜	14.9	6.2	14.7	5.8	14.7	5.5	14.5	5.1	14.3	4.9	13.3	4.6
1億円〜	28.4	20.1	30.6	20.0	32.7	19.8	34.5	19.7	36.0	19.3	38.2	19.7
10億円〜	7.7	12.4	9.0	12.7	10.0	13.1	11.1	13.3	12.3	13.5	14.2	13.8
50億円〜	2.0	5.1	2.3	5.2	2.6	5.2	3.0	5.6	3.3	5.4	3.6	5.3
100億円〜	3.1	43.7	3.6	45.3	4.2	46.6	4.7	47.6	5.2	49.0	5.6	49.5
合計	100.0	100.0	100.0	100.0	100.0	100.0	100.0	100.0	100.0	100.0	100.0	100.0

（出所）　国税庁『国税庁統計年報書』より作成。

られよう。もっとも，転嫁の可能性を考慮すれば法人課税であると断定できないが，形式的には法人課税としての性格が強いと言えよう。

　さらに，土地保有課税である地価税は，所得課税の補完税としてとらえることが可能である。このことを理解するために，まず理論的に地価がどのようにして決定されるかを考えてみよう。通常，もっとも単純なモデルにおいては，理論地価は①式により求められる。

$$P = [R + \triangle P] / i \quad \cdots ①$$

表6-4　地価税の国税局別課税状況　　　　　　　　（単位：％）

	1992年度		1993		1994		1995		1996		1997	
	申告件数	申告税額	申告件数	申告税額	申告件数	申告税額	申告件数	申告税額	申告件数	申告税額	申告件数	申告税額
東京	51.3	63.1	50.2	62.6	48.2	61.2	47.0	61.0	45.3	59.6	45.1	59.3
関東信越	7.1	2.2	7.3	2.3	7.5	2.6	8.1	2.9	8.0	3.0	9.9	3.3
大阪	22.4	23.0	21.6	22.3	21.5	22.3	20.8	21.3	21.2	22.1	20.3	22.1
名古屋	8.4	5.5	8.6	5.5	8.9	5.8	9.1	5.9	9.4	5.9	9.2	5.9
福岡	2.3	1.6	2.6	1.8	3.0	2.1	3.2	2.4	3.5	2.5	3.3	2.5
その他	8.5	4.6	9.7	3.5	10.9	6.0	11.8	6.5	12.6	6.9	12.2	6.9
合計	100.0	100.0	100.0	100.0	100.0	100.0	100.0	100.0	100.0	100.0	100.0	100.0

（出所）　国税庁『国税庁統計年報書』より作成。

表6-5　地価税の法人業種別納税者　　　　　　　　（単位：％）

	1992年度		1993		1994		1995		1996		1997	
	申告件数	申告税額	申告件数	申告税額	申告件数	申告税額	申告件数	申告税額	申告件数	申告税額	申告件数	申告税額
製造業	26.8	26.8	27.5	27.5	28.5	28.3	29.7	30.1	30.9	31.2	31.5	31.9
不動産業	26.6	24.4	25.6	23.1	24.1	21.8	22.8	19.9	21.5	18.7	20.0	18.0
卸売業	15.9	7.3	15.4	7.1	15.3	6.9	14.9	6.8	14.4	6.6	14.7	6.8
小売業	7.1	6.3	7.3	6.5	7.5	6.9	7.6	6.9	7.8	7.2	7.9	7.3
サービス業	7.2	4.5	7.3	4.5	7.4	4.4	7.4	4.4	7.4	4.4	7.3	4.4
建設業	4.9	4.6	5.0	4.7	5.1	4.8	5.3	4.9	5.4	4.8	5.8	4.8
金融保険業	4.3	14.3	4.6	14.9	5.0	15.2	5.2	15.1	5.5	14.9	5.6	14.3
その他	7.2	10.8	7.3	11.7	7.1	11.7	7.1	11.9	7.1	12.2	7.2	12.5
合計	100.0	100.0	100.0	100.0	100.0	100.0	100.0	100.0	100.0	100.0	100.0	100.0

（出所）　国税庁『国税庁統計年報書』より作成。

ただし，Pは理論地価，Rは帰属地代を含むインカム・ゲイン，△Pは地価の上昇分すなわちキャピタル・ゲイン，iは金融資産のような代替資産の収益率である。①式より，結局，ストックとしての土地価格（地価）に課税したと

しても，フロー所得である地代（帰属地代を含む）やキャピタル・ゲイン（土地譲渡所得および土地含み益）に課税したとしても，税率の調整が適切に行われるならば本質的には同じことになる。

現実においては，所得課税の下でフロー所得である帰属地代や未実現キャピタル・ゲイン（土地含み益）へ課税することは困難である。したがって，ストックとしての資産価格，すなわち地価に課税することによって，間接的に帰属地代や土地含み益への課税を実現しようというわけである。これにより，水平的公平の確保が期待される。

もっとも，理論的に①式が成立するには，次のような前提が必要となる。

第一に，地価に対する課税が応能税であることが前提となる。応益税の場合には，納税者の支払い能力としての地代やキャピタル・ゲインに対する課税とは課税原理が異なるため，その補完税とは考えられない。ここで，地価税と固定資産税との関係を考えると，固定資産税の課税対象にも土地が含まれるため，地価税とは税源が競合することになる。しかし，固定資産税の場合は行政サービスからの便益に応じた応益課税的側面が強いから，性格的には地価税と異なる税としてとらえるべきである。

第二に，ここでの理論地価は，時価評価された地価のことである。もし時価評価が行われないとしたならば，それだけ所得課税の補完税としての機能は低下することになる。この点について言えば，相続税評価額と時価との乖離が問題となろう。

以上のほか，将来収益の不確実性や借地借家法の制約などが存在しないことが必要である[4]。また，本書の第5章で述べたように，居住用財産に対する財産税の応能税としての可能性について検討したオンタリオ州公平課税委員会からは，賃借人へ転嫁されないこと，キャピタル・ゲインへ課税するためには財産価値の増加額を課税ベースとすべきこと，も指摘されている。

さて，以上のように地価税を所得課税の補完税としてとらえた場合の問題点について考えてみよう。

4）詳細は，野口［1991］，28-29頁参照。

(1) 現在，帰属地代については所得税が課税されないが，地価税の場合においても，個人の居住用土地は実質非課税となり，そこに発生する帰属地代は課税を免れている。例えば東京都について見ると，1997年度において個人住宅のうち97.2%（区部，所有者ベース）および95.8%（市部，所有者ベース）が1,000 m^2 未満であり課税対象から除外されている[5]。他方，企業に関してもその帰属地代は非課税であるが，地価税では中小企業のほとんどが非課税となっている。導入前の通産省の試算によると，全国の中小企業の83.9%が課税から除外されると指摘されていた。

したがって，結局，地価税の場合においても，個人および企業のほとんどについて帰属地代は課税されないことになるから，その意味では所得課税の補完税としての役割を期待できないことになる。

(2) 所得課税の補完税としての立場からは，未実現キャピタル・ゲインの扱いも当然問題視されるが，この点についても，帰属地代の場合と同様の理由でその補完効果は限定的であると考えられる。

3. 資産課税体系における位置づけ

このように，所得課税の補完税としての法人土地財産税の性格を有する地価税は資産課税体系の中でどのように位置づけられるのであろうか。資産課税の体系についてまとめた本書の図1-1にしたがい考えてみよう。

地価税は，基本的には資産保有課税，人税，経常税であり，また，有効利用促進の見地から土地の売却がある程度前提とされていることなどから，実質的財産税に含まれると考えられる。言い換えれば，課税対象が土地に限定された富裕税の一種としてとらえることができよう。ただし，厳密にいえば，純資産額を課税標準としない点で富裕税とは異なる。

---

5) 東京都『東京の土地1997』，184頁および194頁参照。なお，大蔵省によると，全国の一戸建て宅地の97.7%が敷地面積1,000 m^2 未満で課税を免れると試算されていた（『日本経済新聞』1990年11月23日付）。

II．地価税の問題点

1．都市開発協会の指摘

　以上のような地価税の問題点に関しては，都市開発協会が『地価税についての疑問』というタイトルで過去3回に亘り報告書を公刊しているので[6]，それを手がかりにして考察を進めていくこととする。報告書で疑問点として提示されているのは，以下の13点である。

① 地価税は企業努力を否定する

　地価税は，外部要因により引き上げられた経済的な価値のみならず，企業が自らの努力によって引き上げた「適正な資産価値」にもペナルティーを与える。また，外部要因によって引き上げられた経済的な価値に対する対価の相当部分は，すでに他の税制度（固定資産税，都市計画税，法人住民税）あるいは負担金（受益者負担金等）などで支払われている。

② 最有効利用の土地を対象に課税を強化

　地価税の対象となっている土地は，金融・保険，ホテル，百貨店などの都市型産業の用地と，地価水準の高い地域に立地する大規模な工場用地となっている。これらはすでに最有効利用されており，また投機目的で取得された土地ではない。したがって，地価税の運用実態は，創設目的の一つである「土地の有効利用促進」とは著しく乖離している。

③ 業種，地域とも限定された課税対象

　地価税の課税対象は業種および地域とも限定されており，「税負担の公平」の原則に反する。

④ 住宅政策は土地保有を誘導・助成

　わが国の住宅政策の中心は，住宅金融公庫の低利融資による「持家促進政策」であり，結果的には「土地保有の誘導策」である。したがって，「土地保

6）（社）都市開発協会［1992］，同［1995］，同［1997］。

有の有利性の縮減」を目的とした地価税はそれに反する。

⑤ **土地保有税を国税にしたことについての疑問**

シャウプ勧告によって，地方自治強化のための財源措置として土地保有に係る税は市町村税とされ，今日に至っている。地方自治の強化の観点から考えるならば，土地保有に係る税である地価税は地方税とすべきである。

⑥ **地価税は目的税ではなかったのか**

自民税調の検討過程では，地価税は地方公共団体による社会資本整備のための目的財源とされるはずであったにもかかわらず，その約束が守られていない。

⑦ **地価税は法人税の減収を補完する税制ではない**

地価税は政策税制であり増収を目的としないとされたにもかかわらず，結果的には，法人税の減収分を補完する役割がもっとも大きかった。現状において，地価税は財源対策の一環としてその存続が図られているにすぎないと考えられる。

⑧ **財政難を前にして地価税は廃止すべきではないとの意見もあるが**

厳しい財政状況の下では，当然，地価税の廃止に伴う代替財源の確保についても，十分な検討が必要であることは言うまでもない。しかし，地価税は一般財源を補完するために創設されたものではなく，法人税の減収と地価税の廃止とは全く別次元の問題である。したがって，法人税の補完としての財源対策は別途検討すべきである。

⑨ **都市型産業に地方分散を促す税制度**

地価税には経済活動の地方分散が期待されているが，大都市圏における都市型産業の立地を抑制することには問題がある。

⑩ **土地の利用による「収益」に着目した評価が妥当**

路線価を評価額とする現行制度の下では，(a)路線価と営業利益の伸び率に差がある場合，(b)同一の路線価であっても営業利益に差がある場合，などは担税力から見て著しく不公平が発生している。したがって，課税標準を土地の利用による収益に着目したものに改めるべきである。

⑪ **欧米諸国との単純な比較は疑問**

地価税の導入に際して，わが国は欧米諸国と比較して土地保有税の負担水準が相対的に低いことが一つの根拠とされたが，土地保有税の水準が低いことを直ちに地価高騰の原因であると考えるべきではない。土地利用計画のあり方などとも結びつけて考えるべきである。

⑫ **地価税は日本経済の国際化を妨げる要因の一つ**

日本経済の国際化のためには，ビジネスコストの低減策の一環として，現行の税制度を抜本的に見直すことが不可欠の課題である。わが国の土地保有税制度は複雑であり，中でも地価税の存在は外国企業にとって理解しにくく，固定資産税や特別土地保有税との二重課税という感を抱く恐れがある。

⑬ **地価税は必要に応じて見直すこととされていたが**

当初地価税法においては，地価税は必要に応じて見直すこととされた。しかし，その後景気情勢の著しい変化があったにもかかわらず本格的な見直しが行われていない。

2．都市開発協会の疑問に対するコメント

都市開発協会によって提示された以上の疑問は，⑬以外は結局，(1)地価税の効果に関するもの（①〜④，⑦，⑧，⑨，⑪，⑫）と，(2)地価税の課税形態に関するもの（⑤，⑥，⑩）の2種類に大別することが可能である。以下，それぞれについて詳細に検討を行うこととする。

(1) 地価税の効果

地価税は，地価の急激な上昇によって生ずる資産分配の不公平すなわち土地資産格差の是正と，土地の有効利用促進による地価の安定化を図る目的で導入されたが，上記の①，③，④は前者の目的に，②および⑨は後者の目的に，それぞれ関連している。また⑪は，地価高騰の原因としての地価税の影響力を問題としている。さらに，⑦および⑧は，地価税の財政へ与える効果に関して，また⑫は，地価税の国際的な観点からの中立性に関して，それぞれ指摘したものである。

(a) **土地資産格差是正**

まず①について考察すると,「地価税が企業努力によって形成された適正な価値に対してまで課税されることになる」という前半の主張は基本的に正しいと思われる。企業の場合については,税調の基本答申で述べられているように,「土地の価格は,自己の労力・資本の投下によらず,主として周辺の人口・産業動向,社会資本の整備状況等の外部的状況により生ずる」（土地税制研究会 [1991], 66頁）ものであると必ずしも断定できないだろう。

しかし,問題なのは,かつてジョン・スチュワート・ミル（Mill, J. S）が差別的市街地課税（differential urban land taxation）への反対理由の一つとして指摘したように,現在の土地の価値のうち,自己の努力による部分と外部的要因による部分とを明確に区別することが困難なことにある[7]。地価税の存在が正当化されるのは,不労所得的性格を有する後者の部分が前者よりも圧倒的に大きい場合のみである。

次に,「外部的要因による土地含み益については,固定資産税,都市計画税,法人住民税,各種負担金（受益者負担金等）などにより相当部分が吸収されており,地価税と二重課税の恐れがある」とする後半の指摘を検討しよう。形式的には確かに土地の価値のうち社会資本整備による地価上昇分に関しては,地価税以外にも既存の税制によって課税される仕組みとなっている。しかし,これらの税はいずれも応益説に基づくものであり,応能税である地価税とは基本的にその課税原理が異なる。したがって,二重課税に相当しないと考えるべきであろう。

第二に,④の指摘は,地価税はわが国の住宅政策の中心である「持家促進政策」に反するというものである。しかし,実際には1,000 m²以下の居住用土地は非課税とされているから,持家取得が妨げられるとは考えにくい。さらに,理論的に考えれば,地価税により地価安定化がもたらされるならば,持ち家の新規取得は促進されるはずである。もっとも,地価税の地価抑制効果に関しては,後述のようにあまり大きくないと考えられる。

最後に,③の指摘を検討しよう。これは,地価税は一部の納税者に課税対

---

7) Prest [1981], p. 11.

象が限定され不公平な税制であるというものである。しかし，課税対象が限定されているという理由のみで，直ちに地価税を不公平税制であると断定するのは問題である。重要なのは，地価税の課税対象が限定されたことによる土地資産格差是正効果に対する影響を検討することである。

そこで，家計間における土地資産格差の状況をジニ係数の推移によって眺めると（表6-6），1980年に0.5992であった値は85年には0.5639まで一旦低下したが，その後地価高騰に伴い土地資産格差は大きく拡大した。さらに，1990年代においてジニ係数の値は低下傾向にあったが，2000年以降，再び上昇傾向が見られる。他方，金融資産の場合を見ると，土地の場合と異なり，金融資産格差はバブル期においてもさほど拡大せず，90年代には，ゆるやかな縮小傾向にある。

さて，以上のような資産保有および資産格差の実態を踏まえて，土地資産格差是正の観点から地価税の問題点を整理してみよう。

第一に，家計間における土地資産格差を是正するためには，居住用土地にも当然課税すべきである。この点で，居住用土地に関してその非課税水準を1,000 m^{2}以下としたこと，および基礎控除を高く設定したことの2点が問題である。これらの措置によって，地価税の土地資産格差是正効果は実質的に骨抜きにされたと言ってよい。

ちなみに，1993年の時点において富裕税の実施されていた諸外国の状況を見ると，表6-7で示されるように，一般に持ち家も課税対象とされている。フランスやオランダのように課税標準の特例を認めているところもあるが，基礎控除の水準は，日本と比較してかなり低い。また，本書第5章で見たように，オーストラリアの土地税ではわが国の場合と同様，その面積がある一定水準以下の主たる住居に関わる居住用土地は非課税とされている。しかし，基礎控除の水準は，最も高い州でも日本円に換算してせいぜい1,500万円程度（1997年）である[8]。

---

8) CCH［1997］，pp.1570-1575参照。なお，2008年において基礎控除の最も高い州の値は，約5,700万円である（CCH［2008］，pp.1733-1739）。

表6-6 土地資産格差および金融資産格差の推移

	土地資産格差	金融資産格差
1965 年	－	0.6150
1970	－	0.5447
1980	0.5992	0.5205
1985	0.5639	0.5097
1986	－	0.5107
1987	0.6531	0.5210
1988	0.6475	0.5128
1989	0.651	0.5146
1990	0.6313	0.5092
1991	0.6245	0.5064
1992	0.6098	0.5015
1993	0.6091	0.4939
1994	0.6041	0.4938
1995	0.6177	0.4862
1996	－	0.4836
1997	0.5803	0.4903
1998	0.5624	0.4707
1999	0.5756	0.4834
2000	0.5601	0.4839
2001	0.5635	－
2002	0.5628	－
2003	0.5892	－
2004	0.57956	－
2005	0.5914	－

（出所）『国民生活白書平成8年版』，410頁および『国民生活白書平成19年版』
（http://www5.cao.go.jp/seikatsu/whitepaper/h19/01_honpen/html/07sh_dat 0202.html dat_020201）。

第二に，そもそも法人に対して財産税を課することが果たして妥当であるかどうかという問題がある。これに関しては，法人の本質論と課税の転嫁の有無が問題となろう。

前者に関して言えば，まず法人擬制説の立場によると，法人は実体のない擬

表6-7 富裕税における居住用土地および基礎控除の扱い（1993年）

	持ち家	基礎控除
フランス	課税 （評価額は売買価格の最大20％まで控除が可能）	439万フラン（1993年度：8,620万円）
ドイツ	課税	家族一人当たり12万DM（1993年度：807万円）に加えて老齢者および個人事業者に対する追加的控除。
スペイン	課税	67.6万フラン（1993年度：1,327万円）
ルクセンブルク	課税	3.3万F（1993年度：65万円）
オランダ	課税 （ただし，評価額は完全市場価値の60％とされる）	24.6万フラン（1993年度：483万円）の基礎控除に加えて，扶養家族に対する控除等も認められる。
デンマーク	課税	140万フラン（1993年度：2,750万円）

（出所） Conseil des Impôts [1998], pp.248-250.

制的な存在であって，課税の公平はあくまで個人レベルで考えるべきだと主張される。これに対して法人実在説の観点からは，法人は個人からは独立した存在であり，法人そのものが担税力を有すると考えられるから，個人とは別に法人の土地に課税したとしても何ら問題ないことになる。

　参考のために，2007年現在，富裕税を採用しているか，もしくは過去に採用していた諸国の状況を見ると，表6-8で示されるように，法人の扱いに関してはまちまちである。例えば，フランスでは個人のみが課税対象とされているが，これは擬制説的な立場から二重課税を避けるための措置である。また，ドイツにおいては，1997年以降執行停止とされているが，それ以前は実在説的立場から法人も課税対象とされていた。その理由としては，個人事業と法人事業との間における競争上の中立性を確保することが挙げられており，さらに，法人には相続税がないという理由で，税率は個人よりも高めに設定されていた[9]。

---

9) 詳細は，佐藤 [1977] および三木 [1991] を参照。

表 6-8 富裕税の納税者（2007年現在）

個人のみ	デンマーク（国：1903年～1997年），フランス（国：1982年～1986年，1989年～現在），オランダ（国：1892年～2000年），スペイン（国：1978年）
法人のみ	カナダ（一部の地方）
個人および法人	オーストリア（国：1923年～1992年），フィンランド（国：1920年～2005年），ドイツ（州：1923年～1996年），ルクセンブルク（国：1913年），スウェーデン（国：1910年～2006年），ノルウェー（国および地方：1914年），スイス（地方：1840年～バーゼル市の場合）

（注） カッコ内は，課税団体および導入年度を示す。
（出所） OECD [1988 b], Conseil des Impôts [1998], pp. 248-250, 吉牟田 [2005], 柴 [2007 a]。

表 6-9 地価税導入以前の個人と法人に対する不動産税制の概要

個　人	法　人
帰属地代は非課税	帰属地代は非課税
支払利子の損金算入および建物の減価償却費の損金算入は認められない。	支払利子および建物の減価償却費の損金算入が認められる。ただし，原則として土地に係る借入金利子については，取得後4年間は損金算入が認められない。
固定資産税および特別土地保有税の損金算入は認められない。	固定資産税および特別土地保有税の損金算入が認められる。
相続税が存在する。	相続税は存在しない。
不動産所得と他の所得とを合算する損益通算が認められる。	

（出所） 篠原 [1991 a], 18頁。

　さて，地価税導入の議論の過程においては，そもそも税制上法人は個人よりも優遇されているため，法人による土地取得が促進され，地価高騰の一因になっているとの認識があった。すなわち，表6-9で示されるように，個人については，所得（帰属地代）が非課税な代わりに，原則として経費の控除も認められていない。また，相続税が課されることによって，土地含み益への課税も実現される。他方，法人に対しては，帰属地代が非課税にもかかわらず経費控除が認められている。さらに，相続税も適用されないため，結局，含み益も清算されないことになる。したがって，地価税には，法人の帰属地代や土地含

み益を課税対象とすることにより，個人との間における税負担の不平等を是正するとの意図があったと解釈できる。

ただし，以上の議論は法人実在説の立場に立脚し，転嫁の存在を考慮しない場合のものである。もし転嫁の存在を考慮すると，議論は修正されなければならない。法人の所有する土地に課税を行うと，製品価格もしくは賃貸料に上乗せされて消費者に前転されるか，もしくは賃金削減の形で労働者に後転されるものと仮定しよう。そうなると，地価税はその性格が，資産課税としての法人土地財産税から，実質的に消費課税もしくは労働所得税へと変質することになる。

地価税の導入された1992年以降は，不況の影響により税負担の前転は困難な状況にあったと考えられ，転嫁が発生したとすれば，むしろ後転のケースがあてはまるだろう。もっとも理論的には，課税が刺激になって生産性が向上し，課税分が吸収される消転のケースも考えられるが，後転のケースの方がより一般的であろう。したがって，そのような状況の下での税負担の帰着は，どのような形で賃金カットが行われたかに依存する。高所得者を中心とした賃金カット以外のケースでは，税負担の帰着は累進的とならず，垂直的不公平が発生することになろう。

結局，地価税の課税対象が業種および地域ともに限定されているから税負担の公平に反するとする報告書の議論は，転嫁の可能性を考慮していない点で厳密なものではないと言える。また，転嫁が全く行われないと仮定したとしても，法人実在説の下では，むしろ地価税の存在が個人と法人の間の税負担の公平に資する，ということを見逃しているのである。

(b) 土地の有効利用促進による地価安定化

導入前，地価税の地価抑制効果に関しては，以下のような理由によりあまり期待できないと考えられた。

- 課税対象が限定され，しかも税率が低いために納税者の負担がかなり軽減される。
- 利用・未利用を問わず保有地全般に課税されることになるが，すでに有効利用されている土地については，有効利用促進効果は働かない。
- 仮に，地価税の実施によって土地保有コストが上昇したとしても，未

利用地が必ずしも宅地に転換されて高度利用されるとは限らない。農家によって，駐車場やゴルフの練習場に転嫁されるかもしれない。また，企業の未利用地についても，社宅や寮，あるいはオフィスビルや商業用地の建設用地に充てられるかもしれない。

報告書が提示した②の疑問はこの２番目と同じであり，地価税の課税実態から見て正当な指摘であると考えられる。

⑨は，政府税調の基本答申において，地価税の中長期的効果として，投機的土地取引の抑制や土地の有効利用促進に加えて，「新規立地の際，地価の低い地方圏が選択される傾向が強まることなどにより，全体として経済活動の地方分散が促されるといった効果が重要である」（土地税制研究会［1991］, 77頁）と指摘されたことに対する反論である。

すなわち答申では，大都市圏ほど地価が高いからそれに応じて地価税の負担も高くなる。したがって，大都市圏への産業の新規立地が抑制されることが期待されている。これに対して報告書では，「大都市圏にある百貨店，ホテル，オフィスビルなどが地方に分散してよいのだろうか。大都市圏に，このような都市型の産業が立地しにくくなってもよいのだろうか。……経済機能の地方分散については，単に税制の立場からだけではなく総合的に検討すべきである」（都市開発協会［1997］, 79頁）と異議が唱えられている。確かに，税調の基本答申では地価税の土地需要抑制効果が一般的に述べられているだけで，経済活動の地方分散の方策に関して総合的に議論が行われているわけではないから，このような指摘は正しいと言える。

(c) **地価高騰に対する影響力**

以上の②と⑨が地価税の地価抑制効果に関するものであるのに対し，⑪は地価高騰の原因としての土地保有課税の影響力を問うたものである。そこでの論点は二つある。一つは，わが国の土地保有課税の水準が国際比較の視点から見て相対的に低いのかどうかということと，土地保有課税の負担が軽いことが果たして地価高騰の原因となるのかどうかという点である。

まず後者の問題に関して先に述べると，理論的には，土地の供給量が一定であるとの前提をおくと，土地保有課税の負担を増加（減少）させることによっ

て地価が下落(上昇)する。しかし,土地保有税の負担水準を単純に諸外国と比較することによって,地価高騰の原因を税制に求めることは間違いである。地価の決定要因は税制以外にも考えられるから,それらを総合的に考えることなしに結論を導くのは,報告書が指摘するように確かに困難である。

次に,前者について考えよう。土地保有課税の負担水準の国際比較を行う場合には,以下のような事柄に注意すべきである。

第一に,各国において比較対象となる土地保有課税の税目を正確に把握する必要がある。もし土地保有課税の負担水準に関して,地価税導入以前の1991年

表6-10 土地保有課税の国際比較の際に比較対象となるべき税目(1991年)

	日本	アメリカ	イギリス	フランス	ドイツ
国税	—	—	ビジネス・レイト(土地に係る分)	・財産連帯税(土地に係る分) ・財産連帯税付加税(土地に係る分) ・非居住者特別税(土地に係る分)	—
地方税	・固定資産税(土地に係る分) ・都市計画税(土地に係る分) ・特別土地保有税(保有分)	・財産税(土地に係る分)	・カウンシル・タックス(土地に係る分)	・既建築不動産税(土地に係る分) ・未建築不動産税,既建築不動産税の土地に係る分,および未建築不動産税に関する付加税分 ・職業税(土地に係る分)	・財産税(土地に係る分) ・不動産税(土地に係る分)

(出所) 著者作成。

時点で主要先進国との国際比較を厳密に行うとするならば，その際，比較対象となる税目は表6-10で示されるようなものになると考えられる。

第二に，通常土地保有課税の負担水準の国際比較を行う場合，毎年OECDが発行している『歳入統計（Revenue Statistics）』が利用されるが，歳入統計では，諸外国におけるわが国の固定資産税に相当するもの（地方不動産税）について，土地のみに係る分のデータを得られない。また，経常純資産税に関しても，そのうち土地に係る税額がどの程度かを捕捉できない。したがって，厳密な比較を行うのは困難である。

このように，土地保有課税の負担水準を統計的に国際比較するのは困難であ

表6-11　不動産税（財産税）の国民一人当たりの額の国際比較（1994年度）

	不動産税[1] (a)	人口（千人） (b)	国民一人当たりの不動産税額 (a)/(b)	左の円換算 （円）	不動産税額の対GDP比[2] (d)
日本	97,702 （億円）	124,323	78,587 （円）	78,587	2.04
アメリカ	203,011 （百万ドル）	260,350	780 （ドル）	82,655	2.97
イギリス	21,240 （百万ポンド）	58,080	366 （ポンド）	58,512	3.18
フランス ケース1	133,437 （百万フラン）	57,780	2,309 （フラン）	41,569	1.81
ケース2	195,534 （百万フラン）		3,384 （フラン）	6,0912	2.65
ドイツ	12,664 （百万マルク）	81,410	156 （マルク）	9,956	0.38

（注）　1）不動産税の種類は，以下のとおり。
　　　　日本－固定資産税，都市計画税，特別土地保有税，地価税
　　　　アメリカ－財産税
　　　　イギリス－非居住用資産レイトおよび居住用資産に係るカウンシルタックス
　　　　フランス－既建築不動産税，未建築不動産税，住宅税等
　　　　ドイツ－不動産税
　　　2）不動産税額の対GDP比は著者が計算のうえ補足。
（出所）　地方税における資産課税のあり方に関する調査研究委員会［1998］，70頁を加筆修正。

ることから，表6-11で示されているように，OECDの歳入統計に基づき，地方不動産税の負担水準に関して比較を行ったものをよく見かける。

しかし，その場合においても，償却資産の扱いをどのようにするかで結果は異なってくると考えられる。表6-11では，フランス以外の諸国の統計には償却資産に係る分が含まれている。本書の第1章で述べたように，アメリカ，ドイツ，フランス，日本では，不動産税の課税対象に償却資産も含まれる。したがって，フランスだけ償却資産に係る分を除外して比較を行うのはおかしい。ところが，OECDの歳入統計では，フランスにおいて償却資産にかかる分がどれくらいなのかを知ることができないのである。そこで，この分を含めて推計を行うと，表6-11のケース2のようになる[10]。償却資産を含まない場合は，フランスの負担はドイツに次いで低いが，償却資産を含んで計算すると，わが国よりも負担が重くなる。

(d) 国家財政への影響

⑦および⑧は，いずれも財政への影響を論じたものである。まず⑦は，地価税は増収目的で導入されたものではないにもかかわらず，実際には法人税の減収を補完したとの批判である。

これは，すでに見たように地価税が法人課税としての性格を強く有する点に注目したものであるが，このことを検討するために，図6-1により法人税収額の対前年度変化額と地価税収額との推移を眺めよう。確かに，1992年度および1993年度には法人税収額の対前年度変化額はマイナスであり，法人税減収額に占める地価税収額の割合は，それぞれ18.1%および38.4%となっている。しかし，1994年度以降は逆に，地価税収額の対前年度変化額がマイナスに，法人税収額の対前年度変化額はプラスにそれぞれ転じている。1997年度には，地価税収額および法人税収額ともに，対前年度変化額はマイナスである。したがって，必ずしも報告書が指摘するように法人税の減収分を地価税が補完する結果とはなっていない。

---

10) 1990年代前半において，職業税の課税ベースには，事業用有形固定資産の賃貸価値，企業によって支払われる賃金，事業収入などが含まれる。1994年度において，償却資産の賃貸価値の占める割合は約50%である。Copé [1997], p.82参照。

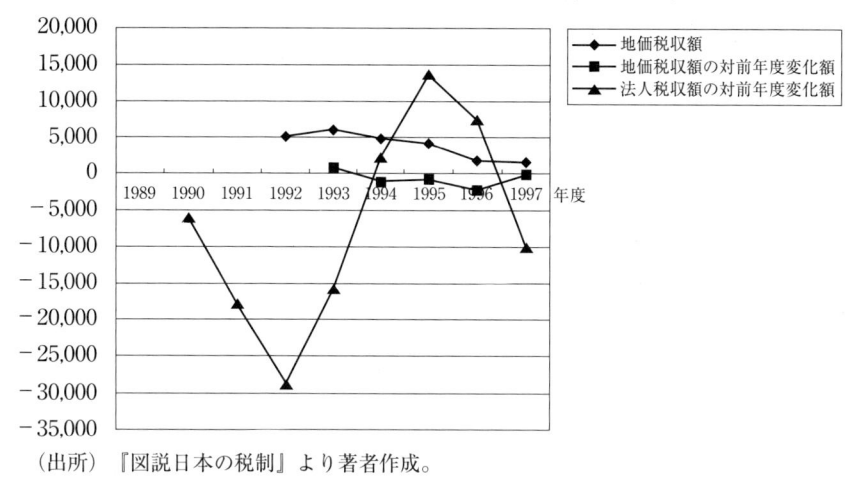

図6-1 法人税および地価税の収入推移 (単位:億円)

(出所)『図説日本の税制』より著者作成。

⑧は,地価税は増税目的で導入されたわけではないから,地価税を廃止したとしても,その代替財源を提示する必要はない,という主張である。地価税は政策税制であるから,この指摘は正当なものである。

(e) 国際的視点からの中立性

報告書の主張⑫は,わが国の土地保有税制は複雑かつ負担が重く対日直接投資を妨げる一つの要因となっていることである。表6-10に地価税の存在を加味すると,アメリカやイギリス,ドイツなどと比較すると確かにわが国の土地保有税制は複雑であり,外国企業が重複課税であると感ずることは否めない。

しかし,すでに述べたように,わが国の土地保有税の負担が諸外国と比較して重いということを統計的に検証することは困難である。したがって,わが国の土地保有税制は確かに主要先進国の中では複雑であるが,そのことのみをもってして土地保有税制が外国企業のビジネスコストを引き上げ,対日直接投資を妨げているとは断定できない。対日直接投資を妨げる要因の一つとして不動産税制の存在があるにしても,問題なのは保有税ではなく,むしろ不動産流通課税や譲渡所得税などの不動産取引に係る税金の方であると考えられる[11]。

(2) 地価税の課税形態

地価税の課税形態に関して，⑤は課税団体に，⑥は税収の使途に，⑩は評価に関するものである。

(a) 課税団体

本書の第5章でも述べたとおり，シャウプ勧告では，地方自治を存続させるためには特に市町村の自主財源を増加させる必要があること，不動産税は相対的に規模の小さい市町村でもかなり効率よく運用できる数少ない税の一つであることなどを理由に，償却資産も課税対象に含めた不動産税を新たに市町村税として課税することが提言された。

しかし，このことをもって，土地保有課税はすべて地方税とすべきで，地価税は地方自治の強化を打ち出している国の方針に逆行する税制である，と断定するのには無理があろう。

本書の図1-1で示したように，資産保有課税には物税の性格を有する個別財産税と人税としての一般財産税とがある。それと同様に，土地保有課税にも物税と人税がある。地方税としてふさわしいのは，利益説にその課税根拠が求められる前者である。この点に関して，シャウプ勧告は次のように述べている。「商業用および工業用施設に対する税として，不動産税にはまた地方税としての特記すべき長所がある。不動産税は，事業主もしくは製品の消費者に対して，（もし製品価格の上昇の形で税が前転するならば），地方政府によって提供される警察や消防その他の保護サービスに対する代価の支払い義務を負わせる。不動産税は，非居住者によって所有され，かつその製品が非居住者に販売される事業に対して，地方政府が最も確実に課税可能な方法である」[12]。

以上から，シャウプ勧告が不動産税の根拠として利益説の立場に立っていたことは明白である。すなわち，シャウプ勧告が地方自治強化の財源として期待していたのは物税としての土地保有税であって，人税としてのそれではないの

---

11) 首都圏の外資系企業を対象にして行われたアンケート調査によると，日本の不動産市場で投資を行う場合の問題点として，「金融商品としてみた場合に，リスクが読みにくい」(34.9%) という回答の次に，「取引に関わる税金が高い」(32.1%) という結果が得られている。橋本 [1998]，26頁参照。

12) Shoup Mission [1949], Vol.2, p.189.

である。したがって，地価税はその課税目的からして，地方税ではなく国レベルで課税されるのが妥当であると考えられる。

(b) **税収の使途**

導入前，地価税の税収の使途に関しては以下のような議論が行われた。

- 土地税制の見直しは増収を目的としたものではなく，所得，消費，資産等に対するバランスのとれた課税を実現するために必要である。したがって，地価税の増収分は，所得税，法人税，住民税等の所得課税の減税に回すべきである。
- 持ち家と賃貸との間で資産格差が発生する一つの要因として，持ち家取得については住宅取得控除が適用されるが，賃貸の場合は税制上の優遇措置が存在しないことがある。そこで，持ち家と賃貸住宅との間で生ずる資産格差を是正する一手段として，借家に限定した家賃控除を設け，地価税の増収分をその家賃控除の財源に充てるべきである。
- 地価高騰により，勤労者の住宅取得が非常に困難な状況にある。そこで，大都市圏の住宅事情を改善するためには，持ち家よりも賃貸住宅を支援するように政策の転換が必要であり，地価税の増収分を公的賃貸住宅の建設資金に充てるべきである。
- 自治体による公的土地取得の財源に充て，社会資本整備を促進すべきである。
- 公示地価の調査時点の増加や，土地に関するあらゆる情報を一元的に収録した「土地台帳」を整備するなどの土地情報整備の財源に充てるべきである。

報告書の主張⑥は，地価税は社会資本整備のための目的財源とすべきだというものであるから，以上のうち4番目の議論に相当する。土地税制の役割には，土地資産格差是正や土地の有効利用促進による地価の安定化に加えて，開発利益の還元を通した都市整備財源の確保があることは確かである。

すなわち，社会資本の整備を通して住環境が改善されると，その地域の地価は上昇する。この時もし土地保有課税が地価とリンクされていれば，開発利益が社会に還元されるとともに，自治体の税収も増加することになるわけであ

る。その意味では，土地税制の役割としての開発利益還元を果たすものとして期待されているのは，あくまで地方税としての土地課税であって国税としてのそれではない。

(c) 評価

報告書では，政府税調の基本答申における「新税は，土地の資産価値に担税力を認め税負担を求めるものであり，長期的にその土地から生ずる総合的な収益により負担されるものと考える」（土地税制研究会［1997］73頁）という文言に注目し，「長期的にその土地から生じる総合的な利益」を「土地の利用による（現在）収益」としてとらえている。

しかし，これは地価税の性格を踏まえない不正確な議論である。前述のように，地価税は，土地の売却を前提とした実質的財産税に分類される。言い換えれば，基本答申での「長期的にその土地から生じる総合的な利益」には，現在利益だけではなく将来的な潜在収益も含まれると解釈すべきである。本書の第5章で述べたように，その場合の課税標準は，賃貸価値ではなく資本価値である。基本答申は，この資本価値の評価を相続税評価額で行うと述べているのである。

III. 地価税のあり方

1. 地価税は廃止すべきか？

さて，都市開発協会の報告書では，結局，次のような理由により地価税の廃止が提言されている[13]。

(1) 創設の主旨が，結果的には曖昧な税制である。
(2) 短期的な地価対策としても長期的な土地対策としても，その効果が期待できない。

---

13) (社)都市開発協会［1997］，第4章および第14章。

(3) 看過し得ない多くの問題点が，未調整のまま残されている。
　　・自由主義経済下での土地税制
　　・土地税制としての合理性
　　・税制度の基本理念としての公平および中立
　　・国民の住宅・宅地についての志向
　　・わが国の住宅・宅地・都市政策
　　・わが国での地方自治強化政策

　このうち(1)および(2)の内容をもう少し詳しく見ると，まず(1)においては，「当初，政府税調は，新土地保有税を創設する目的は長期的な土地対策としての『土地保有による資産格差の是正』と『土地保有の有利性の縮減』を実現することにあるとし，新税の課税対象についての政府税調委員の意見の大勢は，個人，法人の別，利用の状況を問わず一律課税にあるということであった。……しかし，政府税調の審議の途中から，その基本姿勢は崩れ，自民税調の具体案では，一律課税どころか，ごく限定された課税対象での新税として創設することが答申された」((社)都市開発協会[1997]，105-106頁) とされ，創設の理念が骨抜きにされているから地価税は廃止すべきだ，と主張されている。

　また(2)は，「地価税の地価抑制効果は限定的なものであったし，また課税対象および地域とも限定されたため，全国の広範な地域での土地問題の動向にまで影響を及ぼすとは考えられない。土地政策は税制だけではなく総合的な施策によってのみ対処可能である」との指摘である。

　ところで，(3)に関してはその多くが誤解に基づくものであることをすでに指摘したが，(1)および(2)の評価に際しては，地価税の課税目的を再考する必要があろう。まず，土地の有利性を縮減することを通じた地価抑制効果という観点から見れば，確かにその効果は限定的である。また，そもそも地価が下落している現在の状況において[14]，地価対策として地価税の出番はない。

　しかし，長期的な観点から土地資産格差を是正する役割は，依然として重要であると考えられる。表6-6で明らかなように，ジニ係数で見た土地資産格

---

14) 日本不動産研究所の『市街地価格指数』によれば，2008年3月における全用途平均（全国）の前年同期比は－0.8％であり，地価は1990年代以降，継続して下落している。

差は，2000年以降，再び上昇傾向にある。

さらに，所得税の補完税として，土地含み益への間接的課税が可能となる。また，居住用土地も課税対象に含めることにより，帰属家賃への間接的課税が可能となるだろう。家賃の決定には立地が大きく影響し，帰属家賃の多くの部分は土地によるものと考えられるからである。さらに，帰属家賃への間接的課税が実現されることにより，住宅ローン控除の存在が正当化されることになる。したがって，地価税を見直すことにより，水平的公平および税制の整合性の確保も期待できることになる。

以上のような点を考慮すると，地価税を廃止すべきだとの結論は出てこないだろう。地価税の廃止如何は，結局，課税の公平性（資産格差是正，水平的公平の確保）および税制の整合性を達成するために，地価税が租税体系の中でどのように位置づけられるかによって決定されるべきであると考えられる。

2．オーストラリアの土地税改革

このように，課税の公平性および税制の整合性の観点から考えると，地価税を廃止すべきでないと著者は考えるが，どのように生かすべきかを具体的に議論する前に，オーストラリアにおける土地税の改革をめぐる議論を概観することにしよう。

オーストラリアにおける土地税の見直しについては，すでに本書第5章において課税標準をめぐる議論を詳細に見た。そこでの議論は土地税の存続を前提としたものであったが，より大胆な改革案として，土地税を廃止して付加価値税に吸収すべきだとする議論がある[15]。そのような提言が行われる背景には，隣国のニュージーランドにおいて1991年の3月をもって土地税が廃止され，課税ベースの広い間接税である財・サービス税（GST：Goods and Service Tax）に代替されたことも影響しているが[16]，最大の理由は，土地税の負担が土地保有者に帰着するのではなく，財やサービスの価格に転嫁される可能性が高いと

---

15) Reece［1992］, pp. 47−53.
16) オーストラリアの場合と異なり，ニュージーランドの土地税は国税であったが，廃

考えられることである。

　土地の供給量を一定とする伝統的議論によれば，土地保有課税の負担は，税の資本化（資本還元）による地価下落の形で最終的に土地保有者に帰着するとされるが，リース（Reece, B. F）は以下のような理由でこれに疑問を提示し，土地税の負担は，財・サービスの価格に転嫁されると考える方が現実的であるとしている。そして，土地税を廃止して，連邦レベルで実施されている付加価値税収の一部を州財源として充当することを提言している。

　第一に，事業用土地に関しては，土地税を連邦所得税（個人所得税および法人所得税）へ損金算入することが認められているため，土地保有者に対する税負担は部分的にしか資本還元されない。

　第二に，一般均衡分析によると，土地保有税の課税により，結局，利子率が低下する。したがって，その分資本化の効果は減殺される[17]。

　第三に，用途変更の可能性を考えると，代替的用途に対する土地の供給は一定ではなくなる。したがって，供給曲線が垂直であるとの仮定は成立しなくなり，税の転嫁が発生する。

　第四に，政府が住宅事業を営むために，土地税の税収を利用して土地を購入もしくは賃貸するならば，土地に対する需要が増加し税の資本還元が部分的にしか実現されない。

3．地価税の望ましい課税形態

　それでは，地価税を課税の公平性の観点から生かすとして，具体的に現行税制をどのように見直したらよいのだろうか。基本的枠組みに関して，著者なりの考えを述べてみたい。

　第一に，納税義務者として法人を含むかどうかという問題がある。著者は，地価税の納税者を個人に限定すべきであると考えている。

　　止以前にはほとんどの土地が課税対象から除外されており，総税収に占める割合は1％程度であった。Reece［1992］, p.5参照。
17) Feldstein［1977］参照。なお，岩田（規）［1990］, 224-226頁も参照。

その理由の一つは，納税者として法人を含むか否かは，結局どのような目的で地価税を見直すかにかかっている，と考えられるからである。サンドフォード等は，富裕税の納税者として法人を含めるか否かの決定は，最終的には富裕税の課税目的によるとしているが[18]，同様の理屈が地価税の場合にもあてはまるであろう。前述のように，地価税導入時に法人が納税義務者として含まれた背景には，法人の土地取得によって地価高騰が招かれていたとの認識があった。しかし，地価抑制の目的は，現在では説得力を有しない。長期的視点に立って，家計間における課税の公平性および税制の整合性を確保するために地価税を生かすべきことを再び強調したい。

二つ目は，転嫁の可能性を否定できないことである。不況時には確かに転嫁は困難であろうが，景気が回復すると，何らかの形で転嫁が行われると予想される。どの程度転嫁が行われるかは予測困難であるが，財・サービスの価格へ完全に転嫁されるか，もしくはそれに近い状態が実現するならば，リースが主張するように，地価税は，その性格が消費課税へと変質する可能性が高い。しかしそうなると，税負担の帰着構造は逆進的になると予想される。

以上の可能性は，仮に納税者を個人に限定した場合においても否定できない。個人の土地保有者が，税の負担を賃貸料の値上げの形で転嫁することは十分考えられるからである。もっとも，この現象を回避するために，個人の所有する事業用土地に関しては非課税とすることも考えられるが，そのようにすると，フランスの富裕税の経験からも明らかなように，資産再分配効果は低下することが予想される[19]。事業用土地に関しては，賃貸料の便乗値上げが発生しないよう監視することが求められよう。

第二に，土地および家屋の資産額の評価は，相続税評価額に基づくものとする。ただし，土地取得のための借入金に関しては，負債として控除を認める。

第三に，資産再分配効果を発揮させるには，税率はゆるい累進税率とし，基礎控除の水準を引き下げることが望ましい。また，事業所得への損金参入は認

---

18) Sandford, et al. [1975], p. 119参照。
19) 篠原 [1999 b]，第6章参照。

めない。

　第四に，事業用不動産と異なり，居住用不動産は収益を生み出しているわけではないから，現実問題として納税者の支払い能力を斟酌しなければならない。資産再分配効果は縮減されることになるが，課税標準の特例措置，相続時までの延納措置，納税額上限制度等の検討が必要となろう。

お わ り に

(1) 地価税は，その課税対象がもっぱら大都市圏の大規模土地に限定され，納税者のほとんどが法人であること，および土地に対する経常的課税であることなどからして，形式的には法人土地財産税となっている。また，課税ベースを地価とすることによって，帰属地代および未実現キャピタル・ゲイン（含み益）に対する所得課税の補完税としての性格を有するものと考えられる。ただし，実際においては納税者が一部の大企業や大地主に限定されるため，その補完効果は限定的である。

(2) 地価税を資産課税の体系の中で位置づけると，基本的には保有税，人税，経常税であり。また，有効利用促進の見地からある程度土地の売却も前提とされていることなどから，実質的財産税の性格も有すると考えられる。したがって，厳密に言えば，純資産額を課税標準としない点で富裕税とは異なるが，課税対象が土地に限定された富裕税（経常純資産税）の一種としてとらえることができる。

(3) 地価税を廃止すべきだとする指摘の多くは誤解に基づくものである。地価税は，課税の公平性（土地資産格差是正，水平的公平の確保）および税制の整合性に注目して，見直されるべきである。課税に際しては，課税対象を家計の所有する土地とし，ゆるやかな累進課税を行うべきである。ただし，現実には納税者の支払い能力を考慮した何らかの措置が必要とされよう。

第7章 帰属家賃課税

はじめに

　所得税制において住宅ローン利子控除は，その形態にかかわらず（所得控除 or 税額控除）性格的には経費控除である。すなわち，本来は所得の発生に伴う経費を控除するという意味合いを有している。したがって，住宅ローン利子控除の問題を検討する際には，経費の裏側にある所得に対する課税，すなわち帰属家賃課税の存在を無視することができない。

　ところが，本書第1章で明らかにしたように，現在 OECD 諸国の大半で帰属家賃は非課税である。それにもかかわらず，アメリカに代表されるように，国によってはローン利子控除が認められている。また，多くの国々で地方不動産税およびキャピタル・ゲイン課税などに対する優遇措置も存在する。住宅に対するこれらの租税優遇措置の存在に関しては，持家所有者と賃借人間および持家所有者間での不公平の発生や，課税の中立性を歪めること（持家と賃貸住宅の選択，住宅投資とその他の投資の選択）などが問題点として指摘されており，それをめぐってこれまでにも理論・実証分析が精力的に行われてきた[1]。

　もっとも，本章の関心は，このような帰属家賃が非課税となることによる経済効果の分析よりも，むしろ帰属家賃は何故非課税とされているのか，帰属家賃課税が困難な理由は何か，また，そもそも帰属家賃に課税する根拠はどこにあるのか，といった事柄にある。すなわち，帰属家賃課税の根拠および実態に

---

1) 住宅に対する租税優遇措置の経済効果をめぐる議論に関しては，例えば，OECD [1988 d]，Rosen [1985]，Yates [1997] などを参照。また，特に住宅に係る所得税に関しては，Aaron [1970]，Goode [1960]，Laidler [1969]，Tinny [1969]，White & White [1965] を参照。

関して，主要先進国における過去の議論の整理を通して考察を行うことが主たる目的である。

本章の構成を具体的に述べると以下のとおりである。まず，帰属家賃も含めて帰属所得の概念を明確にする（I節）。次に，主要先進諸国における課税の実態を示し，特にイギリスおよびドイツ，フランスにおいて帰属家賃課税が廃止された理由を明らかにする（II節）。さらに，帰属家賃課税の根拠に関して，所得概念との関係から考察を行う。発生型所得税（包括的所得税）の枠組みにおける帰属家賃課税の課税根拠，および帰属家賃課税の実施が困難な理由を検討する（以上，III節）。最後に，租税体系における基幹税が処分型所得税（支出税）の場合において，帰属家賃課税がどのようにとらえられるかを考察する（IV節）。

I. 帰属所得の概念

帰属家賃（imputed residential rent）は帰属所得（imputed income）の一例として挙げられるが[2]，この帰属所得の概念を最も明確に定義したのはマーシュ（Marsh, D. B）であると思われる。マーシュは，1943年に公表した「帰属所得課税（The Taxation of Imputed Income）」と題された論文の冒頭において次のように述べている[3]。

「帰属所得は，納税者によって保有されかつ利用される耐久財や，納税者が自らのために個人的に利用する財・サービスから発生する満足の流れとしてとりあえず定義できるであろう。帰属所得は非貨幣所得（non-cash income）もしくは現物所得（income in kind）である。しかしながら，非貨幣所得もしくは現物所得のすべてが帰属所得に含まれるわけではない。……帰

2）帰属所得一般に関するこれまでの研究としては，Simons [1938], chap. 5, Marsh [1943], Vickrey [1947], chap. 2, Goode [1976], chap. 6などを参照。また，特にわが国における研究としては，神戸 [1925]，84-100頁，神戸 [1929]，207-211頁，松本 [1967]，22-29頁，植松 [1969 a]，15-16頁，植松 [1969 b]，12-13頁，植松 [1969 c]，金子 [1975]，1112-1118頁，中里 [1991]，52-64頁などを参照。
3）Marsh [1943], p.514.

属所得は現物所得の一種であり，その特徴は，通常の市場取引の外部で発生することにある」。

すなわち，マーシュの定義によれば，市場で取引されない非貨幣所得もしくは現物所得が帰属所得であるということになる。したがって，労働者が労働サービスの見返りとして食料や住宅の形で現物所得を給付される場合や，地主が地代の代わりに農産物を受け取るようなケースは，いずれも市場取引であるから帰属所得には含まれないことになる。

この帰属所得には，帰属賃貸料（imputed rent），帰属利子（imputed interest），帰属賃金（imputed wage），帰属利潤（imputed profit）などの種類がある。

（1）帰属賃貸料（imputed rent）

帰属賃貸料は，自己の保有する財産（土地，住宅，自動車，航空機，家具など）から得られる利益のことである。したがって，帰属地代や帰属家賃などはこれに含まれる。

上述のマーシュの定義に従えば，帰属家賃は，「納税者によって保有および利用される住宅から発生する満足の流れ」であり，具体的には，納税者の保有する住宅がもし他人に賃貸されるならば得られるであろう家賃相当額としてとらえることが可能である。

（2）帰属利子（imputed interest）

帰属利子は，自己資金の利用によりもたらされる利益のことである。自己資金が多いほど投資が有利になると同時に，借入れの必要性が低下しそれだけ利子コストが少なくて済む。この利子相当額が帰属利子である。

あるいは，耐久消費財の利用によりもたらされる利益を帰属利子としてとらえる見方もある[4]。これは，不動産以外の耐久消費財の場合は賃貸市場が発達していないことから，その利用価値を賃貸料ではなく利子（耐久消費財の資本価値に等しい金額を投資したならば得られるであろう利子額）により求めようとする考えに基づく。

---

4) Marsh [1943], p.523.

(3) 帰属賃金 (imputed wage)

　帰属賃金は，自家労働 (self-service) や主婦の家事労働などによってもたらされる利益である。すなわち，納税者が自宅のペンキ塗りや修理を自らの手で行ったり，あるいは妻が主婦に専念する場合には，他人を雇用して以上の作業を実施する場合と比較して，その賃金相当分を節約し余分に消費できる。

(4) 帰属利潤 (imputed profit)

　帰属利潤は，事業活動を営んでいる者が商品（たな卸資産）を家事のために消費する場合や，農家が自らの手によって生産される農産物を自家消費すること等によってもたらされる利益のことである。この場合，一般家庭は商品や農産物を市場価格で購入する必要があることを考えると，自家消費を行う事業者や農家はその分だけ得をしていることになる。

　さて，帰属所得には以上のようなものが含まれるが，実際，その範囲を明確にすることは困難である。このことは特に，納税者が自分自身で行う個人サービス (personal service) について当てはまる。

　この点に関して，サイモンズ (Simons, H. C) は次のように述べている。「もし家計において生産される財・サービスが考慮されるならば，何よりも，どこまでを（帰属所得に）含めるかが問題となる。適当な線引きは困難である。ひげ剃りの価値を含むべきであろうか。子供の教育や子守としての母親のサービスについてはどうであろうか」[5]と。

　さらに，余暇を，自発的に労働を控える個人が，自分自身（人的資本）により提供されるサービスを消費することであるととらえるならば，結局，余暇も帰属所得の中に含まれることになる。この場合，余暇を選択しないで労働を行った結果として得られるであろう賃金が帰属余暇所得 (imputed leisure income) になる[6]。

---

5) Simons [1938], p.110.
6) Simons [1938], p.52. このような見解に対してヴィックリーは，①実際に稼いだ額ではなく稼げたであろう額をベースとして課税を行うことは，納税が現金で支払われることを前提とすると，余暇を選択している個人にとっては過酷であること，②自

Ⅱ. 帰属家賃課税の実態

1. 主要先進諸国の現状

　サイモンズが指摘するように，理論的には，その範囲が明確に特定できないならば，帰属所得への課税は困難であると考えられる。さらに，現実問題として，帰属所得の多くは課税所得から除外されざるを得ない。その理由として考えられるのは，以下の3点である[7]。

　第一に，評価の困難さと比較して金額が小さい場合が存在する。帰属利子や帰属利潤がその代表例である。

　第二に，もっぱら所得が課税最低限に達しない低所得者に発生し，除外しても税負担の公平な配分に深刻な影響を与えない場合がある。主婦の労働がこれに当たる。低所得者は家政婦を雇う余裕がないからである。

　第三に，余暇が非課税とされていることにより，課税対象から除外することが望ましいケースがある。すなわち，所得税は納税者の所得と余暇の選択に対して干渉するが，帰属所得を非課税とすることにより，所得と余暇の選択に対する中立性がある程度回復するケースが見られる。これには，帰属賃金が該当する。

　したがって，以上の事柄を考慮するならば，帰属所得として最も重要なのは帰属賃貸料であるということになる。その中でも特に帰属家賃の存在は大きいことが指摘されている[8]。実際，帰属家賃以外の帰属所得は，ほとんどの国で課税対象から除外されてきた[9]。OECD諸国における課税状況は，本書の表1-9で示したとおりである。さらに，主要先進国の状況をより詳細にみると，表7-1で示されるようになる。主要先進国では，現在，帰属家賃は非課税で

　　発的失業と非自発的失業との区別は困難であること，などの理由により余暇を帰属所得として課税することに反対している（Vickrey [1947], p.49参照）。
7) Marsh [1943], pp.525-526.
8) 例えば，Marsh [1943], p.523, Vickrey [1947], p.18などを参照。

ある。イギリス，ドイツ，フランスでは，過去に課税の経験があるが，アメリカおよび日本では課税されたことがない。

表7-1 主要先進国における帰属家賃および住宅ローン利子の税制上の扱い

	帰属家賃課税	住宅ローン利子
アメリカ	非課税 （導入経験なし）	控除 1864年　所得控除方式導入，現在に至る。
イギリス	非課税 （1962年に廃止）	控除不可 1799年　所得控除方式導入。 1967年　税額控除方式が導入（所得控除方式との選択制）。 1983年　税額控除方式に一本化。 2000年　廃止。
ドイツ	非課税 （1987年に廃止）	控除不可 1982年　所得控除方式導入。 1987年　特別支出控除制度導入（住宅取得費の5％が8年間所得控除される）。 1996年　特別支出控除制度廃止。代わりに，住宅取得支援金制度（ある一定の条件の下で，住宅取得に対して補助金が給付される制度）が導入される。
フランス	非課税 （1965年に廃止）	控除不可 1914年　所得控除方式導入 1984年　所得控除方式から税額控除方式へ変更。 1995年　0％金利融資制度との選択制となる。 1997年　新築住宅に対する控除廃止。 1998年　中古住宅に対する控除も廃止。
日　本	非課税 （導入経験なし）	控除 （現行の住宅ローン控除制度は，実質的に住宅ローン利子税額控除の効果を有する）

（出所）　篠原［2000a］を加筆修正。

9）Goode［1976］，p.139参照。なお，わが国の状況を見ると，棚卸資産や農家の農産物の自家消費に関してのみ課税対象とされている。この点に関しては，金子［2000b］，191頁，および植松［1969a］，12-13頁参照。

2. 帰属家賃課税が廃止された理由

それでは，主要先進国において帰属家賃課税が何故廃止されたのか，イギリスおよびドイツ，フランスのケースについて見よう。

(1) イギリス[10]

イギリスで所得税が導入されたのは1799年のことであるが，帰属家賃を含む不動産所得は当初からその課税対象とされていた。すなわち，当初は項目1（Head 1）において，また，1803年以降はシェジュールAに含まれ課税されていた[11]。

帰属家賃課税は，粗帰属家賃から住宅の維持修繕等に必要な諸費用を概算控除（statutory repairs allowance）したいわゆる純帰属家賃の金額に基づいていた。粗帰属家賃は，粗賃貸価値（住宅の維持修繕に必要な費用や保険費用を家主が，レイトおよびその他の税を賃借人が支払うという条件の下で賃貸された場合に合理的に予想される賃貸料）を推定することにより求められるが，その評価の際には，近隣の類似する住宅の賃貸事例価格とともに地方税であるレイトの課税台帳（rating books）も参考にされた。

もっとも，レイトの課税標準は純賃貸価値（賃借人がすべての費用を負担するという条件の下で住宅が賃貸された場合に予想される合理的な賃貸料）であり，厳密に言えば帰属家賃課税の場合とは異なるが，純賃貸価値は一定の公式に従い粗

---

10) 以下は，Beattie [1960]，Brundo & Bower [1957]，Ilersic [1962]，Mcgregor [1953]，"The End of Schedule A", *The Economist*, April 14, 1962, p.168 参照。
11) イギリスの所得税においては，当初から所得がその源泉別に分類され課税が実施されていた。すなわち，最初は所得が4種類に大別され，項目（Head）別に課税が行われていたが，1803年以降はシェジュール制度（Schedule System）が採用され，現在に至っている。
　同制度では，所得がシェジュールA（不動産所得），シェジュールB（山林所得），シェジュールC（公債利子所得），シェジュールD（事業所得等），シェジュールE（給与所得），シェジュールF（配当所得）の6種類に分類される。ただし，シェジュールBは1988年に廃止され，現存していない。
12) 詳細は，Hepworth [1984]，pp.77-79（訳書94-95頁）およびイギリス住宅税制研究会 [1996]，163頁参照。

賃貸価値から求められることになっていた[12]。すなわち,純賃貸価値の算定にあたっては,まず粗賃貸価値が計算されることになっており,その金額が帰属家賃課税の課税ベースを決定する際に参考にされたのである[13]。

ところが,1963年に予定されていたレイトの評価替えで評価額が引き上げられることになり,その結果,帰属家賃課税の負担も大幅(3～4倍)に増加することが予想された。レイトと帰属家賃課税は,課税主体も課税根拠も異なるが,両者とも占有者課税であった。したがって,住宅占有者に対する大幅な負担増を避けるため,結局1962年以降は帰属家賃課税を廃止することが決定された。

(2) ドイツ[14]

ドイツにおいて帰属家賃課税は,1851年に開始され1987年まで継続した。廃止の理由として挙げられているのは,以下の点である。

第一に,帰属家賃の算定に伴う納税協力費用が大きかったことがある。すなわち,帰属家賃のためにだけ納税申告を行わねばならない者(特に年金生活者)にとっては,納税事務負担が大であった。

第二に,さまざまな不公平が問題とされた。例えば,廃止前において,帰属家賃は原則として統一価格[15]の1％から諸経費を控除する概算方式により求められていたが,このような方式では,持家所有者と賃貸人との間の公平が完全

---

13) 1955年にイギリスで公表された「利潤と所得の課税に関する王立委員会」報告 (Royal Commission on the Taxation of Profits and Income [1955]) では,持家所有者は賃借人と比較して家賃分だけ担税力が大きいという理由で,帰属家賃課税の存続を提言している。そのうえで,帰属家賃課税の評価に際しては,実際の賃貸料ではなくレイトの評価額(レイトの評価の際に計算される粗賃貸価値)に基づくべきことを提言している。これは,1915年以降イギリスでは家賃統制が実施されており,実際の賃貸事例価格に基づき粗帰属家賃を計算しても,結局ほとんどのケースでレイトの評価額と同一になると予想されたからである。

これに対してカルドア (Kaldor, N) は,1939年以降評価替えの実施されていないレイトの評価額に基づくことは,現実の評価額との乖離を年々拡大させるから,帰属家賃の評価に際しては,あくまで賃貸事例価格に基づくべきだと主張している (Kaldor [1980], pp.103-105)。

14) 以下は,半谷 [2000] 参照。

に確保される保証はなかった。賃貸人の場合は，実際の家賃に基づいて課税されるからである。さらに，部分自己利用住宅（住宅の一部を居住用として利用し，その他を他人に賃貸しているケース）の場合には推定方式（家賃推定額から諸経費を控除して算定する方法）が用いられており，全自己利用住宅の場合よりも有利になる傾向があった。

（3）フランス[16]

フランスにおいて所得税が導入されたのは1914年であるが，イギリスの場合と同様に，帰属家賃に関しては当初から課税対象とされていた[17]。課税に際しては，類似不動産との比較等により求められる賃貸価値（valeur locative）から，諸経費を控除した純帰属家賃が課税ベースとされていた。諸経費の中には，住宅ローン利子，維持修繕費用，減価償却費，保険費用などが含まれるが，このうち，住宅ローン利子および維持修繕費用に関しては実額控除が認められていた。これに対して，減価償却費と保険費用等については実額ではなく概算控除の対象とされていた。

しかしながら，1965年の予算法において当該課税の廃止が決定された。その理由としてあげられたのは，以下の2点である。

第一に，粗帰属家賃およびそれから控除される諸経費の推定が容易ではなかった。後者に関しては，特に維持修繕費用の扱いが問題であった。すなわち，税法上，修繕費用は実額を控除することが可能であったが，改良改善費用に関しては，減価償却費として概算控除の中で処理され実額控除は認められていなかった。しかし，大規模修繕と改良改善の範囲を常に明確に区分すること

---

15) ドイツでは，1995年まで，財産税（富裕税：1997年より執行停止）や不動産税，帰属家賃課税の評価は統一的に行われていた（（財）日本住宅総合センター研究部 [2005]，104頁参照）。

16) 以下は，Harvard Law School International Tax Program [1966]，pp. 529–538，"Projet de loi de finances pour 1965", *Droit Fiscal*, 16, octobre, 1964, pp. 4–5 参照。

17) 当時は所得の種類が6種類に分類され，その中の「家屋および土地の所得（revenus des proprietes bâties et non bâties)」において，帰属家賃も課税対象とされていた。フランスにおける所得税導入に関する詳細な議論は，森 [1967]，第4章を参照。

は困難であった。

　第二に,帰属家賃課税においては申告納税が採用されていたが,課税の廃止により納税者の事務負担が軽減されることが期待された。

III. 包括的所得税と帰属家賃

1. 帰属家賃課税の根拠

　所得税の課税ベースとなる所得の概念に関しては,「発生型(取得型)」と「処分型(消費型)」とがある[18]。前者によれば,一定期間に納税者に発生する経済的利得が所得としてとらえられるのに対し,後者では,経済的利得のうち財・サービスの消費に充てられる部分のみが所得となる。

　さらに前者は,制限的所得概念である所得源泉説と,包括的所得概念である包括的所得税の立場とに2分される。まず所得源泉説には,生産力説(経済的活動により生ずる収入を所得ととらえる),反覆説(規則正しく反覆して発生する収入を所得ととらえる),継続的源泉説(継続的収入源泉より発生する収入を所得ととらえる)などがあるが,これらの説では,基本的に要素市場で決定される要素サービスの価格が所得であると考えられている[19]。したがって,相続・贈与,宝くじや賭博による利得,キャピタル・ゲイン等の一時的かつ偶発的所得はいずれも所得とはみなされない。また,市場で取引されない帰属所得も所得の概念には含まれない。

　次に,包括的所得税は,シャンツ(Schanz, G. von)やヘイグ(Haig, R. M),サイモンズ(Simons, H. C)などによって提唱されたため,「S-H-S概念」とか「S-H-S定義」とも呼ばれる。所得概念に関する彼らの主張を見ると次の

---

18) 以下は,もっぱら金子[1966]に基づく。この他,所得概念を論じたわが国の研究としては,神戸[1919],金子[1969],金子[1975],金子[1989],佐藤[1970],117-126頁,神野[1996]なども参照。
19) 神野[1996],19頁。

ようになる。

(1) シャンツ

シャンツによれば，所得とは，自らの資産を損なうことなく，自由に処分できるような形で納税者の懐に一定期間内に流れ込んでくるものであり，結局，ある一定期間における純資産の増加として定義される[20]。

(2) ヘイグ

ヘイグは，所得はある一定期間における欲望を充たす能力の増加であり，言い換えれば，二時点間における経済力の純増加の貨幣価値として定義可能であるとしている[21]。

(3) サイモンズ

サイモンズによれば，ある一定期間における所得は(a)消費のために行使された権利の市場価値と，(b)期首と期末の間における財産権の価値の変化，の和に等しい。言い換えれば，所得＝消費＋（期末の資産額－期首の資産額）で求められる[22]。

さて，以上のような包括的所得概念に従えば，ある一定期間における経済力の増加はすべて所得とみなされ，所得税の課税対象とされる。したがって，帰属所得も当然その中に含まれることになる。

帰属家賃に関して言えば，住宅の所有者は，転居してそれを賃貸し家賃収入を得ることが可能である。あるいは，他人に賃貸しない場合においても，借家人としての自分から家主としての自分に家賃が支払われている，と考えることが可能である。すなわち，いずれの場合においても，持ち家を所有しないで他人から住宅を賃借している人の場合と比較して，家賃分だけ経済力が増加していると見なせる。

---

20) 篠原（章）[1989]，第104巻，46-47頁。また，篠原（章）[1997] も参照。
21) Haig [1921], p.59.
22) Simons [1938], p.50.

したがって，包括的所得税の観点からは，厳密に言えば，家賃相当額（粗帰属家賃）からそれを得るために必要とされる諸経費（維持修繕費，減価償却費，住宅ローン利子，地方不動産税など）を控除した純帰属家賃を所得税の課税ベースに含めなければならない。

2. 帰属家賃課税の意義

さて，帰属家賃を所得税の課税対象に含めることは，通常，課税の公平性および中立性の観点から正当化されうるが，帰属家賃課税の効果に関しては，結局，実証分析に委ねられなければならない。もっとも，最初に述べたように，帰属家賃課税の経済的効果に関する考察は本章の中心テーマではない。したがって，以下では簡単に問題点を指摘するにとどめる。

(1) 公平性

第一に，水平的公平の観点からは，もし帰属家賃を課税所得に含めないとどうなるか，マーシュに次のようなわかりやすい例が示されている。

「いま，ある納税者が税引き後20,000ドルの所得を獲得するものとする。彼は，それを ① 利子率5％の債券に投資して1,000ドルの利子を得る。そして，利子所得税を支払った残りを家賃に充てるか，もしくは，② 20,000ドルで住宅を購入し，直接賃貸サービスを受けるか，のいずれかを選択できる。この時，もし所得税率が20％の比例税率であったとしたら，最初の選択では800ドルが家賃に充当されることになる。これに対して，2番目の選択では，1,000ドルの賃貸サービスを受けることが可能である。何故ならば，現在の税法では持家所有者は帰属所得に対して課税されないからである」[23]。

すなわち，帰属家賃に課税されないならば，持家所有者と賃借人との間で水平的不公平が発生することになるのである。投資後の所得は，賃借の場合800ドル（ケース①）であるのに対し，持ち家の場合1,000ドル（ケース②）となる

---

23) Marsh [1943], p.517.

からである。それでは，実際に純帰属家賃をベースに課税が実施された場合にどのような効果が生ずるのかというと，特に低所得者層において水平的公平の回復が期待できるとの分析が見られる[24]。

第二に，持家率は所得が高くなるほど上昇する傾向が見られること，および所得が高くなるほど高い限界税率が適用されることなどから，帰属家賃が非課税とされることにより高所得者を優遇すると考えられる。もっとも，純帰属家賃をベースとして帰属家賃課税が実施される結果として，実際に租税体系の累進性が向上するかどうかに関しては議論が分かれる[25]。

(2) 中立性

帰属家賃が所得税の課税対象から除外されると，課税の中立性の側面からも問題が生ずるが，それは，住宅保有が住宅サービスの消費とみなされるか，あるいは資産選択の一手段（投資）とみなされるかで異なる[26]。ただし，以下の議論においては，持家需要に対する税制以外の要因（所得，金利，物価動向など）は無視されている。また，賃貸住宅や住宅以外への投資に対する税制上の優遇措置の存在も全く考慮されていない。

まず前者の場合は，帰属家賃が非課税であることにより，持ち家からの住宅サービスのコストが賃貸の場合と比較して相対的に低下することになる。その結果，理論的には賃貸住宅から持ち家への需要がシフトするだろう，したがって，賃貸住宅ストックは減少し，持ち家ストックは増加する事が予想される。ただし，帰属家賃が非課税となることにより，資本化のプロセスを経て持ち家の市場価格は上昇することが予想される。もっとも，持ち家の供給が完全に弾力的ならばこのような現象は発生しないが，もしこの価格上昇効果が帰属家賃非課税の効果を相殺するほど大きいならば，持家サービスの需要は以前よりも

---

[24] Aaron [1970], Hellmuth [1977], Yates [1994] および Yates [1997], White & White [1965] を参照。
[25] この問題に関しては，例えば Goode [1960], Hellmuth [1977], Yates [1997] 参照。
[26] 以下は，もっぱら Aaron [1970], Goode [1960], Laidler [1969], Tinny [1969] に基づく。

抑制されることとなろう。また，持家サービスの価格が相対的に低下することにより賃貸住宅サービスに対する需要がどの程度低下するかは，結局，持ち家と賃貸住宅間の交叉弾力性の大きさに依存するであろう。もし，交叉弾力性が正であれば，家ち計の住宅需要は持ち家へと向かうことになる。

次に，住宅を投資財であると考える後者の場合は，帰属家賃が課税対象から除外されることにより，持家住宅に対する投資収益率が相対的に上昇し，住宅投資が促進される可能性が考えられる。

3. 帰属家賃課税の実施をめぐる諸問題

(1) 評価の問題

以上のように，包括的所得税の観点からは帰属家賃は当然課税されるべきであり，それにより課税の公平性および中立性が確保される。しかしながら，現実には本書表1-9で示されるように，OECD諸国の中で帰属家賃課税を実施している国は一部に限定される。帰属家賃課税が実施されていない理由は国によりそれぞれ異なると考えられるが，前述のイギリスおよびフランスの事例からも明らかなように，その大きな原因の一つに評価の問題があることは想像に難くない。

実際，帰属家賃課税のアキレス腱は，課税ベースとなる純帰属家賃の評価が困難なことにあると指摘されてきた。この点に関してヘイグ (Haig, R. M) は，「非貨幣所得に対する課税の問題の多くは，その実行可能性にある。……帰属家賃は，もしその評価が可能であれば当然課税されるべきである」[27]，と述べている。また，1966年に公表されたカナダのカーター報告においても，帰属家賃課税の重要性は認められているが，「純帰属家賃を適正かつ公平に決定することが税務行政上困難なため，帰属家賃は今後も課税ベースから除外されるべきことを我々は提言する」[28]と述べられている。

すなわち，一般に帰属家賃の評価を個々の住宅について実施することは困難であると考えられている。もっとも，帰属家賃（粗帰属家賃）に関するマクロ

---

27) Haig [1921], pp. 72-73.
28) Royal Commission on Taxation [1966], p. 49.

の推計は，主要先進諸国においても公表されている。例えば，イギリスやフランスなどにおいては国民経済計算統計において[29]，また，わが国においては，『国民経済計算年報』（内閣府），『県民経済計算年報』（内閣府），『産業連関表』（総務省），『全国消費実態調査』（総務庁統計局）において推計されている[30]。

ところで，ヴィックリー（Vickrey, W）は純帰属家賃を推計する方法として以下の3種類を挙げている[31]。

第一に，推定された賃貸価値に基づき粗帰属家賃を計算し，そこから諸経費（維持修繕費，減価償却費，住宅ローン利子，地方不動産税など）を控除する方法がある。これは，すでに見たように，イギリスやフランスで利用されていた方法である。

第二に，市場価値に収益率を乗じ，それからローン利子額を控除する方法がある。

第三に，持ち家の市場価値からローン残高を控除した正味資産価値（equity）に収益率を乗ずる方法がある。

これらの方法を数式で比較するために，いま粗帰属家賃を GIR，純帰属家賃を NIR，持ち家の市場価値 V，ローン残高 M，ローン利子 I，減価償却費 D，減価償却費およびローン利子以外の諸費用を C，粗収益率 r，ローン利子率 i，減価償却費率 d，減価償却費およびローン利子以外の諸費用が市場価値に占める割合を c としよう。この時，粗収益率は住宅の使用者費用（users cost）に等しく，$r=i+c+d$ であると仮定すると，次の①式が成立する[32]。

$$NIR = GIR - C - D - I = (r-c-d)V - iM = i(V-M) \cdots ①$$

帰属家賃の求め方としては，第一の方法が正当な方法であると考えられる。

---

29) イギリスについては, Office for National Statics., *United Kingdom National Accounts The Blue Book*, The Stationary Office を，フランスに関しては INSEE, *Comptabilité Nationale* をそれぞれ参照。なお，国民経済計算における帰属所得の計算に関しては，白川・井野［1994］，37-43頁参照。
30) 荒井［2005］，1-2頁。
31) Vickrey［1947］, pp.19-22。また，Hellmuth［1977］, pp.169-172も参照。
32) Yates［1994］, pp.47-48。

しかしながら，粗帰属家賃の算定の基礎となる市場賃貸料データが十分に得られるという保証はないこと，維持修繕費（repairs）と改良費（improvement）の区別は困難なことなどの問題点がある。

これに対して，第二と第三の方法は，第一の方法と比較して簡素性の点で優れていると評価されている[33]。特に第三の方法では，粗帰属家賃に加えて諸経費の計算も全く不要となる。3種類の方法はいずれも納税者による申告を前提としているため，その分納税者の事務負担を増加させるが，第三の方法はもっとも納税者の負担が軽いといえよう。しかし，このような方法においても，ローン利子率(i)の決定や，個々の住宅の市場価値(v)を定期的に評価するという問題が依然として残されているのである。

（2）家賃控除の創設

持家所有者と賃借人との間での水平的公平を達成するには，包括的所得税の立場からすると，帰属家賃課税を実施することが最も望ましい。ところが，上述のように帰属家賃の適正な評価が困難であり，現実には課税が困難である。そこで，帰属家賃が非課税であるとの前提の下で，持家所有者と賃借人との間の水平的公平を確保するためには，賃借人に対して家賃控除を認めるか，あるいは，持家所有者に対してローン利子等の諸経費の控除を一切認めないことが考えられる。

このうち家賃控除に関しては，多くの論者から問題点が提起されている[34]。まず，賃借人により支払われる家賃の全額控除を認めると，持家所有者に認められる諸経費の控除額を上回り，逆に賃借人を有利にする可能性がある。仮に家賃の全額が控除されないとしても，家賃控除の存在は課税ベースを狭くし，税収の低下をもたらす。さらに，賃貸契約の中に追加的サービスの提供（ex. 電気やガス，電話の提供）が含まれている場合，この追加的サービスに関しても

---

33) ヴィックリーは，第一の方法以外ではいずれも減価償却費の計算が不要になると指摘している（Vickrey [1947], p.21）。しかし，①式から明らかなように，この指摘は，第三の方法には当てはまるが第二の方法には当てはまらない。
34) Commission on Taxation [1982], p.136, Goode [1960], pp.523-524, Simons [1938], pp.115-116などを参照。

控除の対象とされるから，そうでない場合と比較して優遇されることになる。すなわち，賃借人の間において新たな不公平が発生することになる。

以上の事柄を考慮すると，持家所有者と賃借人との間での水平的公平を確保する手段としては，家賃控除の創設よりも持家所有者に認められているローン利子控除等の優遇措置を制限する方が望ましいと思われる。

（3）地方不動産税と帰属家賃課税

家賃控除の議論が帰属家賃非課税を前提としているのに対し，地方不動産税への課税を通して帰属家賃への課税を間接的に実現させようとする議論がある。例えば，林［1966］はこの点に関して次のように述べている。「この帰属所得（帰属家賃）の取扱いについては，理論上はいろいろの見方がありうると思いますが，私自身は，実務の点から見て，この種の担税力の捕捉は固定資産税（すなわち特別財産税）の領域にゆだねて，所得税課税上はこれを無視するというわが国の税制は，すっきりしていると思っています」[35]。

所得税において帰属家賃課税を実施することは困難であるから，住宅に対する地方不動産税がそれを代替するととらえるこのような考え方は，本書第6章でも示した②式により直感的に説明できる。ただし，Pは住宅価格，Rは帰属家賃を含むインカム・ゲイン，△Pはキャピタル・ゲイン，iは割引率（代替資産の収益率）をそれぞれ示している。②式によれば，税率の調整が適切に行われるならば，住宅価格に対する資産保有課税とインカム・ゲインやキャピタル・ゲインに対する所得課税が本質的に同じものとなる。

$$P = [R + \triangle P] / i \cdots ②$$

しかしながら，以上のような議論が成立するには，第6章で指摘した事柄と同様の条件を満たす必要がある。まず，地方不動産税が応能税であるとみなされること，が必要である。また，住宅価格に対する時価課税が実施されること，将来収益の不確実性や借地借家法の制約を受けないこと，賃借人への転嫁

---

[35] 林［1966］，109頁。より最近の議論としては，福島［1999］，野口［2003］，105-107頁参照。

が発生しないこと,などが求められよう。

さらに,②式においては住宅価格Pが純帰属家賃の代理変数とみなされている。しかしながら,このことが成立するには,厳密に言えばPから住宅ローンを控除した金額に基づいて課税されなければならない[36]。これは,①式における第三の方法に該当する。

Ⅳ. 支出税と帰属家賃課税

1. 帰属家賃課税の考え方

前述のように,所得の概念には「発生型」と「処分型」とがあるが,これまでの議論においてはもっぱら前者に焦点を置いて考察を行ってきた。そこで,以下では後者の消費型所得税(支出税)における帰属家賃課税の問題について考えてみよう[37]。

支出税において,その課税ベースはキャッシュ・フロー法により計算される。すなわち,課税標準である消費は,1年間における資金流入合計額から非消費的資金流出額(貯蓄)を控除することにより求められる。この際,貯蓄の処理方法として重要な存在となるのが適格勘定(qualified accounts)もしくは登録資産(registered assets)の概念である。

前者は,アメリカ財務省のブルー・プリンツ(Bradford & the U. S. Treasury Tax Policy Staff [1984])の中で提唱されているもので,銀行およびその他の金融機関に設けられた適格勘定に資産が預け入れられる場合には,貯蓄として控除される。しかし,適格勘定から資産が引き出され再び同勘定に預け入れられない場合には,所得として課税対象とされる[38]。

---

36) Ontario Fair Tax Commission [1993 a],p. 641参照。
37) 支出税の議論全般に関しては,井藤 [1957],宮島 [1986](第2章),野口 [1989 a](第2章),加藤・横山 [1994],八田 [1996] を参照。
38) Bradford & the U.S.Treasury Tax Policy Staff [1984],p. 13および pp. 102-103参照。

これに対して，後者はイギリスのミード報告（Report of a Committee chaired by Professor J. E, Meade [1978]）に見られるもので，登録資産の場合は貯蓄として課税ベースから控除され，売却収入は課税されるが，非登録資産（unregistered assets）の購入に関しては貯蓄として控除されず，かつその売却収入に関しては課税対象とされない。

それでは，ブルー・プリンツおよびミード報告において，具体的に住宅がどのように扱われるかを見よう。

(1) ブルー・プリンツ

ブルー・プリンツにおいては，住宅のような耐久消費財に関して毎年の利用価値（帰属所得）を測定することは容易ではない。したがって，耐久消費財の消費を課税ベースに含めるためには，その購入を課税とし，逆に資産から発生するすべての収入（売却収入および資産所得，帰属所得）を非課税とすることが望ましいとされる。

すなわち，毎年の利用価値に基づいて課税することは純帰属家賃の測定が前提とされるから，将来消費の現在期待価値である購入価格に基づき間接的に課税することが望ましい，と指摘されている[39]。このような方式は，適格勘定方式の場合とは全く逆に，貯蓄が控除されず，また売却収入等が非課税とされることから，前納勘定方式（tax prepayment approach）と呼ばれている。

ところで，住宅を含む耐久消費財を前納勘定方式により処理すべきことは，1974年に公表されたアンドリュース論文において既に主張されている。帰属家賃課税に関するアンドリュースの主張をまとめると，次のようになる[40]。

① 住宅からの消費サービスが反映されるのは，購入価格ではなく現在利用価値（帰属家賃）である。したがって，住宅に対する適正な課税方法は，帰属家賃に対する課税を実施することである。しかしながら，現実においては帰属家賃の評価は困難であり，かつ適正な評価が可能であったとしても，現金収入の乏しい高齢者のような場合には，支払い能力に欠けると考

---

39) Bradford & the U.S.Treasury Tax Policy Staff [1984], pp. 108-109.
40) Andrews [1974] 参照。

えられる。したがって，帰属家賃課税を実施することは容易ではない。
② 住宅は，投資財的側面と消費財的側面とを有するが，課税に際しては前者の側面を無視することが望ましい。すなわち，貯蓄として控除するのではなく，他の消費財と同様，購入価格をベースとして課税を行うことが望ましい。購入価格は利用価値の現在割引価値であることを考えると，そのような課税により，間接的に帰属家賃への課税が実施されることになる。
③ もっとも，住宅のような耐用期間の長い耐久消費財の場合おいては，税率および資産価値が変化する可能性が高いことを考えると，購入価格を利用価値の代理変数とみなすことは，他の耐久消費財の場合と比較するとあまり適切ではない[41]。
④ しかしながら，帰属家賃を非課税とするアメリカの現行制度は，ローン利子控除が認められていることを除けば消費型所得税に近い。したがって，発生型所得税よりも消費型所得税の方が，より実現可能性が高い。

(2) ミード報告

ミード報告では，もっぱら税務行政上の理由により，個人耐久消費財に関しては非登録資産に分類することが望ましいとされるが，住宅に関してはむしろ登録資産として扱うことを提言している[42]。したがって，住宅の購入は課税ベースから控除されるが，売却は課税ベースに含まれることになる。

---

41) 適格勘定方式と前納方式とが等価となるためには，税率が一定であることや，資産価値が不変であることなどもその条件に含まれている。詳細は，宮島 [1986]，38-39頁参照。
42) ミード報告では，次のように述べられている。
「ほとんどの消費財に関しては，非登録資産としてとらえることが望ましいが，消費便益を発生させる資産を登録することが許されるとしたら，その便益の推定価値に基づいて課税することが必要であろう。そのようなカテゴリーに入る可能性の最も高い耐久財は住宅である」(Report of a Committee chaired by Professor J.E, Meade [1978], p.181)。
「民間所有者により事業用資産として保有される住宅や持家が，毎年実際に所得を生み出すかもしくは帰属所得を発生させる場合には，すべてを登録資産として扱うことが望ましい」(Report of a Committee chaired by Professor J.E, Meade [1978], p.221)。

また，帰属家賃については課税対象とされるが，ブルー・プリンツの場合と異なるのは，キャッシュ・フロー法を直接適用し，購入価格ではなく毎年の帰属家賃に基づいて課税すべきことを提言している点である。具体的には，①住宅の維持修繕費用を控除した帰属家賃は，資本価値（capital value）に物価上昇を考慮した純利子率を乗じて求めること，②純利子率は3％程度が望ましいこと，③資本価値の評価替えを適切に実施するとともに，評価替えの間の期間においても，コンピュータ処理技術を駆使して規則的に評価額の見直しを行うこと，などを提言している[43]。

2．所得概念とわが国の現行住宅税制

　結局，所得概念の違いによる帰属家賃課税の考え方をまとめると，表7-2のようになる。前納勘定方式においては，住宅購入時に課税されることにより間接的に帰属家賃課税が実現されることになるが，ミード報告の場合のように帰属家賃に対して直接課税されるわけではないので，非課税に分類している。

　また，住宅ローン利子の扱いを見ると，住宅が適格勘定に預け入れられる場

表7-2　所得概念の違いによる帰属家賃課税

	発生型所得税（包括的所得税）	処分型所得税（支出税） ブルー・プリンツおよびアンドリュース（前納勘定方式）	処分型所得税（支出税） ミード報告（適格勘定もしくは登録資産）	日　本
住宅購入（貯蓄）	課税	課税	非課税	課税（消費税および地方消費税）
帰属家賃	課税	非課税	課税	非課税
ローン所得	非課税	非課税	課税	非課税
ローン利子	控除可	控除不可	控除	控除（実質的に税額控除）

（出所）　著者作成。

---

43) Report of a Committee chaired by Professor J.E, Meade [1978], pp. 219-220.

合(登録資産に分類される場合)には,住宅ローン所得は課税対象とされる。したがって,ローン利子は控除される。これに対して,前納勘定で処理される場合には,ローン所得は非課税であるが,ローン利子は消費支出とみなされ控除が認められないことになる。帰属家賃課税との対応で見ると,結果として,帰属家賃が課税される場合(非課税の場合)にはローン利子は控除される(控除されない)ことになる。

ところで,前述のように,アンドリュースは,持ち家に対するアメリカの住宅税制は処分型所得税における前納勘定方式に近いことを指摘したが,このことはわが国にも当てはまると考えられる。表7-2で示されるように,実質的にローン利子が控除されていることを除けば,前納勘定方式の場合とほぼ同様な扱いが実現されているからである。

おわりに

本章の内容を要約すると,以下のようになろう。

(1) 帰属所得は,「市場で取引きされない非貨幣所得もしくは現物所得」として定義できる。帰属家賃はこの帰属所得の一種であり,持家がもし他人に賃貸されたならば得られるであろう家賃相当額に等しい。

(2) 主要先進諸国(米,英,独,仏,日)において帰属家賃課税の経験を有するのは,イギリス,ドイツ,フランスの3カ国である。しかしながら,イギリスは1962年に,また,フランスは1965年にそれぞれ廃止されている。その理由を見ると,イギリスは1963年に予定されていたレイトの評価替えの影響で帰属家賃課税の負担の大幅増加が予想されたことが,ドイツの場合,納税協力費用が大きかったこと,およびさまざまな不公平(持家所有者と賃借人,部分自己利用住宅と全自己利用住宅)が問題とされた。さらに,フランスの場合,評価の問題(粗帰属家賃および諸経費の算定)と納税者の事務負担の軽減が,その主たる理由であった。

(3) 帰属家賃課税の根拠を所得概念との関係で見ると,包括的所得税におい

ては，持家所有者は賃貸の場合と比較して家賃分だけ経済力が増加しているとみなせる。したがって，純帰属家賃を課税ベースに含めるべきである。そのことにより，課税の公平性（特に持家所有者と賃借人間での水平的公平）および中立性が確保されることになる。

（4）それにもかかわらず，OECD諸国のほとんどで帰属家賃課税が実施されていない最大の理由は，フランスの事例でも挙げられているように，課税ベースである純帰属家賃の正確な測定が困難なことにある。

（5）持家所有者と賃借人との間の水平的不公平を是正するために，持家所有者に対して帰属家賃課税を実施する代わりに，賃借人に対する家賃控除を認めるべきだとの議論がある。しかしながら，家賃控除には，賃借人の方が逆に有利になること，税収が低下すること，賃借人間で不公平が発生することなどの問題点がある。したがって，持家所有者と賃借人との間の水平的不公平を緩和するためには，家賃控除ではなく持ち家に対するローン利子控除を制限する措置を採る方が望ましいと考えられる。

（6）家屋に対する固定資産税により間接的に帰属家賃課税が実現されるという議論がある。しかしながら，帰属家賃課税と固定資産税とは税の性格が異なること，帰属家賃に対する課税が固定資産税で実現されるためには，時価課税が実施され，かつその時価から住宅ローンを控除する必要があること，賃借人に対して転嫁が発生する可能性があること，などの問題点がある。

（7）租税体系の中心が支出税の場合においては，住宅が貯蓄として控除されるか否かにより議論が異なる。すなわち，ミード報告のように住宅を登録資産として控除する場合，帰属家賃は消費として課税対象とされる。しかし，このような方式（適格勘定方式）は，包括的所得税の場合と同様に帰属家賃を評価するという困難な問題に直面する。そこで考案されたのが，前納方式である。同方式では，住宅サービスの流れの現在割引価値である購入価格に課税を行うことにより，間接的に帰属家賃課税が実現される。ある一定の条件の下では，適格勘定方式と前納勘定方式とは等価になる。

（8）わが国における帰属家賃の扱いは，包括的所得税よりも前納勘定方式による支出税に近い。

第8章　帰属家賃と資産保有課税
―― アイルランドの経験 ――

はじめに

　資本所得税をめぐる近年の論点の一つに，金融所得課税一体化の議論がある。政府税制調査会は，2004年6月に金融所得課税一体化についての基本的考え方をまとめた[1]。それによると，現存する個人金融資産の効率的な活用を促進することが経済活力維持の鍵であり，金融商品間での課税の中立性，簡素性（税制のわかりやすさ），投資リスク軽減などの視点から現行税制を見直すことが必要であるとされる。そして，検討すべき具体的な見直しの中身として，金融所得間での課税方式の均衡化，損益通算の範囲の拡大が指摘されている。

　政府税制調査会の示したこのような方向性は，与党による2005年度税制改正大綱において今後の検討事項の一つに挙げられているが，そもそも資本所得には金融（資産）所得のほかに実物資産所得が含まれる。したがって，資本所得税の検討には，当然のことながら実物資産所得に対する課税の議論が含まれるべきである。

　帰属家賃を資産保有課税で捕捉する方式の近年の事例としてはスウェーデンが注目されるが[2]，実はアイルランドにおいても，1983年度から1996年度にかけて居住用財産税（RPT：Residential Property Tax）の名称で国レベルでの課税が実施されている。本章では，この居住用財産税を含めてアイルランドにおけ

---

1) 政府税制調査会金融小委員会［2004］。
2) スウェーデンでは，1991年税制改革により所得税の下での帰属家賃課税が廃止され，不動産税（国税）の増税で代替された。詳細は，藤岡［1991］，40-41頁，藤岡［1992］，124-125頁参照。なお，ローン利子に関しては，所得税において所得控除が認められている。ただし，2008年度以降は，居住用不動産に関しては市町村不動産税が課されている（本書第1章参照）。

る帰属家賃課税に関連する諸議論に注目し，わが国で資産保有課税により帰属家賃を課税する場合の制度設計に関して何らかの示唆を得たい。

本章の構成は以下のとおりである。まずⅠ節で，アイルランドにおける帰属家賃に対する課税の過去の経緯を概観する。そこでは，所得税，居住用レイト（1978年度以降廃止），富裕税（1975～1977年度実施）が議論の対象となる。次いでⅡ節では，居住用財産税に関してその仕組みおよび課税の実態，導入の経緯，廃止に至った理由を見る。Ⅲ節では，帰属家賃に対する資産保有課税を制度設計する場合に検討すべき事柄に関して，アイルランドでどのような議論が行われているかを見る。最後に，以上のアイルランドの議論から得られる教訓について考察する。

Ⅰ．アイルランドにおける帰属家賃課税

1．所得税

アイルランドの所得税は，イギリスの統治下にあった1853年にグラッドストーン内閣により導入された。そのため，イギリス所得税制の影響を強く受けており，基本的なシステムにはシェデュール制が採用されていた。帰属家賃はこのシェデュール制の下でシェデュールA（不動産の所有および賃貸より得られる所得）に分類され，1968年度まで課税されていた。原則として帰属家賃の評価は，すべての不動産の評価は純賃貸価値（net annual value）に基づくべきことを示した1852年の評価法（valuation act）に従い実施された。同法では，建物の純賃貸価値は市場賃貸料から類推される賃貸価値から，レイトや保険費用，維持修復費用等を控除することにより求められるとしている[3]。

さて，所得税における帰属家賃課税の廃止につながる議論は，所得税委員会（Commission on Income Taxation）の第2次報告書の中に見ることが出来る[4]。

---

3) Coughlan & Buitleir [1996], p.60.
4) Commission on Income Taxation [1959], pp.39-45.

所得税委員会は所得税のあり方を検討するために1957年2月に創設された大蔵大臣の諮問機関で，1962年3月に解散するまで8回に亘り報告書を提出している。

報告書では，まず帰属家賃課税に対して納税者から出された以下のような意見が紹介されている。

- 帰属家賃の金額および持ち家の価値が一定水準を下回る場合は，非課税にすべきである。
- 国民の財産所有を促進するため，帰属家賃課税は廃止されるべきである。
- 帰属家賃課税による税収よりも徴税コストが上回ると予想されるから，帰属家賃課税を廃止しても国にとっては問題ない。
- 帰属家賃は架空の所得（notional income）であり，そのような所得に対する課税は非現実的である。
- 帰属家賃課税は，持家取得促進政策に反する。
- 帰属所得を発生させると考えられる他の資産，例えば車には課税されないのに，持ち家にだけ課税されるのはおかしい。

このような納税者の反応を受け，委員会は一定水準以下の帰属家賃を非課税とする提案を行った。その根拠は，下記の5点である。

- 持ち家所有者は家賃を支払う必要がないから，賃貸の場合と比較してより大きな担税力を有する。しかし，そこに発生する所得は現金所得ではなく架空の所得である。
- 帰属家賃の評価には，地域間格差が存在する[5]。
- 帰属家賃が課税されるならば，論理的には他の耐久資産も同様に課税対象とされるべきであるが，たとえそうだとしても，住宅は生活必需財であるから，宝石やヨットのような奢侈財よりは課税に適さない。

---

[5] その理由の一つには，地域により評価替えが実施された所とそうでない所とがあったことが指摘されている（Commission on Income Taxation [1959], p. 84）。なお，帰属家賃の評価はレイトの評価制度と同じものであるため，地域間格差はレイトでも問題とされた。この点に関しては，脚注18) 参照。

- 現行税制では、利子・配当所得は一定水準まで非課税であるから、帰属家賃に対する優遇措置は問題でない。
- 持家所有者は、レイトを支払うと同時に家の修復に費用がかかる。

ここで、委員会が帰属家賃の完全非課税を選択せず部分的非課税の方向を示した理由は、納税者が持ち家から得られるサービスには生活するために欠かせない部分と、それを超えた快適さ (amenity) を追求する部分とから構成されており、前者の部分に対応する帰属家賃は非課税とすべきであるが、後者の部分は課税対象とすべきである、というものであった。問題は、その線引きをどこで行うかであるが、委員会は30ポンドに設定した。この30ポンドという水準に関しては、下記のように政府白書においても批判されているが、30ポンドであれば、当時、低・中所得者のほとんどが課税を免れ、帰属家賃課税の納税者は贅沢な住宅に居住する高所得者に限定されるとの判断が委員会にはあったようである[6]。

以上のような委員会の提言に対して、政府は1961年に白書を公表し、帰属家賃課税の継続を主張した[7]。その根拠として次のような事柄が挙げられている。

第一に、持ち家所有者は家賃支払いを免れているから、賃貸住宅の居住者と比較して、その分財政的利益を得ていると考えられる。シェデュールAで課税されるのは、この財政的利益である。

第二に、家具や宝石などのような動産も課税対象とすべきとの論理は確かに成り立つが、これらから発生する帰属所得の評価は困難であり、またその規模は住宅に比較してかなり小規模である。

第三に、帰属家賃が架空の所得であるというのであれば、そのような架空の所得に対しては全額非課税にすべきで、30ポンド以下を非課税にするという委員会の措置は論理的におかしい。

第四に、帰属家賃課税による納税者の負担は大したことないから、仮に帰属家賃を完全に非課税にしたとしても、持家取得促進効果は小さいと考えられ

---

6) Commission on Income Taxation [1959], p. 44.
7) Irish Government [1961], pp. 7-10.

る。

　第五に，現行税制では住宅購入者に対するローン利子控除が認められているから，帰属家賃課税を廃止するならば，持家所有者と賃借人との間で水平的不公平が発生する。そのような状況を調整するには，賃借人に対する家賃控除を検討する必要が出てくるが，それにより新たな財政コストが発生する。

　第六に，帰属家賃課税の実施はアイルランドに限定されず，諸外国でも見られる[8]。

　このように，1960年代当初，政府は帰属家賃課税の部分的非課税を提言する委員会案に対し反対の立場を表明していたが，結局1969年度以降，帰属家賃を含むシェデュールAの廃止に踏み切った[9]。

　その直接の理由に関して，当時の大蔵大臣は，「シェデュールAでの課税の負担は，主に民間住宅の所有者にかかる。シェデュールAの廃止は，合理的な費用で望ましい優遇措置の実現につながる。それにより多くの人々が恩恵を被ることになるが，とりわけ年金や限られた所得で生活している老人に歓迎されるだろう。また，所得税務行政の簡素化にもつながるだろう。」[10]と述べている。これについては，「持ち家が生み出す架空の所得に対する課税の廃止は，原理原則に基づくものではなく，それが租税優遇の手段として，都合良くしかも安価であるという事実により正当化された。」[11]との評価がある。

　結局，帰属家賃課税を含むシェデュールAの廃止は納税者に歓迎されるとともに，政府にとっても都合が良かった。シェデュールAの存在により小規模な不動産の評価が必要となっていたため徴税コストが大きく，実態はネットの税収がマイナスになっている可能性があったからである[12]。

---

8) 当時は，イギリス，フランス，フィンランド，オーストリア，オランダ，ノルウェー，スウェーデン，デンマーク，インド，パキスタン，セイロン（スリランカ）などでも帰属家賃課税が実施されていた。Irish Government [1961], p.9参照。
9) 厳密に言うと，1968年度予算ではシェデュールAと同時にシェデュールB（借地農収入）も廃止された。
10) Dáil Éireann (parliamentary debates), Vol. 234-23, April, 1968.
11) Commission on Taxation [1982], p.134.
12) Commission on Income Taxation [1959], p.23.

2．資産保有課税

(1) 居住用レイト

　帰属家賃は，資産保有課税により間接的に課税されることになる。アイルランドの税制でこのような効果を発揮する可能性のある税としては，居住用資産に対する居住用レイト（地方税）および1970年代後半に数年間実施された富裕税（国税）の存在に注目する必要があろう。

　アイルランドのレイトは，その課税客体に注目すると，居住用レイト，事業用（商工業用）レイト，農業用レイト，その他の4種類に大別される。これらの構成比は，例えば1968年度において，居住用レイト（53.6%），農業用レイト（18.9%），商工業用レイトおよびその他（27.5%）となっている[13]。このうち居住用レイトは1978年度以降，農業用レイトのうち建物に関しては1978年度以降，農地については1983年度以降，それぞれ廃止されている[14]。

　居住用レイト廃止の背景にある事柄として挙げられているのは，以下の3点である[15]。

　第一に，1960年代後半から1970年代前半にかけて，都市化の進行による社会資本整備への需要拡大に伴い，レイトの負担が急激に増加した。1965年度から1972年度の間に，人口1人当たりの実質負担額は約40%上昇している[16]。

　第二に，19世紀半ば以降評価替えが一部の地域でしか実施されておらず，また評価替えの実施された地域においても評価の相対性（relativity）が保たれず，結果として地域間で水平的不公平をもたらした[17]。

---

13) Copeland & Walsh [1975], p. 70参照。
14) 農地に対するレイトは，地域間で評価の統一性が確保できてないというウェックスフォード（Wexford）の農民の申立てに対し，1982年の高裁判決により違憲とされた。さらに，このような見解は1984年に最高裁でも支持された。Coughlan & Buitleir [1996], p. 67参照。
15) 以下は，Copeland & Walsh [1975], Coughlan & Buitleir [1996], O'Brien [1990], O'Donoghue [1990], O'Hegan,et al [1985], Roche [1982] に基づく。
16) Copeland & Walsh [1975], p. 65参照。
17) 評価替えの実施されたのは，ダブリン，ウォーターフォード，ゴールウェイ，ブンクラナの地域に限定される（Coughlan & Buitleir [1996], pp. 61-62）。評価替えによる地域間不公平に関しては，Commission on Taxation [1985], p. 102参照。

第三に,居住用レイトはその負担構造が逆進的であり,特に引退した高齢者や未亡人に対する負担が問題とされた[18]。

　以上のような問題点に対処するために,1970年の地方財政法では,分納制度や経済的に困難な者に対する負担軽減措置の導入を認めた。加えて同年の保健法では,地方財政の負担軽減を目的として,保健サービスの供給責任を地方公共団体から国へ移行した。これに伴い,保健サービスに関するレイトの負担が1973年度から1977年度にかけて段階的に縮減・廃止された。同様の措置は住宅サービスにも適用されたため,それまでレイト収入の約4割強[19]が充当されていた保健・住宅サービスへの負担がその分軽減されることになった。

　それにもかかわらず,住民のレイトの負担は軽減されず[20],逆に居住用レイト廃止の動きに拍車をかけた。1973年の総選挙で誕生したフィネ・ゲイル(Fine Gale)党と労働党の連立政権は,居住用レイトを部分的に廃止する方向を打ち出したが,1977年の総選挙でフォナ・フォイル(Finna Fáil)党の単独政権へと政権交代が実現すると,中等学校,コミュニティ・ホール,農業用建物に係るレイトと共に,居住用資産に対するレイトは一気に廃止された。これは,1973年の総選挙時にすでに居住用レイトの廃止を公約していた同党にとって,当然の政策であった。

(2) 富裕税

　アイルランドでは,1974年度および1975年度に資本課税(資産課税にキャピタル・ゲイン税を含めた概念)の大幅な改革が実現され,キャピタル・ゲイン税(1974年度)および富裕税(1975年度),資本取得税(capital acquisitions tax:1974年度)が誕生した。このうちキャピタル・ゲイン税と富裕税は新たに導入され

---

18) Copeland & Walsh [1975], pp. 101-107参照。
19) Copeland & Walsh [1975], p. 64参照。
20)「1973年度から1977年度にかけての保健および住宅サービスに関するレイト負担の段階的縮減・廃止にもかかわらず,この期間平均税率は,6.70ポンドから9ポンドへと上昇した」(当時の環境相 Mr.Barrett の発言)。Dáil Éireann (parliamentary debates), Vol. 307-08, June, 1978, Local Government (Financial Provisions) Bill, 1977 : Second Stage 参照。

たものであるが，資本取得税は以前の相続・贈与税制度が見直されたものである。

この改革の目的に関して，政府は次のように述べている。「現行のアイルランドの資産課税制度は1種類の課税（無償譲渡課税）のみから構成されており，租税制度の公平性（水平的公平）を促進すると同時に，富の分配の不平等を低下させるという目的の実現のためには明らかに不適切である。政府は，これらの目的を達成するために現行の3種類の死亡税（death duties），すなわち遺産税（estate duty），相続財産税（legacy duty），遺産取得税（succession duty）を廃止し，キャピタル・ゲイン税，富裕税，相続・贈与に対する資本取得税に代えることを決定した。そのようなシステムの導入により，諸外国の制度により近づくであろう」[21]。

上記のように，改革以前の相続・贈与税制度は3種類の税から構成されていた[22]。このうち遺産税は，相続人の相続分とは無関係に，贈与額および遺産額を課税ベースとして累進課税され，相続・贈与税収総額の約9割を占める。これに対し，相続財産税と遺産取得税は，相続人の受け取る相続額に応じて比例課税される。原則として，遺産税の課税対象となるものは，相続財産税および遺産取得税の課税対象とされない。また，相続財産税の課税対象は動産，遺産取得税のそれは不動産であり，両税は重複課税されない。

このように，改革前の相続・贈与税制度は基本的に「遺産税方式」を採用していたが，その問題点として，以下のような事柄が指摘されていた[23]。

- 税率の引き上げとインフレの影響[24]により，税負担が増加した。
- 農家や家族企業の売却を余儀なくした。

---

21) Minister for Finance [1974], p. 57.
22) 詳細は，Minister for Finance [1974], chap. 2参照。
23) Minister for Finance [1974], pp. 4 - 10.
24) 税率は，1961年度は3～40%であったが，1971年度には3～55%へ，1973年度には16～55%へと引き上げられた。さらに，消費者物価上昇率は8.2%（1970年），9.0%（1971年），8.5%（1972年），11.3%（1973年），17.1%（1974年）と推移している。また，地価動向を農地価格の推移で見ると，1970年を100とすると，1973年は225，1974年には356となっている。以上に関しては，Sandford & Morrisey [1985], p. 32参照。

- 海外の資産家による投資を抑制した。
- 遺産税では，生前贈与に関しては死亡5年前に課税が限定されており，それ以前の生前贈与により，課税を免れることが容易に可能であった。

そこで改革後の資本取得税においては，「遺産取得税方式」に基づき，贈与および相続分に応じた累進課税が実現されることとなった。また，贈与に関しては生涯累積額が課税対象とされ，相続段階で負担の調整が行われた。これらにより，負担応力に応じた課税，富の集中排除の是正がより促進されると考えられた。

以上のような資本取得税に加えて，キャピタル・ゲイン税および富裕税が新たに導入された。前者の導入の背景を見ると，当時の所得税制の下ではキャピタル・ゲインが非課税なため金持ちが優遇されており，また，所得を生み出さない資産に投資すること，すなわち所得をキャピタル・ゲインに転換することにより課税を逃れることが可能であった。したがって，これらの問題を是正するために，実現キャピタル・ゲインを対象に比例税率での課税が実現されたものである。

富裕税の導入目的としては，租税体系の公平性を促進させることおよび資産分布の不平等を是正することのほかに，資源配分の効率性（資源の有効利用）を促進させること，直接税の脱税や租税回避をチェックし防止するための有益な情報を税務当局に提供すること，などが挙げられた[25]。富裕税とキャピタル・ゲイン税および資本取得税との関係に関しては，富裕税が，未実現キャピタル・ゲインの間接的捕捉，および個人が相続・贈与以外の要因により蓄積した資産に対する課税を行うという機能を有するため，富裕税はキャピタル・ゲイン税および資本取得税と補完関係にあると考えられる。

本章のテーマからするに，問題はこの富裕税において住宅がどのように扱われていたかである。この点に関して政府は，当初，原則として歴史的・芸術的・科学的財産を除き，国内に存在するすべての資産を課税対象とすることを計画していた[26]。しかし，政府案に対する反応はすさまじく，150以上の組織，

---

25) 以上は，Sandford & Morrisey [1985], pp. 18-19参照。
26) Minister for Finance [1974], p. 47.

約500人の個人，少なくとも20のさまざまな組織から構成される代表団から抗議文書が提出された[27]。このような政治的圧力に応える形で，実際の制度においては，上記財産に加えて，年金権，家畜，森林，裁量信託の財産，一部の株式，主たる住居（およびそれに付属する庭園などの1エーカーまでの土地）なども非課税とされた[28]。したがって，富裕税は，間接的に帰属家賃を捕捉する機能を有していなかったと考えられる。

　富裕税は，徴税コストが高く，また，非課税財産の存在，特定の財産に対する軽減措置，比例税率，納税額上限制度等の措置により，水平的公平および富の集中排除の初期の目的は達成されなかった。また，富裕税が導入された1970年代後半のアイルランド経済はスタグフレーションに見舞われていたため，富裕税の存在は，民間投資を抑制し経済成長を阻害する可能性が高いとして批判された。以上の理由により，富裕税は，結局3年間で税制の表舞台から姿を消した。

II．国税としての居住用財産税

1．居住用財産税の導入

(1) 居住用財産税の仕組みおよび課税の実態

　居住用財産税の仕組みの概要は，表8-1で示されるとおりである。要するに，ある一定水準以上の価値を有する居住用財産を所有かつ利用している者を対象として，比例税率で課税される。課税単位は家計である。また，非課税を決定する基準の中には，家計所得が含まれる。これは，流動性制約（納税のための現金所得が不足する現象）に対処するための措置である。さらに，納税額の急激な負担上昇を緩和するために限界控除が，納税者の経済事情を考慮するために児童控除が，それぞれ設けられている。

---

27) Sandford & Morrisey [1985], p.63.
28) Sandford & Morrisey [1985], p.22.

表8-1 居住用財産税の概要

納税者	居住用財産(住居として利用されるか,もしくは住居としての利用に適している建物もしくは建物の一部,観賞用の庭園や芝生などのような住居に付属する居住を楽しむための土地)を所有かつ利用している者。
課税単位	家計
非課税	・家計所得が一定水準(1983年では20,000ポンド,それ以降は消費者物価指数で調整)以下のケース。 ・科学的・歴史的・芸術的観点から優れた価値のあると認められるケース。
基礎控除	あり(1983年では65,000ポンド,それ以降は新築住宅価格指数で調整)
税率	1.5%
軽減措置	・限界控除 家計所得が上記の非課税水準をある一定額以上上回らない場合に,急激に税負担が上昇しないような措置。 ・児童控除 納税者と同居し,所得税の扶養控除の対象者が存在する場合は,児童1人につき納税額が10分の1軽減される。
その他	・納税者は,居住用財産の市場価値および家計所得の自己申告が義務づけられる。 ・申告がない場合,不正申告の場合には罰則が課される。

(出所) Commission on Taxation [1985], pp.104-106.

表8-2 居住用財産税の課税の実態

年度	1983	1984	1985	1986	1987	1988	1989
納税者数(人)	6,178	5,945	5,644	5,638	5,544	5,708	10,403
税収の対GDP比(%)	0.007	0.007	0.012	0.009	0.009	0.011	0.019

年度	1990	1991	1992	1993	1994	1995
納税者数(人)	9,805	9,940	12,977	14,797	34,206	19,500
税収の対GDP比(%)	0.019	0.020	0.023	0.026	0.039	0.029

(出所) Dáil Eireánn (parliamentary debates), Vol.430-11, May, 1993; vol.440-10, March, 1994; Vol.457-19, October, 1995; Vol.461-07, February, 1996, Commission Européen [2000], pp.234-235より著者作成。

居住用財産税の課税の実態を,納税者数および税収の対GDP比で眺めると表8-2のようになる。納税者は1988年度まで6,000人程度であったが,地価高騰の影響を受けて1989年度より急激に増加し,1993年度には約15,000人となっ

表8-3 アイルランドにおける住宅と株式に対する課税の状況（1990年代前半）

	取得段階	保有段階	譲渡段階
住宅	・新築住宅の場合は印紙税が非課税。 ・主たる住居に対するローン利子所得控除が部分的に認められる。	・居住用財産税が課税。 ・帰属家賃は非課税。	・主たる住宅の場合は，キャピタル・ゲイン税が非課税。 ・相続・贈与税が課税。
株式	印紙税が課税。	配当所得課税あり。	・キャピタル・ゲイン税が課税。 ・相続・贈与税が課税。

（出所）　OECD [1994 b], pp. 230-231およびOECD [1994 c], pp. 101-103参照。

ている。税収の対GDP比も1988年度の0.011%から，1989年度には0019%へと上昇した。さらに，1994年度には，納税者数が一気に3万人超へ，また税収の対GDP比も0.039%へと跳ね上がっているが，これは1994年度の税制改正により，非課税の所得基準および基礎控除額が引き下げられ，居住用財産税が増税されたことによる。

何故このような措置がとられたかというと[29]，租税システムの公平性を促進することに加えて，当時の税制が住宅購入を過度に優遇しており，雇用促進につながるような企業の生産的投資へ貯蓄が向かうのを抑制していたことを是正する狙いがあった。表8-3で示されるように，明らかに住宅購入の方が，株式購入と比較して税制上相対的に優遇されていた[30]。しかしながら，以上の措置は評判が悪く，結局1995年度には，所得基準および基礎控除額が再び引き上げられた。

（2）導入の経緯

次に，以上のような居住用財産税がどのようなきっかけで導入されるに至ったのかを，1983年度の予算法案をめぐる委員会での議論を手がかりに話を進め

---

29) 以下は，議会における当時の大蔵大臣（Aherrn,B）の発言による。Dáil Éireann (parliamentary debates), Vol. 139-09, February, 1994参照。
30) この点に関しては，OECD [1991], pp. 83-87も参照。

よう。1983年5月26日に開催された委員会で次のようなやりとりがある[31]。

　Mr. Kelly（議員）：「……議論のこの段階で，この種の財産に対する税，大臣のお言葉では平均的な住居以上の住宅に対する課税の根拠についてどのようにお考えか伺います」。

　Mr. Dukes（大蔵大臣）：「（居住用財産）税の課税根拠は，おおよそ次のように説明できます。資産課税の水準は，様々な理由で，特に税制改正により数年前と比較して低くなっています。人々の保有する主たる財産である住宅は，課税対象となっておりません。それは，繰り返しますが，近年の特定の税制改正の結果によるものです。住宅の財産価値は，個人の物質的幸福（material well-being），資産，あるいは所得を反映するものであります。したがって，納税者が住宅の財産価値に応じて国税を納めることには根拠があります。（居住用財産）税は，資本課税です。一般に，納税者の主たる財産は，彼の保有する最も大きな財産であります。多くの場合に，住宅は資産であると同時に幸福や所得を意味します。それゆえ，……担税力の一つの尺度であるとみなすことができるのです」。

　すなわち，当時の大蔵大臣の説明に基づけば，居住用財産税の根拠として挙げられているのは，第一に，前述のようなレイト改革により居住用レイトと農業用レイトが廃止されたため，資産課税からの税収が低下していることである。税収総額（社会保障拠出金を除く）に占める資産課税からの税収の割合は，1975年度の1.79％から1978年度には0.83％へ，1980年度には0.66％へと低下している[32]。第二に，住宅の資産価値は，担税力の指標として適切だということである。

　大蔵大臣によるこれらの発言の背景には，1970年代から1980年代前半のアイルランド経済がスタグフレーションに悩まされており，国家財政は深刻な財政赤字に陥っていたことがあると考えられる。財政収支の対GDP比を見ると，－12.7％（1980年度），－13.4％（1981年度），－13.8％（1982年度），－11.8％

---

31) Dáil Éireann（parliamentary debates），Vol. 342-26，May，1983，Finance Bill, Committee Stage（Resumed）.
32) Sandford & Morrisey［1985］, p. 38参照。

(1983年度) と推移している[33]。そのため，歳出削減と同時に歳入を増加させる必要性があったと予測される。その際，住宅の所有に関しては，居住用レイトの廃止により非課税であったこと，およびそこに担税力が認められることに加えて，経済活動への課税（所得課税）と比較して中立的である[34]との判断も働いたと考えられる。

居住用財産税導入の経済的根拠が，以上のように説明されたとしても，何故，富裕税では非課税とされた住宅に課税対象が限定されたのか疑問が残る。この点に関しては，政治的理由に着眼した意見が注目される。そこでは，結局，大きな家の居住者に対する嫉妬が居住用財産税の原動力となったことが指摘されている。

まず，上記の大蔵大臣の答弁に関して，「彼は，Kelly議員の期待した解答を与えていない。……（居住用財産）税は，労働党の圧力の結果である」（Taylor議員の発言）[35]との反論があるが，これと同種の意見は，下記のように居住用財産税の廃止をめぐる議論においても見られる。

Mr. McCreevy（議員）：「居住用財産税は，1983年にフィネ・ゲイル党と労働党の連立政権時に誕生しました。……居住用財産税の発想は，労働党により主張され，そして売り込まれたのです。……この居住用財産税導入の政治的根拠は何だったのでしょうか。その税の背後にある政治哲学は，アイルランド政治において最も愛される混乱した社会思想から，すなわち労働党の信条でもある嫉妬から産まれたのです。嫉妬の政治的教義は，アイルランド社会において左翼に愛され，その支持者はメディアにも存在します。欧州政治が過去著しく変化したにもかかわらず，アイルランドは，依然として退廃的で時代遅れな左翼の砦なのです。1983年の居住用財産税に対する労働党の思想は，大きな家に住む人はより多くの税金を支払うべきだ，との考えに基づいていました。……常に打撃を被るのは，ほとんど何もない状態からス

---

33) Sandford [1993], p. 179.
34) このような指摘に関しては，OECD [1988 a], p. 62参照。
35) Dáil Éireann (parliamentary debates), Vol. 342-26, May, 1983, Finance Bill, Committee Stage (Resumed).

タートして一生懸命働いたアイルランド人です。……居住用財産税導入の背景には全く論理性がなかったし，現在でもそれは変わりません。……」[36]。

2．居住用財産税の問題点

居住用財産税の理論的問題点としては，以下のような事柄が指摘された[37]。

第一に，住宅ローンに対する配慮，すなわちローン残高控除が全く認められず，持家の総市場価値が課税ベースとされた。この点に関しては，居住用財産税導入時に国会でも議論が見られる[38]。住宅の総市場価値が同じであっても，住宅ローンの返済を抱えている者とそうでない者とでは担税力が異なるのではないか，とのある議員（Mr. Haughey）の指摘に対して，当時の大蔵大臣（Dukes, A）は，「居住用財産税は，住宅を占有（occupancy）し居住から利益を得ている者に対して課されるものであり，そのことは，住宅ローンを抱えているか否かには直接影響されない。したがって，住宅ローン残高控除には反対する」といった内容の答弁を行っている。

第二に，課税単位が家計とされ，しかも家計所得が一定水準以上の場合に課税が限定されたため，家計所得をその水準以下に調整出来る納税者を有利にすると考えられた。例えば，家計所得を引き下げるために，働いている子供を別居させるとか，所得の形態を家計所得の計算には含まれない未実現キャピタル・ゲインに転換することが可能であった。また，そもそも家族企業の経営者は家計所得を操作可能であった。

第三に，基礎控除の存在により住宅市場に歪みをもたらす可能性がある。

さらに，課税の実態から，以下のような事柄が指摘された[39]。

---

36) Dáil Éireann (parliamentary debates), Vol. 496-02, October, 1996.
37) 以下は，もっぱら Commission on Taxation ［1985］に基づく。
38) Dáil Éireann (parliamentary debates), Vol. 342-27, May, 1983, Finance Bill, Committee Stage (Resumed).
39) 以下は，Dáil Éireann (parliamentary debates), Vol. 469-02, October, 1996, Private Members'Business, Residential Property Tax : Motion, Dáil Éireann (parliamentary debates), Vol. 469-03, October, 1996, Private Members'Business, Residential Property Tax : Motion (Resumed), Bradley ［1996］に基づく。

表8-4　居住用財産税の地域別負担構造（1995年度）

カウンティ	ダブリン	コーク	リムリック	ゴールウェイ
人口（万人）	110	45	20	18
納税者数（%）	73.5	5.9	2.1	2.6
納税額（%）	77.4	5.1	1.6	2.3

(注)　納税者数および納税額の数値は，全体に占める割合を示す。
(出所)　Dáil Eireann (parliamentary debates), Vol.461-07, February, 1996, Written Answers, Residential Property Tax.

　まず1990年代以降，好景気を反映した地価高騰の影響により，税の負担が都市部，特にダブリン地区に集中し，都市部における持家取得を阻害することが問題とされた。表8-4により1995年度における地域別負担構造を見ると，ダブリン，コーク，リムリック，ゴールウェイの4つのカウンティ（日本の県に相当）で納税者全体の84.1%，総納税額の86.4%を占める。その中でもダブリン地区は，納税者数で73.5%を，さらに納税額ベースでは77.4%を占めている。

　第二に，地価高騰により納税者数が増加し（表8-2参照），大邸宅ではない普通の住宅まで課税対象とされた。そのため，前述のように，社会人で同居している子供の別居を余儀なくされ家庭崩壊につながるとか，あるいは，住宅売却の危機にさらされる可能性がある，との批判も出た。

　第三に，非課税の基準となる家計所得水準および基礎控除額に関しては物価調整されることになっていたが（表8-1参照），現実は調整が不十分であった。

　第四に，限界控除の対象となる中堅所得階層では，所得税の限界税率を加えた潜在的限界税率（家計所得が追加的に1,000ポンド増加する場合における居住用財産税額の変化額の割合）が100%を超えるケースが発生していた。

　その他，税収の割には徴税コストが高く非効率的な税である，などの批判が行われた。以上のような批判に対しては，居住用財産税の負担はそれほどでもなく，また，首都のあるダブリン地区は地価が高く，しかもダブリンの住民所得は全国平均を上回っているので，同地区に負担が集中するのは仕方がないと

の反論も行われた[40]。しかしながら，居住用財産税は，家族を分散させ (anti-family)，都市，特にダブリンに負担が集中すること (anti-urban, anti-Dublin)，しかも，中堅所得層の所有する普通の住宅まで課税対象とされたことが国会審議でも繰り返し問題とされ，結局1996年度限りで廃止された。

Ⅲ．帰属家賃と資産保有課税

1．地方固定資産税が注目される背景

居住用レイト等の廃止は，地方財政に大きな影響を与えた。まず，居住用レイト等の廃止により生じた財源不足を補うために，国からの補助金が増加した。歳入に占めるレイトの割合を見ると，1977年度の40.6％から1980年度には19.7％にまで低下したが，逆に補助金の割合は，38.1％（1977年度）から59％（1980年度）へ上昇している[41]。

さらに，1983年の地方政府法 (Local Government Act) では地方公共団体に対して受益者負担の裁量権が与えられ，既存の受益者負担を引き上げることに加えて，新たな種類の受益者負担を導入することが認められた。しかしながら，受益者負担は不評で，多くの団体においてむしろ受益者負担の引き下げが行われた[42]。

以上の結果，地方財政の国への依存度が高まり，地方自治が阻害されることとなった。一方，既述のように1980年代において国の財政は悪化したため，歳出削減の一環で地方公共団体に対する補助金も引き下げられる傾向にあった。そのため，地方自治を促進するとともに安定的な財源を確保する必要が生じた。また，居住用財産税の箇所で述べたように，居住用レイト等の廃止された

---

40) Dáil Éireann (parliamentary debates), Vol. 469-02, October, 1996, Private Members' Business, Residential Property Tax : Motion におけるドイル (Mrs. Doyle) 議員の発言。
41) O'Brien [1990], p. 341.
42) Bradley [1988], p. 447.

1978年度以降，アイルランドでは総税収に占める資産課税の割合が低下しており，経済活動に対してより中立的な資産課税の活用が提案された。この点に関しては，所得課税および消費課税を減税して居住用財産に対する課税に代替することにより，租税体系における死重損失が低下するとの研究も見られる[43]。そこで，現実の政策において国税レベルで居住用財産税が導入されたが，結局，失敗に終わった。

このような事情を背景に，80年代以降，地方固定資産税（local property tax）が注目されてきた。居住用財産税の廃止をめぐる議論でも，住宅に対する資産課税は地方財政の枠組みの中で検討されるべきとの意見が出されている[44]。

2．帰属家賃と地方固定資産税

地方固定資産税の議論でしばしば引き合いに出されるのは，租税委員会第4次報告（Commission on Taxation [1985]），国家経済社会評議会の地方財政に関する報告書（National Economic and Social Council [1985]），経済社会研究所の研究員ティム・キャランの研究（Callan [1991], Callan [1992]）である。

これらの研究に共通しているのは，地方固定資産税の課税根拠の一つとして，帰属家賃に対する「間接的課税」の実現を挙げている点である[45]。「間接的課税」の意味は，キャランによる次の説明で明らかである。「5万ポンドの住宅に住み，かつ29％の標準税率で所得税を課税されている持家所有者を考えよう。もし帰属家賃が財産価値の5％で計算されるならば，帰属所得に対する課税により年間725ポンドの追加的負担が発生するだろう。この税額は，住宅に対する税率1.45％（帰属所得率5％×所得税率29％）の財産税でも調達可能である」[46]。

---

43) Honohan & Irvin [1987], p. 35, p. 37参照。
44) 例えば，Dáil Éireann (parliamentary debates), Vol. 469 - 02, October, 1996, Private Members'Business,Residential Property Tax : Motion におけるドイル（Mrs. Doyle) 議員の発言。
45) Callan [1991], p. 9, Commission on Taxation [1985], p. 43, National Economic and Social Council [1985], p. 12参照。
46) Callan [1991], p. 9.

問題なのは，地方固定資産税で帰属家賃課税を実施する場合の制度設計に際して検討すべき事柄である。これに関してキャランは，特に帰属家賃の評価，ローン利子の扱い，低所得者対策の3点の重要性を指摘している。以下では，これらの点に関して上述の研究を比較する。

（1）帰属家賃の評価

　帰属家賃の評価に際しては，キャランの説明から明らかなように，財産価値および帰属所得率が関係する。さらに，評価手続きも問題となろう。まず財産価値に関しては，租税委員会第4次報告およびキャランでは，資本価値が望ましいとされている。持ち家率が高く（約8割）住民は住宅価格に関心を持っていること，賃貸料データよりも販売価格データの方が豊富なこと，などがその理由である。これに対して国家経済社会評議会は，当面は資本価値が望ましいが，将来的には取得価値（取得価格を物価調整する方法）への移行を検討すべきだとしている。

　第二に，帰属所得率は，帰属家賃に対する固定資産税の税率を決定する重要な要因であるにもかかわらず，いずれの研究においても特段言及されていない。

　第三に，評価額を決定する評価手続きの方法には，①国が統一的に行う，②地方公共団体で独自に実施する，③納税者の自己申告に基づく，といった3種類が考えられる。租税委員会第4次報告では，自己申告に基づく方法が最も安価で効率的であるとし，納税額は価格帯システムにより決定されること，価格帯は5年ごとに見直すこと，評価システムの管理責任は地方公共団体に求めること，を提言した。

　キャランは同じく自己申告制を支持し，原則として所得税申告書に住宅価値の記載を義務づけるべきだとしている。ただし，所得税の課税対象とならない者，例えば社会保障給付の長期受給者などに関しては，別途工夫が必要だとしている。

　国家経済社会評議会は，当面は自己申告に基づくとしている。しかし，取得価値が採用された将来においては，当初は納税者の申告に依存せざるを得ない

としても，制度が軌道に乗った段階で，印紙税の納税の際に明らかにされる市場価格の情報を自動的に地方公共団体へ伝達するシステムが構築されるべきだとしている。

（2）住宅ローン利子の扱い

　住宅ローンを抱えている者とそうでない者とでは，前者の方が後者よりも担税力が低いと考えられる。したがって，課税に際しては住宅ローン利子に対する配慮が必要となる。住宅ローン利子の扱い方としては，まず所得税において控除する方法がある。これには，住宅ローン利子控除（所得控除 or 税額控除）が一般的であるが，わが国で現在行われているような住宅ローン残高（税額）控除も可能である。あるいは，固定資産税の課税に際して，住宅の総価値でではなく負債額（ローン残高）を控除した純価値を課税ベースとする方法がある。

　この問題に関して租税委員会第4次報告は，アイルランドではこれまで所得税における住宅ローン利子所得控除方式が採用されてきたので，固定資産税で住宅ローン残高控除制度を新たに設けるよりは，従来の方式に従うべきだとする。ただし，控除に際しては物価動向に配慮して，名目額ではなく実質額に基づくことを主張している。これに対してキャランは，帰属所得が所得税で課税対象とされるならば住宅ローン利子控除方式が望ましいが，固定資産税による間接的課税が選択される場合には，住宅ローン残高控除が適用されるべきだとする。

（3）低所得者対策

　資産保有課税は，納税者の保有する資産の価値に応じて課税が行われるが，納税に際しては現金納付が原則である。したがって，資産を保有しているが現金所得の十分でない人は，納税に窮することになる。このような流動性制約の問題は，固定資産税においては資産売却が前提とされないため，その制度設計に際しては避けられない事柄である。

　低所得者対策の必要性は上述のすべての研究で認められている。しかし，その具体的方策に関しては意見が分かれる。まず租税委員会第4次報告では，一

定水準以下の所得の納税者に対する税額還付や免除の必要性を示唆しながらも，税制によるのではなく社会保障システムでの対応を勧告している。経済社会評議会は税額還付方式を提案するが，その際，還付は納税者の資産価値ではなく所得とリンクすること，税額還付制度は再分配効果を有するので運営は中央政府が責任を持つこと，一定水準以下の所得の納税者を税額還付の対象とするにしても，その水準を超過する納税者に対して貧困の罠が発生しないようにすること，などが重要であるとした。

租税委員会と経済社会評議会は，いずれも中央政府の介入の必要性を強調しているが，これに対してキャランは，固定資産税制度での対応を提案している。具体的には，①一定水準以下の所得の納税者を除外する（ただし，貧困の罠が生じないように限界控除を設ける），②一定規模以下の資産価値の納税者を除外する，③延納利子が付くという条件で，売却や相続などで所有権が移転されるまで支払いの延期を認める，といった3種類の可能性を示している。

その上で，延納方式以外のケースに関して，所得税で帰属家賃課税を行う場合との比較において税負担構造を実証分析している。結果は，方式①と所得税で課税する場合との税負担構造が類似するというものである。方式②は，低所得者が豪邸に居住する場合を考慮できない，住宅市場に歪みをもたらす可能性がある，税収損失規模が大きい，などの点で問題があるとしている。

おわりに

アイルランドにおいて帰属家賃は，1960年代後半までは所得税の課税対象とされていたが，その後は資産保有課税で間接的に捕捉されてきた。すなわち，1977年度までは居住用レイトで，1980年代前半から1990年代後半までは居住用不動産税により間接的課税が実現されていたと考えられる。この流れを単純に見る限り，帰属家賃課税は国税から地方税へ，そしてまた国税へとその舞台を移し，現在はその流れがストップしているかのようである。

しかし，制度化には至っていないものの，居住用レイト廃止以降，レイト制

度を見直し新たな地方固定資産税を構築する議論が展開されてきた。レイトの中身が事業用レイトに限定され補助金依存度が上昇したため，安定的な財源を確保し地方自治を促進する観点からは，唯一の地方税であるレイトを再編しようとの動きは極めて自然であるが，注目すべきは，地方固定資産税の根拠に帰属家賃課税の実現を挙げる議論が存在することである。この議論の特徴は，地方固定資産税を応益税ではなく応能税としてとらえる点にある。帰属家賃を資産保有課税で間接的に捕捉することにより課税の公平性を確保するとともに，レイト制度の見直しにより資産課税を充実させ租税体系の効率性を高める狙いが背景にあると言って良かろう。

　以上のアイルランドにおける帰属家賃をめぐる議論から，わが国で帰属家賃に対する資産保有課税を検討する場合に得られるインプリケーションを考察して，本章の結びとする。

　第一に，帰属家賃を資産保有課税で捕捉する場合に，国税とするかそれとも地方税で実現するかが問題となる。帰属家賃課税は応能税であるから，それを国税で実現することにこだわるならば，アイルランドの居住用財産税やスウェーデンのような不動産税を新たに設ける必要がある。

　可能性としては２つある。一つは，本書第６章で論じたように，現在，課税が凍結されている地価税を見直すことである。帰属家賃には，住宅の立地が大きく影響することを考えると，居住用土地を課税対象とすることで，帰属家賃への間接的課税が可能となる。もう一つは，固定資産税に目を向けることである。ただし，わが国の場合，固定資産税は応益税であると考えられているから，原理上，帰属家賃課税の機能を固定資産税に求めるのは無理があるかもしれない。しかし，帰属家賃課税に関しては，便宜上，地方公共団体が国に代わって徴収し，その見返りに税収の一部を地方財源とすることも検討可能であろう。

　第二に，帰属家賃の評価に際しては，財産価値を，現行の相続税評価制度もしくは固定資産税評価制度に基づいて算定することが可能である。したがって，アイルランドのような評価手続きの問題は発生しない。その際，帰属家賃の評価額は，家賃の決定に住宅の立地が大きく影響することを考えると，家屋

の評価額に土地評価額を加えるべきであろう。すなわち，帰属家賃は家屋だけではなく土地も含めた居住用不動産から発生すると考えるべきである。

　第三に，ローン利子の扱いに関しては，担税力の違いを考慮してローン残高を控除すべきである。現在わが国では，持家取得促進および景気対策の観点から，所得税における住宅ローン減税が特例措置として認められている。そこでは金融機関から納税者に対して年末にローン残高が通知されることになっているが，その制度を定着させることにより純財産価値の計算は可能である。なお当然のことながら，固定資産税でローン残高控除が実施される場合には，所得税における住宅ローン減税制度は廃止すべきである。

　第四に，帰属所得率は，本書第7章の①式で示したように，住宅ローン金利で代替することが可能である。

　第五に，低所得者対策については，そもそも税負担水準がどの程度となるかが問題となる。税負担水準は，固定資産税評価額，ローン残高の有無，税率（帰属所得率×所得税率）により決定されるため一概には言えないが，例えばローン支払いを終えた年金生活者などは，納税を苦痛に感ずるかもしれない。あるいは，地価や金利の上昇に伴い税負担の増加が発生する。したがって，年金生活者以外であっても，低所得者の中には負担が困難な者が出てくる可能性はある。このような可能性を考えると，何らかの救済措置が必要となろう。可能性としては，キャランの示した所得基準もしくは延納方式のいずれかが検討に値するように思われる。

第9章　住宅ローン利子控除をめぐる一考察

はじめに

　本書第1章で見たように，わが国の現行税制において，個人の住宅に係る税は，取得，保有，譲渡の各段階で課税されている。

　さらに，住宅は生存権的財産であることや，持家取得および住み替えの促進などを考慮し，現実には各種の優遇措置が適用されている。たとえば持家取得の促進に関しては，住宅ローン減税制度，住宅取得資金に係る贈与税の特例，買換え等の場合の譲渡損失の繰越控除制度，不動産流通課税や固定資産税における減免税措置などが設けられている。

　さて，バブル崩壊後，わが国では景気がなかなか回復せず，内需拡大の観点から住宅投資への期待が高まっていた。そして，そのためには税制面からのバックアップが極めて重要であり，特に住宅ローン減税制度に関しては，その適用期間を延長する意見や，現行制度のような特別措置ではなくアメリカ型の恒久的かつより減税規模の大きい住宅ローン利子所得控除制度に変更すべきだとの議論があった[1]。

　そこで，以下では住宅ローン利子控除制度に焦点を当て，主要先進国での議論も踏まえ，その存在意義について考察する。具体的には，まず，主要先進諸国における住宅ローン利子控除制度の現状を概観する（I節）。次に，住宅ローン利子控除制度が廃止された国（イギリス，ドイツ，フランス）について，特にフランスのケースを取り上げ，廃止に至る経緯を詳細に追う（II節）。さらに，住宅ローン利子控除の経済効果および問題点を，理論的に整理する（III節）。

---

[1] 例えば，(社)住宅生産団体連合会［2000］参照。

I. 主要先進諸国の現状

本書の表7-1で示されたように,現在,主要先進諸国の中で住宅ローン利子の控除を明確な形で認めているのはアメリカのみである[2]。もっとも,前述のように,現在のわが国の制度も実質的にローン利子税額控除の効果を有する。

イギリスやドイツ,フランスにおいても,かつてアメリカの場合と同様「住宅ローン利子所得控除」制度が導入されていたが,その後,所得控除方式は高所得者を優遇するとの批判を受けて,「住宅ローン利子税額控除」方式に変更された。

さらに最近では,ローン利子控除制度そのものが廃止され,住宅取得者に対して直接的に補助金を与える方式(ex. ドイツの住宅取得援助金制度,フランスの金利0％融資制度)へ変更されている。すなわち,税制を通して住宅取得者に対し間接的に補助を与える「Tax Expenditure」の制度から,財政支出の形で直接的に補助を与える「Direct Expenditure」への転換が行われている。

II. 住宅ローン利子控除制度が廃止された背景

住宅ローン利子控除制度が廃止された事情は,国によりまちまちである。まずイギリスにおいては,住宅取得促進税制の存在が財政負担の上昇を引き起こしていたこと,高所得者に有利であったこと,持家率が上昇したこと(持家率は1951年28.0％,1973年52.0％,1993年66.8％と上昇している。表5-17参照)などがその理由として挙げられている。またドイツにおいては,高所得者に有利であったことが主たる要因として指摘されている[3]。

---

2) アメリカの住宅ローン利子控除をめぐる議論は,アメリカ住宅税制研究会[1999],118-129頁,篠原(二)[2000],今本[2002]参照。
3) イギリスおよびドイツの議論に関しては,前川[2000],半谷[2000]参照。

フランスでは，1995年に金利0％融資制度が導入されたこと，ローン利子控除による一世帯あたりの減税額は大きくなく，住宅取得に対する効果が限定的であったこと，などが挙げられている。以下では，フランスのケースを詳細に見よう。

1．住宅ローン利子控除制度の存続意義[4]

本書第7章で述べたように，フランスで帰属家賃が非課税とされたのは，1965年の予算法（第11条）においてである。ところが，同法においては，帰属家賃課税が廃止されたにもかかわらず，住宅ローン利子所得控除制度の存続が決定された。具体的には，表9-1で示されるように，主たる住居の建設（construction），取得（acquisition），大規模修繕（grosses réparations）などのために組まれたローンの利子に関しては10年間，また外壁の塗装工事（ravalement）の費用に関しては1年間，それぞれ所得税の課税ベースから所得控除することが認められた。ただし，毎年の控除額は，5,000フランに扶養家族1人当たり500フランを加えた額が上限とされた。

このような決定においてまず問題となるのは，住宅ローン利子控除制度の意義である。第7章で述べたように，包括的所得税の立場に立てば，持家所有者は転居してそれを賃貸し家賃収入を得ることが可能であり，賃借人の場合と比較して家賃分だけ経済力が増加していると見なせる。したがって，家賃相当額から，それを得るために必要とされる諸経費を控除した純帰属家賃を所得税の課税ベースに含めることが妥当である。しかしながら，粗帰属家賃が非課税な場合には，諸経費を控除することは理論的に整合的ではない。すなわち，住宅ローン利子控除も当然認められないことになる。

それにもかかわらず，何故，住宅ローン利子控除の存続が認められたのか。

4）以下は，もっぱら "Projet de loi de finances pour 1965", *Droit Fiscal*, N° 42, 1964, pp. 4-5, "Projet de loi de finances pour 1965", *Droit Fiscal*, N° 43, 1964, pp. 6-8, "Projet de loi de finances pour 1965", *Droit Fiscal*, N° 48, 1964, pp. 5-6, "Projet de loi de finances pour 1965", *Droit Fiscal*, N° 51, 1964, pp. 6-7, pp. 10-11, "Projet de loi de finances pour 1965", *Droit Fiscal*, N° 1-2, 1965, pp. 8-10に基づく。

表9-1　1965年予算法成立までの住宅ローン利子控除に関する諸議論

	帰属家賃課税	住宅ローン利子所得控除			その他
		控除対象	控除期間	控除限度額（年間）	
政府案	廃止	主たる住居の建設もしくは取得のためのローン利子	5年間	1,500フラン＋扶養家族1人当たり500フラン	－
国民議会案	廃止	主たる住居の建設もしくは取得のためのローン利子	10年間	5,000フラン＋扶養家族1人当たり500フラン	納税者は，以前の制度（帰属家賃課税および諸費用の控除）を1年間に限り選択できる。
元老院案	廃止	－	－	－	納税者は，以前の制度（帰属家賃課税および諸費用の控除）を5年間選択できる。
調停委員会案	廃止	主たる住居の建設もしくは取得のためのローン利子	10年間	5,000フラン＋扶養家族1人当たり500フラン	・納税者は，以前の制度（帰属家賃課税および諸費用の控除）を1年間に限り選択できる。 ・大規模修繕費用の所得控除が可能。
最終決定案	廃止	主たる住居の建設，取得，大規模修繕のためのローン利子	10年間	5,000フラン＋扶養家族1人当たり500フラン	・外壁の塗装工事費用に関しては，1年間の所得控除が認められる。 ・納税者は，以前の制度（帰属家賃課税および諸費用の控除）を1年間に限り選択できる。

（出所）　*Droit Fiscal*, N° 51, 1964, pp. 6-7.

この点を検討するには，改正前の制度に目を向ける必要がある。すなわち，改正前においては帰属家賃が課税対象とされるとともに，粗帰属家賃から維持・修繕費用，住宅ローン利子，減価償却費用，保険費用などの諸費用を控除する

ことが認められていた。さらに，もし粗帰属家賃から控除しきれない場合には，他の種類の所得から控除することまで認められていた[5]。

ところが，帰属家賃課税が廃止されると，納税者は帰属家賃を毎年申告する事務負担から解放される反面，以上のような控除が一切認められないことになる。そうなると，納税者によっては負担が増加することも予想された。また，持ち家の建設および取得が抑制される可能性も存在した。したがって，納税者の置かれる状況の極端な変化を避けると同時に，主たる住宅の建設および取得の意欲を抑制しないために，当初提示された政府案においては，住宅の取得および建設のためのローン利子に関して引き続き所得控除を認めることが盛り込まれた（表9-1）。そして，住宅ローン利子控除の存続そのものに関しては，1965年予算法をめぐるその後の議論においても覆ることはなかった。

2．住宅ローン利子控除制度の形態

問題なのは，住宅ローン利子控除制度の継続を認めるにしても，如何なる形態でそれを存続させるかという点であった。政府案によれば，当初，住宅ローン利子所得控除の対象として認められたのは，主たる住居の建設もしくは取得のケースであり，しかも控除期間は5年間，年間控除限度額は1,500フランに扶養家族1人当たり500フランを加えた金額とされていた（表9-1）。最終決定案と比較すると，この政府案は明らかに限定的である。政府案から最終決定案に至るまでにどのような議論が展開されたのであろうか。

（1）国民議会案

まず，国民議会（Assemblée Nationale：わが国の衆議院に相当）において政府案に関してどのような反応が示されたかを見ると，同案に対して基本的に賛成の立場に立ちながらもそれに修正を求める意見と，政府案を真っ向から否定する意見とが対立した。

前者の中には，控除期間の延長（5年→10年）および年間控除額の拡大（1,500

5）詳細は，Harvard Law School International Tax Program ［1966］, pp. 532-538参照。

フラン→6,000フラン）が必要であるとの意見があった。また，前述のような改正前の制度との選択を，納税者の申告に基づき3年おきに認めるべきだとの意見も出された。

これに対して後者においては，政府案の問題点として，第一に，政府案が実施されると多くの納税者にとって増税となる可能性が高いこと，しかも，その可能性は，特に築年数の経過した住宅に居住する納税者にとって大きいことが指摘された。

第二に，住宅ローン利子控除の適用されるのは新築住宅の建設および取得に限られるため，新築住宅と中古住宅との間の扱いが公平でないとされた。したがって，帰属家賃非課税と新築住宅の建設・取得に対する住宅ローン利子控除の存続を求める政府案を廃止し，その代わりに，①帰属家賃は課税されるが諸費用の控除は認められる，もしくは②帰属家賃は非課税であるが諸費用の控除も認められない，のどちらかの制度を選択する権利を納税者に認めるべきことが提言された。

以上のような意見を踏まえて，結局，国民議会で採択された内容は，①住宅建設および取得を促進するために，控除額を年間5,000フランおよび扶養家族1人当たり500フランの合計額に拡大すると同時に，控除期間を5年間から10年間に延長する，②急激な制度変更を避けるために，1年間に限り旧制度との選択を納税者に認める，というものであった。

(2) 元老院案

国民議会での審議を受けて修正された政府案は，元老院（Sénat：わが国の参議院に相当）での審議に回された。そこで提示された修正案は，帰属家賃課税の廃止は認めるが，納税者の申告に基づき旧制度との選択を5年おきに認めるべきであるとの内容であった。その主たる理由として挙げられたのは，帰属家賃課税が廃止されると諸経費の控除も認められなくなるため，特に築年数の古い住宅の所有者にとって負担が増える，という国民議会でも指摘された事柄であった。

この修正案に対しては，どちらの制度を選択するかを申告する負担が納税者

に発生し，納税者の納税事務負担を軽減するという第11条の趣旨に反するとか，そもそもある所得が課税されるか否かを決定するのは立法者の役割であり納税者にその権限はない，などといった批判が行われた。しかしながら修正案への賛成が多数を占め，結局，元老院においては同案が可決された。

（3）調停委員会案

以上から明らかなように，第11条をめぐる修正案に関して国民議会と元老院とでは意見の食い違いが見られた。そこで，両議会のメンバーから構成される調停委員会が結成され，議論はそこに委ねられた。結局，調停委員会で決定された内容は，国民議会で採択された内容をベースとしながらも，築年数の古い住宅の負担を軽減するために，大規模修繕費用に関しても控除対象とすることが盛り込まれた。

（4）最終決定案

しかしながら，大規模修繕費用の控除を追加的に認める点に関しては，賃借人と比較して持家所有者をより優遇することになるのはもちろんであるが，持家所有者間においても，実際に居住している者をそうでない者（他人に賃貸している者）よりも過度に優遇することになり望ましくない，との反論が政府サイドより出された。というのは，他人に賃貸している場合は不動産所得が発生しており，それから修繕費用の控除が認められることになる。すなわち，その分控除の効果は限定されるからである。

したがって，最終的には大規模修繕費用そのものを控除する案は否決され，大規模修繕のためのローン利子および外壁の塗装費用の控除に変更された。さらに，外壁の塗装費用に関しては，外壁の塗装工事が複数年にわたる場合においても，控除期間は1年に限定された。

---

6) Droit Fiscal, N°1－2, 1984, pp. 60－65.

3. 所得控除方式から税額控除方式への変更[6]

1965年の予算法で存続が認められた所得控除方式に関しては，累進所得税制の下では適用される税率の高い高所得者により有利に働く，との批判が大きかった[7]。

そこで，1984年の予算法において，所得控除方式から税額控除方式へと制度

表9-2　住宅ローン利子税額控除制度の変遷

ローン契約日	控除割合	控除期間	控除最高限度額
1983年以前	20%	10年	9,000フラン+扶養家族1人当たり1,500フラン
1984年	25%	5年	9,000フラン+扶養家族1人当たり1,500フラン
1985年～1986年5月31日	25%	5年	15,000フラン+扶養家族1人当たり2,000フラン
1986年6月1日～1991年9月17日（新築の場合）	25%	5年	①独身者の場合 15,000フラン+扶養家族1人当たり2,000フラン ②夫婦の場合 30,000フラン+2,000フラン（1人目の扶養家族）+2,500フラン（2人目の扶養家族）+3,000フラン（3人目以降）
1991年9月18日以降（新築の場合）	25%	5年	①独身者の場合 20,000フラン+2,000フラン（1人目の扶養家族）+2,500フラン（2人目の扶養家族）+3,000フラン（3人目以降） ②夫婦の場合 40,000フラン+2,000フラン（1人目の扶養家族）+2,500フラン（2人目の扶養家族）+3,000フラン（3人目以降）
1995年10月1日以降（金利0％融資制度の適用を受ける場合）	－	－	－

（出所）　Lambert [1996], p.55より著者作成。

---

7) 当時は，最高税率65％，13段階（5％刻み）のきつい累進税率構造が採用されていた（Droit Fiscal, N° 1-2, 1984, p.48参照）。

が変更された。具体的には，1984年以前に契約された主たる住居の取得・建設，大規模修繕等のためのローンに関しては，その毎年の利子費用の20％を10年間，1984年以降のものに関しては25％を5年間，それぞれ支払税額から税額控除することが認められた。さらに，主たる住居の外壁の塗装工事および省エネルギー工事費に関しても税額控除が認められた。ただし，以上に関しては，いずれのケースにおいても所得控除方式の場合と同様に，控除額に最高限度額が設定された。

このような住宅ローン利子税額控除制度はその後幾多の変遷を経た。表9－2はその概要を示したものである。なお，1990年1月1日から1993年6月30日の間に結ばれたローン契約に関しては，適用条件として所得制限も設けられていたが，それ以降の契約に関しては撤廃された。

4．金利0％融資制度の導入

これまで見てきたように，住宅ローン利子控除制度は，紆余曲折を経ながらも帰属家賃課税の廃止後も生き残った。ところが，1995年にはこの状況に変化が生じた。すなわち，賃貸住宅から持ち家への住み替えを促進する等の目的で，それまでの持家取得助成制度（PAP：Pret aidé l'accession à la propriété）[8]に代えて金利0％融資制度（PTZ：prêt à taux zéro）が導入され，同年10月1日以降は，個人が主たる住居を購入する目的で金利0％融資制度を利用する場合には，住宅ローン利子税額控除制度の適用を受けられないこととなった。

ここで，発足当時の金利0％融資制度について簡単に述べると[9]，同制度においては，主たる住居（新築および中古）を購入する個人を対象として，金利0％での貸付が認められる。ただし，この融資は1回限りのものである。また，融資に際しては所得制限および融資限度額（住宅価格の2割）が設定され

8）1977年に創設された制度で，主たる住居の取得もしくは改良を行う一定要件を満たす個人または法人（建設業者）に対して低利融資を行う制度である。詳細は，外国住宅事情研究会［1992］，495-500頁，住宅金融公庫住宅総合調査室［1998］，169-171頁を参照。

9）金利0％融資制度の詳細は，浅野［1996］および住宅金融公庫住宅総合調査室［1998］，158-168頁を参照。

ているが，これらはいずれも，居住地域および扶養者数により異なる。さらに，返済期間も世帯年収によって異なる（最長は21年）。なお，金利0％融資制度の融資財源は融資を取り扱う金融機関が自ら調達しなければならないが，返済期間中の金利相当分は国からの補助金により補償されることとなっている。

5．住宅ローン利子控除制度の廃止

（1）廃止の理由

金利0％融資制度が導入され1年余りが経過した時，結局，1997年の予算法により住宅ローン利子税額控除制度は廃止されることとなった。すなわち，①1997年以降，新築住宅に対する控除を廃止すること，②1998年以降は中古住宅に対する控除も廃止すること，が決定された。

廃止の理由として挙げられているのは，以下の2点である[10]。

第一に，ローン利子税額控除による一世帯あたりの減税額は大きくなく，住

表9-3　金利0％融資制度の運用状況

	1996年		1997年	
	貸付件数 （件）	平均貸付額 （フラン）	貸付件数 （件）	平均貸付額 （フラン）
新築住宅 　購入	18,999 (14.8)	105,940	15,530 (12.8)	105,020
建設	66,378 (51.8)	107,112	79,770 (65.9)	108,281
中古住宅	42,691 (33.4)	79,945	25,885 (21.3)	79,478
総計 or 平均値	128,068 (100.0)	97,900	12,1185 (100.0)	101,650

（注）　カッコ内の数値は構成比を示す。
（出所）　Ministère de l'Equipement, des Transports et du Logement ［2000］, p.63より著者作成。

---

10) 以下は，Auberger ［1996］, pp.132-134参照。

宅取得促進に対する効果は限定的であったことが指摘されている[11]。1996年の状況を眺めると，実際の減税額は一世帯当たり2,991フラン（約6万円）であったと推計されている[12]。

第二に，1995年に金利0％融資制度が導入されたことの影響が大きい。1995年以降は同制度と住宅ローン利子税額控除制度の選択制となったため，ローン利子控除の対象となる世帯は，1992年には約340万世帯であったものが，1996年には約260万世帯に減少している。

金利0％融資制度の運用状況を見ると（表9-3），1996年における貸付件数は約13万件，平均貸付額は97,900フランである。この金額は，同年におけるローン利子税額控除のそれをはるかに上回っている。また，金利0％融資制度の利用者に関してその属性をみると[13]，25～35歳の人々が全体の約6割を占め，また99％が月収22,000フラン（40万円弱）以下，このうち，月収15,000フラン以下が78％，15,000～22,000フランが21％となっている。さらに，77.2％が賃貸住宅の居住者である。したがって，金利0％融資制度においては，所得税の課税対象とならず，ローン利子税額控除制度が適用されない若年層の低所得者も恩恵を受けていると考えられる。

（2）国民議会での議論[14]

住宅ローン利子税額控除制度の廃止に関して，国民議会では以下のような意見が出された。

第一に，フランスでは1990年代以降深刻な不動産不況に見舞われており[15]，そのような状況下において，住宅ローン利子税額控除制度を廃止することは望ましくないとされた。同制度は，金利0％融資制度の対象とならない高所得者に対してもインセンティブを与えるからである。しかし，このような指摘に対しては，金利0％融資制度の方がより効率的であるとの反論がなされた。表9

---

11) 同様の事柄は，Ducamin, et al. [1995], p.97においても指摘されている。
12) Conseil des Impôts [1999], p.70参照。
13) この点に関しては，Mouillart [1997] も参照。
14) Auberger [1996], pp.135-137参照。
15) これに関しては，住宅金融公庫住宅総合調査室 [1998]，260-261頁参照。

表9-4 住宅ローン利子税額控除制度と金利0％融資制度の比較（1996年）

	住宅ローン利子税額控除制度	金利0％融資制度
総コスト（総額：百万フラン）	7,700	8,460
制度適用件数	2,574,548	128,068
財政コスト（平均値：フラン）a	2,991	66,499 (65.0%)
平均控除額 or 平均貸付額 b	2,991	97,900
b/a	1.0	1.47

（注）カッコ内は補助率（貸付総額に占める国の補助金の割合）を示す。
（出所）Conseil des Impôts [1999], p.70, Ministere de l'Equipement, des Transports et du Logement [2000], p.63より著者作成。

-4から明らかなように，両制度の費用対便益の比率を見ると，金利0％融資制度（1.47）の方が住宅ローン利子税額控除制度（1.0）を上回っている。

第二に，中古住宅市場へ与える影響が懸念された。すなわち，1996年末で不動産流通課税の一時的減税措置の期限が切れること，97年以降中古住宅に対する金利0％融資制度の適用条件が厳しくなることなどがすでに決定されており[16]，これらと同時にローン利子控除制度も廃止されるとなると，中古住宅市場へのダメージが大きいと考えられた。したがって，国民議会では，中古住宅に関するローン利子控除制度の廃止を1年延期することが提言された。

（3）元老院での議論[17]

元老院においても，ローン利子控除制度は効率的でないとする国民議会での

---

16) 不動産流通課税に関しては，1995年7月以降，住宅の取得と流通を促進する観点から，県と州における税率が35％引き下げられたが，この特例措置が期限を迎えることとなった。また，中古住宅に関しては，融資対象が，築20年以上で一定の要件を満たす改良工事が施された物件に限定されていた。この要件の中には改良工事費用が総費用（購入費用＋改良工事費用）に占める割合に関する規定も含まれていた。当初，その値は35％以上であったが，1996年には20％以上に変更され，さらに，97年以降は再び35％以上とされた。
17) Lambert [1996], pp.54-58参照。

議論は受け入れられた。加えて，中古住宅に対するローン利子税額控除制度と新築住宅の取得促進に重点の置かれた金利０％融資制度との共存は住宅取得促進政策の一貫性を欠く，との指摘が行われている。

その理由として挙げられているのは，第一に，住宅購入者にとっては中古住宅の方が新築住宅よりも価格が安くて入手が容易であるにもかかわらず，現実の政策は，新築住宅の取得促進の方により力が入れられていることである。

第二に，金利０％融資制度においては低所得者の新築住宅取得促進に重点が置かれているのに対して，ローン利子税額控除制度の恩恵を受けるのは，もっぱら所得税の対象となる中高所得者である。しかしながら，低所得者にとって購入しやすいのは価格の安い中古住宅の方である。

第三に，現実の住宅経済の状況を見ると，新築住宅の建設に対してよりも既存住宅のリフォームに対する需要の方が大きい，ことである。

要するに，元老院で主張されているのは，新築住宅の取得よりも中古住宅の取得やリフォームに政策の重点を置くべきだということである。そのような観点から，中古住宅に対するローン利子控除制度の廃止の１年延期を提言する国民議会の決定を支持するとともに，金利０％融資制度における中古住宅の適用条件を緩和すべきことを提言している[18]。

III. 住宅ローン利子控除の経済効果と問題点

1. 住宅ローン利子控除の経済効果

OECDが1994年に公表した『租税と家計貯蓄』と題された研究報告書は，持ち家の取得を促進する税制上の要因として，(a)帰属家賃の非課税措置，(b)住宅の売却時におけるキャピタル・ゲイン課税の優遇措置，(c)住宅ローン利

---

18) 具体的には，改良工事費用が総費用（購入費用＋改良工事費用）に占める割合を，35％以上から再び20％以上に戻すことを提言している。

表9-5 住宅ローン利子所得控除の効果 (単位:%)

	住宅ローン利子控除あり	住宅ローン利子控除なし
アメリカ	8.1 (-11.6)	35.4 (19.2)
イギリス	-	-
ドイツ	-	-
フランス	14.6 (8.0)	39.8 (34.5)
日本	41.0 (26.6)	52.0 (37.3)
イタリア	3.9 (-8.6)	42.8 (32.9)

(注) カッコ内の数値は、地方財産税のない場合を示す。
(出所) OECD [1994b], p.111.

子所得控除、の3種類を挙げている[19]。

同報告書では、このうち特に住宅ローン利子所得控除の効果に関して、住宅購入資金の75%をローンに頼るという前提の下で実証分析が行われている。表9-5は、主要先進諸国についてその結果をまとめたものである。

表中の数値は、住宅に対する実効限界税率 (marginal effective tax rate) であり、課税前の投資収益率に対して課税後の投資収益率がどのように変化したかを示している。その値が小さいほど住宅ローン利子所得控除の効果が大きく、住宅購入時の負担が小さいことになる。明らかなように、住宅ローン利子所得控除の存在は、実効限界税率を低下させている。例えば日本のケースでは、住宅ローン利子控除のない場合の実効限界税率は52.0%、ある場合は41.0%である。同様の事柄は、本書の第11章においても示される。したがって、住宅ローン利子所得控除は、持ち家に対する投資促進効果を有すると考えられる。

なお、OECDの報告書では、財産価値に対して時価課税が行われるという前提のもとで、地方財産税の存在により住宅ローン利子控除の効果がどのように変化するかに関しても分析が行われている。その結果は同じく表9-5から明らかなように、地方財産税がない場合の方が実効限界税率の値は小さくなっている。このような現象は、特にアメリカにおいて顕著である。すなわち、地方財産税の存在は持ち家への投資を抑制する方向に働くと予想される。

---

19) OECD [1994b], p.194.

2．住宅ローン利子控除の問題点

　主要先進諸国における住宅ローン利子控除制度の廃止理由からも明らかであるが，住宅ローン利子控除は，以下のような問題点を抱えていると考えられる。

（1）税制の整合性
　本書の第7章で述べたように，住宅ローン利子控除の存在は，帰属家賃課税と密接な関係を有する。

　まず包括的所得税の立場からは，ローン利子控除は帰属家賃に対する経費控除の意味合いを有する。しかしながら，現行税制においては，帰属家賃課税が実施されていない。したがって，帰属家賃が非課税の状況において住宅ローン利子控除は認めがたい。

　第二に，支出税の観点は，帰属家賃が課税（非課税）ならば，ローン利子は控除可（控除不可）となる（表7-2参照）。

　結局，税制の整合性の観点から考えると，包括的所得税および支出税のいずれの観点からも，帰属家賃が非課税な税制におけるローン利子控除の存在意義は認められないことになる。

（2）公平性
① 水平的不公平
　住宅ローン利子控除の存在は，所得が同じであっても，賃借人と比較して持家所有者を優遇する。持家所有者はその所得（帰属家賃）に課税されないのみならず，賃借人の場合には認められていない住宅コストの重要な部分の控除が認められるからである。また，持家所有者間においても，住宅ローンのある者とそうでない者との間で水平的不公平をもたらす。

② 垂直的不公平
　所得に対する利子控除額の割合は，下記のような理由により，所得が高くなるにつれて上昇する傾向がある。したがって，高所得者にとって有利であると

考えられる。

　第一に，住宅需要の所得弾力性は正であり，高所得者ほど持ち家に対する需要が大きい。すなわち，住宅ローンに対する需要も高まると考えられる。

　第二に，住宅ローン利子控除の額は，住宅ローンの規模が大きくなるほど上昇するが，高所得者ほど多額の住宅ローンを組むことが可能である。

　第三に，特に所得控除の形式をとる場合には，限界税率が高い者にとって有利となる。

（3）中立性

　第一に，課税後の投資収益率が上昇することにより，持ち家に対する投資を他の投資と比較して有利にする。すなわち，投資家の資産選択に対して中立的ではない。

　第二に，もし住宅ローン利子控除がなかったら，限界税率を引き下げることが可能となり，そうでない場合よりも労働供給が促進されるであろう。

おわりに

　結局，税制の整合性の観点から考えると，住宅ローン利子控除制度の形式（所得控除 or 税額控除）にかかわらず，帰属家賃が非課税の場合には，その存在意義は認められないことになる。

　そうなると，特定の政策目的を達成するための手段として住宅ローン利子控除の意義を見出すしかない。これに対しては，短期的には景気対策の観点から有効であるとの見方も是認されようが，長期的には，住宅政策の中での持家政策の位置づけ，および持家取得促進政策としての住宅ローン利子控除制度の意義が重要なポイントとなるであろう。

　そこで，主要先進国の動向を眺めると，イギリスやドイツ，フランスの事例から明らかなように，住宅ローン利子控除制度は廃止され，すでにダイレクト・エクスペンディチャーへと変更されている。また，アメリカにおいては

ローン利子控除制度が存続しているが，不公平性および非中立性がその問題点として指摘されているのである。しかしながら，いずれの国においても住宅政策の中で持家政策の重要性が低下したわけではない。住宅ローン利子控除が廃止された国々においても，政策手段が変更されたにすぎない。

住宅が生存権的財産としての性格を強く有することを考えると，諸外国の場合と同様に，わが国においても持家取得を促進することは今後も重要であると考えられる。

次に，持家取得促進政策としての住宅ローン利子控除制度の意義に話題を転じよう。同制度は，前述のように公平性および中立性の観点から問題を有している。しかしながら，ローン利子控除の効果は，低所得者よりも中高所得者の場合の方が大きい。したがって，優良な中古住宅ストックの形成に役立つ側面を有し，この点は評価されても良いと思われる。ただし，アメリカ型の住宅ローン利子所得控除制度を恒久的に導入するとなると，税収損失の規模が拡大し財政赤字が悪化する可能性があることにも注意すべきであろう[20]。

---

20) アメリカにおける租税論の大家であるアーロン（Aaron, H. J）が，日本への導入問題に関して，帰属家賃非課税のもとでのローン利子控除の導入は課税の一般原則に反すること，資本化により地価を引き上げ裕福な人々を優遇することの2点の理由から，「絶対に導入しない方が良く，住宅に対する税制優遇措置を拡大するのは間違いである」と発言しているのは興味深い。詳細は，住まいをめぐる金融・税制国際会議[1987]，193-194頁参照。

第10章 フランスのキャピタル・ゲイン課税
―― 1976年税制改正の理論的背景 ――

はじめに

　フランスにおいては，2004年税制改正により，キャピタル・ゲイン課税の原則が，それ以前の総合課税（不動産譲渡益の場合）および分離課税（有価証券譲渡益等の場合）の混合システムから，分離比例課税へと統一された。しかし，そもそも1976年以前は，不動産譲渡益のみが課税対象とされ，有価証券譲渡益等は非課税であった。

　フランスでキャピタル・ゲインに対する包括的な課税制度が誕生したのは，ジスカールデスタン政権の下で施行された1976年7月19日法に基づく税制改正においてである。この改正がフランスの所得税制史において重要な意味を有するという点に関しては，わが国においてもすでに紹介されている[1]。

　しかしながら，この1976年税制改正の理論的背景に言及した詳細な研究はこれまでのところ存在しない。著者は，別稿において資産所得税制の枠組みの中でフランスのキャピタル・ゲイン課税（特に有価証券譲渡益課税）の問題点および今後のあり方について考察したが[2]，1976年税制改正をめぐる諸議論を展望することにより，フランスのキャピタル・ゲイン課税の根底にある思想がより明確にされると考えられる。

　このような問題意識から，本章では，1976年のキャピタル・ゲイン税制の誕生に大きな影響を与えたと考えられる3種類の報告書，すなわち，『社会的不平等委員会報告』(1975年)[3]および，それを受けて公表された『キャピタル・

---

1) 尾崎 [1993], 160頁。
2) 篠原 [2000 d] 参照。

ゲインの包括的課税に関する検討委員会報告』(1975年)[4]と『経済社会評議会報告』(1976年)[5]に注目する。そして,それぞれの勧告内容に焦点を当て,1976年税制改正の理論的背景および問題点について考察することとする。さらに,『キャピタル・ゲインの包括的課税に関する検討委員会報告』および『経済社会評議会報告』と,わが国における『シャウプ勧告』の内容を比較検討する。以上のような作業を通して,キャピタル・ゲイン課税をめぐる問題点の整理を,著者なりに行いたい。

　本章の構成を具体的に述べると次のとおりである。まず,フランスにおけるキャピタル・ゲイン課税制度の沿革を概観し,1976年税制改正の特徴を明らかにする(Ⅰ節)。次に,1976年税制改正に至った社会・経済背景を探る(Ⅱ節)。さらに,上述の報告書のうち1976年税制改正の理論的基礎を提供したものとして,特に『キャピタル・ゲインの包括的課税に関する検討委員会報告』と『経済社会評議会報告』に注目し,そこでの提言内容を忠実にフォローするとともに,両報告の特徴をより明確にするためにシャウプ勧告との比較を行う。そして,両報告の内容に照らし合わせて,1976年税制改正の問題点について考察する(以上,Ⅲ節)。

Ⅰ. キャピタル・ゲイン課税制度の沿革

1. 1976年以前

　フランスで個人のキャピタル・ゲインに対する課税が開始されたのは1960年代のことである。表10-1で示されるように,1976年税制改正以前の制度は次のような特徴を有していた[6]。

---

3) Commission des Inegalites Sociales [1975].
4) Mongulan & Delmas [1975 a] および Mongulan & Delmas [1975 b]。
5) Uri [1976]。
6) 1976年税制改正以前における制度の詳細は,Mongulan & Delmas [1975 a], pp. 127-142および pp. 251-272, (財)日本不動産研究所 [1981],第4部参照。

第一に，動産（biens meubles）および有価証券（valeurs mobilieres）の譲渡益がほぼ非課税とされていた。
　第二に，不動産譲渡益は課税対象とされていたが，そのシステムが複雑で統一がとれていなかった。すなわち，不動産譲渡益は，建設利益（住宅等を建設しそれを分譲することにより得られる利益），特定の分譲者による土地の分譲譲渡益，保有期間10年未満の譲渡により発生する投機的利益，建築用地の譲渡益の4種類に分類され，課税が実施されていた。
　第三に，農家や自由業者，商人などによる事業用資本の譲渡益のほとんどが，減免税の対象とされていた。
　ところが，このような制度においては，申告制に基づいていたことや多くの減免税措置が設けられていたことなどから，現実の課税ベースはかなり浸食されていた。フランス主税総局の統計によれば，課税所得に占める不動産譲渡益の割合は，1969年および1970年において，それぞれ0.4％，0.3％に過ぎなかったことが示されている[7]。

2．1976年税制改正

　このような状況の中で，1976年税制改正では，原則として個人財産の処分により実現されるすべてのキャピタル・ゲインに関して，他の種類の所得と合算して総合累進課税を実施することとされた。
　その概要は，表10-1で示されている。改正後は，不動産譲渡益および有価証券譲渡益に関しては，短期，中期，長期の区分による所有期間別課税が採用され，宝石や貴金属，芸術品等の動産に関しては，譲渡価格に対する比例課税が行われることになった。さらに，不動産譲渡益および有価証券譲渡益に関しては，短期以外のケースでインフレ調整の実施が認められた。ただし，キャピタル・ロスの控除は原則として認められなかった。

---

7) Mongulan & Delmas [1975 a], p. 128.

3．1978年税制改正

1978年7月1日法により，上場株式に対する課税が，総合累進課税から分離比例課税へと変更された。このような制度は，その後，非上場株式（1990年12月29日法），社債（1992年12月31日法）へと拡大された。

4．2004年税制改正

2004年税制改正において，不動産譲渡益課税の大幅な改正が実施された[8]。

第一に，有価証券譲渡益の場合と同様，総合課税から分離比例課税へと変更になった。税率は16％であるが，これに社会保障負担11％が上乗せされるため，合計27％となる。

第二に，形式的には申告納税が継続しているが，公証人による源泉徴収が可能となった。

第三に，形式的には，短期，長期の区別が廃止された。しかし，本書第1章でも述べたように，所有期間5年超の不動産譲渡益に対する，取得価格の15％割増制度，譲渡所得の年10％控除制度の存在により，実質的には，以前と同様，短期重課，長期軽課となっている。このような制度は，宝石や芸術品の譲渡益に対しても適用されている。宝石や芸術品等に関しては，所有期間が2年を超えると，譲渡所得が毎年10％控除されるため，所有期間が12年を超えると譲渡所得がゼロになる。

第四に，セカンドハウス，農林業用地等に対する優遇措置の整理・縮小が行われた。

さて，2004年税制改正においては，有価証券譲渡益課税に関しても改正が行われている。税率は26％（社会保障負担10％を含む）で変更はないが，非課税限度額が，以前は年間譲渡総額5万フラン（約7,600ユーロ）であったものが，15,000ユーロへと大幅に引き上げられている。

以上のような2004年税制改正の背景としては，以下のような事柄を指摘でき

---

8) 以下は，平川 [2006]，浅妻 [2008] 参照。

表10-1　フランスにおける個人に対するキャピタル・ゲイン税制の概要

	1976年改正以前	1976年改正	2000年	2004年改正
課税の原則	課税（不動産譲渡益）非課税（有価証券譲渡益等）	総合課税	総合課税（不動産譲渡益）分離課税（有価証券譲渡益等）	分離比例課税
不動産	建設利益，土地の分譲譲渡益，投機的利益と認定された場合（保有期間10年未満の場合），建築用地の譲渡益の4種類に分類されて課税。	・短期（所有期間2年未満）については普通所得として課税。 ・中期（所有期間2年～10年）については，投機的取引の性格を有する場合とそうでない場合とで課税方法が異なる。両ケースにおいて5分5乗方式が適用されるが，前者の場合は，分割延納が認められない。 ・長期（所有期間10年超）は年次控除制度[1]および5分5乗方式が適用。	・（所有期間2年未満）については普通所得として課税。 ・長期（所有期間2年超）については譲渡所得控除制度（毎年5％）および5分5乗方式が適用。	分離課税（税率16％） ＊これに社会保障負担11％が加わる。
有価証券	非課税	・短期（所有期間1年未満）は普通所得として課税。 ・中期（所有期間1年～10年）は5分5乗方式が適用。 ・長期（所有期間10年超）は非課税。	分離課税（税率16％） ＊これに社会保障負担10％が加わる。	分離課税（税率16％） ＊これに社会保障負担11％が加わる。
その他の動産（宝石，貴金属，芸術品）	非課税	譲渡価格に対する比例課税（税率2～4％）を実施。	譲渡価格に対する比例課税（税率5％もしくは8％）	譲渡価格に対する比例課税（税率5％もしくは8％）

インフレ調整	取得価格に対するインフレ調整（毎年3％）が実施される。	①不動産 　中期の投機取引については取得価格に対するインフレ調整（最初の5年は3％，それ以降は5％）が実施。中期の正常取引および長期の場合には，取得価格に対するインフレ調整（消費者物価指数による）が実施される。 ②有価証券 　中期のケースで，取得価格に対するインフレ調整（消費者物価指数による）が実施される。	取得価格に対するインフレ調整（消費者物価指数による）が実施される。	インフレ調整は，実施されない。
キャピタル・ロスの扱い	控除は認められない。	原則として控除は認められない。ただし，有価証券については有価証券譲渡益からの控除が認められる（5年間の繰り越しも可能）。	不動産の場合，控除は認められないが，有価証券については有価証券譲渡益からの控除が認められる（5年間の繰り越しも可能）。	不動産の場合，控除は認められないが，有価証券については，有価証券譲渡益からの控除が認められる（10年間の繰り越しも可能）。
減免税措置	公共団体等への譲渡および5万フラン以下の譲渡は非課税。	①免税 不動産 ・居住期間5年以上の主たる住居の譲渡。ただし，家族構成の変化，転勤，退職等の理由による場合は居住年数にかかわらずすべて非課税。 ・一定条件を満たすセカンドハウスも非課税。 ・1 m²当りの譲渡価格が一定水準を上らない農	①免税 不動産 ・居住期間5年以上の主たる住居の譲渡。 ・一定の条件を満たす主たる住居以外の住宅（セカンドハウス，賃貸住宅）。 ・1 m²当りの譲渡価格が一定水準を上回らない農林業用地。 有価証券 年間譲渡総額5万フラン以下は	①免税 不動産 ・主たる住居 ・1 m²当りの譲渡価格が一定水準（15,000ユーロ）を上回らない譲渡。 ・保有期間が15年を超える場合。 有価証券 年間譲渡総額が15,000ユーロ以下の場合。 その他動産 ・年間譲渡総額が5,000ユーロ以

		林業用地。有価証券 公共債および一部の証券 ②控除 すべての種類のキャピタル・ゲインに対して一般控除として6,000フランの基礎控除が認められる。また,家計の不動産総額がある一定水準以下の場合は,1回に限り非課税。	免税。②控除 すべての種類のキャピタル・ゲインに対して一般控除として6,000フランの基礎控除が認められる。また,不動産譲渡益に関しては特別控除あり。	下の場合。・保有期間が12年を超える場合。
相続・贈与のみなし実現課税	実施されない。	実施されない。	実施されない。	実施されない

(注) 1) 保有期間が10年を超える場合,キャピタル・ゲインの額が毎年一定割合控除される制度のことである。
(出所) Harvard Law School International Tax Program ［1966］, Mongulan & Delmas ［1975 a］, pp. 251 - 272, Brochier & Allaveno ［1977］, Waardenburg ［1977］, Mercier & Plagnet. ［2000］, Féna-Lagueny, Mercier & Plagnet ［2005］, 浅妻［2008］を参考に著者作成。

よう[9]。

まず,不動産譲渡益課税に関しては,制度の簡素化と,徴税システムの合理化を狙いとしていた。

また,有価証券譲渡益課税の負担が他のEU諸国と比較して相対的に重く,資本の海外逃避が懸念されたことがある。有価証券譲渡益に対しては原則非課税の国(ドイツ,ベルギー,オランダ,ルクセンブルク等)[10]があった中で,有価証券譲渡益に対して税率26%のキャピタル・ゲイン税が課されると同時に,有

---

9) 特に金融資産所得税制を中心とするフランスの資産所得税制に関する議論は,篠原［2000 d］参照。
10) ただし,これらの諸国でも,短期譲渡益,持分比率の高い有力株主が売却して発生する譲渡益に対しては課税されている。詳細は,Amos, et al ［2007］参照。

価証券は財産連帯税（富裕税）の課税対象となっており，間接的に未実現キャピタル・ゲインも課税されていたからである。

さらに，有価証券譲渡益と不動産譲渡益に対する課税方式を分離比例課税に統一することにより，資産選択の中立性に資すると考えられた。

Ⅱ．1976年税制改正に至った背景

1．ジスカールデスタン政権期間のフランス経済

以上のような1976年税制改正が実現されるに至った背景を探るために，まず当時の経済状況を概観しよう。

図10-1から明らかなように，ジスカールデスタン政権の期間（1974年5月～

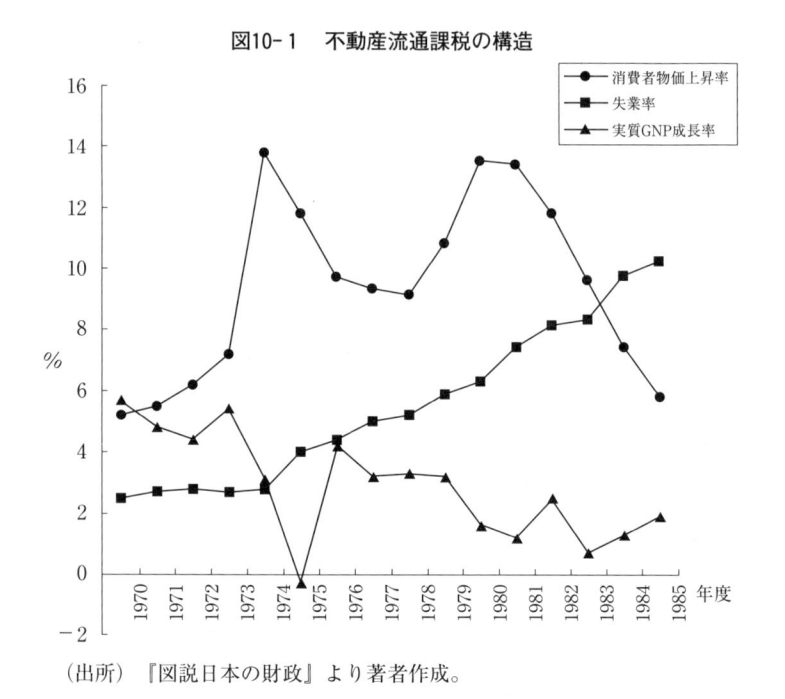

図10-1　不動産流通課税の構造

（出所）『図説日本の財政』より著者作成。

表10-2 主要先進国の経済指標 (1974〜1981年の平均値)　　(単位:％)

	アメリカ	イギリス	ドイツ	フランス	日本
消費者物価上昇率	9.4	15.5	4.9	11.4	9.1
失業率	6.8	4.4	3.7	5.1	2.0
実質GNP成長率	2.0 (3.3)	0.7 (3.4)	1.9 (4.1)	2.4 (5.5)	3.6 (9.7)

(注)　カッコ内の数値は，1960〜1973年の平均値。
(出所)　図10-1と同様。

1981年5月) におけるフランスの国内経済[11]はスタグフレーションの状態に陥っていた。2度のオイルショック (1974年および1979年) によってインフレに見舞われると同時に，インフレ抑制のための需要抑制政策により雇用情勢が悪化し，失業にも悩まされた時期であったと言える。表10-2で示されるように，1974年から1981年における実質GNP成長率の平均値は2.4％であり，主要先進国の中では相対的に高い成長率を達成したが，消費者物価上昇率および失業率の平均値は，それぞれ11.4％および5.1％であり，その値はイギリスに次いで大きかったことがわかる。

2．社会的不平等委員会報告

ところで，戦後のフランス経済は前例のない経済成長を遂げ，特に1960年代からオイルショックまでの期間は，主要先進国の中では日本に次ぐ高度成長を経験した (表10-2)。

このような現象は，国民の生活水準を引き上げ，社会的不平等を減少させる効果を発揮した。例えば，国立統計経済研究所 (INSEE) によれば，「1950年から75年までの間に，GNPは3倍以上に達し，……25年前には誰も洗濯機やテレビを持っていなかったが，1975年現在，10世帯のうち7世帯が洗濯機を持ち，9割の家庭がテレビを所有している。また，1953年に自動車を保有しているのは労働者の8％，中級幹部の32％，上級管理職の56％にすぎなかった

---

[11] ジスカールデスタン政権下における経済状況の詳細は，葉山 [1991]，第3章参照。

が，1972年にはその割合は，労働者の66%，中級幹部の86%，上級管理職の87%にそれぞれ上昇した」ことが明らかにされている[12]。

また，経済成長によって国民の所得格差は縮小したと考えられる。上位10%の所得が総所得に占める割合を見ると，1956年には36.2%であったが，1970年には29.3%に低下している[13]。

しかしながら，諸外国と比較すると，フランスの所得分布は相対的に不平等

表10-3 OECD諸国の所得分布状況

	総所得に占める割合（%）				D 10/D 1	ジニ係数
	1分位 (D 1)	2分位 (D 2)	9分位 (D 9)	10分位 (D 10)		
ドイツ (1973年)	2.5	3.4	15.7	31.1	12.4	0.396
オーストリア (1966-1967年)	2.1	4.5	15.1	23.8	11.3	0.313
カナダ (1969年)	1.2	3.1	16.2	27.1	22.6	0.382
アメリカ (1972年)	1.2	2.6	16.4	28.4	23.7	0.404
フランス (1970年)	1.5	2.8	16.0	31.0	20.7	0.416
日本 (1969年)	2.9	4.7	13.9	28.6	9.9	0.335
ノルウェー (1970年)	1.7	3.2	16.4	24.5	14.4	0.354
オランダ (1967年)	2.3	3.6	14.7	31.1	13.5	0.385
イギリス (1973年)	2.1	3.3	15.6	24.7	11.8	0.344
スウェーデン (1972年)	2.0	4.0	16.1	24.4	12.2	0.346
平均	2.0	3.5	15.6	27.4	13.7	0.366

（出所）　Sawyer [1976], p.14, p.16および Bégé [1976], p.98.

---

12) Giscard d'Estaing [1976], chap.1（訳書20-21頁）参照。
13) Sawyer [1976], pp.26-27.

度が高かった。このことは,高度成長期における OECD 諸国の課税前所得分布状況を眺めた表10-3により明らかである。フランスでは,最も裕福な第10分位の階層に属する家計の所得が総所得の31%を占めている。第1分位に属する階層と第10分位に属する階層がそれぞれ総所得に占める割合の比率は20.7であり,この値はアメリカとカナダに次いで大きくなっている。さらに,ジニ係数の値を見ると,フランスは0.416と最もその値が大きくなっている。

他方,資産分布の状況について見ると,1949年から1975年の間にジニ係数は0.51から0.55へ上昇したが,不平等度が拡大したのは1962年までの間であり,その後の期間においては状況に大きな変化は見られなかった[14]。これは,戦後から1960年代前半にかけて資産価格が著しく上昇したことに起因する。例えば,都市部の住宅地の地価は1950年から1962年の間にかけて実質で最低でも3倍上昇し,地域によっては4倍から6倍もの上昇を記録する所があった[15]。

さらに,1970年代の資産分布状況について他の OECD 諸国との比較を行うと表10-4のようになる。

そこから指摘できることは,上位10%の家計の保有する資産の総資産に占め

表10-4　OECD 諸国の資産分布状況　　（単位：%）

	フランス (1977年)	ベルギー (1969年)	イギリス (1974年)	ドイツ (1972年)	デンマーク (1973年)	イタリア (1977年)	スウェーデン (1975年)	アメリカ (1972年)
上位1%	26	28	32	28	25	−	16	25
上位5%	45	47	57	−	47	35	35	43
上位10%	57	57	72	−	60	51	52	−
上位20%	69	71	85	−	75	71	65	−

（出所）　Strauss [1979], p.121.

14) Maason & Strauss [1978], pp.40-41.
15) Granelle [1988], p.57参照。なお,実質地価指数は,1950年を100とする名目地価指数の値をインフレ調整して求めたものである。

る割合に注目し，表10-3で示された所得分布のケースと比較すると，資産分布の数値の方が高いということである。したがって，所得格差よりも資産格差の方が大きいことが予測される。

また，表中の数値を見る限り最も資産分布の不平等が高いのはイギリスであり，逆に，最も平等度の高いのはスウェーデンである。フランスの場合，上位1％の割合は26％であり，この値はアメリカやドイツ，ベルギーとほぼ同じ水準である。したがって，フランスが他の諸国と比較して，特に資産格差が大きかったということはないと推定される。

以上から明らかなように，ジスカールデスタンが大統領に就任した時点で経済的格差に関して問題となっていたのは，特に所得分布の不平等であったと言える。この所得格差は，経済成長率の低下により一層拡大することが懸念された。また，経済政策においてはインフレ対策が最優先されることになっていたため，失業者の増大が予想された。加えて，雇用の男女間格差，身体障害者の不平等，教育の機会不均等などの不平等は，経済成長によっても解消されず依然として存在した。

ジスカールデスタンは，大統領就任後の1976年に今後のフランス社会・経済のあり方に関して自説を展開した著書を公刊したが，その中で次のように述べている。すなわち，「国民の需要を満たし完全雇用を達成するには，引き続き大きな経済成長が必要であるが，……その成長は，より公正なものでなくてはならない。正義と連帯，国民の社会的結合の強化は，成長による生産物の分配を弱者により有利になるようにし，悲惨を排除し，特権を廃止し，社会のコンセンサスを破壊する不平等を解消することなどをぜひ必要としている，課税，財貨の社会的移動，（賃金協定などの）社会的政策がこの政策の道具であり，この政策は辛抱づよく，ねばりづよく運用されなければならない」と[16]。

このような大統領の政治哲学に基づき，当時のフランス社会における社会的不平等を分析しその対策について提言したのが『社会的不平等委員会報告』である。報告書によれば，社会的不平等には，経済的不平等，病気や老いに対す

---

16) Giscard d'Estaing [1976], chap. 9（訳書165-167頁）。

る不平等,教育機会の不平等,余暇および文化活動の参加に関する不平等が存在し,しかもこれらの不平等が積み重なっていることにより,弱者(身体障害者,所得の低い老人,孤児,移民労働者,失業者,未婚の母など)が社会から締め出されている。生産年齢人口層の雇用確保と国民の社会生活の改善のためには,社会的不平等を是正する必要があり,その具体的手段として,所得および資産格差の是正,雇用条件の見直し,公共サービス(教育,住宅,保健衛生など)の充実などが重要であると指摘されている。

報告書では,以上のような問題意識に立ち数多くの提言が行われているが,そのうち税制に関する部分に注目すると[17],社会的不平等を是正するためには,国民負担の水準および構造に関する検討が必要であると主張される。

まず前者に関しては,国民の公的負担に対する負担感が非常に大きいことが示される。表10-5から明らかなように,1975年当時のフランスの国民負担率は48.4%であり,主要先進国の中で最も高くなっていた。しかしながら,社会的不平等を是正するには,上述のような社会福祉サービスの提供が欠かせない。したがって,国民負担率の適度の引き上げが必要であるとしている。

表10-5 主要先進国における国民負担率の推移 (単位:%)

	アメリカ	イギリス	ドイツ	フランス	日本
1970年					
租税負担率	27.5	40.4	25.7	27.6	18.9
社会保障負担率	5.5	7.9	14.1	17.6	5.4
国民負担率	33.0	48.3	39.7	45.1	24.3
1975年					
租税負担率	25.5	36.1	26.8	27.5	18.3
社会保障負担率	6.8	9.9	18.4	20.9	7.5
国民負担率	31.9	46.0	45.2	48.4	25.7

(出所) 星野[2007],348頁。

また後者については,消費課税(特に付加価値税)の負担を軽減すること,所得税および相続・贈与税,負担が重くかつ逆進的であると考えられる社会保

---

17) Commission des Inegalités Sociales [1975], pp. 38-41, pp. 57-61.

障負担のあり方をそれぞれ再検討することなどが提言されている。そして，所得税に関する具体的提言の中には，キャピタル・ゲインに対する適切な課税が必要であることも含まれている。すなわち，キャピタル・ゲインは特別な所得 (revenu exceptionnel) であると考えられるから課税が必要なこと，課税に際しては，インフレ調整やキャピタル・ロスの控除，負担の平準化などの措置を認めるべきであることが主張されている。

III. キャピタル・ゲイン課税をめぐる議論

このように，社会的不平等委員会においては，社会的不平等を是正する観点からキャピタル・ゲイン課税の必要性が勧告されたわけであるが，それと同様な立場に基づきキャピタル・ゲインの具体的な課税方法に関して詳細な提言を行ったのが，破棄院長官（最高裁長官）を委員長とし，合計9名の有識者から成る大統領の要請を受けて特別に設けられた委員会により公表された『キャピタル・ゲインの包括的課税に関する検討委員会報告』（以下，検討委員会報告）である。

さらに，その内容に関する検討分析が，政府の諮問機関で議員により構成される経済社会評議会（Conseil Économique et Social）によって行われ，『経済社会評議会報告』（以下，評議会報告）として公表されている。以下では，もっぱらこの2種類の報告書に基づき，キャピタル・ゲイン課税の抱える基本問題のいくつかについて考察を行うこととする。

1. 望ましいキャピタル・ゲイン課税の条件と形態

検討委員会報告においては，あらゆる種類のキャピタル・ゲインを，所得税の枠組みの中で包括的に課税を行う具体的な方法に関して，詳細な検討が行われている。しかしながら，そもそも望ましいキャピタル・ゲイン課税とはどのような条件を満たすべきなのか，また社会的不平等を是正するためにキャピタル・ゲインに対する課税が必要であるとしても，それを租税体系の中で如何な

る形で実現すべきか，すなわち，果たして所得税で課税することが適切なのかどうか，の2点に関する理論的検討は全く行われていない。

所得税におけるキャピタル・ゲイン課税のあり方を検討する前提として重要であると考えられる以上の事柄に関する考察は，評議会報告で行われている。したがって，最初にそれを見よう。

(1) 望ましいキャピタル・ゲイン課税の条件

まず，評議会報告で望ましいキャピタル・ゲイン課税のあり方を考える基準として示されているのは，以下の4点である。

① 公正

キャピタル・ゲインは，他の種類の所得と同様に個人の経済力を増加させる。また，外生的要因によってもたらされる思いがけない幸運（aubaine）である。したがって，個人の努力によって得られた所得よりも優遇されるべきではない。

② 不平等の是正

所得階層別の資産構成を見ると，一般に，高所得者ほど価値の低下やインフレの影響を受けにくい資産（ex. 株，不動産）の保有割合が高まる傾向が見られる。それ故，高所得者ほどキャピタル・ゲインを得る機会も大きくなり，所得格差は拡大する。したがって，キャピタル・ゲイン課税は，所得の不平等度を縮小させる役割を果たすべきである。

③ 市場経済に対する中立性

キャピタル・ゲイン課税による市場経済への影響は小さいことが望ましい。すなわち，家計の資産選択や資本の海外移動に対して中立的であることが望ましい。

④ 租税回避の管理

キャピタル・ゲイン課税は，租税回避の手段とされるべきではない。また，資産移転課税に対するクロスチェックの手段としての役割を果たすべきである。前者は，高所得者が普通所得をキャピタ・ゲインに転換することを通じた租税回避を促進するようなものであってはならないことを意味し，後者は，

キャピタル・ゲイン課税の存在が，相続・贈与税における相続・贈与額の過少申告を抑制する機能を持つべきことを意味している。

(2) キャピタル・ゲインをどのようにして捕捉するか？

次に，以上のような諸条件を満たすキャピタル・ゲインに対する課税をどのようにして実現すべきかが問題となるが，この点に関して評議会報告では，富裕税に関する検討が行われている。それによると，富裕税ではキャピタル・ゲインが間接的に課税されることになり，以下のような理由により所得税よりも望ましいとしている。

第一に，富裕税は比例課税であるが，所得に対する資産の比率は高所得者の方が大きいから，結局，富裕税においても所得に対する累進課税が実現されることになる。しかしながら，その累進の程度は所得税よりも低い。したがって，累進所得税よりも貯蓄意欲を阻害しないと考えられる。

第二に，1970年代においては，相対的に勤労所得よりも資産所得が重課されており，貯蓄意欲が阻害されていた[18]。しかしながら，富裕税の課税により資産所得税の減税が可能となる。そして，そのことにより所得税の累進度が低下すれば，勤労意欲や貯蓄意欲への阻害効果は縮小するだろう。また，資産所得税の減税と組み合わされた富裕税の導入は，結局，貯蓄を促進する（貯蓄阻害効果を低下させる）と考えられるから，インフレ対策としても望ましい。

第三に，資産所得税の減税を受けるには富裕税の課税が前提となるため，納税者は資産保有額の申告が必要となる。そのことにより資産所得の過少申告は困難になり，租税回避の防止につながる。

第四に，所得税におけるキャピタル・ゲイン課税で発生する，インフレ調整や保有期間の考慮，キャピタル・ロスの控除，貴金属や芸術作品等への課税などの厄介な問題が回避される。

評議会報告では，このような長所を有する富裕税を，キャピタル・ゲイン税との選択制にすることを提案している。もっとも，このようにすると富裕税を

---

[18] 現行のフランス所得税制においては，むしろ勤労所得よりも資産所得の方が優遇されている。詳細は，篠原［2000 d］参照。

選んで巨額のキャピタル・ゲインに対する負担を軽減しようとする納税者の出現が予想される。したがって，資産譲渡後においても，富裕税をある一定期間（例えば5年間）継続して納税しなければならないことが条件付けられている。ただし，次回の譲渡の際にキャピタル・ゲイン税が選択された場合には，二重課税を避けるためにそれまでに支払われた富裕税は控除されることになる。

2. 所得税におけるキャピタル・ゲインの課税方式

さて，前述の望ましいキャピタル・ゲイン課税の条件から明らかなように，評議会報告は，キャピタル・ゲインを個人の経済力の増加をもたらすものと考えている。したがって，所得源泉説ではなく包括的所得税の立場に基づいているのは明らかである。

また，検討委員会報告でも同様な立場が採られていたと推察される。それは，当時の経済・財政大臣から委員会の委員長に宛てられた書簡の中に次のような件が見られるからである。

「政府は，すべてのキャピタル・ゲインを所得税の対象とする法案を検討し，まとめる作業に着手するよう共和国大統領から要請を受けた。現代社会において，実現キャピタル・ゲインは他の収入と同様に，納税者の所得である。したがって，我々の税制がより公正なものとなるためには，所得の概念にすべての実現キャピタル・ゲインを含めなければならない。……」[19]。

委員会自体は1975年1月1日の経済・財政省令により発足したが[20]，その具体的任務内容はこの書簡により規定されたわけであるから，委員会においてもキャピタル・ゲインを所得としてとらえていたことは明白である。

このように，検討委員会報告および評議会報告は，いずれも基本的に包括的所得税の立場を採るが，実際の課税方式に関しては必ずしも見解の一致が見られるわけではない。以下，キャピタル・ゲインの抱える基本問題のいくつかに焦点を当て，その点を明らかにしよう。

---

19) Mongulan & Delmas [1975 a], pp. 117-118.
20) Mongulan & Delmas [1975 a], p. 115.

(1) 課税対象

　検討委員会報告では，キャピタル・ゲイン税の課税対象として，原則として譲渡によりキャピタル・ゲインが実現されたすべての資産を対象とする。したがって，未実現キャピタル・ゲインは課税の対象とされない。また，相続・贈与においては売却が実現されているわけではないから除外される。すなわち，相続・贈与のみなし実現課税は実施されない。

　これに対して評議会報告では，同様にキャピタル・ゲインの実現された資産を課税対象とするが，具体的にそれを，① 不動産，② 有価証券，③ 金，④ 芸術作品および骨董品，宝石の4種類に分類している。ただし，前述のようにキャピタル・ゲイン税と富裕税の選択制が提言されているため，もし富裕税が選択されるならば，未実現キャピタル・ゲインにも課税されることになる。もっとも，相続・贈与のみなし実現課税に関しては，検討委員会報告と同様の立場が採られる。

(2) インフレ調整

　実現キャピタル・ゲインを課税ベースにするとしても，実際に実現キャピタル・ゲインを計算するに際しては，物価の影響を考慮する必要がある。インフレによるペーパー・ゲインに対して課税することは，そもそも公平性の観点から望ましくないからである。また，インフレの影響が深刻な当時のフランス経済の状況から，それは至極当然の事柄であったと言える。

　そこで，検討委員会報告においては，取得価格の調整手段として，資本財価格指数，賃金指数，消費者物価指数の3種類について検討を行っている。このうち検討委員会が本来最も望ましいと考えているのは，すべての資本財価格の総合的指数である一般資本財価格指数である。しかしながら，そのような指数はそもそも現実において計算されていない。また，個別の資本財についての個別資本財価格指数（ex. 地価，建築費）は現実に公表されているが，これを利用すると制度が煩雑になるのみならず，財の間で不公平が生ずる。さらに，賃金指数は労働者の生活条件を守るために利用されるものであるから，租税政策のためにそれを利用することは，社会政策の領域に干渉することになるとされ

る。

　以上の結果，検討委員会報告では，INSEE（Institute Nationale de la Statistique et des Études Économiques：フランス国立統計経済研究所）から公表される消費者物価指数により調整することが提言されている。

　これに対して，評議会報告では，国内の総合的な物価指数であるGDPデフレーターを利用することが最も望ましいとする。しかし，それは公表が遅れるという欠点を有する。したがって，毎年規則的に公表され，かつ国民への知名度も高い消費者物価指数を利用することを勧告する。

(3) 所有期間の考慮

　検討委員会報告によれば，キャピタル・ゲインは，長期性（通常，多年次に亘って形成される）および不規則性（毎年，規則的に実現される所得ではない）を有している点で，経常所得とはその性格を異にする。

　したがって，実際の課税に際しては，所有期間に応じて毎年一定割合ずつ実質キャピタル・ゲインを控除することが提案されている。具体的には，この調整率を最低でも，不動産については2％，有価証券に関しては4％の水準に設定すべきであるとしている。したがって，所有期間が5年ならば，少なくともそれぞれ10％および20％だけ課税ベースが引き下げられることになる。もっとも，どこまで控除を認めるかに関しては，50％を限度とすべきだとの意見も見られた。

　このような提案は，当時のアメリカの制度を参考にしたとされるが，アメリカと異なるのは，アメリカの場合，長期の概念を所有期間6か月超と明確に規定し，そのケースにおいて50％の控除を認めたのに対し，検討委員会報告では，所有期間の区分を行うことなく長期になるほど自動的に税が軽減されるようにしたことである。それは，所有期間が何年以下であれば投機とみなすべきか，すなわち，投機的取引と正常取引との間の厳密な線引きを，所有期間を基準にして行うことは困難であることに配慮したものであったが，結果として投機を抑制する効果を期待していた。

　評議会報告においても，基本的には検討委員会報告と同様な立場が採られて

いる。すなわち，キャピタル・ゲインの額が同じであったとしても，それが5年後に実現された場合と20年後に実現された場合とでは価値が異なる。したがって，インフレ調整とは全く別個に調整が必要であるとされる。具体的には，所有期間に応じて取得価格を利子率で調整することを提言している。

(4) キャピタル・ロスの扱い

　検討委員会報告では，実質キャピタル・ゲインの課税と同時に，実質キャピタル・ロスの控除が認められる。ただし，その際の問題点として以下のような事柄が指摘されている。

　第一に，キャピタル・ゲインの場合と同様に，所有期間による調整を実施すべきか否かである。この点に関して検討委員会は，3種類の可能性を検討している。最初は，所有期間に反比例してキャピタル・ロスを控除するケースであるが，この方法では所有期間が長くなるほど実質純キャピタル・ゲインが大きくなる可能性があるから，投機を抑制する効果が期待できない。逆に，所有期間に比例して控除すると投機抑制目的は達成されることになるが，このケースではキャピタル・ゲインが完全に相殺されて非課税となる可能性も存在する。最後に，所有期間が全く考慮されないケースが考えられる。その場合においても，100％控除を認めるかあるいは部分的な控除にとどめるかが問題となる。

　第二に，キャピタル・ゲインからの控除を認めるにしても，そのキャピタル・ゲインの範囲を狭義にとらえるべきか，それとも広義にとらえるべきかが問題となる。例えば，不動産譲渡におけるキャピタル・ロスは不動産譲渡益からのみ控除されるべきなのか，それとも有価証券譲渡益のような他の種類のキャピタル・ゲインからの控除も認めるべきか，といった問題である。これに関して検討委員会報告では，包括的キャピタル・ゲイン税の観点から考えれば，原則としてキャピタル・ロスの控除も包括的に認めること，すなわち後者が望ましいとしている。

　第三に，キャピタル・ゲインが全くないかもしくはキャピタル・ロスの金額を下回る場合，控除されないキャピタル・ロスの扱いが問題となる。この点に関して検討委員会報告では，結局，キャピタル・ロスを無期限に繰り越すこと

を認めることにより対処すべきことが提言されている。もっとも、キャピタル・ゲインが実現されにくい低所得者層の存在を考えると、普通所得から控除を認めることも考えられるが、そのような方式は、高所得者を有利にするという理由で却下されている。

　以上のように、検討委員会報告は所有期間の調整に関してはあくまで選択肢の提示にとどまり結論を保留しているが、同種類のキャピタル・ゲインからだけでなくキャピタル・ゲイン全体から控除すること、無期限の繰り越しを認めることを提言している。

　次に、評議会報告に目を向けると、公正の観点から、また個人投資を抑制しないためにも実質キャピタル・ロスの控除が必要である、と最初に主張されている。さらに、控除に際しては、所有期間にかかわらずキャピタル・ゲイン全体から100％控除すること、控除しきれないキャピタル・ロスに関しては少なくとも10年程度の繰り越しを認めること、などが提言されている。

　加えて、低所得者層の存在に配慮して、キャピタル・ロスの一部を普通所得から控除することを提言している。具体的には、所得が全国平均の半分に満たない家計に対しては15％の控除を認めるが、その不足額（実際の所得と全国平均値の差額）が少なくなるほど、控除率が10％、5％と次第に逓減するシステムを提案している。

(5) 特別控除

　キャピタル・ゲインに対して特別に控除を認めるかどうかに関して、検討委員会報告では、前述のキャピタル・ゲインの性格（長期性および不規則性）および少額貯蓄の形成を阻害しないという2つの観点から、1万フラン程度の特別控除の設定を勧告する。

　これに対して評議会報告では、所得税においてはすでに各種の控除が認められているから、総合課税を前提とすると、原則としてキャピタル・ゲインに対する特別な控除を認める必要性はないと説く。ただし、税務行政コストを軽減する観点から、1万フラン程度の控除を認めてもよいとする。さらに、同様の視点から、譲渡金額が2万フラン以下の場合に関しては申告を免除することを

提言する。最後に，特別控除の物価調整に関しては，いずれの報告書でも肯定的な立場が採られている。

(6) 税率および負担平準化措置

税率に関しては，まず総合累進課税か分離比例課税かが問題となる。これに関して検討委員会報告では，担税力に応じた課税を行うという観点から総合累進課税が望ましいとしている。ただし，納税者の負担を緩和するために，①キャピタル・ゲインの課税に際しては，キャピタル・ゲイン以外の課税所得の半分を合算すること，②N分N乗方式を採用すること，の2点を提言している。

したがって，所得がキャピタル・ゲインとそれ以外の普通所得から構成される納税者に対する具体的な所得税額は，次のような手順を踏んで求められることになる。まず，所得控除後の普通所得の半分の金額に，上述の特別控除後のキャピタル・ゲインの額を資産の所有年数で除した金額を加えた合計額を求める。そして，その課税所得金額に対応する税額を求める。さらに，その税額から，普通所得に係る税額を控除することにより，所有年数で除したキャピタル・ゲインの金額に係る税額を算出する。最後に，その金額に保有年数を乗じてキャピタル・ゲインに対する最終的な税額を求め，それと普通所得に係る税額とを合計する。

次に，評議会報告の内容を見ると，総合累進課税か分離比例課税かに関しては，同様に総合累進課税が望ましいとする。すなわち，前述のような物価と保有期間の調整が適切に実施されない場合にのみ分離比例課税が正当化されると指摘する。ただし，総合課税を行うにしても，検討委員会報告で示されたような方法は，所得が分割されるから高所得者を優遇すること，保有年数が長くなるほどグロスのキャピタル・ゲインに係る税額が低くなるから凍結効果を有すること，キャピタル・ロスへも適用するとなると，逆に投機を促進する可能性が高いこと，などの理由により望ましくないと批判する。

ただし，総合累進課税を完全に実施すると負担が著しく増大することが予想されるため，納税者が望むならば，キャピタル・ゲインおよびキャピタル・ロ

スの繰り戻しを認めることを提言している。具体的には，キャピタル・ゲインについては最大限実際の所有期間に亘って繰り戻すこと，また，キャピタル・ロスについては過去5年間に亘る繰り戻しを認めるべきだとしている。

(7) 住宅とキャピタル・ゲイン課税

前述のように，検討委員会報告では原則としてあらゆる実現キャピタル・ゲインに課税することが勧告される。

しかし，若干の例外として非課税を認めており，その中には主たる住居 (habitation principale) の譲渡も含まれる。持ち家の購入は投資ではないというのがその理由である。ただし，非課税とされるのは，公共目的のための収用，家族構成の変化，転勤，退職などの理由により売却を余儀なくされた場合に限定されるとしている。もっとも，上記以外の主たる住宅は完全に課税されるかというとそうでもなく，譲渡益が50％控除されることに加えて，20歳未満の扶養家族を抱える家計については，1人当たり10％の追加的な割増し控除を認めるべきだとしている。したがって，例えば未成年の扶養家族が2人いる場合は，合計70％（50％＋20％）の控除が認められることになる。

このように，検討委員会報告では住宅の譲渡に対してかなり寛大な措置が採られるが，これに関して評議会報告は批判的である。同報告では，主たる譲渡に対する非課税措置は，投機を促進し，不動産価格の上昇をもたらすことになるから望ましくないとする。また，持ち家と賃貸住宅の選択に対しても中立的でないとする。物価と所有期間に関する調整が適切に行われていれば非課税措置は不要だというのが評議会報告の基本的な考えである。ただし，主たる住居の買い換えに関しては，それを促進する観点から家族数に応じて決定される特別控除を認めるべきだとしている。

3．シャウプ勧告との比較

以上のように，検討委員会報告および評議会報告では，包括的所得税の立場に立ち，消費者物価指数によるインフレ調整を行うこと，所有期間を考慮すること，実質キャピタル・ロスを控除すること，特別控除を設けること，総合累

進課税による急激な負担増加を避けるために負担平準化措置を適用すること，などが提言された。

そこで，これらの勧告内容の特徴をより明確にするために，わが国における近代的な所得税制の出発点であるシャウプ勧告の内容と比較してみよう[21]。

① 課税対象

シャウプ勧告においても，キャピタル・ゲインは経済力の増加をもたらすから，所得の概念に含めるべきであるとされる。ただし，未実現キャピタル・ゲインの捕捉は困難なので，実現キャピタル・ゲインへの課税を勧告している（附録B 13頁）。

以上の点では，検討委員会報告および評議会報告と共通している。もっとも，シャウプ勧告では，富裕税をキャピタル・ゲイン税の代替税としてではなく経常的に実施することが勧告されていること（第Ⅲ巻88頁），課税の無制限の延期を避けるために相続・贈与時のみなし実現課税の実施が提言されていること（第Ⅲ巻92頁），が特徴である。すなわち，このような方式によれば，資産の保有および譲渡の2段階で徹底的にキャピタル・ゲインが捕捉されることになる。

評議会報告では，富裕税の実施がキャピタル・ゲイン税の代替税として提言されており，もし富裕税が選択されるならば，未実現キャピタル・ゲインも間接的に課税されることになる。しかしながら，この場合においても富裕税は経常的に課税されるのではなく，資産譲渡後の一定期間しか課税されない。しかも，相続・贈与時におけるみなし実現課税は想定されていないから，結局，相続・贈与税が適切に課税されないならば，キャピタル・ゲインに対する課税は永久に繰り延べられることになる。

したがって，課税の公平性の観点から眺めると，検討委員会報告および評議会報告の提言内容はシャウプ勧告と比較すると問題が多いと言えよう。

② インフレ調整

インフレ調整に関しては，戦後のインフレに配慮してシャウプ勧告でも細心

---

21) シャウプ勧告については，Shoup Mission [1949] 参照。

の注意が払われており，キャピタル・ゲインおよびキャピタル・ロスに対するインフレ調整が勧告されている。この点では，検討委員会報告および評議会報告と同じ立場をとる。ただし，シャウプ勧告では，税務行政上の負担を軽減するとともに所得税のビルトイン・スタビライザー効果を減殺しないために，インフレ調整が必要なケースを，物価上昇率が15％を超えるような過度のインフレの場合に限定している点に特徴がある（第Ⅲ巻93頁）。

　もっとも，目標値が何故15％に設定されるのか，それに関する明確な説明は与えられていない。これに対して，検討委員会報告および評議会報告では，インフレ率の水準にかかわらず毎年調整することが提言されている。したがって，その点ではより公平性に留意した内容になっていると言えよう。

③ 所有期間

　シャウプ勧告では所有期間に関する考慮はなされていない。しかしながら，譲渡益の価値は物価変動だけではなくその実現期間によっても左右されるから，検討委員会や評議会報告で提言されているように，所有期間に対する配慮が必要である。

　もっとも，検討委員会報告では，この調整はインフレ調整後の実質キャピタル・ゲインからの控除により実施される。控除率は毎年一定であるが，不動産と有価証券の場合とではその値が異なっている。これについては，不動産と有価証券の性格の違いを考慮したとのみ記されているが，その違いとは具体的にどのようなものであり，それにより何故，有価証券が不動産よりも優遇されることになるのか，理由がいまひとつ明らかでない。むしろ，資産選択の中立性を確保する観点からは，そのような措置は望ましくないと考えられる。

　また，実質キャピタル・ゲインから毎年一定割合を控除する方式はシンプルで実行しやすいが，時間の要素をより正確に排除するには，評議会報告で示されたような取得価格に利子を加算する方式の方が望ましいと考えられる。

④ キャピタル・ロス

　キャピタル・ロスの扱いに関してシャウプ勧告では，無制限にあらゆるキャピタル・ロスを全額控除することを主張している（附録B 15頁）。ただし，キャピタル・ロスの控除をキャピタル・ゲインからのみに限定するのか，それとも

普通所得からの控除も認めるかに関しては明言されていない。しかしながら，「無制限に」と言う表現からは，普通所得からの控除も認めていたと考えられる。もっとも，普通所得からの控除を認めると高所得者を優遇する可能性が高いが，所得が低い場合には，相殺されないロスを5年程度繰り越すことを提案している（附録B7頁）。ただし，税の還付までは認めていない（附録B7頁）。

ここで重要なことは，前述のように，シャウプ勧告では相続・贈与時のみなし実現課税により，それまで課税を逃れていたキャピタル・ゲインを清算することを想定していたことである。すなわち，シャウプ勧告では，相続・贈与時のみなし実現課税を含むキャピタル・ゲインの完全課税を意図していたから，キャピタル・ロスの無制限の全額控除が可能となったのである。

しかしながら，検討委員会報告および評議会報告のいずれにおいても相続・贈与時のみなし実現課税は想定されていない。したがって，キャピタル・ロスの控除に関しても普通所得からの控除は認めず，基本的にキャピタル・ゲインからのみの控除に限定したのは当然の事柄であろう。

もっとも，キャピタル・ゲインのないケースも当然生じてくるが，これに関しては，評議会報告で提案されたように，低所得者に限定して普通所得からの控除を認める措置が適切であると考えられる。また，控除しきれないロスの存在に関して，検討委員会報告では無期限の繰り越しを，評議会報告では少なくとも10年程度の繰り越しがそれぞれ提言されているが，無期限の繰り越しは税務行政負担を増加させるから望ましくないと考えられる。

⑤ 特別控除

シャウプ勧告では，キャピタル・ゲインに対する特別な控除は認められていない。

これに対して，結局，検討委員会報告および評議会報告では，1万フラン程度の特別控除を設けることを提言している。ただし，前者においてはキャピタル・ゲインの特殊性および少額貯蓄形成がその理由とされているが，この説明は説得力を欠く。キャピタル・ゲインも他の所得と同様に経済力の増加をもたらすものであるし，また，少額貯蓄の形成と言う観点からは，キャピタル・ゲインよりもむしろ利子所得に対する優遇の方が有効だと思われるからである。

さらに，後者においては，税務行政コストを軽減することがその理由として挙げられている。しかしながら，総合累進課税を前提とする限り，キャピタル・ゲインに対する特別控除は不要であろう。税務行政コストの増加を恐れて手間を省くならば公平性が損なわれることになり望ましくないと考えられる。

⑥ 税率および負担平準化措置

　シャウプ勧告では，租税回避を避ける観点からキャピタル・ゲインに関する分離比例課税を排除している（附録B 16頁～B 17頁）。ただし，総合累進課税による急激な負担増加を抑制するために，キャピタル・ゲインの繰り越しを提言している。すなわち，「繰り越しこそ，キャピタル・ゲインに認められるただ一つの特別措置となるように勧告する」（附録B 11頁）と述べている。

　これに対して，検討委員会報告では税額の計算にN分N乗方式の導入が提言されている。この方式は，短期以外のケースにおいて，1976年税制改正および2004年改正以前の税制においても採用されている（表10-1）。

　しかしながら，このような方式は，評議会報告で批判されているように，高所得者を優遇する等の欠点を有する。しかも税額計算が複雑になる。もっとも，評議会報告の提案にも問題があるように思われる。同報告では，負担平準化措置としてキャピタル・ゲインおよびキャピタル・ロスの繰り戻しを認めているからである。しかし，シャウプ勧告でも指摘されているように，繰り戻しを認めることは過去の資料が必要とされるため，税務行政上困難が伴うのである（附録B 6頁）。

4．1976年税制改正の問題点

　これまで見てきた検討委員会報告および評議会報告の内容に照らし合わせて，1976年税制改正の問題点を検討してみよう。ただし，ここではもっぱら不動産譲渡益および有価証券譲渡益に対する課税を念頭に置くこととする。

　第一に，課税対象として実現キャピタル・ゲインのみとしたこと，および相続・贈与時におけるみなし実現課税が実施されなかったのは，課税の公平性からすれば明らかに不十分である。もっともこの点は，前述のように検討委員会報告および評議会報告についても当てはまる。

第二に，キャピタル・ロスの控除は原則として認められなかった。ただし，例外措置として，海外領土からフランスに帰国した者に関しては，一定限度までの控除が認められた。また，有価証券譲渡益に関しては，譲渡年およびその後の5年間に限りキャピタル・ロスの控除が認められた。このような制度が，包括的所得税から逸脱することは明らかである。さらに，有価証券譲渡益に対してのみキャピタル・ロスの控除を認める措置は，有価証券が投資財としての性格を強く有することから，投資家の危険負担を軽減する目的で設けられたものと考えられるが，結果として資産選択の中立性が阻害されることになったと考えられる。

　第三に，所有期間別課税が継続して実施されることになった。まず従来の短期（所有期間10年未満），長期（所有期間10年超）に加えて新たに中期の区分が加わり，短期および長期に関してもその概念が変化した。さらに，特に不動産譲渡益に関して中期の内容を見ると，その内容が投機的取引と正常取引（非投機的取引）とに区別されており，前者は相対的に重課されることになっている。

　このように，所有期間別課税を実施する背景には，検討委員会報告や評議会報告で指摘されたようなキャピタル・ゲインの性格（長期性，不規則性）への配慮に加えて，投機を抑制する目的があると考えられるが，制度を複雑にしてまで新たに所有区分を見直す意義がどこにあったのか疑問である。新制度は，結果として所有期間2年未満の短期を投機の取引として特に強く制裁することになった。その場合には，表10-1で示されたように，5分5乗方式が適用されないばかりか，インフレ調整も実施されなかったからである。しかしながら，フランスにおいては1960年代の後半から1980年代前半にかけては地価安定期であり[22]，あえて保有期間2年未満の場合を投機的取引として特に強く制裁する意味はなかったように思われる。

　さらに，不動産譲渡益と有価証券譲渡益とでは，所有期間の区分方法および課税方法が異なることが問題となろう（表10-1）。所有期間10年超の長期譲渡所得に対しては，有価証券譲渡益は非課税とされるが，不動産譲渡益は軽減措

---

22) Granelle [1998], pp. 57–58.

置が適用されるものの，原則課税とされる。相対的に有価証券譲渡益を不動産譲渡益よりも軽課したことにより，家計の資産選択に対して歪みをもたらしたと考えられる。

　第四に，前述のように，インフレ調整が短期については全く実施されなかった。また，不動産譲渡益における中期の投機取引に関しては，実際の消費者物価上昇率（図10-1）よりも低い調整率しか適用されなかった。これらは，いずれも投機的取引にペナルティーを与えるための措置であるが，物価調整は本来取引の性格とは関係なく実施されるべきものであり，インフレ調整を投機抑制の手段として利用すべきではないと考えられる。

　第五に，特に不動産譲渡益課税に注目すると，まず長期譲渡益に関して年次控除を認めたことが問題である。この制度によれば，建築用地については年3.33％，その他の土地については5％，それぞれキャピタル・ゲインの控除が毎年認められるから，結局，前者については30年，後者については20年を超えて所有すれば，その後に譲渡を行ったとしてもキャピタル・ゲイン税は非課税となる。したがって，譲渡を抑制する効果（ロックイン効果）を有することになる。

　さらに，表10-1で示されるように，主たる住居に関しては，5年以上居住した後の譲渡であれば，その規模を問わずすべて非課税となった。また，家族構成の変化，転勤，退職等に伴う譲渡に関しては，居住年数を問わず非課税とされたほか，セカンドハウスに関しても，ある一定条件を満たせば非課税となった[23]。主たる住居に関するこのような非課税措置は，基本的に1974年予算法で認められた内容を維持拡張するものであるが[24]，それに対しては，評議会報告で指摘されたように，持ち家と賃貸住宅の選択に干渉するとともに，投機

---

[23] セカンドハウスが非課税とされるためには，納税者およびその配偶者が主たる住居を有していないこと，5年以上居住していること，最初の譲渡であること，などの条件を満たす必要がある。
[24] 1974年予算法では，居住期間5年以上の主たる住居の譲渡が非課税とされた（Droit Fiscal, 1973, N° 1-2, p.16）。

を促進する可能性を有すると考えられる[25]。

第六に,各種の減免税措置の存在により課税ベースが縮小され,キャピタル・ゲイン課税の財源としての地位は極めて低いものとなった。例えば表10-6により1980年の状況を眺めると,キャピタル・ゲイン税収の対GDP比は0.07%でしかない。当時の租税負担率(対GDP比)は41.7%であるから,この数値がいかに小さいかがわかる。また,資産課税の概念を広義にとらえてキャピタル・ゲイン課税を資産課税の中に含めて考えると,キャピタル・ゲイン課税の税収が資産課税収入に占める割合はわずか3.57%である。統計の制約により1976年以前の状況と比較が困難であるが,1976年税制改正が包括的キャピタル・ゲイン課税の実現を目指したにもかかわらず,結果として出来上がった税制は,以前と同様に徴税効率の低いシステムであったと考えられる。

表10-6 フランスにおけるキャピタル・ゲイン課税の税収(1980年)　　　　(単位:%)

	不動産譲渡益	有価証券譲渡益	その他	総計
対GDP比	0.05	0.007	0.013	0.07(41.7)
資産課税に占める割合	2.38	0.44	0.75	3.57

(注)　カッコ内の数値は1980年の租税負担率を表す。
(出所)　Conseil des Impôts [1986], pp.26-27より著者作成。

おわりに

本章の内容を要約すると,以下のようになろう。

(1) フランスの現行キャピタル・ゲイン税制は,1976年税制改正を出発点としている。それ以前の制度は不動産譲渡益課税が中心であり,有価証券の譲渡益等に関しては,非課税とされていた。1976年税制改正は,このような状況を是正し,原則として個人財産の処分により実現されるすべてのキャピタ

---

[25] 実際,主たる住居の非課税措置により1980年代後半には投機が促進されたという報告もある。篠原[1999b],17頁参照。

ル・ゲインに関して，他の種類の所得と合算して総合累進課税を実現することをその目標としていた。

（2）1976年税制改正は，1974年5月に誕生したジスカールデスタン政権の下で実現された。1970年代初頭までのフランス経済は高度成長期であり，国民の生活水準は目覚ましく向上し，国内の所得格差も縮小した。しかしながら，諸外国と比較すると，フランスの所得不平等度は相対的に大きかった。また，経済成長によっても解決されない各種の不平等（ex. 雇用の男女間格差，教育機会の不均等，身体障害者の不平等）が依然として存在した。さらに，ジスカールデスタンが大統領就任後の国内経済はスタグフレーションの状態に陥っており，そこでは経済政策としてインフレ対策が優先されたため，失業者の増加が予想された。

このような状況下で，ジスカールデスタンは今後のフランス経済のあり方として「公正な成長」が必要であるとし，社会的不平等の是正を強く主張した。すなわち，1976年税制改正の背景には，前提として当時のフランス社会における各種の不平等の存在があった。加えて，経済成長を維持しながらも正義と連帯のために社会的不平等の是正を強く求める，大統領の政治哲学が反映されていたと考えられる。

（3）キャピタル・ゲイン税制の見直しに関する具体的動きは，1975年に『社会的不平等委員会報告』が公表されたことから始まるが，議論の中核となるのは，同じく75年に公表された『キャピタル・ゲインの包括的課税に関する検討委員会報告』およびその内容を分析検討し翌年に公表された『経済社会評議会報告』である。

検討委員会報告および評議会報告では，包括的所得税の立場に基づき，キャピタル・ゲインを所得の概念に含めて所得税の課税対象とすべきだとされる。そして，具体的な課税に際しては，消費者物価指数によるインフレ調整を行うこと，所有期間を考慮すること，実質キャピタル・ロスを控除すること，特別控除を認めること，総合累進課税による急激な負担増加を避けるために負担平準化措置を設けること，などが提言されている。

（4）検討委員会報告および評議会報告の内容をシャウプ勧告と比較すると，

その特徴および問題点がより明確になる。

　第一に，いずれにおいてもキャピタル・ゲインを所得の概念に含め，総合累進課税の実施が勧告されている。ただし，シャウプ勧告では相続・贈与時のみなし実現課税とともに富裕税の経常課税が提言されている点で，検討委員会報告および評議会報告よりも公平性に留意した内容となっている。また，キャピタル・ゲインに対する特別控除が認められていない点も同様である。逆に，インフレ調整の実施を物価上昇率の水準にかかわらず毎年実施すること，キャピタル・ゲインの性格（長期性および不規則性）を考慮して所有期間に対する調整を行う点では，検討委員会報告および評議会報告は，シャウプ勧告よりも公平性に配慮されていると言えよう。

　第二に，検討委員会報告および評議会報告では，相続・贈与時のみなし実現が想定されていないことにより，キャピタル・ロスの控除が限定的である。

　第三に，評議会報告では，負担平準化措置としてキャピタル・ロスの繰り戻しを認めており，税務行政コストの引き上げを伴うため問題である。

（5）キャピタル・ゲイン課税に関する1976年税制改革においては，キャピタル・ロスの控除が認められなかったこと，短期，中期，長期の所有期間別課税が実施されたこと，インフレ調整が短期取引に関しては適用されなかったこと，特に不動産譲渡益に関して各種減免税措置が設けられたことなどにより，検討委員会報告や評議会報告がその目標としていた包括的所得税の理想からは大きく乖離し，公平，中立，簡素の観点からさまざまな問題を発生させたと考えられる。

（6）2004年のキャピタル・ゲイン税制改正は，制度の簡素化，徴税システムの合理化，海外への資本逃避，資産選択の中立性などに対する配慮が行われた。しかし，その結果，キャピタル・ゲイン税制は分離比例課税となり，1976年税制改正の理想としていた包括的所得税から完全に乖離することとなった。

第11章　中古住宅市場の活性化と税制

はじめに

　内閣府が，全国20歳以上の者3,000人を対象として2004年11月に実施した『住宅に関する世論調査』によると，住宅を購入するとしたら，「新築がよい」と答えた者が82.2%，「中古がよい」とする者3.4%，「どちらでもよい」とする者12.9%となっている。新築がよいと思う理由として，「間取りやデザインが自由に選べる」(41.9%)，「すべてが新しくて気持ちがいい」(34.4%)，「中古は住宅の品質（耐震性，断熱性など）に不安がある」(10.6%)ことの他に，「税制や融資の面で，中古よりも有利」(1.6%) なことが挙げられている[1]。

　このアンケート調査からは，国民の新築志向の強さが窺えるが，本章ではその要因の一つに挙げられている税制に焦点を当てる。新築住宅は中古住宅よりも税制上優遇されていると国民に認識されているが，それは正しいのか，また，そうであるならば何が原因であろうか。

　中古住宅に対する税制のあり方を検討した既存研究として，石川・矢嶋［2004］，島田［2003］，住まいの産業ルネッサンス塾［2001］，全日紀尾井町フォーラム専門委員会［2002］などがある[2]。これらの既存研究と本章との違いは，本章では，新築住宅と中古住宅に対する課税の実態を，実質資本コストおよび実効限界税率の計測を通して定量的に検討する点にある。さらに，その結果を踏まえて，中古住宅市場の活性化に向けた税制のあり方を提言する。

　さて，住宅の実質資本コストを定義するに際し，持家購入には，住宅投資と

---

1) 内閣府大臣官房政府広報室［2004］。
2) 税制には言及されていないが，中古住宅の流通促進政策を検討したものとして，既存住宅の流通促進に関する研究会［2007］もある。

住宅サービスの消費という2つの側面が存在する点に注意しなければならない。前者から眺める資本コストは,「家計が1単位の住宅投資を限界的に増加させた場合に,投資から発生する収益の割引現在価値が投資費用に等しくなるための必要最低収益率から経済的償却率を控除した値」[3]として定義される。このケースでは,持家購入者が自分自身に賃貸することを想定して,その場合に得られる利潤を最大化すると考える。他方,後者の側面からは,資本コストは,「住宅サービスとその他の財・サービスとの間の限界代替率(追加的1単位の住宅サービスを得るために犠牲にしなければならない住宅サービス以外の財・サービスの量)」[4]で示される。Doughery & Order [1982] によれば,この2つの側面から眺めた資本コストの値は等しくなることが示されている[5]。

前者の側面から持ち家(家屋部分)の資本コストを研究したものとしては,岩田・鈴木・吉田 [1987b] が先駆的業績として挙げられる[6]。その後,この論文で示されたモデルをベースとしながら,本間・跡田・福間・浅田 [1987],竹中・平岡・浅田 [1987],石川 [2001],石川 [2003],白石 [2001],白石 [2002] などで資本コストの計測が行われている。他方,後者の資本コスト概念に基づく分析は Doughery & Order [1982] により定式化され,これに基づく研究として中神 [1992],石川 [2005],小松 [2006] が挙げられる。

以上のうち,特に石川 [2001] および石川 [2005] では,時系列(1970~1999年)での推計が行われるとともに,所得税・住民税,固定資産税の他に,消費税・地方消費税および登録免許税・不動産取得税が分析対象に加えられている。また,石川 [2005] では,土地部分も含めて持ち家の資本コストが計測されている。

本章の分析は,後者の資本コスト概念に基づく。本章の特徴は,① 分析対象に土地部分も含めること,② 租税の中に譲渡所得税および都市計画税を追加的に含めること,③ 新築住宅と中古住宅を区別して推計すること,の3点

---

3) 岩田(一)[1992],4頁。
4) Doughery & Order [1982],p.154。
5) Doughery & Order [1982],pp.155-156。
6) 住宅(持ち家,貸し家)の資本コストに関する既存研究のサーベイに関しては,倉橋 [2005] を参照。

にある。

　譲渡所得税を考慮して持ち家の資本コストを定式化したものとして，Poterba［1994］，金本［1997］（第5章）などがあるが，これらとの違いは，本章では持ち家の取得から売却までラグがあることを考慮して，生涯期間が2期間のライフサイクル・モデルに基づく点である。なお，著者は篠原［2006a］において持ち家の家屋部分を対象として譲渡所得税および都市計画税を含めた分析を行ったが，本章は土地部分を含めることによりその内容を拡張している。分析年度は，金融資産の場合と同様，1980年から2004年まで5年おきとする。

　本章の構成は以下のようになっている。まず，新築住宅と中古住宅に対する1980年代以降における税制の概要を述べる（Ⅰ節）。次いで，理論モデルを設定し，新築住宅と中古住宅の実質資本コストの推計を行う（Ⅱ節）。さらに，実効限界税率を推計し，その結果に基づき課税の効果を検討する（Ⅲ節）。最後に，以上の分析結果を踏まえ，中古住宅に対する税制の問題点および中古住宅市場の活性化に向けた税制のあり方を検討する（Ⅳ節）。

Ⅰ．新築住宅と中古住宅に対する税制の概要

　新築住宅と中古住宅に対する税制の概要は，表11-1で示されるとおりである。そこからいくつかの特徴が指摘できる。
　第一に，優遇措置のほとんどが新築住宅と中古住宅の区別なく設けられている。これに属するものとして，住宅取得促進税制（所得税），譲渡所得に対する分離課税の特例（所得税・住民税），居住用財産を譲渡した場合における課税の特例（軽減税率：所得税・住民税：1990年度・1995年度・2000年度・2004年度），特定の居住用財産の買換特例（所得税・住民税：1985年度・1995年度・2000年度・2004年度），住宅用家屋の所有権の移転登記に係る税率の軽減，住宅取得資金の貸付け等に係る抵当権の設定登記の税率軽減（いずれも登録免許税），住宅を新築もしくは既存住宅を購入した場合における課税標準の特例，住宅用土地におけ

表11-1 新築住宅と中古住宅に対する税制の概要

		新築住宅のみに対する優遇措置	中古住宅のみに対する優遇措置	新築住宅と中古住宅に共通の優遇措置
1980年度	所得課税	ー	ー	・住宅取得促進税制（所得税） ・譲渡所得の分離課税の特例（所得税・住民税） ・居住用財産の譲渡所得の特別控除（所得税・住民税）
	消費課税	ー	ー	ー
	資産課税	・登録免許税〜住宅用家屋の所有権の保存登記に対する税率軽減 ・固定資産税〜新築住宅および新築の中高層耐火建築住宅に対する税額の軽減		・録免許税〜住宅用家屋の所有権の移転登記に対する税率軽減，住宅取得資金の貸付け等に係る抵当権の設定登記に対する税率軽減 ・不動産取得税〜住宅を新築もしくは既存住宅を購入した場合における課税標準の特例，住宅用土地における税額軽減の特例 ・固定資産税〜住宅用地に対する課税標準の特例
1985年度	所得課税	ー	ー	・住宅取得促進税制 ・譲渡所得の分離課税の特例（所得税・住民税） ・居住用財産の譲渡所得の特別控除（所得税・住民税） ・買換特例（所得税・住民税）
	消費課税	ー	ー	ー
	資産課税	・登録免許税〜住宅用家屋の所有権の保存登記に対する税率軽減 ・固定資産税〜新築住	ー	・登録免許税〜住宅用家屋の所有権の移転登記に対する税率軽減，住宅取得資金の貸付け等に係る抵当

		宅および新築の中高層耐火建築住宅に対する税額の軽減	－	権の設定登記に対する税率軽減 ・不動産取得税〜住宅を新築もしくは既存住宅を購入した場合における課税標準の特例，住宅用土地における税額軽減の特例 ・固定資産税〜住宅用地に対する課税標準の特例
1990年度	所得課税	－	－	・住宅取得促進税制（所得税） ・譲渡所得の分離課税の特例（所得税・住民税） ・居住用財産の課税の特例（軽減税率：所得税・住民税） ・居住用財産の譲渡所得の特別控除（所得税・住民税） ・居住用財産の課税の特例（軽減税率：所得税・住民税）
	消費課税	－	・消費税〜事業として行われない個人間の売買は非課税	－
	資産課税	・登録免許税〜住宅用家屋の所有権の保存登記に対する税率軽減 ・固定資産税〜新築住宅および新築の中高層耐火建築住宅に対する税額の軽減	－	・登録免許税〜住宅用家屋の所有権の移転登記に係る税率の軽減，住宅取得資金の貸付け等に係る抵当権の設定登記の税率軽減 ・不動産取得税〜住宅を新築もしくは既存住宅を購入した場合における課税標準の特例，住宅用土地における税額軽減の特例 ・固定資産税〜住宅用地に対する課税標準の特例

1995年度	所得課税	－	－	・住宅取得促進税制（所得税） ・譲渡所得の分離課税の特例（所得税・住民税） ・居住用財産の課税の特例（軽減税率：所得税・住民税） ・居住用財産の譲渡所得の特別控除（所得税・住民税） ・買換特例（所得税・住民税）
	消費課税	－	・消費税～事業として行われない個人間の売買は非課税	－
	資産課税	・登録免許税～住宅用家屋の所有権の保存登記に対する税率軽減 ・固定資産税～新築住宅および新築の中高層耐火建築住宅に対する税額の軽減	－	・登録免許税～住宅用家屋の所有権の移転登記に係る税率の軽減，住宅取得資金の貸付け等に係る抵当権の設定登記の税率軽減 ・不動産取得税～住宅を新築もしくは既存住宅を購入した場合における課税標準の特例，住宅用土地における税額軽減の特例 ・固定資産税～住宅用地に対する課税標準の特例 ・都市計画税～住宅用地に対する課税標準の特例
2000年度 2004年度	所得課税	－	－	・住宅取得促進税制（所得税） ・譲渡所得の分離課税の特例（所得税・住民税） ・居住用財産の課税の特例（軽減税率：所得税・住民税） ・居住用財産の譲渡所

			得の特別控除（所得税・住民税） ・買換特例（所得税・住民税） ・譲渡損失の繰越控除（所得税・住民税）
消費課税	−	・消費税および地方消費税〜事業として行われない個人間の売買は非課税	−
資産課税	・登録免許税〜住宅用家屋の所有権の保存登記に対する税率軽減 ・固定資産税〜新築住宅および新築の中高層耐火建築住宅に対する税額の軽減	−	・登録免許税〜住宅用家屋の所有権の移転登記に係る税率の軽減，住宅取得資金の貸付け等に係る抵当権の設定登記の税率軽減 ・不動産取得税〜住宅を新築もしくは既存住宅を購入した場合における課税標準の特例，住宅用土地における税額軽減の特例 ・固定資産税〜住宅用地に対する課税標準の特例 ・都市計画税〜住宅用地に対する課税標準の特例

（出所）『税法便覧：各年度版』，税務研究会出版局。

る税額軽減の特例（いずれも不動産取得税），住宅用地に対する課税標準の特例（固定資産税），住宅用地に対する課税標準の特例（都市計画税：1995年度・2000年度・2004年度）などが挙げられる。

ただし，住宅取得促進税制・特定の居住用財産の買換え特例・登録免許税の税率軽減・不動産取得税における課税標準の特例においては，中古住宅に対して追加的要件が求められる点に注意が必要である。例えば，2004年度においては，住宅が取得日以前20年（耐火住宅に関しては25年）に建築されたものでなければならない。

第二に，新築住宅のみに対する優遇措置が存在する。これには，住宅用家屋の所有権の保存登記に対する税率軽減（登録免許税），新築住宅および新築中高層耐火建築住宅に対する税額の軽減（固定資産税）が含まれる。

第三に，消費税および地方消費税に関しては，中古住宅の場合，不動産業者から購入すると課税されるが，事業として行われない個人間の売買は非課税となる。

II．新築住宅と中古住宅の実質資本コスト

1．モデルの設定

Fuest, Huber & Nielsen［2003］は，世代重複モデルによりキャピタル・ゲイン課税の資本コストへの影響を考察した。いま，各世代は，第1期（勤労世代）に所得を稼ぎ住宅を購入し，さらに第2期（退職世代）には第1期の貯蓄と住宅の売却収入により生活するものと仮定しよう。第1期の消費をc_1，第2期の消費をc_2，土地を含むフローの住宅購入量をxとすると，消費者の効用関数uは①式で示される。

$$u = u(c_1, c_2, x) \cdots ①$$

ここで，名目所得y，住宅以外の消費財の価格をニュメレールとした住宅購入価格をp_h，フローの住宅購入量をx，貯蓄をsとすると，②式が成立する。

$$y = c_1 + p_h x + s \cdots ②$$

第2期に住宅が売却され，譲渡所得税を除いたネットの所得が消費に充てられるとしよう。第2期の消費c_2は，住宅の売却価格を$\hat{p}_h$，キャピタル・ゲインを$\Delta p_h = \hat{p}_h - p_h$，持家譲渡に対する譲渡所得税率を$\mu$，名目利子率を$i$とすると，

$$c_2 = (1+i)s + \hat{p}_h x - \mu \Delta p_h x \cdots ③$$

②式および③式より,

$$c_2 = (1+i)(y - c_1 - p_h x) + \hat{p}_h x - \mu \Delta p_h x \cdots ④$$

消費者は④式の制約の下で自己の効用を最大化すると考えられるから,

$$L = u(c_1, c_2, x) + \lambda_1 \{c_2 - (1+i)(y - c_1 - p_h x) - \hat{p}_h x + \mu \Delta p_h x\} \cdots ⑤$$

これを解くと，持ち家の実質資本コストを示す⑥式が得られる。

$$\frac{\partial u}{\partial x} \Big/ \frac{\partial u}{\partial c_1} = p_h \left\{ \frac{i}{1+i} - \frac{\Delta p_h (1-\mu)}{p_h (1+i)} \right\} \cdots ⑥$$

以上のモデルでは，譲渡所得税以外の税は全く考慮されていない。そこで，この点に留意してモデルを修正する。以下は，Doughery & Order [1982] に基づき中神 [1992]，石川 [2005] で展開されたものを，譲渡所得税を含めて拡張したものである。

いま，個人の生涯期間が2期間であるライフサイクル・モデルを考える。第1期における消費財の実質消費をc_1，第2期の消費財の実質消費をc_2，土地部分を含む実質住宅ストックをHとすると，消費者の効用関数uは⑦式で示される。

$$u = u(c_1, c_2; H) \cdots ⑦$$

ここで，消費者の所得は勤労所得と金融資産所得とから構成され，それを消費に回すとともに，第1期に住宅購入および貯蓄を行うこととする。さらに，第1期に住宅ローンの支払いは終了すると仮定する。

この時，財・サービスの消費に関して税率ηの消費税が課され，また，住宅保有に対する資産保有課税（固定資産税および都市計画税）の税率をε_h，住宅購入に対する資産移転課税（登録免許税および不動産取得税）の税率をε_t，持ち家投資に対する優遇措置の割引現在価値をAとしよう。さらに，名目勤労所得をy，第1期の名目金融資産をf_1，名目利子率をi，勤労所得に対する所得税

率をθ, 金融資産所得（利子所得）に対する所得税率をθ', 住宅購入価格をp_h, 住宅以外の消費財の価格をp, フローの住宅購入量をx, 住宅価格に占める現金の割合をγ, 住宅ローン金利をi_m, 実質貯蓄をsとすると, ⑧式が成立する。

$$(1-\theta)y + (1-\theta')if_1$$
$$= pc_1(1+\eta) + p_h x\{(1+\eta) + (\varepsilon_h + \varepsilon_t) - A\} + p_h xi_m(1-\gamma) + ps \cdots ⑧$$

⑧式の左辺は所得，右辺は住宅以外の消費財の税込み消費（第1項），税込みの住宅サービスの消費（第2項），ローン利子支払額（第3項），貯蓄（第4項）をそれぞれ表している。両辺をpで割って$q = p_h/p$とするとともに，実質勤労所得を$Y = y/p$および実質金融資産を$F_1 = f_1/p$とおくと，

$$(1-\theta)Y + (1-\theta')iF_1$$
$$= c_1(1+\eta) + qx\{(1+\eta) + (\varepsilon_h + \varepsilon_t) - A\} + qxi_m(1-\gamma) + s \cdots ⑨$$

第2期に住宅を売却し, 賃貸に住み替えるものとしよう。第2期の実質消費をc_2, 家賃をr_h, 住宅の売却価格を$\hat{p}_h$, 譲渡所得税率をμとすると，

$$p(1+\eta)c_2 = (1+i)ps + \hat{p}_h x - \mu(\hat{p}_h - p_h)x - r_h x \cdots ⑩$$

⑩式の両辺をpで割って, $q' = \hat{p}_h/p$, $\Delta p_h = \hat{p}_h - p_h$とすると，

$$c_2 = \frac{(1+i)s + q'x - \mu x \frac{\Delta p_h}{p} - r_h}{1+\eta} \cdots ⑪$$

ここで, $\alpha = (\hat{p}_h - p_h)/p_h$とおくと, $\hat{p}_h = (1+\alpha)p_h$となる。したがって,

$$q' = \frac{\hat{p}_h}{p} = \frac{p_h}{p}(1+\alpha) = q(1+\alpha) \cdots ⑫$$

⑫式を⑪式に代入してqを求め，それを⑨式に代入して整理すると,

$$s = \frac{(1+\alpha)\{(1-\theta)Y + (1-\theta')iF_1 - (1-\eta)c_1\} - \{(1+\eta)c_2 + \left(\mu\frac{\Delta p_h}{p} + \frac{r_h}{p}\right)x\}\{(1-\gamma)i_m + (\varepsilon_h + \varepsilon_t) + (1+\eta) - A\}}{(1+\alpha) - (1+i)\{(1-\gamma)i_m + (\varepsilon_h + \varepsilon_t) + (1+\eta) - A\}}$$
$$\cdots ⑬$$

さらに, 実質住宅ストックおよび実質金融資産の変化は, 住宅の減価償却率をδ, 期待インフレ率をπとすると,

$$F_2 - F_1 = \Delta F = s - \pi F_1 \quad \cdots \text{⑭}$$
$$H_2 - H_1 = \Delta H = x - \delta H_1 \quad \cdots \text{⑮}$$

消費者は，⑭式および⑮式で表される条件の下で，自己の効用を最大化するように行動する。そこで，ハミルトン関数 Φ を ⑯ 式のようにおく。ストックを表す H と F は状態変数，c および x は制御変数となる。

$$\begin{aligned}
\Phi = & u(c_1, c_2; H) \\
& + \lambda_1 \left[\frac{(1+\alpha)\{(1-\theta)Y+(1-\theta')iF_1-(1+\eta)c_1\}-\left\{(1+\eta)c_2+\left(\mu\frac{\Delta p_h}{p}+\frac{r_h}{p}\right)x\right\}\{(1-\gamma)i_m+(\varepsilon_h+\varepsilon_t)+(1+\eta)-A\}}{(1+\alpha)-(1+i)\{(1-\gamma)i_m+(\varepsilon_h+\varepsilon_t)+(1+\eta)-A\}} - \pi F_1 \right] \\
& + \lambda_2(x - \delta H_1) \qquad\qquad\qquad\qquad\qquad\qquad\qquad\qquad\qquad\qquad \cdots \text{⑯}
\end{aligned}$$

最適化のための必要条件より，持ち家の実質資本コスト（ucc : user cost of capital）を示す⑰式が導出される。

$$ucc = \frac{\partial u}{\partial H} \bigg/ \frac{\partial u}{\partial c_1} = \frac{E\left\{\frac{(1+\alpha)(1-\theta')i}{D}+\delta-\pi\right\}}{(1+\alpha)(1+\eta)} \quad \cdots \text{⑰}$$

ただし，D については，

$\gamma = 1$ （持ち家をすべて現金で購入する場合）の時，
$$D = (1+\alpha) - (1+i)\{(\varepsilon_h+\varepsilon_t)+(1+\eta)-A\}$$

$\gamma = 0$ （持ち家購入をすべて住宅ローンに依存する場合）の時，
$$D = (1+\alpha) - (1+i)\{i_m+(\varepsilon_h+\varepsilon_t)+(1+\eta)-A\}$$

$0 \prec \gamma \prec 1$ （現金と住宅ローンを組み合わせる場合）の時，
$$D = (1+\alpha) - (1+i)\{(1-\gamma)i_m+(\varepsilon_h+\varepsilon_t)+(1+\eta)-A\}$$

また，E は，

$\gamma = 1$ （持ち家をすべて現金で購入する場合）の時，
$$E = \left(\mu\frac{\Delta p_h}{p}+\frac{r_h}{p}\right)\{(\varepsilon_h+\varepsilon_t)+(1+\eta)-A\}$$

$\gamma = 0$ （持ち家購入をすべて住宅ローンに依存する場合）の時，
$$E = \left(\mu\frac{\Delta p_h}{p}+\frac{r_h}{p}\right)\{i_m+(\varepsilon_h+\varepsilon_t)+(1+\eta)-A\}$$

$0 \prec \gamma \prec 1$ （現金と住宅ローンを組み合わせる場合）の時,

$$E = \left(\mu \frac{\Delta p_h}{p} + \frac{r_h}{p} \right) \{ (1-\gamma) i_m + (\varepsilon_h + \varepsilon_t) + (1+\eta) - A \}$$

さらに, A は ⑱ 式のように定義される。Z は持家購入に対する所得税の優遇措置（税額控除）の割引現在価値を, K および K^* は新築住宅および新築中高層耐火建築住宅（3階建て以上の住宅）に対する固定資産税の減額措置の割引現在価値を, それぞれ示している。

$$A = Z + (K, K^*) \cdots ⑱$$

住宅取得に対する所得税の優遇措置, すなわち住宅取得促進税制は, 持家取得の促進および住宅投資の活性化を通じた景気対策の目的で1972年に創設された。1980年代以降における住宅取得促進税制の変遷については, その概要が表11-2に示されている。なお, 1982年までは定額控除の存在により住宅資金を借入れに依存する場合のみならず, 現金で取得する場合も控除が認められていた。ところが, 1983年以降, 定額控除は廃止され, 控除の対象はローンの場合に限定されている。

岩田・鈴木・吉田 [1987 b] は, 1986年を対象に住宅取得促進税制を定式化し, その後, 石川 [2001] は1972年以降を対象とした時系列の定式化を実現した。本章ではこれらを参考とし, 住宅投資1単位当たりの優遇措置 Z を以下のように定式化する。ただし, HI は1世帯当たりの住宅投資額, HL は1世帯当たりの住宅ローン返済額, ρ は割引率, i は名目利子率, i_m は住宅ローン金利, n は住宅ローンの返済期間, B_t は t 年における1世帯当たりの住宅ローン残高である。また, 1985年以降における Q と n は1980年の場合と同様である。

◆1980年

借入れの場合は,

$$Z = \left[\frac{1.7}{HI} + \frac{min\{0.05 \times (HL - 30), 3\}}{HI} \right] \times \frac{Q}{\rho} \times (1 - e^{-3\rho})$$

表11-2　住宅取得促進税制の推移

年度	住宅取得促進税制の概要
1980〜1981	・床面積40 m²〜165 m²，年間所得800万円以下が対象。 ・控除期間3年間。 ・額控除17,000円および借入金額が30万円を超える場合，その超過部分の5％（上限は3万円）。
1983〜1985	・床面積40 m²〜165 m²，年間所得800万円以下が対象。 ・控除期間3年間。 ・入返済金額が30万円を超える場合，その超過部分の18％（上限は15万円）。
1990	・床面積40 m²以上，年間所得3,000万円以下。 ・控除期間6年間。 ・住宅ローン残高（2,000万円が上限）の1％。
1995	・床面積50 m²〜240 m²，年間所得2,000万円以下。 ・控除期間6年間。 ・当初2年：ローン残高1,000万円以下1.5％，1,000万円〜2,000万円の場合1％，2,000万円超の場合はその超過分の0.5％に20万円を加えた金額。 　残り4年間：ローン残高2,000万円以下1％，2,000万円超の場合はその超過分の0.5％に20万円を加えた金額
2000	・床面積50 m²以上（居住年が1997年または1998年の場合は50 m²〜240 m²），年間所得3,000万円以下，ローン残高5,000万円以下。 ・控除期間15年間。 ＊1999年，2000年もしくは2001年1月1日から6月30日までの間に購入し居住した場合 ・当初6年：ローン残高5,000万円以下の部分の金額×1％。 ・7年〜11年：ローン残高5,000万円以下の部分の金額×0.75％。 ・12年〜15年：ローン残高5,000万円以下の部分の金額×0.5％。
2004	・床面積50 m²以上（居住年が1997年または1998年の場合は50 m²〜240 m²），年間所得3,000万円以下，ローン残高5,000万円以下。 ・控除期間10年間。 ＊2004年に居住した場合 　ローン残高5,000万円以下の部分×1％

（出所）　表11-1と同様。

　現金購入の場合は，

$$Z = \frac{1.7}{HI} \times \frac{Q}{\rho} \times (1 - e^{-3\rho})$$

　ただし，

$$Q = \frac{e^{imn}}{e^{imn}-1}$$

$$n = \frac{1}{i}\log\left(\frac{HL/B_0}{HL/B_0 - i}\right)$$

◆1985年

$$Z = \left[\frac{min\{0..18 \times (HL - 30), 15\}}{HI}\right] \times \frac{Q}{\rho} \times \left(1 - e^{-3\rho}\right)$$

◆1990年

$$Z = \left[\frac{0.01 \times min\{B_t, 2,000\}}{HI}\right] \times \frac{Q}{\rho} \times \left(1 - e^{-6\rho}\right)$$

◆1995年

$B_t \leqq 1,000$の場合

$$Z = \left\{0.015 \times \left(1 - e^{-2\rho}\right) + 0.01 \times \left(e^{-2\rho} - e^{-6\rho}\right)\right\} \times \frac{B_t}{HI} \times \frac{Q}{\rho}$$

$1,000 < B_t \leqq 2,000$の場合

$$Z = \left\{0.01 \times \left(1 - e^{-6\rho}\right)\right\} \times \frac{B_t}{HI} \times \frac{Q}{\rho}$$

$B_t > 2.000$の場合

$$Z = \left[\frac{20 + (B_t - 2,000) \times 0.005}{HI}\right] \times \frac{Q}{\rho} \times \left(1 - e^{-6\rho}\right)$$

◆2000年

$$Z = \left\{0.01 \times \left(1 - e^{-6\rho}\right) + 0.0075 \times \left(e^{-6\rho} - e^{-11\rho}\right) + 0.005 \times \left(e^{-11\rho} - e^{-15\rho}\right)\right\} \\ \times \frac{B_t}{HI} \times \frac{Q}{\rho}$$

◆2004年

$$Z = \left\{0.01 \times \left(1 - e^{-10\rho}\right)\right\} \times \frac{B_t}{HI} \times \frac{Q}{\rho}$$

以上において，割引率 ρ は，1980年以外は控除対象がローンの場合に限定されるから，$\rho = i$ である。1980年においては，ローンの場合 $\rho = i$ であるが，

現金取得の場合には，利子所得の限界所得税率を m とすると，$\rho = (1 - m)i$ となる。市場で自己資金を運用した場合の機会費用が $(1 - m)i$ となるからである。現金取得とローンを組み合わせる場合の ρ は，現金取得とローンの加重平均により求められる。

また，固定資産税率 W_t，割引率 ρ とすると，K および K^* は，岩田・鈴木・吉田［1987ｂ］に従い以下のように定式化される。

$$K = \frac{1}{2\rho}\left(1 - e^{-3\rho}\right)W_t$$

$$K^* = \frac{1}{2\rho}\left(1 - e^{-5\rho}\right)W_t$$

税制の効果を検討するために，⑲式で定義される実効限界税率（METR：Marginal Effective Tax Rate）を推計する。ただし，ucc は税制が存在する場合の実質資本コスト，ucc' は税制が存在しない場合の実質資本コストである。

$$METR = \frac{ucc - ucc'}{ucc} \quad \cdots \text{⑲}$$

持ち家を購入する場合には，現金とローンを組み合わせるケースを考えると，税制要因が全く存在しない場合の実質資本コストは⑳式で求められる。

$$ucc' = \frac{\partial u}{\partial H}\Big/\frac{\partial u}{\partial c_1} = \frac{E\left\{\frac{(1+\alpha)i}{D}\delta - \pi\right\}}{1+\alpha} \quad \cdots \text{⑳}$$

ただし，$D = (1 + \alpha) - (1 + i)\{1 + (1 - \gamma)i_m\}$

$$E = \frac{r_h}{p}\{1 + (1 - \gamma)i_m\}$$

2．推計方法

実質資本コストの推計に際して利用した統計は，表11-3に示されるとおりである。また，各年度の税法に関しては『税法便覧』（税務研究会出版局）を利用した。

税率はすべて実効税率でとらえる。なお，割引率 ρ に関しては勤労者世帯（片稼ぎ夫婦子2人（うち1人は特定扶養者））のケースを想定する。

表11-3　持ち家の実質資本コストの構成要因と利用統計

データ	統計資料
η（実効消費税率）	『月刊住宅着工統計』（国土交通省），『国民経済計算年報』（内閣府），『民間企業による宅地・建物供給実績調査報告書』（(社)都市開発協会）
ε_h（固定資産税・都市計画税の実効税率）	『地方財政統計年報』（地方財務協会），『固定資産の価格等の概要調書』（総務省），「市町村税の徴収実績の概要」（『地方税』，地方財務協会），『国民経済計算年報』（内閣府）
ε_t（登録免許税および不動産取得税の実効税率）	・登録免許税 　『民事訟務人権統計年報Ⅱ』（法務省），『国民経済計算年報』（内閣府），『土地白書』（国土交通省） ・不動産取得税 　「都道府県における課税状況の分析」（『地方税』，地方財務協会），『国民経済計算年報』（内閣府），『土地白書』（国土交通省）
μ（実効譲渡所得税率）	『国税庁統計年報書』（国税庁），「都道府県における課税状況の分析」（『地方税』地方財務協会）
θ'（金融資産所得に対する実効所得税率）	『国税庁統計年報書』（国税庁），『地方財政統計年報』（地方財務協会），『国民経済計算年報』（内閣府）
Z（所得税の優遇措置）	『貯蓄動向調査報告』（総理府），『家計調査年報：貯蓄・負債編』（総務省），『建築統計年報』（国土交通省）
m（限界利子所得税率）	『国民経済計算年報』（内閣府），『貯蓄動向調査報告』（総務庁），『家計調査報告』（総務庁），『経済統計年報』（日本銀行）
KおよびK_*（固定資産税の優遇措置）	『経済統計年報』（日本銀行），『国債統計年報』（財務省），『日本の長期統計系列』（総務省統計局：http://www.stat.go.jp/data/chouki/index.htm），『民間住宅建設資金実態調査報告』（国土交通省），『地方財政統計年報』（地方財務協会），『固定資産の価格等の概要調書』（総務省），『地方税』（地方財務協会），『国民経済計算年報』（内閣府）
i（名目利子率）	『経済統計年報』（日本銀行），『国債統計年報』（財務省），『日本の長期統計系列』（総務省統計局：http://www.stat.go.jp/data/chouki/index.htm）
i_m（住宅ローン金利）	『経済統計年報』（日本銀行），『日本銀行統計』（日本銀行），『住宅金融公庫年報』（住宅金融公庫）
π（期待インフレ率）	『国民経済計算年報』（内閣府）
α（住宅価格上昇率）	『市街地価格指数』（(社)日本不動産研究所）
p（住宅以外の消費財の価格）およびr_h（家賃）	『消費者物価指数年報』（総務省）

P_h（住宅価格）	『公庫融資利用者調査報告　建売住宅購入融資編』（住宅金融公庫）
$\Delta ph/p$（実質キャピタル・ゲイン）	『公庫融資利用者調査報告　建売住宅購入融資編』（住宅金融公庫），『消費者物価指数年報』（総務省）
γ（住宅価格に占める現金の割合）	『民間住宅建設資金実態調査報告』（国土交通省）

(出所)　著者作成。

　名目利子率は，貸付残高期に応じた長期金利と短期金利の加重平均，住宅ローン金利は，貸付残高に応じた民間住宅ローン金利と住宅金融公庫貸付金利との加重平均である。期待インフレ率は，過去3年の平均インフレ率に基づき決定されると想定する。

　家賃は，帰属家賃を除く家賃指数に注目する。住宅価格に関しては，篠原[2006 a]では『民間企業による宅地・建物供給実績調査報告書』((財)都市開発協会）を利用していたが，同財団の解散により2004年のデータが得られないので，『公庫融資利用者調査報告　建売住宅購入融資編』（住宅金融公庫）のデータを利用し再計算する。

　また，住宅価格上昇率αに関しては，40歳で住宅を購入し25年後にそれを売却するものとする。推計に際しては，住宅価格に関する十分な時系列データが得られないため[7]，代理変数として住宅地の『市街地価格指数』((財)日本不動産研究所）を利用する。

　表11-1で示された新築住宅と中古住宅に対する税制の違いのうち，特に登録免許税・不動産取得税，固定資産税，譲渡所得税，消費税・地方消費税に注目しよう。税率の値は，以下で示される方法に基づく。

---

7)　土地代を含む住宅価格の統計としては，『住宅市場動向調査報告書（国土交通省），『一般個人住宅資金利用者調査報告』（住宅金融公庫），『民間企業による宅地・建物供給実績調査報告書』((社)都市開発協会，三大都市圏対象，2001年まで）が利用可能であるが，いずれも1970年代以降が対象となっている。

(1) 登録免許税・不動産取得税

住宅購入に関しては，所有権の保存登記（新築や増築の場合のみに必要とされる），売買による所有権の移転登記，住宅ローンの際の抵当権の設定登記に関して登録免許税が課せられる。なお，住宅金融公庫や財形住宅融資などの公的機関から融資を受ける場合は，抵当権設定登記に係る登録免許税は非課税となるが，推計に際しこの点は考慮しない。

1980年度以降における登録免許税および不動産取得税の税率の推移は表11-4で示されている。登録免許税では，土地と家屋に対する税率が異なっている。本則では，所有権保存登記（1,000分の6），所有権移転登記（1,000分の50），抵当権設定登記（1,000分の4）の合計1,000分の60の税率で課税されることになっているが，住宅取得を促進する観点から特例措置により軽減税率が適用されている。

推計に際しては，ε_tのうち登録免許税の部分は，土地と家屋の法定税率を固定資産税評価額で加重平均して計算する。不動産取得税に関しては，法定税率を利用する。

表11-4 住宅に係る資産移転課税の税率の推移

年度	登録免許税			不動産取得税
	本則	特別措置		新築住宅および中古住宅
		新築住宅	中古住宅	
1980	1,000分の60 所有権保存登記 （1,000分の6） 所有権移転登記 （1,000分の50） 抵当権設定登記 （1,000分の4）	家屋 1,000分の6 所有権保存登記 （1,000分の2） 所有権移転登記 （1,000分の2） 抵当権設定登記 （1,000分の2）	家屋 1,000分の32.5 所有権移転登記 （1,000分の30） 抵当権設定登記 （1,000分の2.5）	3% （本則3%）
		土地 1,000分の60 所有権保存登記 （1,000分の6） 所有権移転登記 （1,000分の50）	土地 1,000分の54 所有権移転登記 （1,000分の50） 抵当権設定登記 （1,000分の4）	

第11章　中古住宅市場の活性化と税制　405

		抵当権設定登記 (1,000分の4)			
1985	1,000分の60 所有権保存登記 (1,000分の6) 所有権移転登記 (1,000分の50) 抵当権設定登記 (1,000分の4)	家屋 1,000分の11 所有権保存登記 (1,000分の3) 所有権移転登記 (1,000分の6) 抵当権設定登記 (1,000分の2)	家屋 1,000分の8 所有権移転登記 (1,000分の6) 抵当権設定登記 (1,000分の2)		3％ (本則4％)
		土地 1,000分の60 所有権保存登記 (1,000分の6) 所有権移転登記 (1,000分の50) 抵当権設定登記 (1,000分の4)	土地 1,000分の54 所有権移転登記 (1,000分の50) 抵当権設定登記 (1,000分の4)		
1990	1,000分の60 所有権保存登記 (1,000分の6) 所有権移転登記 (1,000分の50) 抵当権設定登記 (1,000分の4)	家屋 1,000分の11 所有権保存登記 (1,000分の3) 所有権移転登記 (1,000分の6) 抵当権設定登記 (1,000分の2)	家屋 1,000分の8 所有権移転登記 (1,000分の6) 抵当権設定登記 (1,000分の2)		3％ (本則4％)
		土地 1,000分の60 所有権保存登記 (1,000分の6) 所有権移転登記 (1,000分の50) 抵当権設定登記 (1,000分の4)	土地 1,000分の54 所有権移転登記 (1,000分の50) 抵当権設定登記 (1,000分の4)		
1995	1,000分の60 所有権保存登記 (1,000分の6) 所有権移転登記 (1,000分の50) 抵当権設定登記 (1,000分の4)	家屋 1,000分の11 所有権保存登記 (1,000分の3) 所有権移転登記 (1,000分の6) 抵当権設定登記 (1,000分の2)	家屋 1,000分の8 所有権移転登記 (1,000分の6) 抵当権設定登記 (1,000分の2)		3％ (本則4％)

			土地 1,000分の60 所有権保存登記 (1,000分の6) 所有権移転登記 (1,000分の50) 抵当権設定登記 (1,000分の4)	土地 1,000分の54 所有権移転登記 (1,000分の50) 抵当権設定登記 (1,000分の4)	
2000	1,000分の60 所有権保存登記 (1,000分の6) 所有権移転登記 (1,000分の50) 抵当権設定登記 (1,000分の4)	家屋 1,000分の5.5 所有権保存登記 (1,000分の1.5) 所有権移転登記 (1,000分の3) 抵当権設定登記 (1,000分の1)	家屋 1,000分の4 所有権移転登記 (1,000分の3) 抵当権設定登記 (1,000分の1)	3％ (本則4％)
		土地 1,000分の60 所有権保存登記 (1,000分の6) 所有権移転登記 (1,000分の50) 抵当権設定登記 (1,000分の4)	土地 1,000分の54 所有権移転登記 (1,000分の50) 抵当権設定登記 (1,000分の4)	
2004	1,000分の28 所有権保存登記 (1,000分の4) 所有権移転登記 (1,000分の20) 抵当権設定登記 (1,000分の4)	家屋 1,000分の5.5 所有権保存登記 (1,000分の1.5) 所有権移転登記 (1,000分の3) 抵当権設定登記 (1,000分の1)	家屋 1,000分の4 所有権移転登記 (1,000分の3) 抵当権設定登記 (1,000分の1)	3％ (本則4％)
		土地 1,000分の16 所有権保存登記 (1,000分の2) 所有権移転登記 (1,000分の10) 抵当権設定登記 (1,000分の4)	土地 1,000分の14 所有権移転登記 (1,000分の10) 抵当権設定登記 (1,000分の4)	

(出所) 表11-1と同様。

また，不動産取得税の標準税率は4％（1980年度は3％）であるが，住宅取得に対する税率の特例（新築・中古を問わず適用される）に従い3％とする。不動産取得税においては，課税標準の特例，住宅用土地における税額軽減の特例が存在するが，これらに関しても新築と中古にほぼ共通の内容となっているので考慮しない。

（2）固定資産税・都市計画税

表11-5で示されるように，固定資産税に関しては，新築住宅（2階建てまでの建物）および新築中高層耐火建築住宅（3階建て以上の建物）に関して，家屋分に係る税額の減額措置が認められている。

前者では，特定の要件を満たす新築住宅について，100平方メートル（1995年度においては1993年1月2日から1995年1月1日までの間に新築されたものは120 m^2，2000年度および2004年度は120 m^2）までの部分の2分の1が3年間減額される。

後者においては，特定の要件を満たす新築中高層耐火建築住宅の場合，100平方メートル（1995年度においては1993年1月2日から1995年1月1日までの間に新築されたものは120 m^2，2000年度および2004年度は120 m^2）までの部分の2分の1が5年間減額される。適用要件については，建築時期，家屋面積に占める居住用部分の面積の割合，住宅部分の床面積，1 m^2当たりの価格などが対象となる。

推計に際しては，固定資産税率を1.4%，また，都市計画税率については0.3%として計算を行う。

（3）譲渡所得税

居住用財産の譲渡に関しては，1988年度税制改正により軽減税率が適用されている。例えば，1990年度においては，譲渡所得4,000万円以下の場合14%（うち住民税4%），4,000万円超の場合20%（うち住民税5%）となっている。居住用財産の譲渡益に関するデータは得られないので，『国税庁統計年報書』の分離長期譲渡所得の税額データを利用し，法定税率をベースにして加重平均税率

表11-5 新築住宅および新築中高層耐火建築住宅に関する固定資産税の減額措置

年度	新築住宅	新築中高層耐火建築住宅
1980	・1963年1月2日から1981年1月1日までに新築されたもの。 ・居住用部分の面積が家屋面積の2分の1以上のもの。 ・一戸あたり床面積が100 m²以下。 ・1 m²当たり価格が65,000円以下。	・1964年1月2日から1981年1月1日までに新築されたもの。 ・居住用部分の面積が家屋面積の2分の1以上のもの。 ・一戸あたり床面積が100 m²以下。 ・1 m²当たり価格が87,000円以下。
1985	・1963年1月2日から1987年1月1日までに新築されたもの。 ・居住用部分の面積が家屋面積の2分の1以上のもの。 ・一戸あたり床面積が40 m²〜165 m²。 ・1 m²当たり価格が84,000円以下。	・1964年1月2日から1987年1月1日までに新築されたもの。 ・居住用部分の面積が家屋面積の2分の1以上のもの。 ・一戸あたり床面積が40 m²〜165 m²。 ・1 m²当たり価格が117,000円以下。
1990	・1963年1月2日から1990年1月1日までに新築されたもの。 ・居住用部分の面積が家屋面積の2分の11以上のもの。 ・一戸あたり床面積が40 m²〜200 m²。 ・1 m²当たり価格が85,000円以下。	・1964年1月2日から1990年1月1日までに新築されたもの。 ・居住用部分の面積が家屋面積の2分の11以上のもの。 ・一戸あたり床面積が40 m²〜200 m²。 ・1 m²当たり価格が117,000円以下。
1995	・1963年1月2日から1995年1月1日までに新築されたもの。 ・居住用部分の面積が家屋面積の2分の1以上のもの。 ・一戸あたり床面積が40 m²〜200 m²。 ・1 m²当たり価格が112,000円以下。	・1964年1月2日から1995年1月1日までに新築されたもの。 ・居住用部分の面積が家屋面積の2分の1以上のもの。 ・一戸あたり床面積が40 m²〜200 m²。 ・1 m²当たり価格が176,000円以下。
2000	・1963年1月2日から2002年1月1日までに新築されたもの。 ・居住用部分の面積が家屋面積の2分の1以上のもの。 ・一戸あたり床面積が50 m²〜280 m²。	・1964年1月2日から2002年1月1日までに新築されたもの。 ・居住用部分の面積が家屋面積の2分の1以上のもの。 ・一戸あたり床面積が50 m²〜280 m²。
2004	・1963年1月2日から2006年1月1日までに新築されたもの。 ・居住用部分の面積が家屋面積の2分の1以上のもの。 ・一戸あたり床面積が50 m²〜280 m²。	・1964年1月2日から2006年1月1日までに新築されたもの。 ・居住用部分の面積が家屋面積の2分の1以上のもの。 ・一戸あたり床面積が50 m²〜280 m²。

(出所) 表11-1と同様。

を計算する。

　特定の居住用財産の買換特例は，一定の条件を満たす住宅を売却して売却益

が出た場合は課税が繰り延べられ，購入する住宅が新築であろうと中古であろうと適用される。この制度では譲渡所得が非課税になるのではなく，売却が複数回に及ぶ場合には課税される可能性がある。しかしながら，推計に際してはこのような可能性を無視し，買換特例が適用される場合は，非課税扱いされる（$\mu = 0$）ものと仮定する。

（4）消費税・地方消費税

消費税および地方消費税は，土地に関しては非課税で建物についてのみ課税される。したがって，厳密には消費税の実効税率ηは建物部分に対する消費税額を住宅価格で除して求められることになる。中古住宅の場合，事業として行われない個人間売買については非課税（$\eta = 0$）となる。

3．推計結果

推計結果は，表11-6で示されている。ただし，新築住宅に関しては，住宅取得減税，譲渡に係る特例（居住用財産の特例，買換特例），登録免許税の軽減措置，固定資産税の減額措置が適用されるものとする。中古住宅に関しては，上記の固定資産税減額措置以外の優遇措置が適用される場合とそうでない場合とを区別してある。表11-6から明らかにされるのは，以下のような事柄である。

第一に，優遇措置が適用される場合を見ると，全額ローンのケース，現金とローンを組み合わせるケースにおいて，1980年代以降一貫して，中古住宅（不動産業者から購入するケース）の実質資本コストが新築住宅のそれを上回っている。しかし，2階建てまでの建物を現金で購入する場合は，1980年度以外，新築住宅の方が上回る傾向が見られる。これは，1980年度においては，中古住宅には固定資産税の減額措置が適用されないことに加え，登録免許税の税率が新築住宅よりも高かった（表11-2）ことによる。それ以外の年度では，固定資産税の減額措置の効果よりも，新築住宅と中古住宅の登録免許税の税率格差の効果が上回ったことによるものと推測される。

第二に，中古住宅が個人間売買で行われるケースにおいては，消費税導入以

降,不動産業者から購入する場合よりも実質資本コストは低い傾向にある。また,現金購入の場合は不動産業者から購入する場合と同様な傾向が見られる。

　第三に,もし中古住宅が優遇措置の適用条件を満たさないならば,中古住宅の実質資本コストは新築住宅のそれを大きく上回る。2004年度について推計すると,現金とローンを組み合わせる場合を想定すると,新築住宅の場合0.0363もしくは0.0354（中高層耐火建築住宅のケース）であるのに対し,中古住宅の場合0.0503もしくは0.0493（個人間売買のケース）となっている。

表11-6　新築住宅と中古住宅の実質資本コスト

	1980年度	1985	1990	1995	2000	2004
新築住宅						
現金購入	0.0119	0.00199	0.0172	0.0054	0.0173	0.0441
	(0.0118)	(0.00189)	(0.0164)	(0.0049)	(0.0149)	(0.0395)
全額ローン	0.0129	0.00210	0.0178	0.0051	0.0141	0.0369
	(0.0128)	(0.00207)	(0.0176)	(0.0050)	(0.0140)	(0.0360)
現金＋ローン	0.0125	0.00202	0.0172	0.0050	0.0140	0.0363
	(0.0124)	(0.00199)	(0.0170)	(0.0049)	(0.0138)	(0.0354)
中古住宅（不動産業者から購入）						
現金購入	0.0121	0.00197	0.0169	0.00511	0.01541	0.0423
	(0.0126)	(0.0112)	(0.0181)	(0.0101)	(0.0203)	(0.0490)
全額ローン	0.0131	0.0022	0.0181	0.00522	0.0143	0.0379
	(0.0136)	(0.0119)	(0.0195)	(0.0105)	(0.0209)	(0.0516)
現金＋ローン	0.0128	0.0021	0.0176	0.00514	0.0142	0.0373
	(0.0132)	(0.0116)	(0.0189)	(0.01034)	(0.02062)	(0.0503)
中古住宅（個人間売買）						
現金購入	0.0121	0.00197	0.0169	0.00509	0.01540	0.0416
	(0.0126)	(0.0112)	(0.0181)	(0.0101)	(0.0203)	(0.0480)
全額ローン	0.0131	0.0021	0.0181	0.0052	0.0144	0.0376
	(0.0136)	(0.0119)	(0.01946)	(0.0105)	(0.0208)	(0.0504)
現金＋ローン	0.0128	0.0021	0.0175	0.0051	0.0142	0.0370
	(0.0132)	(0.0116)	(0.01889)	(0.01032)	(0.02057)	(0.0493)

（注）　カッコ内は,新築住宅の場合は中高層耐火建築住宅を,中古住宅の場合は税制優遇措置のないケースをそれぞれ示す。
（出所）　著者推計。

Ⅲ．新築住宅と中古住宅に対する課税の効果

1．税制全般の効果

　課税の効果を明確にするために，表11-6で推計された実質資本コストに基づき，実効限界税率を計算してみよう。表11-7は，その結果を示したものである。実効限界税率は，買換特例の存在しない1980年度および1990年度においてプラスであるが，それ以外ではマイナスとなっている。

　税制が住宅購入者の選択に与える影響を検討するために，実効限界税率の格差（新築住宅と中古住宅，中古住宅間）に注目すると，表11-7により以下のような事柄が明らかにされる。ただし，実効限界税率の格差がゼロに近づけば近づくほど，税制は中立的になると想定する。

(1) 現金とローンを組み合わせる場合

　最初に，住宅購入の一般的なケースである現金とローンを組み合わせる場合について見よう。新築住宅と中古住宅（不動産業者から購入，優遇措置あり）の選択を見ると（A-B），2004年度において-0.0357（2階建てまで），-0.0679（3階建て以上）となっており，税制は中古住宅よりも新築住宅を相対的に優遇している。その程度は，中高層耐火建築住宅においてより大きい。1980年代以降の動向を眺めると，新築住宅を相対的に優遇する程度には拡大傾向が見られる。

　新築住宅と中古住宅（不動産業者から購入，優遇措置なし）の選択に関しても，優遇措置のある場合と同様な事柄が観察できる。もっとも，厳密に言うと，1990年代後半以降は新築住宅を優遇する程度には縮小傾向が見られる。

　新築住宅と中古住宅（個人間売買，優遇措置あり）の選択に関しては，実効限界税率の格差（A-C）は，2004年度において-0.0267（2階建てまで），-0.0589（3階建て以上）である。この場合，中古住宅に対して消費税・地方消費税が非課税なため，実効限界税率の格差は同税が課税される場合よりも大きい。税制は中古住宅よりも新築住宅を優遇し，その優遇の程度は1980年代以

降，拡大傾向が見られる。新築住宅と中古住宅（個人間売買，優遇措置なし）の選択に関しても，以上と同様な事柄が観察できる。

中古住宅（不動産業者から購入，優遇措置あり）と中古住宅（個人間売買，優遇措置あり）の選択（B-C）に関しては，消費税の導入されていない1980年度と1985年度においては，税制は中立的である。しかし，消費税の導入された1990年度以降，後者が前者よりも相対的に優遇されている。消費税率引き上げの影響もあり，特に1995年度以降その傾向は拡大している。中古住宅（不動産業者から購入，優遇措置なし）と中古住宅（個人間売買，優遇措置なし）に関しても同様な傾向が見られる。

（2）現金購入の場合

現金購入の場合を見よう。不動産業者から購入し，中古住宅に対しても優遇措置が適用されるケースでは，（A-B）の値は中高層耐火建築住宅ではマイナスとなっており，税制上，中古住宅よりも新築住宅の方が相対的に優遇されている。しかし，2階建てまでのケースでは，1980年度を除き（A-B）の値はプラスであり，中古住宅の方が優遇される傾向にある。不動産業者から購入するが中古住宅に対しては優遇措置が適用されないケースでは，（A-B）の値はいずれにおいてもマイナスである。したがって，中古住宅よりも新築住宅の方が相対的に優遇されていると言える。しかも，その程度は中高層耐火建築住宅の場合の方が大きい。

個人間売買のケース（A-C）においても，不動産業から購入する場合と同様な傾向が観察できる。

以上のような，新築住宅と中古住宅との選択に関する結果には，住宅取得減税（現金購入の場合1980年度のみ），固定資産税の減額措置（新築のみ適用），登録免許税の軽減税率が影響を与える。中古住宅に対しても優遇措置が適用される場合，固定資産税の減額措置と登録免許税の税率格差（新築＞中古）の効果の相対的大きさが問題である。中高層耐火建築住宅の場合，前者の効果が後者の効果を上回り，2階建てまでのケースにおいては，1980年度を除き逆の状況が実現していると考えられる。

表11-7　新築住宅と中古住宅に対する税制の効果（実効限界税率）

	1980年度	1985	1990	1995	2000	2004
新築住宅(A)						
現金購入	0.9130	−0.1279	0.5918	−0.1921	−0.1640	−0.0036
	(0.9118)[1]	(−0.1866)	(0.5704)	(−0.3145)	(−0.3484)	(−0.1247)
全額ローン	0.9128	−0.1410	0.5737	−0.3217	−0.4818	−0.2918
	(0.9119)	(−0.1583)	(0.5686)	(−0.3419)	(−0.4985)	(−0.3264)
現金＋ローン	0.9128	−0.1517	0.5737	−0.3214	−0.4702	−0.2806
	(0.9119)	(−0.1698)	(0.5684)	(−0.3419)	(−0.4866)	(−0.3139)
中古住宅 (不動産業者から購入:B)						
現金購入	0.91431	−0.1380	0.5841	−0.2650	−0.3053	−0.1292
	(0.9176)[1]	(0.7993)	(0.6128)	(0.3588)	(0.0094)	(0.0250)
全額ローン	0.91425	−0.1148	0.5816	−0.2929	−0.4582	−0.3305
	(0.9173)	(0.7988)	(0.6110)	(0.3565)	(−0.0002)	(0.0229)
現金＋ローン	0.91427	−0.1244	0.5817	−0.2924	−0.4469	−0.3178
	(0.9174)	(0.7990)	(0.6117)	(0.3574)	(0.0041)	(0.0236)
中古住宅 (個人間売買:C)						
現金購入	0.91431	−0.1380	0.5834	−0.2684	−0.3060	−0.1471
	(0.9176)[1]	(0.7993)	(0.6124)	(0.3578)	(0.0068)	(0.0061)
全額ローン	0.91425	−0.1148	0.5812	−0.2958	−0.4539	−0.3404
	(0.9173)	(0.7988)	(0.6109)	(0.3556)	(−0.0033)	(0.0011)
現金＋ローン	0.9143	−0.1244	0.5812	−0.2955	−0.4425	−0.3268
	(0.9174)	(0.7990)	(0.6115)	(0.3564)	(0.0013)	(0.0032)
現金購入のケース						
A−B	−0.0013[2]	0.00101	0.0078	0.0729	0.1413	0.0459
	−0.0025[3]	−0.0485	−0.0137	−0.0494	−0.0431	−0.0783
	−0.0045[4]	−0.9272	−0.0209	−0.5510	−0.1734	−0.1082
	−0.0057[5]	−0.9859	−0.0424	−0.6733	−0.3577	−0.2324
A−C	−0.0013[2]	0.0101	0.0085	0.0762	0.1419	0.0459
	−0.0025[3]	−0.0485	−0.0130	−0.0461	−0.0424	−0.0783
	−0.0045[4]	−0.9272	−0.0206	−0.5499	−0.1709	−0.1082
	−0.0057[5]	−0.9859	−0.0421	−0.6722	−0.3552	−0.2324
B−C	0[6]	0	0.0007	0.0034	0.0007	0.0179
	0[7]	0	0.0004	0.0011	0.0025	0.0189

	ローンのケース					
A–B	−0.0014[2]	−0.0262	−0.0079	−0.0287	−0.0236	−0.0370
	−0.0023[3]	−0.0435	−0.0130	−0.0490	−0.0403	−0.0703
	−0.0044[4]	−0.9398	−0.0372	−0.6781	−0.4816	−0.3904
	−0.0053[5]	−0.9571	−0.0423	−0.6984	−0.4983	−0.4238
A–C	−0.0014[2]	−0.0262	−0.0075	−0.0258	−0.0279	−0.0270
	−0.0023[3]	−0.0435	−0.0126	−0.0461	−0.0446	−0.0604
	−0.0044[4]	−0.9398	−0.0371	−0.6772	−0.4785	−0.3686
	−0.0053[5]	−0.9572	−0.0422	−0.6975	−0.4952	−0.4020
B–C	0[6]	0	0.0004	0.0029	−0.0046	0.0099
	0[7]	0	0.0000	0.0009	0.0030	0.0218
	現金＋ローンのケース					
A–B	−0.0015[2]	−0.0273	−0.0081	−0.0290	−0.0232	−0.0357
	−0.0024[3]	−0.0454	−0.0133	−0.0495	−0.0397	−0.0679
	−0.0046[4]	−0.9507	−0.0378	−0.6779	−0.4715	−0.3771
	−0.0055[5]	−0.9688	−0.0433	−0.6992	−0.4907	−0.4093
A–C	−0.0015[2]	−0.0273	−0.0076	−0.0259	−0.0277	−0.0267
	−0.0024[3]	−0.0454	−0.0128	−0.0464	−0.0441	−0.0589
	−0.0045[4]	−0.9507	−0.0378	−0.6777	−0.4715	−0.3567
	−0.0055[5]	−0.9688	−0.0431	−0.6983	−0.4879	−0.3889
B–C	0[6]	0	0.0005	0.0031	−0.0044	0.0089
	0[7]	0	0.0002	0.0010	0.0028	0.0204

(注) 1) カッコ内は，新築住宅の場合は中高層耐火建築住宅を，中古住宅の場合は税制優遇措置のないケースをそれぞれ示す。
2) 新築住宅は2階建てまでのケース（中古住宅優遇措置あり）。
3) 新築中高層耐火建築住宅（中古住宅優遇措置あり）。
4) 新築住宅は2階建てまでのケース（中古住宅優遇措置なし）。
5) 新築中高層耐火建築住宅（中古住宅優遇措置なし）。
6) 優遇措置あり。
7) 優遇措置なし。
(出所) 著者推計。

　中古住宅（不動産業者から購入，優遇措置あり）と中古住宅（個人間売買，優遇措置あり）の選択（B−C）に関しては，消費税導入以降，後者が前者よりも相対的に優遇される傾向にある。中古住宅（不動産業者から購入，優遇措置なし）と中古住宅（個人間売買，優遇措置なし）に関しても同様な傾向が見られる。

(3) 全額ローンの場合

最後に,全額ローンで購入するケースを見る。新築住宅と中古住宅の選択(優遇措置あり)に関しては,(A-B)および(A-C)の値はマイナスである。したがって,税制は相対的に中古住宅よりも新築住宅の方を優遇する傾向にある。さらに,新築住宅と中古住宅の選択(優遇措置なし)に関する(A-B)および(A-C)の値もマイナスである。したがって,この場合も新築住宅が相対的に優遇される傾向が見られる。以上のケースにおいて,1980年代以降の動向を眺めると,新築住宅を相対的に優遇する程度には拡大傾向が見られる。

中古住宅間の選択に関しては,現金とローンを組み合わせる場合および現金購入の場合と同様な傾向があてはまる。

2. 個別の税制の効果

個別の税制の効果を検討するために,個別の税制が存在する場合と存在しない場合との実質資本コストに基づき,2004年度における実効限界税率を推計してみよう。表11-8はその結果を示したものである。ただし,現金とローンを組み合わせるケースを想定している。

新築住宅の場合,資産保有課税に関しては,それが存在しないことにより固定資産税の優遇措置も認められないので,実効限界税率の値はマイナスとなっている。また,譲渡所得税については,買替特例が適用される場合非課税であるから,実効限界税率はゼロである。適用されない場合はプラスの値となる。

税制の効果は,実効限界税率の絶対値の大きさを比較することにより推測できる。効果の大きさは,買換特例が適用される場合,2階建てまでの場合には,資産移転課税,資産保有課税,消費課税,譲渡所得税の順となる。また,3階建て以上の場合には,資産保有課税,資産移転課税,消費課税,譲渡所得税の順となる。これに対して,買換特例が適用されない場合,2階建てまでの場合には,譲渡所得税,資産移転課税,資産保有課税,消費課税の順に,3階建て以上の場合には,資産保有課税,譲渡所得税,資産移転課税,消費課税の順となる。

税制優遇措置の中で最も効果の高いのは住宅取得減税である。さらに,2階

表11-8 新築住宅と中古住宅に対する個別の税制の効果（実効限界税率：2004年度）

	新築住宅		中古住宅(優遇あり)		中古住宅(優遇なし)	
	2階建てまで	中高層耐火建築住宅（3階建て以上）	不動産業者から購入	個人間売買	不動産業者から購入	個人間売買
消費課税 （消費税・地方消費税）	0.0056	0.0047	0.0067	－	0.0204	－
資産保有課税 （固定資産税・都市計画税）	－0.0245	－0.0489	0.0225	0.0590	0.0342	0.0324
資産移転課税 （登録免許税・不動産取得税）	0.0282	0.0264	0.0483	0.0954	0.0997	0.0947
譲渡所得税 買換特例あり 買換特例なし	0 0.0294	0 0.0286	0 －	0 －	－ 0.0377	－ 0.0367
税制優遇措置 住宅取得減税 固定資産税減額 買換特例 登録免許税軽減	－0.2436 －0.0278 －0.0303 －0.0455	－0.2318 －0.0523 －0.0295 －0.0466	－0.2577 － －0.0312 －0.0284	－0.2932 － －0.0303 －0.0271	－ － － －	－ － － －

（出所）　著者推計。

建てまでの場合，登録免許税軽減，買換特例，固定資産税減額措置が，3階建て以上の場合，固定資産税減額措置，登録免許税軽減，買換特例がそれぞれ続く。

　中古住宅（優遇あり）の場合，実効限界税率の値は，資産移転課税，資産保有課税，消費課税（個人間売買のケースを除く），譲渡所得税の順となっている。優遇措置に関しては，住宅取得減税，買換特例，登録免許税軽減の順に効果が大きい。

　中古住宅（優遇なし）の場合，資産移転課税の実効限界税率の値が最も大きく，次に，譲渡所得税，資産保有課税，消費課税（個人間売買のケースを除く）と続く。

Ⅳ．中古住宅に対する税制のあり方

1．課税の問題点

　これまでの分析から，税制は一部のケース（2階建てまでの住宅を現金で購入する場合）を除き，1980年代以降，相対的に新築住宅を中古住宅よりも優遇してきたことが明らかにされた。このことは，中古住宅が築後経過年数の要件を満たさず優遇処置の適用対象とならない場合に特に顕著である。また，築後経過年数要件を満たす場合においても，登録免許税の税率格差（新築＞中古）の効果を固定資産税減額措置（新築にのみ適用）の効果が上回り，新築住宅が相対的に優遇されてきたと予測される。

　したがって，課税の中立性の観点からは，中古住宅に対する築後経過年数の要件と新築住宅に対する固定資産税減額措置の存在が問題となる。

　第一に，築後経過年数要件に関しては，近年，状況に変化が見られる。2005年度税制改正により，一定の耐震基準を満たす中古住宅であれば，築後経過年数にかかわらず，住宅ローン控除，特定居住用財産の買換特例，相続時精算課税制度の住宅取得等資金贈与の特例，登録免許税の軽減措置，不動産取得税の特例措置（課税標準の特例措置）などの優遇措置が適用されることとなったからである[8]。このような措置は，新築住宅と中古住宅に対する課税の中立性の実現に有効である。表11-7における（A-B）および（A-C）の値に注目すると，中古住宅に対して優遇措置が認められることにより，実効限界税率の格差（絶対値）は低下する。

　第二に，固定資産税減額措置は，新築住宅の取得を促進するための措置である。東京都のように，固定資産税のみならず都市計画税をも一定期間（3年間）免税としている地方公共団体もある。固定資産税減額措置は，高度経済成長期における住宅不足を背景に，住宅建設の促進を目的として1964年度地方税制改

8）国土交通省住宅局住宅政策課［2006］，135頁。

正により設けられた制度であり，1963年以降5年間に新築される住宅を対象に，3年間（一般住宅の場合）から10年間（5階建て以上の中高層耐火建築住宅の場合），税額を2分の1に減額するものであった[9]。当初は2年間の時限措置とされていたが，基本的枠組みは変わることなくその後も継続され，現在に至っている。

しかしながら，5年に1回実施される『住宅・土地統計調査』（総務省）によれば，1973年には全都道府県で住宅総数が世帯総数を上回った。最近の調査では，2003年度において，総世帯数約4,700万世帯に対し，総住宅数は5,400万戸となっている。その意味では，新築住宅に対する固定資産税減額措置は，すでにその使命を終えていると考えられる。それにもかかわらず当該措置が継続された背景には，住宅投資の促進により景気を下支えする意図があったと考えられる。しかし，2006年に15政令市において実施されたアンケート調査によると，住宅を新築する際，固定資産税減額措置の内容まで知っていた者の割合は26.4％，減額措置の存在が購入のきっかけとなったと答えた者の割合は19.9％であり[10]，住宅新築に対する当該措置の誘因効果には疑問がある。

2．今後の課題

（1）住宅政策を巡る環境の変化

わが国における戦後の住宅政策の変遷を眺めると[11]，終戦直後から1970年代前半までは住宅不足を解消するためにさまざまな施策が講じられた。住宅金融公庫（1950年），日本住宅公団（1955年），地方住宅供給公社（1965年）などが設立され，公営住宅法の制定（1951年）が実施されたのもこの時期である。

1973年に「一世帯一住宅」が実現されると，住宅政策は量の確保から質の向

---

9) 丸山［1985］，551頁。
10) 地方税における資産課税のあり方に関する調査研究委員会［2007］，88頁。なお，1997年に30市において実施されたアンケート調査においても，住宅を新築する際，固定資産税減額措置の存在を知っていた者，および考慮した者の割合はいずれも2割程度である（地方税における資産課税のあり方に関する調査研究委員会［2000］，42頁）。
11) 以下は，国土交通省住宅局住宅政策課［2002］，国土交通省住宅局住宅政策課［2006］，島田［2003］に基づく。

上へとその重点が移されるようになった。1966年度以降5年おきに作成されている「住宅建設5箇年計画」においても，「最低居住水準」および「平均居住水準」（第3期（1976～1980年度）以降。ただし，平均居住水準は第4期（1981～1985年度）まで），「住環境水準」（第4期以降），「誘導居住水準」（第5期（1986～1990年度）以降），「住宅性能水準」（第8期（2001～2005年度））等の目標が追加的に設定された。また，2006年には住生活基本法が制定施行され，それに基づき従来の「住宅建設5箇年計画」に代えて新たに「住生活基本計画」（2006～2015年度）が策定された。そこでは，「住宅性能水準」，「居住環境水準」，「居住面積水準（最低・誘導）」のそれぞれに関連して，「住宅建設5箇年計画」よりも細かな定量的成果指標が設定されている。

住宅政策を取り巻く社会経済情勢は大きく変化しつつある。2000年6月に公表された住宅宅地審議会答申は，「現在，わが国は高い経済成長，地価上昇，人口増加・移動に特徴づけられる『成長社会』から，経済の安定成長，地価の安定，人口減少，少子・高齢化，環境との共生に特徴づけられる『成熟社会』への入り口にある」[12]と指摘している。

第一に，高い経済成長下では賃金も上昇する。賃金と地価の継続的上昇は住宅ローンを容易にし，より良質な新築住宅への買い替えを可能としたが，経済成長および地価が安定する状況下では，このような買い替えも困難となる。

第二に，わが国の人口数・世帯数は，前者は2005年以降，後者に関しては2015年以降減少に転ずると予測されている[13]。したがって，今後，新規住宅に対する需要は減少していくことが予想される。

第三に，人口の高齢化により，高齢者のみの単身および夫婦世帯が増えると予想される。国立社会保障・人口問題研究所によれば，全世帯数に占める世帯主が65歳以上で単独もしくは夫婦のみの世帯の割合は，2000年の14.7%から2025年には26.0%に増えると推計されている[14]。このような高齢者世帯の増加

---

12) 住宅宅地審議会［2000］，1頁。また，社会資本整備審議会［2005］も参照。
13) 国立社会保障・人口問題研究所［2003］，国立社会保障・人口問題研究所［2006］参照。
14) 国立社会保障・人口問題研究所［2003］参照。

は，郊外から都心へ，また，広い家から世帯規模に合った家へと住み替え需要を増大させるだろう。

第四に，少子化により子供は住宅を相続する可能性が増えるため，住宅（持ち家）に対する需要が減少する。

第五に，住宅は，居住者の健康問題（シックハウス，アスベスト）や環境問題（地球温暖化，建築資材廃棄物）とも関連している。

以上のように，成長社会においては旺盛な住宅需要に対応するため，住宅を建ててそれが古くなったら壊し，また新しい住宅を建てることが一般的であった。しかしながら，成熟社会では，成長社会と比較して住宅需要の減少が予想される。また，高齢者の住み替え需要が増えるとともに，居住者の健康問題や環境問題がより深刻化すると考えられる。したがって，「『住宅を作っては壊す』社会から『いいものを作って，きちんと手入れして，長く大切に使う』社会へと移行し，住宅を社会の資産として活用していけるようにすることが重要である」[15]。このためには，「既存住宅ストックを有効活用するとともに，良質な住宅ストックを形成し，それが適切に維持管理され，円滑に流通する循環型市場の形成が求められる」[16]のである。

すなわち，成熟社会においては，良質な新築住宅の建設を促進するとともに，ストックである中古住宅の流通を促進するような環境整備が重要となる。わが国では主要先進諸国と比較して中古住宅市場の規模がかなり小さいが[17]，中古住宅市場の活性化のためには，中古住宅の性能・価格に関する評価制度の普及・充実および情報提供の促進などとともに，税制のあり方についても検討が求められよう。

（2）中古住宅市場の発展に向けた税制

以上のように，今後，成長社会から成熟社会への移行が進行すると予想され

---

15) 社会資本整備審議会［2005］，28頁。
16) 社会資本整備審議会［2005］，28頁。
17) 住宅取引に占める中古住宅取引の割合は，アメリカ（77.6％），イギリス（88.8％），フランス（66.4％）であるのに対し，わが国の場合は12.8％でしかない。国土交通省住宅局住宅政策課［2006］，52頁参照。

るが，そうなると中古住宅市場の活性化の視点から，従来の新築重視の税制を見直すことが求められる。最初に述べたように，わが国の国民は新築志向が強い。したがって，中古住宅が選択されるには，税制面のサポートも必要とされよう。その際，論点となるいくつかの事柄について以下で述べる。

① 不動産流通課税

課税根拠の観点から不動産流通課税（印紙税，登録免許税，不動産取得税）を再検討し，消費課税（消費税および地方消費税）と不動産流通課税との間の重複課税を調整すべきである。具体的には，不動産譲渡契約に係る印紙税および建物部分に係る地方消費税の非課税，不動産取得税および登録免許税の軽減の継続を検討すべきである[18]。もっとも，以上は，中古住宅だけではなく新築住宅に関しても当てはまる事柄である。

② 新築住宅に対する固定資産税減額措置

新築住宅に対する固定資産税の減額措置の廃止を検討すべきである。前述のように，当該特例措置の使命はすでに終わっていると考えられる。また，当該特例措置は家屋に対する最大の特例措置であり，それによる地方公共団体の減収額は2005年度において約1,600億円となっている[19]。これは，同年度の家屋に対する固定資産税額の約4％を占め，地方財源の確保の面からも問題がある。

③ 中古住宅のメンテナンス・リフォームに対する優遇措置

良質なストック形成の観点からは，中古住宅の日常的なメンテナンスやリフォームに対する税制の優遇措置の必要性が高まるであろう。現在，住宅の増改築に対しては，その資金を借り入れにより調達する場合は，住宅ローン控除の対象となっている。しかし，借り入れの有無にかかわらず，メンテナンスやリフォームに要した費用の一定割合を控除する方式を検討すべきである。

④ 住宅売却に対する譲渡所得課税

本書第1章の表1-4で示したように，現在わが国の税制では，不動産譲渡益に関して，所有期間により短期（5年以内）と長期（5年超）に区分され課税

---

18) 課税根拠からの不動産流通課税の検討の詳細は，本書第2章参照。
19) 地方税における資産課税のあり方に関する調査研究委員会［2007］，7頁。

表11-9　居住用財産の譲渡に係る現行税制の概要（個人）

税率	短期（所有期間5年以内）→39%（所得税30%，住民税9%） 長期（所有期間5年超）→20%（所得税15%，住民税5%） 長期（所有期間10年超：軽減税率の特例） 　→6,000万円以内：14%（所得税10%，住民税4%） 　6,000万円超：20%（所得税15%，住民税5%）			
控除および特例				
適用要件	キャピタル・ゲイン			キャピタル・ロス
	特別控除	相続等により取得した居住用財産の買換特例	居住用財産の買換特例	譲渡損失の繰越控除の特例
所有期間	－	10年超	10年超	5年超
居住期間	－	30年超	10年超	－
面積	－	－	・建物床面積50m²以上 ・敷地面積500m²以下	・建物床面積50m²以上
所得	－	－	－	・年間所得3,000万円以下 ・返済期間10年以上の住宅ローン残高があること
買換の必要性	無	有	有	無
その他	・最大3,000万円の控除。 ・3年に1回適用可能。 ・買換特例や住宅ローン控除との重複は不可。	・最初の買換えにのみ適用 ・軽減税率の特例，特別控除，住宅ローン控除との重複は不可。	・最初の買換えにのみ適用。 ・軽減税率の特例，特別控除，住宅ローン控除との重複は不可。 ・中古住宅については，買換対象が築後25年以内，もしくは一定の耐震基準を満たす物件に限定。	・最長4年間，控除可能。 ・譲渡する前年，前々年に軽減税率の特例，特別控除，買換特例を受けている場合は適用除外。 ・住宅ローン控除との併用が可能。

（出所）　松崎・高橋［2007］，国税庁タックスアンサーを参考に著者作成。

が行われている。さらに，居住用財産の譲渡に関しては，軽減税率の特例，特別控除（3,000万円），買換特例，譲渡損失の繰越控除が認められている。

　表11-9はその内容をより詳細に示したものである。簡単に説明すると，所有期間10年以内の場合は特別控除のみが適用され，所有期間が10年超の場合には，特別控除に加えて軽減税率の特例が適用される。買換えに関しては，相続等により取得した場合および自分で購入した場合，一定の要件を充たせば買換特例が適用され譲渡はなかったものとみなされる。この要件には，所有期間のほかに，居住期間や買換えの対象となる住宅の面積などが加わる。所有期間が5年超の不動産を譲渡してキャピタル・ロスが発生した場合は，譲渡損失の繰越控除が認められる。この場合，不動産譲渡益以外の普通所得からの損益通算が可能である。

　要するに，現行わが国税制では，個人が住み替えを行うために持ち家を処分した場合，買換えを前提としない場合は特別控除が，買換えを前提とする場合には買換特例が適用されることになっている。また，ロス控除は買換えを前提とされず認められる。

　しかし，住み替えを促進するためには，投機目的以外で主たる住居を譲渡した際の譲渡所得に関しては，原則非課税とすることが望ましいのではなかろうか。買替特例の場合は，新たに住宅を購入することが前提となるため，居住していた住宅を売却して賃貸住宅に住み替える場合には適用されない。

　さらに，買替特例のような制度は高齢化社会にはそぐわないと考えられる。高齢者が郊外の一戸建てを売却して都心にあるケア付き賃貸住宅に移るようなケースを，税制が阻害することになるからである。参考のためにOECD諸国の事例を見ると，主たる住居の譲渡益に関しては条件付き非課税が主流である（本書第1章参照）。このような非課税措置は，家族構成の変化，転勤，退職などの理由により持ち家を売却する場合，住環境の改善や他地域への移動を税制が妨げないための措置であると考えられる。

⑤ 中古住宅と消費課税

　消費税率の引き上げが政策課題として取り上げられる時，住宅に対する消費課税（消費税・地方消費税）のあり方も必然的に問題とされよう。現在わが国で

は，新築・中古を問わず，住宅は消費税・地方消費税の課税対象となっている。これに対して，EU 諸国では，一部を除き中古住宅の譲渡は非課税とされている。中古住宅に対する課税は，すでに新築時に課税されている部分に対する二重課税になると考えられるからである。

　中古住宅における消費課税の二重課税問題は，中古住宅の売り主が課税業者として登録されていない個人もしくは免税業者のケースで発生する。そのような場合には，売却時に中古住宅の売り手に対して過剰納付分を還付するか，もしくは，特別措置として買い主に仕入価格に含まれる税額のみなし控除を認めることにより，調整可能である。しかしながら，中古住宅の流通を促進する観点からは，非課税として購入者の税負担を軽減することは検討に値するだろう。ただし，非課税とする場合には，取引に参加する事業者に対して，課税事業者となる選択権を認めることが必要であろう（以上，本書第 3 章参照）。

おわりに

　本章で明らかにされたのは，以下のような事柄である。
（1）実質資本コストは，住宅購入資金の調達方法により，その動向が異なる。中古住宅に対する税制優遇措置の有無にかかわらず，全額ローンおよび現金とローンを組み合わせるケースでは，1980年代以降，一貫して新築住宅の実質資本コストが中古住宅のそれを下回る。これに対して，全額現金購入の場合は，1980年度を除いて新築住宅（2階建てまでのケース）の実質資本コストが中古住宅のそれを上回っている。これは，新築住宅と中古住宅の登録免許税の税率格差（新築住宅＞中古住宅）の効果が，新築住宅に対する固定資産税の減額措置の効果を上回ったことによると推測される。
（2）税制は，常に中古住宅よりも新築住宅を相対的に優遇しているわけではない。
　　実効限界税率を推計すると，全額ローンおよび現金とローンを組み合わせるケースにおいては，税制は中古住宅よりも新築住宅を相対的に優遇してい

る。その程度は，3階建て以上の中高層耐火建築住宅においてより大きい。さらに，1980年代以降，新築住宅を相対的に優遇する程度には拡大傾向が見られる。また，現金購入の場合，中高層耐火建築住宅に関しては，中古住宅よりも新築住宅の方が相対的に優遇されている。しかし，2階建てまでのケースでは，中古住宅が優遇される傾向が見られる。

(3) 個別の税制の効果に関しては，現金とローンを組み合わせるケースを前提にして推計すると，新築住宅の場合，効果の大きさは，2階建てまでの場合には，買換特例が適用される場合，資産移転課税（登録免許税・不動産取得税），資産保有課税（固定資産税・都市計画税），消費課税，譲渡所得税の順である。買換特例が適用されない場合，譲渡所得税，資産移転課税，資産保有課税，消費課税の順である。3階建て以上の場合には，買換特例が適用される場合，資産保有課税，資産移転課税，消費課税，譲渡所得税の順である。買換特例が適用されない場合，資産保有課税，譲渡所得税，資産移転課税，消費課税の順である。

中古住宅の場合，優遇措置の適用が認められるならば，資産移転課税，資産保有課税，消費課税（個人間売買のケースを除く），譲渡所得税の順となっている。優遇措置が適用されないならば，資産移転課税，譲渡所得税，資産保有課税，消費課税（個人間売買のケースを除く）の順である。

優遇措置に関しては，新築・中古を問わず，住宅取得減税（所得税）の効果が最も大きい。

(4) わが国は成長社会から成熟社会へと変化しつつあり，良質な新規住宅の建設促進とともに，既存住宅ストックの有効活用の観点から，中古住宅流通市場の整備が重要となる。

そのためには，税制面でのサポートも必要である。不動産流通課税の再検討に加えて，新築住宅に対する固定資産税減額措置の廃止，中古住宅の維持修繕に対する減税措置，居住用住宅に対する譲渡所得税の非課税措置などが検討されるべきである。

さらに，売り主が課税業者でない場合に発生する中古住宅に対する消費税の二重課税問題は，中古住宅の売却時に売り手に対して過剰納付分を還付す

るか，もしくは，買い主にみなし税額控除を認めることにより調整可能である。しかしながら，中古住宅の流通を促進する観点からは，中古住宅の譲渡を非課税とすることは検討に値する。

第12章　金融所得課税一元化と租税原則
――課税の中立性および公平性の観点からの実証分析――

はじめに

　本章の目的は，金融所得課税一元化が，課税の中立性および公平性（垂直的公平）へ与える影響を定量的に分析することにある。ただし，厳密に言うと金融所得課税一元化の中身には，金融所得に適用される税率を等しくすること，および金融所得間での損益通算を認めることの2点が含まれるが，分析では前者のみに焦点を当てる。

　さて，第一に，金融所得に対する課税の中立性の議論においては，個人段階のみならず法人段階における課税も含めた考察が必要である。一般に金融所得には，利子所得（預貯金利子，公社債利子，公社債投資信託および公募公社債等運用投資信託の収益の分配による所得），配当所得，有価証券譲渡益が含まれるが，これらの多くは企業を源泉としている。したがって，投資家が株式や債券の購入を通して企業に投資を行い，企業を源泉とする収益をどの程度得られるかに関しては，個人段階での課税に加えて法人段階での課税も影響を与えるだろう。さらに，家計の資産選択の観点からは，金融資産（預貯金，債券，有価証券）の間のみならず，金融資産と実物資産（不動産）の間における課税の中立性の議論も併せて行うべきであると考えられる。

　家計が金融資産と不動産に投資する場合における課税の効果を推計した先行研究としては，OECD［1994 b］，田中・仲田［1996］，Bovenberg & Rele［1998］などがある。これらのうち OECD［1994 b］および田中・仲田［1996］は，金融資産と実物資産（持ち家）の購入に対する税制の効果を検討しているが，個人段階での課税のみが検討対象として取り上げられ，法人段階での課税の議論を含んでいない。また，分析が単年度（OECD［1994 b］は1993年度，田

中・仲田［1996］は1995年度）にとどまっている。

そこで，本章では，金融資産（社債，株式）と不動産（持ち家）の資本コストを計測しオランダにおける1991年の資本所得税制改革の分析を行ったBovenberg & Rele［1998］に倣い，法人段階の課税も含め，かつ時系列（1980年～2004年の5年おき）で分析する。具体的には，篠原［2006a］，篠原［2006b］，篠原［2008b］をベースに，金融資産と持ち家のそれぞれのケースに関して実質資本コストを定式化し，実効限界税率を推計する。そして，推計された実効限界税率を比較検討することにより，中立性の観点からの評価を行う（Ⅰ節）。ただし，金融資産および持ち家はすべて有償譲渡で取得されるものと想定する。

第二に，金融所得に関しては，全体の所得に占める高所得者の所得割合が高く，金融所得課税一元化は高所得者を優遇すると指摘されているが[1]，果たして金融所得は，課税前における所得格差の大きな要因であろうか。また，金融所得課税一元化により，課税後の所得分布はどのような影響を受けるのであろうか。これらはいずれも実証的課題であると考えられる。金融所得課税一元化の所得再分配効果を検証するには，勤労所得および資産所得（金融所得，不動産所得）を併せて分析し，課税の所得源泉別所得再分配効果を検討する必要があろう。

本章では，以上の点に関して，『2004年全国消費実態調査報告』の集計データに基づき分析する（Ⅱ節）。推計年度は，2004年度および2007年度である。

勤労所得と資産所得を併せて税制の所得源泉別再分配効果を分析したわが国における先行研究としては，跡田・橘木［1985］，橘木・八木［1994］，西崎・山田・安藤［1998］，金子［2000］などがある。

跡田・橘木［1985］および金子［2000］は，いずれも厚労省による『所得再分配調査』の個票データを利用し，所得を，前者では，給与所得・事業所得・農業所得・家内労働所得・財産所得・雑収入に，後者では，雇用者所得・事業所得・農耕畜産所得・財産所得・その他にそれぞれ分類する。その上で，租税

---

[1] 例えば，小池［2005］，73-74頁参照。

制度および社会保障制度の効果を,跡田・橘木［1985］は,全世帯および職業別に相対分散,ジニ係数,タイル尺度の計測を,金子［2000］は全世帯および年齢階級別にジニ係数の計測を,それぞれ行うことにより検討している。

　西崎・山田・安藤［1998］は,『全国消費実態調査』の個票データを利用して,世帯状況を調整した「等価可処分所得」に関して,所得源泉別所得分配の不平等度を分析する。等価可処分所得は,市場所得(勤労所得,資本所得および自営所得),租税,移転に分類され,平方変動係数に対する寄与度が計測されている。

　橘木・八木［1994］は,1990年の『NEEDS-RADER 金融行動調査』(日本経済新聞社)の個票データを利用する。所得を,勤労所得(給与所得,事業所得,農業所得,家内労働所得),実物資産所得(家賃・地代収入,帰属家賃),金融所得(利子所得,配当所得)に分類し,所得源泉別不平等度をジニ係数および再分配係数の計測を通じて,年齢階級別に分析している。

　本章は,橘木・八木［1994］に基づく。同研究との違いは,分析対象にキャピタル・ゲイン(有価証券譲渡益,不動産譲渡益)を含めたこと,および税務統計との調整を行ったことである。

I．金融所得課税一元化と課税の中立性

1．モデルの設定

(1) 金融資産の実質資本コスト

　金融資産の場合の資本コストは,投資家が企業に要求する収益率のことであり,企業サイドから見れば,この投資家の要求収益率を満たすために企業段階であげなければならない収益率(投資のカットオフ・レート)として定義される。

　そこで,金融資産へ投資する場合の実質資本コスト(p)を,King & Fullerton［1984］のモデルを参考にした岩田・鈴木・吉田［1987 a］に従い,以下のよ

うに定式化する。

課税前の限界収益率をMRR，経済的償却率をδとすると，減価償却後の企業の純限界収益率pは，①式で示される。pは投資計画が実施されるために最低限必要とされる収益率であり，税制の存在を無視した場合の資本コストである。

$$p = MRR - \delta \cdots ①$$

いま割引率をρ，インフレ率をπとすると，追加的1単位投資を行った場合のt期の限界収益は$\frac{e^{\pi t}MRR}{e^{\delta t}e^{\rho t}}$となる。したがって，限界収益の割引現在価値は，②式のようになる。

$$\int_0^\infty MRR e^{-(\rho+\delta-\pi)t} dt = \frac{p+\delta}{\rho+\delta-\pi} \cdots ②$$

ここで，法人所得に対する税率τの課税（法人税，法人住民税，事業税）が存在するとしよう。企業に対する固定資産税W_cが損金算入され法人税の課税ベースから除かれることを考慮すると，課税後の限界収益の割引現在価値Vは，

$$V = \int_0^\infty \{(1-\tau)(MRR - W_c)\} e^{-(\rho+\delta-\pi)t} dt = \frac{(1-\tau)(MRR - W_c)}{\rho+\delta-\pi} \cdots ③$$

追加的1単位の投資費用を1，投資に対する減価償却や各種控除などの優遇措置の割引現在価値をAとすると，均衡状態においては，

$$V = 1 - A \cdots ④$$

以上より，⑤式が導出される。⑤式は，税制の存在を考慮した場合に，課税前に企業段階で最低限必要とされる収益率であるところの実質資本コストを示している。

$$p = \frac{1}{1-\tau}\{(1-A)(\rho+\delta-\pi) + (1-\tau)W_c\} - \delta \cdots ⑤$$

投資に対する優遇措置は，⑥式のように定式化する。岩田・鈴木・吉田[1987a]では税額控除も加えているが，その節税効果は小さいと考えられるので以下では除外する。ここで各記号は，普通償却A_s，特別償却A_i，準備金

および引当金 A_r, 投資額のうち普通償却の適用される割合 f_1, 投資額のうち特別償却の適用される割合 f_2, 投資額に対する準備金および引当金の割合 f_3, である。ただし, $f_1 + f_2 = 1$ が成立する。

$$A = \tau(f_1 A_s + f_2 A_i + f_3 A_r) \cdots ⑥$$

いま普通償却の償却方法として定率法を想定すると,

$$A_s = \frac{a}{a+\rho}\left(1 - 0.1 e^{-\rho L}\right) \cdots ⑦$$

ここで, ρ は割引率, a は法定減価償却率を表し, 法定減価償却額を D_t, 1期前のネットの資本ストックを K_{t-1} とすると, $a = \frac{D_t}{K_{t-1}}$ で計算される。また, 法定耐用年数を示す L は, $L \approx \frac{-\log 0.1}{a}$ で求められるものとする。

さらに, 特別償却についても定率法が採用されるとすると,

$$A_i = k + \frac{a}{a+\rho}\left(1 - k e^{-\rho} - 0.1 e^{-\rho s}\right) \cdots ⑧$$

ただし, k は初年度の投資額に対する特別償却額の割合を示す。また, 償却年数を s とすると, $s = \frac{1}{a}\log\left(\frac{0.1}{1-ke^a}\right)$ で計算される。

A_r は, $A_r = \rho \cdots ⑨$

企業にとってのキャッシュ・フローの割引率 ρ は, 資本供給者に保証しなければならない収益率を意味し, 課税前においては名目利子率 i に等しい。しかしながら, 課税後は企業の資金調達方法（負債, 新株発行, 内部留保）によりその値が異なる。

第一に, 企業が借入れを行う場合は, 利子費用が損金算入されるため,

$$\rho = i - i\tau = i(1 - \tau) \cdots ⑩$$

⑩式を⑤式に代入すると, 負債の場合の資本コストが求められる。

$$p_1 = \frac{1}{1-\tau}\left[(1-A)\{(1-\tau)i + \delta - \pi\} + (1-\tau)W_c\right] - \delta \cdots ⑪$$

第二に, 新株を発行する場合を考えよう。いま, 内部留保1単位の機会費用

を放棄された所得税課税前の配当で測定し，それをθで表そう。そうすると，θは法人税課税後の1単位の内部留保が配当に回された場合に株主が受け取る追加的配当額を意味する。そこで，配当所得に対する限界税率をm_dとすると，所得税課税後に株主が受け取る配当所得は，$(1-m_d)\theta\rho$となる。一方，もし投資家が債券を購入した場合，利子所得に対する限界税率をm_iとすると，課税後の利子所得は$(1-m_i)i$となる。これは株主にとっての機会費用を表すから，$(1-m_d)\theta\rho = (1-m_i)i$より，

$$\rho = \frac{i(1-m_i)}{\theta(1-m_d)} \cdots ⑫$$

さて，法人税および所得税の課税後に株主の受け取る配当を$\hat{\theta}$とすると，

$$\hat{\theta} = (1-m_d)\theta \cdots ⑬$$

法人税および所得税課税後に内部留保が1単位だけ株主に配当されるとしたら，株主が受け取る配当は$\hat{\theta}$で$(1-\hat{\theta})$が税として徴収される。したがって，株主は課税後の受取配当1単位に対して$(1-\hat{\theta})/\hat{\theta}$だけ税を支払うことになる。そこで，株主の受け取る所得税引後配当をD，所得税引前配当をG，法人所得をYとすると，企業および株主の支払う税負担総額Tは，

$$T = \tau Y + \frac{(1-\hat{\theta})}{\hat{\theta}}D = \tau Y + \frac{(1-\hat{\theta})}{\hat{\theta}}(1-m_d)G \cdots ⑭$$

⑬式より，$\hat{\theta}$が決まればθが導出されるが，$\hat{\theta}$の決定には配当に対する2重課税の調整方法が問題となる。わが国では，1961年以降，支払配当軽課方式が採用されていたが，1989年の抜本的税制改革により配当控除方式に変更された。配当控除方式の下では，受取配当のうち税額控除される割合をdとすると，企業および株主の支払う税負担総額は，

$$T = \tau Y + m_d G - dm_d G = \tau Y + (1-d)m_d G \cdots ⑮$$

⑭式および⑮式より，$\hat{\theta} = \frac{1-m_d}{1-dm_d}$。したがって，

$$\theta = \frac{\hat{\theta}}{1-m_d} = \frac{1}{1-dm_d} \cdots ⑯$$

⑤式,⑫式,⑯式より,

$$p_2 = \frac{1}{1-\tau}\left[(1-A)\left\{\frac{i(1-m_i)}{1-m_d}(1-dm_d)+\delta-\pi\right\}+(1-\tau)W_c\right]-\delta \cdots ⑰$$

なお,支払配当軽課方式の下では,内部留保に対する税率をτ_1,配当に対する税率をτ_2とすると,$\theta = \frac{1}{1+\tau_2-\tau_1}$であるから,$p$は⑱式のようになる。

$$p_2 = \frac{1}{1-\tau}\left[(1-A)\left\{\frac{i(1-m_i)}{1-m_d}(1+\tau_2-\tau_1)+\delta-\pi\right\}+(1-\tau)W_c\right]-\delta \cdots ⑱$$

第三に,企業が内部留保により資金調達する場合には,内部留保の変化が株価の上昇に反映される。そして,株を売却した段階で,株主はキャピタル・ゲインに対する課税を受けることになる。そこで,キャピタル・ゲインに対する限界税率をzとすると,$(1-z)\rho = (1-m_i)i$より,

$$\rho = \frac{(1-m_i)}{(1-z)}i \cdots ⑲$$

⑤式および⑲式より,

$$p_3 = \frac{1}{1-\tau}\left[(1-A)\left\{\frac{i(1-m_i)}{1-z}+\delta-\pi\right\}+(1-\tau)W_c\right]-\delta \cdots ⑳$$

ここで,zは発生キャピタル・ゲインに対する限界税率である。投資家により実現される発生キャピタル・ゲインの割合λ,実現キャピタル・ゲインに対する法定税率をz_s,割引率をρとすると,$z = \frac{\lambda z_s}{\lambda+\rho}$で計算される[2]。$\lambda$に関しては,丸[1990]に従い売買回転率を計算する。1980年と1985年に関しては,一部の取引のみが事業所得または雑所得に該当するものとして総合課税の対象とされていたが,この場合,所得税と住民税の総合課税の平均限界税率を法定税率の代理変数とする。

限界利子所得税率m_iの値は,1988年4月以降は源泉分離課税により20%(所得税15%,住民税5%)となっているが[3],1980年および1985年におけるm_iの推

---

2) King & Fullerton [1984], p.23参照。
3) 本章ではもっぱら社債利子を念頭に置いているから,20%の源泉分離課税が適用されるものとする。しかし,厳密に言うと,利子所得はその種類により,総合課税,源泉分離課税,非課税の対象とされている。これらを考慮に入れた近年の利子所得課税の実効税率に関しては,山田[2007]を参照。

計は以下のようにした。求める限界利子所得税率を m_i，第 i 階層の1世帯当たり所得を Y_i，利子所得税額をそれぞれおよび T_i とすると，

$$m_i = \sum_{i=1}^{n} W_i \frac{T_i - T_{i-1}}{Y_i - Y_{i-1}} \quad \text{ただし，} W_i = \frac{Y_i}{\sum Y_i}, \quad T_0 = Y_0 = 0$$

経済的償却率 δ は，㉑式で表せるものとする。

$$\delta = \frac{2}{s} \cdot \cdot \cdot ㉑$$

ただし，S は定率法による特別償却制度により短縮された耐用年数で，取得価額に対する特別償却の割合を k，法定償却率を a，残存価額を取得価額の10%とすると，㉒式のようになる。

$$S = \frac{\left\{\log(1 - ke^a) - \log 0.1\right\}}{a} \cdot \cdot \cdot ㉒$$

実質資本コストの推計に際して，King & Fullerton [1984] および岩田・鈴木・吉田 [1987a] では，企業の投資対象（機械，建物，在庫），産業（製造業，商業（卸売・小売業，サービス業），その他の産業），企業の資金調達方法（負債（社債発行），株式（新株発行），内部留保），投資収益の最終的帰属先（家計，非課税機関，保険会社）により，表12-1で示されるような合計で81（3[4]）のケースが想定されている。

しかし，本章では家計資産に対する課税の効果の分析を目的とすることから，投資収益の最終的帰属先としては家計のみを取り上げる。もっとも，岩田・鈴木・吉田 [1987a] においては，税法上の扱いの差異に注目して，家計の中に個人のほかに金融機関（年金および保険を扱う機関を除く）も含めているが[4]，本章では個人のみを想定する。また，簡素化のため企業の投資対象は除外する。さらに，企業の資金調達方法として，内部留保と新株発行を組み合わせるケースおよび内部留保と社債発行を組み合わせるケースも取り上げる。ただし，株式に関してはもっぱら上場株式を対象とする。加えて，産業に関して

---

[4] これは，「金融機関が完全競争の下にあり，金融機関には税の対象となる利潤が存在せず，金融機関は家計の単なるエージェントでしかない」（岩田・鈴木・吉田 [1987a]，40頁）との仮定に基づいている。

表12-1　分析の対象

	King & Fullerton [1984] 岩田・鈴木・吉田 [1987 a]	本章
企業の投資対象	・機械 ・建物 ・在庫	－
産業	・製造業 ・商業（卸売・小売業，サービス業） ・その他	・製造業 ・商業（卸売・小売業，サービス業） ・その他 ・全産業
企業の資金調達方法	・負債（社債発行） ・株式（新株発行） ・内部留保	・負債（社債発行） ・株式（新株発行） ・内部留保 ・内部留保＋負債（社債発行） ・内部留保＋株式（新株発行）
投資収益の最終的帰属先	・家計（金融機関を含む） ・非課税機関 ・保険会社	・家計（個人）

（出所）　著者作成。

は，上記の分類の他に，全産業の平均値も推計する。すなわち，本章では，家計（個人）が企業の発行する社債や株式を取得・保有し，かつ譲渡する場合における実質資本コストを推計することとする。

（2）持ち家の実質資本コスト

住宅の資本コストは，本書第11章の⑰式と同様に，㉓式のように定式化する。

ただし，消費税率をη，住宅保有に対する資産保有課税（固定資産税および都市計画税）の税率をε_h，住宅購入に対する資産移転課税（登録免許税および不動産取得税）の税率をε_t，譲渡所得税率をμ，持ち家投資に対する優遇措置（住宅取得減税および固定資産税減額措置）の割引現在価値をAとしよう。さらに，名目利子率をi，金融資産所得（利子所得）に対する所得税率をθ'，譲渡所得をΔp_h，住宅以外の消費財の価格をp，住宅の減価償却率をδ，期待インフレ率をπ，住宅価格上昇率$\alpha\,(=\Delta p_h/p_h)$，住宅価格に占める現金の割合を$\gamma$，住宅

ローン金利を i_m,家賃を r_h とする。

$$ucc = \frac{E\left\{\frac{(1+\alpha)(1-\theta')}{D} + \delta - \pi\right\}}{(1+\alpha)(1+\eta)} \cdots ㉓$$

ここで,D については,

$\gamma = 1$ (持ち家をすべて現金で購入する場合) の時,

$$D = (1+\alpha) - (1+i)\{(\varepsilon_h + \varepsilon_t) + (1+\eta) - A\}$$

$\gamma = 0$ (持ち家購入をすべて住宅ローンに依存する場合) の時,

$$D = (1+\alpha) - (1+i)\{i_m + (\varepsilon_h + \varepsilon_t) + (1+\eta) - A\}$$

$0 \prec \gamma \prec 1$ (現金と住宅ローンを組み合わせる場合) の時,

$$D = (1+\alpha) - (1+i)\{(1-\gamma)i_m + (\varepsilon_h + \varepsilon_t) + (1+\eta) - A\}$$

また,E は,

$\gamma = 1$ (持ち家をすべて現金で購入する場合) の時,

$$E = \left(\mu\frac{\Delta p_h}{p} + \frac{r_h}{p}\right)\{(\varepsilon_h + \varepsilon_t) + (1+\eta) - A\}$$

$\gamma = 0$ (持ち家購入をすべて住宅ローンに依存する場合) の時,

$$E = \left(\mu\frac{\Delta p_h}{p} + \frac{r_h}{p}\right)\{i_m + (\varepsilon_h + \varepsilon_t) + (1+\eta) - A\}$$

$0 \prec \gamma \prec 1$ (現金と住宅ローンを組み合わせる場合) の時,

$$E = \left(\mu\frac{\Delta p_h}{p} + \frac{r_h}{p}\right)\{(1-\gamma)i_m + (\varepsilon_h + \varepsilon_t) + (1+\eta) - A\}$$

(3) 実効限界税率

　税制の効果を検討するために,金融資産と持ち家のそれぞれのケースに関して,㉔式で定義される実効限界税率(METR)を推計する。ただし,ucc は税制が存在する場合の実質資本コスト,ucc' は税制が存在しない場合の実質資本コストである。また,金融資産へ投資する場合,初年度投資額に対する特別

償却額の割合は10%とする。

$$METR = \frac{ucc - ucc'}{ucc} \cdots ㉔$$

ここで注意すべき事柄がある。利子所得，配当所得およびキャピタル・ゲイン税の各限界税率（m_i, m_d, z）に関しては，実質資本コストの推計の際，名目限界税率をそのまま利用するのではなく，実効限界税率を計算する必要がある。利子所得および配当所得に関しては，課税方式が複数あり，また，キャピタル・ゲインに関しては実現キャピタル・ゲイン税率から発生キャピタル・ゲイン税率を推計しなければならないからである。しかし，この場合の実効限界税率は，実質資本コストから推計される㉔式の実効限界税率とは概念が異なる。そこで，以下では混同を避けるために，推計されたm_i, m_d, zの限界税率を実効税率，（1-39）式で定義された値を実効限界税率と呼ぶこととする。

さて，金融資産の場合，税制要因を全く考えない場合の実質資本コストucc'は，いずれのケースにおいても㉕式で求められる。

$$ucc' = \rho - \hat{\pi} = i - \pi \cdots ㉕$$

持ち家を購入する場合には，現金とローンを組み合わせるケースを考えると，税制要因が全く存在しない場合の実質資本コストは，本書第11章の⑳式と同様の㉖式で求められる。

$$ucc' = \frac{\partial u}{\partial H} \bigg/ \frac{\partial u}{\partial c_1} = \frac{E\left\{\frac{(1+\alpha)i}{D}\delta - \pi\right\}}{1+\alpha} \cdots ㉖$$

ただし，$D = (1+\alpha) - (1+i)\{1+(1-\gamma)i_m\}$

$$E = \frac{r_h}{p}\{1+(1-\gamma)i_m\}$$

2．推計結果

（1）実質資本コストの動向

以上のモデルに基づき，1980年代以降における実質資本コストと実効限界税率を推計する。推計結果は，表12-2で示されるとおりである。

ただし，新築住宅の場合は，中高層耐火建築住宅以外のその他の住宅を検討対象としている。また，金融資産において，内部留保と社債発行を組み合わせるケースおよび内部留保と新株発行を組み合わせるケースに関しては，『法人企業統計年報』(財務省)の貸借対照表を利用して，内部留保(利益準備金，任意積立金，当期末未処分利益の合計)，負債(短期借入金，長期借入金，社債の合計)および新株発行(資本金および資本準備金)の構成比をそれぞれ推計し，内部留保の実質資本コストと負債もしくは新株発行のそれを加重計算して求めた。

すなわち，負債，株式，内部留保の資金調達の割合をそれぞれ α, β, γ とすると，内部留保と負債を組み合わせる場合，および内部留保と株式を組み合わせる場合の実質資本コスト p_4 および p_5 は，それぞれ㉗式と㉘式のようになる。

$$p_4 = \alpha p_1 + \gamma p_3 \quad (\alpha + \gamma = 1) \cdots ㉗$$
$$p_5 = \beta p_2 + \gamma p_3 \quad (\beta + \gamma = 1) \cdots ㉘$$

持ち家の場合における実質資本コストの動向に関しては，本書第11章で詳細に述べたので，ここでは金融資産に投資する場合の実質資本コストについて見よう。

負債を，家計が社債に投資する場合として，企業が株式発行，および内部留保と株式発行を組み合わせるケースを，家計が株式に投資する場合としてそれぞれ考えると，いずれの産業のケースにおいても，社債よりも株式投資の方が実質資本コストは高くなっている。例えば2004年度において，社債へ投資する場合の実質資本コストは0.0416～0.0491，株式の場合は0.0496～0.0538(新株発行)，0.0503～0.0546(内部留保＋新株発行)，となっている。これは，株式に投資する場合，配当所得に対する所得税に加えて，キャピタル・ゲイン税が課されることによる。また，業種別の違いは，投資に対する優遇措置 A と経済的償却率 δ の水準が業種間で異なることによる。

実質資本コストの動向は，社債と株式の場合とでは異なる。社債の場合には1980年代において上昇傾向が，逆に90年代以降では低下傾向が見られる。これに対して，株式投資については，企業がすべての資金調達を株式で行う場合には，社債の場合と同様，1980年代において上昇しているが，それ以降は低下し

ている。しかし，内部留保と株式を組み合わせて資金調達する場合は，1980年代前半において上昇しているが，それ以降は低下している。結局，社債，株式いずれの場合においても，90年代以降は，実質資本コストに低下傾向が見られる。

(2) 投資と課税の中立性
① 金融資産（社債，株式）と持ち家の選択

金融資産（社債，株式）と持ち家の選択に対する税制の効果を検討するために，実効限界税率の比に注目しよう。分母を金融資産の実効限界税率，分子を持ち家の実効限界税率とすると，この値が1に近づくほど，税制は，家計による金融資産と持ち家の選択に関して中立的であると考えられる。

まず，金融資産と持ち家の選択について見よう（表12-2）。実効限界税率の比は，1980年度および1990年度においてプラスである。これは，新築住宅および中古住宅のいずれに関しても，両年度において買換特例が存在しないことにより，持ち家の実効限界税率がプラスとなるからである。

社債と新築住宅（中高層耐火建築以外のその他の住宅）の選択（E／AもしくはE／D）に関しては，全産業の平均で見ると，2004年度において実効限界税率の比は，－1.1633（負債のみにより資金調達される場合）もしくは－1.0222（内部留保と社債が組み合わされる場合）である。また，社債と中古住宅の場合におけるそれぞれの値は，－1.0459もしくは－0.9190である。したがって，税制は相対的に社債の購入よりも住宅の購入を，特に新築住宅の購入を優遇していると言えよう。業種別に実効限界税率の比を見ると，内部留保と社債が組み合わされて資金調達される場合（E／DもしくはF／D）において，製造業（新築－0.8576，中古－0.7710），商業（新築－0.9769，中古－0.8783），その他の産業（新築－1.1788，中古－1.0597）となっている。したがって，税制が社債よりも住宅を優遇する程度は，家計がその他の産業に投資する場合において最も高く，製造業において最も低い。

長期的な動向を眺めると，1980年代以降，社債と持ち家の実効限界税率の比は低下傾向にある。すなわち，税制上，持ち家の方が社債よりも相対的に優遇

される傾向にある。例えば，家計が社債を購入する場合（E／D）を全産業の平均で見ると，実効限界税率の比は，1980年度に1.9556であったものが，2004年度には－1.0222となっている。ここで，2000年度（－1.4380）と比較して2004年度の値が上昇しているのは，もっぱら，所得税の住宅取得減税措置が縮小され（表11－2参照），持ち家の実効限界税率が上昇した（－0.4702⇒－0.2806）ことが原因であると考えられる。社債の場合の実効限界税率も上昇している（0.2670⇒0.3038, 0.3270⇒0.3458）が，持ち家の実効限界税率の上昇率が社債のそれを上回った。業種別に見ると，時系列的には以上と同様の傾向が観察できる。また，社債と中古住宅の選択（F／AもしくはF／D）に関しても，社債と新築住宅のケースと同様である。

　次に，株式と持ち家の選択を見よう。表12－2では，企業の資金調達がすべて株式で行われる場合（E／BおよびF／B）と，一部が新株発行で賄われる場合（E／CおよびF／C）の両方のケースを推計している。2004年度における全産業の平均で見た実効限界税率の比は，内部留保と新株発行を組み合わせるケースで，－0.8399（新築住宅の場合）もしくは－0.7551（中古住宅の場合）である。したがって，税制は，株式購入より持ち家の購入を相対的に優遇している。その程度は，社債の場合と同様，その他の産業（新築－0.8977，中古－0.8071）において最も大きい。また，商業（新築－0.8001，中古－0.7193）において最も低い。

　長期的に眺めると，1980年代以降，株式と持ち家の実効限界税率の比は低下傾向にある。すなわち，持ち家は株式よりも税制において相対的に優遇されてきた。ただし，2000年度と比較すると2004年度は，実効限界税率の比は上昇している。全産業の平均で見ると，E／C（F／C）の値は，2000年度の－1.0934（－1.0391）から2004年度には－0.8399（－0.7551）へと上昇している。E／B（F／B）の値に関しても同様である。このことは，株式購入よりも持ち家の購入が，税制により相対的に優遇される程度が低下したことを意味している。

　その原因としては，まず，上記のように所得税における住宅取得減税措置が縮小されたことが考えられる。加えて，このケースでは証券税制に関する2003年度税制改正の存在に注意しなければならない。2003年度以降，上場株式等の

配当所得に関しては，総合課税もしくは確定申告不要の源泉徴収制度（国税7％，地方税3％）が，さらに，有価証券譲渡益については，税率10％（国税7％，地方税3％）の申告分離制度が，それぞれ採用されている。これに伴い，実質資本コストも低下している。全産業の平均値で見ると，資金のすべてが株式で調達される場合0.0707（2000年度）から0.0518（2004年度）へ，内部留保と新株発行が組み合わされる場合0.0749（2000年度）から0.0527（2004年度）へと低下している。

しかしながら，株式を発行する場合の実効限界税率は必ずしも低下しておらず，一部のケース（商業，製造業および全産業で新株発行のみに資金調達を依存する場合）においては，2000年度よりも2004年度の方が上昇している。これには，税制が存在しない場合の実質資本コストの動向が関係している。表12-2から明らかなように，税制が存在しない場合の実質資本コストは，税制が存在する場合と同様に減少している（0.0427⇒0.0305）。しかし，一部のケースにおいて，税制が存在しない場合の実質資本コストの減少率が，税制が存在する場合の実質資本コストの減少率を上回ったことにより，実効限界税率は上昇したと考えられる。

以上より，1980年代以降の傾向として，税制上，金融資産（社債，株式）の購入よりも持ち家（特に新築住宅）の購入が相対的に優遇されてきたと言える。これには，もっぱら持家取得を促進するために住宅ローン減税（所得税）が拡充されたこと，1990年代後半以降において，経済活性化の観点から譲渡所得税軽課および資産移転課税の減税が実施されたことなどが影響していると考えられる。ただし，2000年度と比較して2004年度は，金融資産よりも相対的に持ち家が優遇される程度は低下したと言える。この要因として，2004年度には所得税における住宅取得減税が縮小されたことが挙げられる。加えて，株式の実効限界税率が上昇したこと，また，株式の実効限界税率が低下した場合においても，その低下の程度を持ち家の実効限界税率の上昇の程度が上回ったことを指摘できる。

② 社債と株式の選択

金融資産に関しては，社債よりも株式へ投資する場合の方が，実効限界税率

の値は高い。すなわち,税制は株式よりも社債を購入する場合を,相対的に優遇している。表12-2において2004年度におけるB／AもしくはC／Dの値に注目すると,全産業の平均で前者の値は1.3535,後者は1.2170となっている。これを業種別に見ると,その他の産業のケースが最も値が高く(1.4485もしくは1.3131),製造業で最も低い(1.1247もしくは1.0592)。

しかしながら,長期的に眺めると,社債と株式の選択に関する税制の干渉度は低下傾向にある。すなわち,社債と株式の選択に関して,税制は中立的な方向へと変化してきている。

③ 金融所得課税一元化の効果

金融所得課税一元化の実現に際しては,税率水準の設定が問題となる。これに関しては,損益通算の前提の下で,10%,15%,20%の3種類の提案があるが[5],ここでは利子所得税における源泉分離課税の税率20%に統一するケースを想定する。すなわち,2004年度において利子所得,配当所得,有価証券譲渡益税に対しては,すべて分離比例課税されることとし,その税率を20%にした場合の効果を,中立性の観点から検討する。

税率を20%にすると,配当所得税の実効税率m_dおよびキャピタル・ゲイン税の実効税率zは,ともに上昇することになる。推計結果は,表12-2に示されている。金融資産と持ち家の選択に関しては,持ち家の実効限界税率が固定で金融資産の実効限界税率が上昇したため,実効限界税率の比の値が上昇している。例えば,全産業のケースに注目すると,社債と新築住宅の選択において,E／Aは－1.1633で変化ないが,E／Dは－1.0222から－0.9956へと上昇している。同様に,E／B(E／C)の値も,－0.8595(－0.8399)から－0.8184(－0.7978)へと上昇している。いずれの産業においても,実効限界税率の比は上昇している。このことは,金融所得課税一元化により,社債や株式が持ち家よりも相対的に不利に扱われることになることを意味している。

社債と株式の選択に関しては,全産業の平均で見たC／Dの値は,1.2170から1.2478へと上昇している。このような傾向は,すべての産業で観察できる。

---

5) 金融税制研究会[2007],26頁。

表12-2　家計による金融資産と持ち家への投資における実効限界税率の推移

	金融資産									
	製造業					商業				
	社債 A	新株発行 B	内部留保	内部留保+新株発行 C	内部留保+社債 D	社債 A	新株発行 B	内部留保	内部留保+新株発行 C	内部留保+社債 D
1980年度	0.3701 0.0651[2]	0.5693 0.0952	0.8102 0.2160	0.7589 0.1707	0.6104 0.1052	0.1385 0.0476	0.5722 0.0958	0.8108 0.2168	0.7640 0.1737	0.4666 0.0769
1985	0.4228 0.0882	0.5121 0.1043	0.7728 0.2240	0.7165 0.1796	0.6112 0.1309	0.2110 0.0644	0.5023 0.1023	0.7719 0.2232	0.7207 0.1822	0.4340 0.0899
1990	0.3709 0.0946	0.5457 0.1310	0.6051 0.1507	0.5833 0.1429	0.4809 0.1147	0.3110 0.0863	0.5786 0.1413	0.6303 0.1610	0.6132 0.1539	0.3887 0.0974
1995	0.4485 0.0647	0.5296 0.0759	0.5848 0.0860	0.5647 0.0820	0.5072 0.0724	0.3418 0.0542	0.5248 0.0751	0.5811 0.0852	0.5587 0.0809	0.3860 0.0581
2000	0.3514 0.0658	0.4144 0.0729	0.4649 0.0798	0.4477 0.0773	0.4075 0.0721	0.2642 0.0580	0.3934 0.0704	0.4469 0.0772	0.4252 0.0743	0.3088 0.0618
2004	0.3786 0.0491	0.4258 0.0531	0.4428 0.0547	0.4366 0.0541	0.4122 0.0519	0.3343 0.0458	0.4328 0.0538	0.4490 0.0553	0.4418 0.0546	0.3618 0.0478
2004[1]	0.3786 0.0491	0.4454 0.0550	0.4522 0.0570	0.4578 0.05625	0.4246 0.0530	0.3343 0.0458	0.4519 0.0556	0.4707 0.05762	0.4624 0.0567	0.3680 0.0483

	その他					全産業					税制が存在しない場合の実質資本コスト
	社債 A	新株発行 B	内部留保	内部留保+新株発行 C	内部留保+社債 D	社債 A	新株発行 B	内部留保	内部留保+新株発行 C	内部留保+社債 D	
1980年度	0.0285 0.0422	0.5516 0.0914	0.8062 0.2116	0.7153 0.1440	0.3076 0.0592	0.0982 0.0455	0.5636 0.0939	0.8089 0.2146	0.7512 0.1648	0.4667 0.0769	0.0410
1985	0.2066 0.0641	0.5033 0.1019	0.7711 0.2224	0.6690 0.1538	0.3708 0.0809	0.2214 0.0654	0.5053 0.1029	0.7720 0.2232	0.7077 0.1741	0.4625 0.0947	0.0509
1990	0.0745 0.0643	0.5227 0.1247	0.5813 0.1422	0.5538 0.1334	0.1934 0.0738	0.1671 0.0715	0.5383 0.1289	0.5983 0.1482	0.5754 0.1402	0.3135 0.0867	0.0595
1995	0.2962 0.0507	0.5026 0.0718	0.5642 0.0819	0.5418 0.0779	0.3622 0.0560	0.3260 0.0530	0.5352 0.0768	0.5891 0.0869	0.5339 0.0800	0.3981 0.0593	0.0357
2000	0.2527 0.0571	0.3882 0.0698	0.4497 0.0776	0.4219 0.0739	0.2965 0.0607	0.2670 0.0582	0.3959 0.0707	0.4514 0.0778	0.4300 0.0749	0.3270 0.0634	0.0427
2004	0.2662 0.0416	0.3856 0.0496	0.4048 0.0512	0.3938 0.0503	0.2999 0.0436	0.3038 0.0438	0.4113 0.0518	0.4288 0.0534	0.4209 0.0527	0.3458 0.0466	0.0305
2004[1]	0.2662 0.0416	0.4084 0.0515	0.4305 0.0535	0.4178 0.0524	0.3075 0.0440	0.3038 0.0438	0.4319 0.0537	0.4522 0.0557	0.4430 0.0548	0.3551 0.0473	0.0305

	持ち家		
	新築		中古 (不動産業者からの購入) F
	中高層耐火建築住宅 (3階建て以上の住宅)	その他の住宅 E	
1980 年度	0.9119 0.0124[2]	0.9128 0.0125	0.9143 0.0128
1985	−0.1698 0.0019	−0.1517 0.0020	−0.1244 0.0021
1990	0.5684 0.0170	0.5737 0.0172	0.5817 0.0176
1995	−0.3419 0.0049	−0.3214 0.0050	−0.2924 0.0051
2000	−0.4866 0.0138	−0.4702 0.0140	−0.4469 0.0142
2004	−0.3139 0.0354	−0.2806 0.0363	−0.3178 0.0373

	金融資産と持ち家の選択				社債と株式の選択	
	社債と新築住宅 (その他の住宅) E/A (E/D)	株式と新築住宅 (その他の住宅) E/B (E/C)	社債と中古住宅 F/A (F/D)	株式と中古住宅 F/B (F/C)	新株発行/社債 B/A	(新株発行+ 内部留保)/ (社債+内部留保) C/D
1980 年度	2.4664[3] (1.4954)[7] 6.59214[4] (1.9564) 31.9724[5] (2.9674) 9.29246[6] (1.9556)	1.6035 (1.2028)[8] 1.5952 (1.1947) 1.6547 (1.2760) 1.6196 (1.2151)	2.4704 (1.4979)[7] 6.6029 (1.9596) 32.0250 (2.9722) 9.3076 (1.9587)	1.6061 (1.2047)[8] 1.5978 (1.1967) 1.6574 (1.2780) 1.6223 (1.2171)	1.5382 4.1324 19.322 5.7375	1.2434 1.6375 2.3255 1.6093
1985	−0.3588 (−0.2482) −0.7216 (−0.3496) −0.7344 (−0.4091) −0.6853 (−0.3280)	−0.2962 (−0.2117) −0.3020 (−0.2105) −0.3032 (−0.2267) −0.3002 (−0.2144)	−0.2942 (−0.2035) −0.5917 (−0.2866) −0.6022 (−0.3354) −0.5619 (−0.2690)	−0.2429 (−0.1736) −0.2477 (−0.1726) −0.2486 (−0.1859) −0.2462 (−0.1758)	1.2111 2.3893 2.4221 2.2823	1.1724 1.6606 1.8040 1.5301
1990	1.54662 (1.1929) 1.8501 (1.4759) 7.7045 (2.9661) 3.4332 (1.8296)	1.0513 (0.9835) 0.9915 (0.9356) 1.0975 (1.0360) 1.0658 (0.9970)	1.5682 (1.2095) 1.8759 (1.4964) 7.8119 (3.0074) 3.4810 (1.8551)	1.0660 (0.9972) 1.0053 (0.9486) 1.1128 (1.0504) 1.0807 (1.0109)	1.4713 1.8659 7.0200 3.2211	1.2128 1.5775 2.8631 1.8351

第12章　金融所得課税一元化と租税原則　445

1995	−0.7166	−0.6068	−0.6519	−0.5521	1.1800	1.1134
	(−0.6337)	(−0.5691)	(−0.5765)	(−0.5178)	1.5353	1.4473
	−0.9402	−0.6124	−0.8553	−0.5571	1.6971	1.4957
	(−0.8326)	(−0.5753)	(−0.7575)	(−0.5238)	1.6418	1.3915
	−1.0852	−0.6395	−0.9873	−0.5817		
	(−0.8873)	(−0.5932)	(−0.8072)	(−0.5397)		
	−0.9859	−0.6005	−0.8969	−0.5463		
	(−0.8074)	(−0.5802)	(−0.7345)	(−0.5279)		
2000	−1.3382	−1.1347	−1.2719	−1.0785	1.1793	1.0987
	(−1.1539)	(−1.0510)	(−1.0967)	(−0.9982)	1.4889	1.3770
	−1.7797	−1.1953	−1.6916	−1.1361	1.2662	1.4232
	(−1.5227)	(−1.1057)	(−1.4472)	(−1.0510)	1.4827	1.3152
	−1.5334	−1.2110	−1.4574	−1.1510		
	(−1.5896)	(−1.1437)	(−1.5073)	(−1.0591)		
	−1.7608	−1.1876	−1.6916	−1.1287		
	(−1.4380)	(−1.0934)	(−1.3668)	(−1.0391)		
2004	−0.9337	−0.8302	−0.8394	−0.7464	1.1247	1.0592
	(−0.8576)	(−0.8097)	(−0.7710)	(−0.7279)	1.2946	1.2210
	−1.0573	−0.8168	−0.9505	−0.7343	1.4485	1.3131
	(−0.9769)	(−0.8001)	(−0.8783)	(−0.7193)	1.3535	1.2170
	−1.3278	−0.9167	−1.1937	−0.8241		
	(−1.1788)	(−0.8977)	(−1.0597)	(−0.8071)		
	−1.1633	−0.8595	−1.0459	−0.7727		
	(−1.0222)	(−0.8399)	(−0.9190)	(−0.7551)		
2004[1]	−0.9337	−0.7937	−0.8394	−0.7136	1.1764	1.0781
	(−0.8324)	(−0.7721)	(−0.7484)	(−0.6941)	1.3517	1.2563
	−1.0573	−0.7822	−0.9505	−0.7032	1.5339	1.3588
	(−0.9605)	(−0.7645)	(−0.8635)	(−0.6873)	1.4216	1.2478
	−1.3278	−0.8656	−1.1937	−0.7782		
	(−1.1497)	(−0.8461)	(−1.0336)	(−0.7606)		
	−1.1633	−0.8184	−1.0459	−0.7357		
	(−0.9956)	(−0.7978)	(−0.8950)	(−0.7173)		

(注)　1) 金融所得課税一元化が実施される場合の数値である。
　　　2) 下段は，税制が存在する場合における実質資本コストの値を示す。
　　　3) 製造業の場合。
　　　4) 商業の場合。
　　　5) その他の産業の場合。
　　　6) 全産業の場合。
　　　7) カッコ内は，内部留保と社債を組み合わせて資金調達する場合を示す。
　　　8) カッコ内は，内部留保と株式を組み合わせて資金調達する場合を示す。
(出所)　著者推計。持ち家に関しては，本書第11章参照。

すなわち，金融所得課税一元化により，株式が社債よりも相対的に不利に扱われることになると考えられる。

II. 金融所得課税一元化と課税の公平性

1. 推計方法

(1) 課税前所得

① 勤労所得

課税前所得の推計方法は，表12-3に示すとおりである。第一段階で，2004年の『全国消費実態調査報告』のデータをベースにして推計する。第二段階では，その推計値を税務統計との照合により修正する。

第一段階では，課税前所得を，勤労所得と資産所得（金融所得および不動産所得）に分解する。

勤労所得に関しては，『平成16年全国消費実態調査報告　第1巻　家計収支編』（総務省統計局）に記載されている，勤労者世帯（総世帯）の勤め先収入（世帯主の勤め先収入，世帯主の配偶者の勤め先収入，他の世帯員の勤め先収入），事業・内職収入（農林漁業収入，他の家業収入，内職収入），本業以外の勤め先・事業・内職収入，他の経常収入（社会保障給付，仕送り金）を利用する。

② 資産所得

資産所得に関して，『平成16年全国消費実態調査報告　第1巻　家計収支編』で関連する項目は，家賃収入，財産収入，株式売却収入，財産売却収入，である。ところが，このままでは金融所得（利子所得，配当所得，有価証券譲渡益）と不動産所得（家賃収入，不動産譲渡益）に明確に分類できない。また，無記入が目立つ。そこで，『平成16年全国消費実態調査報告　第8巻　家計資産編』（総務省統計局）および『平成16年全国消費実態調査報告　第4巻　主要耐久消費財，貯蓄・負債編』（総務省統計局）に記載されている勤労者世帯（総世帯）の資産額を利用して間接的に推計する。すなわち，資産額に収益率を乗じ

て資産所得を推計する手法を用いる。

ただし,『全国消費実態調査報告』に記載されている資産額のうち,金融資産に関しては過少申告の可能性が高い。『国民経済計算年報』を利用して,勤労者世帯におけるマクロ・ベースの金融資産額を推計し,『全国消費実態調査報告』の金額と比較すると,表12-4で示されるように大きな開きがある。そこで,『全国消費実態調査報告』の金融資産額を実態に近づけるために,表12-4のB／Aの値を乗ずることにより調整する。他方,不動産の評価額に関して『全国消費実態調査報告』では,アンケート調査で記入された住宅の延べ床面積もしくは宅地の敷地面積に,都道府県別1m^{2}当たり建築単価もしくは1m^{2}当たりの宅地単価を乗ずることにより求められている。したがって,推計に際してはその値をそのまま利用する。

以上のようにして,資産額を推計し,それに基づき資産所得の金額を求める。まず利子所得に関しては,通貨性預金(銀行預金および郵便預金),定期性預金(銀行預金および郵便預金),貸付信託・金銭信託,債券・公社債信託から発生すると考える。そして,通貨性預金と定期性預金のうち銀行預金に関しては,日本銀行のホームページに公開されている預金・貸出統計から,通貨性預金については2004年の普通預金金利を,定期性預金に関しては定期預金金利をそれぞれ乗ずる。また,郵便預金に関しては,『金融経済統計月報』(日本銀行)により,通貨性預金については通常預金金利を,定期性預金の場合は定額貯金金利を,それぞれ乗ずる。さらに,貸付信託・金銭信託,債券・公社債信託に関しては同じく日銀のホームページの信託配当率を乗ずる。

配当所得は,株式・株式投資信託,貸付信託・金銭信託の資産額に,『株式投資収益率2004年』((財)日本証券経済研究所)に記載されている平均配当利回りを乗じて求める。もっとも,配当所得の計算に関しては,有価証券の取得に要した負債利子を除去することとされている。したがって,株式・株式投資信託,貸付信託・金銭信託の取得に要した負債額を控除したネットの資産額に平均配当率を乗ずるべきである。しかし,これらの負債額のデータが得られないため,グロスの資産額に基づく。

有価証券譲渡益については,丸[1990]に従いキャピタル・ゲイン率(キャ

ピタル・ゲイン／購入価格）を推計し，世帯が保有する株式をすべて売却するとの想定のもとで，株式・株式投資信託の資産額にキャピタル・ゲイン率を乗じて求める。

家賃・地代収入に関しては，『全国消費実態調査報告』の現住居以外・現居住地以外の賃貸用の項目に記されている資産額に，住信基礎研究所の公表する『不動産投資 Index（STBRI）』のインカム収益率を乗ずる。この値は，住信基礎研究所が東京都心エリアのオフィス・ビルを対象として推計したものであるが，賃貸住宅の収益率に関するデータが得られないため代わりに利用する。

不動産譲渡益を推計するには，世帯が保有する不動産の取得および売却に関する情報が必要である。作業的には，前述の有価証券譲渡益の場合と同様に，マクロのキャピタル・ゲイン率の推計を行い，世帯が保有する不動産をすべて売却することを前提して不動産譲渡益を計算することも可能である。2004年における個人の土地保有高（約783兆円）と土地の売買高（約17兆円）から土地の保有期間を求めると，約46か月となる。すなわち，2004年に売却した不動産の購入時期は約4年前と推定される。『公庫融資利用調査報告建売住宅購入融資編』（住宅金融公庫）によると，1990年代以降における建売住宅の1戸当たり平均価格は，94年以降低下している。したがって，不動産譲渡益はマイナスとなる。

しかしながら，『国税庁統計年報書』（国税庁）においては，2004年の不動産譲渡益（分離短期譲渡所得および分離長期譲渡所得）は約3.2兆円，それに係る申告納税額（主たるもの）は約4,400億円となっている。したがって，不動産譲渡益をマイナスとするのは適当でなかろう。そこで，世帯は2004年期首に住宅・宅地を購入し，同年期末にそれをすべて売却すると想定して，住宅・宅地資産額に，上記の『不動産投資 Index（STBRI）』で公表されている2004年のキャピタル収益率を乗じて不動産譲渡益を求めることとする。

③ 税務統計での調整

『全国消費実態調査報告』をベースにして推計された年間収入階級別の所得額および世帯の分布は，現実の納税者数および所得額の分布を必ずしも反映しているわけではない。そこで，より実態に近づけるために，『平成16年分税務

表12-3 課税前所得の推計方法

第一段階（『平成16年全国消費実態調査報告』をベースに推計）		
項目	推計方法	データ
勤労所得	・勤め先収入（世帯主の勤め先収入，世帯主の配偶者の勤め先収入，他の世帯員の勤め先収入） ・事業・内職収入（農林・漁業収入，他の家業収入，内職収入） ・本業以外の勤め先・事業・内職収入 ・他の経常収入（社会保障給付，仕送り金）	『平成16年全国消費実態調査報告 第1巻家計収支編』（総務省統計局）
資産所得 　金融所得 　　利子所得 　　配当所得 　　有価証券譲渡益	通貨性預金現在高×普通預金金利（通貨性預金金利），定期性預金現在高×定期性預金金利（定期預金金利），（貸付信託＋金銭信託および債券＋公社債信託の現在高）×信託配当率の合計額 （株式・株式投資信託＋貸付信託・金銭信託の資産合計額）×平均配当利回り 株式・株式投資信託の資産額×キャピタル・ゲイン率	『平成16年全国消費実態調査報告 第8巻家計資産編』（総務省統計局） 『平成16年全国消費実態調査報告 第4巻主要耐久消費財，貯蓄・負債編』（総務省統計局） 『平成18年版国民経済計算年報』（内閣府経済社会総合研究所国民経済計算部） 『預金・貸出関連統計』（日本銀行，http://www.boj.or.jp/theme/research/stat/d1/index.htm#kinri） 『金融経済統計月報』（日本銀行，http://www.boj.or.jp/type/release/teiki/sk/sk.htm） 『東証要覧』（東京証券取引所） 『株式投資収益率2004年』（日本証券経済研究所）。
不動産所得 　家賃収入 　不動産譲渡益	現住居以外・現居住地以外の賃貸用資産額×インカム収益率 住宅・宅地資産額×キャピタル収益率	『平成16年全国消費実態調査報告 第8巻家計資産編』（総務省統計局） 『STIX(Sumitomo Trust Property Index)』（住信基礎研究所，http://www.stbri.co.jp/re._index/stix.html#1%81D%8AT%97v）

第二段階（税務統計との照合により修正）	
項目	データ
・勤め先収入⇒給与所得 ・事業・内職収入（農林漁業収入，他の家業収入）⇒営業等所得および農業所得 ・事業・内職収入（内職収入）および本業以外の勤め先・事業・内職収入，他の経常収入（社会保障給付）⇒雑所得 ・利子所得⇒利子所得 ・配当所得⇒配当所得 ・有価証券譲渡益⇒株式等の譲渡所得等 ・家賃収入⇒不動産所得 ・不動産譲渡益⇒分離短期譲渡所得および分離長期譲渡所得	『平成16年分国税庁統計年報書』（国税庁，http://www.nta.go.jp/kohyo/tokei/kokuzeicho/tokei.htm） 『平成16年分税務統計から見た民間給与の実態』（国税庁，http://www.nta.go.jp/kohyo/tokei/kokuzeicho/tokei.htm） 『平成16年分税務統計から見た申告所得税の実態』（国税庁，http://www.nta.go.jp/kohyo/tokei/kokuzeicho/tokei.htm）。

（出所）　著者作成。

表12-4　勤労者世帯の金融資産保有額（2004年）

	全国消費実態調査報告 A	マクロ・ベース B （国民経済計算年報）	B/A
流動性預金	45.29兆円	115.11兆円	2.5413
定期性預金	113.59	296.14	2.6071
株式	16.80	84.99	5.0573

（出所）　『平成16年全国消費実態調査報告第4巻主要耐久消費財，貯蓄・負債編』（総務省統計局），『平成18年版国民経済計算年報』（内閣府経済社会総合研究所国民経済計算部），『平成16年国民生活基礎調査第2巻全国編』（厚生労働省大臣官房統計情報部）より著者推計。

統計から見た民間給与の実態』（国税庁）および『平成16年分税務統計から見た申告所得税の実態』（国税庁）を利用して，年間収入階級別の所得額および世帯分布を修正する。すなわち，過少申告の問題が残されているとはいえ，税務統計における合計所得階級別の所得額および所得者分布が，納税の真実を反映していると想定する。

　ただし，調整に際しては，勤め先収入を給与所得，事業・内職収入（農林漁業収入，他の家業収入）を事業所得，事業・内職収入（内職収入）および本業以外の勤め先・事業・内職収入，他の経常収入（社会保障給付）を雑所得とみな

す。また，資産所得のうち不動産譲渡益は，短期譲渡所得および長期譲渡所得に対応するとみなす。

世帯の所得階級は，『全国消費実態調査報告』および税務統計に共通なものとして，第1分位（0～200万円），第2分位（200万円～400万円），第3分位（400万円～600万円），第4分位（600万円～800万円），第5分位（800万円～1,000万円），第6分位（1,000万円～1,500万円），第7分位（1,500万円以上）とする。

（2）税額

税額を推計するには，まず世帯構成を特定する必要がある。『平成16年全国消費実態調査報告　第1巻　家計収支編』によれば，勤労者世帯（総世帯）の平均世帯人員は2.82人，うち18歳未満人員は0.68人となっている。そこで，推計に際しては，夫，妻，扶養者の3人から構成される世帯を想定する。

推計年は，2004年および2007年である。2007年を推計する理由は，表12-5で示されるように，2006年度税制改正により，所得税と住民税の税率構造が変更されたからである。ただし，2007年に関しては，課税前所得の状況は2004年と同一であると仮定する。

税額は，表12-6で示される5つのケースに関して推計する。配当所得に関して，ケース1では分離課税，ケース2では総合課税の対象となっている。現実の税制においては，前述のように2003年以降，配当所得に関しては総合課税もしくは確定申告不要の源泉徴収制度が，また，有価証券譲渡益については税率10％の申告分離制度が，それぞれ採用されている。したがって，現行制度は，ケース1とケース2の中間に位置すると考えられる。ケース3は金融所得一体化課税，ケース4は二元的所得税，ケース5は総合課税のケースをそれぞれ示している。

総合課税の対象となる所得に関しては，上記の課税前所得から，給与所得控除，基礎控除，配偶者控除，配偶者特別控除，扶養控除，社会保険料控除，公的年金等控除を控除して課税ベースを算出する。そして，所得税および住民税額の速算表より税額を計算する。

次に，分離課税の対象となる税額を計算する。個々のケースにおける税率

表12-5 所得税・住民税の税率表

2004年度				2007年度			
所得税		住民税		所得税		住民税	
課税所得階級 (万円)	税率 (%)	課税所得階級 (万円)	税率 (%)	課税所得階級 (万円)	税率 (%)	課税所得階級 (万円)	税率 (%)
～330 330～900 900～1,800 1,800～	10 20 30 37	所得割 道府県民税 　～700 　700～ 市町村民税 　～200 　200～700 　700～	 2 3 3 8 10	～195 195～330 330～695 695～900 900～1,800 1,800～	5 10 20 23 33 40	所得割 　一律10%（市町村 　民税6%，道府県 　民税4%：2007年 　6月分から）	
		均等割 4,000円（市町村民 税3,000円，道府県 民税1,000円）				均等割 4,000円（市町村民 税3,000円，道府県 民税1,000円）	

(出所)　日本租税研究協会［2007］より作成。

は，表12-6で示されるとおりである。ただし，不動産譲渡益に関しては，短期（国税30%，地方税9%）と長期（国税15%，地方税5%）とで税率が異なるが，『国税庁統計年報書』（国税庁）に公表されているそれぞれの申告所得額に応じて加重計算した税率（国税15%，地方税5%）を適用する。また，不動産譲渡益に対して，特別控除や買換特例などは適用されないものと仮定する。これらを考慮すると，不動産譲渡益がマイナスもしくはゼロとなるため納税額がゼロとなり，税務統計のデータと適合しないからである。

　以上のようにして求められた税額の合計額から，配当所得が総合課税の場合には配当控除を差し引いて，最終的な税額を求める。

(3) 所得源泉別不平等度

　高山［1980b］によれば，ジニ係数は構成集団（年齢別，職業別，地域別，世帯人員別，性別など）による分解には不向きであるが，所得源泉による分解が可能であるとされる。そこで，本章では，所得源泉別不平等度の推計に際し，Lerman & Yitzhaki［1985］，金子［2000］で示された手法を利用することと

する。

いま，GINI（世帯所得のジニ係数），R_k（第k源泉所得の所得額と世帯所得額との相関係数），G_k（第k源泉所得のジニ係数），S_k（平均世帯所得に対する第k源泉平均所得額の割合）とすると，世帯所得のジニ係数に対する第k源泉所得のジニ係数の貢献度I_kは，以下の式で示される。

$$I_k = R_k G_k S_k / GINI$$

また，課税による再分配係数を，以下の式で定義する。

再分配係数 =（課税前ジニ係数 − 課税後ジニ係数）／課税前ジニ係数

なお，推計に際しては，制度変更が経済主体の意思決定に影響を与えることによりもたらされる課税前所得分布の変化は考慮しないこととする[6]。

2．推計結果

推計結果は，表12-6で示されるとおりである。

課税前における総所得のジニ係数は0.4723（2007年度：0.4723）であるが，所得源泉別に見ると，金融所得が0.6439（2007年度：0.6439）で最も不平等度が高い。しかし，世帯所得のジニ係数に対する金融所得の貢献度は11.2%（2007年度：11.2%）にすぎない。課税前の不平等度に対する貢献度の最も高いのは勤労所得で，87.2%（2007年度：87.2%）である。

課税後のジニ係数は，課税前と比較していずれのケースにおいても低下している。課税後の不平等度が最も低いのは総合課税の場合で，ジニ係数は0.4364（2007年度：0.4368），再分配係数は0.0761（2007年度：0.0752）となっている。このケースでは，課税前と比較して，課税後のジニ係数はすべての種類の所得で低下している。また，所得不平等度に対する貢献度は，金融所得および不動産所得に関しては低下し，勤労所得で増加している。

現行制度は，ケース1とケース2の中間に位置するから，課税後のジニ係数は，0.4430（2007年度：0.4428）と0.4426（2007年度：0.4424）の中間の値に，

6）この点に関して，「わが国の労働供給は固定的であるから，一般均衡分析と部分均衡分析の差はほとんど無視してもかまわない」との指摘がある。橋本・上村［1997］48頁参照。

表12-6　金融所得一体化課税と再分配効果

	課税前				
	総世帯所得に占める第k源泉所得の所得額の割合(%)	ジニ係数 (G)	第k源泉所得のジニ係数 (G_k)	貢献度 (I_k：%)	再分配係数
総所得		0.4723 (0.4723)			
勤労所得	89.8 (89.8)		0.4613 (0.4613)	87.2 (87.2)	— (−)
金融所得	8.5 (8.5)		0.6439 (0.6439)	11.2 (11.2)	
不動産所得	1.7 (1.7)		0.4295 (0.4295)	1.6 (1.6)	
課税後					
税制の概要					

ケース1
　総合課税⇒勤労所得，不動産賃貸所得
　分離課税⇒利子所得（国税15%，地方税5%），配当所得（国税7%，地方税3%），有価証券譲渡益（国税7%，地方税3%），不動産譲渡益（国税15%，地方税5%）

ケース2
　総合課税⇒勤労所得，不動産賃貸所得，配当所得
　分離課税⇒利子所得（国税15%，地方税5%），有価証券譲渡益（国税7%，地方税3%）不動産譲渡益（国税15%，地方税5%）

ケース3（金融所得一体化課税）
　総合課税⇒勤労所得，不動産賃貸所得
　分離課税⇒金融所得（国税15%，地方税5%），不動産譲渡益（国税15%，地方税5%）

ケース4（二元的所得税）
　総合課税⇒勤労所得
　分離課税⇒資本所得（国税15%，地方税5%）

ケース5（総合課税）

	総世帯所得に占める第k源泉所得の所得額の割合(%)	ジニ係数 (G)	第k源泉所得のジニ係数 (G_k)	貢献度 (I_k：%)	再分配係数
ケース1					
総所得		0.4430 (0.4428)			0.0619 (0.0625)
勤労所得	89.8 (89.8)		0.4312 (0.4316)	86.8 (87.3)	

第12章 金融所得課税一元化と租税原則 *455*

金融所得	8.6 (8.6)	0.3935 (0.3938)	0.6444 (0.6444)	11.8 (11.3)
不動産所得	1.6 (1.6)			1.4 (1.4)
ケース2				
総所得		0.4426 (0.4424)		0.0628 (0.0633)
勤労所得	89.9 (89.9)		0.4311 (0.3516)	86.9 (87.5)
金融所得	8.5 (8.5)		0.6420 (0.6422)	11.7 (11.1)
不動産所得	1.6 (1.6)		0.3934 (0.3937)	1.4 (1.4)
ケース3				
総所得		0.4415 (0.4419)		0.0652 (0.0644)
勤労所得	90.7 (90.7)		0.4311 (0.3518)	87.9 (87.9)
金融所得	7.7 (7.7)		0.6439 (0.6441)	10.6 (10.6)
不動産所得	1.6 (1.6)		0.3935 (0.3938)	1.5 (1.4)
ケース4				
総所得		0.4423 (0.4423)		0.0636 (0.0636)
勤労所得	90.7 (90.7)		0.4313 (0.4313)	87.8 (87.8)
金融所得	7.7 (7.7)		0.6439 (0.6439)	10.6 (10.6)
不動産所得	1.6 (1.6)		0.4295 (0.4295)	1.6 (1.6)
ケース5				
総所得		0.4364 (0.4368)		0.0761 (0.0752)
勤労所得	91.6 (91.6)		0.4304 (0.4308)	89.8 (89.8)
金融所得	6.9 (6.9)		0.6022 (0.6023)	8.9 (8.9)
不動産所得	1.5 (1.5)		0.3575 (0.3579)	1.3 (1.3)

(注) カッコ内は2007年度税制の場合。
(出所) 著者推計。

また，再分配係数は，0.0619（2007年度：0.0625）と0.0628（2007年度：0.0633）の中間の値にそれぞれなるであろう。この場合，課税前と比較して，所得不平等度に対する勤労所得および不動産所得の貢献度は低下するが，金融所得の貢献度は増加すると予想される。

　金融所得一体化課税および二元的所得税の場合は，総合課税の場合と比較すると，課税後所得のジニ係数（再分配係数）が高い（低い）。しかしながら，現行税制の場合と比較すると，課税後所得のジニ係数（再分配係数）が低い（高い）と予測される。すなわち，金融所得一体化課税や二元的所得税は，課税後における所得分布の平等化をもたらすと考えられる。

　これは，金融所得課税一元化の場合は，配当所得および有価証券譲渡益に対する税率引き上げの効果によるものであると予想される。また，二元的所得税の場合は，配当所得および有価証券譲渡益に対する税率引き上げの効果が，不動産所得に対する課税が総合課税から比例課税へ移行したことによる効果を上回ることによると考えられる。金融所得課税一元化および二元的所得税のいずれのケースにおいても，現行税制の場合と比較して，課税後所得の不平等度に対する貢献度は，金融所得において低下し，不動産所得では増加している。

おわりに

　以上，金融所得課税一元化の効果を，課税の中立性および公平性（垂直的公平）の観点から，実証的に分析してきた。中立性の観点からは，家計の課税前要求収益率を表す実質資本コストに注目し，税制が存在する場合の実質資本コストと税制が存在しない場合の実質資本コストから，実効限界税率を推計した。また，公平性の観点からは，2004年の『全国消費実態調査報告』のデータをベースにして，課税前所得を勤労所得と資産所得（金融所得および不動産所得）に分け，課税前と課税後における所得源泉別不平等度の変化を分析した。

　その結果，以下のような事柄が明らかにされた。
（1）2004年において，税制は金融資産（社債，株式）よりも持ち家を相対的に

優遇している。ただし，その程度は業種により異なる。社債と持ち家の選択に関しては，税制が社債よりも持ち家を優遇する程度は，その他の産業（製造業および商業以外の産業）において最も高く，製造業において最も低い。また，株式と持ち家の選択に関しては，その他の産業において最も優遇度が高く，商業において最も低い。

（2）1980年代以降，金融資産と持ち家の実効限界税率の比は低下傾向にある。すなわち，税制上，持ち家の方が金融資産よりも相対的に優遇される傾向が見られる。この背景には，持家取得を促進するために所得税における住宅ローン減税が拡充されたこと，1990年代後半以降において，経済活性化の観点から不動産譲渡所得税および資産移転課税（登録免許税）が軽減されたこと，などがある。

（3）社債と株式の選択に関しては，2004年において，社債が株式よりも税制上，相対的に優遇されている。ただし，その程度は業種により異なる。その他の産業において優遇度が最も高く，製造業で最も低い。

（4）1980年代以降において，税制は，株式よりも社債の購入を相対的に優遇している。しかしながら，その程度は小さくなる傾向が観察される。すなわち，社債と株式の選択に関して，税制は中立的な方向へと変化してきている。

（5）2004年において税率20％の水準で金融所得課税一元化が実現されたとすると，配当所得税およびキャピタル・ゲイン税の実効税率は上昇し，結果として，税制上，金融資産が持ち家よりも相対的に不利に扱われることになる。また，社債と株式の選択に関しては，社債が株式よりも一層有利に扱われることになると予想される。

（6）課税前において，金融所得の不平等度は勤労所得や不動産所得のそれを上回るが，世帯所得のジニ係数に対する金融所得のジニ係数の貢献度は10％強にすぎない。課税前所得の不平等度の約90％は，勤労所得によるものであると考えられる。すなわち，金融所得は，課税前における所得分布の不平等の大きな原因ではない。

（7）現行税制（2004年および2007年）においては，課税前と比較して，所得不

平等度に対する勤労所得および不動産所得の貢献度は低下するが，金融所得の貢献度は増加すると予想される。

（8）税率20%による金融所得一体化課税は，総合課税の場合と比較すると，課税後の所得不平等度が高い。しかし，現行税制の場合と比較すると，課税後において所得分布は平等化する。二元的所得税を実施する場合においても，同様な結論が得られる。

第13章　資本所得と資産保有課税
──租税思想史からのアプローチ──

は じ め に

　教育や訓練などによる人的資本（人的資産）への投資の結果として生ずる収益が反映される勤労所得（labour income）と，実物資産および金融資産への投資により発生する資本所得（capital income）に対する課税の議論は，これまで所得税における重要なテーマの一つであった。

　そこで，勤労所得税と資本所得税をめぐる議論を租税思想史の観点から概観すると，その内容は大きく二つに分類できると考えられる。

　第一は，所得税の枠組みの中で差別課税を実施しようとするアプローチである。これには，さらに「勤労所得軽課，資本所得重課」と「勤労所得重課，資本所得軽課」の二つの議論が存在する。

　前者では，勤労所得よりも相対的に資本所得を重課すべきことが主張され，現実の制度では，差別税率や勤労所得免税などの措置が採用されてきた[1]。「勤労所得軽課，資本所得重課」の根拠として挙げられるのは[2]，まず資本所得は勤労所得よりも大きな担税力を有するという点である。これは，資本所得は勤労所得よりも永続的であること，勤労所得を獲得するための苦痛（犠牲）は資本所得のそれよりも相対的に大きいこと，勤労者は財産所有者よりも将来の生活のために蓄積準備する苦労が大きいことなどの理由に基づく。さらに，社会政策の観点から，資本所得は不労利得の側面を有し社会的正義に適わないこと，資本所得は高所得者層に集中する傾向があるため富の分配を不平等にすることなどが指摘される。

1）佐藤［1970］，135頁。
2）小川［1922］，神戸［1922a］，神戸［1922b］参照。

これに対して，後者の「勤労所得重課，資本所得軽課」の議論では，勤労所得重課，資本所得軽課の理由が個別に示される[3]。まず，勤労所得重課の根拠として，所得税および富裕税において人的資本が実物・金融資本よりも優遇されていることにより生ずる水平的不公平の是正，人的資本（勤労所得）分布が実物・金融資産（資本所得）分布よりも不平等であることの調整などが挙げられる。また，資本所得軽課の理由としては，ライフサイクルにおける水平的不公平の是正，国外への資本逃避に対する配慮（資本供給の価格弾力性が労働供給の価格弾力性よりも大であり，小規模開放経済での資本所得課税は非効率であることへの配慮），民間貯蓄促進などが指摘される。

第二は，資産保有課税の存在を考慮するアプローチである。これには，所得税の下で捕捉困難な資本所得が資産保有課税で間接的に捕捉されるという議論，および所得全体もしくは資本所得を所得税ではなく資産保有税で課税するという考え方がある。前者は，資産保有課税を所得税の補完税とみなすのに対し，後者では，資産保有課税は所得税の代替税としてとらえられる。また，後者の議論は，所得種類別差別課税の議論がその出発点となっているところに特徴がある。

このように，租税思想史の観点から眺めると，資本所得に対する課税のあり方を検討する際には，所得税の枠組みの中でのみとらえるのは不十分で，資産保有課税の存在も併せて考察することが重要なことがわかる。

さらに，現実の税制に目を向けると，国によっては，所得税と一般財産税とを組み合わせる形で所得種類別差別課税が実施されてきた[4]。また，二元的所得税の導入されている諸国において，国税レベルで資産保有課税（富裕税，不動産税）が実在したことにも注目すべきである[5]。二元的所得税の評価に関し

---

3) Cnossen [2000], Sørensen [1998], Sørensen [2001] 参照。また，特に開放経済下の議論に関しては Gordon [2000] を参照。
4) 佐藤 [1970], 136頁ではドイツの例が取り上げられているが，一般に富裕税の導入されている諸国においてあてはまるだろう。富裕税の現状に関しては，本書第1章を参照。
5) 本書第1章で示したように，例えばスウェーデンでは，富裕税（2006年まで）のほかに不動産税が存在した。不動産税に関しては，2008年以降，居住用不動産に係る分が地方税となっている。

ては，資本所得に対する資産保有課税の効果を合わせて検討することが重要であるが，わが国での二元的所得税の議論を眺めると，資産保有課税の視点が欠けているように思われる[6]。

そこで，本章では，もっぱら租税思想史的視点から資産保有課税の存在を考慮した資本所得税の議論を概観し，それに基づきわが国の資本所得税のあり方を考察する。

本章の構成を具体的に示すと，次のとおりである。Ⅰ節では，所得税と資産保有課税の関係をとらえる基本的視点を提示し，まず所得税の補完税としての資産保有課税の意義を明らかにする。次いで，所得税の代替税としての資産保有課税の議論として，イギリス所得税制史における資本還元案およびフランスのノーベル経済学者モーリス・アレ（Mauris Allais）の資本課税論に注目する。さらに，Ⅱ節では，より現代的な議論としてオランダの2001年所得税制改革を取り上げる。改革後の新たなシステムにおいては，実質的に所得税の一部が資産保有課税（富裕税）に代替されたからである。最後にⅢ節では，以上の考察を踏まえて，わが国の資本所得税のあり方に関して若干の議論を提示することとしよう。

Ⅰ．所得税と資産保有課税

1．所得税と資産保有課税の関係をとらえる基本的視点

所得税と資産保有課税の関係は，「資産価格は将来収益の現在割引価値に等しい」ことを示す以下の①式により，直感的に説明可能である。ただし，記号の意味は，資産価格 P，インカム・ゲイン（帰属所得を含む）R，キャピタル・ゲイン（実現および未実現）△P，割引率（代替資産の収益率）i である。

---

[6] 例えば，金融税制に関する研究会［2002］では二元的所得税に関する論点整理が行われているが，資産保有課税の議論は見当たらない。

$$P = (R + \triangle P) / i \cdots ①$$

　①式の解釈には2通りあると考えられる。第一は，資産保有課税は所得税の補完税だというものである。これによれば，所得税（右辺への課税）では捕捉困難な種類の所得を，資産価格を課税ベースとする資産保有課税（左辺への課税）で間接的に課税できることになる。第二に，資産保有課税を所得税の完全な代替税とみなすことが可能である。すなわち，②式で示されるように，税率（資産保有税率t_1，所得税率t_2）の調整が適当に実施されれば，所得税と資産保有課税は本質的に同じ効果をもたらすだろう。

$$P \times t_1 = \{(R + \triangle P) / i\} \times t_2 \cdots ②$$

2．所得税の補完税としての資産保有課税[7]

　所得税の補完税として資産保有課税をとらえるならば，資産保有税の存在は，課税の公平性（水平的公平，垂直的公平）および税務行政の効率性の観点から正当化される。

　第一に，帰属賃貸料（帰属地代，帰属家賃）や未実現キャピタル・ゲインなどのような，所得税においては捕捉困難な資本所得が資産保有課税の下では間接的に課税され，水平的公平の実現に役立つだろう。

　第二に，貯蓄性向は高所得者ほど高い傾向があるから，一般に所得が高くなると資産も増えると予想される。したがって，富の不平等を是正するには，所得税において資本所得を重課する必要がある。しかし，資本所得への重課は，所得を生み出さない資産（ex. 宝石，絵画）へ投資を転換することにより所得税を免れる誘因を投資家に与える。このような現象を回避するためには，所得に加えて資産を課税ベースに含めることが求められる。ただし，この場合の資産保有課税はあくまで所得税の補完税であるから，納税者が資産を売却して税を支払うことまでは想定されていないことに注意すべきである。

7）以下は，Sandford, et al [1975], pp.5-11参照。

第三に，資産保有税により納税者の資産保有状況に関する情報が提供される。そのため，所得税の課税データとのクロス・チェックを通して租税回避の発見が容易となり，税務行政の効率性が高められる。

3．所得種類別差別課税と資産保有課税

(1) イギリス所得税制史における資本還元案

　そもそも近代所得税の起源は，1799年イギリスにおいて，時の首相兼大蔵大臣ピット（Pitt, W）により導入されたことに始まる。イギリスの所得税をめぐってはさまざまな議論が行われたが，その中には，税率（比例 or 累進）や免税点（課税最低限）の設定などのほかに，所得種類別差別課税の問題が含まれていた[8]。そして，所得種類別差別課税の方法としては，所得の種類により税率を異ならせる差別税率に加えて，さまざまな種類の所得を異なる割引率で資本還元し，その額に同一の税率で課税する資本還元案（capitalization scheme）が存在した。割引率の決定に際しては所得の永続性が考慮され，永続性の高いものほど低い割引率が適用された。したがって，一般に資本還元案では，資本所得が勤労所得よりも重課されることになる。

　このイギリス所得税制史における資本還元案こそ，所得税の代替税として資産保有課税をとらえる最も古典的な議論であると言える。シェハーブによれば，資本還元案は1821年にハッバスティ（Hubbesty, J）により最初に主張されたとされるが[9]，以下では19世紀後半に登場したヒューム委員会報告書案とハレット（Hallett, P）の議論を取り上げることとしよう。

① ヒューム委員会報告書案

　1851年に下院議員ヒューム（Hume, J）を委員長として設立された「所得税および財産税特別委員会（ヒューム委員会）」では所得税制のあり方に関して検討が行われ，資本還元案を支持する報告書案がヒュームにより作成された[10]。

---

8) イギリス所得税制史に関する邦語文献としては，佐藤［1965］，土生［1971］，宮本・鶴田［2001］（第2章）参照。
9) Shehab［1953］, p.111.
10) Hume［1852］.

このヒュームの草案に対しては，結局，委員会での合意は得られなかったが，資本還元案の中身を把握するために重要であると思われるので，最初に取り上げる。

そもそも，イギリスの所得税制では創設当時より現在に至るまでシェデュール制が採用されている。そこでは所得が源泉に応じて分類され，シェデュールごとに損益通算が行われた後，総合課税される。そして，控除等は総合課税の段階で適用される仕組みとなっている。19世紀半ばの所得税制においては，所得がシェデュールAからシェデュールEまでの5種類（A：不動産所得，B：借地農収入，C：利子・配当所得，D：商工業・自由業所得，その他のシェデュールに含まれないすべての所得，E：公務員の俸給・年金）に分類され，比例課税が実施されていた[11]。

報告書案では，まず当時の所得税制の問題点をいくつか指摘している[12]。

第一に，所得の評価基準が地域により異なり，不公平を発生させていた。例えば，不動産所得や借地農収入の評価方法が地域により異なっていた。不動産所得のうちの地代と小作農収入ではいずれも小作料に基づき課税所得が決定されたが，現実の小作料から課税所得を導く方法が地域によりばらつきがあった。また，同じシェデュールに属する所得でも不公平かつ不当な扱いを受けるものがあった。例えば，国債の利子と公務員以外の年金収入はいずれもシェデュールCに分類され形式的には同じ税率（名目税率）で課税されるが，利子に対する実効税率を計算すると後者の方が高かった。ポイントは，年金収入の中身は納税者が保険料として既に支払った資本とその資本により生み出された利子とから構成されているが，前者は納税者が保険料として支払った部分が戻っただけで，純粋な所得は利子の部分のみだという点である。したがって，年金収入に課せられる税額を利子相当額で除して求められる実効税率は，国債利子に対する実効税率（名目税率に等しい）を上回ることになるわけである。

第二に，免税点が高く設定されており，労働者のみならず財産所有者のほとんどが課税を免れていた。当時の納税者は約35万人で，総人口の1.7%程度で

---

11) 詳細は，佐藤［1965］，163-164頁。
12) Hume［1852］，pp.8-14。また，Shehab［1953］，chap.Ⅵも参照。

あった[13]。

　第三に，税の徴収が適正に実施されていなかった。これは，シェデュールBとシェデュールD以外では，所得税は納税者本人からではなく第三者を通して間接的に徴収されていたことに起因する。すなわち，シェデュールAでは借地農，シェデュールCでは金融機関，シェデュールEでは役所，の各段階で源泉徴収されていた。この第三者の管理が税務当局により十分行われなかったため，税の徴収において「不規則，不公平，詐欺行為，不正流用」の現象が発生した[14]。同様な事柄は，税の評価に際しても生じた。評価基準に基づき実際に課税所得の評価を行う評価員（assessors）の管理が十分ではなかったからである。

　所得税制改革案として委員会で議論された意見には，資本還元案，差別税率案（一時的所得を継続的所得よりも軽課すべきだとするもの），差別税率への反対案（所得の種類が異なっても，国家から受ける保護は無差別。所得の種類により継続性は大きく異ならない）などがあったが，結局，ヒュームが支持したのは資本還元案であった。報告書案では，「委員会は，不公平な現行所得税制が恒久的なものではあり得ないことを確信する。……すべての資産の価値および，人々が産業から得る所得の資本還元額に基づく課税は，理論的にも実際的にも現行税制と比較してより公平であることは明白である」と述べられている[15]。

　このような立場をヒュームがとった根本的な理由は，課税の根拠として利益説を支持するからである。このことは，「委員会は，若干の例外を除き，イギリスにあるすべての財産および産業階級の資本還元所得が，均一かつ均等な割合で評価されるべきことを勧告する。国家の収入は，財産や個人の権利，国益事業のために使われるので，委員会は，すべての臣民がその財産に応じて課税されない如何なる正当な理由も見出し得ない。一部の財産所有者にのみ課税することは，不公平であると同時に危険である」[16]と述べていることから推測で

---

13) 土生［1971］，119頁。
14) Hume［1852］, p. 13.
15) Hume［1852］, p. 22.
16) Hume［1852］, p. 13.

きよう。なお，上記の「若干の例外」とは，生活に困窮している低所得者のケースである。

ところで，報告書案が支持する資本還元案は，ヒュームのオリジナルではなく，当時役人でその後王立統計協会の会長となったファー（Farr, W）が委員会で述べた意見に基づいていた。そこで，ファーの議論に目を向けると，彼が資本還元案を主張する根拠は，次の2点である。

第一に，課税の根拠として利益説を支持し，国家サービスの利益は財産価値に反映されると考えるからである。ファーはこの点に関して，「社会の構成員は，財産所有額に応じて，毎年，公共支出に貢献すべきである。……財産規模は，財産所有者がもし損失を被った場合に，その損失に対して国家が保障を行う基準となるし，また，納税額を決定するベースともなる」と述べている[17]。

第二に，たとえ所得が同じでも収益率の違いにより資産価値が異なる点に注目するからである。このことは，次のように説明される。いま，同じ資本所得を得る個人AとBが存在するとしよう。もしAよりもBの方が資産価値が大きければ，Bは差額を別の種類の資産に投資してより多くの所得を得ることが可能である。すなわち，AとBの（潜在的）担税力は異なる（Bの方がAよりも大きい）。したがって，所得を課税標準とするよりも資産価値に対する一律の課税の方が公平である[18]。

資本還元案が抱える問題点としては，次のような事柄が指摘された[19]。

第一に，資本還元案では所得の交換価値が担税力とみなされるが，担税力としてふさわしいのは，所得の所有および利用の継続性（continuity）である[20]。すなわち，所有および利用の継続性が高いものほど大きな担税力を有する。

第二に，資本還元案では担税力として現在の所得のみならず，過去の貯蓄や将来の所得までもが含まれており不適切である。過去の貯蓄に関しては，所得が獲得された段階においてすでに課税されているから二重課税となる。また，

---

17) Farr [1853], p.4.
18) Farr [1853], p.8.
19) Shehab [1953], pp.108-110.
20) *Edinburgh Review*, Vol.XCVII, 1853, p.571.

将来所得を課税対象とするのは，将来においても財産に対する国家の保護が継続するという期待に基づいている。すなわち，「(将来所得の) 期待価値は，政府の存続に依存する。もっとも，それは現在の政府ではなく，保護されるべき財産と同時代の政府が継続的に存続することにより生まれる」[21]。以上は，課税の根拠として利益説に基づくにしても，実際の税の配分の基準となるのは，過去や将来ではなく現在の政府サービスの便益が反映される現在の所得であるべきだという主張である。

② ハレットの議論

所得種類別差別課税の議論は1860年代初期に再燃し，1861年に下院議員ハッバードを委員長とする所得税検討委員会が設けられた[22]。そして，この委員会報告をきっかけに，シェハーブの言葉を借りると，資本還元案を再解釈 (redefinition) する議論が登場した[23]。その代表が，ハッバードと同じく下院議員のハレットにより，1874年にイギリス協会経済部門に提出された論文である[24]。そこで，これに従いハレットの主張をまとめると，以下のようになろう。

第一に，課税の基本原則は公平 (equality) である。この公平の内容に関しては，「現在の所得税の基本となるべき原理は，等しい所得が等しく課税されることであり，それ以外の何事も公平ではあり得ないだろう」[25]と述べていることから，水平的公平を意味することは明らかである。

第二に，担税力の指標としては，所得，支出 (expenditure)，資産が考えられる。まず，所得は生産の純増加であるから，生産面から見たフローとしての年間価値 (annual value) を示し，また，支出はそれにより同額の消費機会 (所得) の減少を伴うから，消費面から見た年間価値である。さらに，資産は財産保有のストックとしての総価値 (total value) を意味する。

ここで，もしあらゆる資産 (人的資産，金融資産，実物資産) の価値が浸食さ

---

21) *Edinburgh Review*, Vol.XCVII, 1853, p.576.
22) ハッバード委員会での議論に関しては，土生 [1971], 149-170頁参照。
23) Shehab [1953], p.165.
24) Hallett [1874].
25) Hallett [1874], p.2.

れずに維持されるとしたら，所得や支出は永続的資産（permanent wealth）の生み出す年間価値となり，結局，永続的資産の総価値（total value）に比例することになろう。このように考えれば，資本還元案が示すように，課税ベースとして最も望ましいのは恒久的資産の資産価値であるということになりそうだが，ハレットはこれには同意しない。永続的資産の資産価値には将来所得が含まれており，もし永続的資産の資産価値を課税ベースとすると，納税者は現在の所得だけではなく将来の所得に対しても課税されることになるからである。永続的資産価値に対応する永続的年間価値（permanent annual value）の方が課税ベースとして望ましい，というのがハレットの意見である[26]。

第三に，このように所得税の課税ベースを永続的年間価値に求めるとして，ポイントとなるのは資産が恒久的であるという点である。もし資産が永続的でなければ，そこから生み出される年間価値も永続的ではなくなるから，上記の議論は成立しない。そこで，ハレットは資産を維持するために，3種類の経費を所得から控除することを提言する。それは，資産の損耗に対処するための維持・修繕費用，自然寿命（natural terminability）に対応する減価償却費用，災害や遭難，傷害等の突発事項に備えるための危険費用である[27]。

第四に，最低生活費を保障するために少額所得の免税を認めるべきであるが，これは，国家の思いやり（state charity）であると同時に，間接税が高所得者よりも低所得者に相対的に重い負担を課すことに対する補償でもある。ハレットは，この免税措置を所得税の公平の観点から，勤労所得に適用すべきだとしている[28]。このことから，ハレットは勤労所得の担税力が資本所得のそれよりも相対的に小さいことを認めていたことが窺える。

結局，資本を維持しながら，それから生み出される永続的年間価値をベースとして所得税を課税すべきこと，ただし，勤労所得よりも資本所得を相対的に重課すべきことがハレット論文の骨子であると考えられる。論文では資産と所得の関係，すなわち前者が源泉（原因）で後者が生産物（結果）の関係にあるこ

---

26) 以上は，Hallett ［1874］，pp. 9 – 12.
27) Hallett ［1874］，pp. 15 – 16.
28) Hallett ［1874］，p. 19.

とに注目しており，基本的視点は資本還元案と共通する。しかし，担税力に関しては資本還元案とは異なった解釈を導く。その意味で，資本還元案の再解釈が行われたと考えられるのである。

以上のハレット論文に対して，シェハーブはいくつかの問題点を指摘している[29]。

第一に，ハレットは公平の原則のうち水平的公平のみを重視し，所得再分配に対する配慮が不足している。すなわち，免税点を超えるすべての規模の勤労所得に対して経費控除を認めるのは，所得規模と担税力との関係を見落としていると考えられる。

第二に，資産が永続的であったとしても，財産所有権が永続的でなければ永続的資産から生み出される所得は永続的でなくなる。すなわち，資産と所得の関係は，財産所有権が期限付きだと成立しなくなる。そうなると，永続的年間価値を課税ベースとみすことは困難である。

第三に，ハレットの議論は，勤労所得を人的資産から生み出される所得と定義し，実物資産や金融資産への投資から得られる資本所得とともに資産所得とみなすのが特徴であるが，所得の中身が勤労所得と資本所得の両方から構成される個人事業者のようなケースはやっかいである。ハレットの方法では，所得のうち勤労所得と資本所得の部分を明確にし，そこからそれぞれ前述の経費を控除することが必要とされるからである。この点に関してハレットは，純粋かつ永続的な資本所得は利子所得のみであるから，貸借対照表からこの利子所得を捕捉し，総所得からそれを控除すれば勤労所得が求められる。したがって，勤労所得と資本所得を分離する作業はそれほどやっかいではないという[30]。しかし，シェハーブは，そもそも事業者が貸借対照表を税務当局に見せるのを嫌うだろうから，貸借対照表から利子所得を捕捉するのは困難だと反論している。

---

29) Shehab [1953], pp. 164-171.
30) Hallett [1874], p. 22.

（2）モーリス・アレの資本課税論[31]

　イギリス所得税制史における資本還元案が，所得税制改革の議論であるのに対して，税制全般の改革論議の出発点に所得種類別差別課税を位置づける議論がある。これを展開したのは，一般均衡理論の分野で顕著な業績をあげたことにより1988年にノーベル経済学賞を受賞したフランスの経済学者モーリス・アレである。

　アレは，計画経済に関して，経済活力を阻害し社会を衰退させるものであると批判し，市場経済を基本とする自由主義社会（société libre）における税制のあり方に関して提言を行っている。その骨子は，公正でかつ活力ある社会を創造するためには，税収中立の条件の下で，所得課税および資産移転課税を地方税レベルも含めすべて廃止し，消費課税（付加価値税，関税）および実物資産に課税対象の限定された資産保有課税で税制を構築すべしというものである。

　以上のようなアレの議論が体系化された形で詳細に示されたのは，1966年にDroit Social 誌に発表された論文「資本課税」[32]においてである。そして，その論文の内容を若干アレンジしたものが，『資本課税と貨幣改革』（1977年）および『税制改革論』（1990年）の2冊の著書の中に収録されている[33]。

① 課税根拠および租税原則

　アレが望ましいと考える自由主義社会とはどのようなものか。この点に関して，彼は次のように述べている。

　「自由主義社会は，個人にとって制約が全く存在しない社会ではなく，可能な限り制約が縮小される社会である。……制約のない自由は社会的混乱をもたらす。逆に，個人にとって自由の全くない社会は耐え難いものとなる。その中間の状態，すなわち他人の自由を危機にさらす場合にのみ個人の自由が制約される状態が望ましいだろう。……そして，個人の自由が最小限度の制約しか受けない社会の経済システムは，その基盤に，意思決定の分権化，競争市場，私

---

31) 以下は，篠原［2003 a］を加筆・修正したものである。アレの租税論に関しては，わが国においても過去に取り上げられたことがないわけではないが，ごく簡単な紹介に留まっている（中西［1994］，57-58頁参照）。
32) Allais［1966］．
33) Allais［1977］およびAllais［1990］．

有財産制の存在があるということを歴史が示している」[34]。

そして，このような自由社会のコストを賄うために租税はその存在を正当化されるとし，「家計や企業により支払われる租税は，国家の提供する公共サービスの対価とみなされる」[35]と述べている。すなわち，アレは課税の根拠として利益説の立場を採る。さらに，望ましい税制の条件として以下のような諸原則を提示している[36]。

(a) 個人主義の原則

民主主義社会において最も重要なのは，国家ではなく個人である。個人には，所得および財産に関して選択の自由が与えられると同時に，使う自由も認められなければならない。租税は，そのような個人の自由（私有財産権）を妨げてはならない。すなわち，租税は結果の平等ではなく機会の平等を追求すべきである。

(b) 非差別の原則

租税は差別的なものであってはならない。すなわち，直接的にせよ間接的にせよ特定の集団を優遇してはならない。

(c) 非人格性の原則

租税は，個人生活や企業経営に関する厳格な調査に基づいて賦課されるべきではない。

(d) 中立性（効率性）の原則

租税は，経済の効率的運営を妨げてはならない。言い換えれば，経済選択に歪みをもたらしてはならない。

(e) 公正の原則

個人や企業が努力をした結果得られる所得は公正なものとみなされ，課税の対象とされるべきではない。

(f) 非恣意性の原則

租税システムは国会の場で審議され，恣意的なものであってはならない。ま

---

[34] Allais [1977], pp. 5-6.
[35] Allais [1977], p. 36.
[36] Allais [1977], pp. 37-43および. Allais [1990], chap. I.

た，簡素でかつ明瞭でなければならない。

(g) 二重課税排除の原則

同じ所得や資産などに対して何度も課税されるべきではない。

② 所得の性格に応じた課税が必要

アレは，市場により決定される所得分配を，所得の大きさではなくその性格を基準に再考する必要があると述べる[37]。また，所得分配を判断する基準としては，上記の公正の原則に基づくべきであるとする[38]。すなわち，個人や企業が努力をして得られた所得であるかどうかを検討することの必要性を強調している。そして，以下のように，所得を勤労所得，資本所得，動態所得，独占レントの4種類に分類する[39]。

(a) 勤労所得

勤労所得には，賃金所得や個人事業所得，自由業者の所得などが含まれる。この勤労所得は，労働サービスの提供に対応しており公正な所得であると考えられる。

(b) 資本所得

資本所得は，土地レント，減価償却および負債の返済により発生する所得，純粋利子などから構成される。

このうち土地レントは，もしそれが人口増加や社会資本整備などのような外生的要因により発生する場合には，公正な所得とはみなし難い。

第二に，減価償却は自己金融機能による資本形成を果たし，その結果として所得が生み出されることになる。また，負債の返済により貸し手に生ずる所得は貸し付けを行った結果である。したがって，減価償却や負債の償還により発生する所得は，いずれも公正な所得とみなされる。

第三に，物価安定の状況下において貯蓄（資本供給）は利子率以外の要因（ex. 将来に対する備え）により決定される可能性が高いと考えられるから，純粋利子を貯蓄に対する報酬とみなす（資本供給と純粋利子との間に因果関係を見出

---

37) Allais [1977], p. 21.
38) Allais [1977], p. 53.
39) Allais [1977], pp. 53-78.

す)のは困難である。したがって，純粋利子は公正な所得とは考えられない。

(c) 動態所得

動態所得には，経済発展および技術進歩による所得（生産活動の方向性を見直すことや，生産要素の効率的利用により生み出される所得），リスクテーキングによる所得が含まれる。これらはいずれも，個人および企業の努力の結果得られるものであるから公正な所得である。

(d) 独占レント

独占レントは，企業の独占行動，個人および企業の外部不経済活動，保護貿易，インフレおよびデフレ，信用創造システム，所得移転政策などにより発生する。すなわち，正常利潤を超える独占利潤の存在，個人および企業が社会に迷惑をかけて得る所得，輸入割当制度により輸入業者が得る所得，インフレおよびデフレ時に負債者および債権者の得る実質所得，預金者および資金の借り手が信用創造システムにより獲得する新たな購買力，住宅購入者に対する税制上の優遇措置，失業手当，などが独占レントの例である。以上は，いずれも公正な所得とはみなされない。

③ 課税に対する基本的な考え方

このように所得を分類すると，公正の原則から特に問題とされるのは，資本所得のうちの土地レントと純粋利子，独占レントである。これらはいずれも不労所得（revenues non gagnés）であり，個人や企業が努力の結果として得る稼得所得（revenues gagnés）とは区別される。

アレは，公正の原則の観点からは，このうち特に土地レントと純粋利子の二つが問題であると言う[40]。独占レントに関しては，その除去手段として税制を利用することには否定的である。「経済の効率性は，税制を通じた市場への介入（intervention）よりも介入の回避（abstention）により達成されるだろう。税制に依存すると，間接的に計画経済を実現させることになる。結局，税制による価格操作は非効率をもたらすことになるだろう」[41]と述べているからである。独占レントの具体的な除去手段としてアレが提言しているのは，例えば，

---

40) Allais［1977］, p. 87.
41) Allais［1990］, pp. 19-20.

特定企業の市場占有率がある一定割合を超えることを禁ずる法律や，同じ州において土地の所有面積が一定割合を超えることを禁ずる法律などを，既存の法律に加えて新たに制定することである[42]。

さて，視点を変えて中立性の観点から上記の所得を考察すると，静態経済において，不労所得に対する比例課税は効率性を阻害しないから望ましい。また，経済成長や技術革新が絶えず生じる動態的な状況の下では，生産コスト削減や生産性の向上によって生ずる企業利潤，リスクテーキングの結果得られるキャピタル・ゲインは市場経済の推進力であるから，それらに対する課税は望ましくない。すなわち，「課税により罰せられるべきは，収益をあげた企業ではなくむしろ損失を発生させた企業である。同様に，課税されるべきはキャピタル・ゲインではなくキャピタル・ロスである」，ということになる[43]。

結局，アレは経済の効率性を損なうことなく不労所得を没収して社会に還元すべきであると考えるのであるが[44]，その結果として不平等がすべて是正されるわけではない。稼得所得格差は残ることになる。この点に関して，アレは次のように言う。

「実際，人間の能力には格差がある。過去いかなる社会においても，能力によって報酬が異なる状況を変えることはできなかった。平等は実現可能でもなく，また望ましいことでもない。社会が完全平等を望むならば，非効率と貧困に陥るだろう。……正しい選択は，平等か不平等かの選択ではなく，いかなる状態の不平等が望ましいかを考えることである。人々は，多かれ少なかれ意識的に不平等（inegalités）と不公正（injustices）を混同する。しかし，その取り違いこそが大衆を困惑させ，自由社会の崩壊と隷属へと導くのである」[45]。

「歴史を観察すると，ある最低限度を超えて不平等を是正することは困難なようである。社会学的観点からは，不平等の完全除去は神話である。……

---

42) Allais〔1977〕, p. 108.
43) Allais〔1977〕, pp. 88-89.
44) Allais〔1977〕, p. 9.
45) Allais〔1977〕, pp. 10-11.

不平等は，遺伝や環境が原因で発生する。……不平等は不平不満をもたらすが，社会的不安定の原因とはならない。非常に不平等であるが有能な人間が正当な地位に就いている社会は，とても安定している。逆に，あまり不平等ではないが，権力と所得が能力と提供されるサービスにそれぞれ対応していない社会は，必然的にかなり不安定である」[46]。

④ 望ましい税制の姿

以上のような課税に対する基本的な考えに基づき，アレが具体的に描く税制のグランドデザインは，すでに述べたように，所得課税および資産移転課税を廃止し，消費課税および実物資産に対する資産保有課税で税制を構築するというものである。そこで，この提案をより詳細に見ることとしよう。

(a) 所得課税および資産移転課税はなぜ廃止されるのか？

アレが所得課税および資産移転課税の廃止を勧告する理由は，次のようなものである。

まず所得課税においては，公正の原則に従い勤労所得および動態所得は当然非課税とされるべきである[47]。さらに，資本所得は資産保有課税で捕捉され，独占レントは税制以外の手段により除去されるべきである。

次に，資産移転課税は有償譲渡課税と無償譲渡課税とに分類されるが，前者に関しては，経済取引にペナルティーを課し，資本が社会にとってより有効利用される人々に移転することを妨げるから望ましくないとしている[48]。また後者については，財産に関する個人の自由を侵害するものである。さらに，子供に財産が無償譲渡されることにより，親よりも有効にその財産が利用される可能性がある。したがって，課税によってその可能性を阻害すべきではないと述べている[49]。

なお，消費課税に関しては，それがすべての消費に対して均等に課税されるならば，中立性の観点から望ましいとし，付加価値税および関税の存続を認め

---

46) Allais [1977], pp. 93-94.
47) Allais [1977], p. 103.
48) Allais [1977], p. 46.
49) Allais [1979], p. 42およびAllais [1977], p. 117.

ている[50]。

(b) **資産保有課税の課税方式**

アレは，このように所得課税および資産移転課税の代替税として資産保有課税の導入を提案するわけであるが，具体的にいかなる課税方式を想定しているのか概観しよう[51]。

第一に，納税者はフランス国内に実物資産（biens physiques：土地，建物，生産設備など）を保有するあらゆる個人および企業である。債権や金融資産（現金，預金，株式，債券），国有財産などは課税されない。また，特許権や著作権などの権利も非課税である。ここで，金融資産が非課税なのは，資本の海外逃避に対する配慮からである。また，特に株式や債券に関しては，それらが企業の保有する実物資産に対する権利を意味するから，もし課税を行うと二重課税が発生するからである。さらに，一部の財（絵画，宝石，骨董品）に関しては，その評価が困難なため，免税とするかあるいは，保険を掛けている場合はその保険金をベースに課税することも考えられる。また，家具や電化製品に関しては，経常的に資産保有課税を賦課するのではなく，購入時に税額の現在割引価値に等しい金額を一括して負担させることも検討に値する。

第二に，基本的に，納税者の経済状況を考慮したいかなる免除や控除も認められない。これは，上記の非人格性の原則による。ただし，特例として高齢者や身体障害者などのような社会的弱者が居住する住宅に関しては，相続時点まで延納が認められる。また，退職者に関しては，資産保有課税の導入により一般に税負担の増加が予想されるので，経過措置として旧税制と新税制との選択が認められる。

第三に，税率は比例税率で，その上限は資本の実質収益率（実質利子率）に等しい水準とする。

第四に，課税当局は，納税者による申告価格に基づき課税を行うわけであるが，必ずしも正直な申告が行われる保証はない。そこで，適正な申告を確保するために第三者による課税財産の買取制度が設けられる。すなわち，国有財産

---

50) Allais [1977], p. 89, p. 120.
51) Allais [1977], pp. 102–109.

管理局および一般個人に対して，納税者の申告価格にその一定割合を上乗せした価格で課税対象財産を買い取る権利が与えられる。具体的には，国有財産管理局の場合は40％，個人の場合は50％を上乗せした価格での買取りが認められる。この際，第三者による買取権の乱用を防ぐために，買取り希望者には事前に対象となる資産を点検する権利は認められないと同時に，買取りを希望する場合には，申告価格の一定割合の金額を保証金として資産保有者に預託することが義務づけられる。ただし，もし買い手の都合で購入をキャンセルする場合には，その保証金は返還されない。また，資産保有者は，第三者による買取りを望まない場合には，申告価格を修正するとともに，元の申告価格の一定割合（国有財産管理局の場合は5％，個人の場合は10％程度）の罰金を支払わなければならない。

(c) **資産保有課税の長所**

以上のような形態で資産保有課税を導入することのメリットとしてアレが指摘しているのは，次のような点である[52]。

第一に，資産保有課税は所得の有無にかかわらず課税されるので，資産の有効利用促進効果を発揮する。これに関してアレは，「経常資産課税は貨幣所得が存在しない場合においても支払われなければならない。……経常資産課税は，非生産的であるかもしくは有効利用されていない資本に対してより効果的に課税を行い，耐久財を有効利用できない者が市場で生き残ることを困難にする，という長所を有している」[53]と述べる。

第二に，資産保有課税では不労所得のみが課税対象とされるので，公正の原則に適っている。

第三に，第三者による買取り制度を併用した申告制度を導入することにより，租税回避の可能性が低下するとともに，税務当局にとっても事務負担が軽減される。

第四に，所得課税が廃止されると同時に，資産保有課税では動態所得が非課税にされるため，民間投資が促進されると考えられる。

---

52) Allais［1977］, pp. 110-117.
53) Allais［1977］, p. 111.

第五に，インフレが労働者の賃上げ運動に起因する場合，資産保有課税の導入に伴う所得課税の廃止は，勤労所得に対する負担を軽減するためインフレ対策となる。

⑤ **資産保有課税への批判に対する反論**

(a) **資産保有課税は効率性を阻害する？**

アレは，自らの税制改革案に対する批判に対して反論を行っている。最初の批判は，資産保有課税が効率性を阻害するというものである[54]。これにはまず，資産保有課税により課税後の収益率が低下するため，貯蓄が抑制され投資が減少するという指摘がある。しかし，前述のように貯蓄の利子弾力性は大きくないと考えられるから，貯蓄意欲はさほど影響を受けないだろう。また，投資家にとって重要なのは市場収益率と期待収益率との格差である。所得課税の廃止と組み合わされた資産保有課税の導入は，この格差を拡大させるため，むしろ投資インセンティヴを促進させると予想される。

以上の他にも，資産保有課税は特定の個人もしくは企業への資本集中を招くという指摘があるが，これに対しては，資本の有効利用が促進されより効率的な個人もしくは企業に資本が集中するわけだから，むしろ望ましいことであると反論している。また，資産保有課税の実施により課税後収益率が低下するので，為替レートの適切な調整が行われないならば資本の海外逃避を招く可能性があるとの批判に対して，アレの提案する資産保有課税においては足の速い資本であると考えられる流動性や有価証券が非課税であること，資本移動に影響を与える要因としては，収益率よりもむしろ所得課税の存在の方が重要であることを強調している。

(b) **資産保有課税は不公正な税？**

次の批判は，資産保有課税は不公正だというものである[55]。その中身を見ると，第一に，資産保有課税は実際に現金所得がなくても納税を求められるので公正ではないとの批判がある。これに関しては，個人や企業が努力をしないで得た不労所得については，現金所得がなくても課税することの方が公正の原則

---

54) Allais [1977], pp. 124-129およびAllais [1959] 参照。
55) Allais [1977], pp. 130-136.

に適うと反論している。

　第二に，物的財産のみを課税対象とするのは非差別の原則に反するという指摘がある。しかしながら，前述のように，もし株式や債券などにも課税すると二重課税が発生し，その結果，経済選択に歪みを発生させる。たとえば，個人企業は1回しか課税されないのに対し，株式会社は2回課税されることになり，投資家の事業選択に歪みをもたらすことになる。さらに，株式と債券を非課税にしても，株主は資産保有課税により配当や株価へ影響を受けるのに対し，債券保有者の場合はそのようなことがないから，株主が差別されるのではないかという指摘に対して，企業は社債の発行に際して資産保有課税の影響を考慮に入れて金利を決定するはずだから，そのような差別は生じないとする。

　第三に，小規模資産を免税にするか，もしくは資産規模により異なる税率を適用すべきだとの指摘に対しては，そのような大衆迎合的な措置は望ましくないと言う。そして，根拠のないレントを社会に還元し，税の平等を確保することこそが重要であると説いている。

　第四に，累進課税でないことを問題視する意見もある。これに対しては，累進課税が正当化されるには，納税者が不労所得を得ていること，および所得に占める不労所得の割合が低所得者よりも高所得者の方が大きいことが前提として必要であり，もしその条件が満たされなければ，累進課税は逆に不公平をもたらすことになると言う。

　第五に，相続税の廃止に対する反対がある。しかし，相続税の国民所得に占める割合は極めて小さく（0.3%），廃止しても税収的には大した影響はないと考えられる。また，相続税の廃止により資産移転が促進されること，資産保有課税は経常課税であるから不労所得が毎年吸収されることなどのメリットがあると主張される。

(C) 資産保有課税は自由主義社会を脅かす？

　アレは自由社会が望ましいと説くわけであるが，資産保有課税の導入によりさまざまな側面から自由主義社会の秩序が脅かされるという批判がある[56]。こ

---

56) Allais [1977], pp. 137-151.

の問題に関してまずアレは，資産保有課税が所得課税および資産移転課税の代替税として導入される限りにおいて，不労所得の所有者が非効率的な個人もしくは企業から社会に変更されるだけで，それによる経済・社会秩序の大混乱は生じないだろうと述べている。そして，このような基本的立場を表明したうえで，いくつかの細かい批判に答えている。

第一に，相続・贈与税の廃止は富の集中を招くのではないかという指摘に対して，資産保有課税の実施により富の蓄積は困難になるとしている。

第二に，資産保有課税の導入はもっぱら社会主義者により提唱されてきたのではないかという批判に対しては，社会主義者は資産保有課税を現行税制の補完税としてとらえているのに対し，アレの提案する資産保有課税は代替税であること，また，非人格性の原則に適ったものであること，課税対象が実物資産に限定されていること，などの点で異なるとしている。

第三に，資産保有課税は，物的資産を効率的に運用していない資産保有者を財産剥奪の脅威にさらす，と批判される。しかしながら，アレによれば，資産保有課税には納税者に対する様々な配慮（どのように申告を行うかは納税者の自由で，税務当局による厳しい調査は存在しないこと，比例税率であることなど）が設けられていること，第三者による財産買取制度にはいくつかの条件が付されていることなどにより，そのような脅威は誇張されるべきではない，とされる。また，親から受け継いだ財産を守れなくなる，などといった意見は全く感情的なものであって，公正の観点からは支持されないと述べる。「資産保有課税の対象となる財の所有によりもたらされる不安は，いつ解雇されるかもしれないというリスクにさらされている雇用者の不安よりもはるかにその程度が小さい」[57]とアレは言う。

第四に，租税史の観点から眺めると，不動産および実物資産一般に対する課税は次第に後退してきている。したがって，資産保有課税の導入は歴史の流れに逆行するとの意見がある。しかしながら，フランスにおいて不動産課税は収益課税であり，これまで資本価値を課税ベースとして課税されたことはなかっ

---

57) Allais [1977], p.142.

た。また，物的資産に対する比例課税が実施されたこともなかった。さらに，海外の議論に目を向けると，アメリカのように資産に対する一般課税が廃止された国があるが，それはアメリカでの実施方法に問題があったからだ，とアレは言う。

第五に，極端な自由主義者は，アレの税制改革案に対して，経済活動を抑制する所得課税の廃止にのみ意義があり，資産保有課税の導入に特別な意味はないと評価する。これに対してアレは，もし所得課税も資産保有課税も存在しなければ，資産格差が著しく拡大することになり好ましくないと反論する。そして，資産保有課税は，「私有財産制と市場経済を維持するために，不労所得の所有者によって支払われる代価のようなものである」[58]と述べる。

第六に，旧税は良税であり，新税の導入には強い社会的抵抗が予想される。アレが警戒するのは，資産保有課税に対する偏見と，人々が公正および経済の効率性よりも自らの利益を優先することである。したがって，改革が実現されるためには，改革の意義および限界を十分理解し，利害関係や偏見を乗り越えられる政治力の存在が不可欠であると言う。

⑥ アレの議論の特徴および問題点

以上のアレの議論の特徴および問題点を考えてみよう。

アレは，課税に際して所得の性格による差別課税が必要なことを強調する。その内容を解釈するキーワードは二つある。最初は「公正」である。この点に関してアレは，個人および企業が努力をした結果得られる所得に対しては課税すべきでない，としている。すなわち，公正の原則に適った所得（稼得所得）を非課税とし，そうでない所得（不労所得）を課税することが望ましいと考えるのである。もう一つは，「中立（効率）」である。効率性の視点からは，不労所得に比例課税すること，動態所得に課税しないことなどが正当化される。

そして，「公正」と「中立（効率）」を同時に達成する税制として，所得課税および資産移転課税の廃止，実物資産に対する資産保有課税の新たな導入，消費課税の存続を提言する。そのような税制改革を実施すれば，結果として経済

---

[58] Allais [1977], p.147.

活力も促進されるというのである。もっとも，所得税に関しては，それを廃止しないで不労所得のみに課税する方法も考えられるが，あえて所得税の完全廃止を提案する背景には，当時のフランスでは，各種の免税措置により家計所得の約5分の4が所得税を逃れており，所得税制が正常に機能しないという現実があった[59]。アレは，不労所得にのみ所得税を課そうとしても，結局，政治的圧力により骨抜きにされる可能性が高いと考えたのであろう。また，法人税に関しては，公正の原則により企業利潤のうち正常利潤に係る部分については非課税とすることが根拠づけられるが，超過利潤（不労所得）の部分が残る。その部分に関してアレは，資産保有課税と法的措置との組み合わせによる対処を提案しているのである。

このように，アレは所得種類別差別課税論を展開するが，そこで対象とされる所得は個人の所得に限定されず企業の所得も含む点に特徴がある。分類所得税の議論では，所得が勤労所得と資本所得とに分けられるが，アレの議論では稼得所得と不労所得とに二分される。これまでの説明から明らかなように，稼得所得は勤労所得よりも，また不労所得は資本所得よりもそれぞれ広義の概念である。さらに，不労所得を相対的に重課する根拠として，公正の他に中立の側面を重視したことも特徴であろう。不労所得を相対的に重課すべしという分類所得税の議論において，その根拠として挙げられたのは，本章の最初で述べたように，もっぱら不労所得の担税力がその他の所得よりも相対的に大きいこと，および社会政策上の理由であった。ただし後者の社会政策上の理由は，不労所得は自ら努力して獲得したものではないから正義に適わないし，また富の分配の不平等をもたらすということであるから，公正の原則と基本的にその内容が同じである。

不労所得を社会に還元するためにアレは，課税対象の限定された資産保有課税にその役割を委ねる。アレは，所得種類別差別課税の発想からスタートしながら，ゴールは分類所得税ではなく税制全般の改革に行き着くのである。そこで主張される結論は，「不労所得課税，稼得所得非課税」および「不労所得へ

---

59) Allais [1977], p. 48.

の比例課税」である。その帰結として，改革前と比較をすると，労働に対する負担は軽減されるが，逆に資本に対する負担は相対的に増加することが予想される。もっとも，足の速い金融資産に関しては資産保有課税を非課税とすることが提言されている。すなわち，二元的所得税で問題とされる資本の海外逃避に対する配慮が見られる。

　最後に，著者なりにアレの議論の問題点を若干指摘しよう。

　第一に，アレの税制改革案が実現される前提として，現実の所得をその性格別に厳密に区分する作業が必要となるであろうが，それは必ずしも容易ではないと考えられる。たとえば，アレによれば個人事業者の所得は勤労所得に分類され非課税とされるが，実際は，前述のハレットの議論あるいは二元的所得税においても問題とされているように[60]，個人事業者の所得は勤労所得と資本所得の両方の要素から構成される。また，土地レントに関しても，納税者の努力による部分と外生的要因による部分とを区別する作業が必要となろう。

　第二に，アレは不労所得として土地レントと純粋利子を問題とするが，提案される資産保有課税ではその対象が実物資産に限定されるため，結局，純粋利子については課税されないと考えられる[61]。

　第三に，アレは，税制改革の結果として生ずる不平等に関して具体的にコメントしていない。完全な不平等の除去は神話であり実現は困難であるとの指摘は理解できるが，稼得所得を全く非課税にしたことによる所得分配への影響は大きいと考えられる。

　第四に，相続・贈与を非課税にすべきことが提言されているが，そもそも相続・贈与による所得は不労所得的性格が強いのではないのだろうか。また。相続・贈与税を廃止しても資産保有税により富の集中は問題とならないとするが，納税者が課税対象となる資産から非課税の資産へと資産選択の変更を行うならば，税逃れが可能となり，資産格差は拡大するだろう。さらに，家族経営

---

60) Sørensen [1998], pp. 19-22参照。
61) この点に関してアレは，純粋利子はインフレで吸収されるだろうとしている（Allais [1977], p.104）。その背景には，1960年代後半から70年代にかけて，フランス経済がインフレに見舞われていたことがあると考えられる。

企業のようなケースにおいて、相続・贈与税を廃止して資産移転を促進することが、必ずしも資産の有効利用につながるわけではなかろう。子供が経営に無関心な場合、経営能力が欠如しているような場合には、むしろ相続・贈与税により第三者への資産移転が促進されることの方が望ましいだろう（本書第4章参照）。

第五に、資産保有課税においては法人も課税対象とされるが、転嫁が行われ、消費税や賃金税へと変質する可能性について触れられていない。

第六に、改革の対象は地方税も含むとされるが、改革後における地方税制の姿に関して具体的な説明に欠ける。

II．オランダの2001年所得税制改革

1．オランダの税制の構造

（1）2000年の状況

所得税の代替税としての資産保有課税に関するより最近の議論として、オランダの2001年所得税制改革に注目する。そこで、改革の議論に入る前に、まず予備作業として現代オランダ税制の全体像を国際比較の視点から概観することから始めよう。

表13-1は、OECDの統計に従い2000年の状況を示したものである。それによると、まず国民負担率は41.4％で、これはEU平均値にほぼ等しい。ただし、社会保障負担率は16.1％で、EU平均の11.4％を大きく上回る。オランダを上回るのはEU諸国の中でフランス（16.4％）のみである。OECD全体でみても、オランダはチェコ（17.3％）、フランスに次いで3番目の水準となっている。

社会保障負担の中身は、一般社会保険（general social insurances：老齢年金、障害者年金、寡婦・孤児年金、高額医療費保険、児童手当）および被雇用者保険（employee social insurances：雇用、疾病、障害）に関する拠出金とから構成され

表13-1 オランダの税制の概要（2000年）

国民負担率（％：カッコ内は社会保障負担率）			
2000年：41.4（16.1）　　1980年：43.6（16.6）　　1990年：43.0（16.1） ＊OECD平均　37.4（9.5）：EU平均　41.6（11.4）：日本　27.1（9.9）			
一般政府の税収構造の推移（％：カッコ内は日本）			
	中央政府	地方政府	社会保障基金
1980年	59.4	2.0	38.6
1990年	59.6	2.5	37.9
2000年	57.2（37.2）	3.4（25.1）	39.4（37.7）
所得・消費・資産課税等の対GDP比（％：カッコ内は構成比）			
所得課税	10.4（41.0） ＊OECD平均　13.6（48.0）：EU平均　14.9（48.7）：日本　9.2（53.7）		
消費課税	12.0（49.1） ＊OECD平均　11.6（42.1）：EU平均　12.3（41.4）：日本　5.1（29.7）		
資産課税	2.2（9.9） ＊OECD平均　1.9（9.9）：EU平均　2.0（9.9）：日本　2.8（16.6）		
所得・消費・資産課税の構造の推移（％）			
	所得課税	消費課税	資産課税
1980年	53.2	40.9	5.9
1990年	51.7	42.4	5.9
2000年	41.0	49.1	9.9
中央政府および地方政府の税収構造（％）			
	中央政府		地方政府
所得課税	44.8 　所得税　26.8 　法人税　18.0		—
消費課税	49.0 　付加価値税　31.0 　個別消費税　18.0		44.0 　国の自動車税に対する付加税，水質汚染課徴金など。
資産課税	6.2 　富裕税　0.9 　相続・贈与税　1.6 　有償譲渡課税　3.7		56.0 　不動産税　56.0

（出所）　OECD［2002b］．

ている。一般社会保険はすべての国民が対象で，課税ベースは，所得税の最初の課税所得階層の課税所得（2001年以降は，最初および2番目の課税所得階層の課税所得）である。一般社会保険料は労働者により負担されるが，その一部は雇用者により手当の形で補償される。被雇用者保険はすべての労働者にとって強制加入で，保険料は雇用者と従業員がともに負担することになっている。

次に，一般政府の税収構造を見ると，地方政府の割合が小さいのが特徴である。オランダは，OECD諸国の中でギリシャ（1.0%）に次いで低くなっている。さらに，課税ベースから見た税収構造は，所得課税（41.0%），消費課税（49.1%），資産課税（9.9%）となっている。EU平均と比較して，消費課税の割合が高く，逆に所得課税の割合が低いのが特徴である。

中央政府および地方政府の租税構造を個別に見ると，中央政府においては，付加価値税（31.0%）の構成比が最も高く，次いで所得税（26.8%），法人税（18.0%）の順となっている。これに対して地方政府の場合は，所得課税が存在せず，消費課税が約4割，資産課税が約6割となっている。消費課税は，国の自動車税に対する付加税，水質汚染課徴金などから，また，資産課税は，不動産税からそれぞれ構成されている。

(2) 1980年代以降の推移

同じく表13-1により長期的な推移を眺めると，1980年代以降，国民負担率の水準は40%前半でほぼ安定的である。また，国民負担率の構造（租税負担率と社会保障負担率の比率）も同様に安定的である。

しかし，租税構造には大きな変化が見られる。所得課税の割合が大幅に低下した（53.2%→41.0%）のに対し，逆に消費課税（40.9%→49.1%）および資産課税（5.9%→9.9%）の割合が増加しているからである。

この原因としては，まず，1980年代および1990年代に実施された税制改正が影響している[62]。まず1980年代には，法人税率引下げ（43%→35%），付加価値税率の若干の引上げ（標準税率18%→20%，軽減税率5→6%）が行われた。さ

---

62) 詳細は，Kam [1987], Kam [1993], Kam [1998], Koning & Witteveen [1988] 参照。

らに1990年代においては，1990年所得税制改正において，各種控除の見直しによる課税ベースの拡大，最高税率引下げ（72%→60%），税率刻み数の減少（9→3），所得税と一般社会保険料との統合などが実現された。また，エネルギー税の増税，ゴミ処理量や地下水の消費量などを課税ベースとする新たな税の導入などが実現された。

さらに，資産課税に関しては，1990年代後半以降，住宅価格の上昇により流通課税の伸びが著しい[63]。対GDP比を見ると，1990年の0.4%から2000年には0.8%へ上昇している。

2．2001年所得税制改革

（1）所得税制改革の原点

オランダの所得税の起源は，1892年の資産税法および1893年の事業税法に遡る。前者では，資本所得を資産価値の4％相当額とみなして課税されることが規定され，後者においては，事業所得および雇用所得（給与所得）の課税が規定された。さらに，1914年の所得税法によりこの二つの法律が統合され，その後，1941年および1964年に新たな所得税法が制定されたが[64]，2001年所得税法は1964年の所得税法に代わる新たな法律である。

そもそも，今回の改革が実施されるに至った理由としては，1964年の所得税法の中身が，その制定以降，次第に複雑さを増していったことが大きい。これにはまず，特に1970年代以降，納税者による脱税および節税行動が目立つようになり，それに対抗するため多数の規定が設けられたことが影響している。また，1980年代前半に，所得再分配の観点からさまざまな免除および所得控除の措置が新たに付け加えられたことも重要である。

このように，1980年代前半までのオランダの所得税制は複雑でわかりにくく，それに対する納税者の不満が高まっていた。また，きつい超過累進税率構造および数多くの所得控除の存在により過度の再分配が行われているとの批判

---

[63] 1990年代後半以降のオランダにおける住宅価格の動向は，内閣府 [2007]，第1-3-1参照。
[64] 以上は，Raad [1997]，p.82参照。

も出ていた[65]。そこで，所得税制の見直しを実施するために，1985年に Oort 博士（Oort, C. J）を委員長とする税制簡素化委員会（Oort 委員会）が大蔵大臣により設置され，翌年その報告書が提出された。この報告書はその後のオランダの所得税制改正に大きな影響を与え，2001年所得税制改革の原点になっていると考えられる。

報告書では，歳入中立の前提の下で，以下のような4種類の提言が行われている[66]。

第一に，所得税と一般社会保険料との統合を実現すべきである。所得税と一般社会保険料とは課税ベースが異なり，前者は所得控除後の課税所得が，後者は，老齢年金および寡婦・孤児年金に関しては課税所得および一般社会保険料の合計として定義される保険料収入（premium income）が，また，障害者年金，高額医療費保険，児童手当に関しては老齢年金および寡婦・孤児年金の保険料合計額が，それぞれ課税ベースとなっていた。報告書では，所得税と一般社会保険料を統合し，課税ベースを同一にすべきだとした。このような措置により，一般社会保険料控除が廃止されるとともに，以下で述べるように，税率のフラット化や納税方法の簡素化の実現に貢献することとなる。

第二に，税率の簡素化が図られるべきである。具体的には，税率の刻み数を9（16%，25%，32%，42%，52%，61%，67%，70%，72%）から3（40%，55%，65%）もしくは4（40%，55%，65%，70%）へ減らし，最低税率16%，最高税率72%の状態から，最低税率40%，最高税率65%もしくは70%へ変更すべきとした。ただし，最低税率の40%は，所得税率30%および一般社会保険料率10%で構成される。委員会は，このような変更により，1985年ベースで納税者の約88%が最低税率で課税されることになると推計した。

第三に，納税方法も簡素化されるべきである。委員会案が実現されれば，所得税と一般社会保険料との統合により，これまで納税者は2種類の申告書を提出しなければならなかったものが1種類で足りることになる。しかも，最低税率の適用対象となる納税者は，源泉徴収のみで申告が不要となる。報告書で

---

65) 以上は，Koning & Witteveen [1988], pp. 172-174参照。
66) 以下は，もっぱら Kam [1987]，青木 [1986] に基づく。

は，納税者の88%に相当する約60万人にとって申告が不要になると推計されている。

第四に，控除を簡素化（整理・縮小）することが必要である。当時の所得税制では，まず経費控除として一般社会保険料控除，生命保険料控除，利子控除，医療費控除，職業訓練・就学費用控除，通勤費控除，寄附金控除などが認められていた。さらに，人的控除として，すべての納税者に対する一律の標準控除（基礎控除），および特定の納税者を対象とする独身控除，片稼ぎ控除，片親控除，追加的片親控除などが存在した。その結果，オランダは他の先進諸国と比較して，所得税の課税ベースの浸食がより深刻であった。所得のうち課税されない割合を比較すると，ドイツ（22%：1987年），アメリカ（34%：1988年），イギリス（44%：1986年），フランス（30%：1987年）であるのに対し，オランダは50%（1988年）であった[67]。報告書では，人的控除に関して標準控除水準の引下げ，および独身控除の廃止，片親控除の引下げなどが提言された。加えて，経費控除のうち，医療費控除や通勤費控除の見直しなども勧告された。

1990年代以降，委員会により示された以上の提言が実現されていった。すなわち，所得税と一般社会保険料の統合，人的控除水準の引下げ，最高税率の引下げおよび税率のフラット化などが現実の制度に反映されていった。

（2）2001年所得税制改革の概要
① Boxシステムの採用

2001年所得税制改革の概要を，改革前の1990年代後半の所得税制との比較で見ると表13-2のようになる。

改革後は，Boxシステムと呼ばれる制度が新たに採用され，以前の総合所得税から分類所得税へと転換が行われた。このBoxシステムでは，所得が3種類に分類されている。

まず，Box 1では，労働および住宅からの所得が課税され，それには，給与所得，事業所得，年金所得，失業給付および主たる住居の帰属家賃などが含ま

---

67) Kam [1993], p.359参照。

表13-2　オランダの2001年所得税制改革

改革前（1990年代）	
課税の基本的考え方	総合課税 ＊所得の種類 　事業所得，雇用所得，投資所得，定期的給付（別居手当，扶養手当，政府からの補助金など），株主所得（保有株式の割合が全体の3分の1以上，および出資金額が資本全体の7％以上を占める非公開会社の株主に発生する所得：配当，キャピタル・ゲイン）
課税単位	個人 （ただし，夫婦および18歳未満の子供の場合は例外規定あり）
経費控除	生命保険料，ローン利子（消費者ローン利子：制限付き，住宅ローン利子：無制限），民間保険ではカバーされない追加的経費（医療費，教育費など），通勤費，慈善寄付など。
所得控除	基礎控除，片親控除，追加的片親控除
税率（％）	累進税率 　38.12（31.07），50，60の3段階。 　＊カッコ内は社会保険料の料率。例外として，株主所得（保有株式の割合が全体の3分の1以上（配偶者以外の血縁者と共有の場合），もしくは7％以上（配偶者と共有の場合）を占める非公開会社の有力株主に発生するキャピタル・ゲイン）については20％，民間企業の権利売却に伴い発生する利益に関しては45％の比例税率が適用。ただし，1997年以降は一律25％。
損益通算	異なる種類の所得間でも可能。繰越しおよび繰戻しが可能。

【参考】富裕税
　・課税対象〜個人
　・税率〜0.8％
　・基礎控除あり。
　・年金権，生命保険，芸術品などは免税。
　・住宅（主たる住居）は市場価値の6割で評価。

改革後（2001年）			
課税の基本的考え方	分類所得税（Boxシステム）		
課税単位	個人 （夫婦に関しては個人単位課税が強化される）		
	Box 1	Box 2	Box 3
課税対象所得	・給与所得，事業所得，年金所得，主たる住居の帰属家賃など。	株主所得（持株比率が全体の5％以上を占める非公開会社の株主に発生する配当，キャピタル・ゲイン）	・貯蓄・投資所得（利子・配当所得，不動産所得など） ・芸術品（投資目的以外），個人使用の動

			産，生命保険などから発生する所得は課税対象外。
経費控除	あり（個人的な経費は控除可能。もしBox 1で控除しきれない場合はBox 3から，それでもなお控除しきれない場合はBox 2から控除できる。ただし，住宅ローン利子の控除には控除期間等の制約が課される）＊個人的経費　別居手当，通学・通勤費，27歳未満の子供の養育費，文化財建造物の維持費など。	あり（利子控除）	あり（負債残高を控除）＊負債残高の控除額は，総資産額を上限とされる。したがって，課税所得はマイナスとならない。
課税最低限	―	―	あり（基礎控除が存在）
税率（％）	32.55（29.55），36.86（29.55），42.0，52.0の4段階＊カッコ内は社会保険料の料率。65歳以上の税率，14.65，18.95，42.0，52.0の4段階。	25	30（課税所得は純資産額の4％とみなされるので，実質的に純資産額に対する税率1.2％の富裕税に等しい）
税額控除	Box 1～Box 3の税額の合計額から，納税者の状況に応じて各種の税額控除（一般税額控除，雇用控除，老年者控除，若年身体障害者控除，児童控除など）が認められる。		
損益通算	同じBox内（Box 3は除く）でのみ，繰戻しおよび繰越しが認められる。		

（出所）　Hofland & Detmers［1996］，Kam［1998］，Meussen［2000］，Ministry of Finance［2000］，Ministry of Finance［2003］より作成。

れる。Box 1からの税収は，所得税収（社会保険料を含む）の約95％を占めると予測された。

　さらに，Box 2には，個人有限責任会社（private limited company）や公開有

限責任企業（public limited company）などのような非公開会社（closely held corporation）にかなりの影響力（substantial interest）を有する有力株主（dominant shareholder）の配当およびキャピタル・ゲインが含められる。ここで，かなりの影響力を有するケースとは，納税者が単独で，もしくは配偶者，直系親，共同経営者と合わせて，全体の5％以上の株式を保有する場合のことである。

　最後に，Box 3で一般個人の資本所得（利子・配当所得，不動産所得など）がそれぞれ課税される。

　税率は，以前は38.12～60％のゆるい累進課税が行われていたが，改革後は，一般個人の投資収益の税率（Box 3）は，租税裁定および資本の海外逃避に対する配慮から基本的に比例税率とされた。しかし，Box 1については引き続き累進税率が適用される。ただし，最低税率および最高税率は以前よりも引き下げられた。すなわち，最低税率が38.12％から32.35％へ，最高税率が60％から52％にそれぞれ引き下げられた。

　以上のBoxシステムを二元的所得税と比較すると，その最大の特徴は，勤労所得と資本所得が明確に分類されていないことにある。このことは，主たる資本所得に対する改革前と改革後の課税状況を示した表13-3から明らかであろう。すなわち，オランダのBoxシステムでは勤労所得がもっぱらBox 1で課税されるのに対し，資本所得は特定のBoxに一括されているわけではない。さらに，年金貯蓄に対する課税は改革後も依然として優遇されている。年金給付段階ではBox 1で課税されるが，年金基金への積立ておよび年金基金の運用益は以前と同様に非課税となっているからである。

　さて，2001年所得税制改革の最大の特徴はBox 3の存在である。Box 3においては，課税所得が実際の所得ではなく，個人の保有する資産の純資産額（総資産額－負債額）の4％相当額として計算される。さらに，税率が30％の比例税率であるから，Box 3では実質的に純資産額に対する税率1.2％の富裕税が実施されることになる。このような制度は，投資収益税（investment yield tax）[68]とか概算資本所得税（presumptive capital income tax）[69]などと呼ばれているが，これにより，改革前に存在していた富裕税は廃止された。

　この富裕税はさまざまな問題を抱えていたとされる[70]。その一つは，オラン

表13-3 資本所得税の状況（改革前と改革後）

資本所得の種類	改革前	改革後
個人事業所得 （自営業者の資本所得）	○ （総合累進課税）	○ （Box 1：総合累進課税）
帰属家賃 （主たる住居）	○ （総合累進課税）	○ （Box 1：総合累進課税）
帰属家賃 （主たる住居以外）	○ （総合累進課税）	○ （Box 3：投資収益税）
配当所得 （非公開会社の有力株主の場合）	○ （総合累進課税）	○ （Box 2：比例所得税）
キャピタル・ゲイン （非公開会社の有力株主の得る有価証券譲渡益）	○ （比例所得税）	○ （Box 2：比例所得税）
利子所得 （一般個人）	○ （総合累進課税）	○ （Box 3：投資収益税）
配当所得 （公開会社の一般株主の場合）	○ （総合累進課税）	○ （Box 3：投資収益税）
キャピタル・ゲイン （一般個人の場合）	×	○ （Box 3：投資収益税）
不動産賃貸所得	○ （総合累進課税）	○ （Box 3：投資収益税）
年金基金 （積立ておよび運用益）	×	×

（注）　○は課税，×は非課税を示す。
（出所）　Abrate［2004］，p.253, Cnossen & Bovenberg［2003］，p.243, Kam［1998］を参考に著者作成。

ダの隣国ベルギーには富裕税は存在しないため，ベルギーへの資本逃避を助長したというものであった。また，所得税と富裕税の納税総額が所得税の課税所得の68％を上回る場合，その差額が富裕税の納税額から控除される規定が存在

---

68) Ministry of Finance［2000］，p.10.
69) Cnossen & Bovenberg［2003］，p.241.
70) オランダの富裕税に関しては，Kam［1987］，pp.114-115, Kam［1998］，p.294, Lehner［2000］，pp.661-663, Meussen［2000］，p.490参照。

したため，資産価値は増加するが所得は生み出さない資産に投資することにより，課税所得を引下げ，富裕税の納税額を低下させる節税行動が多く見られた。さらに，非公開株式の発行により資金調達を行う中小企業の資金調達へ悪影響をもたらすことが問題とされた。

このような旧富裕税の抱える諸問題が2001年所得税制改革の一つの動機になったとされているが，Box 3の存在をどのように評価すべきであろうか。その性格と意義に分けて考えてみよう。まずBox 3の性格に関しては，2001年改革に伴い富裕税が廃止されたが，実際は所得税と富裕税が統合され，所得税の一部が富裕税に代替されたと見るべきである。すなわち，資本所得の課税に関して，所得税制の枠組みの中で，部分的に所得税から資産保有税へ代替される仕組みが実質的に設けられたと考えるべきであろう。

次にBox 3の経済的意義として，改革により，一般個人のキャピタル・ゲインが所得税制の中で課税されることになったことが重要であろう。オランダの所得税は所得源泉説（周期説）に基づいて課税されている[71]。したがって，改革前の制度では，特別のケースを除き，一時的・偶発的所得であるキャピタル・ゲインに関して所得税は原則非課税とされており，個人のキャピタル・ゲインのほとんどが富裕税によって間接的に捕捉されていた。

それが，改革後は所得税と富裕税が統合されたことにより，所得税において「間接的に」キャピタル・ゲインが課税可能となったわけである。「間接的に」の意味は，改革後においても，個人のキャピタル・ゲインが直接計算されそれに基づいて所得税が課税されるのではなく，純資産額をベースに課税が行われるからである。

② **所得控除から税額控除へ**

人的控除がすべて廃止され，税額控除に変更された。所得控除を税額控除へ変更する提案は，人的控除のうち標準控除を税額控除へ変更すべきとする提案が1990年代当初に存在したが[72]，2001年改革ではその提案を拡大する形で実現した。人的控除を税額控除へ変更する意義は，課税ベースの拡大，および上記

---

71) Raad [1997], p. 86.
72) Kam [1998], p. 217.

のような税率のフラット化により生ずる垂直的不公平を緩和することにある。税額控除は，所得控除の場合と異なり，基本的にその効果が所得の大小に左右されないからである。

税額控除の中身には[73]，すべての納税者に対する一般税額控除，65歳未満の納税者のうち被雇用者および自営業者に対して認められる雇用控除，65歳以上の者を対象とする老齢者控除などのほか，若年身体障害者控除，児童控除，追加的児童控除，片親控除，ベンチャー・キャピタル控除などが含まれる。

③ 個人単位課税の強化

課税単位を見ると，改正前は個人単位が原則とされていた。しかし，夫婦および18歳未満の子供の所得に関しては例外規定が設けられていた[74]。すなわち，夫婦でいずれも所得を稼いでいる場合は，夫と妻が別々に課税されていた。ただし，資本所得に関しては，それ以外の種類の所得金額の多い方の所得に算入され，その所得から特定の種類の経費（寄付金，支払利子）を控除することが認められていた。さらに，18歳未満の子供の所得のうち，資本所得は両親の所得に算入されることとされていた。

これに対して改正後は，資本所得に関する上記の規定が廃止され，夫婦のいずれの所得とするかは，夫婦の選択にまかされた。したがって，この点においては，改正前よりは個人単位課税が強化されたことになる。他方，すべての所得が正直に申告されるという条件の下で，夫婦でお互いに稼いだ所得の夫婦間での分割および税額控除の適用が自由に認められることになった。すなわち，夫婦で稼いだ所得に関しては，夫もしくは妻だけの所得として，あるいは両方の所得としても申告可能となった。これは適正な申告を促進するための措置であるが，個人単位課税の例外を新たに設けることになったと考えられる。

（3）所得税制改革の効果

オランダの2001年所得税制改革は単独で実現されたものではなく，実は税制全般の改革が行われる中で，その中核となるものであった。2001年税制改革

---

73) 詳細は，Ministry of Finance [2000], pp. 11-16参照。
74) 詳細は，Kam [1998], pp. 268-269参照。

は，雇用機会の促進，経済構造および国際競争力の強化，労働に係る税負担の引下げ，持続可能な経済発展の促進，公正かつ均衡ある税負担の実現，控除の見直しによる課税ベースの拡大，経済開放および経済的自立の促進，税制の簡素化，などをその目的としていた。税収レベルで見ると，所得税が減税されると同時に付加価値税および環境関連税の増税が行われたため，全体的には約27億ユーロ（対 GDP 比0.8%）の減税となることが予測された[75]。

ここでは，2001年税制改革の目的とされた以上の事柄のうち，所得税制改革に関連があると思われるものを取り上げ，その効果について議論を進めよう。

① 雇用労働者の税負担軽減

雇用労働者の税負担の現状を国際比較の視点から眺めると，オランダは，労働者の平均税率（総賃金に占める所得税および社会保険料（労働者負担分）の割合）が相対的に高いことが特徴となっている。このことをたとえば独身者のケースについて見ると[76]，2000年においてオランダの平均税率は36.2%（所得税7.6%，社会保険料28.6%）であり，OECD 諸国の中では，デンマーク（44.1%：所得税32.4%，社会保険料11.7%），ドイツ（42.0%：所得税21.5%，社会保険料20.5%），ベルギー（41.9%：所得税27.9%，社会保険料14.0%）に次いで高い値となっている。

その主たる原因は，所得税ではなく社会保険料が高いことにあった。2000年において，総賃金に占める所得税の負担割合は，OECD に加盟している30か国のうち23番目であるが，労働者の負担する社会保険料の割合はトップとなっていたからである。そこで，2001年改革においては所得税の税率が全般的に引き下げられると同時に，社会保険料率の引下げも実施された（表13-2参照）。加えて，雇用控除も新たに導入されたため，平均税率は2001年に32.9%へ，さらに2002年には28.7%へと減少した[77]。このような一連の改革は，労働供給に対してプラスの効果をもたらすことが予測されている[78]。

---

75) Caminada & Goudswaard ［2001］, p.4.
76) OECD ［2002 c］, p.402.
77) OECD ［2002 c］, p.402.
78) Mooij, et al ［1998］ および OECD ［2002］, p.78参照。

② 租税裁定への対応

　改革前の税制においては，異なる種類の資本所得間で実効税率の格差が存在し，租税裁定の原因となっていた[79]。

　この点で最も問題となるのは住宅に対する課税であった。納税者の保有する住宅は，主たる住居に限らずすべて帰属家賃課税の対象となるが，帰属家賃の算出に際しては，まず公正市場価値（fair market value）の一定割合（主たる住居は60％，セカンドハウスは100％）として賃貸価値が求められる[80]。この賃貸価値の水準に基づき帰属家賃の水準が決定されるが，主たる住居についてはそこから追加的に減価償却費，維持・修繕費用，保険費用などを控除することはできない。公正市場価値の一定割合として求められる賃貸価値は，これらの諸経費が控除後の純賃貸価値とみなされるからである。ただし，ローン利子に関しては全額所得控除することが認められる。主たる住居以外のケースでは，減価償却費等の諸経費およびローン利子の控除が認められる。

　その結果，現実においては，純帰属家賃は多くのケースでマイナスであった[81]。以上のように，特に主たる住宅の購入者は，純帰属家賃の算定基礎となる純賃貸価値が市場価格よりも相当低い水準に設定されたこと，およびローン利子が全額控除されるために，帰属家賃課税はかなり軽減されていた。加えて，売却時のキャピタル・ゲインは非課税であるから，住宅に対する税制は著しく優遇されていたと言ってよい。

　そのため，高い累進税率の適用される高所得者にとっては，借入れによりキャピタル・ゲインを発生させる住宅を購入することが魅力的な選択となっていた。すなわち，一般に旧税制の下では，実効税率の格差を利用して借入れを行い，キャピタル・ゲインを発生させる資産へ投資する誘因を投資家に与えていた。そして，このような租税裁定の存在は，高所得者を優遇するとともに，税収を不安定なものにしていた。

　そこで，2001年所得税制改革においては，租税裁定の可能性を制限し，公正

---

79) Cnossen [1995], pp. 295-296.
80) OECD [1994 b], p. 133.
81) この点に関しては，たとえば Ault [1997], p. 173, Cnossen [1982], p. 215参照。

な税負担および税収の安定性を確保することが一つの目標とされた。改革後の新税制では，表13-3から明らかなように，Box 3において，利子，配当（公開会社の一般株主の場合），一般個人のキャピタル・ゲイン，不動産賃貸所得が均等な扱いを受けるため，これらの資本所得間では中立性が確保されることになる。しかし，Box 3に含まれない他の資本所得との間では税率格差が解消されないため，依然として租税裁定の誘因は残ると予想される。

もっとも，改革前に問題とされた住宅への課税に関しては，新税制の下ではキャピタル・ゲインがBox 3で間接的に課税されるとともに，ローン利子控除に対しては一定の制約が課されることとなった。

まず前者に関しては，住宅のキャピタル・ゲインは改革後においても実質的に富裕税で課税されるから，その点では変化はない。ただし，税率が引き上げられたこと（0.8%→1.2%），住宅の評価が市場価値の60%から100%へと変更されたことにより，改革後は負担が増加すると予想される。

後者においては，ローン利子控除の対象が主たる住居に限られるとともに，その適用期間が最大30年に限定されることになった。主たる住居以外の住宅に関しては，Box 3での課税対象となり，そこではローン利子控除は認められない[82]。以上のような制度改正により，以前よりも住宅に関連する租税裁定の魅力が低下したと考えられる[83]。

③ 税制の簡素化

税制の簡素化に関しては，改革によるプラス要因とマイナス要因とが考えられる。まずプラス要因としては，人的控除の廃止による課税ベースの拡大，税率のフラット化（Box 1での最高税率引下げ，Box 2およびBox 3における比例税率の採用）の実現，一部の例外を除きさまざまな資本所得への課税がBox 3で一括りにされたことが挙げられよう。また，このような措置により，前述のように租税裁定のインセンティブが低下することが予想される。したがって，以前

---

[82] Meussen [2000], pp. 493-494およびMinistry of Finance [2000], pp. 16-17参照。

[83] 課税の中立性に関しては，以上のような個人投資への影響のみならず企業形態および企業の資金調達への影響も問題となる。この点に関しては，Bovenberg & Rele [1998] およびCnossen & Bovenberg [2003], pp. 248-252を参照。

のように税の抜け道（tax loophole）を防ぐための規定を設ける必要性も低下し，所得税制の簡素化につながると考えられる。

これに対してマイナス要因に関しては，人的控除の形態が所得控除から税額控除に変化しただけで，税務行政コストは軽減されないとの指摘がある[84]。

④ 所得分配への影響

改革の所得分配への影響を見るには定量的分析が必要であるが[85]，ここでは所得分配へ影響を与えると考えられる要因をいくつか列挙するにとどめる。

プラス要因には，まず所得控除から税額控除制度への転換が行われたことが挙げられる。税額控除の所得分配面での意義はすでに述べたとおりである。さらに，Box 3の制度により，キャピタル・ゲインが原則非課税から実質課税へと変更されたことが重要である。税率は比例税率であるが，所得に対する資産の比率は，高所得者の方が大きいと考えられるから，比例税率でも資本所得に対する累進性は確保されることになる。

ただし，Box 3では資本所得が純資産額の一定割合（4％）として計算されるため，あくまで平均的な課税しか実現し得ない。現実の資本所得がその割合を上回る場合には，その部分には課税されないことになる。逆に，現実の資本所得がその割合を下回る場合は，過剰な課税が実現されることになる，したがって，現実の資本所得が想定された水準を上回る可能性が所得の上昇に伴い高くなるならば，所得分配にとってはマイナスであると考えられる。

税率について見ると，所得税収の大部分を占めるBox 1では，改革前と比較して税率は全般的に引き下げられたが，刻み数が3から4へ増加している。また，一般個人の帰属家賃以外の資本所得に関しては30％の比例税率となったが，特定の株主所得に係る税率（Box 2）は改革前の20％から25％へ上昇している。以上が所得分配へもたらす効果を定性的に判断することは困難である。

---

84) Meussen [2000], p.491.
85) 残念ながら，2001年税制改革の所得再分配効果に関する資料を入手できなかった。なお，Caminada & Goudswaard [2001] は，課税ベースを拡大し，税率を完全にフラット化した場合を想定し，その所得再分配効果の分析を行っている。

3. 資本所得税制改革の理論的根拠

(1) Box 3 の経済学的説明

　実質的に資本所得税の一部を資産保有税(富裕税)に代替するBox 3の存在は,経済理論的には以下のように説明されよう[86]。

　リスク投資に関する完全な損失控除の存在,および納税者による租税裁定の存在を前提とすると,資本所得税(比例税率)は,資産保有税(税率＝所得税率×安全資産の収益率)に等しい。すなわち,資本所得に対する比例課税の代わりにある一定の条件を満たす資産保有税を課しても同じ効果が得られる,と考えられるのである。

　このことを説明するために,投資からの期待収益をER,総資産をW,危険資産をX,安全資産の収益率をr,リスクプレミアムをpとすると,課税前においては③式が成立する。

$$ER = (W-X)r + X(r+p) = Wr + Xp \cdots ③$$

　いま,税率tの比例所得税が課されると,課税後の期待収益ER′は④式のようになる。

$$ER' = (1-t)(Wr + Xp) = Wr + Xp - (Wr + Xp)t \cdots ④$$

　ここで,もし投資による損失が完全に控除されるとすると,政府が投資リスクを一部負担することになる。すなわち,危険負担割合は,政府がt,投資家が(1-t)となる。したがって,投資家は,危険資産への投資をXからX/(1-t)へ増やすと考えられる。この時,課税後の純期待収益ER″は⑤式で示される。

$$ER'' = (1-t)Wr + (1-t)Xp/(1-t)$$
$$= Wr + Xp - Wrt \cdots ⑤$$

[86) 以下は,Cunningham [1996] および Schenk [2000] に基づく。

③式と⑤式の比較から明らかなように，期待収益は，総資産 W に税率 rt で課税された分だけ減少する。もし純資産が総資産の一定割合 a で計算されると仮定すると，期待収益は純資産 W′ に税率 rt／a で課税された分だけ減少することになる。したがって，税率 t の資本所得税の効果は，税率 rt／a の富裕税の効果と等しくなる。

（2）疑問点

上記のように，BOX 3 の存在を経済学的に説明できるとしても，何故そこにすべての資本所得を含めなかったのか，当然疑問が生ずる。

第一に，帰属家賃の扱いが問題となる。不動産から発生する資本所得のうち，主たる住居以外からの帰属家賃，賃貸所得やキャピタル・ゲインは Box 3 で投資収益税もしくは概算資本所得税の課税対象となるのに対し，主たる住居からの帰属家賃は Box 1 で累進所得課税の対象となるからである。

そこで，帰属家賃課税に関する過去の経緯を眺めると，オランダでは1976年より課税が実施されてきており[87]，2001年改革までにすでに30年近くの課税の実績を有していたことになる。ところが，租税裁定の個所ですでに述べたように，帰属家賃への課税は，課税ベースとなる純帰属家賃がマイナスとなるケースが多く，実態は骨抜きにされていたと言って良い。この点に関してクノッセンは，「S-H-S 概念（包括的所得税）の必要性を主張することは簡単であるが，持ち家からの所得に関してそれを実現することは困難である。……家賃統制や税制（帰属家賃課税，ローン利子控除）などの措置により，民間賃貸住宅は国内からかなり姿を消してきた。税制は，持家所有者（owner-occupiers）ではなく持家取得（owner-occupation）を優遇してきた」と述べている[88]。

すなわち，形式的には帰属家賃課税は実施されていたが，実態は持家取得促進の観点からかなり軽減されていたのである。しかし，このような状況は，2001年改革により若干改善されたものと考えられる。何故ならば，新税制においては，主たる住居以外の住宅の帰属家賃は Box 3 で課税されることと

---

87) Merz [1977], p. 436.
88) Cnossen [1982], p. 215.

なったからである。Box 3では減価償却費等の諸経費の控除は一切認められないから，改革後においては，少なくとも主たる住居以外の住宅に関しては，課税形態は間接的な形に変更されたが，以前よりも確実に帰属家賃課税からの税収を確保することが可能になったと考えられよう。さらに，ローン利子控除の適用期間が制限されることにより，主たる住居に対する帰属家賃課税に関しても，改革前よりは納税額がプラスとなる可能性が高まったと予測される。もっとも，ローン利子控除の適用期間が短縮されたといっても，30年というのは決して短いとは言えないだろう。

以上の事柄を考慮すると，Box 3に主たる住居の帰属家賃を含めなかった理由としては，一つはこれまでの帰属家賃課税の経験を生かすことがあった。加えて，帰属家賃課税に関する行き過ぎた優遇措置を是正しつつも，根底には依然として主たる住居の取得を促進する狙いがあったものと考えられよう。

第二に，Box 2の扱いが問題となろう。非公開会社の株主のうちかなりの影響力を有する者への課税に関しては，1996年税制改正により抜本的な改革が行われ，それを受け1997年以降新たな制度が施行された。2001年所得税制改革においてもBoxシステムが採用された以外は，その制度に対して基本的に大きな変更が加えられていない。ここで，そもそも何故非公開会社の有力株主のみが課税のターゲットにされるかというと，その背景には，オランダの企業のほとんどが非公開会社の形態をとっていることがある[89]。

1996年税制改正の背景および内容を眺めると[90]，改正以前は，表13-2で示されるように，非公開会社の有力株主の所得について，配当は総合累進課税（最高税率60%），キャピタル・ゲインは20%の分離課税が実施されていた。また，一般個人のキャピタル・ゲインは非課税であった。そのため，有力株主が配当をキャピタル・ゲインに転換する誘因が存在していた。すなわち，有力株主のままで保有株式の一部を売却するか，もしくはすべての持ち株を売却して有力株主の資格を放棄する行動が見られた。したがって，1996年の改正では有力株主の得る所得（配当，キャピタル・ゲイン）に対して一律25%の課税へと制

---

89) Ministry of Finance [2003], p.11.
90) 1996年改正に関しては，Hofland & Detmers [1996] 参照。

度を変更するとともに，有力株主の条件が緩和された。後者に関して，現行制度の内容はすでに説明したので（「Box システムの採用」の個所を参照）説明を省くが，以前は，納税者が単独でもしくは配偶者と共同で過去5年間に株式の7％以上を有するか，もしくは単独あるいは直系親と共同で全株式の3分の1以上を保有することが条件とされていた。

したがって，これまでの経緯を踏まえると，2001年所得税制改革において非公開会社の有力株主の所得が Box 2 で別枠課税された理由は，オランダの企業形態の中心が非公開会社であること，非公開会社の有力株主の所得に対しては2001年改革以前から特別枠で課税されてきた経緯があり，改革後も以前の制度を存続させることが望ましいと判断されたことにあったと言えよう。

III．わが国の資本所得税制改革と資産保有課税

1．オランダ，北欧諸国の所得税制改革の特徴

これまでは，所得税と資産保有課税の関係をめぐる議論として，所得税の補完税としての資産保有課税論および所得税の代替税としての資産保有課税論（イギリス所得税制史における19世紀の資本還元案，20世紀におけるアレの資本課税論，21世紀初頭のオランダの所得税制改革）を取り上げてきた。III節では，これらの議論を踏まえ，わが国における資本所得税のあり方に関して，若干の考察を行うこととしよう。

そのための補足的作業として，ここでオランダおよび二元的所得税の導入された北欧諸国において今日の所得税制改革に至った背景に注目し，両者の共通点を整理しておこう[91]。そうすると，1980年代以降における所得税制では，両者に共通の特徴として，税率の刻みのきつい超過累進税率による総合課税が実施されていたこと，資本所得が著しく優遇されていたことが挙げられる。

---

91) 北欧諸国における所得税制改革の流れに関しては，Messere, et. al [2003], pp. 190–195参照。

表13-4　北欧諸国およびオランダにおける労働者の平均税率(独身者のケース:1981年)

	スウェーデン	ノルウェー	フィンランド	デンマーク	オランダ
所得税	36.1% (2)	24.7 (6)	27.3 (4)	37.8 (1)	13.5 (17)
社会保障負担 (労働者負担分)	−	9.1 (9)	2.7 (20)	4.4 (18)	22.3 (1)
総計	36.1 (3)	33.8 (5)	30.0 (9)	42.2 (1)	35.8 (4)

（注）　カッコ内はOECD諸国の中での順位を示す。
（出所）　OECD［2005b］,pp.449-450.

　その結果，第一に，労働者の負担が重く，勤労意欲や貯蓄意欲への影響が問題とされていた。当時の労働者の負担状況は，表13-4で示されている。総賃金に占める所得税の割合を見ると，1981年においてスウェーデン36.1%，ノルウェー24.7%，フィンランド27.3%，デンマーク37.8%となっており，OECD平均値18.9%を大きく上回っていた。そして，これが労働者の平均税率を高める主たる原因となっていた。これに対してオランダの場合は，Ⅱ節で明らかにした2000年の場合と同様の状況に置かれていた。すなわち，1980年代初期においても，所得税の負担（13.5%）はそれほどでもないが，社会保障負担（22.3%）が重く，結果として平均税率が高くなっていた。

　第二に，各種優遇措置の存在が資本所得間での実効税率を異ならせ，特に限界税率の高い高所得者に対して租税裁定の誘因を与えていた。しかも，1980年代の北欧諸国においては，インフレがその現象を助長していた。

　以上を背景としつつ，オランダおよび北欧諸国では，課税ベースの拡大および税率をフラット化する政策が，1980年代後半以降実現されてきた。このうち，税率のフラット化は，言うまでもなく勤労意欲や貯蓄意欲に対するマイナスの誘因効果を縮小させることをその目的としていた。

　また，課税ベースの拡大に関しては，無制限の利子控除やキャピタル・ゲインに対する非課税もしくは軽減措置の見直しが実施された。加えて総合所得税から分類所得税へと転換が図られ，資本所得に対しては比例税率が適用された。これらの措置は，租税裁定のインセンティブと資本の海外移動の可能性を

低下させることを狙いとしていたが，結果的には，以前よりも資本所得税収が増加したと予想される[92]。したがってその意味では，オランダおよび北欧諸国の所得税制改革は，改革前との比較で見ると勤労所得軽課，資本所得重課の性格を有すると言えよう。

2．わが国の資本所得税制改革の一考察

（1）基本的視点

　オランダと北欧諸国が所得税制改革に至った経緯は，おおよそ上記のように説明される。これらの国々の改革前の状況を現在のわが国と比較すると，共通点としては，資本所得税制が複雑なことが指摘できる。

　逆に相違点として，まず，わが国の場合は労働者の負担が相対的に低いことがある。労働者の平均税率（総賃金に占める所得税の割合）は2005年において27.7%（5.9%）であり，OECD諸国の平均値37.3%（13.3%）を大きく下回っている。OECD加盟国の中での順位は，30カ国中26番目（26番目）である。このような状況は，1980年代以降基本的に変化していない[93]。さらに，資本所得は基本的に分離課税となっており，特定所得に対する優遇措置や利子・損失控除も限定的である。加えて，1980年代以降，税率のフラット化が推進されてきた。したがって，わが国の場合，租税裁定のインセンティブは改革以前の北欧諸国等と比較して相対的に低いと予想される。また，海外への資本移動も，現段階においてはオランダや北欧諸国のように切実な問題になっていないと考えられる。

　このように，わが国の所得税をめぐる状況は必ずしもオランダや北欧諸国と一致しない。したがって，その意味ではそれらの諸国で実施された改革を単純にそのままわが国に適用できるとは考えられない。しかしながら，改革の過程での議論には少なからず参考になる点があるように思われる。そこで，北欧諸国での二元的所得税の議論にも目配りをしつつ，著者なりにわが国の資本所得税制のあり方を考える際に重要であると考えられるポイントをまとめてみよ

---

92) この点に関しては，たとえばSφrensen [2001]，p. 12参照。
93) 以上，OECD [2005 b]，p. 15参照。

う。

　第一に，資本所得の性格に応じた課税が必要であろう。具体的には，まず資本所得を投資的所得と非投資的所得とに分類し，投資的性格を有するものは一括りにして比例課税を実施することが望ましいと考えられる。投資の中立性，税制の簡素化，資本の国外逃避などへの配慮がその理由である。資本の海外移動に関しては，現段階では必ずしも切実な問題ではないとしても，それに対する配慮が全く不要というわけではない。税制の国際性の視点は重要だと考えられよう。

　次に，金融資産所得と不動産所得との区別が必要である。その根拠として挙げられるのは，まず「足が速い（資本の海外逃避の可能性が高い）」のは金融資産所得の方だと考えられることである。不動産は，金融資産と比較して資本供給の価格弾力性が小さいと予測される。このことは，特に住宅サービスの消費を前提とした主たる住居に関して当てはまるだろう。金融資産所得に関しては投資的所得としてとらえ，中立性および簡素性の観点から，税率を同一水準に設定した比例課税が望ましいと考えられる。

　さらに，二元的所得税の導入されている諸国でも，表13-5で示されているように，金融資産所得と不動産所得の扱いは異なること，不動産所得に関して，その種類により課税方法が異なっていることに注目すべきである。すなわち，金融資産所得と不動産所得とが，必ずしも資本所得として一括りにされているわけではない。また，不動産所得の中でも，特に帰属家賃とキャピタル・ゲインの扱いは別枠とされている。このように不動産所得の扱いが金融所得とは別になっている最大の理由は，持家取得を促進するためである。税制による持家取得促進政策に関しては，公平性や中立性の観点から問題が指摘されうるが，国民が豊かな住生活を実現するためには，わが国においても必要な措置であると考えられる。

　第二に，資本所得への課税のあり方に関しては，所得税だけではなく資産保有課税の存在も併せて包括的に検討すべきである。このことは，本章の最初にも述べたが，まず資本所得税をめぐる租税思想史の観点から正当化される。さらに，近年における北欧諸国の二元的所得税，オランダの投資収益税（概算資

表13-5 北欧諸国の二元的所得税

	スウェーデン	ノルウェー	フィンランド
導入年度	1991年	1992年	1993年
税率（%） 勤労所得 資本所得	28〜53 30	28〜41.5 28	30.5〜53.5 29
所得税収の対GDP比 （%：2000年）	19.2	10.3	7.0
金融資産所得			
利子・配当所得	課税 （分離課税,税率30%）	課税 （総合課税,税率28%）	課税 （分離課税,税率29%）
キャピタル・ゲイン	課税 （分離課税,税率30%）	課税 （総合課税,税率28%）	課税 （分離課税,税率29%）
不動産所得			
帰属家賃	非課税 （不動産税（国税）の増税で代替）	課税 （総合課税,税率28%。ただし，帰属家賃の評価額は富裕税の評価額の2.5%とみなされる）	非課税
賃貸所得	課税 （分離課税,税率30%）	課税 （総合課税,税率28%）	課税 （分離課税,税率29%）
キャピタル・ゲイン	課税 （分離課税,税率30%。ただし，居住用不動産に関しては，課税ベースが3分の2に軽減される）	課税 （総合課税,税率28%。ただし，譲渡時に居住期間1年以上の主たる住居の場合は非課税）	課税 （分離課税,税率29%。ただし，譲渡時に居住期間2年以上の主たる住居の場合は非課税）
【参考】富裕税の課税状況 ＊スウェーデンは2007年に，フィンランドは2006年に廃止されている。			
課税対象	個人	個人	個人
金融資産	市場価値に対する評価額の割合は，銀行預金は100%，債券および株式は75%	市場価値に対する評価額の割合は，銀行預金および債券については28%，上場株は70%，非上場株は30%	・銀行預金，債券は非課税 ・上場株の課税評価額は，市場価値の70%
不動産 （住宅のケース）	市場価値の75%で評価	市場価値の20〜25%で評価	原則として市場価値の100%で評価（た

			だし,建物は再建築価格で評価)
税収の対GDP比 (%:2000年)	0.4	0.5	0.1

(出所) Cnossen［2000］,Lehner［2000］,Ministry of Finance［2001］,馬場［2002b］,野村［2002］を参考に著者作成。

本所得税)の経験にも注目すべきである。北欧諸国では,ノルウェーにおいて富裕税が課税されており,また,スウェーデンおよびフィンランドにおいても,つい最近まで同税が課されていた(本書第1章参照)。それはもっぱら実物・金融資産に対する課税であるから,富裕税の分だけ資本所得の税負担は実質的に増加している(増加していた)ことに注意が必要である。また,特にスウェーデンでは国税として不動産税も課されており(ただし,2008年度以降,居住用不動産に係る分は地方税),資本所得に対する負担はさらに追加されることになる。一方,オランダでは改革により形式的には富裕税が廃止されたが,投資収益税(概算資本所得税)の実態は富裕税である。すなわち,資産保有課税が,北欧諸国では所得税の補完税として,またオランダでは資本所得税の一部の代替税として機能しているのである。

そうすると,わが国において資産保有課税をどのように活用すべきかが当然問題となる。これに関しては,資産保有課税は所得税の代替税ではなく補完税としてとらえるべきであると考える。このことを検討するために,本章で取り上げた所得種類別差別課税の議論の骨子をまとめてみた(表13-6)。これらの議論は,所得税の問題を考える視点として,果実(fruit)を生む樹木(tree)の存在に,すなわち所得の源泉に注目したものである。また,いずれにおいても勤労所得軽課,資本所得重課の結論が導かれており,その点では共通の認識が得られている。

この中で,資産保有税を所得税の完全な代替税としてとらえるのはヒューム委員会報告書案のみである。報告書案の特徴は,あらゆる資本が,すなわち実物・金融資産に加えて人的資本までもが資産保有税の課税対象とされることにある。したがって,勤労所得と資本所得の両方が資産保有税で課税されることになる。報告書案の,異なる種類の所得間での水平的公平を達成するために

表13-6 所得種類別差別課税の議論の比較

	ヒューム委員会報告書案	ハレット	アレ	オランダ所得税制改革
改革の目的	所得税制改革	所得税制改革	税制全般の改革	所得税制改革
重視された租税原則	水平的公平	水平的公平	公正 中立	中立 簡素
改革後の課税形態	所得税を資産保有税で完全に代替	永続的年間価値を課税ベースとする所得税	・所得課税（所得税, 法人税）廃止 ・実物資産所得に対する資産保有税を導入。金融資産所得は非課税。	・勤労所得は累進所得税の対象 ・資本所得の一部を実質的に資産保有税で代替（投資収益税or概算資本所得税の導入）
改革前との比較における改革後の課税の性格	勤労所得軽課 資本所得重課	勤労所得軽課 資本所得重課	稼得所得非課税, 不労所得課税（結果として勤労所得軽課, 資本所得重課）	勤労所得軽課 資本所得重課

（出所）著者作成。

は，結果（所得）よりも原因（源泉）に注目すべきであるとの主張はそれなりに説得力を持つ。

しかしながら，現実問題として，すべての種類の所得に関して資本還元の作業を行うのは容易ではない。このことは，特に人的資本について当てはまるだろう。人的資本へ投資して得られる将来稼得能力の現在割引価値を資産とみなし，その価値を計算することは現実には困難だと考えられるからである。実際，富裕税の導入されている諸国においても，将来所得の計算や割引率の適切な設定が困難なため，人的資本は課税対象から除外されている[94]。したがって，所得税の完全なる代替税として資産保有課税を実施することは現実的ではないと考えられる。

---

94) Lehner [2000]。また，OECD [1988b], p.61も参照。

次に，オランダの投資収益税（概算資本所得税）では，改革前は総合所得税の課税対象とされていた資本所得の一部が実質的に富裕税で課税されるわけだから，所得税の一部が資産保有課税で代替される方式であると言える。オランダでそのような方法が実現できたのは，改革前にすでに富裕税が存在しており，純資産価値の計算が実際に行われていたことが大きい。

しかし，わが国において富裕税は，シャウプ勧告に基づき戦後一時期導入されたが，その後廃止され現在は存在しない。廃止の原因としては，不表現資産（預金，無記名債券等）の把握が困難であったこと，財産の把握・評価が困難なため税収の割には徴税コストが高かったこと，所得を生み出さない無収益資産への課税は無理があること，などのもっぱら税務執行上の理由が挙げられているが[95]，これらの事柄は今日においても当てはまると考えられる。その意味では，富裕税を復活させるのは容易ではない。したがって，オランダ方式は実現が困難であると考えられよう。

アレの租税論は，その範囲が所得税制改革に限定されない点で，基本的に他とは性格が異なる。すなわち，単に所得税の代替税として資産保有課税をとらえていない点で区別される。アレの議論の核心は，個人および法人の特定の資本所得に対する課税手段として，所得課税（所得税および法人税）の代わりに実物資産に対する資産保有税を新たに導入することを主張した点にある。これは，勤労所得および金融資産所得を非課税にして，実物資産所得を資産保有税で課税する方式であると言える。

アレの最大の貢献は，租税体系における資産保有課税の存在意義を，独自の視点から理論的に示した点にあるだろう。すなわち，公正および中立の租税原則を重視するならば，実物資産に対する資産保有課税の存在が租税体系の中で重要であることを明らかにした点にあると思われる。また，金融資産を非課税にする理由として，資本の海外逃避への配慮が必要なこと，および特に株式や債券に関しては，それらが企業の保有する実物資産に対する権利を意味するから，二重課税により経済選択に歪みが生ずることを避けなければいけないこ

---

95) わが国の富裕税に関しては，梅田［1982］，石倉［1995］を参照。

と，を示した点も見逃せない。

　しかしながら，アレの提言はかなり大胆であるから，それをそのまま実現することは困難である。そこで，所得税制改革に関わる部分を，仮に「勤労所得税を減税すると同時に，所得税のうち資本所得税の一部を資産保有税に代替する」と読み替えるならば，基本的な考え方はオランダ方式と同じになる。異なるのは，アレの提案する資産保有税では，純資産額ではなく総資産額に基づき課税されるから，課税ベースが実物資産に限定された富裕税ではない点，金融資産が課税対象から除外されている点，および課税対象として法人も含まれる点である。

　ここで，資産保有税で吸収されるべきとされる所得の中身を見ると，その主たるものは，キャピタル・ゲインや帰属家賃から構成される土地レントである。このうち特に未実現キャピタル・ゲインや帰属家賃は所得税では捕捉が困難であるから，その意味では，資産保有税は所得税の補完税の機能を有する。すなわち，アレの提案は資本所得の一部を資産保有税で代替的に課税することを想定しているが，課税対象となる資本所得の中身に注目すると，主に所得税では捕捉困難なものであるから，効果の側面から見る限り，資産保有税を所得税の補完税として位置づけることが可能である。

　以上をまとめると，まず所得税の完全なる代替税として資産保有税を導入することは，資本還元の作業を考えると難しい。それでは，資本所得税の代替税として資産保有税を課税することはどうかというと，完全な代替税であろうがあるいは部分的な代替税であろうが，それを一般財産税である富裕税の形で実施するのは困難であると考えられる。

　可能性があるのは，部分的代替税として個別財産税の形で資産保有税を活用する方式である。すなわち，アレが主張するように，資本所得税の部分的代替税として実物資産を課税対象とする資産保有税を課すれば，資産保有税は実質的に所得税の補完的機能を果たすと考えられる。富裕税では金融資産も課税対象とされるが，個別財産税の形での資産保有税において課税対象の中心となるのは不動産である。

　そこで，以下では実物資産所得，中でも特に不動産所得を資産保有税で捕捉

する可能性を具体的に検討する。ただし，議論を単純化するために，法人の実物資産に対する課税については扱わない。対象を個人の資産保有税に限定する。

(2) 資本所得に対する課税のあり方

これまでの議論に基づきわが国における資本所得課税の具体的なイメージを示すと，表13-7のようになる。以下，特に不動産所得に関して，それを帰属家賃，キャピタル・ゲイン，賃貸所得，不動産証券化による所得の4種類に分類し，それぞれに関して課税の基本的考え方を述べることとする。

(a) 帰属家賃

『県民経済計算』（内閣府：http://www.esri.cao.go.jp/jp/sna/kenmin/h17/main.html）および『国民経済計算』（内閣府：http://www.esri.cao.go.jp/jpsna/h18-kaku/20 annual-report-j.html）によると，持家所有者に発生するネットの帰属家賃は，2005年度において20兆円強であり，利子所得（約3.8兆円）や配当所得（約6.6兆円）を大きく上回ると推計される[96]。

本書第7章で述べたように，この帰属家賃に対する課税の議論は，税制の整合性および課税の効果の観点から重要である。

第一に，包括的所得税の立場に立てば，帰属家賃課税は住宅ローン利子控除の前提となる。すなわち，住宅ローン利子控除は，帰属家賃非課税の下では理論的に認められない。

第二に，帰属家賃が非課税だと，持家所有者と賃借人との間での水平的不公平が発生する。また，賃貸住宅から持ち家への需要シフトが発生して，賃貸住宅ストックを減少させることが予想される。さらに，一般に所得が大きいほど持家率や適用される限界税率も高くなるから，高所得者が優遇される可能性もある。

しかしながら，わが国ではこれまで帰属家賃課税の経験がない。また，新た

---

[96] ネットの帰属家賃は，粗帰属家賃から諸経費（修繕費用，固定資本減耗，純間接税，住宅ローン利子，支払い地代）等を控除した金額である（荒井［2005］，2頁）。『県民経済計算』では約24兆円，『国民経済計算』によると，約22兆円である。利子所得および配当所得は，『国民経済計算』による。

表13-7　わが国における資本所得課税のイメージ

	投資的所得	非投資的所得
金融資産所得	①，⑥	—
不動産所得	②，⑤，⑥	③
		④

(注)　①利子，配当，キャピタル・ゲイン（有価証券譲渡益）→比例所得税
　　　②キャピタル・ゲイン（主たる住居以外）→比例所得税
　　　③帰属家賃→資産保有課税
　　　④キャピタル・ゲイン（主たる住居）→所得税非課税
　　　⑤不動産賃貸所得→比例所得税
　　　⑥不動産証券化による所得→比例所得税
(出所)　著者作成。

に実施するにしても評価の問題がネックになると考えられる。そこで，帰属家賃課税に関する別のアプローチに注目する必要がある。それは，帰属家賃に関しては資産保有課税で対応するというものである。

　この考え方は，直感的には資本所得税の補完税として資産保有税を位置づけるⅡ節の①式に基づくものであるが，より厳密には，第7章で説明されたように，純帰属家賃に対する課税は，持ち家の市場価値からローン残高を控除した純市場価値（V−M）をベースとした資産保有税により間接的に課税可能である。すなわち，⑥式から明らかなように，純帰属家賃NIRに対する所得税率tでの課税は，持家の純市場価値（V−M）に対して（i×t）の税率で課税されることに等しくなる。

$$NIR = GIR - C - D - I = (r - c - d)V - iM = i(V - M) \cdots ⑥$$

　問題は，この場合の資産保有税をいかなる形式で課税するかである。帰属家賃課税は所得に対する応能税であり，それの補完税として資産保有税を課税するわけだから，理想は国税レベルでの不動産税である。さらに，家賃が建物の状況だけではなく立地条件にも大きく左右されることを考えると，課税ベースの中には当然，土地代も含まれるべきである。

　実際，スウェーデンでは1991年税制改革において所得税での帰属家賃課税を廃止し，その代わりに国税である不動産税の増税が実施された。具体的には，

持ち家に対する税率がそれまでの0.47%から1.5%へ引き上げられた。不動産税の課税標準は賃貸価値であり，持ち家の場合，これは公正市場価値の75%の水準に設定される。何故75%の水準かというと，市場価値の評価の際に生ずる技術上の不確実性を考慮するためである。ローン利子に関しては，資本所得から全額控除される。ただし，ローン利子の金額が資本所得額を超過する場合には，一定水準（10万スウェーデン・クローナ）を限度として勤労所得からも控除することが認められる。さらに，この一定水準をも上回る場合には，超過額の70%相当に対応する資本所得税額が，勤労所得税もしくは不動産税から税額控除されることになっている[97]。したがって，スウェーデンで採用された方式は，市場価値の一定割合を課税ベースとする不動産税と，所得税におけるローン利子控除を組み合わせた方式であると言えよう。

⑥式に忠実に従うならば，あくまで課税ベースを（V－M）とする不動産税が望ましい。そのような課税が実現できれば，間接的に不動産譲渡益に対する課税も可能となる。しかしながら，現在わが国にこのような税は存在しない。近いものとして1998年以降凍結されている地価税があるが，それは課税対象が大都市圏の大規模土地に限定されており，実態は法人土地財産税である。この地価税を，家計の居住用土地も課税対象とするように見直せば（本書第6章参照），帰属家賃のうち少なくとも立地条件の影響する部分については捕捉することが可能となる。地価税の課税ベースは相続税評価額であり，毎年評価が行われる。したがって，この金額から納税者の申告に基づくローン残高を控除すれば課税ベースが計算できる。しかし，建物の要素が全く含まれないため，その点で帰属家賃課税の補完税としては限界がある。

そうなると，残る選択肢としては固定資産税しかない。わが国において，帰属家賃課税を固定資産税に委ねるべきだとする議論は昔から存在した（本書第7章参照）。確かに，固定資産税の土地および家屋の評価額（負担調整措置が適用される前の価格）をベースにして課税を行うのが，評価の面からは最も簡単である。

---

97) 以上に関しては，馬場［2002b］，129頁，藤岡［1991］，40-41頁，藤岡［1992］，124-125頁，OECD［1994b］，p.170参照。

この場合，ローン利子の扱いに関しては2種類の方法が考えられる。第一は，⑥式に従い土地および家屋の固定資産税評価額 V からローン残高 M を控除する方式である。第二は，スウェーデンのように，ローン利子控除を所得税で行う方式である。

現在わが国で実施されている住宅ローン控除制度（ローン残高の一定割合の税額控除を認める制度）を前提とするならば，第一の方式の方が実現は容易であると考えられる。しかし，納税者の立場から見ると，以上のように固定資産税で帰属家賃課税を行うことの最大の問題点は，資産があっても税を支払うための現金が手元に不足するというケースが発生しうることである。このような流動性の問題に対しては，相続時まで延納を認めるなどの措置が必要とされよう[98]。

(b) **キャピタル・ゲイン**

不動産譲渡益に関しては，主たる住居とその他のケースとを区分すべきである。本書第11章で述べたように，投機目的以外で主たる住居を譲渡した際の譲渡所得は，非投資所得として原則非課税とすべきである。

次に，投機目的と認定される場合，および主たる住居以外のケースは，投資的所得として課税すべきである。投機目的の認定に際しては，現行制度の所有期間5年を基準として，そこから特別な事情（公共目的のための収用，家族構成の変化，転勤，退職，高齢者による郊外から都心への移動など）により持ち家の売却を余儀なくされたケースを除外することが考えられる。税率は，同じく投資的所得の性格を有する金融資産所得と同一水準に設定されるべきであろう。

さらに，キャピタル・ロスの扱いは，金融資産からのキャピタル・ゲインを含むキャピタル・ゲイン全体からの控除を認めるべきである。キャピタル・ゲイン以外の普通所得からの控除は，高所得者を有利にするから望ましくないだろう。さらに，控除しきれないキャピタル・ロスについては無期限の繰越しを認めるべきである。

---

98) 野口 [2003]，107頁では，リバースモゲッジの導入が提言されている。

(c) **不動産賃貸所得**

不動産賃貸所得は，投資的所得として課税されるべきである。その際，金融資産投資と賃貸住宅投資との間での課税の中立性を確保するため，税率は金融資産所得と同じにすることが望ましい。

(d) **不動産証券化による所得**[99]

バブル崩壊後の日本経済を再生させるためには，不良債権処理を早急に進めると同時に不動産取引の活性化が不可欠であるとの認識から，不動産流動化に対する期待が高まり，「担保不動産等流動化総合対策」（1997年3月）や「土地・債権流動化トータルプラン」（1998年4月）が取りまとめられた。

不動産の流動化とは，所有権や債権などのさまざまな処分，売買手段を包含した概念としてとらえられるべきであり，具体的には，競売や任意売却，債権譲渡，証券化などがその中身に含まれる。このうち不動産証券化は，それを広義に解釈するならば，「不動産の運用益を投資家へ分配することを約して投資を募るもの，言い換えれば，投資家が投資の対価として不動産収益の分配を享受する権利を有する仕組み」[100]として考えることができよう。

不動産証券化により発生する所得は投資的所得に分類されるが，不動産証券化の解釈の仕方によりその性格が異なる。不動産証券化を，投資家がSPC（Special Purpose Company：特定目的会社）や投資法人，投資信託などのようなビークル（投資家から資金を集め，証券を発行する主体）を通して間接的に不動産に投資することであるととらえるならば，そこで発生する所得は不動産所得になる。これに対して，投資家がビークルにより発行される証券を購入する点を重視すれば，金融商品に対する投資とみなされ金融所得となる。

いずれの解釈をとるにせよ，投資家に対する課税は中立性の観点から検討を要する。すなわち，前者の解釈に立てば，主たる住宅以外のセカンドハウス購入や賃貸住宅投資との間の中立性が問題となる。また，後者の立場からは，株式・債券投資等との間の中立性が問題となると考えられる。以上を考慮すると，不動産証券化による所得は，金融資産所得や不動産賃貸所得と同一の税率

---

99) 以下は，もっぱら篠原［2001b］に基づく。
100) 不動産証券化協会［2003］，6頁。

で比例課税されることが望ましいだろう。

(e) 税制改正の経済効果

それでは，表13-7で示した税制改正を実施した場合における，課税の公平性および中立性に対する影響を検討してみよう。ただし，キャピタル・ゲインに関しては主たる住居を譲渡した場合（投機目的or非投機目的）を想定し，また，不動産証券化による所得は考慮しない。

まず，課税の公平性の観点から検討しよう。分析に際しては，本書の第12章と同様の手法を用いる。異なる点は，不動産所得の中に新たに帰属家賃を加えることである。帰属家賃の所得階級別金額は，『平成16年全国消費実態調査報告　第8巻　家計資産編』（総務省統計局）に記載されている勤労者世帯（総世帯）のデータを利用し，⑥式から持ち家の純市場価値（V-M）を推計する。

ただし，Vの計算に際しては，固定資産税評価額に対応させるため，時価の7割評価（0.7V）とした。また，住宅ローン金利iに関しては，民間住宅ローン金利と住宅金融公庫金利とに注目し，『住宅金融公庫年報』（住宅金融公庫）に記載されている年度末の貸付残高に応じて加重平均を求める。民間住宅ローンの概念の中には，国内銀行（都市銀行，地方銀行，信託銀行，長期信用銀行など）の他に，信用金庫や信用組合，生命保険会社や損害保険会社などによるローンも含まれている。住宅金融公庫の貸付金利は一般住宅の基準金利を，民間住宅ローン金利に関しては都市銀行の変動金利を，それぞれ利用する。

推計結果は，表13-8で示されるとおりである。表12-6の結果と比較すると，課税前のジニ係数は，0.4723から04672へ低下している。これは，帰属家賃が加わり，不動産所得のジニ係数が低下（0.4295→0.3203）したことが影響している。帰属家賃の課税前分布は，他の種類の不動産所得（賃貸所得，不動産譲渡益）よりも平等であると予測される。課税前のジニ係数に対する各所得の貢献度は，不動産所得の割合が上昇し（1.6%→2.7%），勤労所得と金融所得の割合は低下している。

家計が投機目的で持ち家を売却した場合には，帰属家賃課税に加えて20%の譲渡所得税が課されるため，課税後のジニ係数は0.4371，再分配係数は0.0644となる。他方，投機目的以外で売却する場合には，帰属家賃は課税されるが譲

表13-8 帰属家賃課税と再分配効果（2004年度）

	課税前				
	総世帯所得に占める第k源泉所得の所得額の割合(%)	ジニ係数 (G)	第k源泉所得のジニ係数 (G_k)	貢献度 (I_k:%)	再分配係数
総所得		0.4672			—
勤労所得	87.4		0.4613	86.3	
金融所得	8.7		0.6439	11.0	
不動産所得	3.9		0.3203	2.7	
	課税後（投機目的）				
	総世帯所得に占める第k源泉所得の所得額の割合(%)	ジニ係数 (G)	第k源泉所得のジニ係数 (G_k)	貢献度 (I_k:%)	再分配係数
総所得		0.4371			0.0644
勤労所得	87.9		0.4313	86.5	
金融所得	7.9		0.6439	10.5	
不動産所得	4.2		0.3235	3.0	
	課税後（非投機目的）				
	総世帯所得に占める第k源泉所得の所得額の割合(%)	ジニ係数 (G)	第k源泉所得のジニ係数 (G_k)	貢献度 (I_k:%)	再分配係数
総所得		0.4375			0.0636
勤労所得	87.8		0.4313	86.4	
金融所得	7.9		0.6439	10.5	
不動産所得	4.3		0.3246	3.1	

（出所）著者推計。

渡所得税は非課税である。この時，課税後のジニ係数は0.4375，再分配係数は0.0636となる。課税後のジニ係数の値は，いずれのケースにおいても，帰属家賃課税が実施されない場合における総合課税のジニ係数値（0.4364：表12-6）に近づく。さらに，現行税制の場合（表12-6のケース1とケース2の中間）よりも再分配係数の値は大きい。また，非投機目的の場合の再分配係数は，帰属家

表13-9　金融資産と持ち家の選択（実効限界税率の比：2004年度）

	社債と新築住宅	株式と新築住宅	社債と中古住宅	株式と中古住宅
帰属家賃課税＋譲渡所得非課税	−0.1825 (−1.0222) (−0.9956)	−0.1499 (−0.8399) (−0.7978)	−0.0639 (−0.9190) (−0.8950)	−0.0525 (−0.7551) (−0.7173)
帰属家賃課税＋譲渡所得課税	−0.0144	−0.0118	0.1020	0.08384

(注)　・新築住宅の場合は，中高層耐火建築住宅以外の場合を示す。
　　　・カッコ内は，表12-2の数値。上段は，帰属家賃非課税＋買換特例適用のケース。下段は，帰属家賃非課税＋買換特例適用＋金融所得課税一元化のケース。
(出所)　著者推計。

賃を含まないで二元的所得税が実施される場合（表12-6）と，ほぼ同じである。

　次に，課税の中立性の観点から検討してみよう。分析手法は，やはり第12章の場合と同様である。金融資産と持ち家の実効限界税率の比（持ち家の実効限界税率／金融資産の実効限界税率）を推計している。帰属家賃課税の実効税率は，『平成16年全国消費実態調査報告　第8巻　家計資産編』（総務省統計局）を利用して帰属家賃の金額（$(0.7V-M)i$）を，固定資産税評価額（$0.7V$）で除して求めた。そして，その値を第11章で示したモデルの中の資産保有課税（固定資産税および都市計画税）の税率に加えた。また，固定資産税においてローン残高控除が，所得税における住宅取得促進税制Zに代えて適用されるものとした。

　推計結果は，表13-9で示されるとおりである。なお，金融資産に関しては，全産業のケースを取り上げている。さらに，資金調達法として，内部留保と社債を組み合わせるケース，および内部留保と株式発行を組み合わせるケースを想定している（以上，表12-2参照）。

　表12-2では，帰属家賃は非課税であるが，譲渡所得に関しては買換特例が適用され，譲渡所得が非課税となることを想定していた。そこで，持ち家の譲渡は非投資所得とみなされ非課税であるが，税制改正により帰属家賃が課税される場合と比較すると，実効限界税率の比はいずれのケースにおいても大きく

なっている．例えば，社債と新築住宅の選択においては，実効限界税率の比は－1.0222（帰属家賃非課税＋買換特例適用のケース）もしくは－0.9956（帰属家賃非課税＋買換特例適用＋金融所得課税一元化のケース）から－0.1825へ上昇している．すなわち，金融資産と比較して相対的に持ち家が優遇される程度が減少し，課税の中立性の観点からは改善されている．

さらに，帰属家賃が課税であることに加えて，持ち家の譲渡が投資的所得として課税される場合を考えると，実効限界税率の比はさらに上昇し，家計資産と比較した持ち家の優位性はいっそう低下する．

おわりに

本章の内容を要約すると以下のようになろう．
(1) 資本所得税のあり方を考えるアプローチは，所得を勤労所得と資本所得とに二分し所得税の枠組みの中で差別課税を実施する方法と，所得税の補完税もしくは代替税としての資産保有課税の存在にも注目して考察を行うものとに大別できる．わが国では，現在1990年代前半に北欧諸国で導入された二元的所得税が注目されているが，北欧諸国では，所得税の補完税として資産保有課税（富裕税，不動産税）が存在する（存在した）ことを忘れてはいけない．
(2) 所得税の補完税としての資産保有課税は，もっぱら課税の公平性および税務行政の効率性の観点からその存在意義が正当化される．
(3) 所得税の代替税としての資産保有課税の議論として注目すべきは，イギリス所得税制史における資本還元案，およびフランスのノーベル経済学者モーリス・アレの資本課税論，オランダの2001年所得税制改革である．まず資本還元案では，あらゆる種類の所得が永続性に応じて異なる割引率で資本化され，その資本還元価値をベースとした比例課税を行うことが主張された．

資本還元案の内容が所得税制改革に限定されるのに対し，税制全般の改革

論議の出発点に所得種類別差別課税を位置づけるのがアレの議論の特徴である。そこでは，公正かつ活力ある社会を構築するには，所得課税および資産移転課税を廃止し，消費課税（付加価値税および関税）と実物資産に課税対象の限定された資産保有税で税制を構築すべきことが提言される。

オランダの2001年所得税制改革は，雇用労働者の負担軽減，租税裁定への対応，税制の簡素化などを目的として実現されたが，その特徴は，総合所得税に代えてBoxシステムと呼ばれる分類所得税が新たに採用されたこと，および資本所得の一部が，実質的に富裕税の性格を有する投資収益税（概算資本所得税）で課税される点にある。

以上の3種類の議論を所得税制改革の視点から眺めると，資本還元案では資産保有課税が所得税の完全な代替税とみなされるから，勤労所得と資本所得の両方が資産保有税で課税されることになる。アレの資本課税論は，所得課税の代わりに実物資産保有税の導入を提言するから，これは勤労所得および金融資産所得を非課税にして実物資産所得を資産保有税で課税する方式である。オランダの投資収益税は，勤労所得を所得税で，資本所得の一部を資産保有税で課税する。このように三者間で性格の違いはあるが，いずれも所得を生み出す源泉に注目したこと，改革の結果として勤労所得軽課，資本所得重課の効果がもたらされる点では共通している。

（4）租税思想史および近年のオランダや北欧諸国における所得税制改革での議論を踏まえると，わが国での資本所得課税のあり方を考える視点として重要なのは，第一に，資本所得の性格（投資的所得or非投資的所得）に応じた課税を行うことであろう。具体的には，まず資本所得を投資的所得と非投資的所得とに分類すべきである。さらに，不動産所得と金融資産所得の区別が必要である。第二に，所得税の補完税としての資産保有課税の機能に注目すべきである。その際の資産保有税は，一般財産税ではなく個別財産税の形式が望ましいだろう。以上に基づく具体的な課税のイメージとして，金融資産所得および不動産賃貸所得，不動産証券化による所得，不動産譲渡益（主たる住居以外）は比例所得税で課税すること，帰属家賃は資産保有税で課税すること，不動産譲渡益（主たる住居）は原則非課税とすることを提案する。

（5）上記のような内容の税制改正を実施すると，課税の公平性および中立性の両側面から，現行制度よりも状況が改善されると考えられる。

終章　本書の分析結果と残された課題

はじめに

　終章では，まず，本書の分析結果を，わが国における住宅税制の現状とそのあり方の2点に関して明らかにする（I節）。さらに，本書に残された今後の課題を述べる（II節）。

I．本書の分析結果

1．住宅税制の現状

（1）制度的特徴

　第1章において，わが国における資産課税および住宅税制の構造を，OECD諸国との比較により検討した。

　わが国の資産課税の構造は，2005年において，経常不動産課税が約8割，人的資産課税が約1割，金融・資本取引税が約1割となっている。資産課税の対GDP比は，経常不動産課税および相続・贈与税の負担増加により，1960年代後半以降，上昇傾向にある。金融・資本取引税の負担は，1980年代前半まで上昇していたが，80年代後半以降，中でも特に90年代後半以降は低下傾向にある。

　わが国における住宅税制の国際的特徴として，取得，保有，譲渡の各段階で多くの種類の課税が行われており，制度が複雑であることを指摘できる。さらに，土地と家屋に対する扱いが異なることにより，よりいっそうその複雑さが

増している。

(2) 課税の実態

　持ち家に対する課税の実態を把握するために，第11章および第12章において，1980年代以降2004年までを対象として実効限界税率を推計した。本書の特徴は，①分析対象に土地部分も含めたこと，②租税の中に譲渡所得税および都市計画税を追加的に含めたこと，③新築住宅と中古住宅を区別して推計したこと，④金融資産（社債，株式）と持ち家の比較をしたこと，の4点にある。

　その結果，課税の実態として以下のような事柄が明らかにされた。ただし，新築住宅に関しては，住宅取得減税，譲渡に係る特例（居住用財産の特例，買換特例），登録免許税の軽減措置，固定資産税の減額措置が適用されるものとする。中古住宅に関しては，上記の固定資産税減額措置以外の優遇措置が適用される場合とそうでない場合とを区別した。

　第一に，持家購入の資金調達方法ごとに実効限界税率を推計すると，全額ローンで購入するケースおよび現金とローンを組み合わせるケースにおいて，税制は中古住宅よりも新築住宅を相対的に優遇している。その程度は，3階建て以上の中高層耐火建築住宅においてより大きい。さらに，1980年代以降，新築住宅を相対的に優遇する程度には拡大傾向が見られる。

　また，現金購入の場合，中高層耐火建築住宅に関しては，中古住宅よりも新築住宅の方が相対的に優遇されている。しかし，2階建てまでのケースでは，中古住宅が優遇される傾向が見られる。したがって，税制は常に中古住宅よりも新築住宅を相対的に優遇しているわけではない。

　第二に，現金とローンを組み合わせるケースを前提にして，個別の税制の効果を推計すると，新築住宅の場合，効果の大きさは，2階建てまでの場合には，買換特例が適用される場合，資産移転課税（登録免許税・不動産取得税），資産保有課税（固定資産税・都市計画税），消費課税，譲渡所得税の順である。買換特例が適用されない場合，譲渡所得税，資産移転課税，資産保有課税，消費課税の順となる。3階建て以上の場合には，買換特例が適用される場合，資産保有課税，資産移転課税，消費課税，譲渡所得税の順である。買換特例が適

用されない場合，資産保有課税，譲渡所得税，資産移転課税，消費課税の順となる。

中古住宅の場合，優遇措置の適用が認められるならば，資産移転課税，資産保有課税，消費課税（個人間売買のケースを除く），譲渡所得税の順となっている。優遇措置が適用されないならば，資産移転課税，譲渡所得税，資産保有課税，消費課税（個人間売買のケースを除く）の順である。

優遇措置に関しては，新築・中古を問わず，住宅取得減税（所得税）の効果が最も大きい。

第三に，金融資産と持ち家の選択に関して実効限界税率の比を推計すると，2004年度において，税制は金融資産よりも持ち家を相対的に優遇している。ただし，その程度は業種により異なる。社債と持ち家の選択に関しては，税制が社債よりも持ち家を優遇する程度は，その他の産業（製造業および商業以外の産業）において最も高く，製造業において最も低い。また，株式と持ち家の選択に関しては，その他の産業において最も優遇度が高く，商業において最も低い。

第四に，1980年代以降，金融資産と持ち家の実効限界税率の比は低下傾向にあり，税制上，持ち家の方が金融資産よりも相対的に優遇される傾向が見られる。この背景には，持ち家の取得を促進するために所得税における住宅ローン減税が拡充されたこと，1990年代後半以降において，経済活性化の観点から不動産譲渡所得税および資産移転課税（登録免許税）が軽減されたこと，などがあると考えられる。

2．住宅税制のあり方

（1）取得課税

① 不動産流通課税

現在わが国では，持ち家の購入に対して，不動産流通課税（印紙税，登録免許税，不動産取得税），消費税（4％）および地方消費税（1％）が課税されている。

不動産流通課税に関して，本書のように，課税実態，課税根拠，課税効果（不

動産取引への効果）を包括的に検討し，そのあり方を考察した研究は過去に存在しなかった。また，消費税および地方消費税に関しても，土地の譲渡および工事（新築工事，改修・修繕工事）も検討対象に加え，国際的視点からより包括的に論じた研究はこれまでに見られない。

まず，不動産流通課税に関しては，分析の結果，以下のような事柄が明らかにされた。

(a) 不動産流通課税の課税根拠に関して，政府見解では能力説の立場から説明されるが，それには問題がある。不動産取得税は，能力説，利益説のどちらの観点からも課税根拠を正当化することが可能である。登録免許税は，能力説よりも利益説の観点から正当化される。しかし，印紙税は課税根拠が不明瞭である。

(b) 現行の不動産取引に係る税制では，消費税・地方消費税と不動産流通課税との間で二重課税が発生している。また，政府が主張するように不動産流通課税の課税根拠を能力説に求めると，不動産流通課税の内部でも二重課税が生じていることになる。このような二重課税の存在は，買い手に対して過重な負担を課しており，その負担を軽減するための措置が必要である。

(c) 不動産流通課税と不動産取引との間の関係を経済モデルにより実証分析すると，両者の間には負の相関関係が認められる。すなわち，不動産流通課税は不動産取引を阻害すると考えられる。ただし，不動産取引へ影響を与える要因としては，不動産流通課税の存在よりも，住宅ローン金利や地価の動向の方が重要である。さらに，主要先進諸国との比較で見ると，わが国の不動産取引に係る税制は，その制度が複雑で負担も重くなっている。したがって，長期的には，国際的視点からも不動産取引を阻害する可能性が高い。

(d) 以上の分析から，わが国における不動産流通課税を見直す必要があるのは明らかである。その際，消費税・地方消費税の存在が大きな意味を持つと考えられる。不動産流通課税と消費税・地方消費税との調整方法としては，結局，不動産譲渡に係る印紙税および地方消費税を免税にして，登録

免許税および不動産取得税については，特例措置により負担を軽減することが望ましいだろう。

② 付加価値税（消費税および地方消費税）

付加価値税（消費税および地方消費税）に関しては，課税の水平的公平性および中立性の観点からは，居住用不動産の譲渡，工事，賃貸のすべてに対して一律に課税することが望ましい。しかしながら，実行可能性の観点からさまざまな制約に直面する。ポイントとなるのは，賃貸の扱い，徴税コスト，税収の確保，消費者の税負担の重さである。

また，政策的配慮として，居住用不動産の生活必需財的性格および賃借人の担税力への配慮に加え，将来の住宅政策（成熟社会における住み替えの促進）の観点からも検討が求められる。

これらを総合して考察すると，(a)譲渡は課税（軽減税率を適用）すること，(b)土地は非課税とすること，(c)工事（新築工事・改修・修繕工事）は課税（軽減税率を適用）すること，(d)賃貸は非課税とすること，が望ましいと考えられる。ただし，軽減税率を適用する前提としてインボイス方式の導入が条件となる。

③ 相続税

第4章では，相続税の存在しない先進国（特にオーストラリアおよびカナダ）の事例に注目し，それらの国々で相続・贈与税が廃止された理由および廃止後の議論を手がかりにして，わが国における相続税の存在意義およびそのあり方を検討した。このようなアプローチを採った理由は，相続税のない国々での議論を眺めることにより，同税の意義がより明確にされるのではないかと考えたからである。

オーストラリアおよびカナダにおいて相続・贈与税が存在しないことはこれまでにも度々注目されてきたが，財政学者による本格的な研究は存在しなかった。両国における廃止に至る経緯およびそこでの議論を整理した点に，本研究の最初の意義がある。さらに，両国の経験を参考として，相続税が支持され存続するための諸条件（経済的条件，政治的条件）を明らかにし，それに基づきわが国の相続税の意義を再考したことも既存研究には例を見ない点である。

結論として，わが国の相続税に関しては，(a)日本の資産格差は大きくない

とは言えないこと，(b)相続が資産格差の重要な要因であると考えられること，(c)資産格差に対して国民が敏感であること，などからその存在意義は大きいと考えられる。さらに，(d)国内での租税競争が問題とならないこと，(e)海外への資本移転の可能性が小さいこと，(f)徴税は非効率でないと考えられること，なども相続税の廃止されたオーストラリアやカナダとは事情が異なる。ただし，農家や中小企業などによる事業承継のための減税の政治的圧力，低成長および出生率の低下による相続への期待の増加，持家率の上昇による国民の資産格差に対する態度の緩和などの現象により，相続税の存続は制約を受けざるを得ないだろう。

(2) 保有課税
① 固定資産税

固定資産税に関しては，まず第5章において，土地および家屋に係る分の課税標準のあり方を考察した。本書の特徴は，地方不動産税の課税標準をめぐる海外での既存研究を踏まえて，地方不動産税の課税標準の概念，および課税標準を選択する基準を明確にし，それに基づき望ましい課税標準のあり方を考察した点にある。

望ましい課税標準を選択する視点としては納税者の視点を最も重視し，また，課税標準を選択する基準として，公平，簡素，歳入の十分性（伸張性）および安定性を導き，それらの観点から比較検討を行った。その結果，固定資産税（土地，家屋に係る分）の課税標準としては現行の資本価値が望ましく，シャウプ勧告以前の賃貸価値を復活させるべきだとする議論には問題があることを明らかにした。

さらに，第11章において，新築住宅と中古住宅に対する課税の中立性の観点から，すでにその使命を終えていると考えられる，新築住宅に対する固定資産税減額措置の廃止を提言した。

② 地価税

第6章では，1998年度以降課税が凍結されている地価税の考察を行った。

結論として，(a)課税の公平性（土地資産格差是正，水平的公平）の実現，およ

び帰属家賃への間接的課税による税制の整合性確保の観点から，凍結されている地価税を見直すべきこと，(b)課税に際しては，家計の所有する土地を課税対象とすること，土地取得のための借入金に関しては負債として控除を認めること，税率はゆるい累進税率とし基礎控除の水準を引き下げること，事業所得への損金参入は認めないこと，居住用土地に関しては納税者の支払い能力を考慮した何らかの措置を採らざるを得ないこと，を提言した。

もっとも，地価税による帰属家賃課税の効果は，家屋部分により発生する帰属家賃を捕捉できない点で限界がある。

③ 帰属家賃課税

帰属家賃課税に関して，まず第7章で，主要先進諸国（アメリカ，イギリス，ドイツ，フランス）における過去の議論を眺めることにより，帰属所得の概念，帰属家賃課税の実態，帰属家賃課税の理論的根拠などについての論点整理を行った。また，帰属家賃課税の一つの形態である資産保有課税による間接的課税の議論を検討するために，第8章でこれまで取り上げられることのなかったアイルランドの事例を詳しく見た。

さらに，第9章において，理論的には帰属家賃課税と一体であると考えられる住宅ローン利子控除（住宅ローン利子所得控除，住宅ローン利子税額控除）に関して，主要先進諸国での議論を踏まえ，その存在意義について考察した。加えて，住宅ローン利子税額控除の性格を有する，わが国の住宅ローン残高控除制度の効果に関しては，第11章において実効限界税率の推計も行った。

第7章～第9章での考察を通して導かれる著者の主張は，以下の4点である。

第一に，税制の整合性の観点からは，ローン利子控除の前提として帰属家賃課税が必要である。

第二に，帰属家賃課税の方法としては，前述のように地価税を見直すか，もしくは固定資産税に目を向けることが考えられる。便宜上，帰属家賃に対する税は，地方公共団体が国に代わり固定資産税制度を利用して徴収し，その見返りに税収の一部を地方財源とすることも検討可能であろう。その際，帰属家賃の評価は，家賃決定に持ち家の立地が大きく影響することを考慮し，住宅の評

価額に土地評価額を含めるべきである。また，住宅ローン利子に関しては，土地および家屋の評価額から住宅ローン残高を控除するものとする。固定資産税でローン残高控除が実施される場合には，所得税における住宅ローン減税制度は廃止すべきである。さらに，低所得者の支払い能力を考慮した救済措置を検討する。

第三に，ローン利子控除の効果は，低所得者よりも中高所得者の場合の方が大きいと考えられる。したがって，優良な中古住宅ストックの形成に役立つ側面を有する。

第四に，アメリカ型の住宅ローン利子所得控除制度は，税収損失の規模が拡大し財政赤字を悪化させる可能性が高い。

(3) 譲渡課税

キャピタル・ゲイン課税に関しては，まず第10章において，フランスにおける1976年税制改正をめぐる諸議論を考察することにより，論点整理を行った。フランスの1976年税制改正の理論的背景に注目して，キャピタル・ゲイン課税をめぐる問題点の整理を行った詳細な研究は過去に存在しなかった。さらに，そこでの議論を踏まえて，第11章および第13章で持ち家の売却に対する譲渡所得税のあり方を検討した。

著者の主張は，以下のとおりである。

第一に，現行の買換特例制度は，新た住宅を購入することが前提となるため，家族構成の変化，転勤，退職，高齢者による郊外から都心への移動，などの理由により持ち家を売却して賃貸住宅に移るようなケースを税制が妨げている。

第二に，したがって，投機目的以外で主たる住居を売却した際に発生する譲渡所得に関しては，買換特例措置に代え，非投資的所得として完全に非課税とすべきである。

第三に，投機目的と認定される場合，および主たる住居以外のケースは，投資的所得として課税する。税率は，投資的所得の性格を有する金融資産所得と同一水準に設定する。投機目的の認定に際しては，現行制度の所有期間5年を

基準として，そこから特別な事情（公共目的のための収用，家族構成の変化，転勤，退職，高齢者による郊外から都心への移動など）により持ち家の売却を余儀なくされたケースを除外することが考えられる。

第四に，キャピタル・ロスの扱いは，金融資産からのキャピタル・ゲインを含むキャピタル・ゲイン全体からの控除を認める。控除しきれないキャピタル・ロスについては無期限の繰越しを認める。

（4）資本所得税

第11章および第12章において，持ち家と金融資産（社債，株式）の間における課税の中立性を，実効限界税率を推計することにより分析した。その結果，持ち家の課税実態に関しては，前述のように，税制は金融資産よりも持ち家を相対的に優遇しており，しかも，その優遇の程度は1980年代以降拡大傾向にあること，が明らかにされた。

このような課税実態を踏まえ，第13章では，わが国における資本所得税のあり方に関して以下のような提言を行った。

第一に，資本所得の性格に応じた課税を行うため，資本所得を「投資的所得と非投資的所得」，「不動産所得と金融資産所得」の二つの軸により分類する。

第二に，投資的所得の性格を有すると考えられる金融資産所得および不動産賃貸所得，不動産証券化による所得，不動産譲渡益（主たる住居以外）は比例所得税で課税，非投資的所得のうち，帰属家賃は資産保有税（地価税もしくは固定資産税）で課税，不動産譲渡益（主たる住居）は原則非課税とする。

第三に，上記のような税制改正の経済効果を，第12章と同様の手法により推計すると，課税の公平性および中立性の両側面から，現行制度（2004年度を想定）よりも状況が改善されると考えられる。

（5）持ち家に係る人的資産課税

持ち家に係る人的資産課税のあり方を考察するために，そもそもある一時点における個人の純資産保有額がどのようにして決定されるかを考えよう。一般に，期末の純資産保有額は，期首の純資産保有額に，当該期間における資産増

価額（地価や株価の上昇額，金利の上昇による預金総額の増加額，配当による所得の増加額，帰属家賃・帰属地代による所得増加額など），貯蓄額および相続・贈与による資産取得額を加えた総額から，当該期間における資産減価額および負債総額を控除した額に等しくなる。期末において発生する資産格差を是正するためには，純資産増価（資産増加－資産減価），貯蓄，相続・贈与などに対して適正に課税されなければならない。このような視点から見ると，資産格差是正機能を有する税制としては，キャピタル・ゲイン課税および利子・配当課税，帰属所得課税（帰属家賃課税，帰属地代課税），貯蓄に対する課税（経常純資産税），相続・贈与税などが重要であろう。

しかしながら，現実には土地や株などの未実現キャピタル・ゲイン，帰属家賃や帰属地代に対して，所得税で課税することは困難である。したがって，そのような状況を改善するためには，純資産保有額をベースとして経常純資産税を毎期課税するとともに，相続や贈与が発生したときに相続・贈与税を追加的に課税すればよい。ただし，キャピタル・ゲインや利子・配当などに対して公平性の観点から適正な課税が行われる場合には，経常純資産税との間で二重課税が発生するため調整が必要とされよう。

このように考えると，現行の住宅税制において地価税はどのように位置づけられるのであろうか。

第一に，第6章で述べたように，土地含み益および帰属地代に対する間接的課税により，所得税を補完することが可能となる。

第二に，相続税は相続が発生する以前の相続人の財産を捕捉できない点で，その資産格差是正機能には限界がある。それゆえ，地価税はそれを補完する意味合いも有する。

したがって，課税の公平性という側面からは，租税体系における地価税の意義は大きい。第6章で詳細に検討したように，地価税を廃止すべきだとする指摘の多くは誤解に基づくものである。地価税を復活させるに際しては，納税者を個人に限定し居住用土地も課税対象に含めるべきであるが，基本的に，土地の売却を前提とする実質的財産税ではなく，納税者の担税力を考慮する形式的財産税として存続を図ることが望ましい。

しかし，そのことにより地価税の資産格差是正機能は必然的に限定されることになる。ただし，税収を社会的弱者救済のための財源に充てることにより，再分配機能の低下を抑制することは可能である。このことは，相続税に関しても同様にあてはまる。

　また，地価税を課税すると同時に，本書で提案している固定資産税を利用した帰属家賃課税を実施すると，二重課税が発生する。したがって，その場合には，家計の所有する土地のうち居住用土地に関して，地価税を非課税とすることが考えられる。

　さらに，すでに保有している土地を売却して，それによって得た代金を元手として新たに住宅を購入するような場合には，地価税が課税されていると，理論的には流通課税（不動産取得税）との間で二重課税が発生することになる（第2章参照）。したがって，そのような場合には，流通課税を非課税にして二重課税を調整することが必要とされよう。

II. 残された課題

　以上，本書では持ち家に対するわが国の税制の実態を分析し，そのあり方に関していくつかの提言を試みた。持ち家に係る税制に対する著者の基本的な考え方は，(1)個人の努力による持ち家の取得に対しては，税負担を軽減する，(2)持ち家の所有に関しては，適正な課税を実施する，(3)転勤等のやむを得ない事情による持ち家の譲渡は非課税とし，個人の移動を妨げない，というものである。

　しかし，言うまでもなく，持ち家に対するわが国の税制のすべてを取り上げ，網羅的に論じたわけではない。最後に，今後の課題として残されたいくつかのテーマを示し，本書の締めくくりとしたい。

　第一に，分析に際して，有償譲渡による持ち家の取得をもっぱら想定した。したがって，無償譲渡課税に関する検討が不十分である。相続税の存在意義については検討したが，相続・贈与税に関する細かい制度の考察に踏み込んでい

ない。実効限界税率の推計において，有償譲渡のみならず無償譲渡のケースも想定し，相続・贈与税の影響を検討する作業が残されている。さらに，相続税における小規模宅地に対する税の特例，贈与税における住宅取得資金に係る税の特例の検討も残されている。

第二に，住宅ローン利子控除に関しては，その効果に関して実効限界税率を推計し，税制の整合性の観点から帰属家賃課税の実施が必要なことを述べたが，主要先進国の動向を眺めると，住宅ローン利子控除が廃止され，補助金の形態へと変化している。そもそも，持家取得促進政策として，ローン利子控除の形が望ましいのか，それとも補助金の形を採るべきなのか，最適な政策手段に関する理論的な検討が必要であろう。

第三に，固定資産税に関して，もっぱら課税標準の決定に関して論じたが，評価の問題（実態，あり方）には言及することが出来なかった。

第四に，本書では国際的視点を重視して海外の議論に注目したが，欧米をもっぱら対象とし，わが国でも注目されてきた韓国や台湾などのアジア諸国における議論を検討することができなかった。また，欧米の議論に関しても，著者の語学力の制約から，ドイツのケースを独自に検討することが出来なかった。また，第13章ではオランダの2001年所得税制改革を取り上げたが，オランダ語文献を読みこなせれば，より深い考察が出来たであろう。

参考文献

外国語文献

Aaron, H. J. [1970], "Income Taxes and Housing", *American Economic Review*, Vol. 60, No. 5, pp. 789-806.

Aaron, H. J. & A. H. Munnell. [1992], "Reassessing the Role for Wealth Transfer Taxes", *National Tax Journal*, Vol. 45, No. 2, pp. 119-143.

Abrate, G. [2004], "The Netherlands", in Bernardi, L & Profeta, P(ed.), *Tax Systems and Tax Reforms in Europe*, Routledge, chap. 10.

Adair, A, et al(eds.) [1996], *European Valuation Practice Theory and Technigues*, E & FN Spon. ((社)日本不動産鑑定協会・国際委員会訳[1998],『ヨーロッパにおける不動産評価の理論と実務』, 東京布井出版)。

Agell, A., & P. England. & J. Sodersten. [1998], *Incentives and Redistribution in the Welfare State*, Macmillan Press, pp. 162-189.

Allais, M. [1959], "De Quelques Propriétés de l'Impôt sur le Capital", *Cours d'Économie Génerale*, Ecole National Supérieure des Mines de Paris, Tome II, pp. 279-284.

Allais, M. [1966], "*L'Impôt sur le Capital, Droit Fisca,* ", N° 9, Septembre-Octobre, pp. 406-539.

Allais, M. [1977], *L'Impôt sur le Capital et la Réforme Monétaire*, Hermann Éditeurs des Sciences et des Arts.

Allais, M. [1979], "La Lutte contre les Inégalites Le Projet d'un Impôt sur les Grosses Fortunes et la Réforme de la Fiscalité par l'Impôt sur le Capital", *Rapport de la Commission d' Étude d' un Prélévement sur les Fortunes ; volume 3*, La Documentation Francaise, pp. 17-49.

Allais, M. [1990], *Pour la Réforme de la Fiscalité*, Clément Jugiar, 1990.

Amand, C., G. Schellmann, & R. Vermeulen. [2005], "Immovable Property and VAT - Lessons from Past Experience", *International Vat Monitor*, September/October, pp. 325-334.

Amos, J., et al(eds.) [2007], *Global Individual Tax Hnadbook 2007*, IBFD.

Andelson, R. V. [2000], *Land- Valuue Taxation Around the World : Third Edition*, Blackwell Publishers Inc.

Angermann, F. [2000], "Tax Aspects of Investing in Real Estate in Germany", *Bulletin for International Fiscal Documentation*, Vol. 54, No. 4 , pp. 186 – 196.

Andrews, W. D. [1974], "A Consumption–Type or Cash Flow Personal Income Tax", *Harvard Law Review*, Vol. 87, April, pp, 1113 – 1188.

Andrews, W. D. [1980], "A Supplemental Personal Expenditure Tax", in Pechman, J. A (ed.), *What should be taxed : Income or Expenditure?*, Brookings Institution, pp. 127 – 160.

Auberger, P. M. [1996], "Rapport fait au nom de la Commission des Finances, de l' Économie Générale et du Plan sur le Projet de Loi de Finances pour 1997, TOME III", *Assemblee Nationale*, N° 3030, Octobre.

Ault, H. J (ed.) [1997], *Comparative Income Taxation*, Kluwer Law International.

Ault, H. J. & B. J. Arnold. (eds.) [2004], *Comparative Income Taxation Second Edition*, Aspen Publishers.

Australia [1985], *Reform of The Australian Tax System : Draft White Paper*, Australian Government Publishing Service, chap. 15.

Avery–Jones, A. F. [1994], Comparative Study of Inheritance and Gift Taxes, *European Taxation*, Vol. 34, No. 10 – 11, pp. 335 – 442.

Bahl, R. W. & J. F. Linn. [1992], *Urban Public Finance in Developing Countries*, Oxford University Press, chap. 4 .

Bale, G. [1989], *Wealth Transfer Taxation : An Important Component of a Good Tax System*, Victoria University Press.

Balch, B. L. [1958], "Individual Income Taxes and Housing", *National Tax Journal*, Vol. 6 , No. 1 , pp. 168 – 182.

Banting, K. [1991], "The Politics of Wealth Taxes", *Canadian Public Policy*, Vol. 17, No. 3 , September, pp. 351 – 367.

Bastable, C. H. [1917], *Public Finance*, Macmillan, chap. 8 .

Beattie, C. N. [1960], "Schedule A Tax", *British Tax Review*, May–June, pp. 163 – 168.

Bege, J. [1976], "Remarques sur une Étude de l' OECD concernant la Repartition des Revenus dans divers Pays", *Economie et Statistique*, N° 84, pp. 97 – 104.

Bird, R. M. [1960], "A National Tax on the Unimproved Value of Land : The Australian Experience, 1910 – 1952", *National Tax Journal*, Vol. 13, No. 4 , pp. 386 – 392.

Bird, R. M. [1970], "The Tax Kaleidoscope : Perspectives on Tax Reform in Canada",

Canadian Tax Journal, Vol. 18, No. 5 , September – October, pp. 444 – 473.

Bird, R. M. [1971], "The Case for Taxing Personal Wealth", *Proceedings of the 23 nd Tax Conference*, Canadian Tax Foundation, pp. 6 – 24.

Bird, R. M. [1978], "Canada's Vanishing Death Taxes", *Osgoode Hall Law Journal*, Vol. 16, No. 1 , pp. 133 – 145.

Bird, R. M. [1989], "Tax Reform in Canada : Some Continuing Issues and International Perspective", in Mintz, J. & Whalley, J, *The Economic Impact of Tax Reform*, Canadian Tax Foundation, pp. 433 – 442.

Bird, R. M. [1991], "The Taxation of Personal Wealth in International Perspective", *Canadian Public Policy*, Vol. 18, No. 3 , September, pp. 322 – 344.

Bird, R. M. & E. Slack (eds.) [2004 a], *International Handbook of Land and Property Taxation*, Edward Elgar Publishing Limited.

Bird, R. M. & E. Slack. [2004 b], "Land and Property Taxation in 25 Countries : A Comparative Review", Bird & Slack (eds.) [2004 a], chap. 2 .

Boadway, R. W. & H. M. Kitchen. [1999], *Canadian Tax Policies : Third Edition*, Canadian Tax Foundation.

Bossons, J. [1971], "Economic Overview of the Tax Reform Legislation", *Proceedings of the 23 rd Tax Conference*, Canadian Tax Foundation, pp. 45 – 67.

Bossons, J. [1973], "The Effect of Income Tax Reform on Estate Taxes in Canada", *Proceeding of the Sixty-Sixth Annual Conference on Taxation*, National Tax Association, pp. 148 – 159.

Bouvier, M. [2008], *Les Finances Locales : 12ᵉ édition*, L. G. D. J.

Bovenberg, A. & H. Rele. [1998], "Reforming Dutch Capital Taxation : An Analysis of Incentives to Save and Invest", *Research Memorandum*, No. 142, CPB Netherlands Bureau for Economic Policy Analysis.

Bradford, D. F. & the U. S. Treasury Tax Policy Staff. [1984], *Blueprints for Basic Tax Reform, Second Edition*, Revised, Tax Analytts.

Bradley, J. F. [1988], "Property Tax Proposals for the Republic of Ireland", *British Tax Review*, No. 11, pp. 446 – 461.

Bradley, J. F. [1996], "Taxation of Residential Property : The Irish Experience", *British Tax Review*, No. 2 , pp. 168 – 183.

Bradley, J. F. [1999], "Stamp Duty on Housing : Some Lessons from the Republic of Ireland", *British Tax Review*, No. 3 , pp. 174 – 188.

Brochier, M. M-H. & M. J-P. Allavena. [1977], "Nouveau Regime d'Imposition des Plus-Values, *Bulletin for International Fiscal Documentation*, Vol. 31, pp. 159 –

172.
Brundo, W. W. & F. Bower. [1957], *Taxation in the United Kingdom*, The Riberside Press, pp. 263-271.

Bucovetsky, M. & R. M. Bird. [1972], "Tax Reform in Canada : A Progress Report", *National Tax Journal*, Vol. 25, No. 1 , March, pp. 15-41.

Callan, T. [1991], *Property Tax : Principles and Policy Options*, The Economic and Social Research Institute.

Callan, T. [1992], "Taxing Imputed Income from Owner-Occupation : Distributional Implications of Alternative Packages", *Fiscal Studies*, Vol. 13, No. 4 , pp. 58-70.

Caminada, K. & K. Goudswaard. [2001], "NETHERLANDS : The Final Tax Reform? Effects of a Flat Rate Individual Income Tax", *European Taxation*, Vol. 41, No. 2 , pp. 42-46.

Carter, G. E. [1973], "Federal Abandonment of the Estate Tax:The Intergovernmental Fiscal Dimension", *Canadian Tax Journal*, Vol. 21, No. 3 , May-June, pp. 232- 246.

CCH[1997], *Australian Master Tax Guide 1997, CCH Australia Limited*.

CCH[2008], *Australian Master Tax Guide 2008, CCH Australia Limited*.

Cnossen, S. [1982], "Agenda for Income Tax Reform in the Netherlands", *Public Finance*, Vol. 37, No. 2 , pp. 206-223.

Cnossen, S. & R. M. Bird. [1990], *The Personal Income Tax Phoenix from the Ashes?*, NORTH-HOLLAND.

Cnossen, S. [1995], "Towards a New Tax Covenant", *De Economist*, Vol. 143, pp. 285- 315.

Cnossen, S. [1996], "VAT Treatment of Immovable property", in Thurronyi, V(ed.), *Tax Law Design and Drafting*, IMF, pp. 231-245.

Cnossen, S. [1998], "Global Trends and Issues in Value Added Taxation", *International Tax and Public Finance,* Vol. 5 , pp. 398-428.

Cnossen, S. [2000], "Taxing Capital Income in the Nordic Countries : A Model for the European Union?", in Cnossen, S(ed.), *Taxing Capital in the European Union Issues and Options for Reform*, Oxford University Press, pp. 180-213.

Cnossen, S. & L. Bovenberg. [2003], "The Dutch Presumptive Capital Income Tax : Find or Failure?", in Cnossen, S. & Sinn, H-W(ed.), *Public Finance and Public Policy in the New Century*, MIT Press, chap. 8 .

Commission des Finances. [1989], *Rapport d' Information du Contrôle Budgetaire et des Comptes Économiques de la Nation sur la Révision des Valeurs Locatives*

Cadastrales, Sénat.
Commission des Inégalites Socials[1975], *Rapport de la Commission des Inegalites Sociales*, La Documentation Francaise.
Commission Européen[2000], *Structures des Systémes d' Imposition dans l' Union europénne 1970-1997*, EUROSTAT.
Commission on Income Taxation[1959], *Second Report*, Dublin : Stationery Office.
Commission on Taxation[1982], *First Report of the Commission on Taxation (O'Brien Report) : Direct Taxation*, Stationery Office.
Commission on Taxation[1984], *Third Report of the Commission on Taxation : Indirect Taxation*, Stationary office, Dublin.
Commission on Taxation[1985], *Fourth Report of the Commission on Taxation : Special Taxation*, Stationery Office.
Committee of Inquiry[1952], *The Rating of Site Values (Erskine Simes Committee)*, HMSO.
Committee of Inquiry[1976], *Local Government Finance*, HMSO.
Conrad, R. F. [1990], "The VAT and Real Estate", in Gillis, M., and Shoup, C. S. & Sicat, G. P(eds.), *Value Added Taxation in Developing Countries*, International Bank for Reconstruction and Development, pp. 95-103. （下条進一郎訳[1988], 「付加価値税と不動産（コンファレンス論文）」カール・S・シャウプ／世界銀行編『間接税で何が起こるか－付加価値税導入の教訓－』, 日本経済新聞社所収）。
Conseil des Impots. [1986], *Huitième Rapport au Président de la République relatif a l' Imposion de Capital*, Journal Officiel.
Conseil des Impots. [1989], *Dixième Rapport au Président de la République relatif a la Fiscalité Locale : Tome 1*, Journal Officiel.
Conseil des Impots[1998], *Seizième Rapport au Président de la République relatif a l' Imposition du Patrimoine*, Journal Officiel.
Conseil des Impots[1999], *Septième Rapport au Président de la République relatif a la Fiscalité des Revenus de l' Épargne*, Journal Officiel.
Cooper, G. [1979], *A Voluntary Tax?*, Brookings Institution.
Copé, J. F. & F. Werner. [1997], *Finances Locales*, ECONOMICA.
Copeland, J. & B. Walsh. [1975], *Economic Aspects of Local Authority Expenditure and Finance*, The Economic and Social Research Institute.
Cordier, M. , Houdeé, C. & Rougerie, C. [2006], "Les Inégalites de Patrimoine des Ménages entre 1992 et 2004", INSEE, *Les Revenus et le Patrimoine des Ménages-Édition 2006*, pp. 47-58.

Coughlan, M. & D. Buitleir. [1996], *Local Government Finance in Ireland*, Institute of Public Administration.

Cunningham, N. [1996], "The Taxation of Capital Income and the Choice of Tax Base", *Tax Law Review*, Vol. 52, No. 1, pp. 17−44.

David, C. [1987], *L' Impôt sur le Revenu des Ménages*, Economica.

Davies, J. B. [1991], "The Distributive Effects of Wealth Taxes", *Canadian Public Policy*, Vol. XVII, No. 3, September, pp. 279−308.

Davies, J. B. [1993], "The Distribution of Wealth in Canada", in Slottje, D. J(ed.), *Research in Economic Inequality*, JAI Press, Vol. 4, pp. 159−180.

Davies, J. B. & D. G. Duff. [1994], "Wealth Tax Proposals"in Maslove, A. M(ed.), *Issues in the Taxation of Individuals*, University of Toronto Press, chap. 6.

Denny, K., J. Hall, & S. Smith. [1995], *Options for Business Rate Reform*, IFS.

Department of the Treasury[1984], *Tax Reform for Fairness, Simplicity, and Economic Growth*, Vol. 3. (http://www.treas.gouv/offices/tax−policy−library/tax−reform/: 塩崎 潤訳[1986], 『公平・簡素および経済成長のための"税制改革" 第3巻 付加価値税』, 今日社)。

Devereux, M. P.[2004], "Measuring Taxes on Income from Capital", Sφrensen, P. B (ed.), *Measuring the Tax Burden on Capital and Labor*, The MIT Press, chap. 2.

Direction Générale des Collectivités Locale[2003], *Inventaire Géneral des Impôts Locaux*.

Direction Génerale des Collectivités Locale[2007], *Le Guide Statistique de la Fiscalite Directé Locale 2006*.

Direction Génerale des Collectivités Locale[2008], *Les Collectivités Locales en Chiffres 2008*.

Doughery, A & R. V. Order. [1982], "Inflation, Housing Costs, and the Consumer Price Index", *American Economic Review*, Vol. 72, No. 1, pp. 154−164.

Ducamin, B. et al. [1995], *Les Prélèvements sur les Ménages, Commission d' Étude sur les Prélèvements Fiscaux et Sociaux pesant sur les Ménages, 1995*.

European Commission[1977], *Sixth Council Directive 77/388/EEC of 17 May 1977 on the Harmonization of the Laws of the Member States relating to the Turnover Taxes−Common System of Value Added Tax : Uniform Basis of Assessment*.

European Commission[1996], *Study on the Application of Value Added Tax to the Property Sector : Executive Summary and Country Overviews*.

European Commission[2004], VAT Indicators, *Working paper*, No. 2/2004.

European Commission[2007], *VAT Rates applied in the Member States of the*

European Community.

European Union[2006], *Council Directive 2006/112/EC of 28 November 2006 on the Common System of Value Added Tax*.

Farr, W. [1853], "The Income and Property Tax", *Quarterly Journal of the Statistical Society*, March, pp. 1 - 44.

Federal Public Service[2008], *Tax Survey 2008*.

Feldstein, M. [1977], "The Surprising Incidence of a Tax on Pure Rent : A New Answer to an Old Question", *Journal of Political Economy*, Vol. 85, No. 2 , pp. 349 - 360.

Fena-Lagueny, E. , Mercier, J-Y. & B. Plagnet. [2005], *Les Impôts en France Traité de Fiscalité 2005-2006*, Editions Francis Lefebvre.

Fiedler, M. G. [1983], *A Wealth Tax*, Australian Tax Research Foundation.

Foster, G, A. [2000], "Australia", in Andelson, R. V. [2000], chap. 25.

Fuest, C. , B. Huber. & S. Nielsen. [2003], "Capital Gains Taxes on Housing", (http : //www. econ. ku. dk/epru/Seminars/Seminars 2003/pdf/h-sw. pdf).

Giscard d'Estaing, V. [1976], *Democratie Francaise*, Libraire Arthème Fayard. (磯村尚徳・荻野弘巳訳 [1977]『人間から出発する社会』, ダイヤモンド社)。

Goode, R. [1960], "Imputed Rent of Owner-Occupied Dwellings under the Income Tax", *Journal of Finance*, Vol. XV, No. 4 , December, pp. 504 - 530.

Goode, R. [1976], *The Individual Income Tax*, 1976, chap. 6 . (塩崎 潤訳 [1976]『個人所得税』, 今日社, 第 6 章)。

Goode, R. [1977], "The Economic Definition of Income", in Pechman, J. A.[1977], chap. 1 .

Goode, R. [1990], "Key Issues in the Reform of Personal Income Taxes", in Cnossen & Bird [1990], pp. 61 - 83.

Gordon, R. H. [2000], "Taxation of Capital Income vs. Labour Income : An Overview", in Cnossen, S (ed.), *Taxing Capital in the European Union Issues and Options for Reform*, Oxford University Press, pp. 15 - 45.

Granelle, J. J. [1988], *Économie Immobirière*, ECONOMICA.

Guigou, J-L. & J-M. Legrand. [1983], *Fiscalite Fonciere Analyse Comparee des Pays de l' O. C. D. E*, Economica.

Haig, R. M. [1929], "The Concept of Income - Economic and Legal Aspects", in Shoup, C(ed.) [1959], *Readings in the Economics of Taxation*, George Allen & Unwin, pp. 54 - 76.

Hallett, P. [1874], *The Income Tax Question ; An Examination of the Chief Theories of the Subject according to the Rule of Equality, and Attempt to unite them on a Basis of Personal Annual Value ; Containing also a Suggestion for a less Inquisitorial Method of Administrating the Tax*, WHITTAKER & CO. , STATIONERS'HALLCOURT.

Hartle, D. G. [1985], *The Political Economy of Tax Reform*, Economic Council of Canada, chap. 6 .

Hartle, D. G. [1988], "Some Analytical, Political and Normative Lessons from Carter", in Brooks, W. N (ed.), *The Quest for Tax Reform*, Carswell, pp. 397 − 421.

Harvard Law School International Tax Program [1966], *World Tax Series, Taxation in France*, Commerce Clearing House.

Haskell, M. A. & J. Kauffman. [1964], "Taxation of Imputed Income, The Bargain Purchase Problem", *National Tax Journal*, Vol. 17, No. 3 , pp. 232 − 240.

Hay, J-L. [1978], "Genèse et Motivations d' une Reforme Fiscale–Le Cas de la Loi Francaise portant Imposition des Plus–Values", *Bulletin for International Fiscal Documentation*, Vol, 32, No 1 , January, pp. 28 − 34, No 2 , February, pp. 67 − 73.

Heaton, H. [1925], "The Taxation of Unimproved Value of Land in Australia", *Quarterly Journal of Economics*, Vol. 39, pp. 410 − 449.

Heilbrun, J. [1966], *Real Estate Taxes and Urban Housing*, Columbia University Press.

Helliwell, J. [1970], "Proposals for Tax Reform : A Review of the White Paper", *Canadian Journal of Economics*, Vol. 3 , No. 3 , pp. 487 − 506.

Hellmuth, W. F. [1977], "Homeowner Preferences", in Pechman, J. A (ed.), *Comprehensive Income Taxation*, Brookings Institution, chap. 5 .

Hepworth, N. P. [1984], *The Finance of Local Government : Seventh Edition*. (池上惇監訳 [1983]『現代イギリスの地方財政(第6版)』, 同文館, 1983年)。

Hicks, U. K. [1954], *British Public Finance,* Oxford University Press. (遠藤湘吉・長谷田彰彦訳 [1961]『イギリス財政史』, 東洋経済新報社)。

Hicks, J. , R, U. K. Hicks. & C. E. Leser. [1944], *The Problem of Valuation for Rating, Occasional Papers*, No. 7 , National Institute of Economic and Social Research.

Hofland, D. & S. Detmers. [1996], "Netherlands introduces Changes in the Taxation of 'Substantial Interest' Shareholdings", *Tax Notes International*, August 26, pp. 659 − 661.

Honohan, P. & I, Irvin [1987], "The Marginal Social Cost of Taxation in Ireland", *The Economic and Social Review*, Vol. 19, No. 1 , October 1987, pp. 15 − 41.

Hornby, D. [1991], "Property Taxes in Australia", in McCluskey, W. J (ed.),

Comparative Property Tax Systems, Avebury, chap. 2.

Hume, J. [1852], *The Draft Report proposed by Joseph Hume, Esq., the Chairman of the Select Committee on the Income and Property Tax*, George Philip and Son.

Hussey, W & D. Lubick. [1996], *Basic World Tax Code and Commentary*, Tax Analysts, p. 123.

Ilersic, A. R. [1962], "The U. K Budget, 1962", *Canadian Tax Journal*, Vol. 10, No. 3, pp. 212−217.

Inland Revenue Statistics and Economic Office [1995], *Inland Revenue Statistics*, HMSO.

International Association of Assessing Offices. [1997], "Standard on Property Tax Policy", *Assessment Journal*, September/October, pp. 24−51.

Irish Government [1961], *White Paper on Direct Taxation*, Stationery Office.

Ishi Hiromitsu. [2001], *The Japanese Tax System : Third Edition*, Clarendon Press.

Jamieson, C. [1991], "Stamp Duties in the European Community Harmonisation by Abolition?", *British Tax Review*, No. 9, pp. 318−323.

Johns, B. L & W. J. Sheehan. [1977], "Death and Gift Taxes in Australia", in Mathews, R. L (ed.), *State and Local Taxation*, A. N. U. Press, pp. 328−349.

Kaldor, N. [1980], *Reports on Taxation* I, Duckworth, chap. 1.

Kam, F. [1987], "Netherland", Pechman, J. A (ed.), *Comparative Tax Systems Europe, Canada, and Japan*, Tax Analysts, chap. 3.

Kam, F. [1993], "Tax Policies in the 1980 s and 1990 s : the Case of the Netherlands", in Knoester, A (ed.), *Taxation in the United States and Europe*, St. Martin's Press, pp. 355−377.

Kam, F. [1998], "The Netherlands", in Messere, K (ed.), *The Tax System in Industrialized Countries*, Oxford Univ. Press, pp. 259−301.

Kessler, D. & P. Pestieu. [1991], "The Taxation of Wealth in the EEC : Facts and Trends", *Canadian Public Policy*, Vol. 17, No. 3, September, pp. 309−321.

Kesti, J (ed.) [2006], *European Tax Handbook*, IBFD.

King, M. [1977], *Public Policy and the Corporation*, Chapman and Hall.

King, M. & D. Fullerton. [1984], *The Taxation of Income from Capital*, The University of Chicago Press.

Kitchen, H. M. [1967], "Imputed Rent on Owner−Occupied Dwellins", *Canadian Tax Journal*, Vol. XV, No. 5, pp. 482−491.

Kitchen, H. M. [1992], *Property Taxation in Canada*, Canadian Tax Foundation.

Koning, H. & D. Witteveen. [1988], "Netherlands", in Pechman, J (ed.), *World Tax*

Reform A Progress Report, Brookings Institution, pp. 171 – 185. (塩崎 潤訳 [1989], 『世界の税制改革』, 今日社, 172 – 186頁)。

Laidler, D. [1969], "Income Tax Incentives for Owner Occupied Housing", in Harberger, A. C. & Bailey, M. J (eds.), *The Taxation of Income from Capital*, Brookings Institution, pp. 50 – 76.

Lambert, M. A. [1996], "Rapport Général fait au nom de la Commission des Finances, du Controle Budgétaire et des Comptes Économiques de la Nation sur le Projet de Loi de Finances pour 1997, Adopte Par l' Assemblée Nationale, Tome Ⅲ", *Sénat*, No 86, Novembre.

Lehner, M. [2000], "The European Experience With a Wealth Tax : A Comparative Discussion", *Tax Law Review*, Vol. 53, No. 3, pp. 615 – 691.

Lerman, D. L. & R. I. Lerman. [1986], "Imputed Income from Owner-Occupied Housing and Income Inequality", *Urban Studies*, Vol. 23, No. 4, pp. 323 – 331.

Lerman, R. & S. Yitzhaki. [1985], "Income Inequality Effects by Income Source : A New Approach and Applications to the United States", *The Review of Economics and Statistics*, Vol. 67, No. 2, pp. 151 – 156.

Lindholm, R. W. & R. G. Sturtevant. [1982], "American Land Tax Roots : Plus Experimentation in Oregon", in Lindholm, R. W & A. D, Lynn Jr. , *Land Value Taxation*, University of Wisconsin Press, chap. 5 .

Lollivier, S. & D. Verger. [1996], "Patrimoine des Ménages : Déterminants et Disparité", *Economie et Statistique*, N° 296 – 297, pp. 13 – 31.

Maddala, G. S. [1988], *Introduction to Econometrics*, Macmillan, 1988, chap. 9. (和合 肇訳著 [1992] 『計量経済分析の方法』, マグロウヒル, 第9章)。

Maason, A. & D. Strauss-Kahn. [1978], "Croissance et Inégalite des Fortunes de 1949 á 1975", *Economie et Statistiques*, No 98, pp. 31 – 49.

Maloney, M. A. [1991], "The Case for Wealth Taxation", *Canadian Public Administration*, Vol. 34, No. 2, pp. 241 – 259.

Marsh, D. B. [1943], "The Taxation of Imputed Income", *Political Science Quarterly*, Vol. 58, No 4, December, pp. 514 – 536.

Mathis, A. [2004], "VAT indicators", *Working paper*, No 2, April, European Commission.

McDowell, M. [1990], "Property Taxation and Local Authority Finance", Journal of Irish Business and Administrative Research, Vol. 11, pp. 1 – 12.

Mcgregor, G. [1953], "Property Taxation in the United Kingdom", *Canadian Tax Journal*, Vol. 1, No. 4, July–August, pp. 374 – 383.

McCluskey, W. J (ed.) [1991 a], *Comparative Property Tax Systems*, Avebury.
McCluskey, W. J. [1991 b], "Features of Property Taxation", in McCluskey[1991 a], chap. 1.
McCluskey, W. J. [1991 c], "Rating in England", in McCluskey[1991 a], chap. 10.
McCluskey, W. J (ed.) [1999], Property Tax : *An International Comparative Review*, Ashgate.
McCluskey, W. J, Plimmer, F. & O. Connellan. [1988], "Ad Valorem Property Tax : Issues of Fairness and Equity", *Assessment Journal*, May/June, pp. 47 – 55.
McLure, JR, C. [1987], *The Value-Added Tax : Key to Deficit Reduction?*, American Enterprise Institute.
Mercier, J-Y. & B. Plagnet. [2000], *Les Impôts en France Traité de Fiscalité 2000-2001*, Éditions Francis Lefebvre.
Merz, P. E. [1977], "Foreign Tax Treatment of the Imputed Rental Value of Owner-Occupied Housing", *National Tax Journal*, Vol. 30, No. 4, December, pp. 435 – 439.
Messere, K. [1993], *Tax Policy in OECD Countries Choice & Contents*, IBFD Publications.
Messere, K. , F. Kam & C. Heady. [2003], *Tax Policy : Theory and Practice in OECD Countries*, Oxford University Press.
Meussen, G. [2000], "Income Tax Act 2001", *European Taxation*, November, pp. 490 – 497.
Minister for Finance[1974], *Capital Taxation*, Stationery Office.
Ministére de l' Equipement, des Transports et du Logement[2000], *Comptes du Logement édition 1999*, INSEE.
Ministry of Finance[2000], *Revision of Taxation 2001 Updated version*.
Ministry of Finance[2001], *Taxation in Finland 2001*.
Ministry of Finance[2003], *Taxation in the Netherlands 2003*.
Mintz, J. M. [1991], "The Role of Wealth Taxation in the Overall Tax System", *Canadian Public Policy*, Vol. 17, No. 3 , September, pp. 248 – 263.
Mintz, J. M. & Pesando, J. E. [1991], "Wealth Taxation in Canada : An Introduction", *Canadian Public Policy*, Vol. 17, No. 3 , Septembre, pp. 227 – 236.
Mongulan, M. A. & M. J. Delmas. [1975 a], *Rapport de la Commission d' Étude d' une Imposition Géneralisée des Plus-Values Tome* I , La Documentation Francaise.
Mongulan, M. A. & M. J. Delmas. [1975 b], *Rapport de la Commission d' Étude d' une Imposition Genéralisée des Plus-Values Tome* II , La Documentation Francaise.

Mooij, R., J. Graafland. & L. Bovenberg. [1998], "Tax Reform and the Dutch Labor Market in the 21 st century", *CPB Report*, No. 2, pp. 19 – 24.

Morissette, R. , X. Zhang. & M. Drolet.[2002], "The Evolution of Wealth Inequality in Canada, 1984 – 1999", *Statistics Canada Discussion Paper*, No. 187.

Mouillart, M. [1997], "Premier Bilan du Pret a Taux Zéro". *Regards sur l' actualite*, Mai, pp. 15 – 29.

Musgrave, R. A. , P. B. Musgrave. & R. M. Bird. [1987], *Public Finance in Theory and Practice : First Canadian Edition*, McGraw–Hill, chap. 21.

National Conference of State Legislatures[2002a], *A Guide to Property Taxes : An Overview*.

National Conference of State Legislatures[2002b], *A Guide to Property Taxes : Property Tax Relief*.

National Conference of State Legislatures[2004], *A Guide to Property Taxes : The Role of Property Taxes in States and Local Finances*.

National Economic and Social Council[1985], *The Financing of Local Authorities, Dublin : Stationery Office*.

Needham, B. [1988], "The Netherland", in Hallett, G (ed.), *Land and Housing Policies in Europe and The USA : Comparative Analysis, Routledge*, pp. 49 – 75.

Netzer, D. [1966], *Economics of the Property Tax*, Brookings Institution, chap. 8 .

Netzer, D. [1997], "Property Taxes : Their Past, Present, and Furture Place in Government Finance", in Netzer, D & Drennan, M P(eds.), *Readings in State and Local Public Finance*, Blackwell, pp. 174 – 197.

New York State Department of Taxation and Finance[2008], *Transfer or Acquisition of a Controlling Interest in an Equity with an Interest in Real Property*, Publication 576.

Nock, R. S. [1991], "The Future of Stam Duties", *British Tax Review*, No. 9 , pp. 324 – 330.

NSW Government[1992], *White Paper on Land Tax*.

Oates, W. E. & R. M. Schwab. [1997], "The Impact of Land Taxation : The Pittsburg Experience", *National Tax Journal*, Vol. L, No. 1, pp. 1 – 21.

Oates, W. E. & R. M. Schwab. [1998], "The Pittsburg Experience with Land Value Taxation", in Oates, W. E (ed.), *Local Government Tax and Land Use Policies in the United States*, E. ELGAR, pp. 133 – 143.

O'Brien, M. H. [1990], "Whatever happened to Rates? A Study of Irish Tax Policy on Domestic Dwellings", *Admiistration*, Vol. 37, No. 4 , pp. 334 – 345.

O'Donoghue, M. [1990], "Response by MARTIN O'DONOGHUE to Miriam Henderman O'Brien's 'A Study of Irish Tax Policy on Domestic Dwellings'", *Administration*, Vol. 37, No. 4, pp. 346-351.

O'Hegan, J., P. McBride. & P. Sanfey. [1985], "Local Government Finance : The Irish Experience", *British Tax Review*, No. 4, pp. 235-254.

OECD[1979], *The Taxation of Net Wealth, Capital Transfers and Capital Gains of Individuals*.

OECD[1983], *Taxes on Immovable Property*.

OECD[1988 a], *OECD Economic Surveys : IRELAND 1987/1988*.

OECD[1988 b], *Taxation of Net Wealth, Capital Transfers and Capital Gains of Individuals*.

OECD[1988 c], *Taxing Consumption*. （(社)日本経済調査協議会[1998],「消費課税」『日経調資料』98-4)。

OECD[1988 d], *Urban Housing Finance*.

OECD[1990], *The Personal Income Tax Base : A Comparative Survey*.

OECD[1991], *OECD Economic Surveys : IRELAND 1990/1991*.

OECD[1992], *Urban Land Markets Policies for the 1990 s*.

OECD[1994 a], *Taxation and Small Businesses*. （谷山治雄監修，中村芳昭・小栗崇資訳 [1996],『中小企業と税金』，中小商工業研究所)。

OECD[1994 b], *Taxation and Household Saving*.

OECD[1994 c], *Taxation and Household Saving : Country Surveys*.

OECD[1997], *Revenue Statistics of OECD Member Countries : 1965-1996*.

OECD[2001 a], "Tax and the Economy? : A Comparative Assessment of OECD Countries", *OECD Tax Policy Studies*, No. 6.

OECD[2001 b], *Taxing Wages 1999-2000*.

OECD[2002 a], *Economic Surveys : Netherlands*.

OECD[2002 b], *Revenue Statistics 1965-2001*.

OECD[2002 c], *Taxing Wages 2001-2002*.

OECD[2004 a], "Tax and the Economy A Comparative Assessment of OECD Countries", *OECD Tax Policy Studies*, No. 6.

OECD[2004 b], "Recent Tax Policy Trends and Reforms in OECD Countries", *OECD Tax Policy Studies*, No. 9.

OECD[2005 a], *Revenue Statistics 1965-2004*.

OECD[2005 b], *Taxing Wages 2004-2005*.

OECD[2006 a], "Fundamental Reform of Personal Income Tax", *OECD Tax Policy*

Studies, No. 13.
OECD[2006 b], "Taxation of Capital Gains of Individuals", *OECD Tax Policy Studies*, No. 14.
OECD[2007], *Revenue Statistics 1965–2006*.
Ontario Fair Tax Commission[1993a], *Fair Taxation in a Changing World : Report of the Ontario Fair Tax Commission*, University of Toronto Press, 1993.
Ontario Fair Tax Commission[1993b], *Fair Taxation in a Changing World : Highligts*, University of Toronto Press.
O' Sullivan. A., Sexton, T. A. & S. T. Sheffrin. [1995], *Property Taxes Tax Revolts*, Cambridge University Press.
Pechman, J. A(ed.) [1977], *Comprehensive Income Taxation*, Brookings Institution.
Pedric, W. H. [1981], "Oh, To Die Down Under! Abolition of Death and Gift Duties In Australia", *The Tax Lawyer*, Vol. 35, No. 1, Fall, pp. 113 – 141.
Perry, H. J. [1961], *Taxation in Canada : Third Edition*, University of Toronto Press.
Piggott, J. [1984], "The Distribution of Wealth in Australia–A Survey", *The Economic Record*, September, pp. 252 – 265.
Piggott, J. [1988], "The Distribution of Wealth : What is it, What does it mean, and is it important?", *The Australian Economic Review*, 3 rd Quarter, pp. 35 – 41.
Plimmer, F. [1998], *Rating Law & Valuation, Longman*.
Poterba, J. M. [1994], "Public Policy and Housing in the United States", Yukio Noguchi. & J. M. Poterba(eds.), *Housing Markets in the United States and Japan*, NBER, pp. 239 – 256.
Prest, A. R. [1975], "The Australian Tax System Reviewed(Review Article)", *Economic Record*, Vol. 51, No. 136, December, pp. 576 – 582.
Prest, A. R. [1981], *The Taxation of Urban Land*, Manchester University Press. （田中啓一監訳 篠原正博・花輪宗命訳[1995],『都市の土地課税論』,住宅新報社)。
Raad, K. [1997], "General Description : The Netherlands", in Ault[1997], pp. 81 – 96.
Reece, B. F. [1985], "Simons'Account of Australian Taxation of Imputed Rental Income", *Australian Tax Forum*, Vol. 2, No. 2, pp. 239 – 242.
Reece, B. F. [1992], *State Land Taxation : A Critical Review, Australian Tax Foundation*, 1992.
Report of a Committee chaired by Professor J. E, Meade. [1978], *The Structure and Reform of Direct Taxation*, George Allen & Unwin.
Richardson, S. R. & K. E. Moore. [1995], "Canadian Experience with the Taxation of Capital Gains", *Canadian Public Policy*, Vol. 21, November, pp. 77 – 99.

Rolph, E. R. & G. E. Break. [1961], *Public Finance*, Ronald Press Company, chap. 6.

Rosen, H. S. [1985], "Housing Subsidies", in Auerback, A. J. & Feldstein, M (ed.), *Handbook of Public Economics*, Vol. 1, pp. 375-420.

Roche, D. [1982], *Local Government in Ireland*, Institute of Public Administration.

Royal Commission on Taxation [1966], *Report of the Royal Commission on Taxation (Carter Report)*, Ottawa: Queen's Printer, Vol. 3.

Royal Commission on the Taxation of Profits and Income [1955], *Final Report*, Her Majesty's Stationary Office.

Sandford, C. T. [1993], *Successful Tax Reform*, Fiscal Publications.

Sandford, C. T., J. R. Willis. & D. J. Ironside. [1975], *An Annual Wealth Tax*, H. E. B.

Sandford, C. T. & O. Morrisey. [1985], *The Irish Wealth Tax : A Case Study in Economics and Politics*, The Economic and Social Research Institute.

Saunders, P. [1983], "An Australian Perspective on Wealth Taxation", in Head, J. G (ed.), *Taxation Issues of the 1980 s*, Australian Tax Research Foundation, pp. 397-414.

Sawyer, M. [1976], "Income Distribution in OECD Countries", *OECD Economic Outlook*, pp. 3-36.

Schenk, A. [1989], *Value Added Tax : A Model Statute and Commentary*, American Bar Association, pp. 72-79.

Schenk, A. & O, Oldman. [2007], *Value Added Tax : A Comparative Approach*, Cambridge University Press.

Schenk, D. H. [2000], "Saving the Income Tax with a Wealth Tax", *Tax Law Review*, Vol. 53, No. 3, pp. 423-475.

Schmidt, J. [1991], *Fiscalité Immobiliére*, Litec.

Secretary of State for Scotland [1971], *The Future Shape of Local Government Finance*, HMSO.

Seligman, E. [1914], *The Income Tax*, The Macmillan Company.

Seligman, E. R. [1927], *The Shifting and Incidence of Taxation (Reprints)*, August, M. Keley・Publishers, pp. 379-385.

Shehab, F. [1953], *Progressive Taxation*, Oxford Uniersity Press.

Shoup, C. S. [1970], *Public Finance*, Aldine Publishing Company, chap. 15. (塩崎潤監訳［1974］『シャウプ財政学（2）』，有斐閣，第15章)。

Shoup Mission. [1949], *Reports on Japanese Taxation*, General Headquarters Supreme Commander for the Allied Powers. (福田幸弘監修[1985]『シャウプの税制勧告』，霞出版社)．

Simons, H. C. [1938], *Personal Income Taxation*, University of Chicago Press.
Slack, E. [2004 a], "Property Taxation in Canada" in Bird & Slack[2004 a], pp. 69-80.
Slack, E. [2004 b], "Property Taxation in Australia" in Bird & Slack[2004 a], pp. 91-97.
Smith, R. S. [1993], *Personal Wealth Taxation : Canadian Tax Policy in a Historical and an International Setting*, Canadian Tax Foundation.
Sommacal, A. [2004], "Ireland", in Bernardi, L. & P. Profeta(eds.), *Tax Systems and Tax Reforms in Europe*, Routledge, chap. 7.
Sørensen, P. B. [1998], *Tax Policy in the Nordic Countries*, Macmillan Press. (馬場義久監訳[2001],『北欧諸国の租税政策』, (財)日本証券経済研究所)。
Sørensen, P. B. [2001], "The Nordic Dual Income Tax-In or Out ", (www. econ. ku. dk /pbs/diversefiler/oecddual. pdf).
Stiglitz, J. E. [2000], *Economics of the Public Sector 3 rd edition*, W. W. Norton & Company. (藪下史郎訳[2003, 2004],『スティグリッツ公共経済学 (上) (下)』,東洋経新報社)。
Strauss-Kahn, D. [1979], "Éléments de Comparaison Internationale des Patrimones des Ménages", *Economie et Statistiques*, N° 114, pp. 119-125.
Tait, A. A. [1988], *Value Added Tax International Practice and Problems*, IMF.
Taylor, T. H. C. [1991], "Rating System in New Zealand" , in McCluskey, W. J(ed.), *Comparative Property Tax Systems*, Avebury, chap. 5.
Timmermans, J-P. , T. J. Ghislain. & T. J. Joseph. [1980], "Value Added Tax (V. A. T) National Modification to comply with the Sixth Directive of the Council of the European Communities", *European Taxation*, No. 2, pp. 39-64.
Tinny, R. W. [1969], "Taxing Imputed Rental Income on Owner-Occupied Homes", in Willis, A. B(ed.), *Studies in Substantive Tax Reform*, American Bar Foundation and Southern Methodist University, pp. 125-137.
Uri, P. [1976], "Avis demande par la Gouvernement sur le Rapport de la Commission d' Étude d'une Imposition Generalisee des Plus-Values", *Avis et Rapports du Conseil Economique et Social*, Journal Officiel, pp. 121-159.
Uri, P. [1981], *Changer l' Impôt (pour changer la Franc)*, Éditions Ramsay, pp. 93-126.
Vermaeten, A. , W. Gillespie. & F. Vermaeten. [1995], "Who paid the Taxes in Canada, 1951-1988?", *Canadian Public Policy*, Vol. 21, No. 3, pp. 317-343.
Vickrey, W. [1947], *Agenda for Progressive Income Taxation*, The Ronald Press.
Voisin, A. G. [1979], Rapport portant Aménagement de la Fiscalite Directe Locale,

Assemblée Nationale, No 1043.

Vording, H. & A. O. Lubbers[2006], "The Netherland Presumptive Income Tax on Portfolio Investment : Background, Aims and Effects", *Bulletin for International Taxation*, Vol. 60, No. 8/9, pp. 327－334.（沼田博幸訳[2007],「ポートフォリオ投資に対するオランダのみなし所得税：その背景，目的および効果」『租税研究』第690号，154－167頁）。

Waardenburg, D. A. [1977], "The New Individual Capital Gains Taxation", *European Taxation*, Vol. 17, pp. 226－245.

White, M. & A. White. [1965], "Horizontal Inequality in the Federal Income Tax Treatment of Homeowners and Tenants", *National Tax Journal*, Vol. 18, No. 3, September, pp. 225－239.

Woodcook, G. , Bullock, H. L. & Kaldor, N. [1980], "Memorandum of Dissent to the Final Report of the Royal Commission on the Taxation of Profits and Income", in Kaldor, N. [1980], *Reports on Taxation 1*, Duckworth, pp. 1－114.

Williams, B. [1999], "The Present and Future Role of Property Taxation in Local Government Funding in Ireland", in McClusky[1999], chap. 5 .

Wolff, E. [1987], "Estimates of Household Wealth Inequality in the U. S 1962－1983", *The Review of Income and Wealth*, Vol. 33, pp. 231－256.

Wolff, E. [2000], "Recent Trends in Wealth Ownership, 1983－1998", *Jerome Levy Economics Institute Working Paper*, No. 300.

Woodruff, A. M. & L. L. Ecker－Racz. [1969], "Property Taxes and Land－Use Patterns in Australia and New Zealand", in Becker, A. P. [1969], *Land and Building Taxes*, University of Wisconsin Press, pp. 147－186.

Yates, J. [1994], "Imputed Rent and Income Distribution", *Review of Income and Wealth*, Series 40, No. 1, pp. 43－66.

Yates, J. [1997], "Housing and Taxation : An Overview", in Head, J. G. & R. Krever (ed.), *Taxation towards 2000*, Australian Tax Foundation, Chap. 19.

Youngman, J. M. & J. H. Malme. [1994], *An International Survey of Taxes on Land and Buildings*, KLUWER.（岩﨑政明監修[1994],『土地建物税制の国際比較』，不動産総合研究所）。

日本語文献

青木寅男 [1986],「オランダの所得税改革」『租税研究』第443号, (社)日本租税研究協会, 52-57頁.
青野勝広 [1984],『土地の経済分析』, 日本経済評論社.
青野勝広 [1991],『土地税制の経済分析』, 勁草書房.
青野勝広 [2002],『土地と住宅の経済分析』, 清文社.
青野勝広 [2008],『不動産の税法と経済学』, 清文社.
浅妻章如 [2008],「フランスにおける不動産キャピタルゲイン課税制度について」海外住宅・不動産税制研究会 [2008], 第4章.
浅野英樹 [1996],『フランスにおける「金利0%融資」制度の創設について』, 住宅金融公庫住宅総合調査室.
朝日譲治・並木 愛 [2006],「相続税と資産格差是正効果」『明海大学経済学論集』第18号, 50-61頁.
跡田直澄・橘木俊詔 [1985],「所得源泉別にみた所得分配の公平」『季刊社会保障研究』Vol. 20, No. 4, 社会保障研究所, 330-340頁.
アメリカ住宅税制研究会 [1999],『アメリカの住宅税制』, (財)日本住宅総合センター.
荒井晴仁 [2005],「国民経済計算における持ち家の帰属家賃推計について」ESRI Discussion Paper Series, No. 141, 内閣府経済社会総合研究所.
新井 誠編 [2006],『高齢社会における信託と遺産承継』, 日本経済評論社.
有尾敬重著, 福島正夫解題 [1977],『本邦地租の沿革』, お茶の水書房.
五十嵐尊喜 [1991],『土地改革のプログラム都市への権利』, 日本評論社.
イギリス住宅税制研究会 [1996],『イギリスの住宅税制』, (財)日本住宅総合センター.
イギリス住宅税制研究会編著 [2007],『イギリスの住宅・不動産税制』, (財)日本住宅総合センター.
池上岳彦編著 [2004],『地方税制改革』, ぎょうせい.
石 弘光 [1991],『土地税制改革』, 東洋経済新報社.
石 弘光 [1993a],『利子・株式譲渡益課税論』, 日本経済新聞社.
石 弘光 [1993b],「オーストラリアの土地税制」東京都主税局 [1993], 7-46頁.
石 弘光 [2008],『現代税制改革史──終戦からバブル崩壊まで──』, 東洋経済新報社.
石川達哉 [2001],「税制の変更と持家および貸家の資本コストの長期的推移」『季刊住宅土地経済』No. 42, Autumn, (財)日本住宅総合センター, 28-43頁.

石川達哉［2003］,「税制のインフレ非中立性と資本コスト：期待インフレ率の低下が住宅投資に与える影響」『季刊家計経済研究』No.57, Winter,（財）家計経済研究所, 48-55頁。

石川達哉［2005］,「家屋および土地の資本コストと税制による deadweight loss」『季刊住宅土地経済』No.55, Winter,（財）日本住宅総合センタ, 28-39頁。

石川達哉・矢嶋康次［2004］,「家計の貯蓄行動と金融資産および実物資産」『ニッセイ基礎研所報』Vol.21, ニッセイ基礎研究所, 1-131頁。

石川経夫［1990］,「家計の富と企業の富」西村清彦・三輪芳郎編著『日本の株価・地価』, 東京大学出版会, 231-262頁。

石倉文雄［1995］,「富裕税創設の是非と効果」水野正一編著［1995］, 第11章。

石崎唯雄［1983］,『日本の所得と富の分配』, 東洋経済新報社。

石島 弘［1996］,「固定資産税の課税標準について」金子・石島・神野・中里・渋谷［1996］, 23-73頁。

石島 弘［2003］,『課税標準の研究』, 信山社。

石島 弘［2008］,『不動産取得税と固定資産税の研究』, 信山社。

石島 弘・碓井光明・木村弘之亮・山田二郎［1988］,『固定資産税の現状と納税者の視点―現行税制の問題点を探る―』, 六法出版社。

石田和之［2000］,「最適資本所得税の理論的検討」日本の資本市場と証券税制研究会編『資産所得課税の理論と実際』,（財）日本証券経済研究所, 第1章。

石村耕治［1991］,「取得時価凍結評価方式に基づく固定資産課税の憲法的評価」『納税者の権利』, 勁草書房, 281-304頁。

伊豆 宏［1997］,『日本の不動産市場』, 東洋経済新報社。

伊豆 宏編著［1999］,『変貌する住宅市場と住宅政策』, 東洋経済新報社。

一河秀洋・吉牟田勲・田中啓一・米原淳七郎編［1998］,『資産政策と資産課税』, 有斐閣。

一高龍司［2004］,「カナダ及びオーストラリアにおける遺産・相続税の廃止と死亡時譲渡所得課税制度」首藤重幸［2004］, 45-102頁。

伊藤隆敏・野口悠紀雄編［1992］,『分析日本経済のストック化』, 日本経済新聞社。

井藤半彌［1957］,『租税論』, 千倉書房, 第8章。

井藤半彌［1965］,「相続税の諸問題」『地方財政・租税の原理』, 千倉書房, 第8章。

井藤半彌・木村元一［1980］,『財政学』, 千倉書房。

井堀利宏［1986］,「『資産所得』に対する課税はどうあるべきか」『Economics Today』Autumn, 小学館, 108-116頁。

今本啓介［2002］,「住宅政策における住宅所有促進税制の機能―アメリカにおける住宅モッゲージ利子の所得控除を中心に―」『早稲田政治公法研究』第70号, 409-441

頁。
岩下忠吾［2006］,『改訂版総説消費税法』,財経詳報社.
岩田一政［1992］,「持ち家・借家選択と税制－Ⅰ」『季刊住宅土地経済』No.6, Autumn, 2－9頁.
岩田一政・鈴木郁夫・吉田あつし［1987 a］,「設備投資の資本コストと税制」『経済分析』第107号, 経済企画庁経済研究所, 1－72頁.
岩田一政・鈴木郁夫・吉田あつし［1987 b］,「住宅投資の資本コストと税制」『経済分析』第107号, 経済企画庁経済研究所, 75－135頁.
岩田規久男［1977］,『土地と住宅の経済学』, 日本経済新聞出版社.
岩田規久男［1988］,『土地改革の基本戦略』, 日本経済新聞社.
岩田規久男［1990］,「土地税制の改革」宮島［1990］, 第8章.
岩田規久男［1992］,『ストック経済の構造』, 岩波書店.
岩田規久男［1996］,「住宅税制をめぐる諸問題—消費税を中心に—」『住宅金融月報』No.535, 4－7頁.
岩田規久男・小林重敬・福井秀夫［1992］,『都市と土地の理論—経済学・都市工学・法理論による学際分析』, ぎょうせい.
岩田規久男・八田達夫編［1997］,『住宅の経済学』, 日本経済新聞社.
岩田規久男・山崎福寿・花崎正晴・川上 康［1993］,『土地税制の理論と実証』, 東洋経済新報社.
岩本康志・藤島雄一・秋山典文［1995］,「利子・配当課税の評価と課題」『フィナンシャル・レビュー』第35号, 大蔵省財政金融研究所, 27－50頁.
植松守雄［1969 a］,「所得税法の諸問題 1 —所得の概念—」『税経セミナー』第14巻 第 2 号, 税務経理協会, 13－19頁.
植松守雄［1969 b］,「所得税法の諸問題 3 —所得の概念—」『税経セミナー』第14巻 第 4 号, 税務経理協会, 10－19頁.
植松守雄［1969 c］,「所得税法の諸問題 4 —所得の概念—」『税経セミナー』第14巻 第 5 号, 税務経理協会, 17－23頁.
植松守雄［1996］,「キャピタル・ゲイン課税の問題点」金子宏編著『所得税の理論と課題』, 税務経理協会, 147－234頁.
牛嶋 正［1989］,「地方資産課税の見直し—不動産取得税を中心として—」地方資産課税調査研究委員会［1989］, 172－190頁.
薄井信明著・大蔵省大臣官房文書課編［1987］,『間接税の現状』, 大蔵財務協会.
梅田高樹［1982］,「富裕税の創設とその終末」『税務大学校論叢』第15巻, 210－327頁.
梅原英治［2003］,「経済格差の拡大と相続税制改革の課題」日本租税理論学会編［2003］, 3－24頁.

占部裕典監修，全国婦人税理士連盟編［1999］,『固定資産税の現状と課題』，信山社。
大泉英次［1991］,『土地と金融の経済学―現代土地問題の展開と金融機構』，日本経済評論社。
大浦一郎［1987］,『オーストラリア財政論』，文眞堂。
大柿晏巳［2006］,「消費税について考える」『不動産鑑定』第43巻 第4号，(財)日本不動産研究所，45-48頁。
大蔵省［1937 a］,『明治大正財政史第6巻』，財政經濟學會。
大蔵省［1937 b］,『明治大正財政史第7巻』，財政經濟學會。
大蔵省［1954］,『昭和財政史 第14巻』，東洋経済新報社。
大蔵省主税局［1930］,『土地賃貸価格調査事業報告書』。
大蔵省昭和財政史編集室編［1957］,『昭和財政史第5巻：租税』，東洋経済新報社。
大島　清・加藤俊彦・大内　力［1972］,『地租改正』，東京大学出版会。
太田　清［2003］,「日本における資産格差」樋口美雄・財務省財務総合政策研究所編著『日本の所得格差と社会階層』，日本評論社，第2章。
大竹文雄・福重元嗣［1987 a］,「税制改革と地域別租税負担―『全国消費実態調査』によるシミュレーション分析―」『大阪大学経済学』Vol.37, No.1, 42-53頁。
大竹文雄・福重元嗣［1987 b］,「税制改革の所得再分配効果―『全国消費実態調査』によるシミュレーション分析―」『大阪大学経済学』Vol.37, No.3, 23-31頁。
大竹文雄［1994］,「1980年代の所得・資産分配」The Economic Studies Quarterly, Vol.45, No.5, December, 385-402頁.
大竹文雄［2005］,『日本の不平等―格差社会の幻想と未来―』，日本経済新聞社。
大谷幸夫編［1988］,『都市にとって土地とは何か―まちづくりから土地問題を考える』，筑摩書房。
小川郷太郎［1922］,『租税論』，内外出版株式会社。
小川郷太郎［1923］,『税制整理論』，内外出版株式会社。
尾崎　護［1993］,『G7の税制』，ダイヤモンド社。
海外住宅金融研究会編著［1992］,『新版欧米の住宅政策と住宅金融』，(財)住宅金融普及協会。
海外住宅・不動産税制研究会編著［2008］,『欧米4か国におけるキャピタルゲイン課税制度の現状と評価』，(財)日本住宅総合センター。
外国住宅事情研究会編著［1986］,『欧米の住宅政策と住宅金融』(財)住宅金融普及協会。
外国住宅事情研究会編著［1992］『欧米の住宅政策と住宅金融』，(財)住宅金融普及協会。
貝塚啓明編著［1989 a］,「資産課税のあり方」『日税研論集』Vol.10, (財)日本税務研究

センター。
貝塚啓明［1989 b］,「資産課税の現状と問題点」貝塚［1989 a］, 5 - 37頁。
貝塚啓明・財務省財務総合政策研究所編著［2006］,『経済格差の研究―日本の分配構造を読み解く―』,中央経済社。
片桐正俊［1993］,『アメリカ連邦・都市行財政関係形成論―ニューディールと大都市財政―』,御茶の水書房。
片桐正俊［2005］,『アメリカ財政の構造転換―連邦・州・地方財政の再編―』,東洋経済新報社。
加藤　寛・横山　彰［1994］,『税制と税政』,読売新聞社。
金子　宏［1966］,「租税法における所得概念の研究（1）」『法学協会雑誌』第83巻　第9・10合併号,法学協会,1241 - 1282頁。
金子　宏［1969］「租税法における所得概念の研究（2）」『法学協会雑誌』第85巻　第9号,法学協会,1249 - 1267頁。
金子　宏［1975］,「租税法における所得概念の研究（3）」『法学協会雑誌』第92巻　第9号,法学協会,1081 - 1143頁。
金子　宏［1986］,「キャピタル・ゲイン課税の改革」『長期的な税制のあり方に関する研究（第3段階報告）』,総合研究開発機構,第3章。
金子　宏［1989］,「所得課税の課税ベース―所得概念の再検討を中心として―」租税法学会編,『租税法研究』,有斐閣,第17号, 1 - 25頁。
金子　宏［1996］,「所得税とキャピタル・ゲイン」『課税単位及び譲渡所得の研究』,有斐閣,89 - 112頁。
金子　宏［1997］,『租税法第六版』,弘文堂。
金子　宏［2000 a］,『租税法第七版』,弘文堂。
金子　宏［2000 b］,『租税法（第七版補正版）』,弘文堂。
金子　宏［2007］,『租税法（第十二版）』,弘文堂。
金子　宏編著［2001］,『二訂版所得税の理論と課題』,税務経理協会。
金子　宏［2003］,『所得概念の研究』,有斐閣。
金子　宏・石島　弘・神野直彦・中里　実・渋谷雅弘［1996］,『「固定資産税の課税標準の合理性について」に関する報告書』,（財）日本税務研究センター。
金子能宏［2000］,「所得の不平等化要因と所得再分配政策の課題」『季刊社会保障研究』Vol.35. No.4,国立社会保障・人口問題研究所,420 - 435頁。
金子　勝［1998］,「どのような新地方税が必要か」神野直彦・金子　勝編著『地方に税源を』,東洋経済新報社,第3章。
金本良嗣［1994］,「土地課税」野口［1994］,第5章。
金本良嗣［1997］,『都市経済学』,東洋経済新報社。

川瀬光義［1990］,「台湾土地税制の理念と実態」宮本・植田［1990］, 118－142頁。
川瀬光義［1992］,『台湾の土地政策―平均地権の研究―』, 青木書店。
川瀬光義［1996］,『台湾・韓国の地方財政』, 日本経済評論社。
監査法人トーマツ編［1997］,『EU加盟国の税法』, 中央経済社。
菅　直人［1988］,『新・都市土地論』, 飛鳥新社。
菅納敏恭［1996］,「相続税・贈与税の納税義務者と国際間にわたる租税関係」北野他［1996］, 第5章。
神戸正雄［1919］,「所得税ニ於ケル所得ノ意義」『租税研究第一巻』, 弘文堂書房, 125－151頁。
神戸正雄［1922 a］,「給付能力ノ原則ノ適用」『租税研究第三巻』, 弘文堂書房, 52－75頁。
神戸正雄［1922 b］,「純理上ヨリ觀タル財産重課ノ理由」『租税研究第三巻』, 弘文堂書房, 76－100頁。
神戸正雄［1922 c］,「地方税としての地租の課税標準」『租税研究第三巻』, 弘文堂書房, 215－246頁。
神戸正雄［1923］,「家屋税の本質」『經濟論叢』第23巻第6號, 京都法學會, 902－917頁。
神戸正雄［1925］,「所得本體ノ不明確又ハ捕捉難ニ基ツク不公平課税ノ可能課税」『租税研究第六巻』, 弘文堂書房, 72－100頁。
神戸正雄［1926］,「地租に於ける賃貸價格決定方法の問題点」『時事經濟問題』第50冊, 弘文堂書房, 35－38頁。
神戸正雄［1927］,「印紙税廃止論」『経済論叢』第24巻 第2号, 京都法學會, 12－20頁。
神戸正雄［1929］,「財産ヨリ生スル無形所得ノ課税」『租税研究第九巻』, 弘文堂書房, 197－219頁。
神戸正雄［1930 a］,「國税地租の課税標準」『經濟論叢』第30巻 第2號, 京都法學會, 1－22頁。
神戸正雄［1930 b］,「家屋税の課税標準」『經濟論叢』第30巻 第4號, 京都法學會, 5－24頁。
神戸正雄［1931］,『現行税制及其整理』, 日本評論社。
神戸正雄［1936 a］,『増税及整税論』, 立命館出版部, 第6編および第7編。
神戸正雄［1936 b］,『租税研究』, 弘文堂書房, 第6編および第7編。
岸　昌三［1994］,『土地と土地課税』, 追手門学院大学経済学会研究叢書第6号。
既存住宅の流通促進に関する研究会［2007］,『既存住宅の流通促進に関する研究会研究報告書』,（社）不動産流通経営協会。

北野弘久 [1978]，『企業・土地税法論』，勁草書房。
北野弘久・小池幸造・三木義一編 [1996]，『争点相続税法』，勁草書房。
木下和夫編 [1974]，『付加価値税―その理論と実践―』，財経詳報社。
木下和夫監修，地方税財政制度研究会編 [1987]，『固定資産税の理論と実態』，ぎょうせい。
金融税制研究会 [2007]，『金融所得一体課税―その位置づけと導入にあたっての課題―』，金融税制研究会事務局。
金融税制に関する研究会 [2002]，『今後の金融税制のあり方について―「二元的所得税」をめぐる議論の論点整理を中心として―』，金融庁。
金融調査研究会 [2007]，『諸外国の税制改革と金融所得課税のあり方』，全国銀行協会。
倉橋　透 [2005]．『首都圏における民間賃貸住宅の供給構造と税制の影響の研究』，博士論文（東京大学大学院工学系研究科）。
栗林　隆 [2005]，『カーター報告の研究―包括的所得税の原理と現実―』，五絃舎。
小池幸造 [2005]，「金融所得一体化課税の実体法的側面からの検討」日本租税理論学会編 [2005]，61－75頁。
国土交通省住宅局住宅政策課 [2002]，『新世紀の住宅政策』，ぎょうせい。
国土交通省住宅局住宅政策課 [2006]，『日本の住宅事情と住生活基本法』，ぎょうせい。
国土庁土地局土地情報課監修 [1996]，『日本の土地』，ぎょうせい。
国土庁土地局土地政策研究会編 [1988]，『土地取引・利用・保有の基本方針』，東洋経済新報社。
国土庁土地局土地政策研究会編 [2000]，『21世紀の土地政策の方向　ポスト右肩上がり時代の土地制度』，ぎょうせい。
国立社会保障・人口問題研究所 [2003]，『日本の世帯数の将来推計（全国推計）2003年10月推計』。
国立社会保障・人口問題研究所 [2006]，『日本の将来人口推計2006年12月推計』。
後藤俊夫 [2008]，「ファミリービジネスは〝時代遅れ〟か　同族経営こそ経営の主流」『日本経済新聞』2008年8月29日付。
小林　威 [1983]，「サイモンズとカーター報告」大川政三・小林　威編著『財政学を築いた人々』，ぎょうせい，526－550頁。
小松拓磨 [2006]，「持家の資本コストと税制」『資産評価政策学』8巻2号，資産評価政策学会，41－46頁。
小松芳明 [1972]，『各国の税制全訂版』，財経詳報社。
小宮隆太郎・村上泰亮 [1972]，「地価対策の基本問題」佐伯・小宮 [1972]，第7章。

(財)アーバンハウジング［1997］,『東京圏マンション入居者動向調査1996年版』。
(財)資産評価システム評価研究センター［1991］,『土地評価に関する調査研究』(http://www.recpas.or.jp/jigyo/f_jigyo_lib.html)。
(財)資産評価システム評価研究センター［1998］,『固定資産評価の基本問題に関する研究』。
(財)資産評価システム評価研究センター［1999］,『新しい時代の固定資産税制』,ぎょうせい。
(財)資産評価システム評価研究センター［2000］,『固定資産評価の基本問題に関する調査研究―取得価格方式の導入に関する調査研究―』。
(財)資産評価システム評価研究センター［2005］,『固定資産税制度に関する調査研究―事業用家屋評価への取得価格の利用について(中間報告)―』。
(財)資産評価システム評価研究センター［2006］,『固定資産税制度に関する調査研究―事業用家屋評価への取得価格の利用について―』。
(財)自治体国際化協会［1993］,「米国固定資産税制度概要とプロポジション13にかかる連邦最高裁憲法審理」『地方税』第43巻 第4号,120-150頁。
(財)自治体国際化協会ニューヨーク事務所［2000］,「米国の州、地方団体における売上・使用税の概要」『CLAIR REPORT』190,(財)自治体国際化普及協会。
(財)自治体国際化協会ロンドン事務所［2003］,『英国の地方自治』,(財)自治体国際化協会。
(財)土地総合研究所［1992］,『土地保有課税関係資料』。
(財)日本住宅総合センター研究部編著［2005］,『ドイツの住宅・不動産税制』,(財)日本住宅総合センター。
(財)日本住宅総合センター研究部編著［2006］,『フランスの住宅・不動産税制』,(財)日本住宅総合センター。
(財)日本都市センター編［2005］,『新時代の都市税財政』(財)日本都市センター。
(財)日本不動産研究所［1981］,『フランスの土地利用制度と運用の実態』。
佐伯尚美・小宮隆太郎［1972］,『日本の土地問題』,東京大学出版会。
桜井四郎［1959］,『相続税』,中央経済社。
桜井良治［1994］,「地価税の普遍的土地保有課税への改革」『税経通信』第49巻 第3号,税務経理協会,31-37頁。
桜井良治［1998］,『日本の土地税制』,税務経理協会。
佐々木寛司［1989］,『地租改正』,中公新書。
佐々木秀一［1997］,『相続・贈与税の知識』,日本経済新聞社。
佐藤和男［2005］,『土地と課税―歴史的変遷からみた今日的課題―』,日本評論社。
佐藤 進［1965］,『近代税制の成立過程』,東京大学出版会。

佐藤　進［1970］,『現代税制論』, 日本評論社.
佐藤　進［1977］,「法人土地課税の重課（税制の経済的機能）」日本土地法学会編『地代家賃制度・土地税制』, 有斐閣, 179-194頁.
佐藤　進［1981］,「西ドイツの土地税制」土地税制研究会［1981］, 第2章.
佐藤　進［1991］,「地価税と固定資産税のあり方をめぐって」『税経通信』第46巻　第4号, 税務経理協会, 2-11頁.
佐藤　進［1993］,「相続税の根拠とあり方」『税研』第52号,（財）日本税務研究センター, 3-12頁.
佐藤　進［1994 a］,「資産課税におけるバランス」『税経通信』第46巻　第2号, 税務経理協会, 2-11頁.
佐藤　進［1995］,「地方税雑感」『地方税』第46巻　第5号,（財）地方財務協会, 4-16頁.
佐藤　進・伊東弘文［1994 b］,『入門租税論－改訂版－』, 三嶺書房.
汐見三郎［1938］,『租税論』, 有斐閣, 第2章.
塩見　譲［1989］,『崩壊する都市への警告―土地政策転換の基本戦略―』, ぎょうせい.
事業承継税制検討委員会［2007］,『事業承継税制検討委員会中間報告』, 事業承継協議会.
重富健一［2003］,『都市農業論―宅地並み課税の第二次「十年戦争」―』, 光陽出版社.
資産研究会［1996］,『資産政策と資産課税―国際的な視点から―』,（財）アーバンハウジング.
自治体国際化協会［2003］,『アイルランド共和国の地方自治』.
篠原　章［1989］,「＜翻訳＞ゲオルク・シャンツ所得概念と所得税法(1)〜(4)」『成城大学経済研究』第104巻, 23-66頁, 第105巻, 127-144頁, 第106巻, 95-135頁, 第107巻, 121-142頁.
篠原　章［1997］,「ドイツにおける所得概念論争―シャンツの所説を中心に―」『成城大学経済研究』第95巻, 257-281頁.
篠原二三夫［2000］,「アメリカの住宅税制」篠原［2000 a］, 35-59頁.
篠原二三夫［2006］,「消費税率アップと住宅への課税について―EU 各国等の取り扱いからみた考察―」『ニッセイ基礎研 REPORT』2006年10月号, ニッセイ基礎研究所.
篠原正博［1989 a］,「フランスにおける地方直接税改革の歴史」『富士論叢』第34巻　第1号, 富士短期大学学術研究会, 83-103頁.
篠原正博［1989 b］,「フランスの地方資産課税」『富士論叢』第34巻　第2号, 富士短期大学学術研究会, 55-91頁.

篠原正博［1990］,「【資料】地方不動産税の課税ベース（Ministere de l' Urbanisme ［1984］, Étude sur la comparaison entre les bases acutuelles d' imposition foncière et la valeur venale des biens bâtis et non bâtis）」『富士論叢』第35巻 第1号, 富士短期大学学術研究会, 235‐251頁。

篠原正博［1991a］,「『地価税』の仕組みと問題点」『日経調資料』91‐6, 日本経済調査協議会。

篠原正博［1991b］,「フランスの土地課税」『日本財政学会第47回大会報告書』, 日本財政学会, 190‐207頁。

篠原正博［1992］,「フランスの富裕税」『レファレンス』No.495, 国立国会図書館調査及び立法考査局, 94‐106頁。

篠原正博［1995］,「財産の評価」フランス住宅税制研究会［1995］, 28‐37頁。

篠原正博［1996］,「【資料】資産課税の研究動向（海外編）＜1980〜1995年＞」資産研究会［1996］, 225‐250頁。

篠原正博［1997a］,「フランスにおける都市の不動産課税—日本との比較分析—」『地方税』, 第48巻 第2号,（財）地方財務協会, 38‐57頁。

篠原正博［1997b］,「資産移転税の存在意義—オーストラリアおよびカナダの経験に学ぶ—」『明海大学不動産学部論集』, 第5号, 40‐62頁。

篠原正博［1997c］,「カナダの財産税—評価をめぐる議論を中心に—」『資産評価情報』, 100号,（財）資産評価システム研究センター, 2‐7頁。

篠原正博編著［1998a］,『わが国不動産税制の現状と課題』,（財）アーバンハウジング。

篠原正博［1998b］,「不動産流通課税と不動産取引」篠原［1998a］, 1‐22頁。

篠原正博［1998c］,「消費税と不動産」篠原［1998a］, 23‐32頁。

篠原正博［1998d］,「オーストラリアの土地税—課税標準をめぐる議論を中心に—」篠原［1998a］, 33‐45頁。

篠原正博［1998e］,「相続・贈与税の存在意義‐オーストラリアおよびカナダの議論に学ぶ—」『明海大学不動産学部 DISCUSSION PAPER』No.3。

篠原正博［1998f］,「地方不動産税の課税標準」『明海大学不動産学部 DISCUSSION PAPER』No.4。

篠原正博［1998g］,「フランスの資産課税」一河・吉牟田・田中・米原［1998］, 第12章。

篠原正博［1999a］,「住宅税制」伊豆［1999］, 第10章。

篠原正博［1999b］,『不動産税制の国際比較分析』, 清文社。

篠原正博編著［2000a］,『主要先進諸国の住宅税制‐住宅取得促進税制の議論を中心に‐』,（財）アーバンハウジング。

篠原正博［2000b］,「帰属家賃課税の根拠、実態、問題点」篠原［2000a］, 14‐34頁。

篠原正博［2000 c］,「フランスの住宅税制」篠原［2000 a］, 117-139頁。

篠原正博［2000 d］,「フランスの資産所得税制」日本の資本市場と証券税制研究会［2000］, 122-151頁。

篠原正博［2001 a］,「フランスのキャピタル・ゲイン課税─1976年税制改正の理論的背景─」『住宅問題研究』Vol.17, No.2, (財)住宅金融普及協会, 57-76頁。

篠原正博［2001 b］,「不動産証券化と都市経済」『都市問題』第92巻第11号, 東京市政調査会, 43-54頁。

篠原正博［2003 a］,「モーリス・アレの租税論─自由社会の資産課税─」田中啓一編集代表『制度と社会の安全保障』, 日本大学総合科学研究所, 177-187頁。

篠原正博［2003 b］,「住宅税制の国際比較─住宅ローン利子控除の問題を中心に─」『白門』第55巻 第10号, 中央大学通信教育部, 33-42頁。

篠原正博［2004 a］,「カネ（資産）への課税」小林　威編著『改訂版財政学』, 創成社, 第10章。

篠原正博［2004 b］,「各国の税制：フランス」小林　威編著『改訂版財政学』, 創成社, 301-310頁。

篠原正博［2004 c］,「資本所得と資産保有課税─租税思想史からのアプローチ─」証券税制研究会編［2004］, 64-130頁。

篠原正博［2004 c］,「資本所得と資産保有課税─租税思想史からのアプローチ─」日本租税理論学会編『資本所得課税の総合的検討』, 法律文化社, 3-20頁。

篠原正博［2005 a］,「帰属家賃と資産保有課税─アイルランドの経験─」『中央大学経済学部創立100周年記念論文集』中央大学経済学部, 175-192頁。

篠原正博［2005 b］,「フランスにおける地方資産課税の現況と課題」(財)日本都市センター［2005］, 第6章。

篠原正博［2005c］,「持ち家と税金（教養講座　第174回）」『草のみどり』第190号, 中央大学父母連絡会, 58-59頁。

篠原正博［2006a］,「持家に対する課税の効果─資本コストの計測─」『DiscussionPaper Series』, No.90, 中央大学経済研究所.

篠原正博［2006b］,「家計資産と税制」『証券経済研究』第56号, (財)日本証券経済研究所, 111-129頁。

篠原正博［2007］,「EU型付加価値税と居住用不動産」『Discussion Paper Series』, No.97, 中央大学経済研究所。

篠原正博［2008 a］,「中古住宅市場の活性化と税制」『経済学論纂』第48巻 1・2号, 中央大学出版部, 193-213頁。

篠原正博［2008 b］,「金融所得課税一元化と租税原則─課税の中立性および公平性の観点からの実証分析─」証券税制研究会編『金融所得課税の基本問題』, (財)日本証

券経済研究所，第5章．

柴田敬司・近藤賢治・大和田雅英・美作達郎・江南嘉成［2001］,『主要国の地方税財政制度（イギリス・ドイツ・フランス・アメリカ）』，財務省財務総合政策研究所．

柴　由花［2006］,「スウェーデン相続税および贈与税法の廃止」『土地総合研究』2006年春号，（財）土地総合研究所，21-31頁．

柴　由花［2007 a］,「スウェーデン富裕税法の廃止」『ジュリスト』1346号，有斐閣，84-89頁．

柴　由花［2007 b］,「スウェーデン不動産税の段階的廃止案」『明海大学不動産学部論集』第15号，49-62頁．

柴　由花［2008］,「超高齢化社会における不動産保有税の課題」『資産評価情報』162号，（財）資産評価システム研究センター，2-7頁．

渋谷雅弘［2004］,「ドイツにおける相続・贈与税の現状」首藤重幸［2004 a］, 155-186頁．

渋谷雅弘［2008］,「事業承継税制の現状」『法學』東北大学法学会，第69巻　第1号，30-66頁．

島田晴雄編著［2003］,『住宅市場改革』,東洋経済新報社．

下野恵子［1991］,『資産格差の経済分析―ライフサイクル貯蓄と遺産・贈与―』,名古屋大学出版会．

社会資本整備審議会［2005］,『新たな住宅政策に対応した制度的枠組みについて』．

（社）財政研究所編［1983］,『項目別税制調査会答申集』,財経詳報社．

（社）住宅生産団体連合会［1999］,『21世紀に向けての住宅政策の視点―21世紀に向けての住宅政策研究会報告書―』．

（社）住宅生産団体連合会［2000］,『21世紀型恒久税制としての住宅ローン利子の所得控除制度の提案』．

（社）都市開発協会［1992］,『地価税についての疑問―土地保有税の再検討のために―』．

（社）都市開発協会［1995］,『地価税についての疑問―これからの土地対策をめぐって―』．

（社）都市開発協会［1997］,『地価税についての疑問―これからの土地対策をめぐって―』．

住宅金融公庫住宅総合調査室［1998］,『海外住宅金融海外住宅政策 GUIDEBOOK 1998年版』．

住宅宅地審議会［2000］,『21世紀の豊かな生活を支える住宅・宅地政策について（答申）』．

住宅問題研究会・（財）日本不動産研究所編［1993］,『住宅問題事典』,東洋経済新報社．

証券税制研究会編［2004］,『二元的所得税の論点と課題』,(財)日本証券経済研究所。
白石憲一［2001］,「住宅税制と持家住宅投資の実効限界税率」『都市住宅学』33号, 都市住宅学会, 65-74頁。
白石憲一［2002］,「持家・賃貸住宅投資の実効限界税率」『住宅問題研究』Vol.18, No.3, (財)住宅金融普及協会, 21-31頁。
白川一郎・井野晴久［1994］,『ゼミナール SNA 統計見方・使い方』, 東洋経済新報社。
代田　純［1992］,「イギリスの証券税制改革（上）―印紙税廃止を中心に―」『証券レポート』No.1489, (財)日本証券経済研究所, 12-23頁。
神野直彦［1990］,「資産課税とキャピタル・ゲイン課税」宮島［1990］, 第7章。
神野直彦［1995a］,「資産税改革の論点」『税経通信』第50巻 第11号, 税務経理協会, 9-15頁。
神野直彦［1995b］,「流通税と金融・資本市場」宮島　洋編著『消費税の理論と課題』, 税務経理協会, 第10章。
神野直彦［1996］,「所得概念論」金子　宏編著『所得税の理論と課題』, 税務経理協会, 第2章。
神野直彦［2001］,『二兎を得る経済学』, 講談社。
神野直彦［2007］,『財政学　改訂版』, 有斐閣。
神野直彦・宮本太郎編［2006］,『脱「格差社会」への戦略』, 岩波書店。
須田　徹［1996］,『アメリカの税法　改訂五版』, 中央経済社。
首藤重幸［1988］,「流通税の諸問題」『租税法研究』第16号, 有斐閣, 49-73頁。
首藤重幸編著［2004 a］,「世界における相続税法の現状」『日税研論集』Vol.56, (財)日本税務研究センター。
首藤重幸［2004 b］,「日本における相続税の現状」首藤重幸［2004 a］, 5-19頁。
首藤重幸［2004 c］,「補章―イタリアにおける相続税の廃止」首藤重幸［2004 a］, 221-227頁。
首藤重幸・平川英子［2004 d］,「補章―フランスにおける相続税・贈与税の現状」首藤重幸［2004 a］, 187-220頁。
砂川良和［1995］,「土地税制の改革を巡る諸問題」水野［1995］, 第6章。
砂川良和・菅　寿一（校閲）［2005］,「土地税制の改革を巡る諸問題」水野［2005］, 第6章。
砂川良和・権　炳秋［1993］,『土地税制と土地対策―日・韓の比較―』, 有信堂高文社。
住まいの産業ルネッサンス塾編［2001］,『住宅税制で日本が変わる』, 日本建築センター。
住まいをめぐる金融・税制国際会議［1987］,『住まいをめぐる金融と税制―国際会議レ

ポート集—』,(財)年金住宅福祉協会。
税制特別調査会［1957］,『相続税制度改正に関する答申』。
政府税制調査会［1990］,『土地税制のあり方についての基本答申』。
政府税制調査会［1997］,『金融課税小委員会中間報告』。
政府税制調査会［2000］,『わが国税制の現状と課題−21世紀に向けた国民の参加と選択−』。
政府税制調査会［2001］,『平成14年度の税制改正に関する答申』。
政府税制調査会［2002］,『あるべき税制の構築に向けた基本方針』。
政府税制調査会［2003］,『少子・高齢社会における税制のあり方』。
政府税制調査会金融小委員会［2004］,『金融所得課税の一体化についての基本的考え方』。
税理士法人トーマツ編［2008］,『欧州主要国の税法《第2版》』,中央経済社。
関野満夫［2005］,『現代ドイツ地方税改革論』,日本経済評論社。
瀬古美喜［1998］,『土地と住宅の経済分析—日本の住宅市場の計量経済学的分析—』,創文社。
全日紀尾井町フォーラム専門委員会［2002］,『中古住宅とその市場はどうあるべきか』,全日本不動産協会。
総務省自治税務局［2008a］,『平成20年度地方税に関する参考係数資料』。
総務省自治税務局［2008b］,『地方税制関係資料』。
高野幸大［2004］,「イギリスにおける相続税・贈与税の現状」首藤重幸［2004］, 103−154頁。
高橋朋子・麻谷文雄・棚村政行［2007］,『民法7 親族・相続第2版』,有斐閣。
高橋　誠［1978］,『現代イギリス地方財政論』,有斐閣,第3章。
高橋　誠［1990］,『土地住宅問題と財政政策』,日本評論社。
高山憲之［1980a］,『不平等の経済分析』,東洋経済新報社。
高山憲之［1980b］,「富と所得の分布」熊谷尚夫・篠原三代平編『経済学大事典II（第二版）』,東洋経済新報社, 468−481頁。
高山憲之編著［1992］,『ストック・エコノミー—資産形成と貯蓄・年金の経済分析—』,東洋経済新報社。
高山憲之・有田富美子［1996］,『貯蓄と資産形成』,岩波書店。
高山憲之・舟岡史雄・大竹文雄・関口昌彦・渋谷時幸［1989］,「日本の家計資産と貯蓄率」『経済分析』第116号,経済企画庁経済研究所, 1−93頁。
高山憲之・麻生良文・宮地俊行・神谷佳孝［1996］,「家計資産の蓄積と遺産・相続の実態」高山憲之他編『高齢化社会の貯蓄と遺産・相続』,日本評論社,第5章。
高寄昇三［1995］,『現代イギリスの地方財政』,勁草書房,第2章。

竹下　譲・佐々木郭朗［1995］,『イギリスの地方税－中央政府と地方自治体の葛藤－』,梓出版社.

武田昌輔［1993］,「相続税の今後の在り方」『税経通信』第48巻　第10号,,税務経理協会,2－9頁.

竹中平蔵・平岡三明・浅田利春［1987］,「日本の住宅投資と対外不均衡－持家・貸家別資本ストック系列とレンタル価格による分析」『フィナンシャル・レビュー』第5号,大蔵省財政金融研究所,June,55－73頁.

田代洋一編［1991］,『計画的都市農業への挑戦』,日本経済評論社.

多田雄司［1996］,「住宅は消費税を非課税にすべきか」『住宅金融月報』No.535,（財）住宅金融普及協会,9－11頁.

田近栄治［2002］,「資本所得課税の展開と日本の選択」『フィナンシャル・レビュー』第65号,21－37頁.

田近栄治・八塩裕之［2006 a］,「税制を通じた所得再分配」小塩隆司・田近栄治・府川哲夫編『日本の所得分配』,東京大学出版会,85－110頁.

田近栄治・八塩裕之［2006 b］,「日本の所得税・住民税負担の実態とその改革について」貝塚・財務省財務総合研究所［2006］,175－202頁.

田近栄治［2007］,「オランダの所得税制改革」金融調査研究会［2007］,第3章.

橘木俊詔［1998］,『日本の経済格差』,岩波書店.

橘木俊詔［2000］,「日本の所得格差は拡大しているか」『日本労働研究雑誌』Vol.42 No.7,日本労働研究機構,41－52頁.

橘木俊詔［2006］,『格差社会』,岩波書店.

橘木俊詔・八木　匡［1994］,「所得分配の現状と最近の推移－帰属家賃と株式のキャピタル・ゲイン－」石川経夫編『日本の所得と富の分配』,東京大学出版会,23－58頁.

田中一行［1992］,「日本の土地保有課税」目良・坂下・田中・宮尾［1992］,第6章.

田中一行［1994］,「土地保有課税の課税標準」『季刊住宅土地経済』No.12, Spring,（財）日本住宅総合センター,2－7頁.

田中一行［1996］,「土地保有課税と租税原則」『日本財政学会第53回大会報告要旨』,32－36頁.

田中一行［1998］,「"フェア、グローバル"と土地税制―固定資産税を中心として―」『税』第53巻　第4号,ぎょうせい,4－20頁.

田中一行・仲田一郎［1996］,「不動産投資商品及び金融商品に対する税制の国際比較－日本・米国・フランス－」『不動産共同投資事業の経済的基礎と展望に関する研究会報告書』,不動産シンジケーション協議会,190－220頁.

田中啓一［1998］,「『収益還元法』重点化への課題」『資産評価情報』106号,（財）資産

評価システム研究センター，2－7頁。
田中啓一・田中正秀［1998］,「ストック経済化と資産課税」一河・吉牟田・田中・米原［1998］,第5章。
田中秀吉［1927］,『印紙税法の起源と其の史的展開』第一書房。
田中秀吉［1929］,『印紙税』,第一書房,1929年。
田中廣太郎［1926］,『地方税制講話』,良書普及會。
田中廣太郎［1927］,「我國の家屋税」『経済研究』第4巻 第3號,岩波書店,1－9頁。
田中廣太郎［1930］,「家屋税の課税標準調査に就いて」『地方行政』第38巻 第3號,帝國地方行政學會22－28／第38巻 第4號,20－25頁／第38巻 第5號,13－20頁。
谷口勢津夫［1996］,「財産評価の不平等に関するドイツ連邦憲法裁判所の2つの違憲決定」『税法学』535号,三晃社,153－174頁。
谷山治雄・湖東京至編［1987］,『ここが知りたい売上税の実際』,日本経済新聞社。
谷山治雄［2003］,「二元的所得税論について」日本租税理論学会編『相続税制の検討』,法律文化社,153－164頁。
知念 裕［1995］,『付加価値税の理論と実際』,税務経理協会。
地方財政委員會事務局［1952］,『地方財政概要』。
地方資産課税調査研究委員会［1989］,『地方税における資産課税に関する調査研究報告書』,自治総合センター。
地方税研究会編［1988］,『セミナー税制改革を考える』,大月書店。
地方税における資産課税のあり方に関する調査研究委員会［1996］,『地方税における資産課税のあり方に関する調査報告書』,(財)資産評価システム研究センター。
地方税における資産課税のあり方に関する調査研究委員会［1998］,『地方税における資産課税のあり方に関する調査報告書』,(財)資産評価システム研究センター。
地方税における資産課税のあり方に関する調査研究委員会［2000］,『地方税における資産課税のあり方に関する調査報告書─地方分権時代の固定資産税制度のあり方について─』,(財)資産評価システム研究センター。
地方税における資産課税のあり方に関する調査研究委員会［2007］,『地方税における資産課税のあり方に関する調査報告書─今後の固定資産税制度のあり方について─』,(財)資産評価システム研究センター。
中小企業庁［2006］,『中小企業白書2006年版』,第3部 第2章。
辻 弘昭［1996］,「オーストラリアの地方団体の財産税」『地方税』第47巻 第12号,(財)地方財務協会,82－118頁。
都留重人［1990］,『地価を考える』,岩波書店。
鶴田廣巳［2003］,「サステイナビリティと税制改革（上）」『関西大学商學論集』Vol.48,

No. 52, 641-662頁。
ドイツ住宅税制研究会［1992］,『ドイツの住宅税制』,（財）日本住宅総合センター。
東京都主税局総務部税制調査室［1991］,『外国税制調査報告書』。
土地税制研究会［1981］,『欧米諸国の土地税制』,（財）日本住宅総合センター。
土地税制研究会編［1991］,『土地税制はこう変わる』,新日本法規。
土地問題研究会・（財）日本不動産研究所編［1989］,『土地問題事典』,東洋経済新聞社。
内閣府編［2002］,『平成14年版経済財政白書』。
内閣府［2007］,『世界経済の潮流2007年秋』（http://www5.cao.jp/j-j/sekai_chouryuu/sa07-02/index.html）。
内閣府大臣官房政府広報室［2004］,『住宅に関する世論調査』（http://www8cao.go.jp/index.html）。
内藤尚志［1997］,「アメリカの財産税の現状について（上）（下）—IAAO年次総会に出席して—」『地方税』第48巻 第2号,（財）地方財務協会, 59-85頁, 第48巻 第3号, 141-176頁。
中神康博［1992］,「持ち家住宅の資本コストと住宅価格」『季刊住宅土地経済』No. 6, Autumn,（財）日本住宅総合センター, 10-16頁。
中里 実［1991］,「所得の構成要素としての消費」金子 宏編『所得課税の研究』, 有斐閣, 第2章。
中島茂樹・三木義一［1996］,「所有権の保障と課税権の限界」『法律時報』Vol. 68, No. 9／843, 日本評論社, 47-55頁。
中西啓之［2001］,「オランダの所得税制とその改革＜レジュメ＞」『財政理論研究会報告集（第11集）』, 税制経営研究所, 23-35頁。
中西 一［1994］,「ミッテラン政権下の富裕税」『九州大学経済論究』第90号, 49-77頁。
中野和子［1999］,「固定資産税における時価」占部・全国婦人税理士連盟［1999］, 第7章。
中村政則・石井寛治・春日 豊［1988］,『日本近代思想体系8 経済構想』, 岩波書店。
滑川雅士編著［1988］,『地価・土地問題の経済学』, 東洋経済新報社。
西崎文平・山田 泰・安藤栄祐［1998］,「日本の所得格差」『経済分析・政策研究の視点シリーズ11』, 経済企画庁経済研究所。
西村清彦［1995］,『日本の地価の決まり方』, 筑摩書房。
西村清彦編［2002］,『不動産市場の経済分析』, 日本経済新聞社。
西村清彦・三輪芳朗編［1990］,『日本の株価・地価—価格形成のメカニズム—』, 東京大学出版会。

日本司法書士会連合会［1996］,『平成9年度税制改正要望』, 1996年。
日本租税研究協會編［1950］,『シャウプ勧告の総合的研究』。
日本総合研究所調査部経済・社会政策研究センター編［2003］,『税制・社会保障の基本構想』, 日本評論社。
日本租税研究協会［2005］,『金融所得課税の一体化に関する提言』。
日本租税研究協会［2007］,『税制参考資料集（平成19年度版）』。
日本租税理論学会編［2003］,『相続税制の再検討』, 法律文化社。
日本租税理論学会編［2005］,『資本所得課税の総合的検討』, 法律文化社。
日本土地法学会編［1984］,『集合住宅と区分所有法・固定資産税違憲訴訟』, 有斐閣。
日本土地法学会編［1986］,『土地税・補償と賠償の法理』, 有斐閣。
日本土地法学会編［1991］,『高齢者住居・登記制度・新地価税』, 有斐閣。
日本の資本市場と証券税制研究会編［2000］,『資産所得課税の理論と実際』,（財）日本証券経済研究所。
野口悠紀雄［1989a］,『現代日本の税制』, 有斐閣, 第4章。
野口悠紀雄［1989b］,『土地の経済学』, 日本経済新聞社。
野口悠紀雄［1991］,『ストック経済を考える』, 中公新書。
野口悠紀雄［1992］,『バブルの経済学―日本経済に何が起こったのか―』, 日本経済新聞社。
野口悠紀雄［1994a］,『税制改革のビジョン―消費税増税路線を見直す―』, 日本経済新聞社。
野口悠紀雄編［1994b］,『税制改革の新設計』, 日本経済新聞社。
野口悠紀雄［2003］,『「超」税金学』, 新潮社。
野田裕康［1999］,「ドイツ財産税の廃止について」『二松学舎大学国際政経論集』7号, 125-145頁。
野田裕康・篠原正博［1996］,「EC諸国における都市の土地課税－ドイツ建設省報告書の抄訳－」資産研究会［1996］, 123-148頁。
野村容康［2002］,「ノルウェー二元的所得税の実際」『証券レビュー』第42巻 第2号,（財）日本証券経済研究所, 49-68頁。
橋本郁子［1998］,「外資系企業の対日進出と立地動向」『STBRI REPORT』（株）住信基礎研究所, 1998年5月。
橋本恭之［2001］,『税制改革シミュレーション入門』, 税務経理協会。
橋本恭之・上村敏之［1997］,「税制改革の再分配効果－個票データによる村山税制改革の分析－」『関西大学経済論集』Vol.47, No.2, 47-61頁。
橋本　徹［1991］,「地価税はいかに見直すべきか」『税経通信』第46巻 第9号, 税務経理協会, 14-20頁。

橋本　徹編著［1995］,『地方税の理論と課題』,税務経理協会。
橋本　徹編著［2001］,『改訂版地方税の理論と課題』,税務経理協会。
橋本　徹・山本栄一編［1987］,『日本型税制改革』,有斐閣。
長谷川徳之輔［1990］,『土地改革の視点』,東洋経済新報社。
八田達夫［1988］,『直接税改革』,日本経済新聞社。
八田達夫［1989］,「最適課税理論と税制改革論争」伊藤元重・西村和雄編著『応用ミクロ経済学』,東京大学出版会,123-144頁。
八田達夫［1994］,『消費税はやはりいらない』,東洋経済新報社。
八田達夫［1996］,「所得税と支出税の収束」,木下和夫編著『租税構造の理論と課題』,税務経理協会,第2章。
花井清人［2004］,「各国の税制：オーストラリア」小林　威編著『改訂版財政学』,創成社,311-318頁。
馬場義久［1998］,『所得課税の理論と政策』,税務経理協会。
馬場義久［2000］,「Dual Income Tax 論と金融所得税制の改革」日本の資本市場と証券税制研究会［2000］,第2章。
馬場義久［2001］,「スウェーデンの個人資産所得税制―二元的所得税制下の利子控除・ロス控除」『租税研究』第615号,（社）日本租税研究協会,118-126頁。
馬場義久［2002 a］,「二元的所得税とは何か？理論的特徴・実際・含意」『税研』第103号,（財）日本税務研究センター,16-24頁。
馬場義久［2002 b］,「スウェーデンの二元的所得税―その到達点と日本への教訓―」『租税研究』第637号,（社）日本租税研究協会,123-138頁。
土生芳人［1971］,『イギリス資本主義の発展と租税』,東京大学出版会。
濱口雄幸［1914］,「地租ノ課税標準ヲ論ス」『國家學会雑誌』第18巻,国家學會事務所,40-53頁。
浜田浩児［2001］,『93 SNA の基礎国民経済計算の新体系』,東洋経済新報社。
浜田浩児［2003］,「SNA 家計勘定の分布統計」『経済分析』第167号,内閣府経済社会総合研究所,1-145頁。
林　健久［1972］,「土地税制」佐伯・小宮［1972］,第9章。
林　大造［1966］,『所得税の基本問題』,税務経理協会。
林　宏明［1995］,『租税政策の計量分析―家計間・地域間の負担配分―』,日本評論社。
林　正寿［2008］,『租税論』,有斐閣。
葉山　滉［1991］,『現代フランス経済論』,日本評論社。
早見　弘［1969］,「相続税の再分配効果」『一橋論叢』Vol. 62, No. 6, 70-83頁。
原田　泰・井上裕行［1991］,『土地・住宅の経済学』,日本評論社。

半谷俊彦［2000］,「ドイツの住宅税制」篠原［2000 a］, 80-116頁。
半谷俊彦［2005］,「ドイツの都市自治体における資産課税の現状と課題」(財)日本都市センター［2005］, 第8章。
半谷俊彦［2006］,「帰属家賃の公平性―ドイツにおける議論の検討を中心に―」栗林隆・半谷俊彦編著『租税論研究』, 五絃舎, 63-98頁。
平川英子［2006］,「不動産譲渡所得に対する課税の在り方に関する一考察―フランスにおける不動産譲渡所得課税の改正を素材として―」『早稲田大学大学院法研論集』第120号, 173-189頁。
廣田尚久［1991］,『不動産賃貸借の危機』, 日本経済新聞社。
福島正夫［1968］,『地租改正』, 吉川弘文館。
福島正夫［1970］,『地租改正の研究 増訂版』, 有斐閣。
福島隆司［1999］,「帰属家賃課税による固定資産税改革」(社)住宅生産団体連合会［1999］, 29-34頁。
藤岡純一［1991］,「スウェーデンの不動産税」『季刊日本不動産学会誌』Vol.16, No.3, 37-44頁。
藤岡純一［1992］,『現代の税制改革―世界的展開とスウェーデン・アメリカ―』, 法律文化社。
藤田 晴［1975］,「藤田晴教授報告書―欧州の土地税制―」中橋敬次郎編『付加価値税、土地税制等をめぐる欧米税制の動向と背景―欧米税制調査報告書集―』, 大蔵省印刷局, 509-542頁。
藤田 晴［1992］,『所得税の基礎理論』, 中央経済社。
不動産証券化協会［2003］,『不動産証券化ハンドブック2003』。
フランス住宅税制研究会［1995］,『フランスの住宅税制』, (財)日本住宅総合センター。
星田 寛［1990］「高齢者の財産管理・遺産相続と信託銀行」『信託』161号, 信託協会, 79-92頁。
星野 泉［1994］,「地方税レイトの起源―Edwin Canann の分析を中心に―」『明星大学経済学紀要』Vol.26, No.1, 45-54頁。
星野 泉［1995］,「イギリスのカウンシル・タックスについて」『地方税』第46巻 第12号, 35-49頁。
星野 泉［2004］,『分権型税制の視点』, ぎょうせい。
星野次彦編著［2007］,『図説日本の税制平成19年度版』, 財経詳報社。
本間正明［1991］,『日本財政の経済分析』, 創文社。
本間正明・跡田直澄編［1989］,『税制改革の実証分析』, 東洋経済新報社。
本間正明・跡田直澄・福間 潔・浅田利春［1987］,「住宅の資本コストと持家住宅需

要」『フィナンシャル・レビュー』第6号，大蔵省財政金融研究所，October，59-71頁。
本間義人 [1988]，『土地問題総点検』，有斐閣。
本間義人編 [1991]，『韓国・台湾の土地政策-日本にとっての教訓-』，東洋経済新報社。
前川俊一 [1993]「住宅と税制」，住宅問題研究会・(財)日本住宅総合センター [1993]，109-119頁。
前川俊一 [1996]，『土地市場論—土地市場と土地政策の経済分析—』，清文社。
前川俊一 [2000]，「イギリスの住宅税制」，篠原 [2000 a]，60-79頁。
前川俊一 [2003]，『不動産経済学』，プログレス。
前川尚美・臼井　守・小川徳洽 [1978]，『地方税-各論Ⅱ』，ぎょうせい，第1章。
前田高志 [1992]，『現代アメリカ経済と財政』，東洋経済新報社。
前田高志 [1997]，「アメリカの地方財産税における多様性について」『総合税制研究』No.5，納税協会連合会，213-237頁。
前田高志 [2005]，「アメリカの地方財産税」(財)日本都市センター [2005]，第7章。
枡野雅憲 [1987]，「不動産取得税の今日的意義と問題点(1)(2)」『法令資料解説総覧』第85号，第一法規，73-80頁，第86号，105-112頁。
松浦克己・滋野由紀子 [1996]，『女性の就業と富の分配』，日本評論社。
松田　淳・松崎啓介 [2004]，『平成16年度版　税法便覧』，税務研究会出版局。
松崎啓介・高橋達也 [2007]，『平成19年度版　税法便覧』，税務研究会出版局。
松本茂郎 [1967]，「イムピューテッド・インカムと経済的利益の課税」『税経通信』第22巻12号，22-33頁。
丸　淳子 [1990]，「キャピタル・ゲイン課税の推定と日本の証券市場の特徴」石　弘光編『わが国における資本所得課税の実態』，日本経済研究センター，41-55頁。
丸山高満 [1985]，『日本地方税制史』ぎょうせい。
丸山高満 [1987]，「固定資産税の沿革」、木下 [1987]，第9章。
丸山英気・田中啓一・石原舜介 [1987]，『不動産学概論—不動産学の確立と21世紀への視点—』，リクルート。
三木義一 [1991]，「ドイツの土地保有税制の概要と問題点」『季刊日本不動産学会誌』Vol.6，No.3，27-36頁。
三木義一 [1994]，「地価税の法定評価と改革の方向」宮本・植田 [1994]，第5章。
三木義一 [1996]，「相続・贈与税と租税回避」北野他 [1996]，第18章。
三木義一 [2003]，『日本の税金』，岩波書店。
水野正一編著 [1995]，『資産課税の理論と課題』，税務経理協会。
水野正一編著 [2005]，『改訂版資産課税の理論と課題』，税務経理協会。

水野忠恒［1989］,『消費税の制度と理論』,弘文堂。
水野忠恒［1991］,「欧米の相続制度と相続税制」『租税研究』第505号,(社)日本租税研究協会,35-44頁。
宮尾尊弘［1989］,『ストック経済の時代―豊かさ獲得への処分箋―』,日本経済新聞社。
宮尾尊弘［1991］,『土地問題は解決できる』,東洋経済新報社。
宮島　洋［1986］,『租税論の展開と日本の税制』,日本評論社。
宮島　洋編集［1990］,『税制改革の潮流』,有斐閣。
宮島　洋・連合総合生活開発研究所編著［2002］,『日本の所得分配と格差』,東洋経済新報社。
宮本憲一・植田和弘編［1990］,『東アジアの土地問題と土地税制』,勁草書房。
宮本憲一・植田和弘編［1994］,『日本の土地問題と土地税制』,勁草書房。
宮本憲一・鶴田廣巳編著［2001］,『所得税の理論と思想』,税務経理協会。
村本　孜［1989］「貯蓄と負債」貯蓄経済研究センター編『豊かな時代の暮らしと貯蓄』,ぎょうせい,第4章。
目良浩一・坂下　昇・田中一行・宮尾尊弘［1992］,『土地税制の研究－土地保有課税の国際比較と日本の現状－』,(財)日本住宅総合センター。
森　恒夫［1967］,『フランス資本主義と租税』,東京大学出版会。
森田義男［1992］,『怒りの「路線価」物語―妖しくも悩ましき不動産と相続税―』,ダイヤモンド社。
森田義男［1994］,『嘆きの「固定資産税」物語―危なっかしい「土地の評価」を現場検証する―』,ダイヤモンド社。
森田義男［1997a］,『新・怒りの「路線価」物語―不動産の真実がわかるとき―』,ダイヤモンド社。
森田義男［1992b］,『新・嘆きの「固定資産税」物語―自治省の"まやかし"と対決するとおき―』,ダイヤモンド社。
森信茂樹［1996］,「各国における資産課税について」『経済グローバル化に対応する税制のあり方に関する報告』,(社)日本租税研究協会,25-43頁。
森信茂樹［2002a］,『わが国所得課税ベースの研究』,(社)日本租税研究協会。
森信茂樹［2002b］,「二元的所得税とわが国への政策的インプリケーション」『フィナンシャル・レビュー』第65号,財務省財務総合研究所,121-139頁。
森信茂樹［2004］,「二元的所得税と金融税制一元化－残された課題」証券税制研究会［2004］,第8章。
森信茂樹［2007］,『抜本的税制改革と消費税』,(財)大蔵財務協会。
安田武彦・許　伸江［2005］,「事業承継と承継後のパフォーマンス」『RIETI

Discussion Paper Series』, 05-J-018, 独立行政法人経済産業研究所。
安田元七 [1929],「地方税不動産取得税」『経済論叢』第29巻第6号, 京都法學會, 123-130頁。
矢内一好 [2008],「国際相続の税務」『税研』No.139,(財)日本財務研究センター, 27-32頁。
山崎一樹 [1998],「固定資産評価の基本問題に関する研究委員会報告について」『地方税』第49巻 第7号, 16-39頁。
山崎福寿 [1999],『土地と住宅市場の経済分析』, 東京大学出版会。
山嵜義三郎 [1972],『土地問題と土地政策』, ミネルヴァ書房。
山下誠之助 [1989],『平成土地改命—新しい政治で地価を1/10にする—』, ダイヤモンド社。
山田直夫 [2007],「近年の利子・配当課税の実効税率について」『証券レビュー』第47巻第7号,(財)日本証券経済研究所, 70-90頁。
山田雅俊 [1993],「オーストラリアの土地税制と土地政策」『オイコノミカ』第29巻第3・4合併号, 141-154頁。
山見郁雄・井上 繁・澤 佳弘・東条正美 [1991],『わかる土地問題』, ぎょうせい。
山本守之 [1997],『実務消費税法(新版三丁版)』, 税務経理協会。
湯元健治編著 [2003],『税制改革のグランドデザイン』, 生産性出版, 第3章。
横谷有加里 [1994],「欧米の住宅税制について(1)〜(3)」『住宅金融月報』511号 46-51頁, 512号 42-47頁, 513号 38-45頁。
吉野直行・高橋 徹 [1990],『パソコン計量経済学入門』, 多賀出版。
米原淳七郎 [1995 a],『土地と税制—土地保有税重課税論批判—』, 有斐閣。
米原淳七郎 [1995 b],「固定資産税の本質と改革の方向」橋本 [1995], 第7章。
米原淳七郎 [1998],「オーストラリアの資産課税」一河・吉牟田・田中・米原 [1998], 第16章。
米原淳七郎・矢野秀利 [1989],『直接税対間接税』, 有斐閣。
吉牟田勲 [1987],「法人の財産課税」『租税研究』第458号, 23-33頁。
吉牟田勲 [1995 a],『日本租税史の変遷』, JIS。
吉牟田勲 [1995 b],「資産課税の国際比較」水野 [1995], 第12章。
吉牟田勲 [2005],「資産課税の国際比較」水野 [2005], 第12章。
労働大臣官房政策調査部編 [1991],『資産格差』, 大蔵省印刷局。
渡部昇一 [2002],『相続税をゼロにせよ！』, 講談社。
渡辺喜久造 [1955],『税の理論と実際—理論編—』, 日本経済新聞社。
和田八束 [1984],『日本の税金』, 日本評論社。
和田八束 [1997],「『流通税』の性格と改革」『旬刊国税解説速報』Vol.37, 3月28日

号，国税解説協会，10-11頁。

ホームページ

アイルランド財務省（http://www.finance.gouv.ie/ViewDoc.Asp?fn=/home.asp）。
アメリカ内国歳入庁（http://www.irs.gov/faqs/index.html）。
イギリス歳入・関税庁（http://www.hmrc.gov.uk/individuals index.shtml）。
オーストラリア財務省課税局（http://www.ato.gov.au/）。
オーストラリア統計局（http://www.abs.gov.u/websiteedbs/D 331014.nsf/home/home?opendocument）。
カナダ統計局（http://www.statcan.ca）。
カナダオンタリオ州（http://www.fin.gov.on.ca/english/resources/taxpayers.html）。
カナダブリティッシュ・コロンビア州（http://www.gov.bc.ca/main_index/business_development/taxation.html）。
国税庁タックスアンサー（http://www.nta.go.jp/taxanswer/index 2.htm）。
スウェーデン財務省（http://www.sweden.gov.se/sb/d/9509）。
全米州議会議員連盟（http://www.ncsl.org/public/ncsl/ncslDocs Search）。
ニュージーランド内国歳入庁（http://www.ird.gouvt.nz/）。
ノルウェー財務省（http://www.regjeringen.no/en/dep/fin/Selected-topics/taxes-and-Duties,html?id=1359）。
フランス国立統計経済研究所（http://www.insee.fr/fr）。
フランス内務省（http://www.interieue.gouv.fr/）。
フランス予算・公会計・公共サービス省（http://www.bidget.Gouv.fr/themes/impot_fiscalite/index.htm）。

初出一覧

第1章
　未公表論文

第2章
　「不動産流通課税」『不動産税制の国際比較分析』，清文社，1999年，第3章。
　「フランスの住宅税制」『主要先進国の住宅税制―住宅取得促進税制の議論を中心に―』，（財）アーバンハウジング，2000年，117-139頁。

第3章
　「EU型付加価値税と居住用不動産」『Discussion Paper Series』No. 97，2007年，中央大学経済研究所。

第4章
　「資産移転課税の存在意義―オーストラリアおよびカナダの経験に学ぶ―」『明海大学不動産学部論集』第5号，1997年，40-62頁。
　「相続・贈与税の存在意義―オーストラリアおよびカナダの議論に学ぶ―」『明海大学不動産学部 DISCUSSION PAPER』No. 3，1998年。
　「相続税の存在意義―オーストラリアおよびカナダの経験に学ぶ―」『不動産税制の国際比較分析』，清文社，1999年，第7章。

第5章
　「地方不動産税の課税標準」『明海大学不動産学部 DISCUSSION PAPER』No. 4，1998年。
　「固定資産税の課税標準」『不動産税制の国際比較分析』，清文社，1999年，第2章。

第6章
　「地価税」『不動産税制の国際比較分析』，清文社，1999年，第5章。

第7章
　「帰属家賃課税の根拠、実態、問題点」『主要先進国の住宅税制―住宅取得

促進税制の議論を中心に—』,(財)アーバンハウジング,2000年,14-34頁。

第8章

「帰属家賃と資産保有課税—アイルランドの経験—」『中央大学経済学部創立100周年記念論文集』,中央大学経済学部,2005年,175-192頁。

第9章

「フランスの住宅税制」『主要先進国の住宅税制—住宅取得促進税制の議論を中心に—』,(財)アーバンハウジング,2000年,117-139頁。

「住宅税制の国際比較—住宅ローン利子控除の問題を中心に—」『白門』中央大学通信教育部,2003年10月号,33-42頁。

第10章

「フランスのキャピタル・ゲイン課税—1976年税制改正の理論的背景—」『住宅問題研究』,(財)住宅金融普及協会,Vol.17, No.2,2001年6月,57-76頁。

第11章

「中古住宅市場の活性化と税制」『経済学論纂』第48巻 第1・2号,2008年,中央大学出版部,193-213頁。

第12章

「金融所得一体化課税と租税原則—課税の中立性および公平性の観点からの分析—」証券税制研究会編『金融所得課税の基本問題』,(財)日本証券経済研究所,2008年,第5章。

第13章

「資本所得と資産保有課税—租税思想史からのアプローチ—」『Discussion Paper Series』No.60,2004年,中央大学経済研究所。

「資本所得と資産保有課税—租税思想史からのアプローチ—」証券税制研究会編『二元的所得税の論点と課題』,(財)日本証券経済研究所,2004年,第3章。

事項索引

ア 行

アースキン・サイムス委員会報告	190
IAAO	239
アスプリー委員会	131
EC 第 6 次指令	99, 101, 104, 105, 107, 111
EU 型付加価値税	97
EU 2006年指令	99, 101, 104, 105, 107, 111
遺産課税方式	21, 40, 127
遺産取得課税方式	21, 40, 127, 132
遺産取得税（succession duty）	320
遺産税（estate duty）	320
一般財産税	21
遺留分制度	165
印紙税	31, 35, 62, 85
印紙不動産取引税	37, 85
インデクセーション	217
インフレ調整	372, 379
インボイス	97, 120
S-H-S 概念	501
SPC（Special Purpose Company：特定目的会社）	516
N 分 N 乗方式	376
延納方式	333
オーストラリア税制改革草案白書	153
オブライエン報告	74
オランダの2001年所得税制改革	484, 489
オランダにおける1893年の事業税法	487
オランダにおける1892年の資産税法	487
オンタリオ州公平課税委員会	251, 264
オンタリオ州公平課税委員会報告書	203

カ 行

カーター報告	142, 302
階級税	234
概算再評価	194
概算資本所得税（presumptive capital income tax）	492
カウンシル・タックス	23, 48
カウンシル・タックス給付金制度	53
価格帯方式	188
家庭ゴミ回収税	37
稼得所得	473
完全市場価値（full market value）	206
簡素性	245, 247
既建築不動産税	37
帰属所得	290
帰属地代	265, 273
帰属賃金	292
帰属賃貸料	291, 462
帰属家賃	290, 512
帰属家賃課税	42, 315
帰属余暇所得	292
帰属利子	291
帰属利潤	292
基礎控除	451
キャッシュ・フロー法	306, 309
キャッピング	218
キャピタル・ゲイン率	447
キャピタル・ゲインおよびキャピタル・ロスの繰り戻し	381
キャピタル・ゲインの繰り越し	381
キャピタル・ゲインの長期性	373
キャピタル・ゲインの特別控除	375, 381, 423
キャピタル・ゲインの不規則性	373
キャピタル・ゲインの包括的課税に関する検討委員会報告	368
キャピタル・ロス	56, 374, 379, 515
給与所得控除	451

居住用財産の譲渡に関する軽減税率
　の特例　　　　　　　　　　　　423
居住用財産税（RPT：Residential
　Property Tax）　　　　30, 313, 322
居住用財産を譲渡した場合における
　課税の特例　　　　　　　　　　389
居住用レイト　　　　　　　187, 318
金融・資本取引税　　　　　　　　22
金融資産　　　　　　　　　　　427
金融資産所得　　　　　　　　　506
金融所得課税一元化　　　　427, 456
金利0％融資制度　　　　　　　345
勤労所得　　　　　　446, 459, 472
勤労所得軽課，資本所得重課　　459
勤労所得重課，資本所得軽課　459, 460
経済社会評議会報告　　　　　　368
経常純資産税　　　　　　　　　　22
経常申告不動産税：impót foncier
　declaratif annuel）　　　　　　195
経常不動産課税　　　　　　　　　22
現実化（actualisation）　　　　　191
県不動産公示税および登録税　　　35
公正市場価値（Fair Market Value）
　　　　　　　　　　　　　144, 497
公正の原則　　　　　　　　　　471
公的年金等控除　　　　　　　　451
公平性　　　　　　　　　　243, 246
国民連帯税　　　　　　　　　　　22
個人単位課税　　　　　　　　　495
国家経済社会評議会の地方財政に
　関する報告書　　　　　　　　330
固定資産税　　　　　　　　31, 407
固定資産税減額措置　　　　　　417
個別財産税　　　　　　　　　　　21
コミュニティー・チャージ　　　238

サ　行

サーキットブレイカー　　　　　　53
財・サービス税（GST：Goods and
　Service Tax）　　　　　　　　284
再建築価格方式　　　　　　　　179
最高・最善利用価値（highest and
　best use value）　　　　　　　185
財産計画　　　　　　　　　　　141
財産税　　　　　　　　　　　48, 61
財産税における課税標準の減額
　（homestead exemption）　　　　52
財産税における税額の減額（credit）　52
財産連帯税　　　　　　　　　37, 44
最初の占有（first occupation）　107
最低居住水準　　　　　　　　　419
歳入の十分性および安定性　245, 250
再分配係数　　　　　　453, 517, 518
裁量信託　　　　　　　　　　　128
差別的市街地課税（differential urban
　land taxation）　　　　　　　　269
サンチーム付加税　　　　　　　192
シェデュールA　　　　　　314, 317
シェデュール制　　　　　　314, 464
敷地価値　　　　　　　　　182, 219
事業承継税制　　　　　　　　　174
自己建築（do-it yourself construction）
　　　　　　　　　　　　　　　105
資産移転課税　　　　　　　　　　21
資産移転課税における租税回避　168
資産格差　　　　　　　　　166, 171
資産再評価税　　　　　　　　　　22
資産所得　　　　　　　　　　　446
資産保有課税　　　　　　21, 475, 476
ジスカールデスタン政権　　　　362
下請完成工事比率　　　　　　　121
市町村譲渡税付加税　　　　　　　35
実効限界税率　　　350, 401, 436, 437
実効税率　　　　　　　　　　　437
実質的財産税　　　　　　　　　　21
実物資産　　　　　　　　　　　427
ジニ係数　　　　　　161, 270, 452, 517
資本価値　　　　　　　　　182, 219
資本課徴　　　　　　　　　　21, 150
資本還元案　　　　　　　　　　463
資本取得税（capital acquisitions tax）　319
資本所得　　　　　　　　　459, 472
資本逃避（capital flight）　　127, 168
シャウプ勧告　　　62, 88, 236, 280, 378

事項索引 *581*

社会的不平等委員会報告	366	譲渡所得に対する分離課税の特例	389
社会保険料控除	451	譲渡税付加税	37
社会保障税	129	譲渡損失繰越控除制度	34
借地借家法	264	譲渡損失の繰越控除	423
収益還元法	179, 231	消費型所得税（支出税）	306
住環境水準	419	消費税	61, 72, 95, 409
住生活基本計画	419	職業税	48
住生活基本法	117	所得源泉説	298, 494
住宅建設5箇年計画	419	所得源泉別不平等度	452
住宅借入金等特別税額控除制度	34	所得税	31
住宅取得援助金制度	338	所得税委員会（Commission on Income Taxation）	314
住宅取得資金に係る贈与税の特例	34, 42	新株発行	438
住宅取得資金の貸付け等に係る抵当権の設定登記の税率軽減	389	新築住宅に対する固定資産税の減額措置	421
住宅取得促進税制	389, 398	新築住宅に対する優遇措置	52
住宅性能水準	419	人的資産課税	24
住宅に関する世論調査	387	人的資本	459
住宅に対する課税標準の特例	34	人頭税	23, 200
住宅の使用者費用（users cost）	303	スタグフレーション	363
住宅用家屋の所有権の移転登記に係る税率の軽減	389	税額還付制度	333
住宅用地に対する課税標準の特例	35, 393	税額控除	494
住宅用地に対する税額の特例	34	制限納税義務者	169
住宅用土地における税額軽減の特例	389	税収の安定性	89
住宅ローン減税制度	337	税収の伸張性	89
住宅ローン利子控除	20, 289, 332	税制改革白書（White Paper on Tax Reform）	146
住宅ローン利子所得控除	338	税制簡素化委員会（Oort委員会）	488
住宅ローン利子税額控除	43, 338	生前贈与による租税回避	129
住宅を新築もしくは既存住宅を購入した場合における課税標準の特例	389	税の過剰納付	110
収得税	61	税の資本化（資本還元）	285
重農主義者	258	税の抜け道（tax loophole）	499
住民税	31	税率のフラット化	505
受益者負担	329	世代跳び移転	129
取得価値	182	1999年のEU指令	102
純帰属家賃	295	1994年度の固定資産税評価替え	62
純賃貸価値	295	1931年（昭和6年）地租改正	227
生涯キャピタル・ゲイン控除	151	1926年（大正15年）税制改正	234
生涯累積課税	146	前段階税額控除方式	97
生涯累積贈与者課税	153	前納勘定方式	109, 307
小規模宅地に対する相続税の特例	42	1873年（明治6年）地租改正	222
証券税制に関する2003年度税制改正	440	全面的改訂（révision generale）	191

総合所得税	504
総合土地税	258
相続・贈与時のみなし実現課税	378
相続・贈与税	22
相続財産税 (legacy duty)	320
相続時精算課税制度	42
相続税	31
相続税と贈与税の短期累積課税	146
相続税による資産分配の平準化係数	167
贈与・遺贈時におけるキャピタル・ゲインのみなし実現課税	142, 148, 149
贈与税	31, 42
粗帰属家賃	295
租税委員会第4次報告	330
租税競争	147, 168
租税裁定	497
租税ジャングル	141
租税賃貸協定	133
租税分与 (tax sharing)	133, 162
粗賃貸価値	295

タ 行

Tax Expenditure	338
大規模資産税	44
田租改革建議	196, 224
田租改正建議	225
単位評価法 (unit assessment)	184
段階的課税 (graded tax)	200
短期累積課税	129
担保不動産等流動化総合対策	516
地価税	31, 257, 258
築後経過年数要件	417
地方一般応益税 (general local benefit tax)	203
地方固定資産税 (local property tax)	330
地方財政責任	188
地方消費税	72, 409
地方不動産保有課税における住宅に対する特例措置	50
仲介手数料	112
中古住宅	112
中立性（効率性）の原則	471
徴税コスト	171
賃貸価値	182
定率制	192
Direct Expenditure	338
適応期待モデル	76
適格勘定	306
田地売買許可の儀	224
凍結効果	376
投資収益税 (investment yield tax)	492
投資的所得	506
投資のカットオフ・レート	429
動態所得	473
登録資産	306
登録免許税	31, 61, 86, 87, 404
独占レント	473
特定の居住用財産の買換特例	389, 408
特別土地保有税	31
都市開発協会	266
都市計画税	31, 407
都市の不動産市場における国際的代替性	81
土地・債権流動化トータルプラン	516
土地資産格差	270
土地税	212, 258, 284
土地税制	257
土地増価税	22
土地台帳賃貸価値	185
土地賃貸価格調査事業報告書	228
土地含み益	264
土地保有課税の負担水準の国際比較	276
土地問題に関する国民の意識調査	1
戸窓税	233

ナ 行

内部留保	438
ナショナル・ノン・ドメスティック・レイト	189
二元的所得税	506
二重課税	72, 112
二重課税排除の原則	472
2004年税制改正	358
能力説	69, 87

ハ 行

配偶者控除	451
配偶者特別控除	451
配賦制	192
ハミルトン関数	397
非居住用レイト	188
非差別の原則	471
非恣意性の原則	471
非人格性の原則	471
非投資的所得	506
付加価値税	35, 39
付加価値税の軽減税率	99
付加価値税のゼロ税率	97, 99, 111
付加価値税の超軽減税率	99
付加価値税の特別軽減税率	99
付加価値税の標準税率	99
付加価値税の割増税率	99
負債	438
物的測定法（physical measurement）	184
不動産公示税および登録税	35
不動産取得税	31, 37, 62, 86, 404
不動産証券化による所得	516
不動産譲渡税	37
不動産所得	506
不動産税	48, 508
不動産賃貸所得	516
不動産投資 Index（STBRI）	448
不動産の流動化	516
不動産流通課税	62
不動産流通課税の課税根拠	68
富裕税	44, 319, 370, 492, 510
扶養控除	451
フランスの住宅税	37
フランスの1999年予算法	83
フランスの1976年税制改革	357
フランスの2000年予算法	83
ブルー・プリンツ	306
不労所得	473
不労所得課税，稼得所得非課税	482
不労所得への比例課税	482
フロー課税	109
プロポジション13	201, 242
分類所得税	504
平均化	218
平均居住水準	419
平均地権構想	196
平準化システム	213
包括的所得税	298
法人資本税	45
法人土地財産税	261
法定相続分に課税による遺産取得課税方式	41
法定地価主義	224
Box システム	489
Box 3	492, 500
Box 2	491, 502
Box 1	489, 501

マ 行

ミード報告	308
未建築不動産税	48
未実現キャピタル・ゲイン	462
みなし税額控除	116
無償譲渡課税	21
無制限納税義務者	169
名目的財産税	21
免税	97
面積税	233
持家取得助成制度	345
持ち家の実質資本コスト	397
持家率	172
門窓税	234

ヤ 行

家賃控除	304
有償譲渡課税	21
誘導居住水準	419

ラ 行

ライフサイクル・モデル	395
利益説	68, 87, 88
リスクプレミアム	500
流通税	61

流動性制約	22, 332	レイフィールド委員会報告書	187, 250
理論地価	262	連立方程式モデル	78
累積的遺産取得税方式	166	労働者の平均税率	496, 505
レイト	314	ロス控除	56

人名索引

[**和　名**]（五十音順）

青木寅夫	488
青野勝広	63
浅妻章如	55, 358
跡田直澄	428
荒井晴仁	303, 512
有田富美子	166
五十嵐敬喜	258
石井寛治	224, 225, 226
石川達哉	388, 398
石倉文雄	510
石島　弘	63, 180
石　弘光	212, 258
石村耕治	201
伊豆　宏	173
一高龍司	126
井藤半彌	306
伊東弘文	242
今本啓介	338
岩下忠吾	110, 112, 116
岩田一政	388, 398, 401, 429, 434
岩田規久男	96, 285
植松守雄	290, 294
上村敏之	453
牛嶋　正	63, 88
梅田高樹	510
大内　力	224, 225, 226, 227
大浦一郎	185
大柿晏己	96
大島　清	224, 225, 226, 227
太田　清	166
小川郷太郎	69, 235, 459
尾崎　護	355
貝塚啓明	126
春日　豊	224, 225, 226
片桐正俊	200
加藤俊彦	224, 225, 226, 227
加藤　寛	306
金子　宏	61, 169, 294, 298
金子　勝	245
金子能宏	428, 452
金本良嗣	63, 389
川瀬光義	196
神田孝平	224
神戸正雄	68, 231, 232, 233, 235, 290, 298, 459
岸　昌三	63
倉橋　透	388
後藤俊夫	175
小松拓磨	388
桜井良治	258
佐々木寛司	224
佐藤和男	258
佐藤　進	167, 168, 242, 258, 272, 298, 459, 460, 463, 464
滋野由紀子	161
篠原　章	299
篠原二三夫	96, 338
篠原正博	63, 81, 96, 126, 168, 190, 196, 197, 258, 273, 286, 355, 361, 370, 384, 428, 470, 516
柴　由花	125, 273
渋谷雅弘	173
島田晴雄	387, 418
首藤重幸	62, 125
白石憲一	388
代田　純	84
神野直彦	62, 118, 167, 298
鈴木郁夫	388, 398, 401, 429, 434

砂川良和	63	福島隆司	305
髙橋　誠	187	藤岡純一	313, 514
高山憲之	166	前川俊一	338
武田昌輔	125	前田高志	49
多田雄司	96	松浦克己	161
橘木俊詔	428	丸　淳子	448
田中一行	180, 247, 427	丸山高満	90, 222, 418
田中啓一	179	三木義一	168, 259, 272
田中廣太郎	233	水野忠恒	96, 122
知念　裕	96	宮島　洋	109, 306
鶴田廣己	463	宮本憲一	463
中神康博	388	陸奥宗光	225
中里　実	290	森　恒夫	297
中村政則	224, 225, 226	八木　匡	428
野口悠紀雄	264, 305, 306, 515	矢内一好	169
橋本恭之	453	矢野秀利	152
橋本　徹	258	山崎福寿	63
八田達夫	306	山嵜義三郎	200
馬場義久	514	山田雅俊	212
土生芳人	463, 465, 467	山本守之	111
濱口雄幸	229	横山　彰	306
浜田浩児	161	吉田あつし	388, 398, 401, 429, 434
林　大造	305	吉牟田勲	223, 273
葉山　滉	363	米原淳七郎	152, 180, 212, 258
早見　弘	167	渡辺喜久造	222, 230, 233
半谷俊彦	296, 338	渡部昇一	125
平川英子	55, 358	和田八束	62
福島正夫	224, 225		

[欧文名]（アルファベット順）

Aaron, H. G.	301
Aaron, H. J.	289
Allais, M.	470, 471, 472, 473, 474, 475, 476, 477, 478, 479, 480, 481, 482, 483
Amos, J.	361
Andrews, W. D.	109, 307, 310
Auberger, P. M.	346, 347
Ault, H. J.	497
Bale, G.	131, 139, 151, 164, 167
Banting, K.	158
Bird, R. M.	125, 137, 139, 146, 148, 157, 214
Bossons, J.	149, 156
Bovenberg, L.	493, 498
Bovenberg, A.	427
Bradley, J. F.	74, 329
Buitleir, D.	318
Callan, T.	330
Caminada, K.	496, 499
Carter, G. E.	133, 141, 150, 151
Cnossen, S	106, 119, 120, 460, 493, 497, 498, 501

Conrad, R. F.	112, 119	Laidler, D	289, 301
Cooper, G.	128	Lambert, M. A.	348
Copé, J. F.	278	Lehner, M.	493, 509
Copeland, J.	318, 319	Lerman, D.	452
Coughlan, M.	318	Maloney, M. A.	158, 159
Cunningham, N.	500	Marsh, D. B.	290, 293, 300
Davies, J. B.	160, 161	Maason, A	365
Delmas, M. J.	356, 357, 371	McCluskey, W. J.	238
Detmers, S.	502	McLure, JR. C.	111, 116
Doughery, A.	388	Merz, P. E.	501
Farr, W.	466	Messere, K.	504
Feldstein, F.	285	Meussen, G.	493, 498, 499
Fuest, C.	394	Mill, J. S.	269
Fullerton, D.	429, 434	Mintz, J. M.	158, 163
Giscard d'Estaing, V.	364, 366	Mongulan, M. A.	356, 357, 371
Goode, R.	289, 290, 294, 301, 304	Mooij, R.	497
Gordon, R. H.	460	Morrisey, O.	320, 321, 322, 325
Goudswaard, K.	496, 499	Mouillart, M.	347
Granelle, J. J.	365, 382	Netzer, D.	198
Haig, R. M.	298, 299, 302	Nielsen, S.	394
Hallett, P.	467, 468, 469	Oates, W. E.	201
Hartle, D. G.	132, 134, 141, 146, 147, 156	O'Brien, M. H.	318, 329
Heaton, H.	213	Order, R.	388
Heilburun, J.	239	O'Sullivan, A.	201
Hellmuth, W. F.	301, 303	Pedric, W. H.	126, 152
Hepworth, N. P.	184, 295	Perry, H. J.	137
Hicks, J. R.	186	Prest, A. R.	190, 269
Hofland, D.	502	Piggott, J.	152
Honohan, P.	330	Pitt, W.	463
Hornby, D.	184, 212	Plimmer, F.	184
Hubbesty, J.	463	Poterba, J. M.	389
Huber, B.	394	Raad, K.	487, 494
Hume, J	463, 464, 465	Reece, B. F.	216, 284, 285
Irvin, I	330	Rele, H	427, 498
Ishi Hiromitsu	167	Rosen, H. S.	289
Johns, B. L.	131	Sandford, C. T.	286, 320, 321, 322, 325, 326, 462
Kaldor, N.	296	Saunders, P.	155
Kam, F.	486, 488, 489, 493, 494, 495	Sawyer, M.	364
Kesti, J	50	Schenk, D. H.	119, 500
King, M.	429, 434	Schanz, G. von.	298
Kitchen, H. M.	203	Schwab, R. M.	201
Koning, H.	486, 488		

Sheehan, W. J.	131	Vickrey, W.	290, 293, 303
Shehab, F.	463, 464, 466, 467, 469	Voisin, A. G.	197
Simons, H. C.	144, 145, 290, 292, 299, 304	Walsh, B.	318, 319
Slack, E.	184, 203, 212	White, A.	289
Smith, R. S.	132, 138, 159	White, M.	289
Strauss, D.	365	Witteveen, D.	486, 488
Sørensen, P. B.	460, 483, 505	Wolff, E.	161
Tait, A. A.	106, 111	Yates, J.	289, 301, 303
Tinny, R. W.	289, 301	Yitzhaki, S.	452

著者略歴

篠 原 正 博（しのはら・まさひろ）

1957年　鹿児島市生まれ。
1980年　横浜市立大学商学部経済学科卒業。早稲田大学大学院経済学研究科に進学。
現　在　中央大学経済学部教授。

＜主著＞
『不動産税制の国際比較分析』（単著）清文社、1999年。

住宅税制論

2009年3月30日　初版第1刷発行

著　者　篠　原　正　博
発行者　玉　造　竹　彦

郵便番号　192-0393
東京都八王子市東中野742-1

発行所　中央大学出版部

電話042（674）2351　FAX 042（674）2354
http://www2.chuo-u.ac.jp/up/

Ⓒ 2009　Masahiro SHINOHARA　　印刷・電算印刷

ISBN 978-4-8057-3135-2